# 8° R 1911 3

## Paris
## 1883

# Spencer, Herbert

## *Principes de sociologie*

*stitutions cérémonielles / 5 - Institutions politiques*

## Volume 3

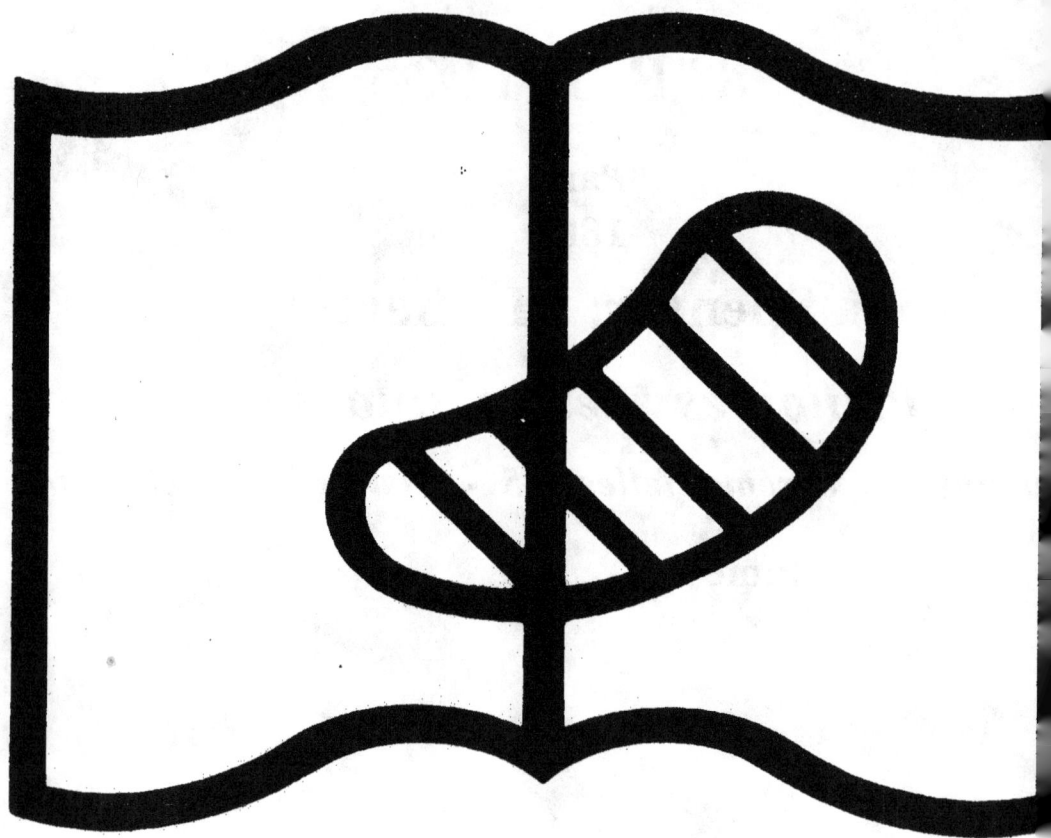

Symbole applicable
pour tout, ou partie
des documents microfilmés


Original illisible

**NF Z 43**-120-10

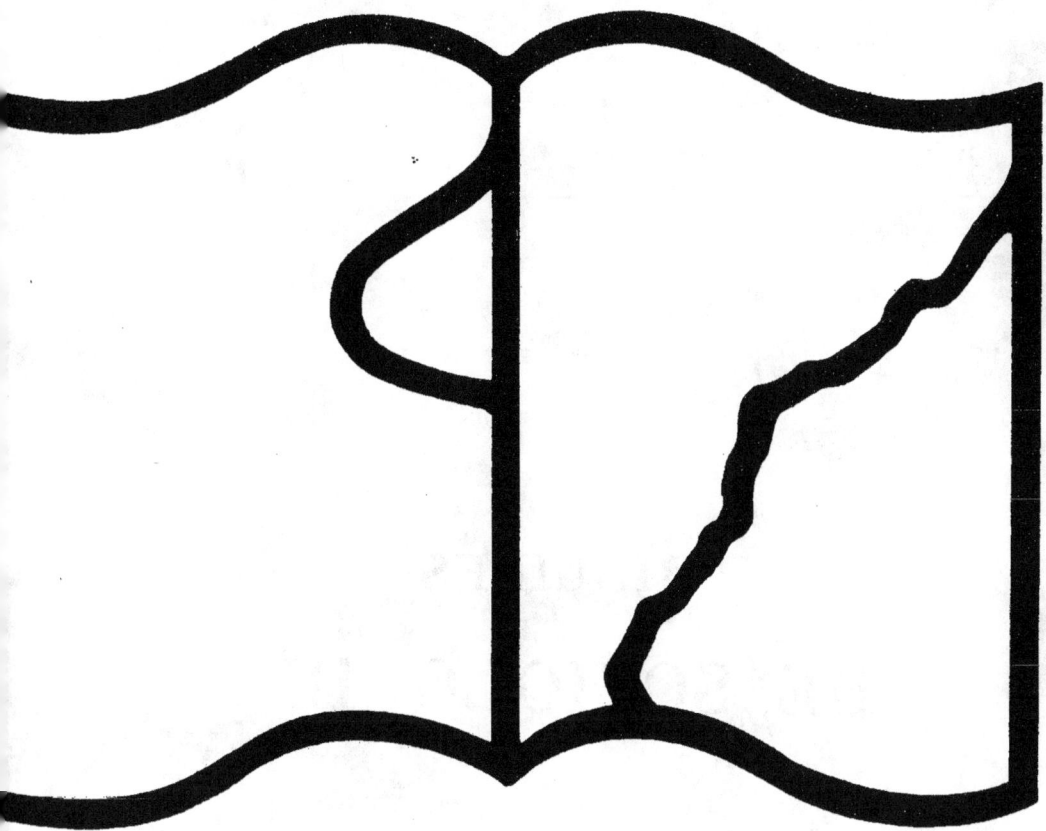

**Symbole applicable
pour tout, ou partie
des documents microfilmés**

Texte détérioré — reliure défectueuse

**NF Z 43**-120-11

# PRINCIPES
# DE SOCIOLOGIE

# OUVRAGES DE M. HERBERT SPENCER

TRADUITS EN FRANÇAIS

---

**Les premiers principes.** 1 fort vol., traduit par M. E. Cazelles.       10 fr.

**Principes de psychologie,** traduit de l'anglais par MM. Th. Ribot et Espinas. 2 vol.       20 fr.

**Principes de biologie,** traduit par M. E. Cazelles. 2 vol. in-8. 1877-1878.       20 fr.

**Principes de sociologie :**

Tome Ier, traduit par M. E. Cazelles. 1 vol. in-8.     10 fr.
Tome II, traduit par MM. E. Cazelles et Gerschel. 1 vol. in-8.
    7 fr. 50
Tome III, traduit par M. E. Cazelles. 1 vol. in-8.     15 fr.

**Essais sur le progrès,** traduit par M. Burdeau. 1 vol. in-8.
    7 fr. 50

**Essais de politique.** 1 vol. in-8, traduit par M. Burdeau.
    7 fr. 50

**Essais scientifiques.** 1 vol. in-8, traduit par M. Burdeau.
    7 fr. 50

**De l'éducation physique, intellectuelle et morale.** 1 vol. in-8. 3e édition.       5 fr.

**Introduction à la science sociale.** 1 vol. in-8, 2e édit. 6 fr.

**Les bases de la morale évolutionniste.** 1 vol. in-8, 2e éd.
    6 fr.

**Classification des sciences.** 1 vol. in-18. 2e édit.    2 fr. 50

---

**Descriptive sociology,** or groupes of sociological facts, FRENCH compiled by JAMES COLLIER. 1 vol. in-folio.   50 fr.

# PRINCIPES

DE

# SOCIOLOGIE

PAR

## HERBERT SPENCER

TRADUIT DE L'ANGLAIS

## Par M. E. CAZELLES

TOME TROISIÈME

PARIS

LIBRAIRIE GERMER BAILLIÈRE ET C$^{ie}$

108, BOULEVARD SAINT-GERMAIN, 108

Au coin de la rue Hautefeuille

—

1883

# PRÉFACE

———

Quelques-uns des chapitres de la IV° partie des *Principes de sociologie* ont été au préalable publiés dans la
*Fortnightly Review*. On m'a reproché de les avoir sur-
chargés de faits. Je sens bien que cette critique n'est pas
sans fondement. J'ai soumis plus tard mon travail à une
révision attentive, et j'ai cherché à réduire en certains
endroits la quantité des exemples, mais j'ai dû en ajouter
en d'autres endroits. Le défaut signalé aurait donc encore
besoin d'être corrigé. Si, dans l'intérêt de l'effet à produire, je n'ai pas supprimé un plus grand nombre de faits,
c'est que je me proposais de satisfaire aux exigences de
la preuve scientifique plutôt qu'à celles de l'art. Il n'y a
qu'un moyen de faire passer les généralisations sociologiques de la phase conjecturale à celle de vérités positives :
c'est de rassembler en leur faveur des masses de faits. Si
les conclusions qu'on peut tirer de ces faits sont bien fondées, on aura des inductions d'une grande portée. Aussi
longtemps qu'on prétendra que les phénomènes sociaux

ne sont point matière de science, il sera indispensable de montrer que les relations qui les unissent sont vraies dans un nombre immense de cas. Nous ne repousserons l'accusation de tirer de ces faits des conclusions erronées ou imparfaitement vraies qu'à force de présenter des faits observés sur des races diverses dans diverses parties du monde. Les phénomènes sociaux plus que tous les autres ont une complexité qui nous oblige à multiplier les comparaisons pour y trouver ce qui distingue les relations fondamentales d'avec les relations superficielles.

Dans la V<sup>e</sup> partie, nous abordons un ordre de phénomènes d'évolution, obscurs et embrouillés plus que tous les autres. La tâche de découvrir les lois des organisations politiques est hérissée de difficultés aussi grosses que nombreuses, provenant de la dissemblance des diverses races humaines, des différences du genre de vie imposé par les milieux aux sociétés formées par ces races, de l'inégalité de volume ou de civilisation de ces sociétés, du rôle qu'elles jouent l'une à l'égard de l'autre par la guerre, dans le cours de leur évolution respective, enfin des dissolutions et des agrégations que cette intervention produit de mille manières.

Pour s'acquitter de cette tâche d'une façon satisfaisante, il faudrait le travail d'une vie entière. Je n'ai pu y consacrer que deux ans, et je sens que les résultats consignés dans la V<sup>e</sup> partie doivent nécessairement fourmiller d'imperfections. On demandera peut-être pourquoi, persuadé que je suis de la nécessité de consacrer à mon sujet plus de temps et d'étude pour arriver à le traiter convenablement, je n'ai pas laissé de l'entreprendre. Voici ma réponse : j'ai été obligé de m'occuper de l'évolution politique comme d'une partie de la théorie générale de l'évolution, et, dans l'intérêt des autres parties, je ne pouvais consacrer à celle-ci une préparation plus prolongée. Quand on entreprend la recherche des lois générales de transformation qui régissent tous les ordres de phénomènes, on doit se résigner à n'acquérir qu'une connaissance incomplète de chacun de ces ordres. En effet, pour en posséder un à fond, il faudrait s'y consacrer exclusivement, se refuser à toute autre étude, à plus forte raison s'interdire la généralisation de l'ensemble. Il faut renoncer à jamais à tout essai de généralisation d'ensemble ou se borner à ne donner à chaque partie que le temps strictement nécessaire pour s'en assimiler les vérités cardinales. Or je crois que la généralisation de l'ensemble est d'une importance suprême, et que, faute de ce guide, on ne saurait acquérir une pleine intelligence d'aucune des parties. Je me suis donc hasardé à traiter des institutions politiques d'après la méthode que cette nécessité m'imposait. Je me suis servi des matériaux rassemblés par un travail de quatorze ans dans ma *Sociologie descriptive*, j'y ai ajouté ceux que mes auxiliaires et moi nous avons recueillis durant les deux dernières années de nos recherches. Si la Ve partie renferme des erreurs de nature à infirmer quelques-unes de mes principales conclusions, c'est que j'aurai mal choisi ma méthode ; au contraire, si, abstraction faite des erreurs de fait, mes principales conclusions demeurent debout, c'est que j'aurai suivi la bonne méthode.

# PRINCIPES DE SOCIOLOGIE

## QUATRIÈME PARTIE

### INSTITUTIONS CÉRÉMONIELLES

## CHAPITRE PREMIER

### DES CÉRÉMONIES EN GÉNÉRAL

§ 343. Si, à l'exclusion de toutes les actions d'un objet entièrement personnel, nous faisons rentrer sous le nom de *conduite* toutes celles qui impliquent des relations directes de l'agent avec autrui, et si nous comprenons sous le nom de *gouvernement* toutes les institutions qui ont de l'autorité sur la conduite, quelle que soit leur origine, il faut avouer que le genre de gouvernement le plus primitif, celui dont l'existence est la plus générale, et qui se reconstitue toujours spontanément, est le gouvernement des observances cérémonielles. Ce n'est pas dire assez. Non seulement cette espèce de gouvernement précède toutes les autres, et non seulement elle a en tout lieu et en tout temps joui d'une influence à peu près universelle, mais elle a toujours possédé, et elle garde encore la plus grande part de l'autorité qui règle la vie des hommes.

La preuve que les modes de conduite appelés *manières* et *attitude* se produisent longtemps avant celles qui ont pour causes les freins politiques et religieux, c'est qu'elles précèdent non seulement l'évolution sociale, mais l'évolution humaine : on peut les apercevoir chez les animaux supérieurs. Le chien qui craint les coups s'avance en rampant aux pieds de son maître ; il montre évidemment le désir de témoigner de sa soumission. Ce n'est pas seulement auprès des hommes que les chiens ont recours à ces actes de propitiation ; ils se comportent de même l'un à l'égard de l'autre. Tout le monde a eu l'occasion de voir un petit épagneul, fou de terreur à l'approche de quelque formidable terre-neuve ou d'un énorme dogue, se coucher sur le dos et lever les pattes en l'air. Au lieu de les menacer d'une résistance, en grondant et en montrant les dents, comme il aurait pu le faire s'il avait eu quelque espoir de se défendre, le faible animal prend de lui-même l'attitude qui serait le résultat de sa défaite dans la bataille ; il semble dire : « Je suis vaincu et à ta merci. » Donc, outre certaines attitudes exprimant l'affection, qui se fixent plus tôt encore chez certains animaux inférieurs à l'homme, il s'en établit d'autres qui expriment l'assujettissement.

Ce fait reconnu, nous sommes préparés à reconnaître aussi que les relations quotidiennes qu'ont entre eux les sauvages les plus dégradés, ceux dont les groupes petits et mal unis méritent à peine le nom de société, qui ne connaissent ni autorité politique ni autorité religieuse, obéissent néanmoins à un nombre considérable de règles cérémonielles. Il n'y a chez les hordes éparses des naturels de l'Australie aucune autre autorité gouvernementale que celle qui résulte de la supériorité d'une personne ; mais il existe chez elles des cérémonies dont l'observance s'impose. Quand des étrangers se rencontrent, il faut qu'ils gardent le silence quelque temps ; à un mille d'un campement, il faut annoncer son approche par de bruyants

*couis;* un rameau vert sert d'emblème de paix ; les sentiments d'amitié fraternelle s'expriment par l'échange des
noms[1]. Les Tasmaniens, qui n'avaient de gouvernement,
que l'autorité d'un chef durant la guerre, avaient institué
des moyens d'exprimer la paix ou le défi. Les Esquimaux,
chez qui n'existe pas de rangs dans la société ni rien qui
ressemble à l'autorité d'un chef, ont adopté des usages pour
le traitement des hôtes. A ces preuves, on peut en ajouter
d'autres. On trouve l'autorité des cérémonies très développée en plusieurs endroits où les autres formes de l'autorité ne sont encore qu'à l'état de rudiment. Le sauvage co-
manche « impose l'observance de ses règles d'étiquette aux
étrangers », et se montre « profondément blessé » quand on
y manque[2]. Lorsque des Araucaniens se rencontrent, les
questions, les félicitations et les témoignages de condoléance
que la coutume exige sont tellement compliqués que l'accomplissement de « ces formalités prend de dix à quinze minutes »[3]. On nous rapporte que, chez certains Bédouins qui
n'ont pas de gouvernement, « les manières sont quelquefois
dominées par des formalités étrangement cérémonieuses[4] ; »
les salutations des Arabes ont une telle importance que les
« compliments d'un homme bien élevé ne durent jamais
moins de dix minutes[5]. » — « Nous fûmes particulièrement
frappés, dit Livingstone[6], de la scrupuleuse exactitude à
s'acquitter de leurs devoirs de politesse que montraient les

---

1. Sir T.-L. Mitchell, II, 68 ; I, 87 ; I, 84. *Journal of Expedition into New South Wales.* London, 1879. — G.-F. Anga, *Savage Life and Scenes in Australia and New Zealand*, London, 1847, I, 59.

2. Bancroft, *The native Races of the Pacific States of North America*, London, 1875, I, 519.

3. T.-R. Smith, *The Araucanians*, London, 1835, 195.

4. R.-F. Burton, *Pilgrimage to El Medineh and Mecca*, London, 1856, III, 43.

5. Captain G.-F. Lyon, *Travels in Northern Africa*, London, 1821, 53.

6. Dr D. Livingstone, *Missionary Travels and Researches in South Africa.* London, 1857, 276.

Balondas. » — « Les Malgaches ont plusieurs formes différentes de salutation, dont ils font largement usage... Aussi
trouve-t-on dans leur commerce beaucoup de raideur, de
formalité et d'exactitude [1]. » Un orateur samoan, prenant la
parole au Parlement, « ne se contente pas d'un mot de
salutation, de *messieurs* par exemple, il est obligé de re-
passer sans rien oublier toute une série de noms et de
titres, et souvent de citer une foule d'aïeux, dont ses auditeurs sont très fiers [2]. »

Ce qui montre que l'autorité du cérémonial, qui précède
toutes les autres, demeure toujours la plus répandue, c'est
que, dans toutes les relations des membres de chaque
société entre eux, les actions qui ont un caractère positivement gouvernemental ont ordinairement pour préliminaires ce gouvernement d'observance. Une ambassade peut
échouer, une négociation peut se trouver interrompue par
la guerre, l'assujettissement d'une société par une autre
peut donner naissance à une autorité politique plus vaste
dont les commandements s'imposent ; mais d'ordinaire le
cérémonial, réglementation plus vague et plus générale de
la conduite, précède la réglementation plus spéciale et plus
définie. Ainsi, dans une société, les actes d'une autorité relativement rigoureuse émanés d'un personnel gouvernant,
civil et religieux, ont pour point de départ et pour garantie
cette autorité des cérémonies qui non seulement met en
jeu toutes les autres autorités, mais en un sens les embrasse. Les fonctionnaires, ecclésiastiques et politiques,
quel que soit le caractère coercitif de leurs actes, s'as-
treignent en les accomplissant aux exigences de la courtoisie. Le prêtre, si arrogant qu'il puisse être, obéit aux

1. Rev. W. Ellis, *History of Madagascar*, London, 1828, I, 258.
2. Rev. W. Turner, *Nineteen Years in Polynesia*, London, 1861, 289.

usages de la civilité; et l'agent de la loi remplit son mandat en se soumettant à l'obligation de prononcer certains mots et de faire certains gestes propitiatoires.

Il est encore un autre signe qui prouve que cette forme d'autorité est primordiale : elle s'établit chaque fois que des individus se mettent de nouveau en relation. Entre intimes même, des compliments, expressions de la continuation du respect, sont le prélude de tout renouvellement de relations. Enfin nous voyons qu'en présence d'un étranger, en chemin de fer par exemple, l'homme le plus grossier témoigne par une certaine réserve et peut-être aussi par un acte, comme celui d'offrir un journal, qu'il ne laisse pas non plus de prendre spontanément une attitude propitiatoire.

On voit donc que les formes modifiées d'action que produit en l'homme la présence de ses semblables constituent un genre d'autorité relativement vague, d'où se dégagent les autres genres d'autorité plus définis, c'est-à-dire un genre primitif et non différencié de gouvernement, d'avec lequel les gouvernements politiques et religieux se sont différenciés, et duquel ils ne se sont pas encore affranchis.

§ 344. Ce qui fait que cela paraît étrange, c'est surtout que, en étudiant les sociétés les moins avancées, nous portons avec nous les idées développées que nous possédons sur la loi et la religion. Dominés par ces idées, nous n'apercevons pas que ce qui fait pour nous la partie essentielle de nos règlements sacrés et civils était primitivement une partie subordonnée, et que la partie essentielle se composait d'observances cérémonielles.

Il est évident à *priori* qu'il en doit être ainsi, s'il est vrai que les phénomènes sociaux sont un produit de l'évolution.

Une organisation politique, un culte constitué, ne sauraient surgir brusquement; ils font au contraire supposer qu'ils ont vécu auparavant d'une existence subordonnée. Avant qu'il y ait des lois, il faut qu'il y ait un potentat auquel des hommes soient soumis, qui promulgue des lois et en impose l'autorité. Avant de reconnaître des obligations religieuses, il a fallu que les hommes reconnussent une ou plusieurs puissances surnaturelles. Il est évident que la conduite qui exprime l'obéissance à un chef, visible ou invisible, doit précéder dans le temps les freins civils ou religieux qu'il impose. Enfin cette antériorité du gouvernement cérémoniel que l'on peut affirmer au nom de la raison, nous la retrouvons partout.

L'histoire de l'Europe primitive nous fait voir à quel point dans le domaine politique l'accomplissement des formalités signifiant la subordination est la chose primordiale. Alors que la question de savoir qui serait le maître se décidait, tantôt sur de petits territoires, tantôt sur des territoires plus étendus qui les englobaient, il n'existait guère aucun de ces règlements que les gouvernements civils développés introduisent, mais on insistait beaucoup sur des signes d'humilité exprimant l'allégeance. A cette époque, chacun en était réduit à se garder lui-même, et le pouvoir central ne pouvait s'opposer aux discordes sanglantes qui divisaient les familles; on admettait si bien le droit de vengeance privée que la loi salique punissait l'acte d'enlever les têtes des ennemis des poteaux où elles étaient exposées, près de la demeure de ceux qui les avaient tués; mais on exigeait rigoureusement des serments de fidélité aux supérieurs politiques et des manifestations périodiques de loyauté. Les petits chefs rendaient à un chef plus puissant un hommage simple qui ne tarda pas à devenir un hommage lige; et le

vassal qui, déposant son baudrier et son épée, fléchissai-
le genou devant son suzerain, se déclarait son sujet et pret
nait ensuite possession de son fief, y était à peu près le maître tant qu'il continuait à se conduire en vassal auprès de
son seigneur, dans la cour de justice et dans l'armée. Le
refus de se conformer aux observances obligées équivalait
à la rébellion ; aujourd'hui encore, en Chine, l'omission des
formalités prescrites envers chaque grade de fonctionnaires
« passe presque pour l'équivalent du refus de reconnaître
leur autorité[1]. » Chez les peuples inférieurs, on voit encore
mieux ce rapport des traits d'une société. Ellis, qui nous
parle des manières extrêmement cérémonieuses des Tahitiens, écrit que « cette particularité semble les suivre dans
les temples, distinguer l'hommage et le culte qu'ils rendent
à leurs dieux, mettre son cachet sur les affaires de l'État
et la conduite du peuple envers ses chefs, enfin dominer
toutes leurs relations sociales[2]. » Ils étaient dépourvus
« même de lois et de règles orales » ; il n'y avait chez eux
aucune institution pour l'administration publique de la justice. Si quelqu'un, aux îles Tonga, négligeait de s'acquitter
des salutations de règle en présence d'un noble d'un rang
plus élevé, il devait s'attendre à voir les dieux le punir de
son omission par quelque malheur. La liste des vertus
dans ce pays, selon Mariner, commence par « l'observance
du respect dû aux dieux, aux nobles et aux personnes
âgées[3]. » Si nous ajoutons à cela que beaucoup d'actes
réprouvés par les Tongans ne passent pas pour intrinsèquement mauvais, mais qu'ils ne le sont que lorsqu'ils sont

---

1. S. Wells Williams, *The Middle Kingdom; Geography*, etc., *of the Chinese Empire*, New-York, 1848, II, 68.
2. Rev. W. Ellis, *Polynesian Researches*, London, 1829 ; II, 319, I, 369.
3. W. Mariner, *Account of the Natives of the Tonga Island*, London,
1818, II, 78-100.

dirigés contre les dieux ou les nobles, nous avons la preuve
que, à côté d'une autorité cérémonielle très développée, les
sentiments, les idées et les usages qui donnent naissance
au gouvernement civil n'étaient que faiblement développés.
Il en était de même dans les anciens Etats de l'Amérique.
Les lois du roi mexicain Montézuma Ier avaient surtout
trait aux relations et aux distinctions des classes [1]. Au
Pérou, « la peine la plus commune était la mort, car,
disait-on, on ne punit pas le coupable pour les fautes qu'il
a commises, mais pour avoir enfreint le commandement
de l'Inca [2]. » Les Péruviens n'étaient pas encore arrivés à
l'époque où l'on voit dans les transgressions de l'homme
contre l'homme des torts à redresser, et où l'on comprend
qu'il y a lieu de proportionner la pénalité au dommage ;
le crime réel était l'insubordination : ce qui donne à penser
que l'insistance mise à imposer les signes de subordination
constituait la partie essentielle du gouvernement. Au Japon,
où la vie est assujettie à un cérémonial si compliqué, la
même théorie a conduit exactement au même résultat [3].
Ceci nous fait songer que, dans des sociétés aussi avancées
que l'Angleterre, il existe encore des signes d'une condition primitive analogue. « L'accusation de félonie, dit
Wharton, signifie une transgression de la paix du seigneur le roi, sa couronne et sa dignité en général [4] ; » de
l'individu lésé on ne tient compte. Evidemment cela veut
dire que l'obéissance était l'obligation primitive, et l'attitude qui l'exprimait la première modification de la conduite
qu'on réclamât.

1. Fr. D. Duran, *Historia de las Indias de Nueva Espana*, Mexico, 1867,
I, 26.

2. Garcilaso de la Vega, *First Part of the Royal Commentaries of the
Yncas* (Hackluyt Society), London, 1869-71, liv. II, ch. 12.

3. Sir R. Alcock, *The Capital of the Tycoon*, London, 1863, I, 63.

4. *Wharton's Law Lexicon*, London, 1876, 489.

Le gouvernement religieux, mieux encore que le gouvernement politique, nous offre le même résultat. Ce qui nous montre que la religion primitive se composait presque entièrement d'observances propitiatoires, c'est que les rites qu'on accomplissait jadis auprès des tombeaux, transformés par la suite en rites religieux accomplis devant des autels on dans des temples, étaient dans le principe des actes destinés à la satisfaction de l'esprit du mort, soit qu'on l'eût originellement conçu comme un dieu, soit que l'imagination l'eût élevé à ce rang ; c'est encore que les sacrifices, les libations, les immolations, les sacrifices sanglants et les mutilations, étaient tous au début des actes profitables ou agréables au double de l'homme mort, que l'on continua à accomplir sur une plus grande échelle partout où il était spécialement redouté ; c'est enfin que le jeûne, d'abord rite funèbre, a donné naissance au jeûne religieux ; que les louanges du mort et les prières qu'on lui adressait sont devenues des louanges et des prières religieuses. Sans doute, dans certaines sociétés informes actuellement existantes, un des actes de propitiation consiste à répéter les injonctions laissées par le père ou le chef défunt, à quoi l'on ajoute quelquefois des expressions de pénitence pour les infractions dont on's'est rendu coupable à leur égard ; sans doute aussi, cet usage nous fait voir qu'il existe dès le début un germe d'où se développent les préceptes sacrés qui finiront par former des accessoires importants de la religion ; mais, comme on se figure que ces êtres auxquels on suppose une qualité surnaturelle conservent après leur mort les désirs et les passions qui les distinguaient pendant leur vie, ce rudiment de code moral n'est originellement qu'une partie insignifiante du culte : l'hommage légitimement dû de ces offrandes, de ces louanges et de ces marques de subordination à l'aide desquelles on s'assure le bon vouloir de l'esprit ou du dieu, en constitue la partie principale. Nous en trouvons des preuves partout. Chez les Tahitiens, « des rites religieux s'attachent à presque tous les actes de la vie [1] ; » et l'on nous dit la même chose en général des peuples non civilisés et des peuples à demi civilisés. Les naturels des îles Sandwich, qui possèdent à peine un rudiment de l'élément moral que l'idée de religion renferme chez nous, ont pourtant un cérémonial rigoureux et compliqué. Remarquez que le mot *tabou* veut dire à la lettre « consacré aux dieux », et lisez le passage suivant où Ellis en décrit l'observance : « pendant la saison du tabou rigoureux, dit-il, il faut éteindre les feux et les lumières dans l'île ou le district ; on ne peut point mettre de canot à l'eau ; nul ne peut se baigner; à l'exception de ceux dont le service est requis au temple, personne ne peut se montrer hors de chez lui; il ne faut pas que les chiens aboient, que les cochons grognent, ni que les coqs chantent... On muselle les chiens et les cochons, on cache les oiseaux de basse-cour, la volaille, sous des calebasses , ou l'on fixe sur leurs yeux une pièce de drap [2]. » Ce qui montre combien l'idée de transgression s'associait complètement dans l'esprit du naturel des îles Sandwich à la violation de l'observance cérémonielle, c'est que « si quelqu'un faisait du bruit le jour du tabou... il devait mourir. » La religion conserve encore ce caractère à des périodes très avancées de son évolution. Oviedo, en interrogeant les naturels du Nicaragua sur leurs croyances, s'aperçut qu'ils confessaient leurs péchés à un vieillard choisi pour cela, et demanda quels étaient ces péchés;

---

1. Rev. W. Ellis, *Polynesian Researches*, London, 1829, II, ch. 7.
2. Rev. W. Ellis, *Tour through Hawaï*, London, 1826, 365-7.

voici la première chose qu'on lui répondit : « nous lui disons quand nous avons manqué nos fêtes et que nous ne les avons pas observées [1]. » Nous apprenons de même que, chez les Péruviens, « le plus gros péché était de négliger le service des Huacas » (esprits, etc.); et qu'une grande partie de la vie se passait à gagner la faveur du mort divinisé. Les anciens documents nous montrent partout la complication savante des observances, la fréquence des fêtes, la prodigalité des dépenses par lesquelles les anciens Égyptiens recherchaient le bon vouloir des êtres surnaturels; et ce qui nous prouve que chez eux le devoir religieux consistait à satisfaire les désirs des esprits des ancêtres, plus ou moins divinisés, c'est la prière de Ramsès à son père Ammon, dont il réclame le secours dans la bataille, en lui rappelant le grand nombre de taureaux qu'il lui a sacrifiés. Il en était de même chez les Hébreux avant Moïse. Suivant la remarque de Kuenen, « l'œuvre capitale, le grand mérite » de Moïse fut de donner la prépondérance à l'élément moral dans la religion. D'après la réforme que Moïse introduisit dans les croyances de son peuple, « Jahveh se distingue du reste des dieux en ce qu'il veut être servi non seulement par des sacrifices et des fêtes, mais aussi, et même avant tout, par l'observance des commandements moraux [2]. » Chacun sait que la piété des Grecs comprenait l'observance diligente des rites funèbres, et que le dieu grec se montrait surtout irrité de l'omission des cérémonies propitiatoires; quand un Troyen ou un Égyptien se réclamait d'un dieu, il ne rappelait pas la droiture de sa vie, mais les offrandes qu'il

---

1. G. Fernandez de Oviedo y Valdes, *Historia general y natural de las Indias*, Madrid, 1851-1855, liv. XLII, ch. 2 et 3.
2. Dr J. Kuenen, *The Religion of Israel*, London, 1874-75, I, 292-3.

lui avait faites : témoin la prière de Chrysès à Apollon.

Le christianisme lui-même, qui dut son origine à un développement du sentiment moral ravivé aux dépens de l'élément cérémoniel, perdit en s'étendant ces traits primitifs qui le distinguaient des religions inférieures, et se montra au moyen âge relativement riche en cérémonies et relativement pauvre en moralité. Des soixante-treize chapitres qui composent la règle de Saint-Benoît, neuf appartiennent à la morale et aux devoirs généraux des frères, et treize règlent les cérémonies religieuses. On peut voir dans le passage suivant, emprunté à la règle de Saint-Colomban, à quel point l'idée de criminalité s'attachait à la négligence des prescriptions : « une année de pénitence pour celui qui perd une hostie consacrée; six mois pour celui qui la laisse manger par les mites; vingt jours pour celui qui la laisse devenir rouge; quarante pour celui qui la jette avec mépris dans l'eau; vingt pour celui qui la rejette par faiblesse d'estomac; mais, dix si c'est par maladie. Celui qui néglige de dire ses amens et ses bénédicités, qui parle en mangeant, qui oublie de faire le signe de la croix sur sa cuillère ou sur une lanterne allumée par un frère, recevra six ou douze coups de discipline. » Depuis l'époque où l'on expiait des crimes en bâtissant des chapelles et en faisant des pèlerinages, jusqu'à nos jours où les barons ne se jettent plus en armes sur les territoires de leurs voisins et ne torturent plus les Juifs, il y a eu déclin des cérémonies en même temps que progrès de la moralité; la chose est certaine. Encore qu'à jeter les yeux sur les parties arriérées de l'Europe, Naples et la Sicile, nous y voyons que l'observance des rites y tient bien plus de place dans la religion que l'obéissance aux règles morales. Enfin souvenons-nous que le protestantisme, religion dont les rites sont moins compliqués et moins impérativement prescrits, et où l'on n'admet pas habituellement la composition qui rachète les transgressions par des actes expressifs de soumission, ne date pas de longtemps, et que l'extension du protestantisme dissident, où ce changement est poussé encore plus loin, est bien plus récente; preuve que la subordination de la cérémonie à la moralité n'est le caractère de la religion que dans ses formes les plus récentes.

Remarquez la conséquence de tout ceci. Si les deux genres d'autorité qui finissent par devenir les gouvernements, civil et religieux, ne comprennent guère au début que l'observance de certaines cérémonies, il faut en conclure que l'autorité des cérémonies précède toutes les autres.

§ 345. Les produits de l'évolution qui se différencient trahissent leur parenté parce qu'ils conservent chacun des caractères qui appartenaient à la souche d'où ils se sont détachés; c'est que les caractères qu'ils ont en commun ont pris naissance à une époque plus reculée, que les caractères qui les distinguent les uns des autres. Si les poissons, les reptiles, les mammifères ont tous une colonne vertébrale, il s'ensuit, dans l'hypothèse de l'évolution, que la colonne vertébrale a pris place dans l'organisation à une époque plus reculée que le cœur à quatre cavités, les dents implantées dans des alvéoles, les mamelles, signes distinctifs de l'un de ces groupes, ou que le bec édenté, le cœur triloculaire et les plumes, signes distinctifs d'un autre groupe, et ainsi de suite. En appliquant cette méthode au sujet qui nous occupe, on peut conclure que si les trois autorités, la civile, la religieuse et la sociale, ont des caractères communs, ces

caractères étant plus anciens que ces genres d'autorité
actuellement différenciés, ont dû appartenir à l'autorité
primitive d'où ceux-ci sont sortis. Il faut donc que les actes
cérémoniels soient de la plus haute antiquité, car on les
retrouve dans tous ces genres différenciés d'autorité.

Les présents : ce sont des actes qui témoignent de la subordination envers un chef dans les temps primitifs; ce sont
d'abord des rites religieux qu'on accomplissait dans le
principe sur les tombeaux et dont on s'est acquitté plus
tard sur l'autel; dès le début, les présents furent un moyen
de s'assurer la bonne volonté d'autrui dans les relations
sociales. Les salutations : il y en a de plusieurs espèces;
elles servent à exprimer le respect à des degrés divers, aux
dieux, aux chefs, aux particuliers : on voit les gens se prosterner, soit dans le temple, soit devant la personne du monarque, soit devant un homme puissant; on les voit fléchir
les genoux en présence des idoles, des princes, des autres
sujets; la salutation orale s'emploie plus ou moins dans
les trois cas; on se découvre la tête en signe de culte, de
vassalité et de respect; une inclination du corps sert aussi
à ces trois fins. Il en est de même des titres : le nom de
père est un titre d'honneur qu'on donne à un dieu, à un
roi, à un individu qu'on honore; de même le nom de seigneur, et divers autres. La même chose est vraie encore
de propos plus humbles : les professions d'infériorité et de
soumission sont dans la bouche de l'homme les moyens de
s'assurer la faveur divine, celle d'un prince et celle d'un
particulier. Il en est encore de même des paroles de
louange : un élément qui tient une place considérable
dans le culte consiste à entretenir la divinité de sa propre
grandeur; on parle aux monarques absolus en termes
d'une flatterie exagérée; et, dans les pays où les cérémonies

dominent dans les relations sociales, on adresse aux particuliers des compliments extravagants.

Dans beaucoup de sociétés moins avancées, et aussi dans les sociétés plus avancées qui ont conservé des types primitifs d'organisation, nous rencontrons d'autres exemples d'observances exprimant la subordination, et communs aux trois genres d'autorité, civile, religieuse et sociale. Chez les Malayo-Polynésiens, l'offrande des prémices du poisson et des fruits est une marque de respect en usage en faveur des dieux et des chefs. Les Fidjiens font les mêmes présents à leurs dieux et à leurs chefs : ce sont des aliments, des tourterelles, des fanons de baleine. Aux îles Tonga, « si un grand chef vient à faire un serment, il jure par le dieu; si un chef inférieur fait un serment, il jure par son supérieur à lui, qui est naturellement un plus grand chef [1]. » Aux îles Fidji, « tout le monde évite avec soin de mettre le pied sur le seuil du lieu consacré aux dieux : les gens de marque l'enjambent, mais les autres le franchissent en rampant sur les mains et les genoux. On observe la même formalité en passant le seuil de la maison d'un chef [2].» Dans le royaume de Siam, « à la pleine lune du cinquième mois, les talapoins lavent l'idole avec une eau parfumée,... le peuple lave aussi les sancrats et les talapoins; et ensuite dans la famille les enfants lavent leurs parents [3]. » La Chine nous fournit aussi des exemples instructifs. « A son avènement, l'empereur s'agenouille trois fois et s'incline neuf fois devant l'autel de son père, puis il s'acquitte de la même cérémonie devant le trône où siège l'impératrice

1. W. Mariner, *Account of the Native of the Tonga Islands*, London, 1818, 146, note.
2. Williams and Calvert, *Fiji and the Fijians*, London, 1860.
3. La Loubère, *Le royaume de Siam en 1667-68*, Amsterdam, 1691, I, 353.

douairière. Ensuite, quand il est monté sur son trône, les grands officiers, dans l'ordre de leur rang, s'agenouillent et s'inclinent neuf fois devant lui [1]. » Nous trouvons chez les Japonais, qui ne sont pas moins cérémonieux, des faits analogues. « Depuis l'empereur jusqu'au plus humble de ses sujets, c'est une succession sans fin de prosternations. Le premier, faute d'un homme qui lui soit supérieur par le rang, s'incline humblement devant une idole; et chacun de ses sujets, du prince au paysan, a quelque personne devant laquelle il est tenu de faire des courbettes et de s'allonger dans la boue de la rue [2]. » Cela veut dire que les subordinations religieuse, politique et sociale s'expriment par les mêmes attitudes.

Nous nous bornons à indiquer cette vérité générale, dont nous verrons des exemples abondants quand nous traiterons de chaque espèce d'observance cérémonielle; nous la signalons brièvement pour montrer que l'autorité des cérémonies précède dans l'ordre de l'évolution l'autorité civile et religieuse, et qu'il faut par conséquent s'en occuper en premier lieu.

§ 346. Laissons les considérations générales sur le gouvernement cérémoniel, pour en étudier les détails. Nous avons d'abord à nous demander comment prennent naissance les modes de conduite qui le constituent. On admet communément que ce sont des expressions délibérément adoptées, parce qu'elles symbolisent la vénération ou le respect. On applique la méthode dont on fait habituellement usage, quand on spécule sur les pratiques primitives, et on lit rétrospectivement, dans des esprits rudi-

1. S. Wells Williams, *The Middle Kingdom*, New-York, 1848, I, 313.
2. Steinmetz, *Japan and her People*, London, 1859, 348.

mentaires, des idées développées. L'hypothèse ressemble à celle qui a donné naissance à la théorie du contrat social : une conception est-elle familière à l'homme civilisé, on suppose qu'elle l'était aussi à l'homme à l'état primitif. Mais il n'y a pas plus de raison de croire que les hommes primitifs ont adopté délibérément des symboles qu'il n'y en a de croire qu'ils ont conclu un contrat social. Où l'on aperçoit mieux l'erreur de l'opinion régnante, c'est dans le genre le plus développé de symbolisation, dans le langage. Un Australien ou un Fuégien ne prend pas son temps pour forger un mot de propos délibéré; mais les mots qu'il trouve usités et ceux dont il apprend à se servir durant sa vie sont le produit inopiné d'onomatopées, de sons vocaux, qui suggèrent à l'esprit les qualités de certains objets, ou de métaphores provoquées par l'observation de quelque ressemblance. Chez les peuples civilisés, pourtant, qui ont appris que les mots sont symboliques, on prend souvent des mots nouveaux pour servir de symboles à des idées nouvelles. Il en est de même du langage écrit. Les premiers Égyptiens n'ont jamais songé à représenter un son par un signe, mais les monuments qui nous restent d'eux ont commencé, comme ceux des Indiens de l'Amérique du Nord commencent aujourd'hui, par se couvrir de peintures grossières représentant les événements dont on voulait conserver le souvenir. A mesure que cette manière d'enregistrer les faits prit de l'extension, des peintures abrégées et généralisées perdirent de plus en plus leur ressemblance avec les objets et les actes, jusqu'à ce que, sous la pression de la nécessité d'exprimer des noms propres, on se servit de quelques-unes de ces peintures en leur donnant une valeur phonétique, et alors se formèrent, sans qu'on y songeât, des signes de sons. Mais, de nos jours, on est arrivé à un point où, comme nous le voyons par la sténographie , on choisit intentionnellement des signes spéciaux pour symboles de sons spéciaux. L'instruction à tirer de cet historique est évidente. De même qu'on aurait eu tort de conclure de ce que nous prenons délibérément des sons pour en faire des symboles d'idées, et des signes pour en faire des symboles de sons, que les sauvages et les barbares ont fait la même chose, de même nous aurions tort de conclure de ce que chez les races civilisées on a adopté arbitrairement certaines cérémonies, celles des francs-maçons par exemple, que des peuples non civilisés ont aussi adopté arbitrairement d'autres cérémonies. J'ai déjà, pendant que je faisais ressortir le caractère primitif de l'autorité cérémonielle, énuméré certains modes d'attitude exprimant la subordination, qui ont une genèse naturelle ; mais l'idée sur laquelle je voudrais maintenant attirer l'attention, c'est que, tant que nous n'avons pas découvert une genèse naturelle pour expliquer une cérémonie, nous pouvons compter que nous n'en avons point encore trouvé l'origine. L'examen des divers moyens par lesquels des manifestations spontanées d'émotion donnent naissance à des observances cérémonielles nous fera trouver cette idée moins improbable.

La brebis qui bêle après son agneau qu'elle a perdu, et qui flaire tantôt l'un tantôt l'autre des agneaux qui sont près d'elle, et qui, à la fin, à l'odeur, reconnaît le sien qui accourt, cette brebis éprouve sans doute à ce moment une impression de sentiment maternel satisfait; grâce à la répétition, il s'établit entre cette odeur et ce plaisir une association en vertu de laquelle la première impression produit la seconde : l'odeur devient, en toute occasion, agréable, en ce qu'elle sert à amener, dans la

conscience, plus ou moins de l'émotion philoprogénitive.
La Bible nous fournit la preuve que chez certaines races
d'hommes on reconnaissait les individus à l'odeur. Isaac,
dont les sens étaient affaiblis par l'âge, ne parvenait pas
à distinguer ses fils l'un de l'autre; ne pouvant voir Jacob,
et embarrassé du témoignage contradictoire de la voix et
des mains de son fils, « il flaira l'odeur de son vêtement, et
le bénit. » Ce fait montre que chez les Hébreux on reconnaissait que différentes personnes, même les membres de
la même famille, avaient une odeur particulière. Nous
trouvons chez une autre race asiatique la preuve que la
perception de l'odeur d'une personne chérie donne du
plaisir. « Il flairait de temps en temps la tête de son fils,
écrit Timkowski, à propos d'un père mongol, marque de
tendresse paternelle en usage chez les Mongols, à qui elle
tient lieu d'embrassement [1]. » Chez les Indiens des îles Philippines, dit Jagor, « le sens de l'odorat est tellement développé, qu'ils peuvent, en sentant un mouchoir de poche, dire
à quelle personne il appartient ; des amants au moment
des adieux échangent des morceaux du linge qu'ils portent,
et, pendant leur séparation, ils respirent l'odeur de l'être
bien-aimé, en couvrant leur relique de baisers [2]. » Il en est
de même pour la peuplade de Chittatong Hill : ils ont « une
façon particulière de se baiser. Au lieu de presser les lèvres
sur les lèvres, ils collent la bouche et le nez sur la joue et
font une forte inspiration. Ils ne disent pas *fais-moi un baiser*,
mais *flaire-moi* [3]. » Or remarquez l'enchaînement. L'inha-
lation de l'odeur émise par une personne aimée devient
une marque d'affection pour l'homme ou pour la femme,

---

1. Timkowski, *Travels to Mongolia*, London, 1827, I, 196.
2. F. Jagor, *Travels in the Philippines*, London, 1875, 164.
3. M. Lewis, *Travels to the sources of the Missouri*, London, 1817, 46.

et, comme les hommes désirent plaire et aiment à recevoir
le témoignage du goût qu'ils inspirent, il arrive que l'accomplissement de l'acte qui signifie avoir du goût pour une
personne donne naissance à une observance de politesse et
à certaines manières de témoigner du respect. La manière
de saluer des Samoans se fait par « juxtaposition des nez,
accompagnée non d'un frottement, mais d'une aspiration
cordiale. Ils se secouent et se flairent les mains aussi, surtout avec un supérieur [1]. » Il y a des manières de saluer
analogues chez les Esquimaux [2] et les naturels de la Nouvelle-Zélande [3].

L'odorat et le goût se tiennent de si près que nous pouvons nous attendre à trouver des actes qui ont le goût pour
point de départ, et analogues à ceux qui dérivent de
l'odorat ; notre attente n'est point frustrée. Les pigeons
se becquètent, et les inséparables se font une caresse à peu
près semblable ; on ne saurait contester que cet acte n'indique une affection qui trouve sa satisfaction dans une sensation du goût. Les actes de ce genre ne peuvent avoir, chez
les animaux, par exemple chez la vache qui lèche son veau,
une autre origine que l'impulsion d'un désir qui trouve
sa satisfaction dans cet acte ; et ici la satisfaction consiste
évidemment dans l'impression que fait sur la tendresse
maternelle la vive sensation causée par le rejeton. Chez
certains animaux, d'autres formes d'affection donnent
naissance à des actes analogues. Pour un chien, lécher la
main ou la figure, quand il peut y atteindre, est une manière habituelle de témoigner son attachement ; enfin, si
nous songeons à la pénétration du sens olfactif de cet

1. Rev. W. Turner, *Nineteen Years in Polynesia*, London, 1861, 346.
2. F.-W. and H.-W. Becchey, *Voyage to the Pacific and Behring's Straits
in 1825-28*, London, 1831, I, 345.
3. Capt. Cook, *Journal of Last Voyage*, London, 1781, 49.

animal, qui lui permet de suivre la piste de son maître, il ne nous est pas permis de douter que son sens du goût ne reçoive aussi une impression, laquelle s'associe au plaisir d'affection que lui cause la présence de son maître. On a toute raison de conclure que le baiser, comme marque d'affection dans l'espèce humaine, a une origine analogue. Sans doute l'usage du baiser n'est pas universel, la race nègre ne paraît pas le comprendre, et dans certains pays l'usage de renifler le remplace ; mais, comme on le retrouve chez des races différentes et vivant en des pays très éloignés les uns des autres, nous pouvons conclure qu'il a la même origine que l'action analogue chez les animaux. La question qui nous intéresse le plus en ce moment est d'observer le résultat indirect de cet acte. Du baiser signe naturel d'affection, dérive le baiser moyen de simuler l'affection, partant satisfaction pour la personne qui le reçoit et, par suite de cette satisfaction, moyen de gagner sa faveur. On voit le chemin qui mène par là au baisement des pieds, des mains, des vêtements, autant de démonstrations de cérémonie.

Le sentiment, qu'il ait son origine dans la sensation ou dans l'émotion, cause des contractions musculaires, qui sont fortes dans la mesure où il est ardent. Entre autres, le sentiment de l'amour ou de l'inclination produit des effets de ce genre, qui revêtent une forme appropriée. Les animaux ne sauraient guère manifester l'acte le plus significatif de tous ceux qui naissent de ce sentiment, parce que leurs membres ne sont pas faits pour la préhension ; mais, dans l'espèce humaine, il est assez évident que cet acte a une origine naturelle. Il suffit de songer à une mère qui embrasse son enfant pour se rappeler que la force de l'étreinte est la mesure de la force du sentiment, à

moins que la mère ne se retienne de peur de faire du
mal à l'enfant; et, tout en se rappelant que le sentiment
se donne ainsi carrière naturellement en des actions musculaires, on peut reconnaître encore que ces actions ont
aussi pour résultat de donner satisfaction à ce sentiment
en faisant éprouver une impression vive de possession.
Avons-nous besoin d'ajouter que, chez les adultes, les sentiments voisins de celui-ci donnent lieu à des actes analogues?
Mais ce n'est pas tant de ces faits que de ceux qui en dérivent que nous avons à nous occuper ici. Nous y trouvons
l'une des origines d'une cérémonie : un embrassement,
par là même qu'il exprime l'inclination, sert d'acte de
propitiation dans des circonstances où il n'est point
effacé par les observances imposées par l'assujettissement.
Nous le rencontrons aux endroits où la subordination
gouvernementale n'est que faiblement développée. Lewis
et Clarke nous racontent qu'ayant rencontré quelques Indiens Serpents « trois hommes sautèrent aussitôt à bas
de leurs chevaux, s'approchèrent du capitaine Lewis
et l'embrassèrent avec beaucoup de cordialité [1]. » Un Co-
manche, nous dit Marcy, « me prit dans ses bras muscu-
leux, tandis que nous étions encore en selle, et, appuyant sa
tête graisseuse sur mon épaule, m'infligea une pression
aussi forte qu'aurait pu le faire un ours [2]. » Snow nous dit
aussi que chez les Fuégiens « la manière de saluer les
amis n'a rien d'agréable. Les hommes venaient, ajoute-t-il,
me serrer dans leurs bras avec autant de force qu'un ours
aurait pu le faire. »

Le sentiment qui se décharge en des actions musculaires

1. M. Lewis and Cap. Clarke, *Travels to the source of the Missouri*, London, 1817, 266.
2. Col. R.-B. Marcy, *Thirty Years of Army Life on the Border*, London,
1866, 29.

dirigées vers un but, comme dans les exemples précédents, se donne carrière aussi en des actions musculaires sans but. Les changements qui en résultent sont d'ordinaire rythmiques. Tout mouvement considérable d'un membre le met dans une position où un mouvement en sens contraire est facile, et parce que les muscles qui produisent le mouvement en sens contraire se trouvent alors dans la meilleure position pour se contracter, et aussi parce qu'ils se sont un peu reposés. C'est pour cela qu'il est naturel de frapper les mains l'une contre l'autre ou contre d'autres parties. Ce geste est une manifestation spontanée de plaisir chez les enfants et le point de départ d'une cérémonie chez le sauvage. Au Loango, un battement de mains constitue « la plus haute marque de respect [1], » et il a la même signification chez les nègres de la Côte, les Africains orientaux et les naturels du Dahomey. Entre autres actes destinés à souhaiter la bienvenue, les naturels de Batoka « font claquer leurs mains sur leurs cuisses [2]. » Les Balondas battent des mains, et aussi, « quand ils saluent, ils tambourinent sur leurs côtes avec leurs coudes [3]. » Sur la côte de Guinée et au Dahomey, une des manières de saluer consiste à faire claquer ses doigts. Les mouvements rythmiques des muscles des bras et des mains pour exprimer le plaisir, réel ou simulé, en présence d'une autre personne, ne sont pas les seuls mouvements qui servent de salutation; les jambes se mettent aussi de la partie. Souvent les enfants « sautent de joie », et l'on peut voir de temps en temps les adultes faire la même chose. Par conséquent, les mouvements du saut sont sus-

---

1. John Pinkerton, *General collection of voyages*, London, 1808, 14, XVI, 331.
2. Dʳ D. Livingstone, *Missionary Travels and Researches in South Africa*, London, 1857, 551.
3. Id., *Ibid.*, 296.

ceptibles de devenir des compliments. Au Loango, « beaucoup de membres de la noblesse saluent le roi en sautant à grandes enjambées en arrière et en avant deux ou trois fois, et en balançant leurs bras [1]. » Les Fuégiens eux-mêmes, nous disent les narrateurs du voyage d'exploration du capitaine Wilkes, témoignent leurs bons sentiments « en sautant [2]. »

Le sentiment, en se déchargeant, fait contracter les muscles des organes vocaux, aussi bien que les autres muscles. C'est pour cela que les cris, signes de joie en général, indiquent la joie que fait éprouver la rencontre d'une personne chérie, et servent à donner l'apparence de la joie en présence de la personne dont on recherche la bonne volonté. Chez les Fidjiens, le respect a pour « signe le *tama*, cri de vénération que les inférieurs jettent quand ils s'approchent d'un chef ou de la capitale [3]. » Nous avons vu qu'en Australie on est obligé, quand on approche de moins d'un mille d'un campement, de pousser de bruyants *couis*, action qui, après avoir indiqué en premier lieu le plaisir de la réunion, a plus tard signifié des intentions amicales qu'on rendrait douteuses en s'approchant secrètement [4].

On peut mentionner un autre exemple encore. Les larmes

---

1. T. Astley, *Collection of voyages and Travels*, London, 1745-47, III, 238.
2. Dans son ouvrage intitulé : *Early History of Mankind* (2ᵉ édit., p. 51, 52), M. Tylor parle de ces observances de la manière suivante : « La classe inférieure de salutations, celles qui n'ont pour effet que de donner des sensations agréables, rentrent dans le genre de civilités que nous voyons certains animaux échanger entre eux. Telles sont les petites tapes, les caresses avec les mains, les baisers, la pression du nez, l'insufflation, le reniflement, etc. Des gestes qui sont des expressions naturelles de joie, le battement des mains par exemple en Afrique, et les sauts à la Terre-de-Feu, tiennent lieu de signes d'amitié et de salutations. » Mais M. Tylor n'indique pas l'origine physio-psychologique de ces actions.
3. Williams, *Fiji and the Fijians*, London, 1860, I, 37.
4. Sir T.-L. Mitchell, *Journal of Expedition into New South Wales*, London, 1839, I, 249.

sont un effet de sentiments profonds, le plus souvent pénibles, mais quelquefois aussi de sentiments agréables poussés
à l'extrême. Par suite, les larmes, à titre de signe de joie,
deviennent quelquefois une observance de politesse flatteuse. Nous en trouvons le commencement dans les traditions hébraïques, par exemple dans la réception de Tobie
par Raguel, quand celui-ci reconnaît en Tobie le fils de
son cousin : « alors Raguel s'avança, et l'embrassa, et
pleura. » Chez certaines races, un rite social pousse sur cette
racine. Dans la Nouvelle-Zélande, une rencontre « commence par un chaleureux *tangi* entre les deux parties ;
mais, après qu'elles sont demeurées assises en face l'une de
l'autre pendant un quart d'heure ou plus, à crier fort, en
poussant des gémissements et des lamentations à fendre
l'âme, le *tangi* se transforme en un *hungi*, et les deux connaissances se compriment le nez en émettant des grognements de satisfaction [1]. » Voilà un usage qui devient une cérémonie publique. A l'arrivée d'un grand chef, « les femmes
se tenaient sur une colline, et long et bruyant fut le
*tangi* de la bienvenue à son approche ; mais de temps en
temps elles s'interrompaient pour causer un peu et pour
rire, puis elles se remettaient machinalement à pleurer. »
D'autres peuplades malayo-polynésiennes ont le même
usage, que possèdent aussi les Tupis de l'Amérique du
Sud.

A ces exemples de la façon dont certaines manifestations
naturelles des émotions donnent naissance à des cérémonies, on peut ajouter d'autres exemples de la manière dont
celles qui ne sont pas l'effet direct d'actions spontanées
en dérivent néanmoins par une suite naturelle, mais non

1. G.-F. Auga, *Savage Life and Scenes in Australia and New Zealand*,
London, 1817, I, 247.

par voie de symbolisation voulue. Il suffira de les indiquer
brièvement.

Livingstone nous apprend que, dans l'Afrique centrale,
les gens créent entre eux des relations de consanguinité
en buvant un peu du sang les uns des autres [1]. Il existe à
Madagascar, à Bornéo et sur divers autres points du
monde, une manière analogue de contracter la fraternité;
et elle existait chez nos ancêtres. On veut y voir une observance symbolique. Mais quand on étudie les idées primitives et qu'on voit, comme nous l'avons vu, l'homme primitif croire que la nature d'une chose pénètre toutes les
parties de cette chose, et en conséquence s'imaginer qu'il
gagnera le courage d'un ennemi brave en mangeant son
cœur ou s'inspirera des vertus d'un parent décédé en
pilant ses os et en en buvant la poudre dans de l'eau, on
comprend que d'autres s'imaginent qu'en buvant le sang
les uns des autres ils établissent entre eux une communauté réelle de nature.

Il en est de même de la cérémonie de l'échange des
noms. Chez les Chochones, « le plus grand compliment
qu'un homme puisse faire à un autre est de lui prêter son
propre nom [2]. » Les Australiens changent de nom avec les
Européens, en témoignage de leurs sentiments fraternels [3].
Cet usage extrêmement répandu vient de la croyance que le
nom est une partie de l'individu. Posséder le nom d'un
homme, c'est la même chose que de posséder une portion
de son être, et cela met le possesseur à même de lui faire
du mal. De là vient que chez beaucoup de peuples les

1. Dr D. Livingstone, *Missionary Travels and Researches in South Africa*,
London, 1857, 448.
2. Bancroft, *The native Races of the Pacific States of North America*,
London, 1875, VI, 438.
3. G.-F. Anga, *Savage Life*, etc., I, 50.

gens s'étudient à cacher leurs noms. Donc échanger des noms, c'est faire participer autrui à son être propre et en même temps lui confier le pouvoir sur soi-même : ce qui implique une grande confiance réciproque.

Il est d'usage à Vate, « quand on veut faire la paix, de tuer un ou plusieurs individus de la peuplade et d'en envoyer les corps à ceux avec qui l'on combattait pour qu'ils les mangent [1]. » Aux îles Samoa, « c'est la coutume, quand un parti fait sa soumission à l'autre, que le vaincu se prosterne devant le vainqueur, en lui présentant un morceau de bois à brûler et un paquet de feuilles, de celles dont on se sert pour envelopper les cochons quand on les cuit au four (on y ajoute quelquefois des couteaux de bambou), comme si l'on disait : « tuez-nous et faites-nous cuire, si vous voulez [2]. » Je cite ces faits, parce qu'ils montrent bien un point de départ d'où pourrait naître une cérémonie qui semble artificielle. Que les traditions du cannibalisme chez les Samoans viennent à disparaître, et la persistance de la coutume d'offrir du bois à brûler, des feuilles et des couteaux, en signe de soumission, pourrait, en vertu de la méthode ordinaire d'interprétation, passer pour une observance instituée délibérément.

En signe de paix, chez les Dacotahs, on enterre un tomahawk, et chez les Brésiliens on fait un présent d'arcs et de flèches. On peut dire que ces actes sont des symboles, mais aussi que ce sont des modifications de l'action symbolisée ; en effet, quand on met de côté les armes, on cesse nécessairement de combattre ; de même, quand on donne ses armes à l'adversaire. Si, chez les peuples civilisés par exemple, le

---

1. Cap. J.-E. Erskine, *Journal of a Cruise among the Islands of the Western Pacific*, London, 1853, 534.
2. Rev. W. Turner, *Nineteen Years in Polynesia*, London, 1861, 194.

vaincu rend son épée, l'acte par lequel il se dépouille de
ses moyens de défense est un acte de soumission personnelle; mais il finit par devenir, quand c'est un général qui
l'accomplit, le signe de la reddition de son armée. Pareillement, lorsque l'on voit, dans certaines parties de l'Afrique
par exemple, que « des noirs libres deviennent esclaves
volontairement rien qu'en accomplissant la cérémonie qui
consiste à casser une lance en présence de leur futur
maître [1], » on n'a pas tort de dire que la relation que cet
acte établit artificiellement se rapproche autant que possible de celle qui se trouve réalisée quand un combattant
capture et réduit en esclavage l'ennemi dont l'arme est
brisée. L'acte symbolique simule l'acte réel.

Voici un exemple instructif qui se rapproche beaucoup
de ces actes. Je veux parler de l'usage qui consiste à porter
des rameaux verts en signe de paix, comme acte de propitiation et comme cérémonie religieuse. Comme signe de
paix, la coutume se rencontre chez les Araucaniens, les
Australiens, les Tasmaniens, les peuplades de la Nouvelle-
Guinée, de la Nouvelle-Calédonie, aux îles Sandwich, à
Tahiti, aux îles Samoa, à la Nouvelle-Zélande. Les Hébreux
se servaient aussi de branches d'arbre pour obtenir la permission de s'approcher (II *Macch.*, XIV, 4). Quelquefois
nous trouvons le même usage employé non plus pour signifier la paix, mais la soumission. Les Péruviens, « hommes
et enfants, dit Cieza, sortirent tenant des rameaux verts
et des palmes pour demander merci [2]. » Chez les Grecs, le
suppliant portait une branche d'olivier. Nous voyons dans
les peintures murales des anciens Egyptiens des palmes

1. Dᴿ D. Livingstone, *Missionary Travels, etc.*, II, 49.
2. Cieza de Leon, *Travels A. D. 1852-60* (Hackluyt Society), London,
1864, ch. 14.

portées dans des processions funéraires, pour gagner la
faveur du mort[1] ; et de nos jours on trouve fréquemment en
Égypte dans un cimetière musulman « des palmes entre-
lacées gravées sur les tombeaux[2]. » Dans un passage de
Wallis relatif aux Tahitiens, nous voyons cet usage se transformer en observance religieuse : on avait laissé une flamme
flotter sur le rivage, les naturels en eurent peur ; ils s'approchèrent tenant des rameaux verts et apportant de petits
cochons qu'ils déposèrent aux pieds de la perche. Les rameaux d'arbre jouaient un rôle dans le culte en Orient ; ce
qui le prouve, c'est la prescription du Lévitique (XXIII-40) :
« Vous prendrez des fruits d'un bel arbre, des branches de
palme, et vous vous réjouirez devant le Seigneur. » Nous
en avons la confirmation dans la description que l'Apocalypse nous fait des élus dans le ciel : « ils se tiennent devant
le trône, des palmes à la main. » (Apoc., VII,-9.) L'explication est facile à trouver, dès que nous sommes sur la voie.
Les récits d'un grand nombre de voyageurs font bien ressortir le fait que l'acte de déposer les armes quand on s'approche d'étrangers est censé signifier des intentions pacifiques : évidemment c'est parce que cet acte est la négation
d'intentions opposées. Chez les Cafres, dit Barrow, « un
messager de paix se reconnaît à ce qu'il dépose sa zagaie
ou sa lance à terre à deux cents pas de ceux vers qui il est
envoyé, et à ce qu'il s'avance de là les bras étendus[3] : » par
ce geste il veut évidemment montrer qu'il n'a point d'arme
cachée. Mais comment montrer qu'on n'a point d'arme
quand on est trop loin pour que les armes, quand on en

1. Sir Gardner Wilkinson, *The Manners and Customs of the Ancient
Egyptians*, London, 1847.
2. C.-B. Klunzinger, *Upper Egypt*, London, 1878, 106.
3. Sir John Barrows, *Travels into the Interior of Southern Africa*, London, 1806, I, 75.

porte, soient visibles? Simplement en portant d'autres choses qui soient visibles ; et les rameaux couverts de feuillage sont les objets les plus agréables et les plus convenables pour cela. Nous avons une vérification sous la main. Les Tasmaniens avaient un moyen pour tromper ceux qui les croyaient sans armes d'après les rameaux verts qu'ils portaient. Ils avaient l'adresse de tenir leurs lances entre leurs orteils en mar- chant : « Le noir..., s'approchant avec des signes d'amitié, traînait entre ses orteils la lance fatale[1]. » Si arbitraire que soit cet usage quand on l'observe dans ses dernières formes seulement, on voit qu'il ne l'est en aucune façon quand on remonte à son origine. Passant pour le témoignage que l'étranger qui s'avance est désarmé, le rameau vert est dès le premier moment le signe que cet étranger n'est point un ennemi. Plus tard, le rameau s'unit à d'autres marques d'amitié. Il persiste quand la propitiation se transforme en soumission. C'est ainsi qu'il s'associe à diverses autres actions qui expriment la vénération et l'adoration.

Il faut ajouter encore un fait, parce qu'il nous montre avec clarté comment, lorsqu'on ignore les origines natu- relles d'une cérémonie, se développe l'interprétation qui en fait une action instituée de propos délibéré. « On fait de grands festins, dit Baker dans sa description des mariages des Arabes, et le malheureux fiancé subit l'épreuve du fouet que lui infligent les parents de la jeune fille, afin d'éprou- ver son courage... Si l'heureux mari veut passer pour un vaillant homme, il faut qu'il supporte ce châtiment avec une expression de joie; dans ce cas, la foule des femmes, ravie d'admiration, pousse des cris aigus[2]. » Nous voyons dans cet usage qu'au lieu de l'enlèvement primitif auquel la

---

1. West, *History of Tasmania*, II, 7.
2. Sir S. Baker, *The Nile Tributaries of Abyssinia*, London, 1867, 125.

femme et ses parents opposent une résistance énergique,
au lieu d'une capture réellement opérée, comme chez les
Kamtchadales, en dépit des coups et des blessures que
« toutes les femmes du village » infligent au ravisseur, au
lieu des modifications de la *formalité de capture* où, dans
une poursuite simulée, le ravisseur est plus ou moins maltraité par les poursuivants, nous avons une modification
où la poursuite a disparu, et où l'époux reçoit passivement
les mauvais traitements. Alors se forme la croyance que le
châtiment du fiancé est une épreuve instituée de propos
délibéré « pour éprouver son courage ».

Nous ne prétendons pas que ces faits prouvent parfaitement que, dans tous les cas, les cérémonies soient des modifications d'action qui étaient premièrement adaptées à
des fins voulues, ni que le caractère symbolique qu'elles
paraissent avoir résulte de ce qu'elles ont survécu parmi
des circonstances changées. Je n'ai voulu qu'indiquer, de
la manière la plus rapide, les raisons qu'on a de rejeter
l'hypothèse régnante qui fait venir les cérémonies d'une
symbolisation réfléchie, et pour justifier la croyance que
nous pouvons leur trouver toujours une origine dans l'évolution. Nous verrons par la suite que cette espérance est
abondamment justifiée.

§ 347. Ce qui fait surtout qu'on n'a porté que peu d'attention sur les phénomènes de cet ordre, si universels et si
frappants qu'ils soient, c'est que la plupart des fonctions
sociales sont servies par des appareils trop considérables
pour qu'on manque de les apercevoir, tandis que les fonctions de l'autorité cérémonielle n'ont pour les servir que
des appareils si chétifs qu'ils ne paraissent avoir aucune
importance. On néglige généralement de voir que le gou-

vernement cérémoniel a une organisation spéciale, tout
comme les gouvernements politique et ecclésiastique en ont
une, parce que cette organisation s'est amoindrie, tandis
que celle des deux autres gouvernements s'est développée,
du moins dans les sociétés parvenues au point où les phénomènes sociaux deviennent matière d'étude. Mais, à l'origine, des officiers préposés aux rites exprimant la subordination politique ont une importance qui ne le cède
qu'à celle des officiers préposés aux rites religieux ; et
les deux ordres de fonctionnaires sont homologues. Qu'ils
appartiennent à l'une ou à l'autre classe, ils dirigent des
actes propitiatoires : dans un cas le souverain visible est
la personne dont on recherche la faveur, et dans l'autre
c'est le souverain qui n'est plus visible. Les uns et les
autres accomplissent et règlent le culte, le culte du roi
vivant et le culte du roi mort. A notre époque de civilisation avancée, la différenciation qui a séparé le divin
d'avec l'humain est devenue si profonde que cette proposition semble à peine croyable. Mais quand on remonte
à des époques où les attributs de la divinité que l'esprit
se représentait différaient de moins en moins de ceux de
l'homme, et quand on arrive à la fin à l'époque primitive
où l'autre-soi du mort, considéré indifféremment comme
esprit-revenant ou comme dieu, ne se distinguait en rien,
au moment de ses apparitions, de l'homme vivant; quand
on se reporte, dis-je, à ces époques, on ne peut manquer de voir la parenté qui unit les fonctions des officiers qui servent le chef décédé, et celles de ceux qui servent son successeur. Ce qui peut encore après cela paraître
étrange dans notre affirmation disparaît dès qu'on se sou-
vient que, dans diverses sociétés anciennes, on adorait les
rois vivants à l'égal des rois morts; et que l'adoration des

rois vivants par des prêtres n'était que la forme la plus exagérée de l'adoration dont s'acquittaient tous ses serviteurs.

Les organismes sociaux qui ne sont que faiblement différenciés nous révèlent clairement sous divers points de vue cette parenté. Le chef sauvage proclame ses propres exploits et les grandes actions de ses ancêtres ; les inscriptions assyriennes et égyptiennes prouvent que dans certains cas cette habitude de se louer soi-même persiste longtemps. Chez les Patagons, nous voyons le commencement de la transition. Un chef qui harangue ses sujets « exalte toujours sa bravoure et son mérite personnel. Quand il est éloquent, il est très estimé ; et lorsqu'un cacique ne possède point le don de l'éloquence, il se fait généralement accompagner d'un orateur qui parle à sa place [1]. » Entre la phase sociale où le chef se loue lui-même et celle où il se fait louer par procuration, il y a un progrès dont nous avons un exemple frappant dans le contraste qui sépare l'usage naguère en vigueur à Madagascar, où le roi avait l'habitude de rappeler dans l'assemblée publique « son origine, la succession des anciens souverains ses aïeux, et son droit incontestable à la possession du royaume [2], » d'avec l'usage qui existait jadis en Angleterre, où un officier avait la charge de proclamer, à la place du souverain, ses distinctions, ses titres et ses droits. A mesure que le chef, étendant ses domaines et accroissant sa puissance, rassemble autour de sa personne un grand nombre d'agents, le devoir qui appartenait d'abord à tous d'exprimer hautement en son honneur des louanges de propitiation finit par devenir la charge spéciale de certains d'entre eux : une classe de glorificateurs officiels se

1. Falkner, *Description of Patagonia*, 121.
2. Rev. W. Ellis, *History of Madagascar*, II, 238.

forme. « Aux îles Samoa, un chef en voyage a dans sa suite
son principal orateur [1]. » Aux îles Fidji, chaque tribu a
son « orateur, qui prononce des harangues dans les occasions de cérémonie [2]. » Les serviteurs des chefs achantis
crient avec empressement les « titres » de leurs maîtres [3] ; et un auteur récent parle de l'un des serviteurs
du roi qui a pour fonction « de lui donner des noms »,
c'est-à-dire de crier ses titres et ses éminentes qualités.
C'est en vertu d'un usage analogue que le roi des Yoru-
bas sort accompagné de ses femmes qui chantent ses
louanges [4]. Or quand nous rencontrons des faits de ce
genre, quand nous lisons qu'à Madagascar « le souverain a une grande troupe de chanteuses, qui restent dans
son palais et qui accompagnent leur monarque toutes
les fois qu'il sort, soit qu'il aille prendre l'air un moment, soit qu'il fasse un long voyage [5] ; » quand on nous
raconte qu'en Chine « Sa Majesté impériale était pré-
cédée de gens qui proclamaient ses vertus et sa puissance [6] ; » quand nous apprenons que chez les anciens
Chibchas on recevait le *bogota* avec « des chants où l'on
racontait ses exploits et ses victoires » ; nous ne saurions
nier que ces proclamateurs de grandeur et ces chanteurs
de louanges ne fissent pour le roi vivant exactement la
même chose que les prêtres et les prêtresses font pour le
roi mort et pour le dieu qu'ils dégagent de la personne
du roi mort. Dans les sociétés dont les gouvernements cé-

1. Rev. W. Turner, *Nineteen Years in Polynesia*, 348.
2. Cap. J.-E. Erskine, *Journal of a Cruize, etc.*, 254.
3. J. Dupuis, *Journal of a Residence in Ashantee*, London, 1824, 43.
4. Richard Lander, *Records of Capt Clapperton's Last Expedition*, I, 125.
5. R. Drury, *Madagascar, or Journal during Fifteen Years Residence on that Island*, 218.
6. Sir G. Staunton, *Account of Lord Macartney's Embassy China*, Lon-don, 1797, 345.

rémoniels sont très développés, on trouve d'autres preuves de cette homologie. De même que ces sociétés ont ordinairement plusieurs dieux en possession de pouvoirs différents et servis chacun par des glorificateurs officiels, de même elles ont des potentats vivants de divers grades, servis chacun par des hommes qui proclament sa grandeur et demandent pour lui des témoignages de respect. Aux îles Samoa, « un héraut court quelques pas en avant de son chef et prononce à haute voix son nom quand il rencontre quelqu'un [1]. » A Madagascar « un ou deux hommes, la zagaie ou la lance à la main, courent en tête du palanquin d'un chef, et crient très fort son nom [2]. » En tête du cortège d'un ambassadeur au Japon « marchaient d'abord quatre hommes armés de balais, comme ceux qui précèdent le train d'un grand seigneur, pour avertir les gens en criant : attention, attention ! c'est-à-dire : asseyez-vous, ou : prosternez-vous [3]. En Chine, un magistrat en tournée se fait précéder par des hommes qui portent des « écriteaux rouges où sont peints le rang et le nom de l'officier, et qui courent en criant aux passants qu'ils trouvent dans les rues : place, place ! silence ! Viennent ensuite des gens qui frappent sur des gongs et font connaître de temps en temps par un nombre déterminé de coups le grade et la fonction de leur maître [4]. » Dans l'ancienne Rome, les grands avaient leurs *anteambulones* qui criaient : « place à mon maître [5] ! » Il existe une autre analogie entre l'officier qui proclame

---

1. Rev. W. Turner, *Nineteen Years*, etc., 311.
2. Rev. W. Ellis, *Three Visits to Madagascar*, London, 1858, 127.
3. A. Steinmetz, *Japan and her People*, London, 1859. — M. Ernest Potow corrige cette information. D'après lui, le héraut crierait : « *Chita ni, chita ni*, bas ! bas ! c'est-à-dire à genoux. »
4. Rev. W.-C. Milne, *Life in China*, London, 1857, 94.
5. W.-A. Becker, *Gallus ; or Roman Scenes of the time of Augustus*, Trans., London, 1844, 203.

la volonté du roi et l'officier qui proclame celle de la divinité. En beaucoup de pays où le pouvoir royal est absolu, le monarque est invisible et l'on ne peut communiquer avec lui : le chef vivant simule par là le chef mort ou divin et a besoin des mêmes intermédiaires. Il en était ainsi chez les Assyriens [1]. » On ne pouvait adresser la parole au roi d'Assyrie que par l'entremise du vizir ou du chef des eunuques. Il en était de même dans l'ancien Mexique. On dit de Montézuma II que « nul homme du peuple ne devait le voir en face, et que celui qui par hasard le voyait était puni de mort [2] ; » on ajoute qu'il ne communiquait avec personne que par l'entremise d'un interprète. Au Nicaragua, les caciques « se tenaient séparés du reste des hommes, au point qu'ils ne recevaient de message des autres chefs que par l'intermédiaire d'officiers délégués pour cet office [3]. » Il en était de même au Pérou, où certains chefs « avaient coutume de ne se laisser voir de leurs sujets qu'en de rares occasions ». A sa première entrevue avec les Espagnols, « Atahualpa ne fit aucune réponse et ne leva pas même les yeux pour regarder le capitaine Fernand de Soto [4]. » Mais un chef répondit pour lui au capitaine. Chez les Chibchas, « le premier officier de la cour était le crieur, parce que, disait-on, il était l'intermédiaire par lequel la volonté du prince se faisait connaître [5]. » Dans toute l'Afrique de nos jours,

---

1. G. Rawlinson, *Herodotus*, a New English version, London, 1862.
2. Ant. de Herrera, *The General History of the Vast Continent and Islands of America*, Trans., London, 1725, III, 202. — Juan de Torquemada, *Monarquia Indiana*, Madrid, 1723, liv. IX, ch. xx.
3. E.-G. Squier, *Nicaragua*, New-York, 1852, II, 340.
4. Pedro Pizarro, *Relacion del Descubrimiento y Conquista de los Reinos del Peru*, anno 1571, in F. Navarrete, Salva y Baranda, *Colleccion de Documentos ineditos para la Historia de Espana*, Madrid, 1844, 225. — F.-R. de Xeres, *Reports on the Discovery of Peru* London, 1872, 48.
5. L. Fernandez de Piedrahita, *Historia del nuovo Regno de Granada*, Amberes, 1688, liv. I, ch. v.

même chose. Speke nous dit que, « dans la conversation avec le roi d'Uganda, il fallait toujours que les paroles passassent par un ou plusieurs de ses officiers [1]. » Au Dahomey, le souverain adresse ses paroles au Meu, qui en informe l'interprète, qui les transmet au visiteur, et il faut que la réponse repasse par les mêmes voies [2]. En Abyssinie, où les chef se tiennent dans leur maison, dans l'obscurité, en sorte « que les yeux du vulgaire ne peuvent les contempler à l'aise », le roi « ne prend même pas séance au conseil », mais il « se tient dans une pièce obscure », et « observe par une fenêtre ce qui se passe dans la chambre à côté. » Il y a aussi « un interprète qui sert d'intermédiaire entre le roi et son peuple en toute affaire d'État; cet officier porte le titre de voix ou parole du roi [3]. » Je pourrais ajouter que cette analogie entre les agents de communication séculiers et sacrés se trouve dans certains cas reconnue par les peuples dont les institutions les consacrent. Thomson nous dit que dans la Nouvelle-Zélande on regardait les prêtres comme les ambassadeurs des dieux ; enfin le titre de « messagers des dieux » est celui des officiers du temple de Tensio dai Sin, la principale divinité du Japon [4].

Nous avons une autre preuve de cette homologie. Dans les pays où, à côté d'une civilisation avancée, le culte des ancêtres est demeuré dominant, et où les dieux et les hommes ne sont par conséquent séparés que par une dif-

---

1. J.-H. Speke, *Journal of the Discovery of the Source of the Nile*, London, 1868, 294.

2. R.-F. Burton, *Mission to Gelele, King of Dahomey*, London, 1864, I, 294.

3. Henry Dufton, *Narrative of a Journey through Abyssinia*, London, 1867, 71. — James Bruce, *Travels to Discover of the Source of the Nile*, Edinburgh et London, 1804; IV, 454, 417.

4. Kæmpfer, *History of Japon*, 58.

férenciation légère, les deux organisations gouvernementales ne sont que légèrement différenciées. Dans l'ancienne
Égypte, « les prêtres avaient la charge de diriger le cérémonial de la cour,... le roi (appartenant à leur ordre) ne
recevait personne qui manquât aux lois de la pureté [1]. »
La Chine nous offre un excellent exemple : « Les empereurs de la Chine ont l'habitude de diviniser... les officiers
civils et militaires dont la vie a été marquée par un acte
mémorable, et le culte qu'on leur rend constitue la religion officielle des mandarins. » De plus, l'empereur « confère des titres à des officiers qui ont quitté ce monde et
qui se sont montrés dignes de sa haute confiance : il les
crée gouverneurs, présidents, inspecteurs, etc., dans les
Enfers. » Enfin le Li-pu, ou Conseil des Rites, règle l'étiquette en vigueur à la cour, formule les règlements somptuaires, les prescriptions relatives aux voitures, aux harnais, aux cortèges, aux insignes. Une autre section s'occupe des rites à observer dans le culte des dieux et des
esprits des monarques défunts, des sages, des honorables, etc. ; par où l'on voit que le même conseil règle
le cérémonial religieux aussi bien que le cérémonial civil.
A cet exposé sommaire nous pouvons ajouter le passage
suivant : « A la cour, le maître des cérémonies se tient en
vue de tout le monde, et d'une voix haute commande aux
courtisans de se lever et de s'agenouiller, de rester debout
ou de marcher ; » c'est-à-dire qu'il dirige les adorateurs
du monarque comme un grand prêtre dirige les adorateurs
du dieu [2]. Les relations analogues au Japon étaient, jusqu'à
ces derniers temps, tout aussi marquées. Les voyageurs

---

1. De G. Ebers, *Ægypten und die Bücher Moses*, 1868, I, 352.
2. Huc, *Voyage en Tartarie*, II, 261. — Rev. C. Gutlaff, *China Opened*,
London, 1838, II, 311. — S. Wells Williams, *The Middle Kingdom*, I, 331 ;
II, 68.

ne nous avaient pas laissé ignorer le caractère sacré du
Mikado et sa divine inaccessibilité ; mais la confusion entre
le divin et l'humain allait encore beaucoup plus loin. « Les
Japonais, dit Dikson, sont généralement pénétrés de l'idée
que leur pays est réellement la terre des êtres spirituels
ou le royaume des esprits. Ils pensent que l'empereur est
le maître de tout, et qu'entre autres puissances subordonnées il a sous sa domination les esprits du pays. Il est
le maître des hommes, il est pour eux la source des honneurs, et non pas seulement des honneurs en ce monde,
mais aussi dans l'autre, où l'on avance d'un rang à l'autre
par les ordres de l'empereur. » Nous apprenons ensuite
que, sous l'autorité des ministres japonais, l'un des huit
conseils d'administration, le *Ji-bu-chio*, « s'occupe des
formalités de société, des manières, de l'étiquette, du
culte, des cérémonies à l'égard des vivants et des morts[1]. »

Les peuples occidentaux, chez lesquels, durant l'ère
chrétienne, la différenciation entre le divin et l'humain
était devenue très prononcée, ne nous offrent pas d'une
façon aussi nette le rapport d'homologie qui unit l'organisation cérémonielle et l'organisation ecclésiastique. On peut
cependant, ou plutôt l'on pouvait autrefois, la reconnaître
parfaitement. Du temps de la féodalité, outre les grands
chambellans, les grands maîtres des cérémonies, les huis-
siers, etc., de la cour des rois, et les officiers qui remplissaient des fonctions analogues dans les maisons des chefs
subordonnés et des nobles, et dont la charge était de diriger les observances propitiatoires, il y avait les hérauts.

---

1. A propos de cette citation empruntée au récit de Dickson, M. Ernest
Satow prétend que ce conseil (depuis longtemps aboli) était double. Mais la
différenciation des fonctions de ses divisions n'était que partielle ; l'une réglait
les formalités de propitiation envers les dieux ; mais l'autre, qui réglait les formalités séculières, accomplissait celles qui s'adressaient aux mikados morts,
lesquels étaient des dieux.

Ceux-ci formaient une classe de fonctionnaires du cérémonial et ressemblaient par bien des points à un clergé.
Scott a fait une remarque profonde : il a vu que « l'union
entre la chevalerie et la religion était si intime que l'on
regardait les divers degrés de la hiérarchie de la première
comme véritablement analogues à ceux de la hiérarchie de
l'Église. » J'ajoute que les officiers dont les fonctions se
rattachaient à l'institution de la chevalerie formaient un
corps d'une organisation très complexe : en France, par
exemple, on y comptait cinq rangs, le *chevaucheur*, le *poursuivant d'armes*, le *héraut d'armes*, le *roi d'armes* et le *roi
d'armes de France*. Dans ces rangs, l'initiation se faisait
par une espèce de baptême où le vin remplaçait l'eau. Ces
officiers tenaient à époques fixes leur chapitre dans l'église
de Saint-Antoine. Quand ils portaient des ordres ou des
messages, ils revêtaient le même costume que leurs maîtres, le roi ou les nobles, et ils recevaient à peu près les
mêmes honneurs qu'eux de la part de ceux auprès de qui ils
étaient députés : ils étaient donc revêtus d'une dignité déléguée semblable au caractère sacré que les prêtres possèdent par collation. Le roi d'armes suprême et cinq autres
grands officiers faisaient sur place des inspections pour
maintenir la discipline, comme des supérieurs ecclésiastiques en faisaient de leur côté. Des hérauts vérifiaient les
titres de ceux qui aspiraient aux honneurs de la chevalerie,
de même que les prêtres jugeaient de l'aptitude des aspi-
rants aux ordres de l'Église ; dans leurs tournées d'inspection, ils avaient la charge de « corriger les choses mauvaises et déshonnêtes », de donner des avis aux princes,
fonctions analogues à celles des prêtres. Non seulement
ils proclamaient les volontés des princes de la terre, comme
les prêtres de toutes les religions annoncent celles des

princes des cieux ; mais ils étaient les glorificateurs des premiers comme les prêtres l'étaient des derniers : une partie de leur charge envers ceux qu'ils servaient consistait « à publier leurs louanges ès pays étrangers ». Aux obsèques des rois et des princes, où les observances en l'honneur du vivant touchaient de si près celles qui s'adressaient au mort, la parenté de la fonction héraldique et de la fonction sacerdotale éclatait encore ; en effet, le héraut déposait dans la tombe les insignes du rang du potentat défunt, ce qui était une manière de sacrifice, mais il devait en outre écrire ou faire écrire un panégyrique du mort, c'est-à-dire inaugurer ce culte du mort d'où sortent toutes les formes supérieures de culte. Si l'appareil héraldique était moins savamment combiné en Angleterre, il ressemblait pourtant à celui de France. Les hérauts portaient des couronnes, des habits royaux et se servaient du pluriel *nous*. Jadis, il y avait deux provinces héraldiques, et dans chacune un héraut suprême : on eût dit deux diocèses. Un développement ultérieur de l'institution amena la création d'un roi d'armes de la Jarretière avec des rois d'armes provinciaux placés au-dessus d'officiers héraldiques inférieurs ; enfin, en 1483, ces officiers furent tous incorporés dans le collège des hérauts. Comme en France, il y avait en Angleterre des tournées d'inspection des hérauts, pour vérifier les titres et les honneurs existants et pour en consacrer d'autres. Les rites funèbres étaient si bien assujettis à l'autorité héraldique qu'aucun membre de la noblesse ne pouvait être enseveli sans l'autorisation du héraut [1].

Il est aisé de voir pourquoi ces appareils, auxquels étaient attachés des fonctions cérémonielles jadis importantes, se

---

1. Rev. M. Noble, *History of the College of Arms*, London, 1805.

sont atrophiés, tandis que les appareils civils et ecclésiastiques se développaient. La propitiation du vivant s'est
trouvée, dès le début, nécessairement plus localisée que
celle du mort. On ne saurait adorer le chef vivant qu'en sa
présence, ou, si l'on veut, dans sa demeure, ou dans le
voisinage de sa résidence. Sans doute, au Pérou, on payait
un tribut d'adoration aux images des Incas vivants [1], et à
Madagascar, lorsque le roi Radama était absent, on chantait
ses louanges en ces termes : « Dieu est parti pour l'Occident, Radama est un taureau puissant [2] ; » mais en général
on ne faisait pas de révérences et on ne chantait pas de
louanges en l'honneur du grand personnage vivant, quand
lui-même ou ses serviteurs immédiats n'étaient pas là pour
le constater. Mais quand le grand personnage meurt et
que dès ce moment on commence à vénérer et à craindre
son esprit que l'on croit capable d'apparaître partout, les
actes de propitiation cessent de demeurer localisés sur un
étroit espace ; et comme, à la suite de la formation de
sociétés plus vastes, il se constitue des divinités auxquelles
on attribue une puissance et un empire plus grands, la
crainte et la vénération qu'elles inspirent se répandent en
même temps sur de plus vastes régions. Par suite, le
nombre des propitiateurs officiels se multiplie et s'étend,
le culte qu'ils desservent s'établit en beaucoup d'endroits
en même temps, de grands corps d'officiers ecclésiastiques
se constituent. Mais ce n'est pas la seule raison qui empêche
l'organisation cérémonielle de croître aussi bien que les
autres. Le développement de ces dernières est la véritable
cause de sa décadence. Pendant les premiers temps de

1. Jose d'Acosta, *Historia natural y moral de las Indias*, Sevilla, 1590,
liv. V, ch. VI.
2. Rev. W. Ellis, *History of Madagascar*, I, 356.

l'intégration sociale, il est vrai, les chefs locaux tiennent
chacun leur cour sur leurs domaines et ont des officiers
qui en règlent les cérémonies, mais la marche de la consolidation sociale et les progrès de la subordination des puissances locales à un gouvernement central ont pour effet
de diminuer la dignité des chefs locaux et de faire disparaître les témoins patentés de leurs honneurs. Jadis, en
Angleterre, « les ducs, les marquis et les comtes avaient
droit à un héraut et à un poursuivant d'armes ; les vicomtes,
les barons et les autres personnages non titrés, même les
chevaliers bannerets pouvaient garder un poursuivant [1]. »
Mais, à mesure que le pouvoir royal grandit, « cet usage
s'effaça peu à peu : il n'existait plus sous le règne d'Élisa-
beth. » Il y a une autre raison qui fait déchoir peu à peu
l'appareil de l'autorité cérémonielle : c'est que les autres
empiètent peu à peu sur ses fonctions. Les règlements
politiques et ecclésiastiques, qui au début s'occupaient surtout de la portion de la conduite de l'homme qui exprime
l'obéissance aux maîtres divins et humains, se développent
de plus en plus, de manière à constituer des freins imposés
par l'équité à la conduite des individus les uns envers les
autres, et des préceptes moraux pour la direction de cette
conduite : et par là ils empiètent de plus en plus sur le
domaine de l'organisation cérémonielle. En France, les
hérauts n'avaient pas seulement les fonctions semi-sacer-
dotales que nous avons indiquées, ils étaient aussi « juges
des crimes commis par la noblesse [2]; » ils avaient le pouvoir
de dégrader un noble félon, de prononcer la confiscation
de ses biens, de raser ses châteaux, de condamner ses
terres à demeurer en friche, et de le dégrader des armes.

---

1. Rev. M. Noble, *History of the College of Arms.*
2. Vulton, *Collection..... relatifs à l'histoire de France.* Paris, 1838.

En Angleterre, aussi, ces officiers de cérémonies s'acquittaient de certaines charges civiles. Jusqu'en 1688, les rois
d'armes provinciaux « inspectaient leurs provinces et recevaient pour cela des commissions du souverain; dans leurs
tournées, ils enregistraient dûment aux archives du collège
des hérauts les certificats de décès, les généalogies, les
alliances de la noblesse et de la *gentry*. » Ces pièces faisaient foi devant les cours de justice. Évidemment, c'est
parce que les agents ecclésiastiques et politiques se sont
emparés de ces diverses fonctions que ces deux genres
d'autorité ont concouru à réduire l'appareil cérémoniel
aux vestiges qu'on peut voir encore aujourd'hui, c'est-à-
dire à un collège de hérauts à peu près oublié et aux
officiers de la cour qui président aux rapports avec le souverain.

§ 348. Avant de passer à un exposé détaillé des diverses
parties du gouvernement cérémoniel, il convient de résumer
l'examen sommaire que nous venons de faire de cette
question.

Le genre de gouvernement de la conduite que nous
appelons cérémonie précède les gouvernements civil et
ecclésiastique. Il a ses commencements chez les types
vivants inférieurs à l'homme; on le constate chez les sauvages qui n'ont pas d'autre forme de gouvernement; il
prend souvent un grand développement dans les pays où
les autres genres de gouvernement sont peu avancés; il se
reproduit toujours spontanément entre les individus dans
toute société; enfin il enveloppe les formes d'autorité plus
définies que l'État et l'Église exercent. Ce qui montre
encore que le gouvernement cérémoniel est primitif, c'est
d'abord que les gouvernements religieux et politique ne

font guère autre chose que de conserver les cérémonies en usage instituées en l'honneur de certaines personnes vivantes ou mortes : les codes de lois imposés par l'autorité civile et les codes de morale promulgués par l'autorité religieuse viennent plus tard. Nous en trouvons encore une autre preuve en ce que les trois autorités, sociale, politique et religieuse, possèdent en commun certains éléments ; car les formes qu'il faut observer dans les relations sociales se retrouvent aussi dans les relations politiques et religieuses, dans les formalités de l'hommage et dans celles du culte. Chose encore plus significative, on peut rattacher la plupart du temps les cérémonies à des actes manifestement antérieurs à toute législation civile ou ecclésiastique. Au lieu d'avoir pour cause une prescription imposée ou consentie, ce qui impliquerait que l'organisation nécessaire pour faire et imposer les règles préexistait, elles proviennent, par voie de modification, d'actes que l'homme accomplit pour des fins touchant sa personne ; ce qui prouve qu'elles naissent de la conduite de l'individu, avant qu'il existe aucun arrangement social capable de la régir. Enfin nous remarquons que lorsqu'un chef politique s'élève qui, pour exiger la subordination, est lui-même son propre maître des cérémonies, et qui rassemble bientôt autour de lui des serviteurs qui accomplissent des actes propitiatoires auxquels la répétition donne de la précision et de la fixité, dès ce moment il y a des officiers de cérémonies. Si, en même temps que croissent les organisations qui imposent les lois civiles et promulguent les préceptes moraux, l'organisation cérémonielle déchoit au point qu'on ne l'aperçoive plus, il n'en reste pas moins vrai que dans les premiers temps le corps des officiers qui dirigent la propitiation des chefs vivants, des chefs suprêmes et des chefs subordonnés, homologue du corps des officiers qui dirigent la propitiation des chefs divinisés après leur mort, tant des principaux que des subordonnés, constitue un élément considérable de la structure sociale. Enfin l'organisation cérémonielle ne s'efface que lorsque les appareils, politique et ecclésiastique, qui exercent une autorité plus définie et sur un plus grand nombre de détails, usurpent ses fonctions.

A la lumière de ces idées générales, examinons maintenant les divers éléments du gouvernement cérémoniel. Nous les étudierons sous les noms de trophées, mutilations, présents, salutations, compliments, titres, insignes et costumes, autres distinctions de classe, modes, passé et avenir des cérémonies.

# CHAPITRE II

§ 349. Le succès, à quelque genre qu'il appartienne, est une cause de satisfaction; on estime fort les signes qui l'attestent, parce qu'ils procurent des applaudissements. Le sportsman, qui raconte ses succès quand l'occasion s'en présente, conserve le plus qu'il peut les dépouilles des animaux qu'il a tués à la chasse. Est-il pêcheur? il fait de temps en temps des entailles sur le manche de sa canne pour montrer le nombre et la longueur des saumons qu'il a pêchés, ou bien il garde dans un bocal la grande truite de la Tamise qu'il lui est arrivé de prendre. A-t-il couru le cerf? vous verrez dans son *hall* ou dans sa salle à manger la tête de l'animal, et il la prise fort quand les cornes qui y sont attachées sont armées de beaucoup de « pointes ». S'il a eu du succès dans la chasse aux tigres, il estimera davantage les peaux de ces animaux, qui attestent sa bravoure.

Des trophées de ce genre, même parmi nous, donnent à celui qui les possède de l'influence sur tous ceux qui l'entourent. Un voyageur qui a rapporté d'Afrique une paire de défenses d'éléphant ou la corne formidable d'un rhinocéros fait, à ceux qui se mettent en rapport avec lui, l'effet d'un homme de courage et de ressource, d'un homme avec lequel il ne faut pas plaisanter. Il acquiert donc une sorte d'autorité.

Naturellement, les hommes primitifs estiment encore davantage les trophées-animaux, eux qui mènent une vie déprédatrice et qui tirent leur valeur respective de leur force et de leur adresse à la chasse : chez eux, les trophées contribuent beaucoup à donner de l'honneur et de l'influence. De là vient que, dans l'île de Vate, le nombre des os de tous genres suspendus dans la maison d'un individu est le signe de son rang [1]. On nous raconte que le guerrier chochone qui « tue un ours gris a, par ce fait, le droit d'en porter les dépouilles, car c'est un grand exploit que de mettre à mort un de ces terribles animaux, et celui-là seul qui l'a accompli a le droit de porter les suprêmes insignes de la gloire, la patte ou les griffes de la victime [2]. » Chez les Michmis, « dans la maison d'un chef puissant, plusieurs centaines de crânes de bêtes pendent le long des murs du passage, et l'on calcule la richesse du chef d'après le nombre de ces trophées; on s'en sert dans ces tribus comme d'une sorte de monnaie de circulation [3]. » Chez les Santals « existe la coutume de se transmettre ces trophées (crânes de bêtes, etc.) de père en fils. » Armés du fil que ces faits nous livrent, nous comprenons pourquoi l'habitation du roi des Koussas « ne se distingue des autres que par une queue de lion ou de panthère qui pend du sommet du

1. Rev. W. Turner, *Nineteen Years in Polynesia*, London, 1861, 393.
2. Bancroft, *The Native Races of the Pacific States of North-America*, London, 1875, I, 438.
3. T. Cooper, *The Mishmee Hills*, London, 1873, 190.

toit [1] » ; il ne nous est guère possible de douter que ce
symbole de royauté n'ait été dans le principe un trophée
arboré par un chef qui devait le rang suprême à sa vaillance.

Mais comme, chez les peuplades non civilisées et semi-
civilisées, les hommes sont des ennemis bien plus à redouter que les animaux, et comme les victoires remportées sur les hommes sont par conséquent des occasions de
plus grands triomphes que les conquêtes sur les animaux,
il s'ensuit que les preuves de ces victoires sont ordinairement plus estimées. Un brave, revenant du combat, n'obtient
pas grand honneur, si les exploits dont il se vante ne s'appuient pas sur des faits ; mais si, pour preuve qu'il a tué
son homme, il en rapporte quelque partie, surtout une
partie qui ne soit pas en double sur le corps, il voit son
nom grandir dans la tribu et sa puissance s'accroître. En
conséquence, la coutume s'établit de conserver des trophées pour les montrer et pour fortifier l'influence personnelle qu'on possède. Chez les Achantis, « les vainqueurs
portent sur eux les plus petites articulations, les plus petits
os et les dents des hommes qu'ils ont tués [2]. » Chez les Ceris
et les Opatas du nord du Mexique, « il en est beaucoup qui
font cuire la chair de leurs prisonniers pour la manger et
gardent leurs os pour en faire trophée [3]. » Dans une autre
race mexicaine, « les Chichimèques, les guerriers portent
sur eux un os sur lequel ils font une entaille lorsqu'ils
tuent un ennemi, pour conserver le souvenir du nombre
de leurs victimes [4]. »

Maintenant que nous avons reconnu le sens de l'acte de

1. H. Lichtenstein, *Travels in South Africa*, trans., London, 1812-15, 288.
2. John Beecham, *Ashantees and the Gold Coast*, London, 1841.
3. Bancroft, *The Native Races, etc.*, I, 582.
4. Id., *ibid.*, I, 629.

prendre des trophées, examinons les diverses formes de cet acte.

§ 350. De toutes les parties coupées sur le corps des victimes du combat, celle qu'on prend le plus communément, c'est la tête, probablement parce que la tête de l'ennemi, c'est la preuve la plus irrécusable de la victoire.

Nous n'avons pas besoin d'aller loin pour trouver des exemples de cette pratique et des motifs qui la suggèrent. Nous les rencontrons dans un livre qui est dans les mains de tout le monde. Nous lisons dans les *Juges* (VII, 25) le passage suivant : « Et ils prirent les deux chefs des Madianites, savoir Oreb et Zéeb, et ils tuèrent Oreb au rocher d'Oreb ; mais ils tuèrent Zéeb au pressoir de Zéeb, et ils poursuivirent les Madianites et apportèrent les têtes d'Oreb et de Zéeb à Gédéon, en deçà du Jourdain. » David tranche la tête de Goliath et la porte à Jérusalem. La même coutume existait en Égypte. A Abou-Simbel, on voit une image de Ramsès II portant une touffe d'une douzaine de têtes. Si des races supérieures comme ces dernières ont l'usage de remporter des têtes en guise de trophées, nous ne devons pas nous étonner de le retrouver chez toutes les races inférieures du globe. Les Chichimèques de l'Amérique du Nord « fichent les têtes des vaincus au bout d'une perche et les promènent à travers leurs villages en signe de victoire, tandis que les habitants dansent autour de ces dépouilles [1]. » Dans l'Amérique du Sud, les Abipones rapportent de la bataille des têtes « attachées à leur selle [2], » et les Mundrucus « décorent leurs gros-

---

1. Bancroft, *The Native Races of the Pacific States of North America*, London, 1875, I, 629.
2. M. Dobrizhoffer, *Account of the Abipones of Paraguay*, London, 1868, II, 408.

sières et misérables cabanes avec ces horribles trophées[1]. »
Parmi les Malayo-Polynésiens qui ont la même coutume,
on peut citer les naturels de la Nouvelle-Zélande[2]. Les
peuplades du Congo conservent les crânes de leurs ennemis comme trophées [3]; « on montre encore comme des
trophées, à la cour des Achantis, le crâne et le fémur du
dernier roi de Dinkira [4]. » Les Koukis, l'une des tribus
montagnardes de l'Inde, ont le même usage. En Perse, « on
faisait mettre à mort de sang-froid » pour de l'argent « des
prisonniers (de guerre), afin que leurs têtes, envoyées en
toute hâte au roi,... allassent faire nombre[5]. » Enfin, ce
qui montre que chez d'autres races asiatiques l'usage de
couper les têtes des morts persiste en dépit d'une demi-
civilisation, c'est ce que les Turcs ont fait naguère : on les
a vus, quelquefois, exhumer les corps des ennemis tués et
leur couper la tête.

Ce dernier fait nous amène à remarquer que la coutume
barbare de couper des têtes a été et se trouve encore pratiquée avec l'excès le plus extrême, tant que l'esprit militaire
demeure lui-même excessif. Parmi les anciens faits, nous
pouvons citer les exploits de Timour, qui exigea quatre-
vingt-dix mille têtes de Bagdad [6]. Parmi les modernes, les
plus remarquables nous viennent du Dahomey. « La chambre
à coucher du roi de Dahomey, dit Burton, était pavée de
crânes de princes et de chefs des pays voisins, de sorte que

1. J. Henderson, *History of Brazil*, London, 1829, 475.
2. Dr A.-S. Thompson, *The Story of New Zealand Past and Present,
Sauvage and Civilised*, London, 1859, I, 130.
3. Capt J.-K. Tuckey *Narrative of an Expedition to explore the River
Zaire*, London, 1818, 101.
4. Joseph Dupuis, *Journal of a Residence in Ashantee*, trans. London,
1824, 227.
5. J. Morier, *Second Journey to Persia*, London, 1818, 186.
6. Gibbon, *History of the Decline and Fall of the Roman Empire*, London,
1847, 1131.

le roi les foulait aux pieds [1]. » Selon Dalzel, quand le roi dit qu' « il lui faut du chaume pour le toit de sa maison [2], » cela signifie qu'il donne l'ordre à ses généraux de faire la guerre, par allusion à la coutume de places les têtes des ennemis morts dans la bataille, ou des prisonniers de marque, sur les toits des corps de garde de la porte de ses palais.

Assez d'exemples; voyons maintenant comment cet acte de couper la tête comme trophée est le point de départ de l'un des moyens employés pour fortifier la puissance politique; disons comment il devient un facteur des cérémonies religieuses, et comment il entre dans les rapports sociaux comme moyen de gouvernement.

On ne saurait douter que les pyramides et les tours de têtes coupées que Timour érigea aux portes de Bagdad et d'Alep n'aient affermi sa domination par la terreur qu'elles inspiraient aux peuples subjugués, et par la crainte dont elles frappaient ses troupes à la pensée de la vengeance que le maître saurait tirer de leur insubordination. Il est évident aussi que l'idée que le roi de Dahomey habite une demeure pavée et décorée de crânes est de nature à inspirer la crainte à ses ennemis et l'obéissance à ses sujets. Dans le nord des îles Célèbes, où, avant 1822, « le principal ornement des maisons des chefs était composé de crânes humains », ces témoignages des victoires qu'ils avaient remportées dans la guerre, servant de symbole à leur autorité, ne pouvaient manquer d'exercer une influence au point de vue du gouvernement.

Nous avons aussi des preuves formelles que l'on offre des têtes aux morts en manière de propitiation, et que la

---

1. R. F. Burton, *Mission to Gelele, etc.*, I, 218.
2. Archibald Dalzel, *History of Dahomey*, London, 1703, 76.

cérémonie de cette offrande fait partie d'un quasi-culte. Le peuple dont nous venons de parler en dernier lieu nous en offre un exemple. « Lorsqu'un chef meurt, il faut décorer sa tombe de deux têtes fraîchement coupées, et, si l'on n'a pas d'ennemi qu'on puisse immoler, on sacrifie des esclaves en cette occasion. » Il en est de même chez les Dayaks, race avancée à bien des égards, mais qui a conservé cet usage sanctifié par la tradition : « Le vieux guerrier ne put demeurer en repos dans sa tombe tant que ses parents n'eurent pas coupé une tête en son honneur [1]. » Chez les Koukis du nord de l'Inde, le sacrifice de la décapitation va encore plus loin. Ils font des excursions dans les plaines pour se procurer des têtes. « On sait qu'en une seule nuit ils en ont coupé cinquante [2]. » Ils s'en servent dans les cérémonies des funérailles de leurs chefs, et c'est toujours après la mort de l'un de leurs rajahs que les Koukis font ces razzias.

En preuve de ce que la possession de ces hideuses marques de victoire donne l'influence dans les relations sociales, citons le passage suivant de Saint-John : si les Patakans et les peuplades de Bornéo font la chasse aux têtes, ce n'est pas tant pour accomplir une cérémonie religieuse que pour attester leur bravoure et montrer qu'ils sont des hommes. Dans leurs querelles, il est une chose qu'on entend toujours : « combien ton père ou ton grand-père ont-ils coupé de têtes ? moins que les miens ? alors tu n'as pas à t'en enorgueillir [3]. »

§ 351. Mais la tête d'un ennemi est d'un volume embarrassant, et, quand il faut faire beaucoup de chemin pour

1. F. Boyle, *Adventures among the Dyaks of Borneo*, London, 1865, 170.
2. Fischer, *Journ. as. soc. Ben.*, IX, 830.
3. Spencer St-John, *Life in the Forests of the Far East*, London, 1862, II, 28.

rentrer du champ de bataille, une question se pose : ne peut-on fournir la preuve qu'on a tué un ennemi en ne rapportant qu'une partie de sa tête? En certains endroits, le sauvage a résolu la question, et il agit en conséquence.

Cet usage modifié et le sens qui s'y attache sont parfaitement compris des Achantis : chez eux, « le général qui commande l'expédition envoie à la capitale les os maxillaires des ennemis tués[1]. » Les Tahitiens, à l'époque où ils furent découverts, enlevaient les mâchoires de leurs ennemis, et Cook en vit quinze, plantées au faîte d'une maison[2]. Il en est de même à l'île de Vate, où « la grandeur du chef se mesure à la quantité d'os dont il peut faire montre[3]. » Quand « un des ennemis qui a mal parlé du chef » vient à être tué, « on suspend sa mâchoire dans la maison de celui-ci comme trophée » : c'est un avertissement menaçant pour tous ceux qui le ravalent en paroles. Nous trouvons un autre exemple de cet usage, et aussi de son influence sociale, dans un récit tout récent relatif à une autre race de Papous qui habite Boigu, sur la côte de la Nouvelle-Guinée. « Par nature, écrit M. Stone, ces peuples sont sanguinaires et belliqueux entre eux ; ils font souvent des incursions dans le *Big Land* et en rapportent en triomphe les têtes et les mâchoires de leurs victimes ; la mâchoire devient la propriété du meurtrier, la tête celle de celui qui l'a tranchée. Aussi regarde-t-on la mâchoire comme le plus précieux trophée, et plus un homme en possède, plus il est grand aux yeux de ses compagnons[4]. » On peut ajouter que dans certaines tribus des Tupis de l'Amérique du Sud, pour

1. Ramseyer and Kühner, *Four Years, in Ashantee*, 130.
2. Cook *Hawk*, voy. II, 161.
3. Rev. W. Turner, *Nineteen Years etc.*, 393.
4. Geog. soc., 1876, *Lettres de M. Stone*, 7 septembre 1875.

honorer un guerrier victorieux, on lui attache la bouche de
la victime au bras en guise de bracelet [1]. »

A côté de la coutume de faire des trophées avec des mâchoires, on peut mettre l'usage analogue d'en faire avec des
dents. Nous en avons des exemples en Amérique. Les Caraïbes « enfilaient ensemble les dents de ceux de leurs ennemis qu'ils avaient tués dans la bataille et les portaient
autour de leurs bras et de leurs jambes [2].» Les Tupis dévor-
rent leurs prisonniers et en conservent « les dents, dont ils
se font des colliers. » Les femmes des Moxos « portaient des
colliers faits de dents des ennemis tués par leurs maris dans
les batailles [3]. » Au temps de la conquête espagnole, les
naturels de l'Amérique centrale firent une idole « et mirent
dans sa bouche des dents arrachées aux Espagnols qu'ils
avaient tués [4]. »

Il est d'autres parties de la tête qu'on peut aisément détacher et qui servent aussi au même usage. Quand beaucoup d'ennemis ont été tués, on a un moyen de les compter
qui n'exige pas un grand volume : c'est de recueillir leurs
oreilles. C'est probablement pour cela que Gengis-Khan, en
Pologne, fit « remplir neuf sacs d'oreilles droites des
morts [5]. » On a quelquefois pris des nez comme trophées
faciles à compter. Constantin V « reçut comme une offrande
agréable un plat rempli de nez [6], » et de nos jours même
les combattants monténégrins portent à leurs chefs les nez
qu'ils ont coupés. Si les Turcs tués dans le combat ont eu
le nez coupé au nombre de cinq cents dans une seule ba-

1. R. Southey, *History of Brazil*, London, 1810-19, I, 222.
2. Bryan Edwards, *History of West Indies*, London, 1801, I, 45.
3. T.-J. Hutchinson, *The Parana*, London, 1868, 34.
4. Fancourt, *The history of Yucatan*, London, 1854, 314.
5. Gibbon, *loc. cit.*, 1116.
6. *Ibid.*, 811.

taille, c'est, dit-on, en représaille de ce que les Turcs avaient coupé des têtes. C'est vrai ; mais cette excuse ne change rien au fait. « Les chefs monténégrins ne se laisseraient pas persuader de renoncer à l'usage de payer à leurs hommes le nombre des nez qu'ils rapportent [1]. »

§ 352. Les anciens Mexicains, qui avaient pour dieux leurs ancêtres cannibales déifiés, en l'honneur desquels on accomplissait journellement les rites les plus horribles, prenaient quelquefois pour trophée la peau entière du vaincu. « On écorchait vif le premier prisonnier de guerre. Le soldat qui l'avait pris revêtait cette peau sanglante et, sous cette parure, servait durant quelques jours le dieu des batailles... Celui qui revêtait cette peau allait d'un temple à l'autre ; les hommes et les femmes le suivaient en poussant des cris de joie [2]. » Ce fait nous fait voir deux choses, d'abord que le trophée est pris par le vainqueur en signe de sa valeur, et ensuite qu'il en résultait une cérémonie religieuse : on arborait le trophée pour plaire, croyait-on, à des divinités sanguinaires. Il y a une autre preuve que telle était l'intention de la cérémonie. « A la fête de Totec, le dieu des orfèvres, un des prêtres revêtait la peau d'un prisonnier, et, ainsi vêtu, il devenait l'image de ce dieu [3]. » Nebel (pl. 3, fig. 1) reproduit une statuette de basalte représentant un prêtre (ou idole) revêtu d'une peau d'homme. Nous en trouvons une autre preuve dans la coutume d'un pays voisin, le Yucatan ; il y était d'usage de « jeter les corps en bas des gradins ; on les écorchait ; le prêtre revêtait les

---

1. *The Times*, déc. 14, 1876.
2. Camargo, III, 134.
3. Fr. Bernardino de Sahagun, *Historia general de las cosas de Nueva España*, Mexico, 1829, liv. IX, c. 15.

peaux et se mettait à danser, puis on enterrait les corps dans la cour du temple [1]. »

D'ordinaire pourtant, le trophée de peau est d'une petitesse relative ; il n'a qu'une condition à remplir : c'est d'être tel que le corps ne puisse pas en fournir un second. Nous en voyons très bien l'origine dans la description suivante d'un usage des Abipones. Ils conservent les têtes des ennemis, et, « lorsque la crainte de la reprise des hostilités les oblige à chercher des lieux où ils soient plus en sûreté, ils dépouillent ces têtes de leur peau, en la coupant d'une oreille à l'autre par une incision qui passe au-dessous du nez, et l'enlèvent adroitement avec la chevelure... L'Abipone qui garde chez lui le plus grand nombre de ces peaux dépasse tous les autres en renommée guerrière [2]. » Mais il est évident qu'il n'est pas nécessaire de montrer toute la peau pour prouver qu'on a été en possession d'une tête : la peau du sommet du crâne, qui se distingue de toutes les autres par l'arrangement des cheveux, remplit cette intention : de là l'usage de scalper. Les récits de la vie indienne nous ont si bien familiarisés avec cette coutume, que nous n'avons pas besoin d'en donner des exemples. Il convient cependant de citer un exemple que nous trouvons chez les Chochones, parce que nous y voyons clairement le trophée servir à attester la victoire, c'est-à-dire servir de témoignage légal considéré comme le seul probant. « Prendre la chevelure d'un ennemi est un honneur tout à fait indépendant de l'acte de le vaincre. Tuer un adversaire n'est rien, tant qu'on ne rapporte pas sa chevelure du champ de bataille, et, s'il arrive qu'un guerrier tue un certain nombre d'en-

---

1. Ant. de Herrera, *The General History of the Vast Continent and Islands of America*, Trans, London, 1725, IV, 174.
2. M. Dobrizhoffer, *Account of the Abipones*, etc. II, 408.

nemis dans l'action et que d'autres prennent les chevelures
ou mettent les premiers la main sur les morts, c'est à ces
derniers que reviennent tous les honneurs, puisqu'ils ont
remporté le trophée [1]. » D'ordinaire, l'usage de scalper nous
fait penser aux Indiens de l'Amérique du Nord, mais il ne
leur appartient pas exclusivement. Hérodote dit que les
Scythes scalpaient leurs ennemis vaincus, et de nos jours
les Nagas des montagnes de l'Hindoustan prennent des chevelures et les conservent.

L'usage de conserver les cheveux sans la peau comme
trophée est moins général, parce que ce trophée ne donne
de la victoire qu'une preuve insuffisante, puisqu'une tête
pourrait fournir des cheveux pour deux trophées. Néanmoins, il y a des exemples où l'on voit la chevelure d'un
ennemi présentée en preuve de succès à la guerre. Grange
nous parle d'un Naga dont le bouclier « était couvert des
cheveux des ennemis qu'ils avait tués [2]. » Un chef mandan
avait une tunique « frangée de boucles de cheveux coupés
de sa main sur la tête de ses ennemis [3]. » On nous rapporte
que, chez les Cochimis, « les sorciers portaient de longues
robes de peau, ornées de cheveux d'hommes..., à certaines
de leurs fêtes [4]. »

§ 353. Au nombre des parties que l'on peut rapporter
aisément chez soi pour prouver sa victoire, nous pouvons
citer ensuite les mains et les pieds. Les tribus mexicaines,
Ceris et Opatas, « scalpent les ennemis morts, leur coupent

1. Lewis and Capt. Clarke. *Travels to the Source of the Missouri*, London,
1817, 309.
2. Grange, *Journ. Ass. soc. Bess.* IX, 959.
3. G. Catlin, *Letters, etc., on North American Indians*, London, 1842,
I, 136.
4. Bancroft, *The Native Races, etc.,* I, 567.

une main et dansent autour des trophées sur le champ de bataille [1]. » Il en est de même des Indiens de la Californie, qui prennent aussi les chevelures ; on nous dit qu'ils « ont la coutume encore plus barbare de couper les mains de leurs ennemis, leurs pieds ou leur tête, en guise de trophée. Ils arrachaient même et conservaient avec soin les yeux des ennemis tués [2]. » Bien qu'on ne le dise pas, nous pouvons supposer que l'on se bornait à prendre pour trophée la main ou le pied du côté droit ou du gauche, puisque, faute de ce moyen de vérification, il eût été facile de se vanter d'avoir vaincu deux ennemis au lieu d'un seul. Chez les Khonds on avait l'habitude de suspendre aux arbres des villages les mains droites des ennemis tués [3]. Les mains servaient de trophées chez les peuples de l'antiquité eux-mêmes. On lit sur une tombe à El Kab, dans la haute Égypte, une inscription où il est raconté comment Aahmès, fils d'Abuna, chef des timoniers, « quand il avait conquis une main (dans une bataille), recevait du roi des éloges et un collier d'or en témoignage de sa bravoure [4]. » Une peinture murale du temple de Medinet-Abou, à Thèbes, représente un roi à qui l'on offre un monceau de mains.

Ce dernier fait nous sert de transition pour passer à un autre genre de trophée. Avec le tas de mains déposées ainsi devant le roi, on voit aussi un tas de phallus. Une inscription explicative raconte la victoire de Menephtah sur les Libyens : on y lit qu'il a « coupé les mains à tous leurs auxiliaires » et les a rapportées sur des ânes à la suite de

1. Bancroft, *The Native Races, etc.*, I, 581.
2. Id., *Ibid.*, I, 830.
3. Lieut. Macpherson, *Report upon the Khonds of Ganjam and Cuttack*, Calcutta, 1842, 57.
4. Prof. Max Duncker, *The History of Antiquity*, Trans, London, 1877, I, 131.

l'armée victorieuse; puis elle mentionne ces trophées d'un autre genre pris sur les Libyens. Une transition naturelle nous conduit à un genre voisin de trophées qu'on avait jadis communément coutume de remporter, coutume qui s'est conservée jusqu'aux temps modernes dans le voisinage de l'Égypte. On m'excusera de citer un passage du récit que Bruce fait d'un usage des Abyssiniens; il a une grande signification. « A la fin d'un jour de bataille, dit-il, chaque chef est obligé de s'asseoir à la porte de sa tente, et chaque homme de sa suite qui a tué un ennemi se présente à son tour devant lui, armé de toutes pièces, tenant le prépuce sanglant de l'homme qu'il a tué... Autant il a tué d'hommes, autant de fois il se représente... La cérémonie finie, chaque guerrier prend son sanglant trophée, rentre chez lui et le prépare de la façon que les Indiens emploient pour leurs chevelures... L'armée entière... à un certain jour de revue, les jette devant le roi et les laisse à la porte du palais [1]. » Il faut remarquer ici que le trophée, qui sert d'abord à prouver la victoire remportée par un guerrier, devient par la suite une offrande au chef et un moyen de dénombrer les morts, ce qu'un voyageur français, Rochet d'Héricourt, a vérifié récemment. Le même usage servait au même but chez les Hébreux, nous en avons la preuve dans le passage où est racontée la tentative que fit Saül pour perdre David, quand il lui offre sa fille Mical pour femme. « Et Saül dit : Vous parlerez ainsi à David, le roi ne demande pour douaire que cent prépuces de Philistins, afin que le roi soit vengé de ses ennemis; » et David « frappa deux cents hommes des Philistins, et David apporta leurs prépuces et les livra bien comptés au roi. »

---

1. James Bruce, *Travels in Abyssinia*, 1768-73, Edin., 1790, VI, 116.
— Rochet d'Héricourt, *Second voyage.*

§ 354. Au motif direct de prendre des trophées s'associe un motif indirect qui joue un grand rôle dans le développement de la coutume. En traitant la question des idées primitives, nous avons vu que le sauvage, doué d'un esprit d'analyse faible, croit que les qualités d'un objet résident dans toutes ses parties, et c'est surtout des caractères d'un homme qu'il se l'imagine. Nous avons vu que de cette idée venaient les coutumes d'avaler des parties des corps des parents morts, ou de boire dans de l'eau la poudre de leurs os pilés, afin de se rendre possesseurs de leurs vertus; celle de dévorer le cœur d'un ennemi courageux pour acquérir son courage, ou ses yeux afin d'y voir de plus loin; celle de s'abstenir de la chair de certains animaux, de peur de gagner leur timidité. Une autre conséquence de la croyance que l'esprit de chaque individu est répandu dans toute sa personne, c'est que la possession d'une partie de son corps confère la possession d'une partie de son esprit et par suite une puissance sur cet esprit. Il en résulte que tout ce qu'on fait à la partie conservée d'un corps a un effet sur la partie correspondante de l'esprit, et qu'on peut exercer une contrainte sur l'esprit d'un mort en maltraitant des reliques. De là, comme nous l'avons vu (§ 133), l'origine de la sorcellerie; de là l'usage, si général chez les sorciers primitifs, de faire du bruit en entrechoquant des os de morts; de là « la poudre obtenue en pilant des os de morts » dont les nécromanciens dn Pérou se servent; de là la coutume que nous retrouvons dans nos traditions de sorcellerie, où l'on voit les sorcières se servir de certaines parties du corps pour composer des charmes.

Après avoir attesté la victoire remportée sur un ennemi, un trophée joue donc un autre rôle : il sert à subjuger son esprit, et nous avons des faits qui prouvent que la possession

de ce trophée fait en quelque sorte de l'esprit un esclave. La
croyance primitive, que l'on retrouve partout, que les doubles des hommes et des animaux immolés sur les tombeaux
accompagnent le double du mort pour le servir dans l'autre
monde; la croyance qui mène ici à l'immolation des femmes du mort pour lui donner des compagnes qui tiendront
sa maison, là au sacrifice de chevaux dont il a besoin pour
son voyage d'outre-tombe, ailleurs enfin à tuer des chiens
qui serviront de guides au double des morts; cette croyance
est, en bien des endroits, le point de départ d'une croyance
analogue d'après laquelle il suffit de déposer sur la tombe
du mort une partie des corps pour que les hommes ou les
animaux auxquels ces parties appartiennent deviennent ses
serviteurs. De là vient qu'en beaucoup d'endroits on décore
les tombeaux avec des os de bœufs, qu'ailleurs on y dépose
les têtes d'ennemis ou d'esclaves et même des chevelures.
Chez les Osages, dit M. Tylor, on voit quelquefois « sur le
tas de pierres élevé au-dessus d'un corps une perche au
bout de laquelle pend la chevelure d'un ennemi. Ces sauvages pensent que, lorsqu'ils prennent un ennemi et qu'ils
suspendent sa chevelure au-dessus du tombeau d'un ami
mort, l'esprit de la victime se trouve dans la terre des esprits assujetti à celui du guerrier enseveli [1]. » Les Ojiboués
ont un usage analogue qui provient probablement de la
même idée [2].


§ 355. Il ne faut pas oublier une transformation collaté-
rale de l'acte de prendre un trophée, transformation qui
joue un rôle dans la réglementation gouvernementale. Je

---

1. Tylor, *Primitive Culture*, London, 1871. 2° ed., I, 416.
2. Hidn, *Canadian Red River Exploring Expedition*, London, 1860, II, 123.

veux parler de l'exposition des parties du corps des criminels.

Notre esprit plus avancé distingue parfaitement entre
l'ennemi, le criminel et l'esclave ; mais l'homme primitif les
distinguait à peine. Presque totalement, sinon absolument
dépourvu des sentiments et des idées auxquels nous donnons le nom de moraux, retenant par la force tout ce qui
lui appartient, arrachant à un plus faible que lui la femme
ou les objets qu'il possède, tuant son propre fils sans hésiter s'il en est embarrassé, ou sa femme si elle l'offense,
et quelquefois très fier de sentir qu'on le reconnaît pour le
meurtrier de certains membres de sa tribu, le sauvage n'a
aucune idée distincte du bien et du mal abstraits. Les plaisirs et les peines que le bien ou le mal procurent immédiatement sont les seules raisons qu'il ait d'appeler les choses
bonnes ou mauvaises. C'est pour cela que l'hostilité et les
souffrances qu'elles lui infligent excitent en lui le même
sentiment, que l'agresseur vienne du dehors de la tribu
ou du dedans : l'ennemi et le criminel se confondent. Cette
confusion, qui nous paraît étrange de nos jours, se fera
mieux comprendre si nous nous rappelons que, même aux
premiers temps de l'histoire des nations civilisées, les
groupes de famille qui formaient les unités du groupe national étaient en grande partie des sociétés indépendantes,
placées les unes en regard des autres en des situations
assez semblables à celle d'une nation en face d'une autre
nation. Elles avaient leurs petites guerres de revanche,
comme la nation a ses grandes guerres de revanche. Chaque
groupe familial était responsable à l'égard des autres groupes familiaux des actes de ses membres, comme chaque
nation l'est à l'égard des autres pour les actes de ses citoyens. On tirait vengeance en frappant des membres inno-

cents d'une famille coupable, comme on tirait vengeance
en frappant des citoyens innocents d'une nation coupable.
Enfin l'auteur de l'agression interfamiliale, correspondant
au criminel des temps modernes, se trouvait dans une
situation analogue à celle de l'auteur d'une agression inter-
nationale. Il était donc naturel qu'il fût traité de même.
Nous avons déjà vu comment, au moyen âge, les têtes des
ennemis de la famille (assassins des membres de cette famille, ou voleurs de sa propriété) étaient exposées comme
trophées. Selon Strabon, chez les Gaulois et les autres peuples du Nord, les têtes des ennemis tués dans les combats
étaient enlevées et souvent clouées à la porte principale
de la maison, et, sous l'empire de la loi salique, on
fixait sur des pieux devant la porte les têtes des ennemis
privés des maîtres du logis; ces exemples montrent que
la confusion de l'ennemi public et de l'ennemi privé se
trouvait associée à l'usage de prendre des trophées sur l'un
et l'autre. On peut retrouver une association analogue
dans les coutumes des Juifs. Judas ordonne de couper la
tête et la main de Nicanor, et les porte à Jérusalem comme
trophées; c'était la main que le vaincu avait étendue dans
sa jactance blasphématoire. Le traitement infligé au criminel étranger trouve son pendant dans celui que David fait
subir à des criminels non étrangers : il ne se contenta pas
de faire pendre les cadavres des meurtriers d'Isboseth,
mais « il leur fit couper les mains et les pieds ».

On peut donc conclure avec raison que l'usage d'exposer
sur des gibets les criminels exécutés, ou leur tête sur des
piques, a pour origine l'usage de prendre des trophées sur
les ennemis tués. D'ordinaire, sans doute, on n'exposait
qu'une partie de l'ennemi mort; mais quelquefois c'était le
corps entier; le cadavre de Saül, par exemple, séparé de sa

tête, fut pendu par les Philistins aux murailles de Beth-sçan. Enfin, si l'usage d'exposer le corps entier du criminel est plus fréquent, cela vient probablement de ce que l'on n'a pas à le rapporter d'une grande distance, comme il faudrait le faire pour celui d'un ennemi.

§ 356. Encore qu'il n'existe aucune relation directe entre l'acte de prendre un trophée et le gouvernement cérémoniel, les faits qui précèdent nous font connaître des relations indirectes qui nous obligent à tenir compte de cette coutume. Elle entre comme facteur dans la constitution des trois formes d'autorité, la sociale, la politique et la religieuse.

Si, dans les états sociaux primitifs, on honore les hommes d'après leur bravoure, et si l'on apprécie leur bravoure tantôt d'après le nombre de têtes qu'ils peuvent montrer, tantôt par le nombre de mâchoires, tantôt par celui de chevelures; si l'on conserve ces trophées d'une génération à l'autre, enfin si l'orgueil des familles grandit avec le nombre de trophées conquis par leurs ancêtres; si les Gaulois, du temps de Posidonius, « déposaient avec soin dans des coffres les têtes de ceux de leurs ennemis qui appartenaient au plus haut rang, les embaumant avec de l'huile de cèdre, pour les montrer aux étrangers et s'en enorgueillir [1] », au point qu'eux-mêmes ou leurs pères refusaient de les céder pour de grosses sommes d'argent, il est clair que la possession des trophées devient le point de départ d'une distinction de classe. Quand nous apprenons que dans certains pays le rang d'un individu varie avec la quantité d'ossements qu'il possède au dedans ou au dehors de sa demeure, nous ne pouvons nier que l'exposition de ces témoignages de supériorité personnelle ne crée en leur

---

1. Diodore de Sicile, V, 2.

faveur une influence régulative dans les relations sociales.

A mesure que l'autorité politique se développe, l'acte de prendre des trophées devient en certains pays un moyen de conserver l'autorité. Outre la crainte respectueuse que le chef inspire quand il peut montrer sa puissance de destruction par de nombreux trophées, il en inspire une plus grande encore lorsque, devenu roi et placé au-dessus des chefs des tribus soumises à son autorité, il ajoute à ses propres trophées ceux que d'autres conquièrent pour lui ; et cette crainte se transforme en terreur quand il expose en grand nombre les reliques des chefs qu'il a fait tuer. Quand la coutume revêt cette forme avancée, la réception de ces trophées conquis par procuration devient une cérémonie politique. Le monceau de mains déposé aux pieds du roi égyptien était un moyen de gagner sa faveur, de même que de nos jours les charges de mâchoires envoyées par le général achanti à son roi. On rapporte que les soldats de Timour « devaient obéir au commandement absolu de rapporter un nombre fixe de têtes [1], » preuve que la présentation des trophées devient une formalité destinée à exprimer l'obéissance. Ce n'est pas seulement de cette manière que l'usage en question donne lieu à un effet politique. Nous avons encore à mentionner le genre de contrainte gouvernementale qui dérive de l'usage d'exposer les corps ou les têtes des criminels.

Quoique l'acte d'offrir une partie d'un ennemi tué pour gagner la faveur d'un esprit ne rentre pas dans les pratiques qui composent ce qu'on appelle ordinairement le cérémonial religieux, il ne laisse pas évidemment d'en faire partie quand il a pour but de gagner la faveur d'un dieu qui était jadis un esprit ancêtre. Un fait nous montre la transition. Lorsque deux tribus de Khonds se livrent bataille,

1. Gibbon, *History of the Decline*, etc., 1130.

« le premier guerrier qui tue son adversaire lui coupe le
bras droit et le porte en courant au prêtre sur les derrières
du champ de bataille, et celui-ci le dépose comme une
offrande sur le tombeau de Laha Pennou[1]. » Laha Pennou
est le *Dieu des armées* des Khonds. Comparons ces faits avec
d'autres, par exemple à ce qui se passait en présence du
dieu tahitien Oro, où l'on immolait fréquemment des victimes
humaines et où l'on élevait des murs « entièrement formés
de crânes humains », ayant appartenu « la plupart, sinon
tous, à des guerriers tués dans les batailles[2]; » nous voyons
que le culte de certains dieux consistait à leur apporter et à
accumuler autour de leurs autels des morceaux des corps
des ennemis tués, et mis à mort le plus souvent pour obéir
aux ordres de ces divinités. Ce qui confirme cette induction,
c'est que nous voyons d'autres genres de dépouilles servir à
un pareil usage. Les Philistins ne se contentèrent pas d'exposer les restes du roi Saül; ils suspendirent « ses armes
dans le temple d'Astaroth. » Les Grecs élevaient des trophées, formés d'armes, de boucliers, de casques enlevés aux
morts, et les consacraient à certains dieux[3]. Les Romains
déposaient les dépouilles recueillies sur le champ de bataille
dans le temple de Jupiter Capitolin. Les Fidjiens, peuple
très attentif à rechercher par tous les moyens la faveur de
ses divinités sanguinaires, « ne manquent jamais de porter
les drapeaux qu'ils ont conquis et de les suspendre comme
des trophées dans le *mbure*, » ou temple[4]. Des centaines
d'éperons d'or des chevaliers français tués à la bataille de
Courtray furent déposés par les Flamands dans l'église de

---

1. Lieut. Macpherson, *Report upon the Khonds, etc.*, 57.
2. Rev. W. Ellis, *Polynesian Researches*, I, 488.
3. Potter, *Archæologica Græca, or the antiquities of Greece*, Edinburgh,
1827, II, 109.
4. Capt. Wilkes, *United States Exploring Expedition*, Philadelphia, 1845,
III, 79.

cette ville [1]. En France, on suspendait aux voûtes des églises
les drapeaux conquis sur l'ennemi (usage qui n'est point
inconnu dans la protestante Angleterre) [2]. On pourrait ajouter
à ces faits ceux que nous avons cités plus haut, si ce rap-
prochement ne donnait à penser une chose impossible :
que les chrétiens s'imaginent plaire au *dieu d'amour* par
des actes semblables à ceux qui plaisent aux divinités diaboliques des cannibales.

Des résultats auxquels nous arriverons plus tard nous
obligent à mentionner encore une vérité générale, la seule
qui reste à dire, et tellement évidente qu'elle ne paraît pas
en valoir la peine. L'acte de prendre des trophées se rattache directement à la phase militante. Il prend naissance
durant la phase primitive, entièrement absorbée par la lutte
contre les animaux et les hommes ; il prend du développement en même temps que grandissent les sociétés conquérantes où des guerres perpétuelles engendrent le type de
structure militaire ; il décroît à mesure que l'industrialisme, en voie de croissance, substitue de plus en plus son
activité productive à l'activité destructive ; enfin il est vrai
de dire que l'industrialisme complet en nécessite la cessation complète.

Il nous reste pourtant à signaler la principale signification
de l'acte de prendre des trophées. La raison de le faire rentrer dans le sujet du gouvernement cérémoniel, bien qu'on
ne puisse l'appeler une cérémonie, c'est qu'il peut nous
expliquer une foule de cérémonies en honneur partout, chez
les peuples non civilisés ou demi civilisés. De la coutume de
couper et d'enlever des parties du corps mort est sortie la
coutume de couper des parties du corps vivant.

---

1. Chéruel, *Dictionnaire historique*, Paris, 1855, 358.
2. Liber, Collection. VI, 127.

# CHAPITRE III

## MUTILATIONS.

§ 357. Notre tâche sera plus facile si nous rapprochons indirectement les faits et les conclusions que nous avons à tirer.

L'antique cérémonie de l'investiture en Écosse se terminait de la manière suivante : « l'avoué du supérieur se courbait, ramassait une pierre et une poignée de terre, les remettait à l'avoué du vassal, lui conférant par cette formalité la *possession réelle, effective et matérielle* du fief [1]. » Chez un peuple peu civilisé très éloigné de l'Écosse, on retrouve une formalité analogue. Le Khond, quand il vend son coin de terre, invoque la divinité du village et l'appelle en témoignage de la vente, « puis il remet une poignée de terre de son fonds à l'acheteur [2]. » Des exemples où nous voyons exprimer le transfert du sol par cette formalité, nous pouvons passer à ceux où l'on emploie une formalité analogue pour céder le sol en signe de soumission politique. Lorsque

---

1. John Hill Burton, *History of Scotland from Agricola's Invasion*, Edinb., 1867, I, 398.
2. Macpherson, *Report upon the Khonds, etc.*, 46.

les Athéniens demandèrent du secours aux Perses contre les Spartiates, après l'attaque de Cléomènes, on exigea d'eux en retour de la protection qu'ils invoquaient un aveu de soumission, et cet aveu eut pour expression un envoi de terre et d'eau. Aux îles Fidji, un acte analogue a une signification analogue. « Le *soro*, avec un panier rempli de terre..., a généralement un rapport avec la guerre. Le parti le plus faible le présente, pour signifier qu'il cède ses terres aux vainqueurs [1]. » De même dans l'Inde. « Lorsque, il y a dix ans, Tu-ouen-hsin envoya en Angleterre sa mission *Panthay*, les membres qui la composaient apportèrent avec eux des morceaux de pierre arrachés aux quatre coins de la montagne (Tali), ce qui était l'expression la plus formelle de son désir de devenir feudataire de la couronne britannique [2]. »

On peut dire que l'acte qui consiste à donner une partie au lieu du tout, lorsqu'on ne peut transmettre le tout par un procédé mécanique, est une cérémonie symbolique ; mais, avant même de recourir à l'interprétation que nous allons en donner, nous pouvons dire que cette cérémonie se rapproche autant que possible du transfert effectif. Nous ne sommes pourtant pas obligés de la regarder comme un artifice intentionnellement inventé ; nous pouvons au contraire la rattacher à une cérémonie d'un genre plus simple qui l'éclaire et, à son tour, en est éclairée. Je veux parler de l'acte de donner une partie du corps de l'homme pour faire entendre qu'on en cède la totalité. Aux îles Fidji, lorsque les tributaires s'approchent de leurs maîtres, un messager leur crie : « Il faut que vous coupiez vos *tobes* (mè-

---

1. Williams and Calvert, *Fiji and the Fijians*, London, 1860, I, 31. — Capt. Erskine, *Journal of a Cruise, etc.*, 454.
2. E.-C. Baber, *Notes of a Journey through Western Yunnan*, Foreign Office Papers, 1877.

ches de cheveux qu'ils portent en forme de queue) [1] » et ils
les coupent. On dira peut-être que cet acte est encore un
acte symbolique, un artifice intentionnellement inventé
plutôt qu'un acte qui dérive naturellement d'un autre.
Poussons notre étude un peu plus loin, et nous rencontrerons le fil qui nous conduira à l'acte d'où celui-ci dérive
naturellement.

D'abord, rappelons-nous l'honneur qui s'attache à
l'homme qui augmente le nombre de ses trophées. Chez les
Chochones par exemple, « le guerrier qui prend le plus
de chevelures acquiert le plus de gloire [2]. » Rapprochons de
ce fait ce que Bancroft dit du traitement que les Chichimèques font subir aux prisonniers de guerre. « Souvent, dit-il,
on les scalpe vivants, et leurs bourreaux se mettent sur la
tête les sanglants trophées [3]. » Demandons-nous ce qu'il
arrive quand l'ennemi scalpé survit et devient la propriété
de celui qui l'a fait prisonnier. Ce dernier conserve la chevelure et l'ajoute à ses trophées ; le vaincu devient son esclave, et la perte de sa chevelure est le signe de son esclavage. Voilà les commencements d'une coutume qui peut se
fixer lorsque les conditions sociales font trouver au vainqueur un avantage à garder ses ennemis vaincus au lieu de
les manger. Le sauvage, conservateur qu'il est, modifiera
sa coutume aussi peu que possible. En même temps que
l'usage nouveau de réduire en esclavage les captifs s'établit
plus fermement, persiste l'usage ancien de couper sur leur
corps les parties qui servent de trophée, sans que ce re-
tranchement diminue la valeur de leurs services : en définitive, les traces de la mutilation deviendront les marques

---

1. Capt. Erskine, *Journal*, etc., 454.
2. Bancroft, *The Native Races*, etc., I, 433.
3. Bancroft, *The Native Races*, etc., I, 629.

de la subjugation. Peu à peu, à mesure que l'infliction de
ces marques s'identifie avec le signe de l'esclavage, on s'ha-
bitue à marquer les prisonniers de guerre ; on va même
plus loin : on marque aussi ceux à qui ils donnent naissance, jusqu'à ce qu'à la fin le port de la marque soit le
signe général de l'assujettissement.

L'histoire des Hébreux nous montre que l'acceptation
volontaire d'une mutilation peut à la fin devenir la constatation d'un esclavage consenti. « Alors Nabas, Ammonite,
monta et campa contre Jabès de Galaad : et tous ceux de
Jabès dirent à Nabas : Traite alliance avec nous, et nous te
servirons. Mais Nabas, Ammonite, leur répondit : Je trai-
terai alliance avec vous à cette condition : c'est que je vous
crève à tous l'œil droit. » Ils consentaient à devenir ses
sujets, et la mutilation (à laquelle ils ne consentirent pas)
était le signe de leur assujettissement. D'une part, les mutilations servent, comme les marques au fer rouge que
l'agriculteur imprime à ses moutons, de signe à la propriété
privée d'abord, et plus tard de signe à la propriété politique ; d'autre part, elles servent à remettre en mémoire à
perpétuité la puissance du maître, en tenant en éveil la
crainte qui mène à l'obéissance. Un fait historique nous en
donne la preuve. Basile II fit crever les yeux à quinze mille
prisonniers bulgares, et « la nation fut épouvantée de ce
terrible exemple [1]. »

Ajoutons que la trace d'une mutilation, devenue la marque d'une race sujette, demeure un signe de soumission
lorsque l'usage de prendre des trophées, qui avait donné
naissance à la mutilation, a disparu, et examinons les divers
genres de mutilations, ainsi que le rôle qu'elles jouent dans

---

1. Gibbon, *History of the Decline*, etc., 975.

les trois formes de gouvernement, la politique, la religieuse
et la sociale.

§ 358. Lorsque les Araucaniens vont en guerre, ils envoient des messagers pour convoquer les tribus confédérées ; ces messagers portent avec eux des flèches d'une
certaine forme, comme signe de leur mission ; et, « si les
hostilités sont réellement commencées, on joint aux flèches
le doigt ou (comme Alcedo le veut) la main d'un ennemi
tué [1] ; » nouvel exemple qu'on peut ajouter à ceux où nous
avons déjà vu rapporter des mains coupées en signe de victoire.

Nous avons la preuve que dans certains cas des vaincus
vivants, dont les mains ont été coupées en guise de trophées, sont ramenés du champ de bataille. Le roi Osyman-
dias réduisit les Bactriens révoltés, et l'on voit, « sur la
seconde paroi » du monument qui lui est consacré, « amener des prisonniers, qui n'ont pas de mains [2]. » Sans doute
on peut couper à un vaincu une main pour en faire un
trophée, sans compromettre beaucoup sa vie ; mais la perte
de ce membre diminue trop la valeur d'un esclave pour
qu'on ne préfère pas prendre un autre trophée à ses dépens.

On n'en peut dire autant de la perte d'un doigt. Nous
avons vu qu'on prend quelquefois les doigts comme trophées ; et la Bible montre qu'on laissait quelquefois vivre
dans l'esclavage des ennemis vaincus mutilés par la perte
de doigts. « Adoni-Bezek (le Cananéen) s'enfuit, lisons-nous
dans les *Juges*, mais ils le poursuivirent, et, l'ayant saisi, ils
lui coupèrent les gros doigts des mains et des pieds. Alors

---

1. Thompson, *Alcedo's Geography, and Historical Dictionary of America, etc.*, London, 1812, I, 406.
2. Prof. Max Duncker, *The History of Antiquity*, I, 174.

Adoni-Bezek dit : J'ai eu soixante et dix rois, dont les gros doigts des mains et des pieds avaient été coupés, qui recueillaient sous ma table ce qui en tombait. Dieu m'a rendu ce que j'avais fait aux autres. » (*Juges*, ɪ, 6, 7.) De là vient qu'en divers endroits on coupait des doigts et on les offrait en gage de propitiation aux chefs vivants, ainsi qu'aux chefs morts et aux parents morts. Les sanguinaires Fidjiens, qui poussent à l'extrême leur fidélité à des despotes cannibales, nous en offrent plusieurs exemples. William raconte les suites d'une insulte. « Un messager, dit-il, fut envoyé au chef de l'auteur de l'offense, pour demander une explication, qui fut aussitôt donnée, et l'on y joignit les doigts de quatre personnes, pour apaiser le chef irrité [1]. » Une autre fois, à la mort d'un chef, « on donna l'ordre de couper cent doigts ; mais on n'en coupa que soixante ; une femme perdit la vie à la suite de l'amputation. » Il parle ailleurs de la main d'un enfant qui « était couverte du sang qui coulait du moignon, d'où peu de temps auparavant on avait coupé le petit doigt comme gage d'affection pour son père mort. » On rencontre ailleurs cette pratique propitiatoire envers les morts qui consiste à leur offrir des doigts coupés. Lorsque, chez les Charruas, le chef de la famille mourait, « ses filles, sa veuve et ses sœurs mariées étaient obligées de se faire couper chacune une phalange d'un doigt, et l'on renouvelait l'amputation chaque fois qu'un parent du même rang venait à mourir. On commençait par le petit doigt [2]. » Chez les Mandans, la façon habituelle d'exprimer la douleur que fait éprouver la perte d'un parent « consistait à perdre deux phalanges des petits doigts et quelquefois des autres [3]. »

1. Williams and Calvert, *Fiji, etc.*, I, 30, 197, 177.
2. R. J. Hutchinson, *The Parana*, London, 1868, 48.
3. Lewis et Clarke, *Travels*, 86.

On rencontrait chez les Dacotahs une autre coutume, ainsi que chez d'autres tribus américaines. Le sacrifice d'un doigt amputé qu'on fait à l'esprit d'un parent ou d'un chef décédés, pour exprimer la soumission qui les aurait apaisés s'ils eussent été vivants, devient ailleurs un sacrifice à l'esprit élevé au rang divin. « Pendant le cours de son initiation, le jeune guerrier mandan présente au grand Esprit le petit doigt de sa main gauche et lui exprime en quelques mots qu'il veut bien lui en faire le sacrifice; puis il le pose sur le crâne desséché d'un bison, et un autre Mandan le lui tranche ras de la main d'un coup de hachette. » Les naturels des îles Tonga se font couper une partie de leur petit doigt, en sacrifice aux dieux pour obtenir la guérison d'un parent malade [1].

Cette mutilation, qui exprime dans le principe la soumission à des êtres puissants vivants et morts, devient, semble-t-il, le signe d'une subordination domestique. Les Australiens ont l'habitude de couper la dernière phalange du petit doigt des femmes [2], et « une veuve hottentote qui se marie pour la seconde fois doit se laisser couper la phalange onguéale du petit doigt; elle perd une autre phalange à la troisième fois, et ainsi de suite chaque fois qu'elle contracte mariage [3]. »

Ce qui montre que ces mutilations propitiatoires des mains se pratiquent de la manière qui compromet le moins l'utilité de l'individu, c'est qu'elles commencent d'ordinaire par la dernière phalange du petit doigt, qu'elles n'affectent les parties les plus importantes de la main que si on a l'occasion de les multiplier. Enfin, nous pouvons ajouter que,

1. W. Mariner, *Account of the Native*, etc., II, 210.
2. Sir T. L. Mitchell, *Journal*, II, 346.
3. John Pinkerton. *General Collection.* Voy. XVI, 141.

lorsque l'amputation de la main reproduit la mutilation qu'on faisait primitivement subir au cadavre des ennemis morts, c'est qu'alors l'utilité de l'individu n'est pas l'objet qu'on se propose ; c'est dans le cas où le traitement infligé à l'ennemi extérieur s'applique à l'ennemi intérieur, au criminel. Les Hébreux faisaient de la perte d'une main le châtiment d'un certain genre de crime (*Deutéronome*, xxv, 11, 12). Dans l'ancienne Égypte les faussaires subissaient la perte des deux mains [1]. « On ordonna de lui trancher les mains, ce qui au Japon est le comble du déshonneur. » Il s'agit d'un individu qui s'était rendu coupable d'un crime politique [2]. Dans l'Europe du moyen âge, on coupait les mains en punition de certains crimes.

§ 359. Les écrits de voyageurs qui ont parcouru l'Orient dans ces derniers temps prouvent que des vaincus auxquels les vainqueurs ont fait subir la perte du nez, soit qu'on le leur ait coupé pendant qu'ils étaient incontestablement vivants ou pendant qu'on les croyait morts, survivent, et que chez eux cette mutilation est le signe de leur défaite. Par suite, la perte du nez peut devenir la marque de l'esclavage, et le devient dans certains cas. Herrera dit qu'une peuplade de l'Amérique centrale provoquait les peuplades voisines quand « elle manquait d'esclaves ; si ses ennemis n'acceptaient pas le défi, elle ravageait leur pays et coupait le nez aux esclaves [3]. » Ramseyer raconte une guerre qui sévit durant sa captivité chez les Achantis ; il arriva que ceux-ci épargnèrent un prisonnier, « auquel on rasa la

1. Sir Gardner Wilkinson, *The Manners and Customs of the Ancient Egyptians*, London, 1847, I, 307.
2. Mrs. Busk. *Manners and Customs of the Japanese*, London, 1844, 241.
3. Ant. de Herrera, IV, 135.

tête, on coupa le nez et les oreilles, et qu'on réduisit à porter le tambour du roi [1]. »

La perte du nez, dans cet exemple, s'accompagne de celle des oreilles, qui va nous occuper maintenant. On peut l'expliquer aussi comme une conséquence de l'usage de prendre des trophées qui n'ont pas entraîné la mort de la victime ; si ce n'est pas le signe de l'esclavage ordinaire, c'est le signe de cet autre genre d'esclavage infligé souvent en punition de crimes. Dans l'ancien Mexique, « celui qui disait un mensonge de nature à porter préjudice à autrui avait une partie de la lèvre coupée et quelquefois perdait les oreilles [2]. » Au Honduras, on confisquait les biens du voleur, « et, si le vol avait été considérable, on lui coupait les oreilles et les mains [3]. » Une loi d'un ancien peuple voisin, les Mistèques, prescrivait de « couper les oreilles, le nez et les lèvres de l'adultère [4] ; » et, chez les Zapotèques, « on coupait les oreilles et le nez aux femmes convaincues d'adultère [5]. »

Il semble, il est vrai, que la perte des oreilles ait été plus généralement une marque réservée au criminel qu'elle n'a servi de marque au vaincu qui, survivant à la mutilation de ses oreilles dont le vainqueur a fait un trophée, a été réduit en esclavage ; mais nous pouvons croire qu'elle a été, chez certains peuples, la marque du prisonnier fait esclave, et que, par un adoucissement, elle a donné lieu à la méthode de marquer l'esclave, prescrite jadis chez les Hébreux et qui subsiste encore en Orient avec une signification quelque peu modifiée. Nous lisons dans l'*Exode* (XXI, 5, 6) que si,

1. Ramseyer and Kuchner, *Four Years in Ashantee*, 216.
2. Clavigero, liv. VII, c. 17.
3. Ant. de Herrera, IV, 140.
4. Idem, III, 262.
5. Idem, VII, 269.

après six ans de service, un esclave acheté ne désire pas recouvrer sa liberté, « son maître le fera approcher de la
porte ou du poteau, et son maître lui percera l'oreille avec
un poinçon et il le servira à jamais. » Knobel dit que,
« dans l'Orient moderne, le symbole du percement des
oreilles est le signe des individus consacrés... Il exprime
que l'individu appartient à quelqu'un [1]. » Enfin, comme
dans les pays où règne un despotisme absolu, l'esclavage
public existe à côté de l'esclavage privé, l'idée reçue veut
que tous les sujets soient la propriété du souverain. Nous
pouvons croire que cette idée entraîne dans certains cas
pour conséquence de rendre cette mutilation universelle.
« Tous les Birmans sans exception ont la coutume de se
percer les oreilles. Le jour où l'opération s'accomplit est
un jour de fête ; en effet, cette coutume tient dans leurs
idées la place que le baptême occupe dans les nôtres [2]. »
J'ajouterai un fait curieux qui a un rapport indirect avec
les mutilations de cette classe : les Gonds se prennent « les
oreilles avec les mains en signe de soumission [3] ».

Il faut mentionner un usage présentant quelque analogie
avec celui-ci. Selon Bell, on l'observe chez certaines femmes
d'Astrakan ; on m'a raconté, dit-il, que c'était la conséquence d'un vœu religieux qui consacrait ces personnes au
service de Dieu [4]. Nous lisons dans Isaïe le passage suivant
ayant trait à Sennachérib : « Voici la parole de dieu... Je
mettrai mon crochet dans ton nez et ma bride dans tes
lèvres. » Dans les sculptures assyriennes, on voit des captifs
conduits par des cordes attachées à des anneaux passés à

---

1. Aug. Knobel, *Die Völkertafel der Genesis*, 1850.
2. Le P. Sangermano, *Description of the Burmese Empire*, Trans. Tandy,
124.
3. Forbes, *Dahomey and the Dahomans*, London, 1851, 164.
4. John Bell, *Travels from St Petersburgh to Asia*, 1788, I, 43.

travers leurs nez. N'aperçoit-on pas dans ces faits une filiation qui établit leur parenté : conquête, marque du captif,
survie de la marque en signe distinctif des personnes sujettes?

§ 360. On ne peut prendre les mâchoires comme trophées que sur les individus auxquels on ôte la vie. Restent
les dents : on peut en arracher pour en faire des trophées
sans diminuer gravement l'utilité du prisonnier. De là une
autre forme de mutilation.

Nous avons vu que chez les Achantis et dans l'Amérique
du Sud on porte des dents en guise de trophées. Or, si l'on
arrache des dents pour cela aux captifs que l'on préserve
de la mort pour les réduire en esclavage, il faut que la
perte des dents devienne un signe d'assujettissement. Je ne
puis citer qu'un seul fait montrant qu'une cérémonie propitiatoire vient de cette source. Parmi les mutilations auxquelles se soumettent les habitants des îles Sandwich à la
mort du roi ou d'un chef, Ellis cite l'arrachement des dents
incisives : on pouvait choisir entre cette mutilation et l'amputation des oreilles [1]. On comprend assez ce que cela veut
dire. Nous lisons, dans les voyages de Cook, que les naturels
des îles Sandwich s'arrachent d'une à quatre dents incisives [2]; la population entière est marquée par ces mutilations
répétées, accomplies pour fléchir les esprits des chefs morts ;
cela fait penser que, pour gagner la bienveillance d'un
souverain redouté, divinisé après sa mort, ceux qui l'ont
connu ne sont pas les seuls qui se soumettent à cette
perte, mais que leurs enfants nés plus tard les imitent. Ces
faits nous apprennent que cette pratique, une fois établie,
peut survivre sous forme de coutume sacrée après que le

1. Rev. W. Ellis, *Tour through Hawaii*, London, 1838, 146.
2. Cap. Cook, *Sec. voy.*, II, 69.

sens s'en est perdu. Pour conclure que l'usage de ces mutilations possède ce caractère sacramentel, nous avons d'autres raisons, tirées de l'âge fixé pour l'opération et du caractère de l'opérateur. Dans la Nouvelle-Galles du Sud, ce sont les *koradgers* ou prêtres qui accomplissent la cérémonie de l'arrachement des dents [1]. Haygarth parle d'un Australien à demi domestiqué qui lui dit un jour, « d'un air d'importance, qu'il était obligé de s'absenter pendant quelques jours, qu'il était arrivé à l'âge d'homme, et qu'il était grand temps pour lui de se faire arracher les dents [2]. » Diverses races d'Afrique, les Bakotas, les Dors, etc., perdent aussi plusieurs de leurs dents incisives; et chez elles aussi cette mutilation est un rite obligatoire. Mais la meilleure preuve (et je l'ai trouvée depuis que j'ai écrit ce qui précède) nous est fournie par les anciens habitants du Pérou. Une de leurs traditions voulait que le conquérant Huayna Capac, pour punir leur désobéissance, « eût fait une loi ordonnant qu'eux et leurs descendants auraient trois dents incisives arrachées à chaque mâchoire [3] ». Une autre tradition que Cieza nous a fait connaître, et qu'on peut faire sortir de la précédente, établit que l'arrachement des dents des jeunes enfants par leur père était « un acte très agréable aux dieux ». Puis, comme il arrive pour d'autres mutilations dont le sens est sorti de la mémoire, on a voulu les expliquer en disant qu'elles embellissaient la physionomie.

§ 361. Comme la transition qui mène de l'usage de manger l'ennemi vaincu à celui de le réduire en esclavage, adoucit

1. Anga, *Savage Life, etc.*, II, 217.
2. H. W. Haygarth, *Recollections of Bush Life in Australia*, London, 1848, I, 103.
3. Cieza de Léon, ch. 47, 49.

l'usage de prendre des trophées au point de le réduire à des mutilations qui ne causent point la mort; comme la tendance qui porte l'homme à modifier le mal qu'il inflige, de façon à le réduire au point qu'il diminue le moins possible l'utilité de l'esclave; et comme, à mesure qu'il se forme une classe d'individus nés dans l'esclavage, la marque que l'esclave porte ne saurait plus prouver qu'il a été pris à la guerre et n'est plus le témoignage d'une victoire remportée par le propriétaire de l'esclave, il n'y a plus de raison pour que la marque de la servitude nécessite une mutilation grave. On peut en conclure que les mutilations les moins dangereuses et les moins douloureuses deviendront les plus communes. Cela nous fournit, en tout cas, une explication raisonnable du fait que la mutilation la plus répandue consiste à couper la chevelure dans un but de propitiation.

Nous avons déjà vu l'origine probable d'une coutume des Fidjiens; les tributaires y doivent faire un sacrifice propitiatoire de leurs cheveux en approchant des grands chefs; et il y a des preuves qu'un sacrifice du même genre était exigé jadis à titre d'hommage dans la Grande-Bretagne. Nous lisons dans les légendes d'Arthur, qui ne sont point des documents historiques, mais qui sont des témoins excellents des usages des temps où elles ont été créées, nous lisons, dis-je, dans l'abrégé que M. Cox nous en a donné, le passage suivant : « Alors Arthur vint à Caerleon, et là vinrent des messagers du roi Ryons, qui dirent : onze rois m'ont rendu hommage; j'ai décoré un manteau avec leurs barbes. Envoie-moi ta barbe, parce qu'il m'en manque encore une pour achever de décorer mon manteau [1]. »

---

1. Cox and Jones, *Popular Romances of the Middle Ages*, London, 1871, 88.

Il y a des raisons de croire que l'usage de prendre la chevelure d'un prisonnier réduit en esclavage a eu pour point de départ une pratique qui différait le moins possible de celle de scalper l'ennemi mort ; en effet, la partie de la chevelure qui sert dans certains cas de sacrifice propitiatoire, et qui dans d'autres cas est abandonnée à un maître, répond par sa position à celle qu'enlève le couteau à scalper. La chevelure cédée par les tributaires fidjiens était le *tobe*, espèce de queue : il est à supposer qu'elle peut être demandée par le supérieur et par conséquent qu'elle lui appartient. Ajoutons que chez les Kalmouks, quand un individu tire un autre par la queue, ou la lui arrache réellement, l'acte est considéré comme punissable, parce que l'on croit que la queue appartient au chef ou est un signe de soumission à son autorité [1]. Tirer les cheveux courts du haut de la tête, ce n'est pas un crime punissable, parce que l'on croit que ces cheveux appartiennent à celui qui les porte et non au chef. » Nous pouvons encore ajouter que, selon Williams, les Tartares conquérants de la Chine prescrivirent aux Chinois « d'adopter la mode nationale des Tartares, qui consiste à se raser le devant de la tête et à tresser les cheveux en une longue queue, en signe de soumission [2]. » Un autre fait que nous allons bientôt rapporter se joint à ceux-ci pour faire comprendre qu'un homme vaincu, non mis à mort, mais conservé à titre d'esclave, pouvait garder sa chevelure par tolérance.

Quoi qu'il en soit, la coutume générale de prendre la chevelure des vaincus avec ou sans une partie de la peau du crâne, a presque partout donné naissance à l'association de l'idée des cheveux courts avec celle d'esclavage. Cette

---

1. Pallas, *Voyages dans les gouvernements méridionaux de la Russie*, Paris, 1805, I, 194.
2. S. Wells Williams, *The Middle Kingdom*, etc., II, 224.

association existait également chez les Grecs et les Romains :
« on coupait ras les cheveux des esclaves comme signe de
servitude [1]. » Nous la retrouvons partout en Amérique.
Chez les Noutkas, dit Bancroft, « au point de vue social,
l'esclave est méprisé, il porte les cheveux courts [2]. » — « On
refusait rigoureusement aux prisonniers et aux esclaves
caraïbes le privilège de porter de longs cheveux [3]. On réservait la même marque à l'esclavage imposé comme châtiment
d'un crime. Au Nicaragua, on coupait les cheveux au voleur
et on le faisait esclave du volé jusqu'à ce que celui-ci eût reçu
satisfaction [4]. » On infligeait d'ailleurs cette marque d'esclavage comme châtiment. Chez les naturels de l'Amérique
centrale, quand un individu était soupçonné d'adultère,
« on le dépouillait de ses habits et on lui coupait les cheveux (grand malheur pour lui) [5]. » C'était chez les anciens
Mexicains une peine légale que d'avoir les cheveux coupés
en un lieu public [6]. Enfin, au moyen âge, en Europe, on infligeait la tonsure comme un châtiment. Cet usage donna
lieu naturellement à une distinction corrélative : les longs
cheveux devinrent une marque d'honneur. Chez les Chibchas,
le plus grand affront qu'on pût faire à un homme ou à une
femme, c'était de leur couper les cheveux, parce que cela
les faisait ressembler à des esclaves [7] ; par suite, une longue
chevelure devenait une marque honorable. « Les Indiens
Itzaex, dit Fancourt, portaient leurs cheveux aussi longs

1. Smith, *A smaller Dictionary of Greek and Roman Antiquities*, 5th ed.,
London, 1863, COMA.
2. Bancroft, *The Native Races*, I, 195.
3. Bryan Edwards, *History of West Indies*, Lond., 1801, I, 53.
4. Ant. de Herrera, III, 298.
5. Diego Lopez Cogolludo, *Historia di Yucatan*, 3e ed., Merida, 1867,
liv. IV, ch. 4.
6. Zurita, *Rapport sur les différentes classes de chefs de la Nouvelle-Espagne*, trad. Ternaux-Compans, Paris, 1840, 110.
7. Piedrahita, liv. I, ch. 2.

qu'ils pouvaient pousser ; il n'y a rien de plus difficile que
d'amener les Indiens à se couper les cheveux [1]. » Chez les
Tongans, les cheveux longs sont une marque de distinction,
et nul n'a le droit d'en porter que les gens du premier rang.
Il en est de même chez les naturels de la Nouvelle-Calédonie
et chez divers autres peuples non civilisés, comme aussi
chez les orientaux à demi civilisés. « Les princes ottomans
se rasent la barbe pour montrer qu'ils dépendent de la
faveur de l'empereur régnant [2]. » Les Grecs, « arrivés à
l'âge d'homme, portaient les cheveux plus longs [3], » et ils
attachaient à la chevelure une certaine signification politique. Dans l'Europe septentrionale aussi, chez les Francs...
les serfs portaient les cheveux moins longs et moins bien
soignés que les hommes libres ; ceux-ci les portaient moins
longs que les nobles [4]. « La longue chevelure des rois
francs est sacrée... C'est pour eux une marque et une prérogative honorable de la race royale. » Clotaire et Childebert, voulant se partager le royaume de leur frère, délibé-
rèrent au sujet de leurs neveux, pour savoir « s'ils leur
couperaient les cheveux de manière à les réduire au rang
de sujets, ou s'ils les tueraient [5]. » Nous pouvons citer
l'exemple du Mikado du Japon, chez qui ce respect est
poussé à l'extrême : « On ne lui coupe jamais les cheveux,
ni la barbe, ni les ongles (de son aveu), pour que sa personne sacrée ne soit point mutilée [6]. » On les lui coupe quand
il est censé dormir.

On peut noter en passant une méthode analogue de mar-

---

1. Fancourt, *History of Yucatan*, 313.
2. Paxton, *Illustration of Scripture*, II, 87.
3. Becker, *Charicles, Illustrations of the Private Life of the Ancient Greeks*, Trans., Lond., 1843, 452.
4. Agathias, II, 49.
5. Grégoire de Tours, III, 18.
6. Mrs. Busk, *Manners and Customs of the Japanese*, 114.

quer le rang divin. La longueur des cheveux, étant un signe de dignité terrestre, devient aussi le signe de la dignité céleste. Les dieux des divers peuples, surtout les grands dieux, se distinguent par leur longue barbe et leur longue chevelure.

La subordination domestique a bien souvent, aussi, pour signe, des cheveux courts ; dans les états sociaux inférieurs, les femmes portent généralement cette marque de servitude ; aux îles Samoa, les femmes portent les cheveux courts et les hommes les cheveux longs [1]. Parmi les races malayo-polynésiennes, les Tahitiens et les naturels de la Nouvelle-Zélande par exemple, on retrouve le même contraste. Il en est de même chez les Négritos. « A la Nouvelle-Calédonie, les chefs et les hommes influents portent les cheveux longs... Les femmes se coupent toutes les cheveux ras des oreilles. » C'est à leur tête tondue qu'on distingue aussi les femmes de l'île Tanna, de Lifou, de Vate, et aussi les femmes tasmaniennes. On peut ajouter que la subordination filiale s'est affirmée par une expression analogue. Une partie de la cérémonie d'adoption en Europe consistait à sacrifier sa chevelure. « Charles Martel envoya Pépin, son fils, à Luitprand, roi des Lombards, pour que ce roi pût lui couper les premières boucles de cheveux et, grâce à cette cérémonie, tenir dans l'avenir la place de son père [2]. » Enfin Clovis, pour faire la paix avec Alaric, devint son fils adoptif, en lui offrant sa barbe à couper.

Cette mutilation devient en même temps le signe d'un assujettissement à des morts. Un usage des Dacotahs montre fort bien comment l'abandon de la chevelure en faveur d'un mort est un acte qui se rapproche à son origine de l'aban-

---

1. Rev. W. Turner, *Nineteen Years in Polynesia*, 205.
2. Ducange, *Dissertations sur l'histoire de Saint Louis*, 87.

don d'un trophée. « Les hommes se rasent la tête et n'y gardent qu'une mèche au sommet (la mèche du scalp), qu'ils laissent pousser et portent en tresses sur leurs épaules; ils en font ordinairement le sacrifice à la mort de proches parents [1]; » c'est-à-dire qu'ils ne peuvent faire plus, à moins d'abandonner leur scalp au mort. On retrouve la même signification à cet acte dans ce qu'on dit des Caraïbes. « Comme leur chevelure faisait surtout leur orgueil, c'était pour eux une preuve incontestable de la sincérité de leur chagrin que de la couper à la mort d'un parent ou d'un ami, et de porter les cheveux aussi courts qu'un esclave ou un prisonnier [2]. » Partout, chez les peuples non civilisés, on rencontre des usages analogues. Il n'en était pas autrement chez les anciennes races historiques. Les Hébreux faisaient un rite funèbre de « rendre leurs têtes chauves », comme aussi de se raser « un coin de la barbe ». De même chez les Grecs et les Romains. « Ils se coupaient les cheveux ras en signe de deuil [3]. » En Grèce, on connaissait le sens de cette mutilation. « Nous voyons l'Electre d'Euripide, remarque Potter, blâmer Hélène d'épargner sa chevelure, et de faire par là tort au mort [4]. » Et le même auteur cite un passage où il est dit que le sacrifice des cheveux (déposés quelquefois sur le tombeau) était destiné « en partie à se rendre l'esprit du mort propice [5] ». Il est une addition significative qu'il faut faire : « pour une mort récente, on rasait la tête de l'affligé; comme offrande à une personne morte depuis longtemps, on coupait une seule boucle [6]. »

1. Lewis and Clarke, *Travels*, 54.
2. Bryan Edwards, *History of West Indies*, I, 53.
3. Smith, *Dictionary* : COMA.
4. Potter, *Archæologica Græca*, II, 198.
5. Iebb, *Sophocle's Electra*, London, 1867, 46.
6. Becker, *Charicles*, 398.

Naturellement, si de la propitiation des morts, dont quelques-uns passent au rang des dieux, sort une propitiation religieuse, on peut prévoir que l'offrande des cheveux reparaîtra sous forme de cérémonie religieuse; nous voyons qu'il en est ainsi. Déjà, dans le fait que nous venons de citer, qu'on ne se bornait pas à faire dans les funérailles des Grecs le sacrifice de la chevelure, mais qu'on faisait plus tard des sacrifices semblables, encore que moins importants, dans ce fait, nous voyons l'origine de la propitiation renouvelée qui caractérise le culte d'un dieu. Chez les Grecs, « à la mort d'un personnage très populaire, d'un général par exemple, il arrivait quelquefois que tous les hommes de l'armée coupaient leurs cheveux; » ce qui montre que l'usage a fait un pas pour devenir un acte de propitiation rendu par des individus qui n'ont d'autre lien entre eux que d'être membres de la même société, acte qui, une fois établi en règle, constitue un des éléments d'un culte religieux. De là certaines cérémonies grecques. « Quand un jeune garçon devenait *éphèbe*, on lui coupait toujours les cheveux; c'était un acte solennel qui accompagnait les cérémonies religieuses. On offrait d'abord une libation à Hercule... et, la chevelure coupée, on la consacrait à quelque divinité, ordinairement à quelque dieu des eaux [1]. » Chez les Romains, il était aussi d'usage, quand on se faisait raser pour la première fois, « de consacrer à quelque dieu le poil coupé en cette occasion. »

Le sacrifice de la chevelure était aussi chez les Hébreux un acte de culte. On nous parle de quatre-vingts hommes qui « se rasèrent la barbe, déchirèrent leurs habits, se mutilèrent, et, prenant des offrandes et de l'encens, les

---

1. Smith, *Dictionary*, etc. : COMA.

portèrent à la maison du Seigneur. » Krehl rapporte plusieurs faits analogues touchant les Arabes. On trouve au
Pérou des modifications curieuses de cet usage. On ne
cessait d'y faire de petits sacrifices de cheveux. « Une autre
offrande, écrit Acosta, consiste à s'arracher les cils et les
poils des sourcils et à les présenter au soleil, aux collines,
aux vents, enfin à tout objet qui inspire de la crainte. » —
« En entrant dans les temples, ou après y avoir pénétré,
les Péruviens portaient la main à leurs sourcils, comme
s'ils voulaient en arracher les poils, et ensuite ils faisaient le
mouvement de les souffler vers l'idole [1] » : exemple excellent
de l'abréviation que les cérémonies subissent ordinairement.

Il nous reste à montrer que ce genre de sacrifice devient
dans certains cas un acte de propitiation sociale. Les Tahitiens prêtaient des tresses faites de leurs propres cheveux
pour marquer leur considération [2]. En France, au Ve et au
VIe siècle, il était d'usage de s'arracher quelques poils de
barbe en s'approchant d'un supérieur et de les lui offrir;
et, de temps en temps, il arrivait qu'un souverain se con-
formât à cet usage comme marque de condescendance; par
exemple, l'on vit Clovis, heureux de recevoir la visite de
l'archevêque de Toulouse, lui donner un poil de sa barbe,
et les gens de sa suite l'imitèrent [3]. Plus tard, le sens de
l'usage devint obscur, grâce à l'abréviation de la cérémonie : aux temps de la chevalerie, une façon de témoigner
du respect à quelqu'un consistait à se tirer la moustache.

§ 362. Déjà, en parlant des trophées, nous avons remarqué que les trophées phalliques, grands et petits,
avaient la même signification que les autres, ce qui nous a

1. Acosta, *Historia natural y moral de las Indias*, V, ch. 5.
2. Cap. Cook, I, 466.
3. Guizot, *Collection des mémoires relatifs à l'histoire de France*, Paris, 1823, I.

mis sur la voie d'une explication des mutilations, dont nous avions à parler ensuite. Nous avons vu que lorsque, au lieu de tuer le vaincu, on lui conservait la vie pour le réduire en esclavage, le vainqueur était dans la nécessité de ne prendre sur la personne du vaincu que des trophées qui ne missent point sa vie en danger et qui ne fussent pas très dommageables. C'est pour cela que, au lieu de lui arracher la mâchoire, on se contentait de lui arracher des dents; au lieu de lui trancher les mains, on lui coupait des doigts; au lieu de le scalper, on lui coupait les cheveux. De même, dans le cas qui nous occupe, la mutilation grave a fait place à une mutilation du même genre, mais qui ne diminuait pas sérieusement, ou point du tout, la valeur de l'ennemi réduit en esclavage.

Je ne trouve rien qui prouve directement que la pratique de la castration ait son origine dans l'usage de prendre des trophées; mais il existe une preuve directe que dans certains cas des prisonniers ont été traités comme si l'on eût voulu prendre sur eux des trophées de ce genre. Nous lisons dans Gibbon que Théobald, marquis de Spolète, « faisait châtrer sans merci... ses prisonniers [1]. » Nous avons une autre raison de croire que la castration a été jadis un sacrifice obligé en l'honneur d'un vainqueur : c'est que nous trouvons un sacrifice analogue fait à une divinité. Aux fêtes annuelles de la déesse phrygienne Amma (Agdistis), « l'usage était que des jeunes gens se fissent eux-mêmes eunuques avec une coquille tranchante; ils criaient en même temps : reçois cette offrande, Agdistis [2]. » Une pratique analogue existait chez les Phéniciens [3], et Brinton

---

1. Gibbon, *History of the Decline, etc.*, 987.
2. Prof. Max. Duncker, *The History of Antiquity*, I, 531.
3. Movers, *Die Phœnizier*, 1841.

parle d'une mutilation cruelle que les anciens prêtres
mexicains s'infligeaient à eux-mêmes et qui paraît avoir
compris la castration [1]. Une fois devenu un moyen de marquer la subordination, cet usage, comme beaucoup d'usages
cérémoniels, a survécu dans certains cas où sa signification
s'est perdue. Les Hottentots imposent une demi-castration
à l'âge d'environ huit ou neuf ans [2], et une coutume analogue existe chez les Australiens.

Naturellement, dans ce genre de mutilations, les moins
graves sont celles dont l'usage se généralise le plus. On
retrouve la circoncision chez les races sans lien de parenté,
dans toutes les parties du monde : chez les Malayo-Polynésiens de Tahiti, aux îles Tonga, à Madagascar; chez les
Négritos de la Nouvelle-Calédonie et des îles Fidji; chez les
peuplades d'Afrique, tant sur la côte que dans l'intérieur
des terres, depuis le nord de l'Abyssinie jusqu'au sud de la
Cafrerie; en Amérique, chez quelques races mexicaines,
au Yucatan, et chez les naturels de San-Salvador [3]; nous la
rencontrons même en Australie. Ne saurions-nous pas, par
le témoignage de leurs monuments, que les Égyptiens pratiquaient cette opération depuis les temps les plus reculés,
et, lors même que nous n'aurions pas lieu de croire qu'elle
était d'un usage général chez les peuples arabes, il nous suffirait de savoir que la pratique de la circoncision n'est point
exclusivement le fait d'un pays ou d'une race, pour rejeter
l'explication que les théologiens nous en donnent. Ils se
débarrassent assez aisément eux-mêmes d'une autre interprétation qu'on donne assez fréquemment; en effet, l'exa-

1. D. G. Brinton, *The Myths of the New World*. New-York, 1868.
2. P. Kolben, *Present State of the Cape of Good Hope*, London, 1731,
I, 112.
3. W. Gifford Palgrave, *Narrative of a Year's Journey through Central
and Eastern Arabia*, London, 1865, 87.

men des faits prouve que, si cet usage ne règne pas chez les races les plus propres du monde, il est commun chez les plus sales. Au contraire, les faits pris en masse s'accordent avec la théorie générale, à laquelle ils servent de vérification.

On a vu que chez les Abyssiniens, jusqu'à l'époque la plus récente, chaque guerrier présente à son chef le trophée pris, au moyen de la circoncision, sur le corps d'un ennemi mort, et que tous ces trophées, recueillis après la bataille, sont en définitive offerts au roi. Si l'on réduit en esclavage l'ennemi vaincu au lieu de le tuer, et si les guerriers qui l'ont vaincu ne laissent pas pour cela d'offrir à leur chef les preuves de leur vaillance, la pratique de circoncire les prisonniers vivants prendra naissance et servira à leur infliger la marque des subjugués. On aperçoit une autre conséquence. Puisque c'est un moyen de gagner la faveur du chef et du roi que de leur apporter ces trophées pris sur des ennemis, et que, d'après les croyances primitives, tout ce qui charmait l'homme vivant fait encore plaisir à l'esprit de l'homme mort, on se mettra à offrir ce genre de trophées à l'esprit du souverain décédé. Puisque, dans une société militaire gouvernée par un despote absolu, dieu par son origine et par sa nature propre, ce despote, propriétaire de la totalité de la population, exige qu'elle porte cette marque de servitude; que, plus tard, après sa mort, son esprit redouté réclame impérieusement des sacrifices propitiatoires; on peut prévoir qu'alors l'usage d'offrir au roi ce genre de trophées pris sur les ennemis réduits en esclavage, se transformera en un autre usage, celui d'offrir au dieu les mêmes trophées pris sur chaque génération de citoyens mâles, comme un moyen de reconnaître le lien d'esclavage qui les unit au dieu. Aussi, lorsque Movers

nous apprend que la circoncision était chez les Phéniciens
« un signe de consécration à Saturne », et que nous avons
la preuve que de toute antiquité les naturels de San-Salvador pratiquaient la circoncision « à la façon des Juifs,
offrant le sang à une idole, » nous constatons que nos pré-
visions concordent avec la réalité.

Il y a une preuve certaine que cette interprétation s'applique à la coutume telle que la Bible nous la fait connaître. Nous avons déjà vu que les anciens Hébreux,
comme les Abyssiniens modernes, avaient l'usage de prendre
des trophées sous une forme qui obligeait à mutiler l'ennemi
mort ; et, pour les uns comme pour les autres, il en résulte
que le vaincu non mis à mort, mais fait prisonnier, subira
cette mutilation, comme le signe de l'assujettissement.
Tous les faits prouvent que la circoncision était chez les
Hébreux le sceau de l'assujettissement. Nous savons que
chez les Bédouins actuels, ainsi que M. Palgrave nous
l'affirme, on ne conçoit pas Dieu autrement que comme un
puissant souverain vivant, et cela nous fait comprendre
la cérémonie qui faisait de la circoncision le sceau de l'alliance entre Dieu et Abraham. Cela nous explique encore
deux choses : d'abord qu'à la considération du territoire qu'il
devait recevoir, la mutilation à laquelle Abraham se soumettait, voulait dire que « le Seigneur » allait « être *un* dieu
pour » lui ; et ensuite que la marque de l'alliance ne serait
pas exclusivement portée par les descendants, à titre d'individus en possession de la faveur divine, mais aussi par les
esclaves non issus d'Abraham. » Enfin, quand on se rappelle que dans les croyances primitives le double du
potentat mort qui revient ne se distingue point du potentat
vivant, on arrive à expliquer une tradition consignée dans
l'*Exode*, qui sans cela demeurerait étrange, tradition qui

nous montre Dieu irrité contre Moïse parce qu'il n'a pas circoncis son fils : « Or il arriva que, comme Moïse était dans une hôtellerie, le Seigneur le rencontra et chercha à le faire mourir. Et Séphora prit une pierre tranchante et coupa le prépuce de son fils et le jeta à ses pieds. » Ce qui montre que la circoncision chez les Juifs était le signe de la subordination à Jahveh, c'est que, sous la domination d'un maître étranger, Antiochus, qui introduisit parmi eux des dieux étrangers, la circoncision fut interdite, et que l'on mit à mort les Juifs qui refusaient l'obéissance aux dieux étrangers. Au contraire, lorsque Mathatias et ses amis, fidèles au Dieu de leurs pères, se révoltèrent contre une domination et un culte étrangers, ils firent « le tour du pays, détruisirent les autels, et circoncirent tous les enfants qu'ils trouvèrent dans les limites d'Israël, agissant avec force. » Ajoutons qu'Hyrcan, après avoir subjugué les Iduméens, leur imposa l'obligation de se soumettre à la circoncision ou de quitter leur pays [1]. Aristobule imposa également la marque de l'alliance au peuple vaincu de l'Iturée [2].

Voici des faits formant la réciproque qui concordent avec nos idées. Touitonga (le grand chef divin de Tonga) n'est pas circoncis, comme le sont tous les autres hommes ; n'étant subordonné à personne, il ne porte point le sceau de la subordination [3]. Nous pouvons ajouter que des tribus qui appartiennent à des races où l'on pratique ordinairement la circoncision ne sont point circoncises quand elles ne sont point subordonnées. Rohlfs cite des tribus berbères du Maroc qui portent ce caractère, et ajoute : « Ces tribus

1. Josèphe, *Antiquités*.
2. Id., *ibid*.
3. W. Mariner, *Account of Native of the Tonga Islands*, London, 1818, II, 79.

incirconcises habitent les montagnes du Rif.... Tous les montagnards du Rif mangent du sanglier, en dépit des prescriptions du Coran [1]. »

§ 363. Les mutilations qui entraînent perte de chair, d'os, de peau ou de poils, ne sont pas les seules dont nous ayons à parler; il y en a d'autres qui n'entraînent pas une soustraction d'une partie du corps, ou du moins une soustraction permanente. Nous pouvons citer d'abord celle qui consiste dans le sacrifice d'une partie liquide du corps.

L'effusion de sang en tant que mutilation a une origine qui ressemble à celle des autres mutilations. Si nous n'avions pas vu que certaines tribus non civilisées, les Samoyèdes par exemple, boivent le sang des animaux tout chaud, et que, chez certains cannibales de nos jours, les Fidjiens par exemple, on boit le sang des victimes humaines encore vivantes, on ne pourrait pas croire que la cérémonie qui consiste à offrir du sang à un esprit et à un dieu dérive de l'effusion du sang d'un ennemi vaincu. Mais, lorsqu'au récit de ces horreurs nous ajoutons le récit d'horreurs analogues que les sauvages commettent, celles par exemple qui sont en usage chez les Cafres Amapondas, où « le chef régnant, en prenant le pouvoir, doit se baigner dans le sang d'un proche parent, le plus ordinairement d'un frère, qu'on met à mort en cette occasion [2]; » enfin si nous admettons qu'avant les débuts de la civilisation, les goûts et les usages sanguinaires, aujourd'hui exceptionnels, étaient probablement universels, il nous est permis de croire que la boisson sanglante du cannibale vainqueur a donné nais-

1. Gerhard Rohlf, *Adventures in Morocco*, London, 1874, 45.
2. Cap. A.-T. Gardiner, *Narrative of a Journey to the Zoolu Country*, London, 1836.

sance à divers genres d'offrandes de sang, en tout cas à celle du sang tiré des victimes immolées. Peut-être faudrait-il expliquer de la sorte des sacrifices de sang tiré de personnes vivantes; mais ceux qu'on ne peut expliquer ainsi s'expliquent à titre de conséquences d'un usage très répandu qui consiste en un pacte d'alliance sacrée entraînant des obligations réciproques entre deux personnes vivantes, pacte qui se conclut par l'échange mutuel qu'elles font de leur sang : l'idée qui en dérive, c'est que les personnes qui donnent un peu de leur sang à l'esprit de l'homme juste mort et errant dans le voisinage, contractent avec lui une union qui d'une part implique une soumission, et de l'autre des dispositions amicales.

Cette hypothèse nous fournit un moyen d'expliquer pourquoi l'on trouve en tant d'endroits des rites funèbres qui consistent à verser volontairement son propre sang, et ce n'est pas seulement chez les sauvages qu'ils existent; on les connaissait chez les anciens et chez les peuples en partie civilisés, tels que les Juifs, les Grecs, les Huns, les Turcs. Nous voyons comment des rites analogues se forment et deviennent des actes de propitiation permanents adressés à des esprits plus redoutés que les autres qui deviennent des dieux : à savoir les sacrifices de sang (tantôt tiré de victimes mises à mort, tantôt du corps même de l'adorateur, tantôt du corps de ses enfants nouveau-nés), sacrifices que les Mexicains offraient aux idoles de leurs divinités cannibales; à savoir encore les sacrifices de sang qui motivaient les balafres que se faisaient à eux-mêmes les prêtres de Baal; enfin ceux que l'on faisait quelquefois aussi pour apaiser Jahveh, par exemple les quatre-vingts individus qui vinrent de Sichem, de Siloé et de Samarie. De plus, les exemples où l'on voit la saignée en usage comme acte de politesse dans les relations de société, cessent d'être inexplicables. Pendant la cérémonie d'un mariage à Samoa, les amis de la fiancée, pour témoigner de leur respect, « ramassèrent des pierres et s'en frappèrent jusqu'à se meurtrir la tête et la couvrir de sang [1]. » — « Lorsque les Indiens de Potonchan (Amérique centrale) reçoivent de nouveaux amis,... ils se tirent du sang sous leurs yeux, et, en preuve de leur amitié,.... de la langue, de la main, du bras ou de quelque autre partie [2]. » Enfin, je lis dans une lettre que m'écrit M. Foster, agent général de la Nouvelle-Galles du Sud, qu'il a vu une mère australienne, rencontrant son fils après une absence de six mois, lui taillader le visage avec une tige pointue, « jusqu'à ce que le sang coulât. »

§ 364. Les incisions laissent des cicatrices. Si les sacrifices sanglants qui les provoquent sont offerts par des parents à l'esprit d'une personne d'un rang ordinaire, il n'est pas probable que ces cicatrices aient aucune signification durable ; au contraire, si elles constituent un acte de propitiation à l'adresse d'un chef mort, accompli non point par des parents seulement, mais par des membres de la tribu qui n'ont avec le chef aucun lien de parenté, qui le craignaient et qui redoutent son esprit, ces sacrifices deviennent, comme les autres mutilations, des signes d'assujettissement. Les Huns, qui, « aux funérailles d'Attila, se tailladaient le visage de blessures profondes [3], » et les Turcs, qui s'infligeaient le même traitement aux funérailles de leurs rois, s'imprimaient par là des marques qui les faisaient plus tard reconnaître pour les serviteurs de leurs

1. Rev. W. Turner, *Nineteen Years*, etc., 187.
2. Pierre Martyr, *De rebus oceanicis et novo orbe, Decades tres*, 338.
3. Jornandes.

souverains respectifs. Il en était de même des Lacédémoniens, qui, « à la mort de leur roi, avaient la coutume barbare de se réunir en grand nombre, et là, hommes, femmes, esclaves, tous mêlés, se déchiraient la peau du front avec des épingles et des aiguilles... pour plaire aux esprits des morts [1]. » Ces coutumes auraient quelquefois d'autres résultats encore. Après l'apothéose de quelque roi illustre, qui devait à ses conquêtes de jouer le rôle de fondateur de la nation, des marques que des contemporains ne se bornaient pas à porter, mais qu'ils imposaient à leurs enfants, ont pu devenir des marques nationales.

Nous avons d'assez bonnes preuves que des cicatrices causées par des effusions de sang propitiatoires à des funérailles sont tenues pour des moyens qui unissent aux morts ceux qu'elles décorent, et que l'usage de s'en faire se développe de la façon que nous avons dite. Le commandement du *Lévitique :* « Vous ne ferez aucune incision dans votre chair pour les morts, vous n'imprimerez aucune marque sur vous, » nous montre l'usage encore à cet état où la cicatrice laissée par le sacrifice de sang demeure un signe en partie de subordination familiale, en partie d'un autre genre. Enfin, les traditions des Scandinaves nous montrent l'usage à un état où il dénote l'allégeance envers un être surnaturel non spécifié, ou à un chef mort passé au rang de dieu. Odin, « près de mourir, se fit marquer avec la pointe d'une lance; » et Niort, « avant de mourir, se fit marquer pour Odin avec un fer de lance. »

Il est probable que les cicatrices de la surface du corps qui en viennent à servir d'expression à la fidélité à l'égard d'un père ou d'un souverain mort, ou d'un dieu dérivé de

[1]. Potter, *Archæologica Græca*, II, 2, 4.

ces personnages, ont donné lieu, entre autres façons de défigurer l'homme, à celle qu'on appelle tatouage. Les déchirures et les traces qu'elles laissent ne manquent jamais de prendre des formes différentes dans les différentes localités. Les Andamènes « se tatouent en incisant la peau avec de petits morceaux de verre, sans y introduire de matière colorante; la cicatrice demeure plus blanche que la peau saine [1]. » Les naturels de l'Australie portent des cicatrices couturées qui font saillie sur telle ou telle partie du corps; d'autres se marquent eux-mêmes. Dans l'île Tanna, on se fait des cicatrices saillantes sur les bras et sur la poitrine, et Burton dit, dans son *Abeokuta*, que « l'on trouve toutes les variétés de cicatrices sur la peau, depuis la simple piqûre imperceptible jusqu'à la balafre et à la saillie en forme de clou... Dans ce pays, chaque tribu, chaque sous-tribu, et même chaque famille possède son blason, dont l'infinie variété peut se comparer aux lignes et aux brisures héraldiques de l'Europe; il faudrait plus d'un volume pour expliquer en détail le sens de chaque marque [2]. » Naturellement, parmi les mutilations de la peau produites de la façon que nous avons dite, un grand nombre prendra, sous l'influence de la vanité, un caractère plus ou moins ornemental; et l'usage qu'on en fait pour la décoration du corps survit souvent après que le sens s'en est perdu.

Indépendamment de toute hypothèse, nous avons la preuve que ces marques sont bien souvent des signes de tribu; ce qu'elles ont dû devenir si elles étaient originellement l'effet de l'usage de contracter une union par le sang avec le fondateur mort de la tribu. Chez les Cuebas de

1. *Transactions Ethn. Soc.*, II, 36.
2. R.-F. Burton, *Abeokuta*, I, 104.

l'Amérique centrale, « si le fils d'un chef refusait de se
servir des marques distinctives de sa maison, il pouvait,
une fois devenu chef lui-même, choisir une nouvelle devise
à son gré. Le fils qui n'adoptait pas le *totem* de son père
était toujours pour lui un objet de haine durant sa vie [1]. »
Si le refus d'adopter la marque de famille, quand elle est
peinte sur le corps, passe pour une sorte d'infidélité, il en
sera également de même quand la marque est de celles
qui proviennent de déchirures modifiées; le refus équi-
vaudra à une rébellion, lorsque la marque signifie qu'on
descend de quelque illustre père de la race ou qu'on lui
est soumis. De là la signification qui s'attache aux faits suivants : « Tous ces Indiens, dit Cieza des anciens Péruviens,
portent certaines marques qui les font connaître et dont
leurs ancêtres se servaient [2]. » Les personnes des « deux
sexes, aux îles Sandwich, portent une marque particulière
un tatouage), qui paraît indiquer le district où elles vivent,
ou bien le chef auquel elles obéissent [3]. »

Nous avons, il est vrai, des preuves qu'une forme spéciale de tatouage devient une marque de tribu, de la
manière que nous avons indiquée. Parmi les diverses
mutilations auxquelles l'homme se soumet comme à des
rites funèbres, à la mort d'un chef, aux îles Sandwich, par
exemple l'arrachement des dents, la résection des oreilles,
la tonsure, etc. [4], il en est une qui consiste à tatouer un

1. Bancroft, *The Native Races*, I, 753.
2. Cieza de Leon, ch. 88.
3. Cap. Cook, *Second Voyage*, II, 152. Tandis que ce chapitre était sous
presse, j'ai rencontré un passage de Bancroft relatif aux Indiens du Darien, qui
vérifie pleinement l'interprétation générale que nous avons donnée. « Tout
chef, dit-il, gardait plusieurs prisonniers comme esclaves ; on leur imprimait
au fer chaud ou par tatouage la marque de leur propriétaire sur la face ou le
bras, ou on leur arrachait une de leurs dents de devant. » Bancroft, *The
Native Races*, etc., I, 771.
4. Rev. W. Ellis, *Tour through Hawaii*, 146.

endroit de la langue. Nous voyons, par cet exemple, que
cette mutilation prend la signification de la fidélité à un
souverain qui est mort; plus tard, quand ce souverain
mort, objet d'une distinction inusitée, reçoit l'apothéose,
la marque imprimée par le tatouage devient le signe de
l'obéissance qu'on lui doit comme à un dieu. « Chez plusieurs nations de l'Orient, dit Grimm, existait la coutume
de se faire une marque par une brûlure ou une incision,
ce qui signifiait qu'on était adhérent d'un certain culte...
Il en était de même des Hébreux. Nous n'avons qu'à nous
souvenir de l'interdit porté contre les marques en l'honneur des morts, pour voir le sens de ces mots du *Deutéronome : « Ils se sont corrompus; la marque n'est point la
marque de ses enfants; ils sont une génération perverse et
dévoyée. » Les marques qui sont mises ici en opposition
avec celles de Dieu étaient considérées, à une époque plus
avancée, comme le signe de l'adoration de dieux différents;
ce qui le prouve, ce sont des passages de l'Apocalypse. On
y voit un ange ordonner un délai « jusqu'à ce que nous
ayons scellé les serviteurs de notre Dieu au front; » il y est
question de « cent quarante-quatre mille, ayant le nom
du Père écrit sur le front, » qui se tiennent debout sur la
montagne de Sion, tandis qu'un ange proclame que, « si
quelqu'un adore la bête et son image, et s'il en prend la
marque au front ou à la main, celui-là boira le vin de la
colère de Dieu. » De nos jours même, « cet usage de tracer
des signes religieux sur les mains et les bras est à peu près
universel chez les Arabes de toutes les sectes et de toutes
les classes. » On sait que « les chrétiens, dans certaines
parties de l'Orient, et les navigateurs européens, avaient
depuis longtemps l'habitude de marquer par des piqûres
et une couleur noire leurs bras et d'autres membres de

leur corps, avec le signe de la croix ou l'image de la
Vierge [1]; les mahométans y impriment le nom d'Allah. » De
sorte que jusqu'à nos jours, chez les races avancées, ces
mutilations de la peau ont un sens semblable à celui qu'on
leur donnait ouvertement dans l'ancien Mexique, où, quand
on consacrait un enfant à Quetzalcohuatl, « le prêtre lui
faisait sur la poitrine une petite incision avec un couteau [2], »
pour marquer qu'il appartenait au culte et au service du
dieu ; et semblable aussi au sens que leur donnent ouvertement les nègres d'Angola. En beaucoup d'endroits de ce
pays, chaque enfant n'est pas plus tôt né qu'on le tatoue
sur le ventre, afin de le consacrer par cette cérémonie à
un certain fétiche [3].

Nous devons rapporter encore des faits d'une grande
signification. Nous avons vu que, lorsque les cheveux coupés sont un signe de servitude, les cheveux longs deviennent un signe de distinction honorable ; que, lorsque la
barbe rasée est un signe de subordination, la barbe longue
est un signe de suprématie, et que, lorsque la circoncision
est associée à l'idée d'assujettissement, on ne l'observe
point chez les personnes en possession du pouvoir souverain. Nous avons ici une antithèse analogue. Le grand
chef divin de Tonga diffère de tous les autres hommes des
îles Tonga ; non seulement il n'est point circoncis, mais il
n'est point tatoué [4]. Ailleurs, on voit quelquefois ces différences servir de distinction aux classes. Cela ne veut pourtant pas dire que les distinctions que le tatouage ou l'absence de tatouage impliquent sont toujours la règle : il y a

1. M. Kalisch, *Historical and Critical Commentary on the old Testament-
Leviticus*, London, 1855, II, 429.
2. Juan de Torquemada, *Monarquia Indiana*, Madrid, 1723, l. IX, ch. 31.
3. A. Bastian, *Africanische Reisen*, Bremen, 1859, 76.
4. W. Mariner, *Account*, etc., II, 268.

des exceptions. Si dans certains pays le tatouage est le
signe de l'infériorité sociale, dans d'autres il est le signe de
la supériorité. Mais il n'y a pas lieu d'être surpris de ces
anomalies. Par suite des vicissitudes des guerres continuelles des races, il a dû arriver quelquefois qu'une race
non tatouée ait été conquise par une autre chez qui la coutume du tatouage était en vigueur, et qu'alors ces marques
sont devenues le signe de la suprématie sociale. Seulement
il y a une autre cause encore de ce désaccord des significations du tatouage. Il nous reste à parler d'une espèce
de mutilation cutanée qui a une autre origine et un sens
différent.

§ 365. Outre les cicatrices qui proviennent de déchirures
qui sont des actes de propitiation envers des parents ou des
chefs morts et des dieux, il en est qui proviennent de blessures reçues à la guerre. Ces dernières, quand elles sont
nombreuses, supposent qu'il y a eu beaucoup de batailles
avec les ennemis ; aussi sont-elles en honneur dans le monde
entier, et on les voit partout étalées avec orgueil. Le sentiment qui s'y rattachait en Angleterre, dans le passé, se retrouve dans Shakespeare, qui parle souvent de « ceux qui
se vantent de leurs cicatrices. » Lafeu dit qu'une « cicatrice
noblement reçue, ou une noble cicatrice, est une bonne
marque d'honneur ; enfin, Henri V annonce d'un vieux
soldat « qu'il retroussera bientôt ses manches et montrera
ses cicatrices. »
Comme les sauvages sont bien plus animés que les peuples civilisés des sentiments dont nous venons de parler, et
qu'ils ne connaissent pas d'autre honneur que la réputation
de bravoure, que doit-il en résulter? Le désir de montrer
des cicatrices honorables ne portera-t-il pas l'homme à s'en

faire d'artificielles? Nous en avons la preuve. Un prêtre,
chez les Béchuanas, fait une longue incision de la cuisse au
genou de tout guerrier qui a tué un ennemi dans la bataille [1]. Il existe un autre usage chez les Cafres Bachassins.
Chez les Damaras, « pour chaque animal sauvage qu'un
jeune homme détruit, son père lui fait quatre petites incisions sur la partie antérieure du corps, comme marques
d'honneur et de distinction [2]. » Ensuite Tuckey, parlant d'un
certain peuple du Congo qui a l'usage de faire des cicatrices,
dit que cet usage a « surtout pour but de rendre les hommes
agréables aux femmes [3], » ce qui se comprend si ces cicatrices passaient pour des blessures reçues à la guerre et pour
des preuves de bravoure. « Les Indiens Itzaex (Yucatan)
ont de beaux visages, quoique certains d'entre eux y portent des lignes qui sont des signes de courage [4]. » Des faits
que nous fournissent d'autres tribus américaines donnent à
penser que l'usage des tortures qu'on inflige aux jeunes
gens qui entrent dans l'âge mûr a eu pour origine l'habitude de faire des cicatrices artificielles en imitation des cicatrices gagnées dans les batailles. Si l'on a vu de tout temps
les gens qui manquent de courage se blesser eux-mêmes
pour échapper au service de guerre, on peut avec raison
conclure que les hommes les plus courageux qui n'ont jamais
été blessés ont pu assez souvent se faire à eux-mêmes des
blessures qui leur procuraient le titre prisé par-dessus tout,
celui de brave. D'abord secrète et exceptionnelle, cette pratique a pu devenir plus commune et finir par se générali-
ser, à cause de la réputation qu'elle procure, à ce point

1. Henry Lichtenstein, *Travels in South Africa*, Trans., London, 1812,
II, 331.
2. Anderson, *Lake Ngami*, London, 1856, 224.
3. Cap. J.-K. Tuckey, *Narrative of an Expedition to explore the River
Zaire*, London, 1818, 80.
4. Fancourt, *The History of Yucatan*, London, 1854, 313.

qu'à la fin, l'opinion publique se donnant cours contre ceux
qui ne l'avaient pas adoptée, l'usage s'est imposé à tous.
Chez les Abipones, « les enfants âgés de sept ans se percent
leurs petits bras, à l'imitation de leurs parents, et étalent
de nombreuses blessures [1] ; » cet exemple nous fait voir la
naissance d'un sentiment et un usage qui en est la conséquence et qui, en s'étendant, peut aboutir à un système de
tortures d'initiation au moment où l'homme entre dans
l'âge viril. Sans doute, du moment que tout le monde les
porte, les cicatrices ne sont plus une distinction, et on en
explique l'usage en disant que les blessures d'où elles proviennent sont un moyen d'apprendre à souffrir ; mais ce
n'est point là la raison première qui les a fait endurer. Les
hommes primitifs, imprévoyants de toute manière, n'ont
jamais imaginé ni institué un usage en prévision d'un
avantage éloigné : ils ne font pas de lois, ils tombent sous
l'empire de coutumes.

Voilà donc une nouvelle raison pour que les marques
faites à la peau, encore qu'elles soient généralement des
signes de subordination, soient devenues dans certains cas
des décorations honorables et quelquefois des signes du
rang.

§ 366. Nous devons ajouter quelques mots pour faire
connaître un motif secondaire de mutilation, qui accompagne un motif secondaire de prendre des trophées, ou qui
en découle.

Dans le dernier chapitre, nous avons reconnu que, sous
l'influence de la croyance que l'esprit réside dans toutes les
parties du corps, le sauvage conserve des reliques de ses

---

1. M. Dobrizhoffer, *Account of the Abipones of Paraguay*, London, 1822,
II, 35.

ennemis morts, en partie dans l'espérance qu'il pourra par ce moyen exercer une contrainte sur leurs esprits sinon par lui-même, au moins par le secours du sorcier. Il a une raison analogue de conserver une partie qu'il a détachée du corps de l'ennemi qu'il a réduit en esclavage : l'un et l'autre, le maître et l'esclave, pensent que le possesseur de cette partie a le pouvoir de faire du mal à l'autre. Du moment que la première démarche du sorcier est de se procurer des cheveux ou des rognures d'ongle de sa victime, ou un morceau de ses vêtements imprégné de cette odeur que l'opinion confond avec l'esprit de la victime, il semble que le maître qui garde sur lui une dent, ou une phalange, ou une mèche de cheveux de son esclave, doive nécessairement conserver, grâce à ces reliques, le pouvoir de le soumettre à l'influence du sorcier, lequel peut lui faire subir l'un ou l'autre de ces maux épouvantables, la torture infligée par les démons, la maladie ou la mort.

L'homme subjugué est soumis à l'obéissance par une crainte analogue à celle que Caliban exprime à la pensée des tourments que Prospero peut infliger par des moyens magiques.

§ 367. Nous possédons donc des faits nombreux et variés qui prouvent que la mutilation du corps de l'homme vivant est une conséquence de l'usage de prendre des trophées sur le mort. Comme le trophée suppose la victoire allant jusqu'à la mort du vaincu, la pratique de couper une partie du prisonnier vivant, qui dérive de la première, en vient à signifier la subjugation ; à la fin, l'abandon volontaire de cette partie exprime la soumission et devient une cérémonie propitiatoire, parce qu'elle exprime cet état.

On coupe les mains aux ennemis morts ; comme pendant

de ces trophées, nous avons des mutilations identiques
infligées à des criminels, et l'amputation des doigts ou de
portions de doigt pour apaiser des chefs vivants, des morts
et des dieux. Au nombre des trophées pris sur les ennemis
tués, on compte le nez ; on inflige la perte du nez aux prisonniers de guerre, aux esclaves et aux auteurs de certains
crimes. On rapporte du champ de bataille des oreilles coupées ; on rencontre de temps en temps l'usage de couper
les oreilles aux prisonniers, aux criminels, aux esclaves, et
il y a des peuples chez qui les oreilles percées sont le signe
de la servitude ou de la sujétion. Les mâchoires et les dents
sont aussi des trophées ; dans certains cas, on arrache des
dents pour apaiser un chef mort, et dans d'autres un prêtre
les arrache par une cérémonie quasi religieuse. On scalpe
les ennemis tués, et leur chevelure sert parfois à orner le
vêtement des vainqueurs ; de là, comme conséquence, divers
usages. Tantôt on rase le vaincu réduit en esclavage ; tantôt
les hommes portent leurs cheveux du sommet de la tête
comme un objet qui appartient à leur chef qui peut les réclamer comme un gage de soumission ; ailleurs, on rase la
barbe de certains individus pour en orner la robe de leur
suzerain, ce qui fait que la barbe longue devient le signe
d'un rang élevé. Chez un grand nombre de peuples, le
sacrifice de la chevelure est en usage pour fléchir l'esprit
des parents morts ; des tribus entières se coupent les cheveux à la mort de leur chef ou roi ; l'abandon de la chevelure est aussi une expression de soumission aux dieux ; parfois, on l'offre à un supérieur vivant en signe de respect,
et cette offrande honorifique s'étend à d'autres. Il en est de
même des mutilations des organes génitaux ; on les enlève
comme trophée aux ennemis morts et aux prisonniers vivants, et on les offre aux rois et aux dieux. Il n'en est pas

autrement des autres genres de mutilations. L'émission
sanguine volontaire, causée en partie peut-être par le cannibalisme, mais bien plus répandue par l'usage d'échanger
son sang contre celui d'un ami en gage de fidélité, l'émission sanguine prend place dans diverses cérémonies qui
expriment la subordination : nous la trouvons employée
pour servir à fléchir les esprits et les dieux, et parfois
comme un acte de politesse envers des vivants. Naturellement, il en est de même des marques que les émissions san-
guines laissent sur le corps. Dans le principe, ces blessures
cicatrisées n'affectent aucune forme ni aucun lieu précis ;
mais la coutume leur assigne une forme et une place déterminées, et elles finissent par jouer le rôle d'ornement ;
d'abord elles n'étaient que le partage des parents des morts,
puis ce privilège s'étendit à toute la suite d'un homme redouté pendant sa vie ; elles devinrent enfin les signes de l'assujettissement à un chef mort, et finalement à un dieu : par
là, elles se transformèrent en marque de tribu et de nation.

Si, comme nous l'avons vu, l'acte de prendre des trophées, cette conséquence de la victoire, joue un rôle parmi
les actes de contrainte gouvernementale qui sont le résultat
de la conquête, il y a lieu de croire qu'il en sera de même
des mutilations introduites par l'usage de prendre des
trophées. Les faits autorisent cette conclusion. D'abord
marques de servitude personnelle, elles deviennent des
marques de subordination politique et religieuse ; elles
jouent un rôle analogue à celui des serments de fidélité et
des vœux pieux par lesquels on consacre sa personne. En
outre, parce qu'elles sont des aveux publics de soumission
à un chef, visible ou invisible, elles fortifient son autorité
en faisant éclater à tous les yeux l'étendue de son empire.
Lorsqu'elles sont le signe d'une subordination de classe,

comme lorsqu'elles marquent la subordination de criminels, elles fortifient encore la puissance du système régulatif.

Si les mutilations ont l'origine que nous disons, nous
pouvons nous attendre à trouver une relation entre l'étendue où elles sont poussées et le type social. Quand on rapproche les faits que nous avons recueillis chez cinquante-
deux peuples, on voit cette relation ressortir avec autant de
clarté qu'on peut en attendre. En premier lieu, puisque
des mutilations passent à l'état de coutume par l'effet de la
conquête et de l'agrégation nationale qui résulte de la conquête, il est à présumer que les sociétés simples, bien que
sauvages, offriront moins ce trait social que les sociétés
plus vastes, composées des premières, et moins que les
sociétés à demi civilisées. La chose est vraie. Parmi les peuples qui forment des sociétés simples et qui ne pratiquent
les mutilations en aucune façon ou que d'une manière très
légère, nous trouvons onze peuples appartenant à des races
sans lien entre elles : les Fuégiens, les Veddahs, les Andamènes, les Dayaks, les Todas, les Gondhs, les Santals, les
Bodos et les Dhimals, les Michmis, les Kamtchadales et les
Indiens Serpents ; et ces peuples ont pour caractère de
n'avoir pas de chef ou de ne reconnaître que d'une manière
irrégulière l'autorité d'un chef. Par contre, nous ne trouvons dans la classe des sociétés composées que deux peuples chez qui l'usage des mutilations n'existe que peu ou
point : ce sont les Kirguizes, qui mènent une vie nomade,
condition qui rend la subordination difficile, et les Iroquois, qui ont un gouvernement de forme républicaine.
Parmi celles qui pratiquent des mutilations sous une forme
modérée, les sociétés simples sont en proportion moindre
que les composées; dans une classe, on en compte dix : les

Tasmaniens, les insulaires de Tanna, ceux de la Nouvelle-Guinée, les Karens, les Nagas, les Ostyaks, les Esquimaux, les Chinouks, les Comanches, les Chippeouais ; mais, dans l'autre, il y en a cinq : les naturels de la Nouvelle-Zélande, les Africains orientaux, les Khonds, les Koukis, les Kalmoucks. Encore faut-il remarquer que chez les uns l'autorité simple, et chez les autres l'autorité composée, sont instables. Quand on passe aux sociétés où se pratiquent des mutilations plus cruelles, nous trouvons ces relations retournées. Parmi les sociétés simples, je n'en peux nommer que trois : les naturels de la Nouvelle-Calédonie, chez qui pourtant les mutilations cruelles ne sont pas d'un usage général ; les Boschimans, qui passent pour un peuple déchu d'un état social supérieur, et les Australiens, également déchus, selon nous. Mais, parmi les sociétés composées, il en est vingt et une : les Fidjiens, les Hawaïens, les Tahitiens, les Tongans, les Samoans, les Javanais, les indigènes de Sumatra, les Malgaches, les Hottentots, les Damaras, les Béchuanas, les Cafres, les naturels du Congo, les nègres de la côte, les nègres de l'intérieur, ceux du Dahomey, les Achantis, les Fulahs d'Abyssinie, les Arabes et les Dacotahs. Comme la consolidation sociale est l'effet ordinaire de la conquête, et que les sociétés composées et doublement composées sont, durant les premières périodes de leur histoire, militantes à la fois par leur activité et par leur structure, il en résulte que la relation entre la coutume des mutilations et l'importance de la société est indirecte, tandis que celle qui unit cette coutume au type est directe. Les faits le prouvent. Si nous mettons côte à côte les sociétés qui diffèrent le plus entre elles au point de vue de la pratique de la mutilation, nous voyons que ce sont celles qui diffèrent le plus entre elles, en ce que les unes ont une organisation tout à fait non militaire et que les autres en ont une tout à fait militaire. A l'une des extrémités, nous avons les Veddahs, les Todas, les Bodos et les Dhimals, tandis qu'à l'autre nous voyons les Fidjiens, les Abyssiniens, les anciens Mexicains.

Puisque l'usage des mutilations dérive de l'usage de prendre des trophées, et qu'il se développe en même temps que le type social militaire, on peut prévoir qu'il décroîtra à mesure que les sociétés consolidées par la vie militaire, deviendront moins militaires, et qu'il disparaîtra à mesure que le type social industriel se développera. L'histoire de l'Europe est la preuve que les choses se passent ainsi. Enfin, c'est un fait significatif que dans la société anglaise, où le système industriel prédomine aujourd'hui, les rares mutilations qui demeurent en usage se rattachent à la partie régulative de l'organisation qui est un legs du système militaire ; tout ce qui en reste se réduit à ceci : des tatouages sans signification en usage chez les marins, la marque des déserteurs et la décapitation des criminels.

# CHAPITRE IV

§ 368. Les voyageurs qui abordent des étrangers ont l'habitude de gagner leur faveur par des présents. Ils obtiennent deux résultats. D'abord le plaisir causé par la valeur de l'objet donné a pour effet de solliciter une attitude amicale chez l'étranger; ensuite une expression tacite du désir que le donateur a de plaire, tend à produire le même résultat. C'est de ce désir que le présent, en tant que cérémonie, provient.

Un passage de Garcilaso, où nous voyons la parenté qui unit les mutilations et les présents, les offrandes d'une partie du corps et celles de quelque autre chose, nous fait voir aussi comment l'acte de faire un présent devient un acte propitiatoire, indépendamment de la valeur de la chose offerte. Les gens qui portent des fardeaux sur les passages élevés, nous dit Garcilaso, une fois arrivés au sommet se déchargent, et chacun d'eux adresse ensuite au Dieu Pachacamac les actions de grâces suivantes : « Je vous remercie d'avoir pu porter ceci jusqu'ici. Puis, en guise d'offrande, ils arrachent un poil de leurs sourcils, ou tirent de leur bouche

l'herbe appelée *cuca*, comme la chose la plus précieuse qu'ils
aient. Ou bien, s'il n'y a rien de mieux à offrir, ils présentent
un petit morceau de paille, ou même un morceau de pierre
ou de terre [1]. » Quelque étranges que paraissent d'abord sous
cette forme toute nouvelle ces offrandes de parties appartenant au corps ou de choses auxquelles le donateur attache de
la valeur, elles nous sembleront moins étranges si nous rappelons qu'on peut voir aux pieds d'une croix, sur le bord
d'une route en France, un tas de petites croix faites de deux
morceaux de bois attachés ensemble. Au fond, ces croix
n'ont pas plus de valeur que les brins de paille, les bâtons et les pierres des Péruviens, et c'est pour cela qu'elles
appellent notre attention sur le moment qui fait passer
l'acte d'offrir un présent en une cérémonie exprimant le
désir de se concilier la faveur de quelqu'un. Nous voyons
même chez les animaux intelligents combien est naturelle
la substitution d'un présent nominal à un présent réel,
lorsqu'un présent réel est impossible. Un chien de chasse,
habitué à plaire à son maître en lui apportant les oiseaux
qu'il a tués, prendra l'habitude de rapporter à d'autres
moments d'autres objets, pour montrer son désir de plaire.
La première fois qu'il rencontre le matin une personne avec
laquelle il est en bons termes, il ne se contentera pas de
ses démonstrations de joie, mais il ira chercher et rapportera
dans sa bouche une feuille morte, un morceau de bois, ou
tout autre petit objet de peu de valeur qui se trouve à
proximité. En même temps que sa conduite sert à montrer
la genèse naturelle de cette cérémonie propitiatoire, elle
sert aussi à montrer la profondeur d'où part l'opération de
symbolisation, et combien, au début, l'acte symbolique est

---

1. Garcilaso de La Vega, II, 4.

une répétition aussi exacte que possible de l'acte symbolisé que les circonstances le permettent.

Préparés comme nous le sommes à suivre le développement qui fait de l'acte d'offrir des présents une cérémonie, observons en les variétés ainsi que les arrangements sociaux qui en dérivent.

§ 369. Dans les tribus sans chefs et dans celles où l'autorité d'un chef n'est pas fixée par l'usage et dans celles où cette autorité, quoique fixée, est faible, l'usage de faire des présents n'est pas définitivement établi. Les Australiens, les Tasmaniens, les Fuégiens en fournissent la preuve. Quand on lit les récits des voyageurs sur les races sauvages de l'Amérique où l'organisation sociale est peu avancée, les Esquimaux, les Chinouks, les Serpents, les Comanches, les Chippeouais, par exemple, ou qui sont organisées à la façon démocratique, comme les Iroquois et les Crics, on voit que, où manque un fort pouvoir personnel, il est rarement fait mention de présents à titre d'observance politique.

Les relations des usages en vigueur chez les races américaines qui ont atteint dès les temps reculés, sous des gouvernements despotiques, une civilisation avancée, offrent un contraste tout à fait attendu avec les autres.

Au Mexique, « lorsqu'on vient saluer le seigneur, le roi, dit Torquemada, on apporte des fleurs et des présents[1]. » Chez les Chibchas, « lorsqu'on apporte un présent en vue de traiter une affaire ou de parler avec le cacique (car personne ne va lui faire visite sans lui apporter un présent), on entre la tête et le corps courbés profondément[2]. » Au

1. Torquemada, *Monarquia indiana*, XIV, ch. 9.
2. P. Simon, *Tercera noticia* dans *Antiquities of Mexico*, de Kingsborough, 251.

Yucatan, « quand les naturels chassaient, ou pêchaient, ou portaient du sel, ils donnaient toujours au seigneur une portion de ce qu'ils rapportaient [1]. » Des peuples d'autre race, tels que les Malayo-Polynésiens, vivant à divers degrés de progrès social sous l'autorité incontestée de chefs, sont un exemple de la même coutume. Forster, énumérant tous les objets vendus aux Tahitiens de basse classe, en aliments, vêtements, etc., ajoute que « l'on trouva que, après quelque temps, tous ces articles s'étaient écoulés, en qualité de présents ou de remerciements, dans le trésor des divers chefs [2]. » Aux îles Fidji, « quiconque sollicite une faveur d'un chef ou cherche à entretenir avec lui des relations courtoises, est tenu d'apporter un présent [3]. »

Ces derniers exemples nous font voir comment le présent passe de la condition d'une propitiation volontaire à celle d'une propitiation obligatoire ; en effet, puisqu'à Tahiti « les chefs pillaient les plantations de leurs sujets à leur gré [4], » et que ceux des îles Fidji « s'emparaient des personnes et de leurs biens par la force [5], » il est évident que l'acte de faire un présent se transforme en celui de donner une partie de son bien pour sauver le reste. Il est politique de faire du même coup un présent qui satisfasse la cupidité d'un maître et exprime la soumission à son autorité. Les Malgaches, les esclaves comme les autres, font de temps en temps des présents de provisions à leurs chefs, à titre d'hommage [6]. On peut conclure de ces faits que plus les chefs ont de puissance, plus on tient à leur plaire, à la fois en

1. Landa, *Relation des choses du Yucatan*, Paris, 1864, XX.
2. Forster, *Observations during a Voyage round the World*, London, 1777, 370.
3. Williams and Calvert, *Fiji and the Fijians*, I, 28.
4. Ellis, *Polynesian Researches*, I, 319.
5. Erskine, *Journal of a Cruise*, etc., 431.
6. Drury, *Madagascar*, 220.

donnant une satisfaction anticipée à leur avidité et en exprimant des sentiments de fidélité.

Toutefois, il est rare, pour le moins, d'observer dans une tribu simple un aussi grand développement de l'usage d'offrir des présents à un chef. D'abord le chef, qui ne diffère pas beaucoup des autres membres de la tribu, ne leur imprime pas une crainte assez forte pour que l'acte de donner un présent devienne une cérémonie habituelle. Ce n'est que dans les sociétés composées, formées par la conquête de plusieurs tribus par une tribu d'envahisseurs, qu'il se forme une classe gouvernante, constituée par des chefs et des sous-chefs, suffisamment distingués du reste, et assez puissante pour inspirer le respect nécessaire. Tous les autres exemples connus sont tirés de sociétés où la royauté a été réalisée.

§ 370. Cette cérémonie revêt en même temps une forme qu'on trouve encore plus répandue. Lorsque, au-dessus des chefs subordonnés, existe un chef suprême, la faveur de ce maître doit être sollicitée par tout le monde en général et par les chefs subordonnés. Nous allons observer le développement des deux genres de cérémonies qui en dérivent.

A Tombouctou, l'usage a conservé son caractère primitif. « Le roi n'y lève aucun tribut sur ses sujets ni sur les marchands étrangers, mais il reçoit des présents[1]. » Seulement, ajoute Caillé, « il n'y a pas de gouvernement régulier. Le roi ressemble à un père qui gouverne ses enfants. » Quand une dispute s'élève, « il assemble le conseil des anciens. » C'est-à-dire que le présent demeure vo-

---

[1]. Caillié, *Travels through Central Africa to Timbuctoo*, London, 1830, II, 53.

lontaire quand le pouvoir royal n'est pas fort. Chez les
Cafres, nous voyons le présent perdre son caractère volontaire. « Le revenu du roi consiste chez eux en une contribution annuelle de bétail, de prémices des fruits, etc. [1]»
Lorsqu'un Koussa (Cafre) ouvre son grenier, il faut qu'il
envoie un peu de grain à ses voisins et une portion un peu
plus grande au roi [2]. En Abyssinie, on observe une coutume
formée d'un mélange analogue d'exactions et de cadeaux
spontanés; outre les contributions fixes, le prince de
Tigré reçoit des présents annuels. Évidemment, lorsque
des présents ont cessé d'être propitiatoires à force de devenir
habituels, une tendance se révèle qui porte à faire de nouveaux présents, propitiatoires parce qu'ils sont inattendus.

Si une offrande implique la soumission d'un particulier,
à plus forte raison celle qu'apporte un chef subordonné
à un chef suprême. C'est par là que le présent devient une
reconnaissance formelle de suprématie. Dans l'ancienne
Vera Pas, « dès qu'un roi était élu,... tous les seigneurs
de la tribu venaient lui faire visite ou lui envoyaient quelqu'un de leur parenté,... avec des présents [3]. » Chez les
Chibchas, quand un nouveau roi montait sur le trône, il
recevait le serment par lequel les chefs s'engageaient à se
conduire en vassaux obéissants et loyaux, et, en preuve de
leur loyauté, chacun lui donnait un bijou et quelques la-
pins, etc. [4] » Chez les Mexicains, dit Torribio, « chaque
année, à certaines fêtes, les Indiens qui ne payaient pas les
taxes, et les chefs eux-mêmes,... faisaient des présents au
souverain... en signe de leur soumission [5]. » De même, au

---

1. Lichtenstein, *Travels in South Africa*, trans., London, 1812-1815, I, 286.
2. Id., *ibid.*, I, 21.
3. Torquemada, *Monarquia indiana*, l. XI, ch. 17.
4. Piedrahita, *Historia del nuevo Regno*, l. I, ch. 5.
5. Ternaux Compans, *Recueils de pièces relatives à la conquête du Mexi-que*. Paris, 1838, I, 404.

Pérou, « personne ne s'approchait d'Atahualpa sans apporter un présent en signe de soumission [1]. » Le sens de cette cérémonie se montre dans les documents des Hébreux. En preuve de la suprématie de Salomon, il y est dit que « tous les rois de la terre recherchaient l'honneur d'approcher de Salomon... et que chacun lui apportait son présent... contribution annuelle. » Par contre, lorsque Saül fut choisi pour roi, « les enfants de Bélial dirent : Comment cet homme nous sauvera-t-il? et ils le méprisèrent, et ne lui apportèrent point de présent. » Dans toute l'étendue de l'extrême Orient, l'offre de présents au chef suprême a conservé la même signification. Le Japon [2], la Chine [3], la Birmanie [4], fournissent des faits qui l'attestent.

L'histoire de l'Europe primitive ne laisse pas de fournir des exemples de la cérémonie des présents et de sa signification. Durant la période mérovingienne, « à jour fixe, une fois par an, au champ de Mars, suivant l'ancienne coutume, le peuple offrait des cadeaux aux rois [5]; » cette coutume continua sous la période mérovingienne. Les individus et les communautés faisaient pareillement de ces présents. Depuis l'époque de Gontran, qui fut accablé de présents par les habitants d'Orléans à son entrée dans la ville, l'habitude se perpétua que les villes cherchaient à gagner la bonne volonté des monarques qui les visitaient. Dans l'ancienne Angleterre, aussi, lorsque le monarque visitait une ville, l'usage des présents imposait une si lourde dépense, que, dans certains cas, « le passage de la famille

---

1. Don Alonzo de Guzman. *Life and Acts, A. D.*, 1818-1843 (Hackluyt Society). London, 1862.
2. Kœmpfer, *History of Japon*, 391.
3. *Chineese Repository*, Canton et Victoria, Hongkong, 1832, III, 110.
4. Col. H. Yule, *Narrative of Mission to Ava*, London, 1858, 76.
5. *Gallicarum et Franciscarum rerum scriptores*, Paris, 1738-1865, II, 647.

royale et de la cour épouvantait le pays comme une grande
calamité [1]. »

§ 371. Des faits que nous venons de grouper se dégage
l'idée que des présents propitiatoires, volontaires et exceptionnels au début, mais qui deviennent, à mesure que
l'autorité politique se fortifie, moins volontaires et plus
ordinaires, se transforment à la fin en contributions invo-
lontaires et universelles, en tributs fixes ; et ceux-ci passent
à l'état de taxes, en même temps que s'établit le cours des
espèces. La Perse montre bien comment cette transformation s'opère. Des « taxes irrégulières et oppressives auxquelles les Persans sont continuellement exposés, dit Malcolm, les premières ou taxes supplémentaires sont désignées
sous les noms de présents usuels et de présents extraordinaires. Les présents usuels faits au roi sont ceux que lui
offrent annuellement tous les gouverneurs des provinces et
des districts, ainsi que les chefs de tribus, les ministres et
tous les autres officiers des hautes charges, à la fête de
Nourouze, à l'équinoxe de printemps... La valeur offerte en
cette occasion est généralement réglée par l'usage ; rester
en deçà, c'est perdre sa charge, et l'excéder, c'est s'avancer
dans la faveur [2]. »

Dans quelques sociétés relativement petites où le pouvoir
gouvernemental est bien établi, le passage de l'acte d'offrir
des présents au payement d'un tribut se trouve nettement
marqué par la périodicité de sa répétition. Aux îles Tonga,
« la classe supérieure des chefs fait généralement un présent au roi ; il lui donne des cochons et des ignames, environ

1. George Roberts, *Social History of the Southern Counties of England*,
London, 1856, 20.
2. S. J. Malcolm, *History of Persia*, London, 1815, II, 478.

une fois tous les quinze jours. Ces chefs reçoivent en même
temps des présents de leurs inférieurs, et ceux-ci d'autres
placés plus bas, et ainsi de suite jusqu'au bas peuple[1]. »
L'ancien Mexique, formé de provinces plus ou moins dépendantes, montrait plusieurs phases de la transition. « Les
provinces... payaient ces contributions... depuis qu'elles
étaient conquises, pour que les belliqueux Mexicains....
cessassent de les ravager[2] ; » ce qui montre bien que les
présents étaient dans le principe des moyens de propitiation. « A Meztitlan, le tribut ne se payait pas à des époques
fixes... mais quand le seigneur en avait besoin[3]. » Nous
apprenons que, de tous les tributs des diverses contrées de
l'empire de Montézuma, « les uns se payaient chaque
année, d'autres tous les six mois, et d'autres tous les huit
jours[4]. » Certains faisaient des cadeaux aux jours de fête,
en signe de leur soumission, ce qui fait dire à Torribio :
« Il semble donc évident que les chefs, les marchands et
les propriétaires fonciers n'étaient pas obligés de payer des
taxes, mais s'en acquittaient volontairement[5]. »

On peut observer une transition analogue dans l'Europe
ancienne. Parmi les sources de revenu des rois mérovingiens, Waitz énumère les dons volontaires du peuple en
diverses occasions, en sus des présents annuels qu'on leur
faisait aux assemblées de mars. Le même auteur remarque que les présents annuels de la période carlovingienne
avaient depuis longtemps perdu leur caractère volontaire et
se trouvent qualifiés de taxes par Hincmar. Ils se compo-

---

1. Mariner, *Account of the Natives*, etc., I, 231.
2. Fr. D. Duran, *Historia de las Indias*, I, ch. 25.
3. Ternaux-Compans, *Recueils*, etc., II, 289.
4. A. Gallatin, *Notes on the Semicivilized Nations of Mexico*, New-York, 1845, I, 116.
5. Ternaux, *Recueils*, etc., I, 401.

saient de chevaux, d'or, d'argent, de joyaux, de meubles
(offerts par les couvents de femmes), et de réquisitions faites
pour les palais royaux. Enfin Waitz ajoute que ces prestations obligatoires, ou *tributa*, avaient toutes un caractère
plus ou moins privé; bien qu'obligatoires, elles n'étaient pas
encore devenues des taxes au sens propre du mot[1]. Il en
était de même pour les objets que les vassaux offraient à
leur suzerain féodal. « Les *dona*, après avoir été, comme
le nom l'indique assez, des présents volontaires, étaient
devenus au douzième siècle des obligations des tenanciers
envers leurs seigneurs. »

A mesure que la valeur des objets devenait plus définie
et le payement en espèces métalliques plus facile, la transformation s'opérait. Par exemple, à la période carlovingienne, « ce qu'on appelait *inferenda*, droit originellement
payé en bétail, plus tard en argent[2]; » les *oublies*, c'est-à-
dire du pain « présenté à certains jours par les vassaux à
leur seigneur, furent souvent remplacés par un léger droit
payé en argent. » Par exemple encore, en Angleterre, les
villes remplaçaient les offrandes en nature par de l'argent
quand un monarque les traversait. On peut dégager ce fait
du passage suivant de Stubbs : « Le revenu ordinaire du
roi d'Angleterre venait seulement des domaines royaux et
du produit de ce qui avait été la terre du menu peuple, ainsi
que les payements commués du *feormfultum* ou provision
en nature, qui représentait soit la rente réservée payée par
les détenteurs des anciennes possessions de la couronne,
soit le tribut quasi volontaire payé par la nation à son chef
élu[3]. » Dans ce passage, on voit en même temps la transi-

---

1. Waitz, *Deutsche Verfassungsgeschichte*, Berlin, 1863, II, 557, IV, 91.
2. Leber, *Collections*, etc., VII, 418.
3. Le prof. Stubbs, *The Constitutional History of England*, Oxford, 1874,
I, 278.

tion des dons volontaires aux tributs imposés et la commutation du tribut en taxes.

§ 372. Si les dons volontaires au souverain deviennent
peu à peu des tributs et finissent par former un revenu
fixe, ne pouvons-nous pas admettre que les présents faits
aux subordonnés, quand on a besoin de leur assistance,
deviennent pareillement un usage, et à la longue servent à
les entretenir ? Est-ce que ce qui se passe dans les hautes
régions du service de l'Etat ne se répéterait pas dans les
basses ? Les faits répondent.

D'abord il faut remarquer que, outre les présents ordinaires, l'homme qui domine reçoit dans l'origine des présents spéciaux quand un sujet lésé fait appel à sa puissance.
Chez les Chibchas, « nul ne pouvait se montrer devant le
roi, un cacique ou un supérieur, sans apporter un présent,
qu'il lui fallait déposer avant de remettre sa pétition [1]. » A
Sumatra, un chef « ne lève point de taxe, n'a point de
revenu..., ni aucun autre émolument fourni par ses sujets,
que ce qui lui vient de l'expédition des affaires judiciaires [2]. »
Tout le monde « pouvait se faire écouter » de Gulab-Singh,
un des derniers souverains de Jummoo, dit M. Drew, en
apportant l'offrande habituelle d'une roupie à titre de *nazar*
(présent); au milieu même d'une foule, on pouvait attirer
ses regards en montrant une roupie et en criant : Maharajah, une pétition ! Il fondait comme un épervier sur l'argent, et, une fois qu'il le tenait, il écoutait patiemment le
pétitionnaire [3]. » Il y a lieu de croire qu'un usage analogue
existait autrefois en Angleterre. « Il est facile de croire,
dit Broom, qui fait allusion à un passage de Lingard, que

1. Piedrahita, *Historia del nuevo regno, etc.*, liv. II, ch. XIV.
2. W. Morsden, *History of Sumatra*, 5ᵈ ed., London, 1811, 211
3. F. Drew, *The Jummoo and Kashmir Territories*, 15.

peu de princes de cette époque, l'anglo-saxonne, refusaient d'exercer les fonctions judiciaires, quand ils étaient sollicités par des favoris tentés par des manœuvres corruptrices, ou excités par la cupidité et l'avarice [1]. » Enfin, aux premiers temps de la période normande, « la première démarche à faire pour obtenir justice était de solliciter par pétition, ou d'acheter en payant les droits établis [2], » le rescrit royal original requérant le défenseur de comparaître devant le roi, ce qui permet de supposer que la somme payée pour cette pièce représentait ce qui avait été dans le principe le présent fait au roi pour obtenir son assistance judiciaire. Il y a des faits à l'appui de cette conclusion. « Maintenant, il est vrai, dit Blakstone, on admet que le rescrit royal est de droit commun, une fois les droits usuels payés; » ce qui suppose une époque antérieure où cette pièce ne s'obtenait que comme une faveur royale en échange d'un acte de propitiation.

Lors, donc, que les fonctions judiciaires et les autres viennent à être déléguées, on continue à faire des présents pour obtenir les services des fonctionnaires ; et les présents, primitivement volontaires, deviennent obligatoires. Les anciens documents en fournissent la preuve. Le verset 6 du chapitre II d'Amos donne à penser que les juges recevaient des présents, comme on dit que les magistrats turcs en reçoivent de nos jours dans les mêmes régions. Chez les Kirguis les juges reçoivent habituellement des présents des deux parties. L'opinion du prophète et celle de l'observateur moderne qui font venir cet usage de la corruption, sont un exemple de plus de l'erreur qui porte à voir dans la

---

1. H. Broom. *Commentaries on the Comon Law*, 5th ed., 26.
2. *Mozley and Whitely's Concise Law Dictionary*, London, 1876. (Orig. Writ.)

survie d'un état inférieur la dégradation d'un état supérieur.
En France, en 1256, le roi imposait à ses officiers de justice,
« les premiers comme les derniers, un serment de ne faire
ou de ne recevoir aucun présent, d'administrer la justice sans
acception de personne [1]. » Néanmoins l'usage des présents
continua. Les juges reçurent des *épices* comme marque de
gratitude de la part de ceux qui avaient gagné leur procès [2].
En 1369 environ, sinon plus tôt, on les convertit en argent,
et en 1402 le droit aux épices fut reconnu. En Angleterre,
le fait de Bacon est un exemple d'un usage non point spécial
et récent, mais ancien et habituel. Les documents locaux
prouvent l'existence habituelle de l'usage de faire des cadeaux aux officiers de justice et à leurs serviteurs, et que
« l'on ne s'approchait jamais d'un grand personnage, magistrat ou courtisan, sans l'accompagner suivant l'usage
oriental d'un présent. » Le *Damage cleer* [3], gratification pour
le greffier, est devenu au XVIIe siècle une allocation fixe.
Les présents que recevaient les fonctionnaires de l'État formaient dans certains cas leur revenu total ; on peut l'induire de ce qu'au XIIe siècle on vendait les grandes charges
de la maison du roi. La valeur des présents reçus par le
dignitaire royal était assez forte pour qu'il valût la peine
d'acheter les charges. La Russie nous en présente de bonnes
preuves. Karamsin « reproduit les observations de voyageurs qui ont visité la Moscovie au XVIe siècle. Est-il sur-
prenant, disaient ces étrangers, que le Grand Prince soit
riche ? Il ne donne rien à ses troupes ni à ses ambassadeurs ;
il prend même à ces derniers tous les objets précieux qu'ils
rapportent des pays étrangers... Néanmoins personne ne se

1. Guizot, *Histoire de la civilisation en France*, III.
2. Chéruel, *Dictionnaire historique*. V. Epices.
3. Roberts, *Social History*, I. — Scobell, *Collection of Acts and Ordi-
nances*, London, 1658, II, 148-394.

plaint. » D'où nous devons conclure que, faute d'être
payés d'en haut, ils vivaient de présents d'en bas. Nous devons en conclure encore que les petits cadeaux que nous
attribuons à la corruption, que les fonctionnaires mal
payés de la Russie exigent aujourd'hui avant de remplir
leurs fonctions, représentent les cadeaux qui constituaient leurs seuls moyens d'existence à l'époque où ils
n'avaient pas de salaire. On peut conclure la même chose
à l'égard de l'Espagne, où, d'après Rose, « depuis le juge
jusqu'à l'agent de police, la corruption règne... Il y a pourtant une excuse pour le pauvre fonctionnaire espagnol. Le
gouvernement ne lui donne aucune rémunération et attend
tout de lui [1]. »

L'habitude nous fait trouver si naturel le payement d'une
somme déterminée pour des services spécifiés que nous
supposons que cette relation a existé dès le début. Mais
quand nous apprenons que dans des sociétés peu organisées, celle des Béchuanas par exemple, les chefs allouent
à leurs serviteurs une petite quantité d'aliments ou de lait
et les laissent se pourvoir de ce qui leur manque par la
chasse ou la recherche de racines sauvages [2]; quand on nous
raconte que dans des sociétés bien plus avancées, comme le
Dahomey, « nul officier aux ordres du gouvernement n'est
payé [3], » nous avons la preuve que dans le principe les
subordonnés du chef, qui ne sont pas officiellement entretenus par lui, ont à s'entretenir eux-mêmes. Enfin, comme
leur position leur permet de faire du mal ou du bien
aux sujets, comme c'est souvent par leur assistance que
l'on peut invoquer l'appui du chef, on a le même motif de

---

1. H.-J. Rose, *Untrodden Spain*. London, 1874, I, 73.
2. Burton, *Lake Regions*, I, 544.
3. F.-E. Forbes, *Dahomey*, I 34.

gagner leur protection par des présents que de gagner celle du chef lui-même. D'où le développement parallèle du revenu. L'Orient nous fournit un exemple que nous ne connaissons que depuis peu. « Aucun d'eux (serviteurs et esclaves) ne reçoit de gages, mais le maître fait à chacun présent d'un vêtement complet à la grande fête annuelle, et ils reçoivent des cadeaux, la plupart en argent (bakchich), des visiteurs qui ont affaire avec leur maître et désirent qu'on lui parle en leur faveur au moment opportun. »

§ 373. Puisque, dans le principe, le double du mort, semblable à lui à tous les points de vue, n'est pas censé moins susceptible que lui de peine, de froid, de faim, de soif, on suppose aussi qu'on peut gagner sa faveur en lui offrant des aliments, des boissons, des vêtements, etc. Au début donc, il n'y a dans le sens ni dans les motifs des présents offerts aux morts rien qui les fasse différer de ceux qu'on offre aux vivants.

Les formes inférieures de société nous en offrent partout des preuves. Les Papous laissent auprès du cadavre non enseveli des aliments et des boissons. Même usage chez les Tahitiens, les Hawaïens, les Badagas, les Karens, les anciens Péruviens, les Brésiliens, etc. Plus tard, après l'ensevelissement, les peuplades du Scherbro, du Loango, du centre de l'Afrique, les naturels du Dahomey, et autres, apportent des aliments et des boissons sur la tombe du mort. Le même usage se retrouve dans les montagnes de l'Inde, chez les Bhils, les Santals, les Koukis; en Amérique, chez les Caraïbes, les Chibchas, les Mexicains; et partout chez les peuples anciens de l'Orient. Les Esquimaux apportent périodiquement des habits à titre de présents à leurs morts. En Patagonie, on ouvre chaque année des chambres sépulcrales et on renouvelle les habits des morts; les anciens Péruviens avaient la même coutume. A la mort d'un potentat, au Congo, on lui apporte de moment en moment une si grande quantité de vêtements « que, la première hutte où on les dépose devenant trop petite, on en ajoute une seconde, une troisième et jusqu'à six de dimensions toujours plus grandes [1]. » Enfin, de temps en temps, les dons des chefs, subordonnés à l'esprit du chef suprême, représentent le tribut qu'on lui payait de son vivant. Tavernier raconte qu'à des funérailles royales au Tonquin « six princesses s'avançaient portant des aliments et des boissons pour le roi défunt.... quatre gouverneurs pour les quatre provinces du royaume, portant chacun un bâton sur l'épaule, au bout duquel pendait un sac plein d'or et de divers parfums, présents que chaque province offrait au roi mort, destinés à être ensevelis avec son corps, afin qu'il pût s'en servir dans l'autre monde [2]. » Il ne saurait subsister un doute sur l'analogie de l'intention. On nous rapporte qu'à la Nouvelle-Calédonie un chef, s'adressant à l'esprit de son ancêtre, dit ces paroles : « Père compatissant, voici des aliments pour vous; mangez-les; soyez bon pour nous en considération de notre offrande [3]. » Un Veddah s'adressant à un parent décédé qu'il appelle par son nom, lui dit : « Viens et partage avec nous ceci; donnez-nous de quoi vivre comme vous le faisiez de votre vivant. » Ces exemples montrent que l'acte de faire des présents aux morts ressemble à celui d'en faire aux vivants, avec cette différence que le personnage qui les reçoit est invisible.

1. Cap. Tuckey, *Narrative of an Expedition*, etc., 115.
2. Tavernier, *Six voyages*, etc.
3. Rev. W. Turner, *Nineteen Years*, etc., 88.

Remarquons seulement qu'il y a un motif analogue pour des actes analogues de propitiation envers des êtres surnaturels indéterminés que les hommes primitifs supposent exister partout autour d'eux. Nos ancêtres scandinaves laissaient des fragments de pain et de gâteaux pour nourrir les elfes ; les Dayaks placent sur le toit de leur hutte des comestibles pour nourrir les esprits ; d'autres peuples, sur toute la surface du globe, jettent une portion de leurs aliments et de leur boisson pour les esprits avant de commencer leur repas [1]. Voyons maintenant comment la cérémonie se développe, en même temps que l'être surnaturel se développe lui-même. Les objets offerts et les motifs de l'offrande demeurent les mêmes, encore que l'identité se déguise sous l'usage de termes différents, oblation quand il s'agit d'une divinité et présent quand il s'agit d'une personne vivante. L'identité primitive se montre bien dans le vieux dicton grec : « Les présents déterminent les actes des dieux et des rois [2]. » On la voit aussi dans un verset des Psaumes (LXVI, 11) : « Consacre et paye au Seigneur notre Dieu : que tout ce qui l'entoure lui apporte des présents parce qu'il doit être redouté. » Remarquez l'analogie dans le détail.

Les aliments et la boisson, qui constituent le plus ancien genre de présent propitiatoire envers une personne vivante, et aussi le plus ancien envers un esprit, demeurent partout les éléments essentiels d'une oblation à une divinité. De même que, dans les endroits où le pouvoir politique se développe, les présents offerts au chef se composent surtout d'objets de subsistance, de même, aux endroits où le culte des ancêtres en se développant a fait monter un esprit au

1. Chas. Brooke, *Ten Years in saráwak.* London, 1868, I, 73.
2. Guhl and Koner, *Life of the Greeks and Romans,* 283.

rang d'un dieu, les offrandes conservent, comme élément commun en tous lieux et en tous temps, des objets qui servent à l'alimentation. Il n'est pas besoin de rapporter des faits pour prouver qu'il en est ainsi dans les sociétés inférieures. Lorsqu'un Zoulou tue un bœuf pour s'assurer la bienveillance de l'esprit de son parent, qui vient se plaindre à lui en rêve qu'il n'est pas bien nourri, lorsque chez le même peuple cet acte privé se transforme en un acte public, par exemple quand on immole périodiquement un taureau en « offrande propitiatoire à l'esprit de l'ancêtre immédiat du roi [1], » nous pouvons, à juste titre. demander si ce n'est pas de même que prennent naissance des actes comme ceux d'un roi d'Egypte qui immole des hécatombes de bœufs pour plaire à l'esprit de son père mis au rang des dieux; mais il n'y a pas lieu de supposer que les sacrifices de bétail à Jahveh, si bien réglés par le Lévitique, aient la même origine. Les Grecs « avaient coutume de rendre les mêmes devoirs aux dieux dont les hommes ont besoin; les temples étaient les maisons de ces dieux, les sacrifices leurs aliments, et les autels leurs tables [2]. » Dans ce cas il est permis de remarquer l'analogie des présents de comestibles faits aux dieux et des présents de comestibles déposés sur les tombeaux des morts, et de l'expliquer en les faisant venir les uns et les autres de présents semblables faits aux vivants; mais il faut bien se garder de penser que l'offrande d'aliments, de pain, et de fruits et de boissons à Jahveh vienne du même usage; il faut s'en défendre, même en présence de l'analogie complète qui s'observe entre les gâteaux qu'Abraham fait cuire pour restaurer le Seigneur qui vient le visiter dans sa tente

---

1. A. T. Gardiner, *Narrative of a Journey, etc.*, 96.
2. Potter, *Archæologica Græca, etc.*, I, 239.

aux plaines de Mamré, et les pains de proposition gardés sur l'autel et remplacés de temps en temps par d'autres pains frais et chauds (Samuel, xxi, 6). On reconnaît aisément l'analogie, et bien qu'à la fin de l'histoire des Hébreux le sens primitif et grossier des sacrifices se soit obscurci, et que la théorie primitive ait depuis subi un effacement graduel, la forme ne laisse pas de survivre. L'offertoire de l'Eglise anglicane retient encore ces mots : « Accueillez nos aumônes et oblations [1]. » A son couronnement, la reine Victoria offrit sur l'autel, par les mains de l'archevêque, « un drap d'autel d'or et un lingot d'or », une épée, puis « du pain et du vin pour la communion », puis « une bourse d'or », en prononçant ces mots de prière : « Reçois ces oblations. »

Des faits observés dans toutes les parties du monde prouvent donc que les oblations sont dans le principe des présents au sens littéral. On offre des animaux aux rois, on les immole sur les tombeaux, on les sacrifie dans des temples ; on offre des aliments cuits aux chefs, on en dépose sur des tombeaux, on en place sur les autels ; on offre aux chefs vivants des prémices de fruits, on en offre aussi aux chefs morts et aux dieux ; ici c'est de la bière, là du vin, ailleurs de la *chica,* qu'on offre à un potentat, à un esprit, qu'on verse en libation à un dieu. L'encens qu'on brûlait autrefois devant les rois, et dans certains endroits devant des personnes de qualité, on le brûle ailleurs, devant les dieux ; ajoutons que des objets de consommation, des objets précieux de tout genre, donnés en propitiation, s'accumulent également dans les trésors des rois et dans les temples sacrés.

1. Hook, *A Church Dictionary*, London, 1816, 541.

Nous avons encore à faire une remarque importante. Nous avons vu que le présent fait au chef visible était dès le principe un moyen de propitiation, à cause de sa valeur intrinsèque, mais qu'il a fini par produire un effet propitiatoire extrinsèque, comme signifiant loyauté. Pareillement, les présents faits au chef invisible, considérés primitivement comme d'une utilité directe, en viennent ultérieurement à signifier l'obéissance; c'est ce sens de seconde main qui donne au sacrifice qui survit encore le caractère d'une cérémonie.

§ 374. Nous arrivons maintenant à une conséquence remarquable. Comme le présent fait au chef finit en se développant par prendre la forme d'un revenu politique, de même le présent fait à la divinité prend en se développant la forme du revenu ecclésiastique.

Partons de ce premier état social où nulle organisation ecclésiastique n'existe encore. A cette époque, il arrive souvent qu'un partage du présent a lieu entre l'être surnaturel et ceux qui lui adressent leur culte. Quand c'est par un présent d'aliments que l'on recherche la faveur de l'être surnaturel, il s'établit entre lui et l'adorateur, par le fait de manger ensemble, un lien qui les unit. Nous savons qu'il est une idée primitive d'après laquelle, la nature d'une chose étant inhérente à chacune de ses parties, ceux qui en mangent acquièrent cette nature, et que par conséquent tous ceux qui mangent une partie de cette chose acquièrent quelque qualité commune. Cette croyance, d'où vient l'usage de créer un lien de fraternité entre deux individus qui se transmettent l'un à l'autre de leur sang, d'où vient aussi le rite funèbre de l'offrande du sang, et qui donne force aux droits fondés sur l'union dans un même

repas, cette croyance donne lieu à l'usage général de manger une partie de ce qui est offert à l'esprit ou au dieu.
Dans certains endroits, le peuple en général prend part aux
offrandes ; ailleurs, ce privilège est réservé aux sorciers ou
prêtres ; en certains endroits, cette pratique est passée en
habitude, tandis qu'en d'autres elle est accidentelle, dans
l'ancien Mexique par exemple, où les communiants « qui
s'étaient partagé la nourriture sacrée se trouvaient engagés au service du dieu durant l'année suivante [1]. »

Ce qu'il nous importe de remarquer en ce moment, c'est
que les présents qui servent à un tel usage constituent
pour la classe sacerdotale une source de moyens d'existence. Chez les Koukis, le prêtre, pour calmer la colère du
dieu qui a rendu quelqu'un malade, prend une volaille
par exemple, qu'il prétend demandée par le dieu, et en
verse le sang comme une offrande sur le sol, en marmottant
les louanges du dieu, « puis il s'assied délibérément, la
fait rôtir et la mange ; il jette les restes dans le fourré et
rentre chez lui. » Les Battas de Sumatra sacrifient à leurs
dieux des chevaux, des buffles, des cochons, des chiens,
des volailles, « ou tout animal que le sorcier veut manger
ce jour-là [2]. » Enfin chez les Bustars, tribus de l'Inde, Kodo-
Pen « est l'objet d'un culte que chaque nouveau venu lui
rend sur un petit tas de pierres, par le ministère du plus
vieux résidant ; on lui offre des volailles, des œufs, des
grains et quelques pièces de monnaie de cuivre qui deviennent la propriété du prêtre officiant [3]. » L'Afrique a des
sociétés plus avancées, qui nous présentent un arrange-

1. Fra Bernardino de Sahagun, *Historia general de las cosas de Nueva
España*, Mexico, 1829, liv. III, ch. I, § 3-4.
2. Marsden, *History of Sumatra*, 3ᵈ ed., London, 1811, 386.
3. Rev. S. Hislop, *Aboriginal Tribes of the Central Provinces*, London,
1860, 17.

ment social analogue. Au Dahomey, « les gens aux soins de qui appartient la cure des âmes ne reçoivent aucun salaire régulier, ils vivent des offrandes volontaires des fidèles; » ceux-ci apportent journellement dans les temples de petites offrandes que les prêtres enlèvent ensuite [1]. » Pareillement, chez les Achantis, « le revenu des prêtres des fétiches vient de la libéralité des gens. Une moitié des offrandes présentées au fétiche appartient aux prêtres [2]. » Il en est de même en Polynésie. Le médecin à Tahiti est, d'après Ellis, toujours un prêtre ; il reçoit comme un droit une partie de ce qui est censé appartenir aux dieux, avant de commencer son office [3]. Il en était de même dans les anciens États de l'Amérique centrale. Nous lisons le passage suivant dans un interrogatoire rapporté par Oviedo :

Le moine. Offrez-vous quelque autre chose dans vos temples ?

L'Indien. Chacun apporte de sa maison ce qu'il veut offrir, volailles, poisson, maïs ou autre chose ; les garçons le prennent et l'enferment dans le temple.

Le moine. Qui mange les choses offertes ?

L'Indien. Le père du temple les mange, et les enfants mangent ce qui reste [4].

Au Pérou, où le culte des morts était la principale occupation des vivants, les dons accumulés en faveur des esprits et des dieux avaient fini par constituer des domaines sacrés, nombreux et riches, dont vivaient des prêtres de tout genre. On voit la même origine à la rémunération des prêtres chez les anciens peuples historiques. Chez les Grecs, « les reliefs du sacrifice étaient de droit aux prêtres, » et

1. Burton, *Mission.*, II, 151. — Forbes, *Dahomey, etc.*, 1, 174.
2. Beechey, *Ashantee, etc.*, 188.
3. Ellis, *Polynesian Researches*, II, 271.
4. Oviedo, *Historia general, etc.*, l. XIII, ch. 2.

« tous ceux qui servaient les dieux vivaient des sacrifices et autres saintes offrandes [1]. » Il n'en était pas autrement chez les Hébreux. Nous lisons dans le *Lévitique* le passage suivant (II, 10) : « Tout ce qui restera du repas offert appartiendra à Aaron et à ses fils » (c'étaient les prêtres officiels). D'autres passages donnent au prêtre la propriété du dos de la victime et la totalité des offrandes cuites au four et froides. L'histoire du christianisme primitif ne laisse pas d'offrir des exemples analogues. « Dans les premiers siècles de l'Église, les *deposita pietatis*, que Tertullien mentionne, étaient tous des oblations volontaires [2]. » Plus tard, « le clergé eut besoin de ressources plus fixes ; mais les fidèles faisaient encore des oblations... Ces oblations (c'est-à-dire tout ce que les chrétiens pieux offraient à Dieu et à l'Église), qui étaient d'abord volontaires, devinrent plus tard des droits consacrés par la coutume. » Au moyen âge, nous apercevons une phase plus avancée de la métamorphose. « Outre ce qui était nécessaire pour la communion des prêtres et des laïques, et ce qu'on destinait aux eulogies, il était primitivement d'usage d'offrir toute sorte de présents, qu'on porta plus tard à la maison de l'évêque et qu'on cessa de porter à l'église. » Ensuite, par l'effet de la continuation et de l'élargissement de ces donations, qui devinrent des legs, faits de nom à Dieu et en réalité à l'Église, un revenu ecclésiastique s'est trouvé constitué.

§ 375. Nous avons parlé jusqu'ici des présents comme s'ils étaient tous faits par les inférieurs pour gagner la faveur de leurs supérieurs ; nous n'avons rien dit des présents faits par les supérieurs à leurs inférieurs. La diffé-

1. Potter, *Archæologica Græca, etc.*, I, 172, 247
2. Hook, *A Church Dictionary*, 540.

rence qui les sépare quant à leur sens se montre bien dans
les cas, où, comme en Chine, la cérémonie du présent est
très compliquée. « Au moment des visites accoutumées que
les supérieurs et les inférieurs se rendent, et après, il se fait
un échange de présents ; mais les présents des supérieurs
sont offerts comme *donations*, ceux des inférieurs sont
reçus comme *offrandes* : ce sont les termes dont les Chinois
se servent pour qualifier les présents échangés entre l'empereur et les princes étrangers [1]. » Il faut dire ici quelque
chose des donations, quoique leur caractère cérémoniel ne
soit pas prononcé.

A mesure que la puissance du chef politique se développe, jusqu'à ce qu'à la longue il finisse par s'attribuer la
propriété de tous les biens, il en résulte un état social où
la nécessité se fait sentir de rétrocéder une partie des biens
monopolisés ; après avoir été dans le principe subordonnés
par l'obligation de donner, les subordonnés du chef en
viennent jusqu'à un certain point jusqu'à être subordonnés
davantage, à cause des biens qu'ils reçoivent. Des peuples
dont on peut dire, comme des Koukis par exemple, que
« l'on n'y possède rien que par la tolérance du rajah, »
ou, comme les naturels du Dahomey, qu'ils appartiennent
corps et biens à leur roi, ces peuples sont évidemment arrivés à ce point où la propriété, ayant reflué à l'excès vers le
centre politique, doit s'en écouler en retour, faute de pouvoir servir. C'est pour cela qu'au Dahomey, encore que
nul fonctionnaire de l'État ne soit payé, le roi fait à ses ministres et à ses officiers des largesses royales [2]. Sans prendre
davantage la peine de chercher des exemples, contentons-

---

1. Sir G. Staunton, *Account of Lord Macartney's Embassy to China*.
London, 1787, 351.
2. Forbes, *Dahomey, etc.*, II, 243.

nous de remarquer l'existence de cette relation de cause à effet aux premiers temps de l'histoire de l'Europe. Tacite nous apprend que chez les anciens Germains « le chef doit montrer sa libéralité, » et que les gens de sa suite en attendent les effets. Tantôt c'est un cheval de guerre, tantôt une lance trempée dans le sang de l'ennemi. La table du prince, si grossière qu'elle soit, doit toujours être abondante ; il n'y a pas d'autre paye pour la suite du chef. Cela veut dire qu'une suprématie qui a tout monopolisé a pour conséquence l'obligation de faire des libéralités aux sujets. En France, au moyen âge, on retrouve le même système social sous des formes modifiées. Au XIII° siècle, « pour que les princes du sang, la maison royale entière, les grands officiers de la couronne, et ceux... de la maison du roi parussent avec distinction, le roi leur donnait des vêtements en rapport avec le rang qu'ils occupaient et appropriés à la saison pendant laquelle se tenaient cés cours solennelles. On appelait ces vêtements *livrées*, parce qu'on les livrait [1] » à titre de présents du roi : exemple qui montre bien comment l'acceptation de ces dons marchait avec la subordination. Avons-nous besoin d'ajouter que, aux mêmes époques du progrès en Europe, l'usage auquel se conformaient les rois, les ducs et les nobles, de faire jeter de l'argent (largesse) au peuple, était un fait concomitant de la situation servile, où ce que l'homme du peuple obtenait pour son travail, en sus de son entretien quotidien, prenait la forme de présent plutôt que celle de salaire. De plus, des usages qui existent encore chez nous, les gratifications et les étrennes aux domestiques, etc., sont les vestiges d'un régime sous lequel la rémunération fixe se trouvait augmentée par des

---

1. Ducange, *Dissertations, etc.*, 20. — Chroniques de Monstrelet, ch. 59.

gratifications, régime qui avait succédé lui-même à un
régime antérieur sous lequel la gratification était la rémunération unique. Ces exemples montrent assez bien que si
d'une part les présents offerts par les sujets sont le point de
départ des tributs, des impôts et des droits, les dons faits
par les chefs sont la source d'où sortiront les salaires.

§ 376. Il convient d'ajouter quelques mots au sujet des
présents offerts entre les personnes qui ne soutiennent
pas entre elles le rapport de supérieurs à inférieurs. Cette
question nous ramène à la forme primitive de l'usage des
présents, telle qu'elle existe entre des membres de sociétés
étrangères l'une à l'autre, et l'examen de certains faits
soulève une question de beaucoup d'intérêt, celle de savoir
si du don propitiatoire, fait dans ces circonstances, ne naît
pas un genre important d'actions sociales. L'échange n'est
pas, comme nous serions portés à le supposer, universellement compris. Cook raconte qu'il ne réussit pas à
faire des échanges avec les Australiens. « Ils n'avaient,
dit-il, aucune idée du trafic [1]. » D'autres passages donnent
à penser que, au début de l'échange, l'idée de l'équivalence
entre les objets donnés et reçus n'existe guère. Bell remarque que les Ostyaks, qui apportaient à ses compagnons
« du poisson et du gibier à plumes en abondance, se con-
tentaient d'un peu de tabac et d'un petit verre d'eau-de-
vie ; ils ne demandaient rien de plus ne sachant pas l'usage de
l'argent [2]. » Souvenons-nous qu'au commencement il n'existe
aucun moyen de mesurer la valeur, et que l'idée de l'égalité de la valeur ne se développe que par l'usage, et nous
comprendrons qu'il ne soit pas impossible que la propitia-

1. Cook, *Hawk Voy.*, III, 634.
2. John Bell, *Travels from St-Petersbourg to Asia*, 1788, II, 189.

tion mutuelle par des présents ait été l'acte d'où l'échange est sorti. On s'est habitué peu à peu à attendre, en retour d'un présent donné, un présent reçu d'une valeur pareille, et les objets simultanément échangés ont perdu le caractère de présents. On peut voir même la relation des présents et de l'échange dans les exemples bien connus de présents faits par les voyageurs européens aux chefs indigènes ; par exemple Mungo-Park « offrit à Mansa-Koussan (le chef de Julinfuda) de l'ambre, du corail, des étoffes écarlates ; le chef s'en montra très satisfait et envoya en retour un taureau [1]. » De telles transactions nous montrent à la fois la signification du présent primitif comme moyen de propitiation et l'idée que le présent de retour doit avoir une valeur approximativement pareille, ce qui suppose un échange rudimentaire. Ce n'est pas tout. Certains usages des Indiens de l'Amérique du Nord font penser que les présents propitiatoires peuvent donner naissance à un moyen de circulation. Le wampum, dit Catlin, a été invariablement un objet fabriqué, et très apprécié comme moyen de circulation (au lieu de pièces de monnaie dont les Indiens n'ont aucune connaissance), tant de longueurs d'une corde ou tant de largeurs de main représentant la valeur fixe d'un cheval, d'un fusil, d'une robe, etc. Dans les traités, la ceinture de wampum est censée un gage d'amitié ; de temps immémorial, on s'en sert à titre de messager de paix, qu'on envoie aux tribus hostiles ou qu'on fait payer par longueurs de plusieurs toises aux ennemis vaincus, à titre de tribut [2].

Toute idée préconçue à part, voyons comment le présent propitiatoire devient une observance sociale. Nous voyons

---

1. Pinkerton's voyages. *Voyage en Afrique de Mungo Park.*
2. G. Catlin, *Lettres,* etc., I, 222, note.

dans l'ancienne Amérique, que tandis qu'il conserve sa forme primitive, signifiant allégeance, il se répand pour devenir un témoignage d'amitié. Au Yucatan, « les Indiens, dans leurs visites, emportent toujours avec eux des présents pour les donner, suivant leur position ; l'Indien visité répond par un autre présent [1]. » Au Japon, où le cérémonial est si rigoureux, le Mikado reçoit des présents périodiques, signe de fidélité ; « les inférieurs font aussi des présents à leurs supérieurs, » et, entre égaux, « il est d'usage qu'à une première visite dans une maison, l'on fasse un présent au maître, qui donne quelque chose d'égale valeur en rendant la visite [2]. » Chez d'autres races, nous voyons cette propitiation mutuelle prendre d'autres formes. Markham nous apprend que chez les peuplades de l'Himalaya l'échange du bonnet est « un certain signe d'amitié, de même que dans la plaine l'échange du turban l'est pour les chefs [3]. » C'est au Boutan que l'on voit le mieux l'usage des présents passer à l'état de formalité ; « pour les gens de tout rang et de toute situation, l'offrande d'une écharpe de soie forme toujours une partie essentielle du cérémonial du salut.... » — « Un inférieur, s'approchant d'un supérieur, offre l'écharpe de soie blanche, et, quand il prend congé, on lui en jette une sur le cou, de manière que les bouts pendent sur le devant. Les égaux échangent des écharpes en s'abordant, se courbant l'un vers l'autre. Pas de relation sans que l'écharpe y joue un rôle. Il y en a toujours une pour accompagner une lettre, enfermée dans le même paquet, à quelque distance qu'on l'envoie [4]. »

---

1. Diego de Landa, *Relation des choses du Yucatan.* Paris, 1864, § XXIII.
2. Mitford. *Tales of old Japon*, London, 1871, I, 112, 142.
3. Col. Markham, *Shooting in the Himalaya*, London, 1854, 108.
4. Cap. S. Turner, *Embassy to the Tishoo Lama in Thibet*, 2ᵈ ed., London, 1806, 73, 233.

L'histoire de l'Europe permet de voir comment l'acte de faire des présents, devenu une cérémonie par un premier développement, grâce à la crainte inspirée par le chef suprême, et, grâce à la peur des puissants, une pratique encore plus étendue, finit par devenir un usage général par la crainte des égaux, capables de se transformer en ennemis si on les néglige, tandis qu'on gagne la faveur des autres. Ainsi, à Rome, « tout le monde donnait ou recevait des présents de nouvel an [1]. » Les clients en offraient à leurs patrons ; tous les Romains en donnaient à Auguste. « Il se tenait assis dans la salle d'entrée de sa maison; on défilait devant lui, et chaque citoyen, portant ses offrandes dans ses mains, les déposait en passant aux pieds de ce dieu terrestre... Le souverain, à son tour, leur donnait une somme égale ou supérieure à leurs présents. » Cette coutume a survécu durant l'ère chrétienne; mais elle a été condamnée par l'Eglise, à cause de l'association d'idées qui la rattachait aux institutions païennes. En 578, le concile d'Auxerre proscrivit les cadeaux de nouvel an, en les flétrissant avec énergie. « Il y a des gens, dit alors Yves de Chartres, qui acceptent d'autrui et donnent eux-mêmes des cadeaux diaboliques du nouvel an. » Au XIIe siècle, Maurice, évêque de Paris, prêcha contre les méchants qui « mettaient leur confiance dans les présents et qui prétendaient que nul ne pouvait demeurer riche durant l'année, s'il n'avait pas reçu un cadeau au jour du nouvel an. » En dépit des interdits ecclésiastiques, pourtant, la coutume survécut durant le moyen âge jusqu'aux temps modernes. De plus, des cérémonies périodiques analogues s'établirent, par exemple celle des œufs de Pâques, en

1. Eug. Cortet, *Essai sur les fêtes religieuses, etc.*, Paris, 1867, 120.

France [1]. Enfin l'usage de ces genres de présents a subi des changements semblables à ceux que nous avons observés dans d'autres genres : d'abord volontaires, ils ont fini par devenir à la fin obligatoires.

§ 377. Spontanément offert chez les hommes primitifs à celui dont il s'agit de gagner la bienveillance, le cadeau devient donc, à mesure que la société progresse, la source de bien des usages.

Pour le chef politique, à mesure que son pouvoir grandit, le motif des présents, c'est en partie la crainte qu'il inspire et en partie le désir d'acquérir son appui; enfin ces présents, qui ne sont propitiatoires dans le principe qu'à cause de leur valeur intrinsèque, le deviennent, parce qu'ils sont l'expression de la fidélité : de ces derniers provient l'usage des présents comme acte cérémoniel, et des premiers l'usage des présents comme tribut, et à la fin comme impôts. En même temps, l'offrande d'aliments déposés sur la tombe du mort pour faire plaisir à son esprit, se transformant par développement en des offrandes plus considérables et plus répétées sur la tombe du mort éminent, et devenant à la fin un sacrifice sur l'autel du dieu, se différencie d'une manière analogue; le présent d'aliments, de boissons, de vêtements, d'abord censé propre à gagner la bienveillance, à cause de son utilité immédiate, devient implicitement un signe d'allégeance. A partir de là, le présent devient un acte de culte, où la valeur de l'objet offert n'entre plus en considération, en même temps qu'il contribue à l'entretien du prêtre, et par suite rend possible

1. Edelestand du Méril, *Etudes sur quelques points d'archéologie*, Paris, 1862, 115.

l'organisation qui assure le culte. Les oblations sont la source d'où sont sortis les revenus de l'Eglise.

Ceci nous fournit une preuve nouvelle que l'autorité des cérémonies précède l'autorité politique et ecclésiastique, puisqu'il semble que les actes provoqués par la première sont la source d'où découlent à la fin les fonds qui servent à l'entretien des autres.

Lorsque nous demandons quels rapports existent entre l'acte de faire des présents et les différents types sociaux, nous remarquons d'abord que cet acte ne joue pas un grand rôle dans les sociétés simples, où l'autorité d'un chef n'existe pas, ou bien dans les sociétés où elle est instable. Par contre il prévaut dans les sociétés composées et doublement composées, comme par exemple dans tous les Etats à demi civilisés de l'Afrique, de la Polynésie ou de l'ancienne Amérique, où l'institution de chef, primaire et secondaire, lui donne l'opportunité et la raison d'être.. Ce principe reconnu, nous en arrivons à reconnaître un principe plus profond, à savoir que l'acte de faire des présents, s'il n'a que des rapports indirects avec le type social en tant que simple ou composé, en a de directs avec le type social en tant que pourvu d'une organisation plus ou moins militante. Le désir de gagner la faveur d'un homme est d'autant plus grand que cet homme est plus redouté ; et par conséquent le chef conquérant et plus encore le roi, devenu par la force des armes le souverain de chefs nombreux, est une personne dont on recherchera la bienveillance avec le plus d'ardeur par des actes de nature à satisfaire son avidité, en même temps qu'ils expriment la soumission. Aussi, est-ce pour cela que la cérémonie qui consiste à faire des présents au souverain est en honneur dans la plupart des sociétés qui sont actuellement militantes, ou dans lesquelles la longue durée du régime militant dans le passé a favorisé l'évolution du gouvernement despotique propre à ce régime. De là vient aussi que dans toute l'étendue de l'Orient, où ce type social se rencontre partout, l'usage d'offrir des présents à ceux qui possèdent l'autorité est partout une obligation impérieuse. C'est encore pour cela que dans les premiers siècles de l'histoire de l'Europe, alors que les fonctions sociales étaient militantes et s'opéraient par des organes correspondant à ces fonctions, l'usage d'offrir des présents en signe de fidélité au roi était suivi universellement, tant par les individus que par les corporations ; d'autre part les donations, faites par les supérieurs aux inférieurs, nouvel effet de l'état de dépendance complète qui accompagne le régime militaire, étaient d'un usage commun.

Même rapport pour les offrandes religieuses. Dans les Etats militaires aujourd'hui éteints du nouveau monde, on ne cessait de faire des sacrifices aux dieux, et leurs autels étaient sans cesse enrichis par les objets de valeur qu'on y déposait. Les papyrus, les peintures murales et les sculptures montrent que, chez les anciennes nations de l'Orient dont les fonctions et le type de structure étaient éminemment militaires, on faisait sans relâche des offrandes considérables aux divinités ; enfin que d'immenses propriétés étaient consacrées à la splendeur de leurs temples. En Europe, durant les premiers siècles, où prévalait le régime militaire, les dons faits à Dieu et à l'Eglise étaient d'un usage plus général et plus étendu qu'ils ne le sont dans notre siècle, où prévaut relativement le régime industriel. On peut voir aussi comment, même aujourd'hui, on recourt au symbole de l'oblation primitive, qui existe encore dans le pain et le vin de la messe et le sacrement (offert à Dieu

avant d'être consommé par les communiants), moins fréquemment dans les cérémonies de l'Eglise d'Angleterre
que dans les sociétés catholiques, dont le type d'organisation est relativement plus militaire ; d'un autre côté, l'offrande de l'encens, l'une des formes primitives du sacrifice
chez divers peuples et qui survit dans les cérémonies
catholiques, a disparu des services religieux autorisés de
l'Eglise anglicane. La société anglaise ne laisse pas non
plus d'offrir un contraste analogue. En effet si dans l'Eglise
d'État qui fait partie de la structure régulative dont le développement a été l'effet du régime militaire, des observances
religieuses rappelant le sacrifice sont encore en honneur,
les quakers, la secte la plus anti-ecclésiastique, ne les
accomplissent plus ; ces dissidents, absolument anti-mili-
taires, nous offrent, par l'absence même d'un clergé régulier et par la forme démocratique de leur gouvernement, le type d'organisation le plus propre à l'industrialisme.

On peut dire la même chose de l'usage des présents destinés à la propitiation dans les relations sociales. Nous en
avons la preuve en comparant les nations de l'Europe entre
elles ; si pareilles qu'elles semblent être par le degré de
progrès où elles sont parvenues, elles diffèrent par la force
des barrières que l'industrialisme a opposées au régime militaire. En Allemagne, où l'usage de faire périodiquement des
présents à ses parents et à ses amis est une obligation universelle, et en France, où le fardeau imposé par le même
usage est si lourd que l'on voit assez fréquemment au
nouvel an et à Pâques, les gens quitter leurs maisons pour
l'esquiver, il conserve une force bien plus grande qu'en
Angleterre, où l'organisation est bien moins militante.

Par conséquent, nous pouvons dire de ce genre de cérémonie, comme de ceux dont nous nous sommes déjà occupés, qu'il prend forme avec l'établissement de cette autorité politique que produit le régime militaire, qu'il se développe en même temps que le type social de structure de ce régime, et qu'il décline en même temps que le type industriel se développe.

# CHAPITRE V

## VISITES

§ 378. On va chez un homme coupable pour lui adresser des reproches, ou chez un inférieur qui a besoin de secours, ou chez une personne fameuse par sa singularité dans le but de satisfaire un désir de curiosité : une visite n'est pas en elle-même une marque d'hommage. Toutefois des visites d'un certain genre deviennent en elles-mêmes des marques d'hommage. Dans sa forme primitive, l'acte de faire un présent implique celui d'aller voir la personne à qui on le fait. Par suite, en vertu de l'association mentale, ce dernier acte devient en lui-même un signe de respect, et finit par revêtir le caractère d'une cérémonie révérencielle.

Il résulte de là que, si d'une part le présent, volontaire dans le principe, se transforme en un présent obligatoire, et finit par devenir un tribut payé périodiquement, d'autre part la visite qui l'accompagne perd ce qu'elle a de volontaire et, à mesure que la suprématie politique se fortifie, devient l'expression de la subordination exigée par le souverain à des intervalles fixes.

§ 379. Il est naturel que cette cérémonie ne revête point
de forme définie, lorsque la possession du pouvoir suprême
n'est pas réglée. Aussi n'est-elle pas en usage chez les tribus simples. Même dans les sociétés partiellement composées, elle marque moins les relations entre les gens du
commun et les chefs placés immédiatement au-dessus
d'eux, que les relations entre les chefs subordonnés et les
chefs supérieurs. Il y a encore des pays où les sujets montrent à leurs chefs locaux la considération impliquée par cet
acte. Certains nègres de la côte, les Iolofs, par exemple,
viennent chaque jour voir les chefs de leurs villages pour
les saluer [1]; et, chez les Cafres, la Grande-Place (c'est ainsi
qu'on appelle la résidence du chef) est le rendez-vous des
principaux de la tribu, qui attendent « le moment de rendre
hommage à leur chef [2]. »

Mais, comme nous venons de le faire entendre, les visites
qu'il faut surtout considérer comme des éléments du gouvernement cérémoniel sont celles dont les chefs secondaires et les fonctionnaires d'un certain rang sont tenus de
s'acquitter. Dans une société composée, ayant à sa tête un
chef qui s'est assujetti d'autres chefs par ses victoires, la
nécessité de démonstrations périodiques d'allégeance se fait
sentir. Habituellement, le chef central, sachant que ces chefs
locaux subjugués supportent impatiemment sa domination,
et les soupçonnant sans cesse de tramer entre eux des con-
spirations, insiste pour qu'ils se présentent fréquemment
au lieu de sa résidence. Double satisfaction pour le chef
suprême : d'abord il reçoit l'assurance renouvelée de la
fidélité de ses sujets par les présents qu'ils lui apportent et

---

1. G. Mollien, *Voyage dans l'intérieur de l'Afrique, aux sources du Séné-
gal et de la Gambie*, 31, 42.
2. Rev. Jos. Shooter, *The Kaffirs of Natal*, etc., 99.

l'hommage qu'ils lui rendent, ensuite il acquiert la preuve que ses hôtes ne sont pas occupés à tramer des complots pour secouer son joug.

De là vient que dans les sociétés composées la visite que l'on fait périodiquement au roi est une cérémonie politique. On raconte que les chefs indigènes d'une nation conquise dans l'ancien Pérou « recevaient l'ordre de résider à la cour de Cuzco durant certains mois de l'année [1]. » Quelques-uns de ces chefs, dit F. de Xérès (qui venait visiter Atahualpa), étaient seigneurs de trente mille Indiens, tous soumis à Atahualpa [2]. » Nous trouvons dans l'ancien Mexique un usage analogue, qui paraît avoir une origine semblable. On exigeait des chefs de la province conquise de Chalco certains témoignages de soumission; et « Montézuma II leur demandait en outre de venir à Mexico deux fois par an et de prendre part à ses fêtes [3]. » L'Afrique de nos jours fournit un exemple qui montre en même temps le motif de l'usage et le sentiment de répugnance que l'on éprouve quelquefois en s'y soumettant. Chez les Achantis, « à la grande fête annuelle (la coutume de l'igname), tous les cabécères, les capitaines et le plus grand nombre des rois ou chefs tributaires sont attendus dans la capitale... Quelquefois un chef, devenu odieux au roi, ne se hasarde pas dans la capitale sans s'entourer d'une force capable de le défendre ou d'intimider le souverain [4]. » Un autre exemple, qui montre qu'en Afrique la visite passe pour l'expression de la subordination, c'est qu' « il n'est pas d'étiquette que le roi de Dahomey visite même ses plus hauts officiers [5]. » Mada-

---

1. Cieza de Léon, ch. 74.
2. F. R. de Xérès, *Découverte du Pérou*.
3. Ternaux Compans, *Recueils, etc.*, II, 332.
4. Beecham, *Achantee, etc.*, 94.
5. Burton, *Mission, etc.*, I, 296.

gascar et Siam nous fournissent des exemples où le sens
politique de la visite se trouve bien marqué par l'obligation
de la faire à un chef qui gouverne par procuration. Ellis
parle de certains chefs malgaches qui « vont à la résidence
du gouverneur présenter leurs hommages aux représentants
du souverain, suivant la coutume du pays pendant la saison [1]. » Bowring raconte que les « treize autres rois » de
ses possessions, qui payaient chaque année un tribut au
roi de Siam, « avaient auparavant l'habitude de se rendre à
la ville d'Odiaa pour y faire leur *sumbaya* (c'est-à-dire baiser
l'épée de leur grand seigneur), et que maintenant, par le
commandement du roi, ils font la même chose devant le
vice-roi [2]. » Nous savons par Tavernier à quel excès ce
genre de cérémonie était poussé dans l'empire du Mogol au
XVIIe siècle. « Tous ceux qui se trouvent à la cour, dit-il,
sont obligés, sous peine de graves châtiments, d'aller deux
fois par jour saluer le roi dans l'assemblée : une première
fois vers dix ou onze heures du matin environ, au moment
où il rend la justice, et la seconde fois vers six heures du
soir. » Enfin, si nous conservions quelques doutes sur ce
fait, ils disparaîtraient, puisque nous savons qu'aujourd'hui
même à Jammoo et à Kachmir le maharadjah reçoit deux
fois par jour des visites de « toutes les personnes d'un certain rang [3]. » Tout récemment encore, le Japon offrait divers
exemples de cet usage et de sa signification. Il y avait la
visite annuelle que le monarque temporel faisait au Mikado,
d'abord personnellement, plus tard par un représentant; il
y avait les visites annuelles des nobles à la cour, les supérieurs venant rendre hommage à l'empereur lui-même, et

1. Rev. W. Ellis, *Three Visits to Madagascar*, 127.
2. Sir John Bowring, *The Kingdom and the people of Siam*, London, 1857,
II, 108.
3. Drew, *The Northern Barrier of India*, 47.

les inférieurs à ses ministres. Enfin, exemple encore plus
significatif, il y avait des voyages périodiques auxquels
certains seigneurs étaient astreints, à qui « il n'était pas
permis de séjourner plus de six mois dans leurs domaines
héréditaires, et qui devaient passer l'autre moitié de l'année
dans la capitale de l'empire, Yeddo, où leurs femmes et
leur famille demeuraient gardées à vue toute l'année, comme
des otages répondant de leur fidélité [1]. »

Il suffit de rappeler au lecteur comment des causes analogues ont donné naissance à des coutumes pareilles dans
l'Europe féodale. Les vassaux faisaient des visites périodiques à leurs suzerains, et ceux-ci à leurs propres suzerains,
les rois ; ces visites donnèrent lieu à des séjours prolongés
au siège du gouvernement, et, l'accomplissement de ces visites étant devenu un signe d'allégeance, l'absence du vassal
en certaines occasions déterminées était considérée comme
un signe d'insubordination. « Le délaissement de la vie
rurale par la noblesse française, dit Tocqueville, dont
l'explication reconnaît en partie l'origine de l'usage,... fut
sans doute un but que les rois de France ont presque toujours poursuivi durant les trois derniers siècles de la monarchie, afin de séparer la noblesse rurale d'avec le peuple,
d'attirer la première à la cour et de l'attacher aux emplois
publics. C'est ce qui arriva surtout au XVIIe siècle, alors
que la noblesse inspirait encore des craintes à la
royauté [2]. » Ajoutez à ces faits que, de nos jours, aller à
la cour de temps en temps, devoir de tous ceux qui
occupent des positions élevées et en général de tous
les membres des classes gouvernantes, passe pour une
expression de loyauté, et qu'une absence continue s'in-

1. Kœmpfer, *History of Japan*, 49, 66, 11.
2. Tocqueville, *Société française avant la Révolution*, liv. II, ch. 12.

terprète comme un signe d'irrévérence qui entraîne la
défaveur.

§ 380. Nous avons vu dans le dernier chapitre que l'on
offrait des présents propitiatoires aux morts aussi bien
qu'aux vivants. Nous allons voir maintenant que l'on faisait des visites aux uns comme aux autres.

Les croyances primitives attribuent aux esprits des forces
supérieures à celles des hommes, et l'on peut en conclure
que les visites en vue d'offrir des présents aux morts ont
précédé les mêmes visites aux vivants. Nous avons vu (§ 83)
que chez les Innuits (Esquimaux), qui n'ont pas de chefs
et qui, par conséquent, ne font pas de visite en signe de
fidélité politique, l'usage existe de faire de temps en temps
des voyages pour déposer des présents sur les tombeaux
des parents morts. Nous avons cité (§ 85) des exemples de
ce genre de voyage à des époques périodiques chez divers
peuples, sauvages et à demi civilisés. Enfin nous avons
reconnu (§ 144) que ces voyages deviennent, dans les âges
subséquents, des pèlerinages de nature quasi-religieuse ou
absolument religieuse.

Nous allons maintenant présenter deux exemples choisis
parmi les usages de peuples plus civilisés, qui montrent
l'étroite relation qui unit les visites faites aux morts déifiés
et à ceux qui ne le sont pas, avec les visites faites aux vivants. « La fête, dit Rose dans sa description des usages
de la Toussaint en Espagne, dure trois jours..., et les rues
sont remplies de gens en fête. Cependant aucun d'eux n'oublie de se rendre à la demeure de leurs morts et de la contempler avec respect [1]. » Au Japon, où les usages sacrés et
les usages profanes n'offrent guère de différence, les visites

[1. Rose, *Untrodden Spain*, I, 119.

faites aux dieux, aux ancêtres, aux supérieurs et aux égaux sont unies par un rapport étroit. « Les fêtes des Japonais, dit Kempfer, sont des jours consacrés plutôt à des actes de politesse et de civilité qu'à des pratiques de sainteté et de dévotion, aussi les appellent-ils encore du nom de *rebis*, ce qui signifie jour de visite. Sans doute ils se croient obligés en ces jours-là de se rendre au temple de Tensio-Daï-Sin, le premier et principal objet de leur culte, ainsi qu'au temple de leurs autres dieux et grands hommes morts... Mais ils passent la meilleure partie de leur temps à visiter et à complimenter leurs supérieurs, leurs amis et leurs parents [1]. » Afin de montrer mieux encore à quel point la visite est un signe de subordination dans ce Japon ultra-cérémonieux, citons un passage qui montre en outre une curieuse conséquence de la croyance japonaise qui soumet au monarque sacré l'autre monde aussi bien que celui-ci : on y voit en effet les dieux se faire des visites. « Tous les autres kamis ou dieux du pays sont obligés de lui faire des visites (au Mikado, le kami vivant) une fois par an, et de se rendre auprès de sa personne sacrée, quoique d'une manière invisible durant le dixième mois... qu'on appelle kaminatsouki, c'est-à-dire le mois sans dieux... parce qu'on suppose que les dieux ne restent pas chez eux dans leurs temples, mais qu'ils vont faire leur cour à leur Daïri. »

Ces faits et bien d'autres faits analogues nous obligent à conclure que des visites propitiatoires, tantôt aux dieux et tantôt aux morts, sont issues par développement ces visites de culte que nous appelons religieuses. Dans les cimetières du continent, les parents vont à des époques fixes suspendre aux tombeaux des couronnes fraîches d'immortelles, et

1. Kœmpfer, *History of Japan*, 51.

l'on estime que les guirlandes fanées des tombes délaissées témoignent d'un manque de respect pour les morts ; dans les pays catholiques, on fait, sous l'empire de sentiments analogues, des voyages aux tombes de personnages à demi déifiés appelés saints ; entre les pèlerinages de ce genre et ceux que l'on accomplissait jadis au Saint-Sépulcre, la différence n'existe que dans la longueur des distances parcourues et la sainteté des lieux. Ces faits montrent que la visite que l'homme primitif rendait au tombeau où l'esprit était censé résider est le point de départ de la visite au temple, censé résidence du dieu, et que ces deux genres de visites sont de même famille que les visites de respect faites aux vivants. Quelque distance qui semble séparer l'acte d'aller à l'église et celui d'aller à la cour, ils ne sont que deux formes divergentes de la même chose. Ce qui jadis leur servait de trait d'union a presque entièrement disparu aujourd'hui ; mais il nous suffit de remonter aux temps primitifs, et d'y voir qu'un voyage à la demeure d'un supérieur vivant avait pour but d'y apporter des présents, d'y faire acte d'hommage et de soumission, et qu'un voyage à un temple avait pour but d'y accomplir des oblations, d'y faire profession d'obéissance, d'y exprimer les louanges du dieu, pour y reconnaître une analogie. Avant la naissance des croyances supérieures, le chef invisible, visité par l'adorateur religieux, était censé présent dans son temple, exactement comme le chef visible visité dans sa cour ; et, bien que de nos jours on conçoive sous une forme plus vague la présence du maître invisible dans son temple, il est toujours censé s'y trouver bien plus près qu'ailleurs de l'adorateur.

§ 381. Il en est de cette cérémonie comme de toutes les autres. Au début, simple acte de propitiation envers l'homme le plus puissant, soit durant sa vie, soit après sa mort, soit après son apothéose, elle devient par extension un usage à l'égard des hommes moins puissants ; et, en continuant à s'étendre, elle aboutit à la propitiation envers des égaux. Une histoire que nous raconte Palgrave fait bien voir comment la visite, en tant qu'expression tacite de subordination, est attendue par celui qui prétend à la supériorité, et acceptée comme une reconnaissance d'infériorité par celui qui la fait. Feysul, roi des Wahhabis, ordonna à son fils Sa'oud de faire une visite à Abd-Allah, un de ses frères plus âgé. « Je suis l'hôte étranger, tandis qu'il est, lui, habitant de la ville, répliqua Sa'oud, et c'est par conséquent à lui de venir me voir le premier... » Feysul supplia Abd-Allah « de remplir l'obligation de la première visite. Mais le fils aîné ne se montra pas moins intraitable [1]. »

Les peuples des diverses parties du monde nous offrent des faits de signification analogue. Le vieux voyageur Tavernier raconte que « les Persans ont l'habitude de se faire mutuellement des visites. Ceux du rang le plus élevé attendent chez eux les visites de leurs inférieurs [2]. » De même en Afrique. « Mousah, dit Grant, en parlant d'un riche commerçant indien qui vivait à Unyanyembe, demeurait assis depuis le matin jusqu'au soir... recevant les salutations et les compliments des riches et des pauvres [3]. » En Europe, dans la Rome ancienne, les clients faisaient le matin une visite à leurs patrons. Enfin on lit dans un vieux livre français sur les usages, traduit en anglais au XVIIᵉ siècle : « Il faut visiter souvent les grands, et s'enquérir de leur santé. »

1. W. Gifford Palgrave, *Narrative of a Year's journey through Central and Eastern Arabia*, London, 1865, II, 110.
2. Tavernier, *Voyages*, liv. V, ch. 16.
3. Grant, *A Walk across Africa*, London, 1864, 48.

Ces exemples indiquent suffisamment le mouvement graduel qui fait descendre la visite de cérémonie jusqu'au
point où elle n'est plus qu'un témoignage ordinaire de civilité, qui ne laisse pourtant pas de porter les traces de son
origine, puisqu'on estime qu'elle est due par un inférieur
à son supérieur, bien plus que par celui-ci au premier, et
qu'on y voit un acte de condescendance quand un supérieur la fait à un inférieur. Evidemment, la visite que le
client fait le matin au patron est une conséquence éloignée du régime sous lequel un chef subordonné devait de
temps en temps montrer sa loyauté à un chef supérieur
en venant lui-même lui rendre hommage.

§ 382. Dans ce cas comme dans les précédents, nous
devons remarquer en finissant les rapports qui existent
entre l'usage des visites et les types d'organisation sociale.

Il est évident que chez les tribus simples, où n'existe
aucune autorité réglée, la visite ne saurait devenir une
cérémonie politique, et qu'elle commence seulement à
s'imposer dans les sociétés composées du second et du troisième degré : les faits le démontrent clairement. Aujour-
d'hui, de même qu'autrefois, le groupement et la comparaison des faits permettent de voir que l'existence de cette
cérémonie ne tient pas tant au volume de la société qu'à sa
structure. C'est un des actes par où s'exprime l'obéissance ; elle se trouve donc, à ce titre, associée au développement de l'organisation militaire. Aussi, comme le prouvent les faits déjà cités, elle devient un élément saillant du
gouvernement cérémoniel des nations soumises à des régimes despotiques, produits des habitudes militaires,
comme l'ancien Pérou et l'ancien Mexique au Nouveau-

Monde, la Chine et le Japon en Orient. Enfin les premiers âges des sociétés européennes attestent cette relation. La relation inverse n'est pas moins manisfeste chez nous, où la société se trouve caractérisée par la prédominance de l'industrialisme sur le militarisme ; la visite n'est plus une obligation impérieuse à titre de manifestation de fidélité. La substitution même de l'usage des cartes à celui des visites est une preuve que l'on tend à se dispenser de cette formalité dans les relations sociales.

# CHAPITRE VI

## SALUTATIONS.

§ 383. Lewis et Clarke racontent qu'ayant surpris quelques Chochones, « deux d'entre eux, une femme déjà âgée et une petite fille, s'aperçurent qu'ils étaient trop près d'elles pour qu'elles pussent s'échapper; elles s'assirent à terre et baissèrent la tête, comme résignées à la mort qu'elles semblaient attendre. La même habitude de baisser la tête, et d'inviter l'ennemi à frapper, quand toute chance d'échapper est perdue, se conserve encore en Egypte de nos jours [1]. » Cette habitude est un exemple d'une tentative destinée à gagner la faveur du vainqueur par une soumission absolue; les actes inspirés par ce désir sont l'origine des salutations.

Lorsque, au commencement de cette quatrième partie, j'ai voulu montrer par un exemple que la cérémonie précède non seulement l'évolution sociale, mais l'évolution humaine, j'ai cité l'attitude du petit chien qui se met sur le dos en présence d'un gros chien qui l'effraye; beaucoup de lecteurs auront trouvé sans doute que la

1. Lewis and Clarke, *Travels*, etc., 265.

construction que j'élevais sur cette conduite avait quelque chose de forcé. Ils n'auraient pas eu cette idée s'ils avaient su qu'on retrouve chez des êtres humains le même genre de conduite. « Ils se jettent par terre sur le dos, dit Livingstone en décrivant la salutation des Batokas, ils se roulent d'un côté sur l'autre, ils se frappent le côté externe des cuisses en signe de remerciement et de bienvenue [1]. » Cette attitude, qui signifie : « Vous n'avez pas besoin de me subjuguer, je suis déjà soumis, » est le meilleur moyen de salut. La résistance irrite les instincts destructeurs; en se couchant sur le dos on fait connaître qu'on n'entend point résister. Il est une autre attitude, également désespérée, qui témoigne d'une manière plus compliquée de la soumission. « A Tonga-Tabou... les gens du commun montrent à leur grand chef... le plus grand respect imaginable, en se prosternant devant et en mettant son pied sur leur cou [2]. » Même usage en Afrique. Les messagers du roi de Fundah, dit Laird, « se prosternèrent devant moi tour à tour et mirent mon pied sur leur tête [3]. » Enfin, chez les peuples historiques, cette position, qui avait son origine dans la défaite, est devenue un signe de soumission reconnue.

De ces solutions primitives, qui représentent complètement l'attitude du vaincu sous les pieds du vainqueur, viennent les salutations qui expriment de diverses manières la soumission de l'esclave au maître. Dans les anciens temps en Orient, cette manière d'exprimer la soumission existait. « Les serviteurs de Ben-Addad, par exemple, se ceignirent les reins d'un sac, vinrent vers le roi

1. Livingstone, *Missionary Travels*, etc., 251.
2. Forster, *Observations*, etc., 361.
3. Macgregor Laird and Oldfield, *Expedition into interior of Africa, by the Niger*, London, 1837, I, 192.

d'Israël en mettant des cordes sur leur tête. » Au Pérou, où le type militaire d'organisation était si avancé, un signe d'humilité consistait à se présenter les mains liées et une corde autour du cou. Dans les deux cas, nous retrouvons les liens auxquels dans le principe on reconnaissait les captifs ramenés du champ de bataille. En même temps que ce moyen de simuler l'esclavage à l'égard de l'Inca, il y en avait un autre en usage. On pouvait simuler la servitude en portant un fardeau; « cet acte de soulever un poids pour entrer en présence d'Atahualpa est une cérémonie qu'accomplissaient tous les seigneurs qui régnaient dans le pays [1]. »

Je commence par ces exemples excessifs, afin de montrer la genèse naturelle de cette salutation, dans un moyen d'obtenir merci, d'abord d'un vainqueur, plus tard d'un souverain. Cependant pour se faire une idée complète de la salutation, il faut y faire entrer un autre élément. Dans le chapitre d'introduction de cette partie, nous avons indiqué que divers signes de plaisir, d'origine physio-psychologique, qui apparaissent en présence de gens pour lesquels on n'éprouve aucune affection, se transforment en observances de simples compliments; parce que les gens se plaisent à penser qu'on aime à les voir, et qu'en conséquence ils se plaisent au spectacle des démonstrations de plaisir. En sorte que, quand on essaye de gagner la faveur d'un supérieur par l'expression de la soumission à son égard, on fait en général un effort de plus pour gagner sa faveur en lui montrant de la joie à l'occasion de sa présence. Ne perdons pas de vue ces deux éléments de la salutation, et examinons les variétés de cette cérémonie avec leurs usages politiques, religieux et sociaux.

1. Garcilaso de la Vega, liv. III, ch. 2.

§ 384. Bien que la perte de force de résistance que fait supposer l'attitude d'un homme prosterné la face contre terre, n'aille pas jusqu'à la perte absolue de moyens de défense que suppose l'attitude de l'individu couché sur le dos, elle est pourtant assez grande pour être un signe d'un hommage profond; cette attitude constitue donc une forme de salutation partout où le despotisme est absolu et la subordination servile. Dans l'ancienne Amérique, devant un cacique chibcha, « on devait se tenir prosterné la face touchant le sol [1] ». En Afrique, « chez les Borghous, un homme qui s'adresse au roi s'aplatit sur le sol [2]. » L'Asie nous offre plusieurs faits de ce genre. « Un Khond ou un Panou qui viennent porter plainte se jettent la face contre terre et joignent les mains [3]. » Dans le royaume de Siam, « devant les nobles, tous leurs subordonnés demeurent prosternés respectueusement, et les nobles eux-mêmes, en présence du souverain, prennent la même attitude rampante [4]. » Usages pareils en Polynésie. Aux îles Sandwich, c'est un acte de soumission que de tomber sur la face. C'est ce que le roi fit devant Cook la première fois qu'il l'aborda. Dans les récits des anciens peuples historiques, nous lisons des faits analogues : par exemple, Méphisboseth se jeta sur la face et se prosterna devant David. Le roi de Bythinie tomba la face contre terre devant le sénat romain. Dans certains cas le sens de cette attitude du vaincu devant le vainqueur devient plus énergique par la répétition. Nous en voyons un exemple dans les usages

1. P. Simon, *Tercera (y Cuarta) noticia*, dans les *Antiquities of Mexico* de Kingsborough, London, 1830, VIII, 264.
2. Richard Lander, *Records of Captain Clapperton's Last Expedition*, II, 183.
3. Major General John Campbell, *Wild Tribes of Khondistan*, London, 1864, 147.
4. Sir John Bowring, *The Kingdom and people of Siam*, II, 270.

du Boutan : « Ils se prosternèrent neuf fois devant le
rajah, genre de salutation dont s'acquittent ses sujets
chaque fois qu'il leur est permis de s'approcher de lui [1]. »

Dans tous les genres de cérémonies, l'usage qui les
abrège peut toujours en obscurcir le caractère primitif;
par l'abréviation, les salutations les plus humbles deviennent moins humbles. Pour se prosterner complètement, il faut prendre une attitude par laquelle le corps
porte sur les genoux et la tête sur le sol; pour se relever,
il est nécessaire de remonter les genoux avant d'élever
la tête et de se tenir sur les pieds. Par suite, cette attitude peut être considérée comme une prosternation incomplète. Elle est d'un usage général. Chez les nègres de
la Côte, lorsqu'un naturel « va voir son supérieur ou qu'il
le rencontre par hasard, il tombe immédiatement sur les
genoux et baise la terre trois fois de suite [2]. » Comme
pour reconnaître son infériorité le roi des Brass ne parle
jamais à celui des Ibos « sans tomber sur les genoux et
toucher le sol avec sa tête [3]. » A Embomma, au Congo,
« la manière de saluer consiste à battre doucement des
mains, et, quand c'est un inférieur qui salue, il tombe en
même temps sur les genoux et baise le bracelet que son
supérieur porte aux chevilles [4]. »

Souvent, l'humilité de cette salutation augmente par l'effet
de l'insistance qu'on met à toucher la terre. Sur le bas
Niger, on se prosterne en signe d'un grand respect et on
frappe les mains contre le sol [5]. Autrefois, au couronnement

1. Captain S. Turner, *Embassy to the Tishoo Lama in Thibet*, 2ᵈ édit., London, 1806, 80.
2. W. Bosman, *Description of the Cost of Guinea*, London, 1721, 317.
3. Macgregor Laird and Oldfield, *Expedition*, etc., I, 97.
4. Cap. Tuckey, *Narrative of an Expedition*, etc., 123.
5. W. Allen and Dʳ Thomson, *Narrative of an Expedition to River
Niger in 1841*, London, 1865, I, 391.

de l'empereur de Russie, la noblesse lui rendait hommage en courbant la tête et en frappant le sol du front à ses pieds [1] ». En Chine, aujourd'hui même, il y a huit genres de salutation, représentant l'échelle de l'humilité ; le cinquième consiste à s'agenouiller et à frapper le sol avec la tête ; le sixième à s'agenouiller et à frapper trois fois le sol avec la tête ; le septième à doubler le précédent, et le huitième à le tripler ; ce dernier est dû à l'empereur et au ciel [2]. Chez les Hébreux, la répétition avait un sens analogue. « Jacob se courba jusqu'à terre sept fois, jusqu'à ce qu'il arrivât près de son frère. »

Naturellement, cette attitude de vaincu que l'esclave prend devant son maître et le sujet devant son souverain, l'adorateur la prend devant son dieu. On se prosterne complètement devant l'être dont on veut gagner la faveur, qu'il soit visible ou invisible. « Abraham tomba la face contre terre » devant Dieu, quand il fit alliance avec lui. Nabuchodonosor « se jeta le visage sur le sol et adora Daniel ; » quand Nabuchodonosor dressa une idole d'or, il menaça de mort « ceux qui ne se prosternaient pas pour l'adorer. » Pareillement, on retrouve en présence des dieux l'usage de la prosternation incomplète en présence des rois. Quand les Mongols font leurs révérences à leurs idoles, ils touchent la terre avec leur front [3]. Les Japonais, dans leurs temples, « tombent à genoux, courbant la tête jusqu'au sol lentement et avec une grande humilité [4]. » Les dessins qui représentent les mahométans accomplissant leurs dévotions nous ont familiarisés avec cette attitude.

---

1. *Selections of the Records of Government of India*, III, 279.
2. S. W. Williams, *The Middle Kingdom*, etc., II, 68.
3. Pallas, *Voyages dans les gouvernements méridionaux de la Russie*, Paris, 1805, II, 170.
4. Kœmpfer, *History of Japan*, 50.

§ 385. Des attitudes de prosternation sur le dos et sur la face et de demi-prosternation sur les genoux, nous passons à diverses autres postures qui impliquent toujours une incapacité relative de résistance. Quelquefois, il est loisible de changer quelque chose à l'attitude. Au Dahomey, par exemple, « les grands dignitaires se couchent devant le roi dans la position des Romains sur le *triclinium ;* d'autres fois, ils se couchent à plat ventre, ou se tiennent, pour se reposer, à quatre pattes [1]. » Duran rapporte que l'attitude accroupie.... était, chez les Mexicains, la posture de respect, comme chez nous la génuflexion [2]. La prosternation est un signe d'hommage chez les naturels de la Nouvelle-Calédonie [3], comme aux îles Fidji et à Tahiti.

Les nécessités de la locomotion apportent d'autres changements aux attitudes de ce genre. Au Dahomey, « quand on s'approche du roi, on rampe comme des serpents ou l'on se traîne sur les genoux [4]. » Quand les Siamois changent de place devant un supérieur, « ils se traînent sur les mains et les genoux [5] ». A Java, un inférieur doit « marcher les cuisses sur les talons jusqu'à ce qu'il soit hors de la vue de son supérieur. » Il en est de même pour les sujets d'un roi zoulou, y compris ses femmes [6]. Au Loango, ce n'est pas seulement à la cour que l'usage de cette attitude est imposé aux femmes ; celles-ci « n'osent parler à leurs maris qu'à genoux et ne s'approchent d'eux qu'en rampant sur les mains [7] ». Un État voisin montre la gradation de

---

1. Burton, *Mission, etc.*, I, 264.
2. Duran, *Historia de las Indias, etc.*, I, 207.
3. Cap. Erskine, *Journal of a Cruize, etc.*, 356.
4. Burton, *Mission, etc.*, I, 264.
5. Sir John Bowring, *The Kingdom of Siam*, I, 128.
6. Cap. Gardiner, *Narrative of a Journey to the Zoolu Country*, London, 1836, 203.
7. Astley, *Collection of Voyages and Travels*, London, 1745, III, 221.

ces formes de prosternation partielle, et chaque degré y a
un sens reconnu. La *Dakro*, femme qui porte des messages
du roi de Dahomey au Meu, marche à quatre pattes devant
le roi, et « il est de règle qu'elle s'avance à quatre pattes
vers le Meu, et qu'elle se borne à plier les genoux devant
des hommes de rang inférieur, qui prennent devant elle
l'attitude de quadrupèdes [1]. »

Nous arrivons ici conséquemment à une abréviation nouvelle de la prosternation primitive, d'où provient l'une des
salutations les plus répandues. De même que de la prosternation complète nous passons à la posture du fidèle mahométan qui appuie sa tête sur le sol, de même de celle-ci
nous passons à la posture à quatre pattes, et de celle-ci en
relevant le corps, à la génufluxion simple. La génuflexion
est et a été, en des lieux et à des époques innombrables,
une forme d'hommage politique, d'hommage domestique et
d'hommage religieux; nous n'avons pas à en fournir des
preuves. Nous nous bornerons à remarquer que cette posture
s'est trouvée toujours en usage sous les formes de gouvernement coercitif, en Afrique, par exemple, où « la pratique
constante de la génuflexion sur le sol dur fait devenir à la
fin les genoux des naturels du Dahomey presque aussi durs
que leurs talons; » et au Japon, où « les fonctionnaires qui
prennent congé de l'empereur marchent à reculons sur les
genoux. » En Chine, « les enfants du vice-roi... quand ils
passaient par la tente de leur père, tombaient à genou et
s'inclinaient trois fois, la face tournée vers le sol [2]. » Au
moyen âge, en Europe, les serfs se tenaient à genoux devant
leurs maîtres et les vassaux devant leurs suzerains.

Sans insister sur la transition qui mène de la génu-

---

1. Burton, *Mission, etc.*, I, 250, II, 45.
2. Pinkerton, *General Collection of Voyages*, London, 1808, VII, 238.

flexion sur les deux genoux à celle sur un seul, qui, moins humble, se rapproche davantage de l'attitude debout, il suffit de remarquer la transition de la génuflexion sur un genou à l'usage de plier seulement le genou. On voit très bien chez les Japonais que cette forme de salutation est une abréviation. « En s'abordant, on se montre du respect en pliant le genou et quand on veut donner un témoignage exceptionnel d'honneur à un individu, on se met sur un genou et on se courbe jusqu'à terre. Mais on ne le fait jamais dans les rues, et l'on se borne alors à un mouvement montrant que l'on va se mettre à genoux. Quand on salue une personne de qualité, on plie le genou de manière à toucher la terre avec les doigts[1]. » On voit la même chose, aussi bien ou même mieux, en Chine[2]. Le troisième degré de salutation se fait en fléchissant le genou, et le quatrième en se mettant réellement à genoux. Evidemment l'usage qui survit encore chez nous à titre de politesse envers les dames, et qui existait encore naguère envers les hommes, celui de la révérence (qui consistait à porter le pied droit en arrière) sont l'un et l'autre des formes affaiblies d'un ancien usage de s'abaisser en pliant le genou.

Il ne reste plus que l'inclination du corps qui accompagne la génuflexion. Comme c'est le premier mouvement qu'il faut faire pour passer à la prosternation complète, c'est aussi le dernier qui persiste quand la prosternation disparaît graduellement par abréviation. En divers endroits, nous trouvons des indications de cette transition. « Chez les Sousous, les femmes mêmes d'un grand personnage, quand elles lui parlent, se courbent et appuient leurs mains sur leurs genoux ; on prend la même attitude quand on passe au-

1. *Chinese Repository*, III, 260.
2. S. Wells Williams, *The Middle Kingdom*, II, 68.

près de lui [1]. » Aux îles Samoa, « quand on passe par la chambre où un chef est assis, c'est un manque de respect que de marcher debout; on doit passer le corps courbé et la tête basse [2]. » Les anciens Mexicains, dans leurs assemblées, s'accroupissaient devant leur chefs, et « quand ils se retiraient, ils s'en allaient baissant la tête [3]. » Enfin dans le rituel des cérémonies chinoises, la salutation numéro deux, moins humble que celle qui consiste à plier le genou, se fait en se courbant et en joignant les mains [4]. Si l'on n'oublie pas qu'il y a des transitions insensibles entre l'humble *salam* de l'Hindou ou l'inclination profonde qui est en Europe le signe d'un grand respect, et l'inclination modérée de la tête qui est un signe de considération, il n'est pas possible de douter que l'inclination familière, et quelquefois à peine sensible, de la tête ne soit le dernier vestige de la prosternation.

Les diverses abréviations de la prosternation que nous voyons se produire dans l'hommage politique et l'hommage social se retrouvent aussi dans l'hommage religieux. Bastian nous apprend que, lorsque les naturels du Congo ont à parler à un supérieur, « ils fléchissent le genou, tournent à demi la face de côté, et tendent les mains vers la personne à laquelle ils s'adressent, et les frappent l'une contre l'autre à chaque demande. Ils auraient pu servir de modèles aux prêtres égyptiens, quand ils peignaient les murailles des temples, tant est frappante la ressemblance entre les attitudes qui y sont représentées et celle qu'on voit prendre en réalité dans ce pays [5]. » Enfin nous

1. Winterbottom, *Account of the Native Africans in the Neighbourhood of Sierra Leone*, London, 1803, I, 122.
2. Rev. W. Turner, *Nineteen Years in Polynesia*, 332.
3. Camargo, II, 200.
4. S. Wells Williams, *The Middle Kingdom*, II, 68.
5. Bastian, *Afrikanische Reisen*, Bremen, 1879, 143.

pouvons remarquer des analogies du même genre dans les observances religieuses de l'Europe. On y voit les usages de fléchir les deux genoux, de n'en fléchir qu'un, de s'incliner, et de faire une révérence en certaines occasions au nom du Christ.

§ 386. Ainsi que nous l'avons déjà expliqué, la salutation, dans sa forme complète, comprend à la fois un acte exprimant l'humilité et un autre acte exprimant la satisfaction. Pour s'assurer réellement la faveur du supérieur, il est nécessaire de faire une chose qui signifie à la fois « je suis votre esclave » et « je vous aime ».

Quelques-uns des exemples déjà cités nous ont montré l'union de ces deux facteurs. En même temps que le Batoka prend une attitude de soumission abjecte, il frappe en mesure des coups sur ses cuisses. Dans d'autres cas, des battements de mains, également signe de joie, accompagnent les mouvements qui sont dès signes de soumission. On peut en citer beaucoup d'autres. Les nobles du Loango, qui s'approchent du roi, « battent des mains deux ou trois fois, et ensuite se jettent dans la poussière aux pieds de Sa Majesté [1]. » Speke raconte que des serviteurs du roi d'Uganda « se jetaient en ligne sur le ventre et se tortillaient comme des poissons... et ils continuaient à s'agiter, lançant leurs jambes dans tous les sens, se frottant le visage et frappant de leurs mains sur le sol [2]. » Le Balonda s'avance sur les genoux vers ses supérieurs, et « il continue sa salutation en battant des mains jusqu'à ce que les grands aient passé [3]. » Il existe au Dahomey un usage analogue.

1. T. Astley, *Collection*, III, 238.
2. Speke, *Journal*, etc., 331.
3. Livingstone, *Missionary Travels*, etc., 276.

Mentionnons aussi un autre mouvement rythmique qui a un sens analogue. Nous avons déjà vu que chez les Fuégiens l'acte de sauter, signe naturel de plaisir, est un salut amical; nous le retrouvons au Loango comme une marque de respect à l'égard du roi. L'Afrique nous en offre un autre exemple. Grant raconte que le roi de Karague « recevait les salutations de ses sujets, qui, l'un après l'autre, venaient pousser des cris et sauter devant lui en lui jurant fidélité [1]. » Que ces mouvements de sauter se systématisent, comme cela est probable, dans le cours du progrès social, et ils constitueront la danse par laquelle, dans certains endroits, les sujets saluent leur souverain, par exemple dans le fait que nous avons déjà rapporté, touchant le roi de Bogota, et dans l'autre fait que Williams nous rapporte dans le récit de son voyage aux îles Fidji, où l'on voit un chef inférieur et sa suite, admis en présence du roi, « exécuter une danse qu'ils terminent en présentant leurs massues et leurs vêtements de dessus au roi Somo-Somo [2]. »

Parmi les autres signes simulés de plaisir qui font ordinairement partie de la salutation, le plus commun est le baiser. Naturellement, c'est sous une forme compatible avec l'humilité de la prosternation ou toute attitude du même genre. Dans certains faits déjà rapportés, nous avons vu baiser la terre quand on ne peut s'approcher d'assez près du supérieur pour baiser ses pieds ou ses vêtements. Il en est d'autres. « Il est d'usage à Eboé, quand le roi sort, et même dans sa demeure, que les principaux du pays s'agenouillent et baisent la terre trois fois quand il passe [3]. »

---

1. Grant, *A Walk across Africa*, London, 1864, 140.
2. Williams and Calvert, *Fiji*, etc., I, 35.
3. Macgregor Laird and Oldfield, *Expedition*, etc., I, 388.

Dans l'ancien Mexique, les ambassadeurs qui vinrent
trouver Cortès « commencèrent par toucher le sol avec
leurs mains en le baisant[1] ». Dans l'antiquité, en Orient, cet
acte exprimait la soumission du vaincu au vainqueur. On
allait même jusqu'à baiser l'empreinte des pas du cheval
d'un conquérant. En Abyssinie, où le despotisme est poussé
à l'extrême et l'obéissance servile, cet usage se modifie[2]. A
Choa, c'est un signe de respect et de remerciement que de
baiser l'objet inanimé le plus proche appartenant à un
supérieur ou à un bienfaiteur. De cet usage, nous passons
à celui de lécher ou de baiser les pieds. Drury raconte
qu'un chef malgache « était à peine assis sur sa porte que
sa femme s'avança en rampant sur les mains et les genoux
et se mit à lui lècher les pieds.... Toutes les femmes de la
ville saluaient leurs maris de la même manière[3]. » Les
esclaves en usaient de même avec leurs maîtres. C'est ainsi
que dans l'ancien Pérou, « quand les chefs vinrent au-
devant d'Atahualpa, ils firent de grandes salutations et lui
baisèrent les pieds et les mains[4]. » Les peintures murales
d'Egypte représentent cet hommage extrême, et, dans les
documents assyriens, Sénnachérib raconte que Menahem de
Samarie vint lui apporter des présents et lui baiser les
pieds. Le baisement des pieds fut une partie des témoignages de respect que montra au Christ la femme au vase
de parfum. De nos jours, chez les Arabes, les inférieurs
baisent les pieds, les genoux et les vêtements de leurs
supérieurs. Il est d'usage en Turquie de baiser les pieds
du Sultan. Enfin, sir R.-K. Porter raconte qu'un Persan
à qui il venait de faire un présent « se jeta, pour le

1. Bernard Diaz de Castillo, *Mémoires*, ch. 71.
2. W. Harris, *Highlands of Æthiopia*, London, 1844, III, 170.
3. R. Drury, *Madagascar, etc.*, 415.
4. R. de Xéres, *Reports on the Discovery of Peru* (Hackluyt Society), 68.

remercier, à terre et lui baisa les genoux et les pieds [1]. »

Le baisement des mains est une observance moins humiliante que celui des pieds, surtout peut-être parce qu'elle ne
nécessite pas la prosternation. On y reconnaît cette différence dans des pays bien éloignés l'un de l'autre. Aux Iles
Tonga, « lorsqu'une personne salue un parent d'un rang
plus élevé, il lui baise la main ; et, si ce parent est d'un
rang très élevé, il lui baise le pied [2]. » Les femmes de la
suite des princesses arabes leur baisent les mains quand
ces princesses veulent bien leur faire la faveur de ne
pas permettre qu'elles leur baisent le pied ou le bord
de la robe. L'usage de ce genre de salutation, en signe
de soumission et d'amour tout à la fois, est tellement général qu'il n'est pas besoin d'en donner d'autre
exemple.

Lorsqu'au lieu de baiser la main d'une autre personne
celle qui salue baise sa propre main, quel sens faut-il attacher à cette dernière observance ? Celle-ci est-elle le symbole de la première ? Est-elle destinée à lui servir de symbole parce qu'elle est l'observance qui s'en rapproche le
plus dans les circonstances données ? L'explication paraît
hasardée, mais il y a des faits qui la justifient. « Les Orientaux, dit Darvieux, montrent leur respect à une personne
d'un rang supérieur en lui baisant la main et en la portant
à leur front ; mais, si le supérieur est d'un caractère con-
descendant, il retire sa main aussitôt que l'autre l'a tou-
chée ; alors l'inférieur porte ses propres doigts à ses lèvres et ensuite à son front [3]. » Voilà, je pense, qui montre
bien que la coutume commune de baiser sa propre main

---

1. Sir R. K. Porter, *Travels in Georgia, Persia, Armenia, Ancient Baby-*
*lon*, London, 1821, I, 464.

2. W. Mariner, *Account*, etc., I, 227.

3. Prof. Poxton, *Illustrations of Scriptures*, II, 43.

exprimait primitivement le désir ou la bonne volonté de baiser la main d'un autre.

Ici, comme plus haut, l'observance, commençant comme un acte de propitiation du vaincu à l'égard du vainqueur, de l'esclave envers son maître, du sujet envers son souverain, passe aussi à l'état de propitiation religieuse. Ces actes d'amour et d'affection sont en usage à l'égard de l'esprit, et de la divinité qui est sortie de l'esprit par développement. L'usage d'embrasser et de baiser les extrémités inférieures, qui était chez les Hébreux une manière de saluer les vivants, se trouve représenté dans les peintures murales des Egyptiens comme un hommage rendu à la momie dans sa loge; plus tard, l'usage se continuant, nous avons le baisement des pieds des statues des dieux, dans la Rome du paganisme, et des saintes images chez les chrétiens. L'ancien Mexique nous offre un exemple de la transition du baisement du sol, à titre de salutation politique, à un baisement un peu modifié du sol, à titre de salutation religieuse. Clavigero, dans une description de la cérémonie d'un serment, ajoute : « ensuite ils nommaient le principal dieu, ou tout autre qu'ils révéraient particulièrement, ils baisaient leur main, après en avoir touché la terre [1]. » Au Pérou, la manière d'adorer consistait à ouvrir les mains, à faire avec les lèvres un bruit comme celui d'un baiser; on demandait ensuite ce qu'on voulait, et en même temps on offrait le sacrifice [2]. » Enfin Garcilaso, racontant la libation au soleil, ajoute : « en même temps ces Indiens baisaient l'air deux ou trois fois, ce qui était un signe d'adoration chez eux [3]. » Les races européennes ne laissent pas de nous

1. Clavigero, *The History of Mexico*, liv. VI, ch. 8.
2. Jos. d'Acosta, *Historia natural*, etc., liv. V, ch. 4.
3. Garcilaso, liv. II, ch. 8.

offrir des exemples analogues. Le baisement de la main de la statue d'un dieu était à Rome une forme d'adoration.

Ajoutons que les mouvements de danse, expressions naturelles de plaisir, qui deviennent des actes de déférence en présence d'un souverain visible, deviennent aussi des actes d'adoration devant un souverain invisible. David dansait devant l'arche. La danse était dans le principe une cérémonie religieuse chez les Grecs : depuis les temps les plus reculés, au « culte d'Apollon se rattachait une danse religieuse[1]. » Le roi Pépin, « comme le roi David, oubliant la pourpre royale, dans sa joie, arrosa de larmes ses riches habits et dansa devant les reliques du bienheureux martyr[2]. » Enfin, au moyen âge, on exécutait dans les églises des danses religieuses; cela se fait encore dans les églises chrétiennes de Jérusalem.

§ 387. Nous devons remonter à la prosternation dans sa forme primitive pour trouver le sens d'un autre groupe d'observances. Je veux parler des actes qui expriment la soumission et qu'on accomplit en jetant de la poussière ou des cendres sur une partie de son corps.

On ne se roule pas dans le sable en présence d'un roi, on ne rampe pas devant lui, on ne frappe pas à plusieurs reprises sa tête sur le sol, sans se salir. Les traces malpropres qui restent attachées à la personne deviennent donc conséquemment une marque accessoire de soumission; on en vient à se les donner gratuitement et à les augmenter artificiellement dans l'ardeur qui pousse à gagner la faveur du maître. Déjà l'association entre cet acte et celui de la prosternation s'est révélée incidemment dans des exemples

1. Dʳ Smith, *A small Dictionary*, etc., SALTATIO.
2. *Gallicarum et Francicarum rerum Scriptores*, V, 433.

tirés de l'Afrique ; et c'est encore l'Afrique qui nous fournit
d'autres faits où l'on voit plus complètement l'usage de se
salir soi-même sous une forme distincte. « Dans les régions
du Congo, devant chaque banza ou village de chef, on se
prosterne, on baise la terre, on se répand de la poussière
sur le front et les bras ; » enfin Burton ajoute que la salutation au Dahomey consiste en deux actes, celui de la prosternation et celui de se mettre du sable ou de la terre sur la
tête [1]. De même, « les Kalandas, peuple des rives du Niger,
quand ils saluent un étranger, se baissent presque jusqu'à
terre, en répandant plusieurs fois de la poussière sur leur
front [2]. » Enfin chez les Balondas, « les inférieurs, rencontrant leurs supérieurs dans la rue, tombent à genoux et se
frottent de la poussière sur les bras et la poitrine.... Celui
qui implore une personne à qui le respect est dû, prend,
tout en parlant, des poignées de poussière et s'en frotte le
haut des bras et la poitrine... Quand on veut être extrêmement poli, on prend un peu de cendre ou de terre à pipe
dans un morceau de peau, et l'on s'en frotte sur la poitrine
et le devant du haut des bras [3]. » Nous allons voir encore
comment dans ce cas, de même que dans tous les autres,
la cérémonie subit une abréviation. Chez les Balondas, les
mêmes dont nous venons de parler, « les chefs, dit Livingstone, font toute la manœuvre de se frotter de sable les
bras, mais ce n'est qu'une feinte, car ils n'en tiennent pas
dans les mains. » Sur le bas Niger, les naturels, en se
prosternant, se « couvrent la tête à plusieurs reprises avec
du sable ; et, en tout cas, ils font les mouvements qui le
simulent. Les femmes, en apercevant leurs amis, tombent

---

1. Burton, *Mission, etc.,* I, 259.
2. Allen and Thomson, *Expedition to River Niger*, I, 345.
3. Livingstone, *Missionary Travels, etc.,* 276, 296.

immédiatement à genoux et font semblant de se jeter du sable tour à tour sur chaque bras [1]. » En Asie, cette cérémonie s'accomplissait et s'accomplit encore dans la même intention. Les prêtres, qui vinrent implorer Florus pour qu'il épargnât les Juifs, se montrèrent la tête « couverte de poussière, ne portant sur leur corps que des lambeaux de vêtements [2]; » ils avaient adopté cette cérémonie en signe d'humiliation politique. On peut constater en Turquie des abréviations de cette salutation. Dans une revue, les officiers à cheval, eux-mêmes, en saluant leurs supérieurs, « font semblant de se répandre de la poussière sur la tête [3]. » Enfin, au départ d'une caravane de pèlerins, « on a vu des spectateurs faire tous les gestes comme pour se jeter de la poussière sur leur tête [4]. »

On trouve dans les livres hébreux la preuve que ce signe de soumission envers des personnes visibles s'accomplissait aussi à l'égard de personnes invisibles. Aux usages qui consistaient à verser son propre sang, à s'imprimer des marques, à se couper les cheveux aux funérailles, pour gagner la faveur de l'esprit du mort, s'ajoutait l'usage de se répandre des cendres sur la tête [5]. On faisait la même chose pour se rendre la divinité propice : ainsi « Josué déchira ses vêtements, tomba la face contre terre devant l'arche du Seigneur jusqu'au soir, lui et les anciens d'Israël, et ils jetèrent de la poussière sur leur tête [6]. » Encore aujourd'hui, cet usage est en vigueur chez les catholiques à certains jours d'humiliation spéciale.

---

1. Allen and Thomson, *Expedition, etc.*, I, 391.
2. Josèphe.
3. White, *Three Years in Constantinople*, London, 1846, II, 239.
4. *Ibid.*, I, 232.
5. Rois, I, 20.
6. Josué, VII, 6.

§ 388. Nous devons revenir encore à la salutation originelle, qui est d'abord réellement l'attitude du vaincu
devant le vainqueur et qui plus tard en est le simulacre,
pour trouver l'explication de certains mouvements qui
signifient soumission. Nous avons vu, dans un paragraphe
précédent, le Khond suppliant « se jeter la face contre
terre, les mains jointes. » Pourquoi les mains jointes?

Nous avons emprunté, aux usages d'un peuple chez qui
la soumission et toutes ses marques sont poussées à
l'extrémité, un fait qui indique la genèse de cette action.
Dans l'ancien Pérou, un signe d'humilité consistait à avoir
les mains liées et une corde au cou, c'était le simulacre de
la condition des prisonniers de guerre. S'il fallait une
preuve pour montrer que c'était une pratique générale
pour mettre les prisonniers hors de défense que de leur
lier les mains, je pourrais montrer d'abord les sculptures
murales assyriennes où l'on voit des hommes représentés
dans cette attitude. Mais il suffit de savoir que chez nous
on met des menottes aux individus prévenus de crimes
quand on les arrête, pour comprendre que c'est le moyen
de les réduire à l'impuissance. Enfin deux coutumes étranges, en vigueur l'une en Afrique, l'autre en Asie, nous
donnent une nouvelle raison de penser que l'on a adopté
l'attitude des mains jointes en signe d'assujettissement.
Quand le roi d'Uganda rendit aux capitaines Speke et Grant
leur visite, « ses frères, une troupe de petits drôles, les
mains prises dans des menottes, s'assirent derrière lui....
On raconta que le roi, avant de monter sur le trône, allait
toujours enchaîné comme ses petits frères aujourd'hui [1]. »
Chez les Chinois, « le troisième jour après la naissance

1. Grant, *A Walk*, etc., 224.

d'un enfant.... on observe la cérémonie de lui lier les poignets..... et on la répète jusqu'à ce que l'enfant ait quatorze ans.... Quelquefois.... pendant plusieurs mois ou même une année.... on s'imagine qu'en lui liant ainsi les poignets on le préserve d'être désagréable le reste de sa vie [1]. »

De telles indications sur l'origine de l'usage, unies à de tels exemples de pratiques dérivées, nous obligent à conclure que l'attitude de joindre les mains comme élément de la salutation primitive, signifiant la soumission absolue, n'était autre chose que l'acte de tendre les mains aux liens. L'attitude des Khonds, dont nous venons de parler, montre l'acte dans sa forme originelle. « Le chasseur mongol, lisons-nous dans le récit de Huc, nous salua en tenant les mains jointes sur son front [2]. » Selon Drury, lorsqu'un Malgache s'approche d'un grand personnage, il tient les mains dans une attitude de supplication [3]. Ces exemples ne permettent pas de douter que cet acte exprime aujourd'hui le respect, parce qu'il exprimait dans le principe l'assujettissement. « Si vous tendez la main à un Siamois, dit La Loubère, pour la mettre dans la sienne, il met ses deux mains dans les vôtres, comme s'il voulait se mettre entièrement en votre pouvoir [4]. » On voit ailleurs que la présentation des mains jointes a bien la signification qui vient d'être suggérée. A Unyanyembe, « lorsqu'un Ouizi et un Ouatouzi se rencontrent, le premier joint ses mains, que le second (qui appartient à une race plus puissante) presse doucement [5]. » A Sumatra, la salu-

1. Rev. Justus Doolittle, *Social Life of the Chineese*, London, 1868, 86.
2. Huc, *Recollections of a Journey*, etc., I, 54.
3. Drury, *Madagascar*, etc., 78.
4. La Loubère, *Du royaume de Siam en 1687-88*, Amsterdam, 1691.
5. Grant, *A Walk*, etc., 52.

tation « consiste à se courber et à placer ses mains jointes entre celles du supérieur, et ensuite à porter celles-ci à son front [1]. » Ces faits nous rappellent qu'un acte analogue était jadis une formalité de soumission en Europe. Lorsqu'un vassal rendait hommage, il se tenait à genoux et mettait ses mains jointes dans celles de son suzerain.

Comme dans les cas précédents, une attitude signifiant la défaite et par conséquent la subordination politique devient une attitude de dévotion religieuse. Chez le fidèle mahométan, nous voyons que la même attitude des mains jointes au-dessus de la tête exprime le respect d'un supérieur vivant. Chez les Grecs, « on priait les dieux de l'Olympe en se tenant debout les mains élevées, les dieux marins les mains tendues horizontalement, les dieux du Tartare les mains abaissées. » Enfin la présentation des mains jointes paume contre paume, jadis exigée dans toute l'Europe d'un inférieur quand il faisait profession d'obéissance à son supérieur, est encore l'attitude qu'on enseigne aux enfants comme celle de la prière.

Cette cérémonie des mains passe dans les relations sociales usuelles; on en voit nettement la filiation dans l'extrême Orient. « Lorsque les Siamois se saluent, ils joignent les mains, les portent devant leur visage et au-dessus de leur tête. » Des huit formes de salutation en Chine, la moins profonde consiste à joindre les mains et à les élever à la hauteur de la poitrine. On observe même chez nous un vestige de cette action. Un boutiquier obséquieux ou un aubergiste qui fait l'empressé joignent les mains qu'ils meuvent lentement l'une sur l'autre en les tenant un peu éle-

1. W. Marsden, *History of Sumatra,* London, 1811, 281.

vées, dans une attitude qui donne l'idée qu'elle dérive de ce signe primitif de l'assujettissement.

§ 389. Nous avons à nous occuper ensuite d'un groupe de salutations issues d'une racine rattachée à la première, mais qui s'en écarte. Celles que nous avons examinées jusqu'ici ne touchent pas directement au costume des gens. Mais toute une série d'observances cérémonielles dérivent de modifications du costume, tant dans la position des parties de l'habillement que dans leur état ou leur espèce.

Le vaincu se prosterne devant son vainqueur et, passant à l'état de chose possédée, perd du même coup la possession de tout ce qu'il porte sur lui ; par conséquent, il rend ses armes, et, si le vainqueur l'exige, il cède les parties de ses vêtements qui en valent la peine. Par suite, la nudité, partielle ou complète, du captif devient une preuve nouvelle de sa défaite. Nous avons des preuves certaines qu'il en était ainsi en Orient. Nous lisons dans Esaïe (xx, 2, 4) : « Le Seigneur dit : Comme mon serviteur Esaïe a marché nu et déchaussé trois jours sur un signe... de même le roi d'Assyrie emmène les prisonniers égyptiens et les captifs éthiopiens, jeunes et vieux, nus et déchaussés. » Les sculptures des Assyriens montrent qu'ils dépouillaient leurs prisonniers. Des faits contemporains fournissent d'autres preuves ; par exemple, au commencement de la guerre de l'Afghanistan, on a raconté que les Afridis avaient dépouillé quelques prisonniers. Naturellement, l'acte de quitter et de céder des vêtements devient un signe de soumission politique, et dans certains cas même une observance de politesse. Aux îles Fidji, le jour où l'on payait le tribut, « le chef Somo-somo, qui s'était d'abord dépouillé de ses robes, s'assit et détacha de sa ceinture la queue extrêmement longue qu'il portait. Il la donna à l'orateur, » qui lui donna, en échange une pièce d'étoffe juste assez grande pour satisfaire à la décence. Le reste des chefs Somo-somo, qui avaient chacun en arrivant des queues de sept mètres de long, se dépouillèrent entièrement, quittèrent leur queue, et tout le peuple Somo-somo se trouva nu [1]. » Nous lisons en outre dans les voyages de Gook que, durant son séjour à Tahiti, deux hommes de haut rang « vinrent à bord, et que chacun choisit un ami... cette cérémonie consistait à quitter une partie de leurs habits et à les mettre sur les Européens [2]. » Enfin dans une autre île de la Polynésie, Samoa, cet acte de politesse est considérablement abrégé : on se borne à offrir la ceinture.

Avec de tels faits pour guides, on ne peut guère douter que l'acte de rendre ses vêtements ne soit l'origine des salutations qui consistent à se découvrir le corps dans une étendue plus ou moins grande. Ces observances ont toutes le même sens. M. Tylor emprunte aux récits du voyage d'Ibn-Batouta, dans le Soudan, la citation suivante : « Les femmes ne peuvent se présenter devant le sultan de Melli que dépouillées de leurs vêtements; les filles mêmes du sultan sont obligées de se conformer à la coutume [3]. » S'il restait quelque doute quant à l'existence d'une salutation poussée ainsi à son excès primitif, il se dissiperait quand on lit dans Speke que de notre temps, à la cour d'Uganda, « des femmes adultes entièrement nues font le métier de valet de chambre [4]. » Sur d'autres points de l'Afrique, on observe des salutations qui consistent dans un dés-

1. Capt. J.-E. Erskine, *Journal of a Cruise*, etc., 297.
2. Cook, *Voyages*, II, 84.
3. E.-B. Tylor, *Researches into the Early History of Mankind*, London, 1865, 50.
4. J.-H. Speke, *Journal of the Discovery*, etc., 374.

habillé incomplet, bien que considérable. En Abyssinie, les inférieurs quittent leurs vêtements jusqu'à la ceinture devant leurs supérieurs; « mais, en présence de leurs égaux, ils se bornent à écarter, pour un moment, un coin de leur habit [1]. » Même usage en Polynésie. Les Tahitiens se découvrent « jusqu'à la taille en présence du roi »; et dans les îles de la Société, d'une manière générale, « les gens des rangs inférieurs quittent, en signe de respect, leurs vêtements de la partie supérieure du corps en présence de leurs principaux chefs [2]. » La coutume des naturels de la Côte d'Or montre bien comment cette salutation subit une abréviation nouvelle et comment elle devient un usage à l'égard d'autres personnes que les chefs. « Ils saluent aussi les Européens, et quelquefois ils se saluent l'un l'autre en écartant légèrement leurs robes de l'épaule gauche avec la main droite, en même temps qu'ils s'inclinent avec élégance. Quand ils veulent se montrer très respectueux, ils se découvrent entièrement l'épaule et soutiennent leurs robes sous le bras, laissant à découvert toute la partie de leur corps au-dessus de la poitrine [3]. » Enfin Burton dit que « dans toute l'étendue du Yoruba et de la Côte d'Or se découvrir l'épaule, c'est comme ôter son chapeau en Angleterre. »

Evidemment, l'acte de se découvrir la tête, qui vient d'être si judicieusement comparé avec celui de se découvrir la partie supérieure du corps, a eu le même sens dans le principe. On a même reconnu dans certains usages européens la relation qui unit ces deux observances. Ford, en effet, remarque que « ôter son manteau en Espagne...

---

1. W.-C. Harris, *Highlands of Æthiopia*, London, 1844, III, 171.
2. Ellis, *Polynesian Researches*, II, 352. Forster, *Observations*, etc., 361.
3. Brodie Cruickshank, *Eighteen Years on the Gold Coast of Africa*, London, 1853, II, 282.

équivaut à notre usage d'ôter notre chapeau [1]. » On la reconnaît même en Afrique, puisqu'au Dahomey les deux usages sont unis. « Les hommes, dit Burton dans le récit de sa réception, découvrirent leurs épaules et ôtèrent leurs bonnets et leurs grands chapeaux parasols [2]. » On la reconnaît encore en Polynésie, puisque, à Tahiti, l'on ne se borne pas à se dépouiller jusqu'à la ceinture devant le roi, mais qu'on se découvre aussi la tête. Il semble donc que l'usage d'ôter son chapeau chez les Européens, qui se réduit souvent chez nous à le toucher seulement avec les doigts, est un vestige de l'usage de se dévêtir, par lequel, dans les temps primitifs, le captif exprimait l'abandon de tout ce qu'il possédait.

L'usage de se déchausser a la même origine. La coutume des naturels de la Côte d'Or nous en fournit la preuve, puisque, en même temps qu'ils découvrent la partie supérieure de leur corps, ils ôtent aussi leurs sandales « en signe de respect [3] »; ils dépouillent donc leur corps aux deux extrémités. Dans toute l'étendue de l'Amérique, se découvrir les pieds avait autrefois un sens analogue. Au Pérou, « nul seigneur, si grand qu'il fût, n'était admis en présence de l'Inca avec de riches habits, mais dans un humble costume et les pieds nus [4]. » Au Mexique, « les rois, vassaux de Montezuma, étaient tenus d'ôter leurs souliers quand ils se présentaient devant lui [5] »; le sens de cet usage était si bien compris que « le souverain du Michoachan, Etat indépendant du Mexique, prenait le titre de *Cazonzi*, c'est-à-dire *chaussé*. » Les récits sur les coutumes asiatiques nous ont rendu cet usage familier. En Birmanie, « même dans les

1. Rd. Ford, *Gatherings from Spain*, London, 1847, 249.
2. Burton, *Mission*, I, 49.
3. Brodie Cruickshank, *loc. cit.*, II, 282.
4. P. de Andagoya.
5. Ternaux-Compans, *Recueils*, etc., I, 113.

rues et sur les grandes routes, un Européen qui rencontre
le roi ou se mêle à sa suite est obligé d'ôter ses souliers [1]. »
Enfin, en Perse, quiconque approche de la personne royale
doit avoir les pieds nus [2].

Nous trouvons la vérification de ces explications dans les
interprétations également évidentes de certains usages que
nous observons chez certaines sociétés où l'on exige des
témoignages extrêmes de sujétion. Nous voulons parler de
l'usage qui oblige à paraître vêtu d'habits grossiers devant
les souverains, c'est-à-dire en habits d'esclave. Au Mexique, chaque fois que les serviteurs de Montézuma « entraient dans ses appartements, ils devaient quitter leurs
riches habits pour en revêtir de plus modestes [3]. » Au Pérou,
en même temps qu'une règle obligeait les sujets à paraître
devant l'Inca chargés d'un fardeau, simulacre de servitude,
et qu'une autre lui imposait le devoir de se déchausser,
autre signe de servitude, une autre règle, nous venons de
le voir, défendait que « nul seigneur, si grand qu'il fût, se
présentât devant l'Inca avec de riches habits, et l'obligeait
à prendre un humble costume [4], » nouveau simulacre d'esclavage. Il existe au Dahomey un usage analogue, quoique
moins excessif : les sujets du plus haut rang peuvent « aller
à cheval, se faire porter dans des hamacs, mettre de la
soie, entretenir une suite nombreuse avec des parasols, des
drapeaux, des trompettes et d'autres instruments de musique ; mais, dès qu'ils mettent le pied sur le seuil royal,
ils déposent tous ces insignes [5]. » Au moyen âge, en Europe
même, la soumission s'exprimait par la suppression des

---

1. Col. H. Yule, *Narrative of a mission to Ava*, London, 1858, 79.
2. J. Morier, *Second Journey through Persia*, London, 1818, I, 241.
3. Bernal Diaz de Castillo, *Mémoires.*
4. P. de Andagoya.
5. Archibald Dalzel, *History of Dahomey*, London, 1793, Introd., VII.

parties des vêtements et d'accessoires qui étaient incompatibles avec l'apparence de la servitude. C'est ainsi qu'en France, en 1467, les chefs d'une ville, se rendant à leur duc victorieux, « amenèrent avec eux dans son camp trois cents des premiers citoyens en chemise, tête et jambes nues, qui lui présentèrent les clefs de la ville et se livrèrent à sa merci[1]. » La prestation de l'hommage féodal comprenait des observances analogues. Saint-Simon en décrit un des derniers exemples ; il rapporte toutes les cérémonies par lesquelles il fallait passer, telles que quitter son baudrier, son épée, ses gants, son chapeau, et dit que tout cela se faisait pour « dépouiller le vassal des marques de sa dignité en présence de son seigneur[2]. » De sorte que, soit que l'usage prescrive de mettre des vêtements grossiers, soit qu'il ordonne d'en quitter de beaux, le sens reste le même.

Les observances de ce genre, comme celles d'autres genres, s'appliquent par extension de l'être redouté visible à l'être redouté invisible, c'est-à-dire à l'esprit et aux dieux. On se rappelle que les Hébreux revêtaient le sac et la cendre, se coupaient les cheveux, répandaient leur propre sang et se faisaient des marques sur le corps pour gagner la faveur de l'esprit ; cette habitude existe encore en Orient, puisque M. Salt raconte qu'il a vu une pleureuse vêtue d'un sac et poudrée de cendres, et que Buckhardt « a vu les parentes d'un chef décédé parcourir les principales rues de la ville, demi nues, vêtues seulement de quelques haillons, et la tête, la face et la poitrine presque entièrement couvertes de cendres. Ces exemples anciens et récents prouvent que la demi-nudité, les vêtements déchirés ou grossiers, signe de soumission à l'égard d'un supérieur

---

1. Philippe de Comines.
2. Saint-Simon, *Mémoires*, Paris, 1839, IX, 373.

vivant, servent aussi à exprimer la soumission à un supérieur, mort et devenu un être surnaturel et par conséquent
en possession d'un pouvoir redouté [1]. » Nous trouvons la
confirmation de cette conclusion quand nous observons que
des actes analogues deviennent des actes de subordination
religieuse. Esaïe, donnant lui-même l'exemple, exhorte les
rebelles israélites à faire leur paix avec Jéhovah en ces
termes : « Dépouillez-vous, mettez-vous nus, et ceignez-
vous les reins d'un sac. » Les quatre-vingts hommes qui
vinrent de Sichem, Siloë et Samarie pour faire des sacrifices à Jéhovah se coupèrent les cheveux, se firent des
balafres et déchirèrent leurs vêtements. L'analogie ne
manque même pas sur le point de la nudité des pieds.
C'était un signe de deuil chez les Hébreux, ce qu'on voit
dans le commandement d'Ezéchiel, XXIV, 17 : « Soupire en

---

[1]. La recherche de la genèse naturelle des cérémonies nous conduit à l'interprétation de différences entre des coutumes qui, sans cela, paraîtraient
arbitraires, par exemple l'usage du blanc comme signe de deuil en Chine, et
du noir dans l'Occident. Un vêtement de deuil doit avoir pour caractère primitif la grossièreté : ce qui précède le fait supposer. Nous en avons des
preuves de fait aussi bien que de raisonnement. Chez les Romains, les habits
de deuil étaient faits d'une étoffe à bon marché et grossière; il en était de
même en Grèce. Or le sac dont il est question dans la Bible et dont se servaient les Hébreux, en signe d'humiliation et de deuil, était fait de poil, matière
qui chez les peuples pasteurs était la plus propre au tissage, et, comme le poil
dont on se servait d'ordinaire était de couleur sombre, il en est résulté que la
couleur foncée est devenue le caractère le plus frappant des tissus grossiers,
celui qui les distinguait des tissus faits d'autres matières plus légères et susceptibles de recevoir la teinture. Une teinte relativement sombre devenant par là
le caractère distinctif des vêtements de deuil, le contraste est devenu naturellement plus profond, et à la fin les teintes foncées ont fait place au noir. C'est
le contraire qui a eu lieu en Chine. La population y est agricole et dense; on
n'y élève pas beaucoup d'animaux; la fabrication des tissus de poil y est relativement coûteuse, enfin des deux espèces de tissus en usage, les uns de soie,
les autres de coton, ces derniers doivent évidemment être à meilleur marché.
C'est pour cela que la toile de coton s'emploie pour faire les habits de deuil;
et, comme le coton non blanchi est d'un blanc sale, cette teinte est devenue,
par l'effet de l'association, la couleur de deuil. (Depuis que ces lignes ont été
écrites, j'en ai trouvé la vérification dans un passage de la *Vie des Grecs et
des Romains* de Gubl et Koner, p. 485-87 : « Les pauvres seuls, esclaves ou
libres, portaient des vêtements de la couleur naturelle brune ou noire de la laine,
très probablement pour des raisons d'économie. Les habits de deuil seuls des
classes supérieures étaient de couleur foncée. »)

secret, ne fais point le deuil qu'on a accoutumé de faire
sur les morts, attache ton bonnet sur toi, et mets tes souliers à tes pieds. » Chez les Hébreux, c'était aussi un acte
de culte que d'ôter ses chaussures. On l'observe ailleurs
aussi à titre de subordination politique et de subordination
religieuse. Les Péruviens se rendaient pieds nus en présence
de l'Inca ; « tous ôtaient leurs chaussures, à l'exception du
roi, à deux cents pas avant d'arriver aux portes (du temple
du soleil) ; le roi gardait les siennes, jusqu'à ce qu'il
arrivât aux portes. » Il en est de même encore pour l'acte
de se découvrir la tête. En usage avec d'autres actes cérémoniels pour gagner la faveur du supérieur vivant, il l'est
aussi pour gagner celle de l'esprit du mort vulgaire et de
l'esprit du mort déifié. Chez nous, même, il est d'usage de
se découvrir autour du tombeau dans un enterrement; et
sur le continent la coutume veut que ceux qui rencontrent
un cortège de funérailles se découvrent. Les vieux livres
d'usages prescrivaient d'ôter son chapeau devant les images
du Christ et de la Vierge, tant dans les églises que dans les
rues. On voit dans les pays catholiques les gens se découvrir et tomber à genoux devant le Saint-Sacrement. Enfin
les hommes ont l'habitude de découvrir leur tête en entrant
dans les lieux de culte.

Il ne faut pas oublier de remarquer que les salutations
de ce genre, d'abord réservées aux personnages d'un rang
suprême, puis à des personnages moins puissants, se géné-
ralisent peu à peu au point de s'appliquer à tout le monde.
Les exemples que nous avons cités plus haut nous ont fait
voir incidemment qu'en Afrique l'usage de se découvrir partiellement l'épaule est une salutation entre égaux, et qu'en
Espagne on a l'habitude, dans le même but, de quitter son
manteau. Pareillement, l'usage de paraître déchaussé en

présence du roi et dans un temple est le point de départ
d'un acte ordinaire de civilité. Les Damaras quittent leurs
sandales avant d'entrer dans la maison d'un étranger [1]. Les
Japonais laissent leurs souliers à la porte, même quand ils
entrent dans une boutique. « Quand on entre dans une
maison turque, il est de règle invariable de laisser ses
sandales au pied de l'escalier [2]. » Enfin en Europe, après
avoir été une cérémonie de l'hommage féodal et du culte
religieux, l'usage de se découvrir la tête est devenu un
signe de respect, dû même à un ouvrier quand on entre
dans sa maison.

§ 390. Ces derniers faits nous suggèrent une addition
nécessaire. Il y a encore quelque chose à dire de la manière
dont tous les genres de salutation entre égaux proviennent
de salutations qui exprimaient dans le principe la reddition
d'un vaincu à son vainqueur.

Nous avons donné la preuve que les mouvements musculaires rythmiques, signes naturels de la joie, tels que le
saut, le battement des mains, le battement même des
côtes avec les coudes, deviennent des signes de joie en
usage pour obtenir la faveur d'un roi. Ces signes simulés
de joie deviennent des civilités quand il n'y a pas de différence de rang. Selon Grant, « quand un enfant naît dans
le camp des Tourquis.... les femmes s'assemblent et se
réjouissent à la porte de la mère en battant des mains,
en dansant et en criant. Leur danse consiste à sauter en
l'air, à jeter les jambes de la manière la plus bizarre, et
à se battre les flancs avec les coudes [3]. » Lorsque les cir-

1. Anderson, *Lake Ngami*, London, 1856, 231.
2. White, *Three Years in Constantinople*, London, 1846, II, 96.
3. J.-A. Grant, *A Walk across Africa*, 333.

constances le permettent, ces marques expressives de considération s'échangent mutuellement. Sur la Côte des
Esclaves, « lorsque deux personnes d'égale condition se
rencontrent, elles tombent toutes deux à genoux ensemble,
battent des mains et se saluent mutuellement, en se
souhaitant l'une à l'autre le bonjour [1]. » En Chine, durant
une visite de noces, « chaque visiteur se prosterne aux
pieds de la fiancée, bat le sol de sa tête, en disant : Je vous
félicite! je vous félicite! La fiancée de son côté à genoux
frappe sa tête contre le sol et réplique : Je vous remercie!
je vous remercie [2]! Enfin, d'après Bancroft, chez les Mos-
quites, « l'un se jette aux pieds de l'autre, celui-ci le re-
lève, l'embrasse et tombe à son tour à ses pieds, pour
être relevé aussi et payé du même embrassement [3]. » Ces
exemples servent de vérification à notre conclusion que
les inclinations de tête et de corps mutuelles, les actes de
courtoisie, les coups de chapeau, sont chez nous les vestiges des prosternations des premiers temps et de la
spoliation des prisonniers.

Mais je cite ces faits principalement pour amener l'explication d'une observance encore plus familière. J'ai déjà
rapporté ce qui se passe entre deux Arabes polis : l'inférieur veut baiser la main de son supérieur, et, si celui-
ci a de la condescendance, il s'y refuse, et le débat
finit quand le premier baise sa propre main devant
le supérieur. Nouvelle preuve tirée de Malcolm : « Quiconque
(chez les Arabes) rencontrait un ami lui prenait la main
droite et, après l'avoir secouée, l'élevait à la hauteur de sa

---

1. Will. Bosman, *Description of the Coast of Guinea*, Lond., 1721, 317.
2. Arch. Gray, *China, its Laws, Manners and Customs*, London, 1878,
I, 211.
3. Bancroft, *The native Races, etc.*, I, 711.

poitrine [1]. » Nous lisons dans Niebuhr le récit suivant d'un usage analogue : « Deux Arabes du désert se rencontrant se secouent les mains plus de dix fois. Chacun d'eux baise sa propre main et répète encore la question : Comment vous portez-vous?... Dans l'Yémen, chacun fait comme s'il voulait prendre la main de l'autre et retire la sienne pour éviter de recevoir le même honneur. A la fin, pour terminer le débat, le plus âgé souffre que l'autre lui baise les doigts [2]. » Ne voyons-nous pas là l'origine de l'usage de se serrer la main? Si deux personnes veulent se faire une politesse en baisant la main l'un de l'autre et que chacun par politesse aussi refuse de se la laisser baiser, qu'arrive-t-il? Exactement ce qui se passe lorsque, au sortir d'une pièce, deux personnes, voulant chacune laisser le pas à l'autre, refusent de passer devant; il en résulte à la porte un conflit de mouvements qui empêchent l'un ou l'autre d'avancer : si chacun des deux tente de baiser la main de l'autre et refuse de se laisser baiser la sienne, il en résulte que chacun portera la main de l'autre à ses propres lèvres et que celui-ci la rabaissera, et ainsi de suite tour à tour. D'abord sans doute ce mouvement sera irrégulier ; mais, à mesure que l'usage se généralisera et qu'il sera reconnu qu'en définitive chacun échoue dans ses efforts pour baiser la main de l'autre, on peut s'attendre à voir les mouvements devenir réguliers et rythmiques. Evidemment, la différence entre la simple pression qui représente aujourd'hui cette salutation dans une forme abrégée, et la poignée de main à l'ancienne mode, dépasse la différence qui sépare la poignée de main du mouvement qui résulte de l'effort que chacun fait pour baiser la main de l'autre.

1. Sir J. Malcolm, *History of Persia*, London, 1815, 8.
2. M. Niebuhr, *Travels through Arabia*, Edinburgh, 1792, II, 247.

Lors même que nous manquerions de la clef que nous fournit la coutume arabe, nous serions obligés d'admettre que
l'usage moderne a pris naissance ainsi. Après tout ce que
nous venons de voir, personne ne supposera que l'usage
de se donner une poignée de main ait été institué délibérément comme une observance de politesse; et s'il a son
origine dans un acte exprimant, comme les autres, l'assujettissement, il faut admettre que l'acte de baiser la main
est seul capable de lui servir d'origine.

§ 391. A quelque genre qu'elle appartienne, la salutation
a la même origine que le trophée et la mutilation. A la
merci de son vainqueur, qui lui coupe une partie du corps
pour servir de souvenir de sa victoire, le tue ou lui enlève
une partie moins essentielle à la vie, ou le marque comme
un sujet, le vaincu gît devant son maître, tantôt sur le dos,
tantôt le cou sous le pied du vainqueur, souillé de fange,
désarmé, les habits déchirés, dépouillé des vêtements qu'il
portait en guise de trophée. Ainsi la prosternation, la
souillure, la perte des vêtements, conséquences de la
défaite, deviennent, comme la mutilation, des preuves de ce
malheur. D'où, pour premier résultat, l'imposition de
signes de soumission des esclaves aux maîtres et des
sujets aux souverains; puis l'usage accepté de prendre
des attitudes humbles en présence des supérieurs; et, finalement, ces mouvements de politesse, expressions d'infériorité, dont chacun s'acquitte envers les autres entre
égaux.

Toutes les salutations tirent leur origine du régime
militant. Cette conclusion, à laquelle nous arrivons,
s'accorde parfaitement avec un fait d'observation, à savoir
qu'elles se développent parallèlement à ce type social. Les

attitudes et les mouvements qui signifient l'assujettissement
ne sont pas le caractère de tribus sans chefs ou de tribus
dans lesquelles l'autorité suprême n'est pas constituée.
Par exemple, chez les Fuégiens, les Andamènes, les Australiens, les Tasmaniens et les Esquimaux; enfin les récits
qui nous font connaître l'étiquette en usage chez les
sociétés nomades et presque inorganisées de l'Amérique du
Nord, ne font point ou presque pas mention d'actes exprimant la subordination. On a remarqué que les Kamtscha-
dales, qui n'avaient pas de chefs à l'époque où on les a
découverts, « avaient des manières tout à fait grossières :
ils n'employaient jamais de termes de civilité, ils ne faisaient pas de salutation, ils n'ôtaient jamais leurs bonnets
et ne s'inclinaient pas l'un devant l'autre. » D'un autre
côté, dans les sociétés composées et consolidées par le
militarisme, chez lesquelles le type de structure militaire
s'est développé, l'usage de prosternations serviles est un
signe distinctif de la vie politique et sociale. Nous le
trouvons chez les Fidjiens belliqueux et cannibales, dont les
chefs exercent sur leurs sujets une autorité sans limite;
dans l'Uganda, où la guerre est perpétuelle, où le revenu
de l'État provient du pillage, et où l'on peut dire du roi :
« Son Altesse, n'ayant pas de gibier sur qui elle pût tirer, a
jeté bas plusieurs de ses sujets [1]; » au Dahomey, où le roi
attaque les peuples voisins pour se procurer des crânes
afin d'en décorer son palais. Nous l'observons dans des
Etats plus avancés, en Birmanie et à Siam, où le type militaire, légué par le passé, a laissé une autorité monarchique sans frein; au Japon, où régnait un despotisme institué et affermi durant les guerres primitives des époques

1. J.-A. Grant, *A Walk across Africa*, 228.

reculées ; enfin en Chine, où survit une forme de gouvernement analogue et d'une origine semblable. Il en est de même du baisement des pieds à titre de salutation. Cet usage existait dans l'ancien Pérou, où la nation entière était organisée et disciplinée comme un régiment. Il règne à Madagascar, où la structure et les fonctions militaires sont nettement accusées. Enfin, chez les diverses nations de l'Orient, celles qui existent encore, comme elles ont toujours vécu sous un régime autocratique, cette salutation existe aujourd'hui comme elle existait dans les temps les plus reculés. Il n'en est pas autrement de l'usage qui consiste à se dépouiller de tout ou partie de ses vêtements. Nous avons vu les formes extrêmes de cet usage aux îles Fidji et dans l'Uganda ; d'autres moins extrêmes, à savoir de rester nu jusqu'à la ceinture, dans l'Abyssinie et à Tahiti, où le pouvoir royal, bien que grand, ne s'exerce pas avec tant de rigueur. De même pour l'usage de se déchausser. On saluait le roi après s'être mis les pieds nus, dans le Pérou et au Mexique, avant la conquête espagnole, comme on le salue aujourd'hui en Birmanie et en Perse, tous pays régis par une autorité despotique développée par l'état militant. Même relation enfin pour les autres salutations serviles, par exemple l'usage de se mettre de la cendre sur la tête, de se revêtir d'humbles habits, de se charger d'un fardeau, de se lier les mains.

Quand on compare les usages en vigueur dans l'Europe du moyen âge, alors que la guerre était l'affaire de la vie, avec les usages florissant aujourd'hui que la guerre n'occupe plus l'existence entière de l'individu, on trouve la confirmation de la même idée. Dans les pays féodaux, on rendait hommage en baisant les pieds du suzerain, en s'agenouillant, en joignant les mains, en se dépouillant d'une partie de ses habits ; mais aujourd'hui les plus humbles de ces salutations ont disparu, les unes entièrement, les autres à peu près, ne laissant après elles que l'inclination, la révérence, le coup de chapeau, et ce qui les représente. En outre, on peut remarquer qu'entre les nations les plus militantes de l'Europe et celles qui le sont le moins, on retrouve des différences analogues. Sur le continent, on fait des salutations plus complètes et on s'y applique plus qu'en Angleterre. Dans la société britannique même, on rencontre d'autres preuves ; en effet, les classes supérieures qui composent la partie régulative de la structure sociale anglaise, issue comme partout du régime militaire, font bien plus d'attention à ces formes de cérémonie, non seulement à la cour, mais dans les relations privées, que ne font les classes qui constituent la structure industrielle. Nous pouvons ajouter une autre preuve d'une grande valeur : c'est que dans les parties de la société anglaise qui sont distinctement militantes, l'armée et la marine, on observe non seulement l'usage des salutations prescrites dans toutes les autres parties, mais que dans l'une d'elles, dont le caractère particulier est l'absolutisme de ses officiers supérieurs, survit un usage analogue à ceux qui fleurissent dans les sociétés barbares. En Birmanie, on est obligé de se « prosterner plusieurs fois en avançant vers le palais » ; les naturels du Dahomey se prosternent devant la porte du palais ; aux îles Fidji, il est prescrit de s'arrêter « en témoignage de respect devant un chef, ou devant sa demeure, ou devant son domicile ; » enfin, quand on monte à bord d'un vaisseau de guerre britannique, il est d'usage d'ôter son chapeau devant le gaillard d'arrière.

Nous ne manquons pas de trouver des contrastes analogues entre les salutations faites en l'honneur de l'être surnaturel, esprit ou divinité. L'usage de se revêtir d'un sac pour gagner la faveur de l'esprit, comme aujourd'hui en Chine, et autrefois, chez les Hébreux, l'usage de découvrir une partie de son corps et de répandre de la cendre sur sa tête, qui sont encore des rites funèbres dans l'Orient, ne se rencontrent point dans les sociétés dont les types sont profondément modifiés par l'industrialisme. Dans l'Angleterre, où ce changement est le plus avancé, les salutations aux morts ont complètement disparu, à l'exception de celle qu'on fait devant la tombe. Il en est de même des salutations en usage dans le culte. La coutume d'approcher des temples pieds nus, qui existait dans l'ancien Pérou, et celle de se déchausser en y entrant, qui dure encore en Orient, ne se reproduisent par aucun usage analogue dans les coutumes anglaises ou sur le continent, excepté dans le cas de pénitence prescrite. Ni les prosternations, ni les coups que l'adorateur chinois frappe avec sa tête sur le sol, ni l'attitude du musulman en prière, ne se retrouvent dans le pays où des formes plus libres d'institutions sociales, propres au type industriel, ont refoulé vigoureusement le type militant. L'usage même de se mettre à genoux, comme forme d'hommage religieux, est presque tombé en oubli en Angleterre, et la secte britannique la plus antimilitaire, celle des Quakers, ne pratique aucune salutation religieuse.

Les relations que nous venons de décrire, analogues aux relations déjà décrites, apparaissent toutes naturelles dès que l'on se rappelle que les activités militantes, dont la nature est d'être coercitives, nécessitent le commandement et l'obéissance; et que par conséquent partout où elles fleurissent on tient fortement aux témoignages de soumission. Par contre, les fonctions industrielles, telles qu'elles se montrent dans les rapports d'employeur à employé, d'acheteur et de vendeur, s'accomplissant toujours en vertu d'un accord, sont de leur nature non coercitives, et par conséquent, partout où elles fleurissent, on n'exige que l'exécution du contrat : d'où, comme résultat, la désuétude des témoignages de soumission.

# CHAPITRE VII

§ 392. Ce qu'une salutation fait comprendre par des actes, un compliment le dit par des paroles. Il faut ici admettre par avance que ces deux formes cérémonielles partent de la même racine, et l'on peut démontrer qu'il en est ainsi en effet. Il y a des faits où l'une vaut l'autre et passe pour telle. Le capitaine Spencer remarque que les Polonais et les Slaves de Silésie « ne se distinguent peut-être des autres nations par aucun trait plus que par la manière humble avec laquelle ils reconnaissent une politesse : l'expression de leur reconnaissance est servile. Je tombe à vos pieds! disent-ils, et ce n'est point du langage figuré, car ils se jettent littéralement à terre et vous baisent les pieds pour la bagatelle de quelques sous [1]. » Dans cet exemple, nous voyons l'attitude du vaincu devant le vainqueur prise réellement ou figurée verbalement. La représentation orale est un succédané de la réalisation en acte. D'autres faits nous montrent les mots et les actes pareillement associés; par exemple, un courtisan turc, accoutumé à faire d'hum-

1. Cap. E. Spencer, *Germany and the Germans*, London, 1835, I, 156.

bles salutations, adresse au sultan ces paroles : « Centre
de l'univers! la tête de ton esclave est à tes pieds[1]. » Le
Siamois, qui fait chaque jour des prosternations serviles,
dit à son supérieur : « Seigneur mon bienfaiteur, je suis à
vos pieds; » à un prince : « Je suis la plante de vos pieds; »
au roi : « Je suis un grain de poussière à vos pieds sacrés[2]. »
Les anciennes manières en usage en Europe fournissent
des témoignages analogues. En Russie, jusqu'au XVIIe siècle,
une pétition commençait par ces mots : « Un tel frappe sa
tête » (sur le sol) ; et les pétitionnaires s'appelaient « frap-
peurs de tête ». A la cour de France, pas plus loin
qu'en 1577, on avait coutume de dire : « Je vous baise les
mains, » ou encore : « Je vous baise les pieds. » De nos
jours même, en Espagne, où les coutumes orientales persistent, « lorsqu'on prend congé d'une dame, on doit dire :
Madame, je me mets à vos pieds! » A quoi elle répond: « Je
vous baise les mains, monsieur. »

D'après tout ce qui précède, on peut annoncer d'avance
l'origine et le caractère des formes de compliments. A côté
des autres procédés destinés à gagner la faveur du vainqueur, du maître, du souverain, se placent naturellement
des formes de langage qui commencent par l'aveu de la
défaite, exprimée par des mots qui en figurent l'attitude, et
prennent par développement des formes variées exprimant
une déclaration de servitude. Cela veut dire par conséquent
que les formes de compliments en général, descendant
réellement de ces formes originelles, expriment clairement ou vaguement que l'on appartient ou que l'on est
soumis à la personne à laquelle on s'adresse.

---

1. Chas. White, *Three Years in Constantinople*, London, 1846, II, 303.
2. Sir John Bowring, *The Kingdom and the people of Siam*, I, 127. —
La Loubère, *Du royaume de Siam*, VI, 178.

§ 393. Parmi les propos propitiatoires, il en est qui, au lieu d'exprimer l'attitude de la prosternation, imposée par la défaite, expriment l'état qui en est la conséquence, celui d'être à la merci de la personne à qui l'on parle. Les canni- bales Tupis nous en offrent un exemple des plus curieux. D'un côté le guerrier crie à son ennemi : « Que tous les mal- heurs fondent sur toi, mon aliment! » D'un autre côté, le propos que Hans Stade, captif, était obligé de proférer en approchant d'une demeure, était : « Moi, votre aliment, me voici! [1] » C'est-à-dire ma vie est à votre disposition. Au lieu de déclarer que l'on vit seulement par la permission du supérieur, réel ou prétendu, auquel on parle, on se déclare sa chose, ou l'on professe de tenir ses propres biens à sa disposition, ou l'un et l'autre. L'Afrique, l'Asie, la Poly- nésie et l'Europe nous en offrent des exemples. « Lorsqu'un étranger entre dans la maison d'un Serracolet (nègre de l'intérieur), celui-ci sort et dit : Blanc, ma maison, ma femme et mes enfants t'appartiennent [2]. » Aux environs de Delhi, lorsqu'on demande à un inférieur à qui appartient le cheval qu'il monte, il répond : « A votre esclave, » pour dire qu'il lui appartient; ou bien il dira : « Il est à Votre Grandeur, » c'est-à-dire à votre disposition. Aux îles Sand- wich, un chef à qui l'on demande quel est le propriétaire de la maison ou du canot qui sont à lui répond : « A vous et à moi [3]. » En France, au xv<sup>e</sup> siècle, un abbé adressait à genoux à la reine qui visitait son monastère le compliment suivant : « Nous vous remettons et offrons l'abbaye et tout ce qu'elle contient, nos personnes et nos biens [4]. » Enfin,

---

1. Hans Stade, *Captivity in Brazil. Hackluyt Society*, London, 1874, 59, 150.
2. G. Mollien, *Travels in the Interior of Africa to the Sources of the Senegal and Gambia*, London, 1820, 288.
3. Rev. W. Ellis, *Tour through Hawaï*, London, 1826, 357.
4. Jehan de Saintré, ch. 69.

aujourd'hui même, en Espagne, où la politesse exige qu'on
offre à un visiteur tout ce qu'il admire, « il est correct de
mettre à côté de la date d'une lettre... de *votre* maison,
où qu'elle soit ; il ne faut jamais dire de *ma* maison, il
faut faire comme si l'on voulait la mettre à la disposition
de son correspondant [1]. »

Mais ces manières de s'adresser à un supérieur réel ou
fictif, affirmant indirectement l'assujettissement à sa personne, corps et biens, sont d'une importance secondaire
par rapport aux déclarations directes d'esclavage et de
servage, qui ont commencé aux époques de barbarie et
subsistent encore de nos jours.

§ 394. Les récits hébraïques nous ont familiarisés avec le
mot *serviteur*, expression qu'un sujet ou inférieur s'applique à lui-même, en parlant au souverain ou à un supérieur.
Dans notre époque de liberté, les associations mentales
fixées par l'habitude constante empêchent de voir que le
mots *serviteur* employé dans les traductions des anciens
documents veut dire *esclave*, c'est-à-dire qu'il implique la
condition où tombait un prisonnier de guerre. Par conséquent, lorsque nous lisons dans la Bible les mots *ton* ou *tes*
*serviteurs* prononcés devant un roi, il faut comprendre ce
même état d'asservissement exprimé plus haut par des
termes plus circonlocutoires. Evidemment ce terme, expression d'un abaissement volontaire, n'était pas seulement
usité par les serviteurs, il l'était par les peuples vaincus et
par les sujets en général ; c'est ainsi que David, qui ne se
fait pas connaître, parle à Saül et se dit ainsi que son père
le serviteur du roi. On a continué à se servir de ce mot

1. Rev. Ford, *Handbook for Travellers in Spain, and Readers at Home*,
London, 1777.

avec des acceptions analogues jusqu'à nos jours en parlant aux souverains.

Toutefois, de très bonne heure, on s'est mis à se servir, en s'adressant à des gens investis d'une autorité subordonnée, de ces professions de servitude, primitivement réservées à l'autorité souveraine. Les frères de Joseph, conduits devant lui et tremblants de crainte, se déclarent ses serviteurs ou esclaves; ce n'est pas tout : ils parlent de leur père comme s'il était dans la même situation à l'égard de Joseph. Nous avons en outre la preuve que cette forme de compliments était en usage entre des égaux quand l'un voulait gagner la faveur de l'autre; voyez, par exemple, les Juges, XIX, 19. Nous avons vu plus haut que dans l'Inde, jusqu'à ce jour, un homme montre sa politesse en se disant l'esclave de celui auquel il s'adresse. Pour montrer comment cet usage a subi la même diffusion en Europe, il nous suffira de donner quelques exemples des phases de son évolution. Parmi les courtisans français au XVIᵉ siècle, il était commun d'entendre dire : « Je suis à votre service et à jamais le serviteur de votre maison [1]; » en Angleterre, autrefois on se servait de formules exprimant indirectement la servitude : on disait par exemple : « à vos ordres; » ou bien : « toujours à vos genoux; » ou encore : « votre très humble serviteur, » etc. Mais de nos jours ces formules, rarement usitées oralement, si ce n'est par ironie, ne sont plus représentées que dans le langage écrit; on dit encore : « Votre obéissant serviteur; » ou bien : « Votre humble serviteur; » mais seulement lorsqu'il faut maintenir la distance, et c'est pour cela que ces formules s'emploient souvent avec un sens retourné.

---

1. Chéruel, *Dictionnaire historique*, II, 1131.

Tout le monde sait que les mêmes termes propitiatoires sont en usage dans le langage religieux. Dans l'histoire des Hébreux, il est dit que les hommes sont les serviteurs de Dieu, dans le même sens que l'on dit qu'ils sont serviteurs des rois. Il y est dit que les peuples voisins servent leurs dieux respectifs, exactement comme il est dit que les esclaves servent leurs maîtres. Enfin il y a des exemples où ces relations avec le souverain visible et avec l'invisible s'expriment d'une manière analogue; par exemple, nous lisons dans la Bible « que le roi a accordé la requête de son serviteur », et ailleurs « que le Seigneur a racheté son serviteur Jacob ». On peut donc conclure que l'expression « ton serviteur », usitée dans les cérémonies religieuses, a pris naissance de la même manière que tous les autres éléments du cérémonial religieux.

C'est ici qu'il convient le mieux de remarquer que l'expression « ton fils », adressée à un souverain ou à un supérieur ou à toute autre personne, est, dans le principe, équivalente au mot « ton serviteur ». Quand on se rappelle que dans les sociétés grossières les enfants n'existent que par la tolérance de leurs parents, et que dans les groupes patriarcaux le père a droit de vie et de mort sur ses enfants, on comprend que, lorsqu'on se déclare le fils de quelqu'un, c'est comme si l'on se disait son serviteur ou son esclave. Des exemples, tirés des documents anciens, démontrent cette équivalence. Ainsi Achas envoie des messagers à Teglath-Phalasar, roi d'Assyrie, qui lui disent : « Je suis ton serviteur et ton fils; viens, sauve-moi. » En Europe, au moyen âge, nous voyons des souverains se présenter à l'adoption à des souverains plus puissants, prenant ainsi la condition de servitude filiale et le nom de

« fils [1] » : par exemple, Théodebert Ier et Childebert II, les
empereurs Justinien et Maurice. Nous ne laissons pas non
plus de rencontrer des preuves que l'usage de cette expression de subordination s'étend comme les autres, jusqu'à ce
qu'elle ne soit plus qu'une formule de compliment. De nos
jours, dans l'Inde, l'individu qui, par compliment, se dit
votre esclave, vous dira aussi en vous présentant son fils :
« Voici le fils de Votre Grandeur. » Enfin un naturel de
Samoa ne sait rien de plus persuasif à dire que de s'appeler « le fils de la personne à qui il parle [2] ».

§ 395. Ces formules de compliment (qui expriment
l'abaissement volontaire nous conduisent à celles qui élèvent autrui. Chacune prise à part est une confession d'une
infériorité relative, et cette confession gagne en énergie,
lorsque les deux formules sont combinées.

Au premier abord, il ne paraît pas possible que l'on
puisse faire dériver les compliments, comme les autres
actes propitiatoires, de l'attitude du vaincu devant le vainqueur ; mais nous avons la preuve qu'ils en proviennent
avec certitude dans quelques cas. Les vaincus de Ramsès II
demandant merci commencent leurs prières par les paroles
laudatives suivantes : « Prince qui protège ton armée,
vaillant par l'épée, rempart de tes troupes dans la bataille,
roi puissant et fort, grand souverain, soleil puissant en
vérité, approuvé de Ra, puissant par ses victoires, Ramsès
Maïamoun. » Évidemment, rien qui sépare ces louanges
exprimées par un vaincu de celles qu'exprime plus tard un
peuple sujet. Nous passons sans interruption aux expressions de glorification comme celles adressées au roi de

---

1. Ducange, *Dissertation sur l'histoire de saint Louis*, 90.
2. Turner, *Nineteen Years*, etc., 348.

Siam : « Puissant et auguste seigneur ! Divine miséri-
corde ! Ordre divin ! Maître de la vie ! Souverain de la
terre ! [1] » ou celles qu'on adresse au Sultan : « Ombre de
Dieu ! Gloire de l'Univers ! [2] » ou celles dont on se sert avec
l'empereur de la Chine : « Fils du ciel ! Seigneur des
dix mille ans ! » ou celles que les Bulgares adressaient il
y a quelques années à l'empereur de Russie : « Czar béni !
Puissant czar orthodoxe ! [3] » ou celles qui ouvraient les discours au roi de France : « O roi très gracieux, très grand,
très miséricordieux ! [4] » Enfin à côté de ces actes de propitiation par flatterie directe, il y en a d'autres où la flatterie
fait son chemin sous forme d'une admiration affectée pour
tout ce que le souverain dit : lorsque les courtisans du roi
de Delhi élevaient les mains en criant : « Merveille, merveille ! » à chaque phrase banale que le Mogol prononçait ;
si en plein jour il disait qu'il faisait nuit, ils criaient :
« Voyez la lune et les étoiles ! [5] » ou enfin les Russes d'autrefois s'écriaient : « Dieu et le prince l'ont voulu ! » et :
« Dieu et le prince savent ! »

Les expressions de compliments d'abord réservées en
l'honneur des hommes de rang suprême passent en usage
envers les hommes moins élevés en autorité, et cela jusqu'aux rangs inférieurs. En France, au xvie siècle, on disait
à un cardinal : « très illustre et très révérend ; » à un marquis : « très illustre et très honoré seigneur ; » à un docteur : « vertueux et excellent [6]. » En Angleterre, autrefois on
disait comme formule de compliments : « le très honorable » aux chevaliers et quelquefois aux écuyers ; « le

1. Sir John Bowring, *The Kingdom*, etc., I, 127.
2. White, *Three Years*, etc., II, 52.
3. *Times*, 12 déc. 1876.
4. Sully, *Mémoires*, II, 78.
5. Tavernier, *Voyages*.
6. Monstrelet.

très noble » ou « très honorable caractère » à des hommes
du monde ; et même aux simples messieurs on donnait du
« digne » et de « Votre Honneur ». Avec ces épithètes flat-
teuses l'usage se répand de flatteries plus enveloppées, surtout en Orient, où les unes et les autres sont poussées à l'extrême. Une carte d'invitation chinoise porte le compliment
usuel : « A quelle haute splendeur votre présence ne nous
fera-t-elle pas monter [1] ? » Tavernier, à qui nous avons
emprunté l'exemple d'incroyable flatterie observé à la cour
de Delhi, dit que « ce vice gagnait même le peuple ; » et il
ajoute que l'on disait de son écuyer, en le comparant aux
plus grands conquérants, qu'il faisait trembler le monde
lorsqu'il montait à cheval. Dans cette partie de l'Inde,
aujourd'hui, l'on dit à un officier d'un rang ordinaire :
« Mon seigneur, il n'y a que deux êtres qui puissent quelque chose pour moi, Dieu le premier et vous le second [2]. »
Un correspondant m'écrit : « Au-dessus est Dieu, et Votre
Honneur vient après ; Votre Honneur a le pouvoir de tout
faire ; vous êtes mon roi et mon seigneur ; vous êtes à la
place de Dieu. »

A l'époque de Tavernier, une expression usuelle en
Perse était : « Que la volonté du roi soit faite [3] ! » ce qui rappelle la phrase : « Que la volonté de Dieu soit faite ! » Cela
nous remet en mémoire que les divers propos de glorification adressés aux rois sont les analogues de ceux qu'on
adresse aux dieux. Dans les pays où le type social militant
fleurit et où l'on attribue au monarque les honneurs
divins, non seulement après la mort, mais avant, comme
autrefois en Égypte et au Pérou, et comme aujourd'hui

1. Gray, *China its Laws*, etc., I, 211.
2. Paxton, *Illustrations of scriptures*, II, 74.
3. Tavernier, liv. V, ch. II, 205.

au Japon, en Chine et au royaume de Siam, une conséquence se produit : c'est que les louanges des souverains
visibles et de ceux qui sont devenus invisibles sont identiques. Une fois l'extrémité de l'hyperbole atteinte dans les
louanges du roi durant sa vie, on ne peut aller au delà
quand on lui adresse la parole après sa mort et son apothéose. Enfin l'identité qui prit naissance ainsi continue
durant les époques subséquentes envers des divinités dont
on ne peut plus indiquer l'origine.

§ 396. Nous avons vu qu'il y a dans la prosternation
complète deux éléments, l'un qui implique la soumission,
l'autre l'amour; deux éléments analogues entrent dans une
formule complète de compliments. Aux mots qu'on emploie
pour gagner la faveur de la personne à qui l'on s'adresse,
en s'abaissant soi-même ou en élevant celle-ci, ou bien en
faisant l'un et l'autre, viennent s'ajouter des mots qui
donnent l'idée de l'attachement à cette personne : des
souhaits pour sa vie, sa santé et son bonheur.

Les déclarations d'intérêt pour le bien d'autrui et pour
le succès de ses affaires ont, il est vrai, une origine plus
ancienne que les déclarations de soumission. Les embras-
sements et les baisers qui indiquent l'amitié servent de
compliments chez les sauvages non gouvernés ou peu gouvernés, qui ne connaissent point l'usage de la prosternation; ainsi des discours amicaux précèdent des discours
exprimant la subordination. Chez les Indiens Serpents, on
accoste un étranger en lui adressant ces paroles : « J'ai
beaucoup de plaisir, je suis bien content [1]; » et chez les
Araucaniens, dont l'organisation sociale, plus avancée, n'a

1. Lewis and Clarke, *Travels*, etc., 266.

pas reçu le type coercitif qu'imprime le militarisme, les formalités de politesse, quand on se rencontre, qui « prennent dix ou quinze minutes », consistent à s'enquérir en détail de la santé de la personne et des parents, à quoi l'on ajoute des expressions compliquées de félicitations et de condoléances [1].

Naturellement, cet élément de salutation persiste alors que se développe l'usage des actes et des paroles exprimant l'assujettissement. Nous avons vu que chez les peuplades nègres, en même temps qu'on fait devant les supérieurs des prosternations serviles, on leur adresse en même temps des vœux et des félicitations. Les Foulahs et les Abyssiniens emploient pour ces compliments des formules recherchées. Mais c'est en Asie que cet usage prend ses plus grands développements. Depuis la formule hyperbolique : « O roi! vivez à jamais! » on a toutes les gradations qui mènent aux compliments en usage entre les égaux et qui sous des formes pareillement exagérées expriment une grande sympathie. C'est ainsi que les Arabes manifestent leur inquiétude en répétant rapidement : « Grâce à Dieu, comment êtes-vous? » pendant quelques minutes, et, lorsqu'ils sont bien élevés, en interrompant de temps en temps la conversation suivante pour redemander : « Comment êtes-vous [2]? » C'est ainsi que les Chinois écrivent sur une carte de visite ordinaire : « l'ami tendre et sûr de Votre Seigneurie, et le disciple perpétuel de votre doctrine, vient vous rendre ses devoirs et vous fait sa révérence jusqu'à terre [3]. » Dans les sociétés occidentales, moins despotiquement gouvernées, les déclarations d'amitié et de sollicitude ont été

1. Smith, *The Araucanians, etc.*, 195.
2. Cap. Lyon, *Travels in Northern Africa*, London, 1821, 53.
3. P. du Halde, II, 185.

moins exagérées, et elles ont décrû à mesure que la liberté augmentait. En France, autrefois, à la table du roi, chaque fois que le héros criait : « Le roi boit, » chacun faisait des vœux et criait : « Longue vie au roi [1] ! » Enfin, bien que sur le continent et en Angleterre on se serve encore des mêmes expressions et d'autres analogues, il s'en faut bien que ce soit avec la même fréquence. Il en est de même aussi des souhaits que l'on exprime dans le commerce de la société. On peut bien encore entendre en Angleterre crier : « Longue vie à Votre Honneur! » mais c'est chez des gens qui sont demeurés soumis jusqu'à une époque récente à l'autorité d'une personne et qui, aujourd'hui, obéissent à des sentiments de fidélité envers les représentants des vieilles familles. Enfin, dans les parties de la Grande-Bretagne depuis plus longtemps affranchies de la féodalité et formées aux usages de l'industrialisme, l'intérêt que l'on porte aux gens ne s'exprime plus que par les formules ordinaires : « Comment allez-vous? » et : « Bonjour! » et encore les emploie-t-on d'une manière qui n'exprime pas autre chose que cet intérêt.

En même temps que les expressions par lesquelles on invoque l'assistance divine en faveur de la personne qu'on salue, par exemple la formule arabe : « Que Dieu répande sur vous ses faveurs ! » ou celle des Hongrois : « Dieu vous garde! » ou celle des Nègres : « Dieu vous protège ! » et avec les autres formules qui expriment la sympathie par des recherches sur la santé et la fortune qui sont aussi d'un usage répandu, il y en a qui tirent leurs caractères des conditions environnantes. De ce nombre est le compliment oriental : « La paix soit avec vous! » qui dérive des

[1]. Monstrelet.

temps troublés où la paix était le grand desideratum ; une
autre est la formule : « Comment transpirez-vous ? » employée chez les Egyptiens ; et cette autre, encore plus curieuse : « Comment les moustiques vous ont-ils traité ? » qui,
selon Humboldt, est le salut du matin sur les bords de l'Orénoque.

§ 397. Il nous reste à noter les modifications du langage, grammaticales et autres, qui semblent, implicitement, élever la personne à qui l'on parle et rabaisser celle
qui parle. Ces modifications présentent certaines analogies
avec d'autres éléments cérémoniels. Nous avons vu que,
lorsque l'assujettissement est porté à l'extrême, le souverain, s'il ne se rend pas invisible, doit au moins, lorsqu'il
est présent, ne pas être regardé ; et l'idée que c'est une liberté impardonnable de regarder la personne du souverain,
a donné lieu dans certains pays à l'usage de tourner le dos à
un supérieur. Pareillement, l'usage de baiser la terre devant
la personne que l'on révère, ou de baiser quelque objet qui
lui appartienne, donne l'idée que le sujet est placé si bas
par rapport à cette personne qu'il ne peut prendre la
liberté de baiser ses pieds ou son vêtement. Enfin, dans un
esprit analogue, les formes linguistiques usitées comme
compliments ont pour caractère d'éviter d'exprimer des
rapports directs avec les individus à qui l'on parle.

Ces formes commencent à apparaître à des époques
sociales relativement anciennes. Chez les Abipones, « les
noms des hommes qui appartiennent à cette classe finissent
en *in ;* ceux des femmes qui partagent les même honneurs,
en *en* [1]. » On doit même ajouter ces syllabes aux substan-

---

1. Dobrizhoffer, *Account, etc.*, II, 204.

tifs et aux verbes quand on parle à ces personnes. De
plus, « le langage des îles Samoa contient un vocabulaire
distinct et permanent de mots dont la politesse exige qu'on
fasse usage en parlant aux supérieurs ou en des occasions
de cérémonie [1]. » Chez les Javanais, « rien ne saurait permettre, à quelque rang qu'on appartienne, de parler à son
supérieur dans la langue vulgaire du pays [2]. » Gallatin nous
apprend que, dans l'ancienne langue mexicaine, il y avait
« une forme spéciale, dite révérentielle, qui régnait dans la
langue entière et qu'on ne retrouve dans aucune autre.....
On croit que cette langue est la seule où chaque mot, prononcé par l'inférieur, lui rappelle sa position sociale [3]. »

La plus générale des formes indirectes que l'étiquette
introduit dans les formules de compliments semble provenir de la superstition primitive qui s'attachait au nom
propre. Les sauvages, s'imaginant que le nom d'un homme
est une partie de sa personnalité et que ceux qui connaissent ce nom possèdent un pouvoir sur lui, montrent partout une grande répugnance à révéler les noms. Que cette
raison soit la seule ou que l'on estime que c'est prendre
des libertés avec une personne que de prononcer son nom,
le fait est que chez les gens grossiers le nom acquiert un
caractère en quelque sorte sacré, et qu'il est interdit de
prendre un nom en vain, surtout aux inférieurs quand ils
parlent aux supérieurs. De là une conséquence curieuse.
Dans les premiers temps, les noms des personnes sont tirés
d'objets, mais les noms d'objets tombent en désuétude et
sont remplacés par d'autres. Chez les Cafres, « une femme
ne peut prononcer en public l'*i-gama* (le nom donné à la

---

1. Erskine, *Journal of a Cruize*, 107.
2. Sir T.-S. Raffles, *History of Java*, I, 336.
3. Gallatin, *Notes on the semi civilized nations*, etc., I, 28.

naissance) de son mari ou d'aucun de ses frères ; elle ne peut pas non plus se servir du mot défendu dans son sens ordinaire..... L'*i-gama* du chef est retranché du vocabulaire de sa peuplade [1]. » Autre exemple. « Le nom héréditaire du chef de Pango-Pango (île Samoa) est aujourd'hui *Monga*, c'est-à-dire *montagne*, et l'on ne doit jamais se servir de ce mot en sa présence pour désigner une montagne ; mais on y substitue un terme de politesse [2]. » Enfin, dans les pays où il existe des noms propres d'un genre avancé, l'usage général de ce terme subit des restrictions; à Siam, par exemple, où le nom du roi ne doit pas être prononcé par un sujet, on se sert toujours pour le nommer d'une périphrase, telle que le *maître de la vie*, le *seigneur de la terre*, la *tête suprême* [3] ; et en Chine, où un visiteur désigne le père de son hôte sous les noms de le *vieillard de la maison*, l'*homme excellent et honorable* et le *vénérable grand prince* [4].

On évite pareillement ailleurs l'usage des pronoms personnels, car ils établissent avec la personne à qui l'on parle une relation trop immédiate pour être permise quand il y a lieu de maintenir la distance. Au royaume de Siam, quand on demande les ordres du roi, on évite autant que possible la forme pronominale [5]. Une remarque du P. Bruguière montre que cet usage est général chez les Siamois. « Ils ont, dit-il, des pronoms personnels, mais ils s'en servent rarement. » En Chine aussi, cette façon de parler descend dans les relations ordinaires. « A moins d'être amis intimes, on ne dit jamais *je* et *vous*, ce serait une grossière

---

1. Shooter, *The Kaffirs*, *etc.*, 221.
2. Erskine, *Journal*, *etc.*, 43.
3. Bowring, *The Kingdon*, *etc.*, I, 276.
4. *Chineese Repository*, IV, 157.
5. Bowring, *loc. cit.*, I, 127.

impolitesse. Mais, au lieu de dire : Je suis très sensible au
service que vous m'avez rendu, on dit : Le service que le
seigneur ou le docteur a rendu à son très humble serviteur
m'a profondément touché [1]. »

Vient ensuite l'usage de détourner les pronoms de leur
sens, qui élèvent le supérieur et abaissent l'inférieur. « Il
y a divers mots en siamois pour exprimer *je* et *moi* :
1° entre un maître et un esclave, 2° entre un esclave et
un maître, 3° entre un homme du commun et un noble,
4° entre des personnes de même rang; 5° enfin il y a une
forme uniquement réservée aux prêtres. » Les Japonais
ont encore plus développé ce système. « Au Japon, toutes
les classes ont un *je* propre à elles, dont aucune autre
classe ne peut se servir; il y en a un exclusivement réservé
au Mikado... et un pour les femmes... Il y a huit pronoms
de la seconde personne propres aux serviteurs, aux pu-
pilles, aux enfants [2]. » Bien que, dans tout l'Occident, les
distinctions établies par l'abus des formes pronominales
aient été poussées moins loin, elles ne laissent pas d'être
bien marquées. En Allemagne, « autrefois... on parlait
aux inférieurs à la troisième personne du singulier,
*er* : c'est-à-dire qu'on se servait d'une formule oblique
pour désigner l'inférieur, comme s'il n'était pas présent,
mais qui servait à le détacher de sa relation avec la personne qui parlait. » Par contre, « les inférieurs se servent
invariablement de la troisième personne du pluriel en
s'adressant à leurs supérieurs ; » et cette manière de
parler, tout en relevant le supérieur par la pluralisation,
augmente la distance qui sépare l'inférieur du supérieur
par sa forme relativement indirecte; en outre, elle com-

1. P. du Halde, *loc. cit.*, II, 177.
2. Steinmetz, *Japan and her People*, London, 1859.

mence comme un acte de propitiation des puissants, pour
s'étendre ensuite comme le reste jusqu'à devenir un acte
de propitiation à l'adresse de tout le monde [1]. Dans la langue anglaise, où cette perversion humiliante de l'usage des
pronoms n'existe pas, on substitue seulement *vous* à *tu :*
c'était jadis une forme de compliment destinée à exalter;
mais aujourd'hui grâce à l'usage général, elle a perdu son
sens cérémoniel. Il est évident qu'elle le conservait à
l'époque où les quakers s'obstinaient à dire *tu* au lieu de
*vous;* ce qui montre que dans les premiers temps on s'en
servait pour donner de la dignité aux personnes, c'est que,
durant la période mérovingienne en France, les rois
ordonnaient qu'on leur parlât au pluriel [2]. Si l'on a de la
peine à croire que l'on se servît jadis du pronom *vous* en
vue d'exalter la personne à qui l'on parlait, il y a un
moyen de s'en convaincre : c'est de faire attention à la
perversion du langage dans sa forme primitive et plus
accentuée, celle par exemple qui est en usage aux îles
Samoa, où l'on dit à un chef : « Allez *vous deux?* » ou :
« Venez *vous deux?* [3] »

§ 398. Puisque les formules de compliment disent en
paroles ce que les prosternations expriment par des actes,
elles ont évidemment les mêmes rapports généraux avec les
types sociaux. On y trouve en effet des analogies qu'il
faut noter. Les Dacotahs n'ont pas d'organisation politique.
Ils n'avaient même pas de chefs en titre avant que les
blancs vinssent établir chez eux des distinctions de ce
genre. Chez eux, dit Burton, « il n'existe aucun usage,

1. H. Mayhew, *German Life and Manners*, London, 1865.
2. Aug. Challamel, *Mémoires du peuple français*.
3. Turner, *Nineteen Years in Polynesia*, 340.

aucune cérémonie au sens que nous donnons à ce mot. »
Il raconte l'entrée d'un Dacotah dans la maison d'un étranger. L'Indien, dit-il, se contenta de crier « bien! » Belley a
remarqué que les Veddahs « ne se servent point en parlant des termes honorifiques si fort en honneur chez les
Singalais ; ils n'emploient que le pronom *tu*, même lorsqu'ils parlent à des personnes dont la position exigerait
des témoignages extérieurs de respect [1]. » Ces exemples
montrent assez que, partout où il n'y a pas de subordination, on ne rencontre pas les formules de langage destinées à élever la personne à qui l'on parle et à rabaisser
celle qui parle. Par contre, partout où le gouvernement
personnel est absolu, les formules d'humiliation de soi et
d'exaltation d'autrui s'expriment en termes exagérés. Chez
les Siamois, tous esclaves du roi, l'inférieur se donne à
lui-même le titre de poussière sous les pieds d'un supérieur. En même temps, ils attribuent au supérieur des
facultés transcendantes ; et leurs formules de compliments,
même entre égaux, évitent de nommer la personne à qui
l'on parle. En Chine, où la puissance de « l'impérial souverain » ne connaît point de borne, l'usage des formules
d'adulation et d'humilité, d'abord employées dans les rapports avec l'empereur, s'est étendu plus tard, et les compliments ont pris des formes si recherchées que, lorsqu'on
veut demander le nom d'une autre personne, on dit :
« Puis-je prendre la liberté de vous demander votre noble
surnom et votre nom éminent ? » A quoi l'interpellé répond :
« Le nom de ma froide (pauvre) famille est un tel ; et mon
nom ignoble est un tel [2]. » Mais où les cérémonies ont
donné lieu à la perversion la plus recherchée du sens des

1. Bailey, *Transactions Ethnological Society*, London, II, 298.
2. *Chineese Repository*, IV, 157.

pronoms, c'est au Japon, où de longues guerres ont depuis longtemps établi un despotisme en possession d'un prestige presque divin.

Pareillement, lorsqu'on compare l'Europe ancienne, dont la structure sociale était développée par une lutte continuelle et adaptée à cet état, avec l'Europe moderne, où l'on observe encore, sans doute, le retour des guerres sur une large échelle, mais où la guerre est plutôt une forme temporaire qu'une forme permanente de la société, nous remarquons que les formules de compliments sont aujourd'hui bien moins en usage et bien moins exagérées. Nous obtenons encore le même résultat lorsque nous comparons les sociétés européennes modernes qui sont fortement organisées pour la guerre, celles du continent, par exemple, avec la société anglaise, moins bien organisées dans ce but, ou lorsqu'on compare les parties régulatives de la société anglaise, produit de l'état militaire, avec les parties industrielles. Les flatteries au superlatif et les expressions de dévouement y sont moins prodiguées, et l'usage des compliments y a beaucoup diminué au sein des classes dirigeantes, dans ces derniers temps, quoiqu'il y fleurisse encore plus que dans les classes industrielles, surtout dans celle de leurs parties qui n'a point de rapport direct avec les classes dirigeantes. Evidemment ces relations de l'usage des compliments avec l'état social, sont nécessaires autant que les précédentes. Si l'on venait nous dire qu'avec l'obéissance forcée, condition obligée de l'organisation militaire et caractère de la totalité d'une société façonnée pour l'action militaire, l'usage de formules de compliments, qui n'expriment point la soumission, s'établit naturellement, et si, par contre, on ajoutait qu'avec un régime d'échanges de biens pour de l'argent et de services pour des gages librement consentis, régime qui est le caractère d'une vie industrielle, l'usage de flatteries exagérées pour autrui et de dépréciation servile de soi, s'établit naturellement, nous trouverions évidemment la chose absurde. L'absurdité même de cette proposition hypothétique sert à mettre en lumière la vérité de la proposition réelle contraire.

# CHAPITRE VIII

## TITRES

§ 399. Opiniâtrément attaché à tout ce qu'il a appris de ses devanciers, l'homme primitif ne s'en écarte, pour adopter des nouveautés, que par des modifications non préméditées. Tout le monde sait aujourd'hui que les langues ne sont pas un produit de la volonté, mais d'une évolution; il en est de même des usages. Aux nombreuses preuves que nous en avions, les chapitres précédents en ont ajouté d'autres.

Même chose pour les titres. A les considérer tels qu'ils existent aujourd'hui, ils paraissent une production artificielle. On pourrait croire qu'il y a eu un temps où ces titres ont été créés avec conscience; mais cela n'est pas plus vrai qu'il ne l'est que les termes de notre langue vulgaire aient été crées avec conscience. Les noms des objets, des qualités et des actes, furent, au début, directement ou indirectement descriptifs; les noms que nous appelons des titres le furent aussi. De même que le sourd-muet, qui rappelle à quelqu'un par sa mimique une particularité, ne songe pas à créer un symbole, de même

le sauvage, qui indique le lieu où un kangurou a été tué,
ou bien celui où un rocher est tombé, n'y songe pas davantage; il n'y pense pas non plus quand il désigne un individu en rappelant quelques traits connus de son extérieur
ou quelque fait de sa vie; pas plus que lorsqu'il donne
les noms littéralement ou métaphoriquement descriptifs,
qui de temps en temps par évolution deviennent des titres.

La conception même d'un nom propre a pris naissance
à l'improviste. Chez les sauvages, un enfant est connu sous
le nom de *Coup de tonnerre*, ou de *Nouvelle lune*, ou de
*Père, viens à la maison*, uniquement par suite de l'habitude qu'on a de se rappeler un événement survenu le jour
de la naissance de cet enfant, comme un moyen d'éveiller
l'idée de l'enfant particulier qu'on a en vue.

Si plus tard l'enfant reçoit un nom, tel que *Tête de courge*
ou *Selle sale* (noms dacotahs), *Grand Archer*, ou *Celui qui
monte la colline* (noms de Pieds-Noirs), cela vient de ce
qu'on fait usage spontanément d'un autre moyen d'identification, quelquefois meilleur. Evidemment, la même
chose est arrivée pour les noms moins nécessaires que
l'on appelle titres. Ceux-ci se sont différenciés d'avec les
noms propres ordinaires, en ce qu'ils étaient descriptifs
de quelque trait, ou de quelque acte, ou de quelque fonction, tenus en honneur.

§ 400. Diverses races sauvages donnent à un homme un
nom de renommée qui s'ajoute à celui sous lequel il était
connu auparavant, ou qui prend la place de ce nom à l'occasion d'un brillant exploit dans une bataille. Nous en
trouvons un bon exemple chez les Toupis. « Le fondateur
du festin (cannibale) prit un nom nouveau, comme souvenir honorable de ce qui venait d'avoir lieu, et les femmes

de sa parenté couraient par la maison en criant le nouveau titre. » — « Le Toupi, dit Hans Stade, se donne à lui-même autant de noms qu'il tue d'ennemis, et les plus nobles de cette peuplade sont ceux qui ont beaucoup de ces noms [1]. » Dans l'Amérique du Nord, lorsqu'un jeune Indien Crik rapporte sa première chevelure, il est consacré homme et guerrier et reçoit un *nom de guerre*. Chez les naturels de l'ancien Nicaragua, cet usage avait créé un titre général pour ces faits de guerre : à celui qui avait tué un homme dans une bataille, on donnait le nom de *tapalique* [2]. Les Indiens de l'isthme de Panama signifiaient la même chose par le titre de *cabra*.

On voit que ces noms descriptifs d'honneur, nés durant l'époque militaire primitive, deviennent dans certains cas des noms officiels ; l'on veut comparer les faits que l'on observe chez deux peuples sanguinaires et cannibales à différents degrés de progrès. Aux îles Fidji, « des guerriers de marque reçoivent des titres sonores, tels que : *le Partageur* d'une province, *le Dévastateur* d'une côte, *le Ravageur* d'une île ; le nom du lieu en question s'ajoute à l'épithète [3]. » Enfin dans l'ancien Mexique, entre autres noms de charges remplies par les frères du roi ou ses plus proches parents, on peut citer les titres de *Pourfendeur d'homme* et *Verseur de sang* [4].

Lorsque, chez les Fidjiens par exemple, il n'existe qu'une idée vague de la distinction entre les hommes et les dieux, et que le nombre des dieux s'accroît sans cesse par l'apothéose des chefs, les dieux portent des noms semblables à ceux que de féroces guerriers recevaient durant leur vie.

1. R. Southey, *History of Brazil*, London, 1810, I, 222.
2. Oviedo, *Historia General*, liv. XXIX, ch. 12.
3. Williams and Calvert, *Fidji, etc.*, I, 55.
4. Fr. D. Duran, *Historia de las Indias, etc.*, 1, 802.

Les noms de *Ravisseur de femmes*, *Mangeur de cervelles*, *Meurtrier*, *Ardent au carnage* sont naturellement les titres divins venus de noms descriptifs en usage chez des cannibales adonnés au culte des ancêtres. Ce qui prouve que plusieurs noms de dieux adorés par des races supérieures ont pris naissance de cette manière, c'est qu'on attribue à ces dieux des conquêtes. Que ce soit des dieux d'Égypte, de Babylone ou de Grèce, leur puissance est réputée gagnée dans les batailles ; et au récit de leurs exploits s'ajoutent quelquefois des noms descriptifs d'accord avec leurs actes ; Mars par exemple s'appelle *Celui qui tache de sang ;* le Dieu des Hébreux s'appelle le *Violent*, traduction littérale du mot Shaddaï, d'après Kuenen.

§ 401. Chez les hommes primitifs, le nom d'honneur métaphoriquement descriptif remplace très généralement le nom d'honneur littéralement descriptif. Les Toupis, dont nous venons de rappeler la cérémonie qui s'accomplit au moment où les hommes prennent des noms de guerre, « choisissent leurs dénominations parmi les noms d'objets visibles ; c'est l'orgueil ou la férocité qui déterminent leur choix [1]. » Ces noms, d'abord donnés spontanément par des compagnons qui applaudissent, accordés ensuite d'une façon plus réfléchie, peuvent devenir les titres d'hommes en possession de la plus grande puissance et, par suite, des noms de chefs. Ce que Ximénès nous apprend des peuplades à demi civilisées du Guatemala nous le donne à penser. Il nous cite une liste de noms de leurs rois, parmi lesquels nous en voyons qui s'appellent *Tigre riant*, *Tigre du bois*, *Aigle opprimant*, *Tête d'aigle*, *Fort serpent* [2]. Il

1. Southey, *History of Brazil*, I, 239.
2. Ximenes, *Las Historias,* etc., 163.

en a été de même dans toute l'Afrique. Le roi des Achantis porte parmi ses titres les noms de *Lion* et de *Serpent*. Au Dahomey, les titres de cette origine s'expriment au superlatif : le roi s'appelle *Le lion des lions*. C'est dans le même esprit que roi d'Usambara porte le nom de *Lion du ciel*, titre qui donnera naturellement naissance à des mythes si ce roi vient à recevoir l'apothéose [1]. Chez les Zoulous, parmi des exemples du même fait, nous voyons la preuve de la manière dont ces noms d'honneur tirés d'objets imposants animés ou inanimés s'unissent à des noms d'honneur venus d'ailleurs et passent dans quelques-unes des formes de discours dont nous avons parlé plus haut. Les titres du roi sont : *Le noble éléphant*, *Toi qui es à jamais*, *Toi qui es aussi haut que les cieux*, *L'être noir*, *Toi qui es comme l'oiseau qui mange les autres oiseaux*, *Toi qui es aussi haut que les montagnes*, etc., [2]. Shooter nous apprend comment les Zoulous font usage de ces titres. Voici le fragment d'un discours adressé au roi : « Vous montagne, vous lion, vous tigre, vous qui êtes noir, il n'y a personne qui soit votre égal [3]. » De plus, nous avons la preuve que les noms d'honneur de cette origine deviennent des titres qui s'appliquent à la position occupée, plutôt qu'à la personne même de celui qui l'occupe ; en effet, l'épouse d'un chef cafre « s'appelle *L'éléphant*, tandis que sa première femme s'appelle *La lionne* [4]. »

Guidés par ces indications, nous ne pouvons nous dispenser de conclure que l'usage de noms analogues, tant

1. Rev. Dr Krapf, *Travels, Researches and Missionary Labours in East Africa*, London, 1860, 395.
2. Cap. Gardiner, *Narrative, etc.*, 91.
3. Rev. Shooter, *The Kaffirs of Natal and Zoolu Country*, London, 1857, 290.
4. Id., *ibid.*, 98.

pour les rois que pour les dieux chez les races historiques
éteintes, a eu la même origine. Lorsque nous voyons aujourd'hui à Madagascar le roi recevoir, entre autres titres,
celui de *Puissant taureau*, et que nous nous rappelons que
le conquérant Ramsès avait reçu de ses ennemis vaincus
un nom laudatif semblable, nous avons bien le droit de
conclure que les noms d'animaux donnés de la sorte à des
rois sont l'origine des noms d'animaux donnés anciennement comme titres d'honneur à des dieux; c'est ainsi
qu'Apis en Egypte est devenu le synonyme d'Osiris et du
Soleil, et que le Taureau est pareillement devenu un synonyme du héros conquérant et du Dieu-soleil Indra.

Il en est de même pour les titres tirés d'objets inanimés
imposants. Nous avons vu comment chez les Zoulous le
compliment hyperbolique en usage pour les rois : *Toi qui es
aussi haut que les montagnes*, passe de la forme d'une comparaison à celle d'une métaphore, quand on lui dit : *Vous
montagne*. Le nom métaphorique devient lui-même quelquefois un nom propre; nous en trouvons la preuve aux
îles Samoa, où, comme nous l'avons vu, le chef des Pango-
Pangos s'appelle *Maunga* ou *montagne* [1]. Nous savons que
divers peuples adonnés au culte des ancêtres emploient des
titres dérivés de la même origine. Les Chinouks, les Navajos et les Mexicains dans l'Amérique du Nord, ainsi que
les Péruviens dans l'Amérique du Sud, regardent certaines
montagnes comme des dieux; et, puisque ces dieux ont
d'autres noms, il faut supposer que pour chacun d'eux, un
homme élevé au rang divin a reçu comme titre le nom
générique de montagne ou le nom d'une montagne en particulier, comme cela est arrivé dans la Nouvelle-Zélande.

1. Erskine, *Journal of a Cruize*, 43.

Des comparaisons honorifiques avec le soleil proviennent non-seulement des noms d'honneur de personnes et de noms divins, mais aussi des titres de fonctions. Les Mexicains appelaient Fernand Cortez *Le lever du soleil*, et les Chibchas donnaient aux Espagnols en général le nom d'*Enfants du soleil*. Ce nom d'*Enfants de soleil* était en usage au Pérou, où l'on s'en servait comme d'un compliment pour les personnes particulièrement habiles; et les Incas, considérés comme descendants du soleil, ont joui de ce titre l'un après l'autre. Ces exemples nous permettent de comprendre comment le nom de *Fils du soleil* a pu devenir le titre que les rois égyptiens ont pris tour à tour à côté du nom qui les distinguait individuellement. Pour éclaircir ce point ainsi que quelques autres, je citerai le récit d'une réception à la cour de Birmanie, laquelle a eu lieu depuis la publication de ce qui précède. « Un héraut couché à plat ventre lut à haute voix mes lettres de créance. En voici la traduction littérale. Un tel, grand journaliste du *Daily News* de Londres, offre les présents que voici à Sa très glorieuse et excellente Majesté, seigneur de l'Ichaddan, roi des Eléphants, maître de beaucoup d'éléphants blancs, propriétaire des mines d'or, d'argent, de rubis, d'ambre et de noble serpentine, souverain des empires de Thuna-Parenta et de Tampadipa et d'autres grands empires et pays, et de tous les chefs à parasol, soutien de la religion, monarque issu du soleil, arbitre de la vie, roi grand et juste, roi des rois, possesseur de domaines sans limites et de la sagesse suprême. Le héraut lisait sur le ton d'un récitatif comique, ressemblant prodigieusement à celui dont on se sert dans les services religieux de l'Eglise, et le mot prononcé d'un ton traînant, *Phya, a, a, a, a, a* (monseigneur), qui terminait le réci-

tatif, ajoutait à la ressemblance car il faisait l'effet du mot
*Amen* de la liturgie (signe d'analogie avec le culte religieux) [1]. »

Une fois donné le nom métaphoriquement descriptif, nous
possédons le germe de tous ces titres d'honneur primitifs,
qui, au premier moment titres individuels, sont devenus,
dans quelques cas, des titres attachés à des fonctions.

§ 402. Les mots qui dans diverses langues répondent à
notre mot *Dieu* étaient originairement descriptifs : cette
proposition étonnera beaucoup ceux qui, mal familiarisés
avec les faits, font honneur aux sauvages de pensées semblables aux nôtres, et paraîtra absurde à ceux qui, sachant
quelque chose des faits, n'en persistent pas moins à
affirmer que l'homme a possédé dès l'origine l'idée d'un
pouvoir créateur de l'univers. Mais quiconque étudie les
faits sans idée préconçue, y trouve la preuve que le mot
générique, désignant la divinité, a été d'abord simplement
un mot exprimant la supériorité. Chez les Fidjiens, le nom
s'applique à tout ce qui est grand ou merveilleux; chez les
Malgaches, à tout ce qui est nouveau, utile ou extraordinaire; chez les Todas, à tout ce qui est mystérieux, de
sorte que, comme le dit Marshall, « ce mot est véritablement un nom adjectif exprimant l'éminence. » Le mot
s'applique pareillement aux choses animées ou inanimées,
pour indiquer une qualité au-dessus du commun : c'est
dans le même sens qu'il s'applique aux êtres humains, les
uns vivants, les autres morts; mais, comme les morts sont
sensés posséder des pouvoirs mystérieux de faire du bien et
du mal aux vivants, le mot finit par s'appliquer aux morts

1. *Daily News*, 21 mars 1879.

d'une façon spéciale. Quoique les deux mots *revenant* et *dieu* aient pour nous des sens extrêmement différents, ils ne laissent pas pour cela d'avoir été, au début, synonymes; ou plutôt, originellement, il n'y a qu'un mot pour désigner un être surnaturel. Enfin, puisque, dans la croyance primitive, l'autre soi du mort est également visible et tangible pour le vivant, en sorte qu'il est possible de le tuer, de le noyer, de lui ôter la vie une seconde fois; puisque la ressemblance est telle qu'il est difficile de se faire dire en quoi consiste la différence entre un dieu et un chef chez les Fidjiens; puisque les exemples de théophanie de l'*Iliade* prouvent que le dieu grec était de tous points tellement semblable à l'homme qu'il fallait une perspicacité toute spéciale pour le reconnaître; il a dû en résulter d'une façon bien naturelle que le nom de *dieu* donné à un être puissant, censé habituellement, mais non toujours, invisible, a été quelquefois donné à un être puissant visible. Il a dû même arriver inévitablement, en conséquence de cette théorie, que les hommes qui dépassent en capacité ceux qui les entourent, passent pour des revenants ou des dieux, êtres auxquels on attribue d'ordinaire des pouvoirs spéciaux. C'est pour cela que les Européens sont appelés *revenants* par les Australiens, les naturels de la Nouvelle-Calédonie, des îles Darnley, les Kroumans, les nègres de Calabar, les Mpongwes, etc., qui voient en eux les doubles de leurs propres compatriotes décédés. C'est pour cela qu'ils reçoivent l'autre nom, celui de *dieu*, des Bochismans, des Béchouanas, des Africains orientaux, des Foulahs, des Khonds, des Fidjiens, des Dayaks, des anciens Mexicains, des Chibchas, etc. C'est pour cela que, chez certains peuples civilisés, les hommes supérieurs s'appellent eux-mêmes des dieux, employant ce mot dans le sens indiqué ci-dessus.

Une fois que l'on a compris ainsi le sens du mot *dieu*, on n'est plus surpris de le voir devenir un titre d'honneur. Le roi de Loango reçoit ce nom de ses sujets; de même le roi de Msambara. Aujourd'hui même, chez les Arabes nomades, le nom de *dieu* n'a pas d'autre sens que celui d'un nom générique donné au chef vivant le plus puissant qu'ils connaissent. Cela nous permet de croire, mieux que toute autre explication, que le Grand Lama, adoré en personne par les Tartares, reçoive d'eux le nom de *Dieu le Père* [1]. Nous trouvons ce fait en harmonie avec d'autres faits : par exemple, que Radama, roi de Madagascar, soit salué en ces termes : *O notre Dieu !* par les femmes qui chantent ses louanges [2], et que ce soit l'autre terme dont on se sert en l'honneur du roi de Dahomey, qu'on appelle *Esprit*. Lorsqu'il mande quelqu'un auprès de lui, le messager dit : « L'Esprit vous demande, » et, quand le roi a parlé, tout le monde s'écrie : « L'Esprit a dit vrai [3]. » Tous ces faits nous font comprendre que d'anciens rois de l'Orient aient pu prendre le nom de θεός comme un titre, ce qui semble étonnant aux modernes.

Le passage de ce titre d'honneur dans la langue des relations vulgaires est sans doute rare, mais ne laisse pas d'arriver quelquefois. Après ce que nous avons dit, on ne sera pas étonné qu'il ait été appliqué à des morts, chez les anciens Mexicains, par exemple, qui « appelaient chacun de leurs morts *téotl* un tel, c'est-à-dire tel ou tel dieu, tel ou tel saint [4]. » A la lumière de ce fait, nous comprendrons qu'on se soit servi quelquefois de ce mot comme d'une

1. John Pinkerton, *General Collection of Voyages*, London, 1808, VII, 591.
2. Ellis, *History of Madagascar*, I, 261.
3. Burton, *Mission*, etc., I, 262.
4. Fra Toribio de Benavento Motolinia, *Historia de las Indias de Nueva España*, 1569, Mexico, 1858, 31.

formule de salutation entre vivants. « Lorsque les Kasias se rencontrent, nous dit le colonel Yule, ils se saluent par une appellation singulière : Kublé! oh Dieu! [1] »

§ 403. Le rapport qui unit les deux titres *Dieu* et *Père* devient clair dès que l'on remonte aux formes primitives d'idée et de langage où ces deux mots ne sont pas différenciés. Quand on voit que, dans une langue aussi avancée que le sanscrit, des mots qui signifient *faire, fabriquer, produire* ou *engendrer*, s'emploient indistinctement pour le même but, on comprend avec quelle facilité, dans l'esprit de l'homme primitif, l'idée d'un père, en tant que producteur ou auteur d'êtres nouveaux, devenant invisible par la mort, s'associe aussi bien dans le langage que dans la pensée avec les auteurs morts et invisibles, qui finissent par être considérés, les uns même de préférence aux autres, comme des producteurs en général, comme des créateurs. Sir Rutherford Alcock remarque que « les bases de tout gouvernement se composent d'un mélange illégitime d'éléments théocratiques et patriarcaux, aussi bien en Chine que dans le Japon, sous des empereurs qui se prétendent non seulement les patriarches et les pères de leurs peuples, mais aussi les descendants des dieux [2]; » mais il donne de ce fait, de plus, une fausse interprétation, parce qu'il veut l'expliquer en partant des conceptions supérieures de nos jours, au lieu de prendre pour point de départ les conceptions inférieures de l'homme primitif. En effet, ce qu'il croit être un *mélange illégitime* d'idées est en réalité une association très naturelle d'idées,

1. *Journal of the Asiatic Society of Bengal*, Calcutta, XIII, 620.
2. Sir R. Alcock, *The capital of the Tycoon*, London, 1863, II, 340.

laquelle, dans ces cas, s'est perpétuée plus longtemps que
cela n'arrive habituellement dans les sociétés avancées.

Chez les Zoulous, on voit très nettement cette association; on y trouve la tradition d'Unkulunkulu (littéralement le vieux, quelqu'un de vieux), « qui fut le premier
homme... qui vint à l'existence et produisit les hommes...
qui donna naissance aux hommes et à toutes choses (y
compris le soleil, la lune et les cieux); » on suppose qu'il
était noir, parce que tous ses descendants sont noirs. Il
n'est pas l'objet d'un culte de la part des Zoulous, parce
qu'on le suppose mort d'une manière permanente; mais à
sa place les Unkulukunlus des diverses tribus, ses descendants, sont adorés individuellement, et chacun est appelé
du nom de *Père*. Nous trouvons là les idées de créateur et
de père en relation directe. Les idées contenues dans la
réponse que les anciens naturels du Nicaragua faisaient à
la question : Qui a fait le ciel et la terre? étaient aussi
spécifiques ou même plus spécifiques encore. C'est « Tama-
gastad et Cipattoval », nos grands dieux, que nous appelons *téotes*, répondaient-ils d'abord; mais, quand on les
poussait, ils ajoutaient : « Nos pères sont ces *téotes*... Tous
les hommes et toutes les femmes descendent d'eux... Ils
sont de chair et sont homme et femme... Ils marchaient
sur la terre habillés et mangeaient ce que les Indiens mangent. » Les dieux et les premiers parents une fois identi-
fiés, les idées de paternité et de divinité se trouvèrent
associées. L'ancêtre le plus lointain censé vivant encore
dans l'autre monde où il est allé, « l'ancien, quelqu'un
de vieux, l'ancien des jours, » devient la divinité principale; le mot *père* n'est donc pas, comme nous le supposons,
un équivalent métaphorique du mot *Dieu*; il en est l'équivalent littéral.

C'est pour cela que nous trouvons ces deux mots employés tour à tour comme titre chez toutes les nations. Nous avons cité plus haut la prière d'un naturel de la Nouvelle-Calédonie à l'esprit de son ancêtre : « Père bienfaisant, voici de la nourriture pour vous; mangez-la; en retour, soyez bon pour nous : » c'est un exemple de l'identification originelle de la paternité et de la divinité où nous ramènent toutes les mythologies et toutes les théologies. Il est naturel d'après cela que les Incas du Pérou aient adoré leur père, le soleil, que Phtah, le premier de la dynastie des dieux qui ont régné sur l'Égypte, s'appelle « le père du père des dieux »; et que Zeus soit « le père des dieux et des hommes. »

Quand on a passé en revue plusieurs de ces croyances primitives, où le divin et l'humain sont si peu distingués, ou bien après qu'on a étudié les croyances encore aujourd'hui persistantes en Chine et au Japon, où les souverains, appelés *fils du ciel*, prétendent descendre des pères ou des dieux les plus anciens, il est aisé de comprendre comment le nom de père, au sens le plus élevé du mot, a pu devenir le titre d'un potentat vivant. Ces ancêtres, proches et éloignés, reçoivent tous le nom de père, distingué seulement par les préfixes *grand*, *grand-grand*, etc.; il en résulte que le nom de père, donné à tous les membres de la série, finit par devenir le nom du dernier de la série encore vivant. A cette cause, s'en ajoute une autre. Lorsque la famille patriarcale commence à faire prévaloir la filiation dans la ligne masculine, le nom de père, même dans son sens originel, finit par devenir le signe de l'autorité suprême, et par conséquent un titre d'honneur. On voit même les deux causes se confondre chez les nations formées de groupes patriarcaux composés et recomposés. Le plus ancien an-

cêtre connu de chaque groupe composé, à la fois le père et
le dieu le plus ancien du groupe composé, se trouvant sans
interruption représenté en chair aussi bien qu'en pouvoir
par le plus ancien descendant du plus ancien, il arrive que
ce patriarche, à la fois chef de son propre groupe et aussi
du groupe composé, conserve à l'égard des deux groupes
un rapport analogue à celui où se trouve l'ancêtre élevé au
rang de dieu. Par là il unit en quelque sorte en sa personne
les trois caractères divin, royal et paternel.

De là vient que l'usage de ce mot comme titre royal a
prévalu. Les Indiens d'Amérique aussi bien que les naturels de la Nouvelle-Zélande s'en servent en parlant aux
chefs civilisés. C'est ce qu'on voit en Afrique. A la tête des
divers noms du roi chez les Zoulous se trouve le mot père ;
au Dahomey, quand le roi se rend à pied du trône au palais,
les assistants signalent toutes les inégalités du sol en faisant claquer leurs doigts, de peur que les orteils royaux
n'en soient blessés, et accompagnent cette musique d'un
roulement continu des mots : « Dadda! dadda! » (Grand-
père! grand-père!) et : « Dedde! Dedde! » (Doucement! doucement!) [1] L'Asie nous présente des exemples de l'union des
deux titres « seigneur rajah » et « seigneur père ». En Russie,
de nos jours, le nom de père est un titre donné au tzar ;
enfin, autrefois en France ce même mot, sous la forme de
*sire*, était un titre commun à des potentats de divers degrés,
seigneurs féodaux et rois; et l'on a continué de s'en servir
en parlant au souverain [2].

---

1. Burton, *Mission, etc.*, I, 273.
2. Quoique la controverse relative à l'origine des mots *sire* et *sieur* ait abouti
à la conclusion que ces mots dérivent de la même racine signifiant primitivement ancien, il est clair cependant que le mot *sire* était une forme contractée
en usage bien avant le mot *sieur* (forme contractée de seigneur), et que par
suite il a reçu un sens plus général, pour devenir le synonyme de père. Ce qui
prouve l'évolution et l'extension préalables de ce mot, c'est qu'il s'applique à

L'usage de ce titre s'est répandu plus promptement que
d'ordinaire, peut-être à cause de son double sens. Nous le
trouvons partout employé pour exprimer un genre de supériorité. Chez les Zoulous, le mot *baba*, père, n'est pas le
titre du roi seul. C'est aussi celui que les inférieurs de tout
rang donnent à ceux qui sont au-dessus d'eux [1]. Au Dahomey, un esclave l'applique à son maître, comme son maître
l'applique au roi. Livingstone nous raconte que ses serviteurs disaient *notre père* en parlant de lui ; Burchell était
appelé de même par les Bachassins. Le même usage régnait
jadis en Orient : exemple, « ses serviteurs s'approchèrent, et
ils parlèrent à Naaman, et dirent : Mon père, » etc. ; il en
est de même de nos jours dans l'extrême Orient. Au Japon,
« un apprenti dit à son patron : *père*. » Dans le pays de
Siam, « les gens de rang inférieur appellent *père* et *mère* les
enfants des nobles [2]. » Enfin le P. Huc raconte qu'il a vu
des ouvriers chinois se prosterner devant un mandarin en
s'écriant : « Paix et bonheur à notre père et mère ! [3] » La transition, qui fait passer ce mot dans un usage plus général,
se retrouverait dans l'application qui en est faite à ceux
qui, indépendamment de leur rang, ont acquis la supériorité que donne l'âge : supériorité qui prend quelquefois le
pas sur le rang, comme dans le royaume de Siam, et quelquefois au Japon et en Chine. Pareille extension s'est produite
dans l'ancienne Rome où le mot père était à la fois un titre
donné à des magistrats, et un titre donné par des gens plus
jeunes à des gens plus vieux, qu'ils fussent unis ou non

---

diverses personnes de marque, outre le *seigneur ;* et ce qui montre qu'il est
ynonyme de père, c'est que dans le vieux français *grand sire* était synonyme
de *grand-père*, et que le mot *sire* ne s'appliquait point à un homme non marié.
1. Cap. Gardiner, *Narrative*, etc., 91.
2. A. B. Mitford, *Tales of old Japan*, I, 202.
3. Sir J. Bowring, *The Kingdom and the people of Siam*, I, 125.

par la parenté. En Russie, de nos jours, on se sert de ce
mot pour le tzar, les prêtres et les hommes âgés. Enfin il
s'applique aux jeunes aussi bien qu'aux vieux [1]. Sous la
forme *sire*, appliquée d'abord aux souverains féodaux,
grands et petits, le titre de *père* a donné naissance au mot
anglais *sir*, d'un usage familier.

Il faut citer plusieurs titres dérivés en usage chez des
peuples barbares et à demi civilisés. Le désir de faire un
compliment, en donnant à une personne la dignité que
la paternité suppose, a fait naître en plusieurs endroits
l'usage de remplacer le nom propre d'un homme par un
nom qui rappelle cette paternité honorable, mais qui distingue aussi cet homme par le nom de son enfant. Les Ma-
lais ont « la même coutume que les Dayaks : ils prennent
le nom de leurs premiers-nés, par exemple Pa Sipi, le
père de Sipi. » Cet usage est commun à Sumatra; il règne
aussi à Madagascar. On le retrouve encore chez quelques
tribus montagnardes de l'Inde; les Kasias « se donnent les
uns aux autres les noms de leurs enfants, par exemple
Pa Bobon, père de Bobon! » On retrouve quelquefois cet
usage en Afrique. Les Béchuanas avaient l'habitude de dire
à M. Moffat : « Je parle au père de Marie. » Enfin dans
l'Amérique du Nord, sur les bords du Pacifique, il y a un
peuple chez lequel on se montre si empressé de prendre
ce nom primitif d'honneur, que, jusqu'au moment où un
jeune homme a des enfants, son chien lui tient lieu de fils,
et qu'on l'appelle le père de son chien.

§ 104. L'autorité suprême unie à l'âge dans les groupes
patriarcaux, et dans les sociétés qui tirent leur origine
d'une combinaison de ces groupes, principalement révélée

1. Wahl, *The Land of the Czar*, 35.

dans l'usage d'honorer les parents, usage que les commandements de la loi juive plaçaient immédiatement après
le culte de Dieu, et secondairement exprimée dans l'usage
d'honorer les vieillards en général, a donné naissance à
un groupe de titres analogue, mais qui s'écarte un peu des
précédents. L'âge devenant un objet de respect, les mots
qui indiquent la vieillesse deviennent des titres d'honneur.

On peut voir l'origine de cet usage chez les barbares. Les
conseils se composant des hommes âgés, le nom local, en
usage pour désigner un homme âgé, s'associe dans la pensée
avec une fonction à laquelle appartient l'autorité et par
conséquent l'honneur. Il nous suffit, pour le faire sentir,
de suivre, dans les langues européennes, le développement
des titres qui en résultent. Chez les Romains, sénateur ou
membre du sénat a la même racine que le mot *senex;* c'était
le nom d'un membre de l'assemblée des anciens. Dans les
premiers temps, ces sénateurs ou anciens, appelés aussi
*patres,* représentaient les tribus composantes de la nation :
père et ancien se trouvaient donc synonymes. Un mot très
voisin, *senior,* est l'origine, dans les langues dérivées du
latin, des mots *signor, seigneur, senhor,* d'abord appliqués
aux chefs, aux souverains ou aux propriétaires du sol, et
plus tard, par une espèce de diffusion, titre d'honneur pour
des gens d'un rang inférieur. Il en a été de même pour le
mot *ealdor* ou *aldor.* « Comme plusieurs autres titres mar-
quant le rang, dit Max Müller, dans les diverses langues
teutoniques, ce mot est dérivé d'un adjectif impliquant
l'idée d'âge avancé [1]; » de sorte que *earle* et *alderman,*
venant l'un et l'autre de cette racine, sont des noms d'hon-

---

1. Max Müller, *Lectures on the Science of Language,* II, 280.

neur qui proviennent pareillement de la supériorité sociale qui résulte d'un âge avancé.

On pourrait discuter la question de savoir si le titre allemand *Graf* doit être ou non ajouté à la liste. Si Max Müller ne se trompe point en jugeant insuffisantes les objections élevées par Grimm contre l'interprétation reçue, ce mot signifiait primitivement gris, c'est-à-dire tête grise.

§ 405. Nous n'avons pas besoin de nous appesantir sur les autres titres. Ce sont autant d'exemples, chacun à sa manière, du même principe général.

Le nom anglais *king* (roi), comme tous les autres titres d'honneur qui ont pris naissance dans les temps primitifs, a une origine qu'on a diversement expliquée. On s'accorde toutefois généralement à le dériver d'une source lointaine, du mot sanscrit *ganaka*, mot qui signifie produisant, parent, et roi[1]. Si telle est la véritable origine, ce n'est qu'un synonyme du titre de chef du groupe familial, du groupe patriarcal et de l'ensemble des groupes patriarcaux. La seule chose que nous ayons à remarquer, c'est la manière dont ce mot se combine pour produire un titre supérieur. De même que, chez les Hébreux, Abram, signifiant *père suprême*, devint un mot combiné en usage pour signifier la paternité et la souveraineté de plusieurs groupes mineurs; de même que les équivalents grecs et latins de notre mot patriarche signifiaient implicitement, sinon directement, *père de pères;* de même il est arrivé pour le mot roi qu'un potentat, dont la domination s'étendait sur plusieurs autres, a reçu le titre de *roi des rois.* En Abyssinie, ce titre royal combiné est encore en usage de nos jours[2]; il l'est aussi en

---

1. Max Müller, *ibid.*, II, 284.
2. James Bruce, *Travels to discover the Source of the Nile*, Edinburgh and London, 1804, IV, 452.

Birmanie, comme nous l'avons appris récemment. Les monarques de l'antique Egypte le prenaient; c'était aussi un titre suprême en Assyrie. Enfin nous retrouvons une analogie entre les titres terrestres et célestes. De même que les noms de *père* et de *roi* s'appliquent également au souverain visible et à l'invisible, de même aussi le titre de *roi des rois*.

Le besoin de distinguer par un nom additionnel le souverain qui devient le chef de plusieurs souverains, est l'origine d'autres titres d'honneur. En France, par exemple, alors que le roi n'était qu'un seigneur féodal prédominant, on l'appelait *sire*, titre porté par tous les seigneurs féodaux en général; mais vers la fin du XV⁰ siècle, quand sa suprématie se fut établie, on commença à se servir du mot de *majesté*, titre qui lui demeurait exclusivement réservé. Il en fut de même des titres des potentats secondaires. Aux premiers âges de l'époque féodale, les titres de baron, marquis, duc et comte étaient souvent confondus : c'est parce que l'état que ces titres réprésentaient, seigneurs féodaux, gardiens des marches, chefs militaires, et amis du roi, étant le partage commun de tous, ne pouvaient guère servir à les distinguer. Mais, en même temps que la différenciation des fonctions, se produisit la différenciation de ces titres. « Le nom de baron, dit Chéruel, semble avoir été le terme générique pour désigner tous les grands seigneurs; celui de duc, tous les chefs militaires; celui de comte et celui de marquis, tous les souverains de territoires. Ces titres s'employaient à peu près indistinctement dans les romans de chevalerie. Quand la hiérarchie féodale fut constituée, le nom de baron dénota un seigneur inférieur, par le rang, à un comte, et supérieur à un simple chevalier. » C'est-à-dire qu'avec le progrès de l'organisation politique, et à mesure que des chefs établissaient leur puissance sur d'autres chefs, certains titres reçurent une affectation spéciale, celle de marquer la dignité des supérieurs en s'ajoutant à ceux que ceux-ci portaient en commun avec les inférieurs.

Ainsi que nous venons de le voir par ces exemples, les titres spéciaux, comme les titres généraux, ne sont pas des produits d'un plan, mais des produits d'une évolution : ils ont d'abord été descriptifs. Pour donner d'autres exemples de leur origine descriptive et aussi de l'usage indifférencié qu'on en faisait dans les premiers temps, nous citerons les divers noms que portaient, à l'époque mérovingienne, les maires du palais : *major domûs regiæ, senior domûs, princeps domûs,* et, dans d'autres cas, *præpositus, præfectus, rector, gubernator, moderator, dux, custos, subregulus.* Dans cette liste (remarquons en passant comment le titre anglais *mayor,* prétendu tiré du mot français *maire,* est primitivement dérivé du latin *major,* qui signifie ou supérieur ou plus âgé), nous trouvons la preuve que d'autres noms d'honneur nous ramènent à des mots impliquant l'âge comme leur point de départ; et que, au lieu de ces mots descriptifs, les mots alternatifs servaient à désigner les fonctions.

§ 406. Les titres nous montrent, peut-être mieux que tout le reste, comment s'est répandu l'usage des formes cérémonielles qui ne servaient d'abord qu'à gagner la faveur de l'individu le plus puissant.

Les peuples sauvages, barbares et à demi civilisés, les peuples civilisés de l'antiquité et les peuples civilisés de nos jours en offrent tous des exemples. Aux îles Samoa, « il est d'usage, dans les formules de politesse de la conversation ordinaire, que tout le monde appelle chef celui

auquel il parle. Dans le babil des petits enfants, on les
entend s'appeler les uns les autres chef un tel [1]. » A Siam,
les enfants qu'un homme a eu d'une épouse inférieure à
lui par le rang, disent à leur père « mon seigneur, le
roi [2]. » Le mot *naï*, qui signifie chef chez les Siamois, « est
devenu dans leur bouche un terme de politesse qu'ils se
donnent les uns aux autres [3]. » Même résultat en Chine, où
les fils appellent leurs pères « majesté de la famille, prince
de la famille. » En Chine, nous trouvons un autre exemple
digne de remarque, parce qu'il est spécial à ce pays.
Dans cet empire, où l'autorité des anciens docteurs est
si grande, où les titres de *tsé* ou *foutsé*, c'est-à-dire
« grand docteur », qu'on ajoutait à leur nom, sont devenus
aussi un appendice des noms des écrivains distingués, où
enfin les distinctions de classes, basées sur la supériorité
intellectuelle, sont le caractère de l'organisation sociale, ce
titre d'honneur, qui signifie docteur, est devenu un simple
mot de compliment [4]. L'ancienne Rome nous offre d'autres
exemples. Mommsen a fort bien montré la raison de la diffusion des titres, en décrivant l'ostentation corruptrice des
triomphes publics, qui dans le principe n'étaient accordés
qu'aux « magistrats suprêmes qui avaient augmenté la
puissance de l'Etat par une victoire en bataille rangée »....
« Pour en finir, dit-il, avec les triomphateurs pacifiques,...
il fut décidé que, pour obtenir le triomphe, il fallait faire la
preuve d'une victoire par une bataille qui aurait coûté la vie
au moins à cinq mille ennemis ; mais on esquivait souvent
cette preuve par de faux bulletins.... Jadis les remerciements de la république, donnés une fois pour toutes, étaient

1. Turner, *Nineteen Years*, *etc.*, 281.
2. J. Pinkerton, *General Collection*, *etc.*, IX, 584.
3. La Loubère, *Du royaume de Siam*, I, 238.
4. S. Wells Williams, *The Middle Kingdom*, II, 71 · II, 521.

une récompense suffisante des services rendus à l'Etat ; maintenant tout acte méritoire semblait réclamer une distinction permanente. Il fut de mode que le vainqueur et ses descendants portassent un surnom tiré des victoires qu'ils avaient remportées..... L'exemple donné par les classes supérieures fut suivi par les autres [1]. » Par une cause analogue, les mots *dominus* et *rex* finirent par devenir des titres en usage pour les personnes ordinaires. Les nations de l'Europe moderne ne laissent pas de nous fournir des exemples de cette diffusion. On a souvent remarqué sur le continent l'usage de noms de rang ; dans certains pays, cet usage va à l'excès. « Dans le Mecklembourg, dit le capitaine Spencer, on a calculé que la noblesse comprend la moitié de la population.... Dans une auberge, le maître s'appelait monsieur le comte, et la maîtresse madame la comtesse ; les jeunes comtes remplissaient les emplois de valets d'écurie, de garçons et de décrotteurs, et les jeunes comtesses étaient cuisinières ou femmes de chambre. On disait que dans un village.... tous les habitants, à l'exception de quatre, étaient nobles [2]. »

L'histoire de France nous montre, plus clairement peutêtre que toute autre, les phases suivies par la diffusion des titres. Dans les premiers temps, le mot *madame* était le titre d'une dame noble ; on appelait alors *mademoiselle* la femme d'un avocat ou d'un médecin ; au seizième siècle, l'usage du mot *madame* descendit aux femmes mariées des classes moyennes, et leur titre de *mademoiselle* descendit à son tour aux femmes non mariées. Arrêtons-nous plus particulièrement aux titres masculins de *sire*, *seigneur*, *sieur* et *monsieur*. D'abord *sire* était un titre commun à

1. Mommsen, *Histoire de Rome*, II.
2. Cap. Spencer, *Germany and the Germans*, I, 44.

tous les seigneurs féodaux, et une remarque de Montaigne
nous apprend qu'en 1580, bien que ce mot fût encore en
usage pour le roi, afin de marquer sa supériorité, il s'appliquait aussi aux hommes du commun, mais non à ceux
qui remplissaient l'intervalle. *Seigneur*, introduit d'abord
comme titre féodal, à mesure que le mot *sire* perdait son
sens par l'effet de la diffusion, et pendant un certain temps
employé tour à tour avec ce mot, a fini, dans le cours du
temps, par prendre la forme contractée de *sieur*. Peu à peu,
l'usage du mot *sieur* s'est étendu aussi jusqu'aux rangs
inférieurs. Plus tard, il redevient un signe de distinction par
l'usage d'un préfixe expressif, sous la forme de *monsieur*. Ce
mot, comme titre donné à de grands seigneurs, était nouveau
en 1321 ; on s'en servait aussi pour les fils des rois et des
ducs. Puis, avec le temps, le mot monsieur est devenu un
titre général pour les classes élevées, et le mot sieur un
titre bourgeois. Depuis ce temps, par l'effet de la même
diffusion, le mot primitif *sire* et le mot plus récent *sieur*,
tombant en désuétude, ont été remplacés partout par le mot
*monsieur*. Il semble donc qu'il y ait eu trois phases dans
la diffusion : *sire*, *sieur* et *monsieur* se sont l'un après
l'autre répandus de haut en bas. Il y en a même une quatrième. Le doublement du mot monsieur sur une lettre,
dont on se servait sans doute d'abord comme d'une marque
de distinction, a cessé d'en être une.

En Espagne, on voit de la manière la plus frappante les
titres les plus élevés descendre, par cette diffusion, jusqu'aux rangs les plus inférieurs ; « les mendiants eux-
mêmes s'appellent entre eux *señor y caballero* [1]. »

---

1. Ford. *Handbook for Travellers in Spain, etc.*, § XVII, 52.

§ 407. C'est par pure forme que nous rappellerons, ce qui n'aurait pas besoin d'être dit, que nous retrouvons, à propos des titres, le même enseignement qu'à propos des autres institutions cérémonielles. L'usage de donner des titres chez les sauvages à la suite d'une victoire remportée sur l'animal ou sur l'homme, titre qui par son sens littéral ou métaphorique distingue l'individu par l'exploit accompli, cet usage tire son origine de la période militaire. Bien que les noms plus généraux de père, roi, ancien, et leurs dérivés formés plus tard, ne supposent directement rien de relatif à l'état militaire, ils s'y rattachent indirectement ; ce sont en effet des noms de chefs, sortis de la période militaire, qui remplissent habituellement des fonctions militaires, puisque dans les premiers temps les chefs politiques commandaient leurs sujets dans les combats. Il n'y a pas jusqu'aux titres anglais les plus familiers où l'on ne retrouve cette origine. *Esquire* et *Mister* viennent, l'un du nom du serviteur d'un chevalier, et l'autre du mot *magister*, qui veut dire ordinairement *chef*, d'abord chef militaire et plus tard, par évolution, chef civil.

De même que pour les autres institutions cérémonielles, la comparaison des sociétés de types différents nous fait apercevoir cette relation d'une autre façon. Burton nous fait remarquer qu'au Dahomey, où sévit un régime sanguinaire et despotique, « on ne peut guère dire qu'il existe des noms propres ; le nom change avec le rang de celui qui le porte. La liste des dignités, dit Burton, paraît interminable ; à l'exception des esclaves et de la canaille, les titres sont la règle et non l'exception, et la plupart d'entre eux sont héréditaires [1]. » De même dans les Etats despotiques de l'Orient.

1. Burton, *Mission*, etc., I, 52.

« En Birmanie, un homme perd son nom dès qu'il reçoit un titre exprimant un rang ou une fonction, et on ne l'entend plus prononcer [1]. » En Chine, « il y a douze ordres de noblesse qui ne sont conférés qu'aux membres de la maison ou de la famille impériale », outre « les cinq ordres anciens de noblesse [2]. » En Europe, nous trouvons d'autres preuves. Les voyageurs qui ont parcouru la Russie et l'Allemagne, pays où l'organisation sociale est adaptée à la guerre, signalent une « rage insensée de titres de tout genre » ; à ce point qu'en Russie « un commis d'un bureau de police est du dix-huitième grade et a droit au titre de *Votre Honneur* [3]. » En Allemagne, les noms de rang et ceux de fonction sont répandus à profusion : on tient à les recevoir, et on a bien soin de les donner en parlant et en écrivant. Au contraire, en Angleterre, où le type militant tend depuis longtemps à s'effacer, cette habitude a toujours été moins marquée ; à mesure que le régime industriel se développe et que l'organisation sociale subit des changements correspondants, l'usage des titres dans les relations du monde diminue.

Toutes les sociétés nous montrent, avec la même clarté, la vérité de cette relation. Les treize grades de l'armée de terre, et les quatorze grades de l'armée navale en Angleterre, prouvent que le caractère le plus saillant d'un appareil social exclusivement militaire, c'est le nombre et la spécificité des titres. Dans les classes qui détiennent le gouvernement, formées de descendants ou de représentants des hommes qui jadis commandaient les forces militaires,

---

1. Col. Yule, *Narrative of a Mission to Ava*, London, 1858, 194.
2. S. Wells Williams, *The Middle Kingdom*, etc., I, 317.
3. G. Aug. Sala, *Journey Due North, or Residence in Russia in* 1856, London, 1858, 252.

on conserve encore les hautes distinctions de rang ; les
autres titres, ecclésiastiques et judiciaires, appartiennent
aussi à l'organisation gouvernementale créée par le régime
militaire. Au contraire, les parties de la société occupées
de production et d'échanges, qui accomplissent l'œuvre
industrielle, ne portent guère, hormis dans certains cas
exceptionnels, que des titres qui, à force de descendre et
de s'étendre, ont presque perdu leur signification.

Il est donc incontestable que les titres, employés d'abord
pour rappeler les victoires de sauvages sur leurs ennemis,
se sont étendus, multipliés et différenciés, à mesure que
les conquêtes ont créé de grandes sociétés par consolidation et reconsolidation de petites ; enfin que, propres au
type social créé par la guerre habituelle, ils tendent à
tomber en désuétude et à perdre leur valeur dans la mesure où le type militaire fait place au type social propre
aux œuvres de la paix.

# CHAPITRE IX

## INSIGNES ET COSTUMES

§ 408. Notre étude d'interprétation nous ramène encore aux victoires remportées par l'homme sur ses semblables ou sur les animaux. Les insignes viennent des trophées avec lesquels, dans les premiers temps, ils se confondaient. Nous avons vu que les Chochones permettent à leurs guerriers de porter les pattes et les griffes d'un ours gris, « le suprême insigne de gloire » pour celui qui a tué l'animal : c'est le trophée considéré comme signe d'honneur. Après cela, on ne peut douter que les cornes de bison, qui décorent la tête d'un chef mandan, en signe de sa dignité, n'aient d'abord été portées à titre de trophée conquis dans les chasses où il se faisait gloire d'exceller. Cela fait supposer qu'un insigne tire son origine d'un trophée et peut expliquer les ornements de tête de certains personnages, divins et humains, chez les peuples de l'antiquité.

L'insigne-trophée que porte un guerrier qui a conquis le pouvoir par sa supériorité n'est d'abord qu'une distinction personnelle, produit naturel de la bravoure de l'individu;

par exemple, la peau de lion d'Hercule donnera naissance à un insigne de famille, lequel deviendra un insigne de fonction, si les descendants de ce guerrier la conservent. Il est donc naturel que chez le peuple d'Ukimi « on prépare la peau (d'un lion) pour le costume du sultan, puisque personne n'oserait s'en revêtir [1] »; qu' « un manteau fait d'une peau de léopard soit un insigne qui marque le rang chez les Zoulous »; enfin que dans l'Uganda certains serviteurs du roi portent « des peaux de léopard roulées autour de la taille pour marquer qu'ils appartiennent au sang royal [2].

Naturellement, si la peau ou d'autres parties de bêtes tuées à la chasse deviennent des insignes, des parties d'hommes tués à la guerre le deviennent aussi. « Les Chichimèques nettoient les têtes de leurs ennemis vaincus et en placent la peau sur leur propre tête avec toute la chevelure et la portent comme un signe de courage jusqu'à ce qu'elle tombe en pièces [3]. » On voit par là que la chevelure, preuve de la victoire remportée par le guerrier, sert à attester son honneur. Pareillement, nous pouvons voir l'origine d'un nouveau genre d'insigne, dériver d'un nouveau genre de trophée, dans un usage des naturels du Yucatan : ils arrachaient, nous dit Landa, « après la victoire, la mâchoire de leur ennemi mort; ils la dépouillaient de sa chair et la portaient ensuite sur le bras [4]. » Nous ne rencontrons pas, il est vrai, de preuve évidente que des mâchoires deviennent des insignes; mais nous avons de bonnes raisons de penser que des ornements représentants des mâchoires le deviennent.

Après la guerre contre les Achantis, peuple qui a l'habi-

1. Grant, *A Walk across Africa*, 92.
2. Speke, *Journal of the Discovery*, etc., 290.
3. *Churchill's collection of Voyages*, London, 1744, IV, 513.
4. Landa, *Relation des choses de Yucatan*, § XXIX.

tude d'enlever les mâchoires pour en faire des trophées, on a rapporté en Angleterre de petits modèles de mâchoires d'or employés comme bijoux. Les faits que nous venons de citer donnent à penser que ces objets ne sont devenus des ornements qu'après avoir été des insignes portés par ceux qui avaient réellement pris ces mâchoires sur le corps de leurs ennemis.

§ 409. Les vaincus devaient quelquefois sacrifier des parties de leur corps qui devenaient des trophées pour le vainqueur ; mais en tout cas ils perdaient invariablement leurs armes, qui devenaient aussi des trophées. Cela se passait ainsi chez les Grecs ; et nous voyons apporter aux pieds de Charlemagne les épées des chefs vaincus. Enfin, si l'on portait à titre d'insigne des parties du corps de l'ennemi vaincu, animal ou homme, nous devons nous attendre à voir aussi les vainqueurs porter comme insignes les armes des vaincus. Nous avons la preuve indirecte, sinon directe, que les épées passent de l'état de trophée à celui d'insigne. Au Japon, « le signe constant du rang roule sur le port du sabre. Les rangs supérieurs portent deux sabres, le rang qui suit, un seul.... Le port du sabre est interdit absolument aux ordres inférieurs [1]. » Assurément, ce n'est pas pour rien que l'on a adopté un usage aussi incommode que celui de porter un sabre inutile ; on peut donc en conclure que l'homme à deux sabres, comme on l'appelle, était dans le principe un homme qui portait, outre son propre sabre, un sabre conquis sur un ennemi ; dans ce cas, ce qui n'est aujourd'hui qu'un insigne aurait été jadis un trophée. Pour ceux mêmes qui ne portent pas les deux sabres, l'arme

---

1. Mrs Busk, *Manners and Customs of the Japanese*, London, 1841, 21.

est encore un insigne : le vaincu a été désarmé; le sabre
du vainqueur marque qu'il est un maître et le distingue
du vaincu, qui ne porte point d'arme. Aussi, dans certains
pays, l'épée est-elle un symbole du pouvoir ; c'est pour cela
que jadis l'une des formes de l'investiture des princes consistait, dans bien des cas, dans l'usage de les ceindre d'une
épée. C'est ce qui fait aussi de l'épée un emblème de l'autorité judiciaire. Signe de la puissance et du rang, l'épée
est une marque distinctive qui a tendu, comme toutes les
autres, à s'étendre vers les rangs inférieurs; par exemple,
c'est dans ces derniers temps seulement au Japon, que les
hommes désarmés ont acquis sous main le privilège de
porter le sabre ; et en France il y a deux siècles on édictait
des peines contre le port illicite de l'épée.

La lance mieux que l'épée révèle l'origine de l'insigne.
En effet, si l'épée en devenant un insigne conserve sa forme
primitive, la lance en devenant un insigne perd en partie
l'aspect d'une arme. Dans son état primitif, avant toute
transformation, la lance sert de marque d'autorité chez les
divers peuples à demi civilisés. Dans son voyage à Madagascar, M. Ellis a remarqué que dans beaucoup de parties
de cette île « le chef portait d'ordinaire une lance ou un
bâton, ou les deux [1]. » Speke nous apprend que « dans le
palais d'Uganda il n'est permis à personne de porter des
armes d'aucune espèce;.... mais le roi porte d'ordinaire
une paire de lances [2]. » Ces deux armes nous rappellent,
comme les deux épées, l'idée d'un trophée. Au Japon, les
nobles « ont le droit, en vertu de leur rang, de faire porter
devant eux une lance quand ils marchent en cérémonie. »
Ewald tire de certains passages du premier livre de Samuel

1. Rev. W. Ellis, *Three Visits to Madagascar*, London, 1858, 178.
2 Speke, *Journal of the Discovery*, etc., 375.

(XVIII, 10, et XXVI, 12 et 22) la conclusion que la javeline
était un symbole d'autorité chez les Hébreux. Nous connaissons un fait encore plus significatif. Pausanias parle d'une
lance ou épieu qu'on adorait de son temps comme le sceptre
de Zeus. L'histoire de l'Europe primitive nous fournit d'autres preuves. « La lance était le signe du pouvoir royal chez
les Francs, dit Waits, et, lorsque Gontran adopta Childebert son neveu, il lui mit une lance dans la main, et lui
dit : Voici le signe que je t'ai donné tout mon royaume. »
Considérez la forme de l'ornement terminal du sceptre, et
vous ne douterez plus que cet attribut du pouvoir ne
soit un simple épieu modifié, un épieu qui, ne servant
plus comme arme, a perdu ce qui le rendait propre à servir
d'instrument de destruction, tandis qu'il s'est enrichi d'or et
de pierres précieuses. Ce n'est que peu à peu que le sceptre
a perdu son caractère d'arme ; un fait nous le prouve. Le
prélat, qui sacra Othon en 937, prononça en effet ces
paroles : « Ce sceptre vous servira à châtier paternellement
vos sujets. » Dès lors, nous pouvons supposer que, après que
la lance portée par le chef suprême eût été transformée
en sceptre, les lances portées par les subordonnés du chef,
symbole de l'autorité déléguée qu'ils exerçaient, se sont
changées peu à peu en insignes de fonction, bâtons de commandement, baguettes de magistrats, etc. Il y a d'autres
faits que l'on peut citer à l'appui de notre conclusion, à
savoir que les marques du pouvoir officiel, sont des transformations des armes ou des trophées portés par l'homme
de guerre. Chez les Araucaniens, « l'insigne distinctif du
Toqui ( chef suprême) est une espèce de hache d'armes de
porphyre ou de marbre. » Speke nous fait le portrait du
gouverneur général d'une province d'Uganda. « L'insigne de sa charge, dit-il, est une hachette de fer à incrusta-

tions de cuivre et à manche d'ivoire. » La France du moyen
âge nous fournit deux faits où nous voyons d'autres parties
des armes d'un guerrier devenir des insignes. L'écu, que
le chevalier portait d'ordinaire comme arme défensive,
resta cher à la noblesse, même après qu'il eût cessé d'être
utile, parce que c'était une marque distinctive, nous dit
Quicherat; il en fut de même des éperons, qui d'abord
n'étaient que des attributs des chevaliers, mais qui finirent
par devenir des attributs honorifiques et dont l'usage
s'étendit aux évêques et même au bas clergé.

§ 410. Un autre symbole d'autorité, le drapeau ou enseigne, semble avoir une origine analogue; le drapeau est
aussi une lance modifiée et développée.

Nous en trouvons la preuve dans certains usages des
Péruviens. « Ils avaient une lance ornée de plumes de
diverses couleurs depuis la pointe jusqu'à la douille, et
fixées par des cercles d'or. Cette enseigne servait de bannière en temps de guerre[1]. » Cela donne à penser que les
accessoires de la lance ont d'abord été employés comme
ornements, et qu'ils ont fourni incidemment un moyen de
reconnaissance grâce auquel on pût se rallier autour
du chef. Ajoutons que, d'après M. Markham, l'érection
d'une lance portant une bannière paraissait servir de
signe à la présence du roi, fait qui vérifie l'induction que
la lance était devenue, par une association d'idées, l'insigne
du pouvoir politique et qui fait aussi comprendre comment
le développement de l'ornement décoratif qu'on y ajoutait
a donné naissance à la bannière.

A mesure qu'un certain nombre de petites sociétés se

---

1. Garcilaso de la Vega.

fondent par la conquête pour former des sociétés plus grandes, fusion qui s'accompagne du développement de l'organisation militaire, le besoin se fait sentir de distinguer non seulement le chef d'une tribu d'avec ses guerriers, mais aussi les tribus entre elles; c'est ce que l'on voit chez les peuples peu civilisés ou à demi civilisés. Durant les guerres qui sévissaient aux îles Sandwich, les rangs des chefs avaient pour insigne des manteaux de plumes, de grandeurs et de couleurs différentes [1]. Chez les Fidjiens, chaque troupe « combat sous son propre drapeau », et « les drapeaux se distinguent les uns des autres par des marques [2]. » Lorsque l'armée des Chibchas se réunissait, « chaque cacique, chaque tribu arborait sur ses tentes des enseignes différentes; on se servait pour cela des manteaux par lesquels ces tribus se distinguaient entre elles. » Enfin « les Mexicains mettaient beaucoup de soins à distinguer les personnes par des insignes différents, surtout à la guerre [3]. » Ajoutons que « l'enseigne héraldique de l'empire mexicain représentait un aigle fondant sur un tigre, » ce qui rappelle les noms d'animaux portés par les rois, et nous avons la preuve que, jusqu'à un certain point dans certains cas, les marques distinctives inscrites sur les drapeaux des chefs représentaient leurs noms; ce qui reporte notre pensée sur les exploits à la guerre et à la chasse qui sont l'origine de ces noms. Ce qui fait supposer que les devises inscrites sur les drapeaux avaient cette signification dans les premiers temps (naturellement il n'en était pas ainsi chez les peuples dont les terres, comme celles des îles Sandwich ou Fidji, ne nourrissaient pas de bêtes féroces), c'est qu'aujourd'hui même encore

1. Rev. W. Ellis, *Tour through Hawaŭ*, 126.
2. *United States Exploring Expedition*, III, 79.
3. Clavigero.

on voit sur des drapeaux et des étendards des figures d'animaux de proie, mammifères et oiseaux, dont les illustres
guerriers des temps primitifs avaient l'habitude de prendre
les noms. Si ces figures d'animaux sont devenues peu à peu
des accessoires, c'est évidemment que la couleur, grâce à
laquelle un drapeau peut être vu de loin, a pris peu à peu
le premier rôle.

§ 411. On admet aujourd'hui que les insignes héraldiques
dérivent des insignes de tribus ou totems. Nous avons
la preuve directe que les noms de tribus, tirés dans tant de
parties du monde de noms d'animaux, et souvent associés à
des croyances d'après lesquelles les animaux éponymes
étaient les ancêtres véritables, ont servi quelquefois d'origine aux insignes de tribus. Chez les Thlinkits, dit Bancroft,
« la nation se divise en groupes ou clans ; l'un s'appelle le
Loup et l'autre le Corbeau. Sur leurs maisons, leurs
bateaux, leurs vêtements, leurs boucliers, partout enfin où
ils trouvent une place libre, ils y peignent ou gravent leurs
blasons, devises héraldiques représentant la bête fauve ou
l'oiseau symbole du clan [1]. » Avec de tels faits à l'appui,
nous ne pouvons raisonnablement pas nous dispenser d'accepter l'hypothèse que les devises héraldiques, primitivement en usage chez les nations civilisées, ont une origine
analogue. En Chine, « les mandarins lettrés portent sur leurs
habits des oiseaux brodés en or, comme marque de leur
rang ; les mandarins de l'armée portent des images d'animaux, tels que le dragon, le lion, le tigre [2] ; » c'est « à ces
marques d'honneur que le peuple reconnaît le rang occupé
par ces officiers dans les neuf degrés de la hiérarchie de

1. Bancroft, *The native Races*, I, 109.
2. Du Halde.

l'Etat. » Comment ne pas tirer de là la conclusion que l'usage de figures d'animaux comme symboles, si différent qu'il soit devenu de l'usage primitif, a eu pour origine celui auquel la tribu devait son nom et par suite ses insignes? Nous savons aussi que dans les premiers temps de l'histoire de l'Europe on portait sur les vêtements des cottes d'armes blasonnées de la même manière, de même que l'on étalait de diverses manières les signes héraldiques : ce qui nous oblige d'attribuer la même origine aux blasons de famille que nous voyons de nos jours peints sur des panneaux de voitures, ciselés sur les pièces d'orfévrerie ou gravés sur des sceaux.

§ 412. Les usages des nations civilisées nous empêchent d'apercevoir du premier coup que les hommes n'étaient pas primitivement portés à se vêtir soit pour se tenir chaud, soit par une idée de décence. Speke raconte que les Africains de sa suite se revêtaient avec orgueil de leurs manteaux de peau de chèvre quand le temps était beau, et qu'ils les ôtaient quand il venait à pleuvoir, demeurant nus et grelottants. Heuglin nous apprend que « chez les Schilouks les hommes vont tout nus; le sultan lui-même et son vizir ne portent une espèce de chemise bariolée que durant les audiences officielles et dans certaines occasions solennelles [1]. Ces faits nous montrent que le costume, comme l'insigne, n'a d'abord été pour l'homme qu'un moyen d'exciter l'admiration.

Nous avons déjà cité des faits touchant les Indiens d'Amérique, qui portent comme marques d'honneur les peaux de terribles animaux tués par eux; nous y voyons que l'insigne

---

1. Heuglin, *Reise in das Gebietdes Weissen Nil*, Leipzig, et Heidelberg, 1869, 92.

et le costume ont une origine commune, et que le costume
est, au moins dans certains cas, le produit d'un développement de l'insigne. Voici la preuve qu'il en a été ainsi chez
les races primitives d'Europe. « La couverture de la tête et
de la partie supérieure du corps, disent Guhl et Koner,
destinée à les protéger contre le mauvais temps et contre
les armes de l'ennemi, consistait d'abord en peaux d'animaux sauvages. Par là, le trophée du chasseur devenait
l'arme défensive du guerrier... On observait le même
usage chez les nations germaniques, et il semble que les
Romains l'aient adopté pour leurs porte-étendards et leurs
trompettes, ainsi que l'attestent les monuments de la période
impériale. » On peut donc en conclure que le caractère honorable de l'insigne et du costume dérive simultanément
du caractère honorable du trophée. Rien ne prouve directement que la possession d'un vêtement de peaux passe à
l'état d'un signe distinctif de classe ; cependant, comme les
peaux des animaux effrayants deviennent souvent des décorations distinctives des chefs, il paraît probable que les
peaux, d'une manière générale, ont servi de distinction à la
classe dominante lorsqu'il y avait une classe servile. On
peut même ajouter que, dans une société primitive, cette
différence ne peut manquer de se produire entre les deux
groupes d'hommes dont les uns, adonnés à la chasse
quand ils ne sont pas occupés à la guerre, peuvent conquérir des vêtements de peaux, tandis que les autres, esclaves, sont privés, par leurs occupations mêmes, des
moyens de les acquérir. C'est peut-être de là que provient
l'interdiction faite au moyen âge en Europe aux classes inférieures de porter des fourrures.

Indépendamment de ces faits, on peut admettre que
l'usage de porter des vêtements est devenu un signe dis-

tinctif de classe, puisque le prisonnier dépouillé de ses vêtements par le vainqueur, et par suite l'esclave, sont réduits
à aller tout nus. Dans certains cas, on observe des résultats
exagérés de cette différence. Lorsque les inférieurs portent
des vêtements, les supérieurs s'en distinguent en en portant davantage. Au récit de Cook, chez les naturels des îles
Sandwich, la quantité de vêtements est un signe de la position sociale; il en était de même chez les naturels des îles
Tonga. Ce voyageur rapporte même qu'à Tahiti les classes
supérieures font reconnaître leur rang en portant une
grande quantité de vêtements aux dépens de leur propre
commodité. On rencontre un usage analogue en Afrique.
D'après Laird, « dans toutes les grandes occasions, le roi de
Fundah et les hommes de sa suite ont l'habitude de se
bourrer les vêtements de ouate, jusqu'à se donner un
volume ridicule [1]. » Il y a un usage semblable chez les
Arabes. Dans le Kasim, il est de mode de porter plusieurs
chemises : « on en met une seconde sur la première et une
troisième sur la seconde [2]. » Il est à peine besoin de dire
qu'il s'établit en même temps des différences dans la
forme et dans la qualité des vêtements respectifs des classes
gouvernantes et des gouvernées. Evidemment le costume
incomplet dont s'habille l'esclave doit se distinguer, par la
forme aussi bien que par la quantité d'étoffe, d'avec le costume complet du maître; évidemment encore, le costume
qu'on lui permet de porter en qualité d'esclave doit être
relativement grossier. Mais, outre les distinctions qui marquent les rangs aux époques primitives, il doit se former
plus tard de nouvelles distinctions. Comme les guerres

1. Macgregor Laird and Oldfield, *Expedition into Interior of Africa, by
the Niger*, London, 1837, I, 202.
2. Palgrave, *Narrative of a Year's Journey through Central and Eastern
Arabia*, London, 1865, 153.

entre les petites sociétés aboutissent de temps en temps à l'asservissement de certaines d'entre elles, il doit arriver que, lorsque le costume de la classe gouvernante de la nation conquérante diffère de celui de la classe gouvernante de la nation conquise, il devient le privilège distinctif de la classe gouvernante supérieure, nouvellement instituée. Nous avons la preuve que des différences de ce genre ont pris naissance par suite de l'extension de la domination romaine. Les habitants de la Gaule qui étaient inscrits comme citoyens romains portaient le costume romain, et constituaient un ordre privilégié. « Les Gallo-Romains, incomparablement plus nombreux.... étaient obligés de s'habiller autrement[1]; » tandis que les hommes libres se distinguaient des esclaves, et ceux-ci des colons par leurs manteaux.

Naturellement, les distinctions de rang finissent par se trouver marquées par la couleur des vêtements aussi bien que par leur quantité, leur qualité et leur forme. Les étoffes grossières en usage dans la classe servile doivent naturellement se distinguer par ces couleurs sombres qui sont celles des matières premières employées ; c'est ce qui arrivait à Rome, où « les pauvres gens, les esclaves et les affranchis portaient des habits de couleur brune ou noire, naturelle à la laine[2]. » En conséquence, les couleurs brillantes servaient d'ordinaire à distinguer les habits des classes gouvernantes, qui pouvaient faire la dépense de couleurs coûteuses. On trouve des exemples du même fait dans beaucoup de pays. A Madagascar, « le souverain seul a le droit de porter un costume tout écarlate[3]. » Dans le royaume de Siam, « le prince et tous ceux qui l'accom-

---

1. Quicherat, *Histoire des costumes en France*, 25-31, 57-63.
2. Guhl et Koner.
3. Ellis, *History of Madagascar*, I, 273.

pagnent à la guerre ou à la chasse sont vêtus de rouge[1]. »
Le pontife mongol, « le Kututuchtu et ses lamas sont tous
vêtus de jaune ; nul laïc n'a le droit de porter cette couleur,
à l'exception du prince[1]. » En Chine aussi, le jaune est la
couleur impériale, dont l'usage est réservé à l'empereur et
à sa famille. Chez les Chinois, les autres couleurs, le cra-
moisi, le vert, etc., sont le signe du rang des personnages
importants ; des ceintures et des chapeaux de couleurs brillantes marquent les rangs. En Europe, à la fin de l'empire romain, l'usage des couleurs écarlate et violette, ainsi
que de la pourpre était le privilège des classes les plus
riches ; la pourpre, finit même par devenir la couleur distinctive de l'empereur, quand son autorité suprême fut
définitivement reconnue. Chez des peuples plus modernes,
des causes analogues ont produit des distinctions semblables. En France, au moyen âge, les princes seuls portaient
des vêtements d'écarlate, couleur la plus coûteuse, ainsi
que les chevaliers et les dames du plus haut rang. « Les
lois prescrivaient que personne ne devait porter la pourpre,
signe d'un rang élevé, que les nobles. » Arteveld, chef des
Gantois révoltés, dit Froissart, « portait des vêtements
couleur de sang ou écarlates, comme le duc de Brabant et
le comte de Hainaut. »

Sans doute, en même temps que le gouvernement cérémoniel se développe (ce qui se fait parallèlement à l'élaboration de la structure politique), des différences de quantité, de qualité, de forme et de couleur s'unissent pour
produire les vêtements distinctifs des classes. Cela se voit
le mieux dans les pays où le gouvernement est le plus despotique : en Chine par exemple, où il existe « entre le plus

---

1. La Loubère, *Du royaume de Siam*, 1687, 1, 75.

haut mandarin ou premier ministre, et l'officier de police le plus inférieur, neuf classes, toutes distinguées par un costume particulier[1] ; » au Japon, où les dignitaires qui accompagnent le Mikado « sont vêtus d'après une mode particulière… et se distinguent par de si grandes différences dans leur costume, que cela suffit pour faire aisément reconnaître le rang auquel ils appartiennent, ou la charge qu'ils remplissent à la cour[2]. » Enfin, dans les pays de l'Europe, à l'époque où florissait le gouvernement absolu, chaque classe avait un costume distinctif.

§ 413. Les causes qui ont donné naissance aux insignes et aux costumes, et qui en ont favorisé le développement, ont produit les mêmes effets pour les ornements : ceux-ci ont, à vrai dire, les mêmes origines.

Pour voir comment les trophées insignes deviennent des ornements, on n'a qu'à rapprocher de certains faits, rapportés au commencement de ce chapitre, d'autres faits que nous allons citer. Au Guatémala, les Indiens, quand ils veulent célébrer les victoires du temps passé par des danses guerrières, « se couvrent de peaux et portent sur leur tête des têtes d'animaux. » Chez les Chibchas, les personnages d'un rang élevé « portaient des casques fabriqués ordinairement avec la peau d'animaux féroces[3]. » Bornons-nous à rappeler ce que nous avons déjà dit, que, dans l'Europe primitive, les guerriers se couvraient les épaules et la tête des dépouilles d'animaux sauvages (s'arrangeant pour ramener au-dessus de leur propre tête la peau de celle de l'animal),

1. Sir G. Staunton, *Account of Lord Macartney's Embassy to China*, London, 1797, 244.
2. Kœmpfer, *History of Japan*. Universal Library, ed. 43.
3. Piedrahita, *Historia del nuevo regno de Granada*.

et ajoutons le portrait que Plutarque nous fait des Cim-
bres, dont les casques représentaient des têtes de bêtes
sauvages. Nous en conclurons que les ornements des casques de métal ont été à l'origine des imitations des trophées du chasseur. A l'appui de cette conclusion viennent
les faits déjà cités et d'autres que nous avons réservés.
Les Achantis, qui, nous l'avons vu, font des trophées de
mâchoires humaines, se servent également de véritables
mâchoires et de mâchoires d'or pour des usages décora-
tifs : avec les mâchoires vraies, ils ornent leurs instruments de musique, et portent sur eux-mêmes les imitations
en métal de ces mâchoires [1]. On trouve un usage analogue
chez les Malgaches. Ils portent des ornements d'argent ressemblant à des dents de crocodiles, signe non douteux que
les dents d'argent sont les remplaçants de dents vraies,
jadis portées comme trophée [2].

Nous avons d'autant moins de raisons d'en douter que
nous voyons, dans la plupart des pays, les ornements des
personnes, faits de reliques petites et durables des hommes
et des animaux vaincus. Chez les Caraïbes, les Toupis, les
Moxos, les Achantis, les dents d'homme servent à faire des
bracelets et des colliers. Ailleurs on se sert pour le même
usage de dents de bêtes féroces, surtout des plus terribles.
Les colliers, chez les Dayaks de l'intérieur, sont formés de
dents de tigre. Les naturels de la Nouvelle-Guinée parent
leur cou, leurs bras et leurs ceintures de dents de sanglier. Ceux des îles Sandwich se font des bracelets de défenses polies de sanglier, et des anneaux de jambes avec des
dents de chiens. Chez les Dacotahs, on porte « une espèce
de collier fait de griffes d'ours blancs de trois pouces de

1. J. Dupuis, *Journal of a Residence in Ashantee*, London, 1824, 71.
2. Ellis, *History of Madagascar*, I, 283.

long [1]. » Chez les Koukis, « un ornement d'un usage commun pour les hommes est un bracelet formé de deux défenses de sanglier attachées ensemble pour former un anneau. » Au nombre des objets qu'un Dayak porte pendus à son oreille, Boyle cite « deux défenses de sanglier et une dent d'alligator [2] ». Une jeune captive de la Nouvelle-Zélande, exprimant dans ses lamentations le genre de vie qu'elle mènerait dans son pays, dit ces paroles : « La dent du requin se balancerait à mon oreille [3]. » Sans doute des petits objets de couleurs et de formes attrayantes serviront naturellement au sauvage qui veut orner sa personne ; mais son orgueil, qui se complaît à étaler les preuves de sa vaillance, le portera à tirer parti de ses trophées s'il en possède, de préférence à toute autre chose. Le motif pour lequel les Mandans garnissent leurs robes de peau de buffle, « d'une frange de chevelures [4] ; » pour lequel un chef Naga orne son collier de « mèches de cheveux de ses victimes [5] ; » et le Hottentot orne sa tête des vessies des bêtes sauvages qu'il a tuées [6], d'après ce que Kolben rapporte ; ce motif a inévitablement pour effet de transformer des trophées en ornements toutes les fois que la chose est possible. J'en trouve à l'instant même une preuve directe. Chez les Indiens Serpents, disent Lewis et Clarke, « le collier le plus estimé, parce qu'il est le plus honorable, est formé de griffes d'ours bruns. Tuer un de ces animaux est un exploit aussi illustre que de mettre à mort un ennemi, et en réalité, avec leurs armes, c'est pour les sauvages une épreuve bien plus péril-

---

1. Lewis and Clarke, *Travels*, etc., 44.
2. F. Boyle, *Adventures among the Dyaks of Borneo*. London, 1865, 95.
3. Dr A. S. Thompson, *The Story of New Zealand Past and Present, Savage and Civilised*, London 1859, I, 164.
4. Catlin, *Letters*, etc., I, 100.
5. *Journal of the Asiatic Society of Bengal*, VIII, 464.
6. P. Kolben, *Present State of Cape of Good Hope*, I, 198.

leuse du courage. On suspend ces griffes à une courroie
de cuir ornée de grains de chapelet ; les guerriers le portent autour du cou avec orgueil[1]. » D'autres faits concourent à donner l'idée qu'un grand nombre d'objets,
employés comme ornements, étaient d'abord destinés à
remplacer des trophées avec lesquels ils avaient quelque
ressemblance. Les naturels du Congo, nous dit Tuckey,
font leurs colliers, leurs bracelets, etc., d'anneaux de fer
et de cuivre, de dents de lion, de coquilles, de graines de
plantes[2]. Cela nous donne à penser que les dents de lion
soutiennent, avec les coquilles et les graines, le même rapport que les diamants avec le strass.

De faits où l'ornement est un vrai trophée, ou la représentation d'un trophée, nous passons à d'autres faits où
il tient ouvertement la place d'un trophée. Il est d'usage
chez les Chibchas, d'après Acosta, que les plus forts et les
plus braves de leurs guerriers aient « les lèvres, le nez et
les oreilles percés, et y suspendent des chaînes formées
de plumes d'or, en nombre égal à celui des ennemis qu'ils
ont tués à la guerre[3]. » Il est probable que ces ornements
d'or, autrefois images de vrais trophées, ont perdu ce qui
les y faisait ressembler.

Si telle est l'origine de ces ornements, ils deviennent distinctifs de la classe des guerriers, et il est interdit aux inférieurs d'en faire usage. On retrouve ces prohibitions dans
divers pays. Chez les Chibchas, « il est défendu aux gens du
commun de faire usage de peintures, d'habits ornés de
décorations et de joyaux. » De même, au Pérou, « nul individu appartenant aux classes inférieures ne pouvait se

1. Lewis and Clarke, *Travels*, etc., 153.
2. Tuckey, *Narrative of an Expedition*, etc., 362.
3. Acosta, *Historia natural y moral*, etc., 219.

servir d'or ou d'argent sans une permission spéciale. »
Sans rapporter un grand nombre de faits empruntés à
des pays plus voisins, il suffira de dire qu'en France, au
moyen âge, l'usage de bijoux et d'orfèvrerie étaient le
signe d'un rang élevé, interdit aux gens au-dessous de ce
rang.

Naturellement, les décorations, d'abord trophées réels,
ensuite représentations de trophées faites de matériaux
précieux, enfin, cessant de ressembler aux trophées, pour
n'être plus que des marques d'honneur données à de braves
guerriers par leurs chefs militaires (ainsi que dans la
Rome impériale, où l'on accordait par décret des bracelets),
les décorations ne peuvent manquer de passer d'une uniformité relative à une multiformité relative. A mesure que
la société devient plus compliquée, des ordres de divers
genres prennent naissance : étoiles, croix, médailles, etc.
Ces ordres sont pour la plupart, sinon tous, issus de la
guerre. Dans les pays même où une organisation militaire,
fixée dans des formes rigides, se perpétue après que la vie
a cessé d'être militaire, on trouve des décorations usitées
pour marquer des rangs d'un autre genre. En Chine, par
exemple, des boutons de couleur différente servent à distinguer les divers grades de mandarins.

Toutefois il ne faut pas croire que je veuille expliquer
tous les cas de cette manière. J'ai déjà reconnu que le sens
esthétique rudimentaire qui donne au sauvage le goût de
peindre son corps, joue sans doute un rôle dans le penchant qui le porte à se servir pour ornements d'objets at-
trayants. On peut encore invoquer deux autres causes.
Cook nous apprend que les naturels de la Nouvelle-Zélande
suspendaient à leurs oreilles les ongles et les dents de leurs
parents morts; enfin des reliques beaucoup plus volumi-

neuses, dont on voit chez certains peuples les veuves et d'autres femmes se charger, peuvent aussi quelquefois se changer en ornements. Il semble même que les insignes de l'esclavage subissent une transformation analogue. L'usage de porter un anneau passé dans le nez, qui d'après les sculptures assyriennes paraissait servir à conduire les captifs pris à la guerre, usage distinctif de ceux des prêtres, par exemple, qui entraient au service de certains dieux dans l'ancienne Amérique, et qui existe encore de nos jours à Astrakan comme signe de consécration [1], c'est-à-dire d'assujettissement, cet usage paraît avoir perdu ailleurs sa signification, et ne s'être plus conservé qu'à titre d'ornement. Dans ce cas, le changement est analogue à celui qui s'est produit pour les signes faits sur la peau (§ 364).

§ 414. Nous ne pouvons pas dire que le désir d'obtenir des faveurs, cause de l'extension de l'usage des cadeaux et des salutations, des formules de compliments ainsi que des titres, ait été cause aussi de l'extension de l'usage des insignes, des costumes et des décorations. Il est à supposer que dans ce cas ce sont plutôt les rangs inférieurs qui ont cherché à s'élever en prenant les marques distinctives des rangs supérieurs et que, devenus redoutables, on le leur a permis pour se les concilier.

Nous avons déjà remarqué en passant que certains insignes de rang, tels que l'épée et les éperons, sont, en dépit même d'interdictions légales, devenus le privilège des rangs inférieurs. On peut prouver aussi qu'il en a été de même des vêtements et des ornements. Il en était ainsi à Rome. « Tous ces insignes, écrit Mommsen, appartenaient proba-

1. Bell, *Travels from Saint-Petersbourg to Asia*, 431,.

blement dans le principe à la noblesse proprement dite,
c'est-à-dire aux agnats des magistrats curules ; cependant,
comme il arrive pour ces sortes de décorations, l'usage
s'en étendit à un cercle plus étendu. » Ensuite, comme
exemple, il montre que la toge bordée de pourpre, primitivement insigne du rang le plus élevé, était déjà devenue
à l'époque de la seconde guerre punique d'un usage commun
« à tous les fils d'affranchis ; » et que la bulle d'or, insigne
du triomphateur, n'était plus, à la même date, « qu'un ornement réservé aux enfants des sénateurs. » Il en a été de
même des bagues à sceaux. « Dans l'origine, les ambassadeurs en mission chez des nations étrangères avaient seuls
le droit de porter des anneaux d'or... ; plus tard, les sénateurs et les autres magistrats du même rang, et bientôt
après les chevaliers obtinrent le *jus annuli aurei*. Après la
guerre civile,... on empiéta fréquemment sur ce privilège.
Les premiers empereurs s'efforcèrent de faire revivre l'ancienne loi ; mais, comme beaucoup de leurs affranchis
avaient acquis le droit de porter des anneaux d'or, la distinction perdit sa valeur. Après Adrien, l'anneau d'or cessa
d'être un signe de rang. »

Les lois somptuaires des époques récentes prouvent aussi
que les distinctions marquées par les vêtements se sont
effacées peu à peu ; en France, au moyen âge, par exemple.
Bornons-nous à rappeler que dans les premiers temps de
cette période historique il était défendu aux gens au-dessous
d'un certain rang de porter de la soie et du velours ; que
sous Philippe-Auguste des règlements fixaient la longueur
des pointes des souliers à la poulaine à six, douze et vingt-
quatre pouces, suivant la position sociale ; enfin qu'au
XVIIe siècle, à la cour de France, les rangs des dames étaient
marqués par la longueur de leur robe à queue. Il suffira,

pour faire comprendre les sentiments et les actions qui
sont des causes et des obstacles pour ces changements, de
renvoyer aux plaintes des moralistes du XIV$^e$ et du XV$^e$ siècle,
qui déploraient que l'extravagance de la toilette « eût con-
fondu tous les rangs », et d'ajouter qu'au XVI$^e$ siècle on
envoyait en prison les femmes par vingtaines, parce qu'elles
avaient porté des vêtements semblables à ceux des femmes
d'un rang supérieur.

L'usage par tout le monde des costumes qui servaient de
distinction aux positions élevées, et la désuétude, encore
incomplète, de ceux qui marquaient l'infériorité, vont très
loin parmi nous ; on le voit dans toutes les maisons. D'une
part, les cuisinières et les femmes de chambre portent des
robes à la mode ; d'autre part, le bonnet de mousseline,
dont les maîtresses de maison se servaient autrefois comme
d'un signe distinctif de classe, et qui couvrait leurs cheveux, a fini, à force de subir des diminutions, par ne plus
être représenté que par un petit morceau d'étoffe piqué
sur le derrière de la tête : excellent exemple des changements insensibles qui viennent modifier les usages.

§ 415. Avant de résumer ce chapitre, il faut faire remarquer que s'il n'existe pas, en ce qui concerne ces éléments du
cérémonial, de nombreuses analogies entre la règle du ciel
et celle de la terre, il en existe pourtant. Le symbole de la
souveraineté, le sceptre dérivé originairement d'une arme,
la lance, se retrouve dans l'un et dans l'autre ; voilà un
premier exemple ; la boule portée dans la main en est un
second. En outre, dans des pays aussi éloignés l'un de
l'autre que la Polynésie et l'ancienne Italie, nous constatons l'identité du costume porté par les potentats divins et
humains, conséquence naturelle de la genèse de ces divini-

tés par le culte des ancêtres. Ellis raconte que les Tahitiens célébraient une grande fête religieuse au couronnement de leur roi. Pendant les cérémonies, le roi portait la ceinture sacrée faite de plumes rouges, insigne qui le confondait avec les dieux [1]. Dans la Rome antique, dit Mommsen, les rois « portaient le même costume que le dieu suprême ; le char royal même dans la ville où tout le monde allait à pied, le sceptre d'ivoire surmonté de l'aigle, le visage peint de vermillon, la couronne de feuilles de chêne en or, étaient des insignes du dieu aussi bien que du roi romain. »

On peut voir, dans la genèse des insignes et des costumes, aussi nettement que dans les cas précédents, comment le gouvernement cérémoniel naît et reçoit ces développements de l'état militaire. Les insignes que l'on peut faire remonter aux trophées ramassées sur les corps d'animaux ou d'hommes en sont une preuve concluante ; les insignes ou symboles de l'autorité, qui étaient primitivement des armes enlevées aux vaincus, nous le démontrent aussi. Quand on voit qu'un vêtement formé à l'origine de la peau d'un animal sauvage a aussi dans le début une signification qui fait songer à des honneurs analogues ; quand on voit aussi que la dépouille du vaincu, le vêtement, trophée de chasse ou de guerre, devient, par cela seul qu'il est porté ou interdit, la marque distinctive du vainqueur et du vaincu ; enfin quand on découvre que, dans les périodes subséquentes, les distinctions de costumes qui viennent s'ajouter aux premières, sont mises en usage par les membres des sociétés conquérantes, lesquels sont vêtus autrement que les classes supérieures et inférieures des sociétés conquises ; on a la preuve que depuis le commencement

---

1. Ellis, *Polynesian Researches*, II, 354.

tous ces signes apparents de supériorité ou d'infériorité sont des effets de la guerre. Une fois que nous avons vu comment la guerre a produit incidemment l'usage des insignes et des costumes, nous comprenons comment il en est résulté qu'on a reconnu ouvertement la relation qui les unit avec le succès à la guerre, et comment pour cette raison ils sont devenus des marques d'honneur. Les sociétés militaires de l'ancienne Amérique nous offrent des exemples de cette relation directe. Au Mexique, le roi ne pouvait porter son costume complet avant d'avoir fait un prisonnier de guerre[1]. Au Pérou, « ceux des vassaux qui avaient le plus contribué à subjuguer les autres Indiens.... avaient le droit de porter les mêmes insignes que l'Inca[2]. » Ce qui nous fait voir comment le costume, primitivement signe de supériorité militaire, est devenu plus tard un signe de supériorité politique ou de la puissance politique qui en était la conséquence, c'est qu'à Rome autrefois « les généraux victorieux portaient, dans la cérémonie du triomphe, la *toga picta* et la *toga palmata,* la dernière ainsi nommée parce qu'elle était ornée d'une broderie de branches de palmier ; à l'époque impériale, les consuls entrant en charge, les préteurs dans la *pompa circencis,* et les tribuns du peuple aux Augustales, portaient les mêmes vêtements[3]. A l'appui de ces preuves directes, l'on peut apporter les preuves indirectes qui résultent de la comparaison de sociétés de types différents et de différentes époques de l'histoire de la même société. En Chine et au Japon, où l'organisation politique développée dans l'antiquité par la guerre, a acquis une rigidité qui lui a permis de vivre dans l'immobilité jus-

1. Torquemada, *Monarquia Indiana,* liv. XIV, ch. 4.
2. Garcilaso de la Vega, liv. I, chap. 213.
3. Guhl et Koner, 480.

qu'aux temps modernes, nous voyons persister indéfiniment
les mêmes insignes et les mêmes costumes de classe. Chez
les nations européennes, celles qui ont conservé le type
militaire, sont aussi celles où l'on voit dominer l'usage des
décorations et des costumes particuliers bien plus que celles
qui ont passé relativement au type industriel. En Russie,
dit le marquis de Custine, « on regarderait comme autant
d'anomalies un costume qui ne marquerait pas le rang de
l'homme qui le porte, et un homme dont toute la valeur
serait l'effet de son mérite personnel. » A un dîner où le
docteur Moritz Wagner assistait, « il vit les poitrines de
trente-cinq convives appartenant à l'armée étincelantes de
plus de deux cents étoiles ou croix. Plusieurs uniformes
de généraux portaient plus d'ordres que de boutons. » Ce
fait, qui étonne un Allemand en Russie, étonne pareillement un Anglais en Allemagne. « Je ne crois pas, remarque le capitaine Spencer, qu'aucun homme en Europe soit
plus avide de titres et de décorations que les Allemands, et
plus particulièrement les Autrichiens [1]. » Il suffit de se
rappeler la différence du spectacle que l'on voit dans les
rues sur le continent et en Angleterre, à cause de la rareté
des costumes officiels, militaires et civils dans ce dernier
pays, pour reporter son esprit sur une nouvelle différence d'une nature analogue. En effet, en Angleterre, chez
les personnes qui n'appartiennent pas au monde officiel,
il reste très peu de vestiges des distinctions de classes
dans le costume, qui existaient, au contraire, très marquées partout dans le passé qui appartenait davantage à
la période militaire. La blouse de l'ouvrier français le
caractérise bien plus que le costume, relativement plus

---

1. Cap. Spencer, *Germany and the Germans*, II, 176.

varié, de l'ouvrier anglais, ne peut le faire; enfin la servante française est bien plus facile à reconnaître à son bonnet et à sa robe que la servante anglaise. En même temps que ces distinctions visibles subissaient un efface-ment plus considérable en Angleterre qu'ailleurs, il en est d'autres qui se sont effacées davantage. Les costumes officiels que l'on portait constamment autrefois sont tombés peu à peu en désuétude chez les peuples où le militarisme a faibli, et ne sont plus guère portés qu'au moment même de l'accomplissement de la fonction officielle. En Angle-terre, ce changement, plus marqué qu'ailleurs, s'est étendu à ce point que les officiers de l'armée et de la marine ne portent le *mufti* qu'en service.

Cependant les preuves les plus frappantes sont celles que nous tirons des différences générales qui séparent dans une société les classes gouvernantes d'avec les gouvernées. Nous voyons que les individus qui appartiennent à l'organisation régulative, créée par le régime militaire, se distinguent de ceux qui forment l'organisation subordonnée, laquelle est d'origine industrielle, parce que les signes visibles des rangs sont en honneur chez les premiers. La partie propre-ment militaire de cette organisation régulative se distingue encore plus que tout le reste par des costumes et des insi-gnes apparents, multiples et définis, propres à ses nom-breuses divisions et aux rangs nombreux qui composent ces divisions. Tous ces faits sont des preuves évidentes que le régime militaire a engendré toutes ces marques d'infériorité et de supériorité.

# CHAPITRE X

## AUTRES DISTINCTIONS DE CLASSES

§ 416. Les chapitres précédents nous ont permis de voir de quelle manière sortent, d'usages primitifs cérémoniels, d'autres usages qui, à la longue, perdent les signes les plus visibles de leur origine. Il nous reste à indiquer des groupes d'usages indirectement dérivés, qui s'écartent encore plus des usages primitifs.

Dans le combat, il est important de mettre de son côté le secours de la pesanteur; aussi s'attache-t-on à prendre une position qui domine l'ennemi. Par contre, le combattant renversé ne saurait plus résister sans avoir à lutter en même temps contre son propre poids et contre la force de son adversaire. Aussi l'idée d'être dessous se trouve-t-elle si habituellement associée avec celle de la défaite, que cette relation (exprimée littéralement par les mots supérieur et inférieur) est devenue un élément dominant du système des cérémonies. L'idée d'une élévation relative, comme distinguant la position des chefs de celle des subordonnés, se retrouve dans toutes les parties du langage; par exemple, nous disons les classes supérieures et inférieures, et nous appelons subalternes ou subordonnés les officiers

d'un rang moins élevé. Cette idée pénètre partout dans les
usages sociaux. Dans l'Orient, où le cérémonial est si développé, la tendance qui porte à rattacher un rang élevé à
l'honorabilité, tendance qui chez nous, autrefois, se révélait
dans l'usage de réserver aux personnes de marque une
place sur l'estrade et de laisser le reste de la salle aux gens
du commun, cette tendance a donné naissance à diverses
réglementations rigides. Dans le Lombock, dit Wallace.
« le siège le plus élevé est la place. d'honneur et la marque du rang. Les règles sont en cela si inflexibles que le
rajah de Lombock, ayant fait venir une voiture anglaise,
se trouva dans l'impossibilité de s'en servir, parce que le
siège du cocher était le plus élevé de tous. Il fallut garder
cette voiture en montre dans la remise[1]. » Pareillement, en
Birmanie, d'après Yule, « le signe d'une dégradation profonde, c'est d'avoir quelqu'un logé à l'étage au-dessus.....
C'est pour cette raison aussi, à ce que l'on pense, que les
rois d'Ava ont toujours fait peu d'usage des voitures qui
leur avaient été envoyées comme présent[2]. » De même aussi,
à Siam, ainsi que Bowring le remarque, « nul homme de
rang inférieur n'ose lever la tête au niveau de celle de son
supérieur; personne ne traverse un pont lorsqu'il y a lieu
de croire qu'au même moment quelqu'un d'un rang supérieur passe au-dessous; nul individu du commun ne pourrait marcher sur un plancher au-dessus de la tête de gens
plus nobles que lui[3]. » Enfin cette idée que l'élévation relative est un signe essentiel d'un rang supérieur, est le principe, ainsi que nous allons le voir, de divers genres de
règlements somptuaires.

1. A. R. Wallace, *The Malay Archipelago*, London, 1869, I, 344.
2. Col. H. Yule, *Narrative of Mission to Ava*, London, 1858, 163.
3. Sir John Bowring, *The Kingdom and People of Siam*, 125.

D'autres distinctions de classes dérivées sont des conséquences de différences dans la richesse, conséquences
elles-mêmes de différences dans la puissance. Depuis le
point de départ où le maître et l'esclave sont effectivement
l'un le vainqueur, l'autre son prisonnier, l'état de maître
s'est toujours trouvé accompagné de l'abondance des ressources, et l'état d'esclave a eu pour signe la pauvreté.
Aussi, partout où le type militaire d'organisation sociale
prédomine, richesse veut dire victoire, et suprématie politique acquise par la victoire. Il est vrai que certaines
sociétés primitives font exception à la règle. Chez les Dacotahs, « les chefs civils et les chefs militaires se distinguent
du reste de la tribu par leur pauvreté. Ils sont généralement
plus mal vêtus que les autres [1]. » Il en est de même chez les
Abipones, dont les coutumes nous fournissent l'explication
de cette exception. Un « cacique remarquable par ses « habits
vieux et râpés » se fait un devoir de les garder, parce que,
s'il s'était mis à en porter « de neufs et de beaux..... la première personne qu'il aurait rencontrée lui aurait crié hardiment : donne-les-moi,..... et que, s'il ne s'était pas hâté
de la satisfaire, il serait devenu pour tous un objet de risée
et de mépris, et se serait entendu appeler avare et ladre [2]. »
Mais, à part ces rares exceptions, les signes de la richesse
sont tenus pour des marques d'honneur, même chez les
peuples primitifs. Chez les Michmis, le crâne d'un animal
qui a orné la table, demeure suspendu dans la salle de
l'hôte, comme un souvenir;..... et à la mort de l'hôte la
collection entière de ces trophées desséchés par la fumée,
amassée durant de longues années, est empilée sur son tom-

---

1. Schoolcraft, *Information respecting the History of the Indian Tribes
of the United States*, IV, 69.
2. Dobrizhoffer, *Account of the Abipones*, II, 106.

beau comme un monument de ses richesses et un signe de
son rang [1]. » On retrouve en Afrique un usage pareil. « Les
Bambaras, dit Caillié, suspendent en dehors de leur hutte
les têtes de tous les animaux qu'ils mangent ; on y voit une
marque de grandeur [2]. » Enfin, sur la Côte d'Or, « l'homme
le plus riche est le plus honoré sans aucun égard pour la
noblesse [3]. » Naturellement, l'habitude d'honorer la richesse,
qui prend naissance dans ces temps primitifs, subsiste aux
époques subséquentes, et les signes de la richesse deviennent
des distinctions de classe, non sans donner naissance à
diverses prohibitions cérémonielles.

A la lumière de ces deux idées principales dont nous venons
de donner brièvement des exemples, nous allons suivre la
genèse de divers usages curieux.

§ 417. Dans les régions tropicales, l'irritation produite
par les piqûres de mouches est une des principales misères
de la vie ; aussi certaines habitudes, répugnantes selon nous,
proviennent des efforts que l'on fait pour y porter remède.
Faute de mieux, les races inférieures se couvrent le corps
d'une couche de saleté, comme d'un bouclier contre ces
insectes ennemis. De là vient peut-être, entre autres motifs,
l'idée de se peindre la peau. « Les Indiens barbares de
Guatémala, dit Juarros..... se peignent toujours en noir,
plutôt pour se défendre contre les moustiques que pour se
parer [4]. » Cet usage nous fait comprendre que, lorsque la
couleur employée est belle et coûteuse, elle sert de signe à
la richesse. Il est honorable d'en consommer beaucoup.
Dans l'île Tanna, « certains chefs pour marquer leur rang, se

1. *Journal of the Asiatic Society of Bengal*, V, 195.
2. Caillié, *Travels, etc.*, I, 377.
3. W. Bosman, *Description of the Cost of Guinea*, Lond., 1721, 112.
4. Juarros, *Histoire statistique et commerciale du Guatemala*, 194.

passent une couche de plus de couleur (du rouge sur la face), et se font un enduit aussi épais que s'il était d'argile[1]. » Du moment que l'usage d'un enduit protecteur sur la peau distingue l'homme puissant qui possède beaucoup, d'avec ses sujets qui possèdent peu, il donne lieu à une cérémonie, symbole de la suprématie. « Les Mexicains, dit D. Duran, oignaient tout le corps de Vitziliuitl, le roi élu, avec du bitume qui servait à oindre la statue de leur dieu Vitzilopochtli. » Selon Herrera, qui appelle d'un autre nom la matière employée, « ils couronnaient et oignaient Vitzilocutli avec un onguent qu'ils appelaient divin, parce qu'ils s'en servaient pour leur idole[2]. »

D'autres peuples, pour se protéger la peau, recourent à des huiles et à des corps gras, au lieu de terres, de peintures et de substances bitumineuses. Nous avons la preuve que l'usage de ces substances employées en grande quantité et de qualité supérieure sert de signe à la richesse et par conséquent au rang ; et, à la lumière des faits que nous venons de citer, nous pouvons prévoir que certaines cérémonies en sont dérivées, dont l'accomplissement fait reconnaître un pouvoir supérieur. L'Afrique nous fournit deux faits qui viennent à l'appui de cette conclusion. « Plus un Hottentot est riche, dit Kolben, plus il emploie de graisse et de beurre pour oindre son corps et celui des membres de sa famille. C'est en cela surtout que le riche se distingue du pauvre..... La richesse, la magnificence et l'élégance des gens se mesurent à la quantité et à la finesse du beurre ou de la graisse qu'ils passent sur leur corps et sur leurs vête-

1. Turner, *Nineteen Years*, etc., 77.
2. Duran, *Historia de las Indias de Nueva Espagna*, Mexico, 1867, I, 77.
3. Herrera, *Histoire générale*, etc., III, 198.

ments[1]. » Enfin, d'après Wilkinson, « les Égyptiens aussi bien que les Juifs marquaient l'investiture d'une fonction sacrée, telle que celle du roi ou de prêtre, par ce signe extérieur, l'onction. Le législateur juif parle de la cérémonie de verser de l'huile sur la tête du grand-prêtre après qu'il a revêtu entièrement ses habits, et qu'il s'est coiffé de la mitre et de la couronne; les Égyptiens, de leur côté, représentent leurs prêtres et leurs rois recevant l'onction après avoir revêtu leurs ornements et la tête couverte de leur chapeau et de leur couronne..... Ils oignaient aussi les statues de leurs dieux, et ils accomplissaient cette cérémonie avec le petit doigt de la main droite. La coutume de pratiquer l'onction était le signe ordinaire de la bienvenue pour les hôtes dans toutes les parties de la maison d'un ami..... On y faisait même participer les morts, comme s'ils pouvaient sentir le témoignage d'estime qu'on leur donnait ainsi[2]. » Puisque chez certains peuples barbares l'abondance et la finesse de la graisse employée pour protéger la peau est un signe de richesse et par conséquent de rang, puisqu'à cette preuve nous pouvons en ajouter une autre, la croyance que l'onction était pour les Égyptiens un acte de propitiation aussi bien pour les dieux que pour les rois, les morts et les hôtes ordinaires; enfin quand nous nous rappelons que l'huile qui servit à oindre le Christ était précieuse, nous pouvons conclure avec raison que la cérémonie de l'onction par laquelle on solennisait l'investiture de la souveraineté, servait, dans l'origine, de signe à la richesse, c'est-à-dire à la puissance.

1. Kolben, *Present State of the Cape*, etc., I, 50.
2. Wilkinson, *The Manners and Customs of the Ancient Egyptians*, V, 279.

§ 418. L'idée d'élévation relative et celle de richesse relative semblent avoir un point commun, en ce qu'elles donneraient naissance à certaines règles constructives , caractéristiques de distinctions de classes. Une demeure élevée signifie en même temps que son propriétaire peut faire étalage de ses richesses et prendre une position qui en domine d'autres. Aussi, en certains endroits, des règlements déterminent-ils les hauteurs auxquelles les divers rangs de la société peuvent construire. Dans l'ancien Mexique, sous les lois de Montézuma, « personne ne pouvait bâtir une maison à plusieurs étages, si ce n'est les grands seigneurs et les braves capitaines, sous peine de mort[1]. » Il existe, de nos jours, au Dahomey une loi analogue. Lorsque le roi veut honorer un de ses sujets, « il lui donne une permission formelle de bâtir une maison à deux étages[2]. » — « Le palais et les portes de la ville sont élevés sur six marches; les chefs ont quatre marches hautes ou cinq basses, et les autres, trois ou autant que le roi le veut[3]. » Il existe au Japon des lois prohibitives du même genre. « Les lois somptuaires y déterminent la hauteur de la façade et même le nombre des fenêtres[4]. » Il en est encore de même en Birmanie. « Le style d'une maison, dit Yule, et surtout celui du toit, approprié à chaque rang, semble obéir à une règle ou à une prescription inviolable[5]. » D'après Sangermano, « la mort seule (en Birmanie) peut expier le crime de donner à une maison la forme qui n'appartient pas à la dignité de son maître ou de la peindre en blanc, couleur dont les membres de la famille royale seuls peuvent se

1. Clavigero, liv. VIII, ch. 20.
2. Arch. Dalzel, *History of Dahomey*, 98.
3. R.-F. Burton, *Mission*, I, 217.
4. Steinmetz, *Japan, etc.*, 53.
5. Col. Yule, *Mission to Ava*, 139.

servir. » Syme cite des prohibitions encore plus détaillées. « Le Piasath, le clocher royal, est l'ornement distinctif des demeures du monarque et des temples de la divinité; personne n'en peut avoir..... Il n'y a à Pégou ou à Rangoun aucun bâtiment de briques que ceux qui appartiennent au roi ou qui sont dédiés au dieu Sandarna..... Il est défendu à tous les sujets de l'empire birman de dorer leurs maisons. Un très petit nombre même jouit de la liberté de laquer et de peindre les piliers de leurs demeures[1]. »

§ 419. A côté des lois qui interdisent aux gens des rangs inférieurs de posséder des maisons plus élevées et d'un style plus orné qui donne naturellement l'idée de la richesse, cet accompagnement du pouvoir, il existe des prohibitions qui interdisent aux gens du commun l'usage de divers moyens de combat, que possède l'homme noble et influent. Parmi ces moyens, il faut citer en première ligne les facilités artificielles de locomotion.

Un dessin d'un livre africain de voyage qui nous représente le Dr Obbo en route, assis sur les épaules d'un serviteur, nous fait voir dans sa forme primitive le lien qui unit l'usage de se faire porter par d'autres hommes et l'exercice du pouvoir sur autrui. Le palanquin ou tout véhicule équivalent, en tant que signe de l'autorité, est, en bien des endroits, interdit aux personnes de rang inférieur. Chez les anciens Chibchas, « la loi ne donnait à personne le droit de se faire porter en litière sur les épaules de ses serviteurs, si ce n'est au Bogota et à ceux auxquels celui-ci accordait le même privilège. » Avant l'année 1821,

---

1. Syme, *Account of Embassy to Kingdom of Ava*, I, 112, 218.

personne à Madagascar « n'avait le droit de voyager dans la
chaise du pays ou palanquin, à l'exception de la famille
royale, des juges et des premiers officiers de l'Etat[1]. » En
Europe même, il y a eu des prohibitions qui limitaient
l'usage de ces chaises. Chez les Romains, « les sénateurs
et les matrones avaient seuls le droit de s'en servir à la
ville[2]; » et en France autrefois l'usage de la chaise à porteurs était interdit au-dessous d'un certain rang. Dans
certains lieux, l'*état* social de la personne qui se fait porter
se révèle dans les accessoires plus ou moins coûteux dont
on l'entoure. Kœmpfer dit que, au Japon, « la grosseur et la
longueur des bâtons des chaises à porteurs se trouvent
déterminées par les lois politiques de l'empire, d'après la
qualité de chacun...... Il y a deux, quatre, huit porteurs,
suivant le rang de la personne assise dans la chaise[3]. » Il
en est de même en Chine. « Les plus hauts fonctionnaires
ont huit porteurs; les autres, quatre; et les plus inférieurs,
deux : ces distinctions et tous les autres détails sont réglés
par les lois[4]. » On voit de même ailleurs des règlements
analogues déterminer l'usage des moyens de locomotion
sur l'eau. En Turquie, « la grosseur du bateau d'un fonctionnaire marque le rang qu'il occupe dans la hiérarchie[5], »
et, dans le royaume de Siam, « l'élévation et les ornements
de la cabine (à l'intérieur du bateau) désignent le rang ou
les fonctions de l'occupant[6] ».

De même que la possession de porteurs, qui, dans les
premiers temps, étaient des esclaves, donne l'idée aussi
bien de la domination que de la richesse, ce qui est tou-

---

1. Ellis, *History of Madagascar*, I, 283.
2. Guhl et Koner, 513.
3. Kœmpfer, *Histoire du Japon*, 70.
4. S. W. Williams, *The middle Kingdom*, I, 404.
5. White, *Three Years in Constantinople*, I, 43.
6. Sir John Bowring, *The Kingdom and the People of Siam*, 117.

jours un signe du rang dans les sociétés du type militant,
de même aussi la possession de serviteurs portant des
parasols ou d'autres moyens de se protéger contre le soleil.
De là les prohibitions qui en interdisent l'usage aux inférieurs. Ces prohibitions se retrouvent aux périodes relativement anciennes. Aux îles Fidji (Somo-Somo), le roi
seul et les deux grands prêtres, ses favoris, peuvent se
servir d'abris contre le soleil. Au Congo, les membres de
la famille royale peuvent seuls faire usage d'un parasol ou
se faire porter sur une natte [1]. Les monuments sculptés des
peuples éteints de l'Orient font supposer que ces peuples
connaissaient les distinctions de classes. Chez les Assyriens, « les officiers, intimement attachés à la personne du
monarque, étaient classés d'après leurs fonctions. A la
guerre, le roi avait auprès de lui le conducteur de son char,
un ou plusieurs porteurs de boucliers, son valet, son porteur de carquois, son porteur de massue et quelquefois
son porteur de parasol. En temps de paix, le porteur
de parasol est toujours auprès de lui, excepté à la chasse,
où il cède la place au porte-éventail. » Dans certaines
régions voisines, les mêmes signes de distinction sont
demeurés en usage jusqu'à nos jours. « Depuis l'Inde
jusqu'à l'Abyssinie, dit Burton, le parasol est le signe de la
royauté. »

Encore plus à l'est, ce symbole d'une dignité produit
en se multipliant l'idée d'une dignité supérieure. Dans le
Siam, au couronnement du roi, « un page s'avance et offre
au roi le parasol à sept étages, le *savetraxat* ou symbole
primitif de la royauté [2]. » Lorsque l'empereur de la Chine
sort de son palais, vingt hommes, portant de grands parasols

---

1. Bastian, *Afrikanische Reisen, Bremen*, 1859, 57.
2. Bowring, *The Kingdom*, etc., I, 425.

et vingt autres portant des ombrelles, l'accompagnent [1].
En d'autres lieux, les parasols ne sont pas le privilège
exclusif des rois, d'autres en peuvent faire usage, mais
avec des différences ; à Java, par exemple, la coutume prescrit l'usage de six couleurs pour les parasols, correspondant aux six rangs de la société [2]. Evidemment, il y a une
parenté très étroite entre le parasol qui donne de l'ombre,
et le dais qui en donne également ; aussi le droit de s'en
servir est-il une distinction de classe. L'ancienne Amérique
nous en offrait un excellent exemple. A Utlatlan, le roi s'asseyait sous quatre dais, l'*élu* sous trois, le capitaine en chef
sous deux, et le capitaine en second sous un seul [3]. Ceci
nous rappelle que le dais, forme agrandie du parasol,
ayant quatre supports, sert en Orient, comme en Europe,
dans les cérémonies d'exaltation du chef divin et du chef
humain : ici, il est porté par des serviteurs au-dessus de la
tête des rois et fixé d'une façon permanente sur les chariots
qui servent à promener les idoles ; là, on l'emploie également dans les processions civiles et dans les processions
ecclésiastiques pour projeter de l'ombre, dans les premières sur le monarque, dans les secondes sur le Saint-
Sacrement.

Naturellement, à côté des règlements qui confèrent aux
rangs supérieurs le privilège exclusif des avantages les plus
coûteux, existent d'autres règlements qui interdisent aux
inférieurs la possession d'avantages moins coûteux. Par
exemple, aux îles Fidji, il est interdit aux gens du commun
de coucher sur les nattes de la plus belle fabrication. Au
Dahomey, l'usage du hamac est une prérogative royale dont

1. Gutzlaff, *China opened*, II, 278.
2. Sir S. Raffles, *History of Java*, London, 1817, I, 312.
3. Torquemada, *Monarquia Indiana*, Madrid, 1723, liv. XI, ch. 1.

le privilège est accordé aux blancs seuls [1]. « Nous apprîmes,
dit Bowring, que chez les Siamois l'usage de ces sortes de
coussins (plus ou moins ornés, suivant le rang) était
interdit au peuple [2]. » Enfin nous savons par Bastian que,
chez les Ioloffs, l'usage du moustiquaire est une prérogative royale [3].

§ 420. Parmi les lois somptuaires, celles qui règlent l'usage
des aliments sont tellement anciennes qu'on peut en suivre
l'existence même dans les temps les plus reculés, aux époques mêmes où les usages n'ont pas encore pris la forme des
lois. Elles vont avec les usages qui prescrivent la subordination des jeunes aux vieux et des femmes aux hommes. Chez
les Tasmaniens, dit Bonwick, « les vieux ont la meilleure
nourriture; » et Sturt nous apprend que, « chez les naturels
de l'Australie, les vieillards ont seuls le privilège de manger
l'*émeu*. Ce serait un crime pour un jeune homme que d'en
manger. » Les femmes des Khonds, dit Macpherson, « n'ont
jamais, pour une raison inconnue, la permission de manger
de la chair de cochon [4]. » A Taïti, « les hommes pouvaient
manger de la chair de cochon et de la volaille, divers poissons, des noix de coco, des bananes et tout ce que l'on
offrait aux dieux, tandis que les femmes ne pouvaient y toucher sous peine de mort [5]. » L'auteur du récit de l'exploration des *Etats-Unis* remarque que les femmes des îles Fidji
n'avaient jamais le droit d'entrer dans un temple, et il
ajoute « qu'elles n'avaient pas non plus celui de manger

---

1. Waitz, *Deutsche Verfassungsgeschichte*, Berlin, 1865, II, 87.
2. Bowring, *loc. cit.*, I, 116.
3. Bastian, *Afrikanisch Reisen*, 57.
4. Lieut. Macpherson, *Reports upon the Khonds of Ganjam and Cuttack*,
Calcutta, 1842, 56.
5. Ellis, *Polynesian Researches*, I, 221.

de la chair humaine, du moins en public [1]. » Entre autres prohibitions, en dehors de celles qui se rapportent à l'âge et au sexe, on peut citer en premier lieu celles qui règlent aux îles Fidji le droit de consommer de la chair humaine. « La masse du peuple, ainsi que les femmes de toutes les classes en sont privées par la coutume. Le cannibalisme est le privilège des chefs et des nobles [2]. » L'ancienne Amérique fournit des exemples d'autres prohibitions d'aliments. Chez les Chibchas, « on ne pouvait manger de la venaison que s'il l'on en avait reçu le privilège d'un cacique. » A San-Salvador, « autrefois personne ne pouvait boire du chocolat, que les premiers de la nation et les guerriers notables [3]; » au Pérou, « les rois (Incas) jouissaient du cacao comme d'une possession et d'un privilège royal [4]. » On pourrait encore ajouter à cette liste d'autres lois somptuaires alimentaires qui ont été jadis en vigueur en Europe.

§ 421. Il nous reste à parler de la plus curieuse d'entre les diverses distinctions de classes qui marque la supériorité du rang, parce qu'elle suppose la supériorité de la richesse. Je veux parler de certains caractères désagréables et quelquefois pénibles que doivent acquérir les hommes auxquels leur richesse permet de vivre sans travailler ou de s'adonner à certains genres d'excès sensuels.

Il est un groupe de ces distinctions de classes dont nous trouvons chez nous une trace légère dans l'orgueil d'avoir des mains délicates, preuve qu'on est affranchi

---

1. *United States Exploring Expedition*, cap. Wilkes, Philadelphia, 1845. III, 332.
2. Berthold Seeman, *Viti; An Account of a Mission to the Vitian or Fidjian Islands*, London, 1862, 179.
3. Herrera, IV, 119.
4. Acosta, *Historia natural*, etc., Sevilla, 1590, liv. IV, ch. 22.

du travail manuel; mais il en existe des exemples très accentués dans certaines sociétés relativement peu avancées. « Les chefs des îles de la Société se font gloire d'avoir des ongles longs à quelques-uns de leurs doigts ou à tous [1]. » Jackson nous apprend que « les rois et les prêtres Fidjiens portent les ongles des doigts longs », et qu'à Sumatra, « les personnes d'un rang supérieur font pousser leurs ongles, particulièrement ceux de l'indicateur et du petit doigt, d'une longueur extraordinaire [2]. » Tout le monde sait qu'un usage analogue provient en Chine d'une origine analogue; les ongles longs y ont, en partie, perdu leur signification, puisque les domestiques d'un rang élevé ont le droit d'en porter. Mais ce pays nous offre un exemple encore plus frappant d'une difformité physique, issue d'une cause semblable : c'est le pied comprimé des dames. Evidemment cette difformité est devenue le signe d'une distinction de classe, parce qu'il donne l'idée de l'incapacité de travailler, et de moyens suffisants pour acheter les services d'autres personnes. Citons encore, comme signe de rang élevé, c'est-à-dire comme signe de richesse, un embonpoint marqué et quelquefois excessif. Le commencement de cette distinction se retrouve aux périodes les plus anciennes, comme aussi chez certains peuples américains non civilisés. « Un Indien est *respectable* dans sa nation dans la mesure où sa femme et ses enfants paraissent gras et bien nourris : car c'est un signe qu'il est un chasseur hardi et heureux, et qu'il possède par conséquent de grandes richesses [3]. » De ces cas où le rapport entre la richesse sup-

---

1. Forster, *Observations during a Voyage round the World*, London, 1777, 271.
2. Erskine, *Journal of a Cruize*, etc., 430.
3. W. Marsden, *History of Sumatra*, 3º edit., London, 1811, 47.

posée et la puissance supposée se fait reconnaître directement, nous passons, dans le cours du développement social,
à d'autres cas où, au lieu de l'embompoint normal, signe
d'une nourriture suffisante, nous rencontrons une obésité
anormale, signe d'une alimentation superflue et par conséquent d'une richesse encore plus grande. En Chine, une
obésité prononcée est pour un mandarin un motif d'orgueil. Ellis nous apprend que l'embonpoint est une
marque de distinction chez les femmes de Tahiti [1]. Dans
toute l'Afrique les femmes grasses, et en certains endroits
celles qui le sont extrêmement, sont des objets d'admiration. A Karague, par exemple, le roi a « des femmes très
grasses [2], » et Speke a vu la belle-sœur du roi, femme
« d'une obésité monstrueuse, incapable de marcher autrement qu'à quatre pattes. » Dans ce pays, « le premier devoir
d'une femme élégante est de devenir grasse, et on doit l'y
contraindre même à coups de bâton. Il existe d'autres signes
de supériorité encore plus étranges, constitués par des
maladies qui proviennent de cette excessive satisfaction de
l'appétit que la richesse permet. Chez nous, même, il existe
une association d'idées provenant de cette cause. Un gentleman de la vieille école, apprenant qu'une personne d'une
naissance inférieure souffrait de la goutte, s'écriait :
« Au diable, l'animal; est-ce que le rhumatisme n'était pas
assez bon pour lui? » Cette anecdote met en lumière l'idée
encore régnante que la goutte est une maladie de gentil-
homme, parce qu'elle vient de la bonne chère, c'est-à-dire
de l'abondance qui marche d'ordinaire avec la supériorité
sociale. Après cet exemple, nous ne serons pas surpris
d'un autre fait observé en Polynésie. « L'usage de l'ava

---

1. Ellis, *Polynesiam Researches*, I, 173.
2. Speke, *Journal of the Discovery*, etc., 210, 241.

fait venir sur la peau une croûte blanchâtre que les Tahitiens païens considéraient comme un insigne de noblesse,
les gens du peuple n'ayant pas les moyens de s'adonner à
l'habitude qui la provoque [1]. » Mais, de toutes les marques
de dignité d'une origine analogue ou même d'une origine
quelconque, la plus étrange est celle qui, d'après Ximénès,
existait chez les anciens naturels de Guatémala. Le signe
d'une maladie qu'il vaut mieux ne pas nommer, à laquelle
les nobles étaient exposés à cause des habitudes que la
richesse leur permettait, était devenu chez les Guatémaliens
un signe « de grandeur et de majesté » ; on donnait même
le nom de cette maladie à la divinité [2].

§ 422. Nous n'avons pas besoin de longs développements
pour montrer comment ces nouvelles distinctions de classes,
encore qu'elles ne se rattachent pas directement comme les
précédentes à l'état social militaire, s'y rattachent néanmoins d'une manière indirecte, et comment elles s'effacent
à mesure que l'état social industriel se développe.

Les faits qui précèdent permettent de voir clairement que
ces distinctions de classes sont encore rigoureusement conservées dans les sociétés construites sur le type qu'impose la
continuité de la guerre, et qu'elles dominaient principalement durant la période belliqueuse de l'histoire des nations
les plus civilisées. Par contre, on voit que, à mesure que se
développe ce genre de richesse qui n'est point un signe du
rang social, le luxe et les habitudes dispendieuses gagnent
des couches de la société qui n'appartiennent point à l'organisation régulative ; la croissance de l'industrialisme a
pour effet d'abolir graduellement les signes distinctifs des

1. *Chamber's Encyclopædia* (S. V. Ava), Edinburgh, 1860.
2. Ximénès, *Las Historias del Origen de los Indios de Guatemala*, 157.

classes créées par le militarisme. Quelque forme qu'elles revêtent, toutes les règles supplémentaires qui interdisent à l'inférieur les usages et l'appareil permis aux supérieurs, appartiennent à un régime social basé sur une coopération forcée; tandis que la liberté illimitée que, chez les nations les plus avancées, les classes gouvernées ont d'imiter les habitudes et la dépense des classes gouvernantes, appartient au régime de la coopération volontaire.

# CHAPITRE XI

## MODES

§ 423. Ne rien dire de la mode quand on traite des institutions cérémonielles, c'est laisser une lacune au milieu de son sujet, et pourtant il est difficile de traiter de la mode d'un manière systématique. A travers les diverses formes de gouvernement social dont nous nous sommes occupés jusqu'ici, nous avons aperçu certains caractères communs que l'on peut faire remonter à la même origine, et nous avons pu en tirer des conclusions nettes. Mais les règles de conduite variées et toujours changeantes auxquelles s'applique également le nom de mode, ne sauraient recevoir des interprétations semblables : une explication uniforme ne suffit point pour en rendre compte.

Quand il s'agissait de mutilations, de présents, de visites, de salutations, de compliments, de titres, d'insignes et de costumes, ce que nous apercevions avant tout ce n'était point la ressemblance, mais la dissemblance entre les actes du supérieur et ceux de l'inférieur : ce que fait le souverain, le sujet ne le doit pas faire, et ce que le sujet a l'obligation de faire est cela même à quoi le souverain n'est point assujetti. Mais quand il s'agit des modifications de conduite, de costume, de genre de vie, etc., qui constituent la mode, ce qui nous frappe, ce n'est plus la dissemblance, mais la ressemblance. Pour témoigner du respect à ceux qui possèdent l'autorité, il faut suivre leur exemple et non s'en écarter. D'où vient cette opposition?

Voici, je pense, le motif qui l'explique. La mode est, de sa nature, imitative. L'imitation peut provenir de deux motifs profondément différents. Elle peut être suggérée par le respect inspiré par celui qu'on imite, ou bien par le désir d'affirmer qu'on est avec lui sur le pied d'égalité. Entre les imitations inspirées par ces motifs dissemblables, on ne saurait établir une ligne de démarcation nette; aussi est-il possible de passer de l'imitation respectueuse, qui marche avec une subordination profonde, à l'imitation de rivalité, caractère d'un état d'indépendance relative.

Avec cette idée pour guide, examinons comment les imitations respectueuses prennent naissance et comment s'opère la transition qui mène de celles-ci aux imitations compétitives.

§ 424. Quels sont, dans une société caractérisée par une soumission servile, les cas dans lesquels l'imitation du supérieur par l'inférieur est un moyen de gagner la faveur du premier? Quels sont les traits dont l'imitation est flatteuse pour lui? Ce sont uniquement ses défauts.

Parmi les usages des Fidjiens, ces sauvages chez lesquels les cérémonies exercent un empire si tyrannique, il en est un qui montre bien le motif et l'effet de l'imitation. « Un chef gravissait un jour un sentier de montagne suivi par une longue file de ses gens. Il vint à broncher et tomba; tous ses gens firent immédiatement la même chose, à l'exception d'un seul à qui tout le monde demanda à l'instant s'il croyait valoir mieux que son chef. » Williams nous raconte les efforts qu'il fit pour traverser un pont glissant formé par un tronc de cocotier. « Comme je commençais ma tentative, un naturel me dit avec beaucoup d'animation : Aujourd'hui j'aurai un fusil!... Je lui demandais pourquoi il parlait de fusil. Je suis certain, répondit-il, que vous tomberez en voulant passer le pont, et je tomberai après vous (il voulait dire qu'il se montrerait également maladroit), et comme le pont est haut, que l'eau est rapide, et que vous êtes un gentleman, vous ne voudriez pas faire moins que de me donner un fusil [1]. »

Il existe chez les naturels du Darfour, en Afrique, un usage analogue encore plus frappant. « Si le sultan vient à tomber de cheval, tous les gens de sa suite doivent tomber également, et s'il en est un qui omette cette formalité, quelque grand qu'il soit, on le jette à terre et on le bat. »

On trouve que ces exemples d'efforts destinés à plaire à un maître en évitant toute apparence de supériorité envers lui, sont moins difficiles à croire qu'on ne pourrait le penser, quand on remarque que, chez les peuples de l'Europe, il a existé des exemples sinon semblables, au moins analogues. En 1461, le duc Philippe de Bourgogne, ayant été obligé durant une maladie de se faire couper les cheveux, « prescrivit par un édit que tous les nobles de ses Etats se les feraient couper aussi. Plus de cinq cents personnes firent le sacrifice de leur chevelure [2]. » Cet exemple où nous voyons le souverain insister pour que ses sujets imitent son infirmité malgré eux, car un grand nombre désobéirent, conduit naturellement à un autre exemple, où cette fois

1. Williams and Calvert, *Fiji and the Fijians*, I, 39.
2. Quicherat, *Histoire du costume en France*, Paris, 1875, 298.

l'imitation fut volontaire. En France, en 1665, après que Louis XIV eut subi l'opération de la fistule, l'infirmité royale devint à la mode parmi ses courtisans. « Plusieurs de ceux qui la cachaient avec soin avant ce temps, n'ont plus eu honte de la rendre publique; il y a eu même des courtisans qui ont choisi Versailles pour se soumettre à cette opération, parce que le roi s'informait de toutes les circonstances de cette maladie..... J'en ai vu plus de trente qui voulaient qu'on leur fît l'opération, et dont la folie était si grande, qu'ils paraissaient fâchés lorsqu'on les assurait qu'il n'y avait point nécessité de la faire [1]. »

D'autres fois, c'est un roi qui adopte une modification du costume pour cacher une difformité (par exemple, qui s'enveloppe le cou d'une ample cravate, pour dissimuler des cicatrices d'écrouelles); ses courtisans l'imitent, et la mode s'en répand dans les rangs inférieurs de la société . Des faits de ce genre, s'ajoutant aux précédents, nous montrent comment le désir de gagner la faveur du souverain, qui donne naissance à la prétention de posséder une difformité semblable à celle du maître, peut donner lieu à une mode de l'habillement; et comment aussi l'approbation accordée à des imitations de ce genre peut s'étendre insensiblement à d'autres imitations.

§ 425. Ce n'est pas qu'une cause de ce genre produise d'elle-même un tel effet. Une cause nouvelle ajoute son action à celle de la première, et profite de la voie que celle-ci a ouverte. L'imitation par rivalité ou compétitive, allant toujours à la limite permise par l'autorité, fait tourner à son propre avantage toutes les chances que fait naître l'imitation par respect ou révérencielle.

1. Le Roy, *Journal de la santé de Louis XIV.*

L'imitation compétitive commence alors presque en même temps que l'imitation révérencielle. Il n'est pas rare que des membres de tribus sauvages se laissent entraîner par l'amour de l'approbation à des dépenses relativement plus exagérées que ne le font les civilisés. Il y a des nations barbares chez qui les dépenses en l'honneur des hôtes que l'on doit faire à l'occasion du mariage d'une fille, sont tellement coûteuses que la crainte d'avoir à les faire sert d'excuse au meurtre des enfants du sexe féminin : on évite ainsi la dépense ruineuse que l'éducation d'une fille causerait à la famille. Thomson et Angas sont d'accord dans le tableau qu'ils font de l'extravagance avec laquelle certains chefs de la Nouvelle-Zélande, pour obéir à la mode, donnent de grandes fêtes, qu'ils préparent par des approvisionnements un an à l'avance, au point de causer des famines : chacun d'eux se croyant tenu de surpasser ses voisins en prodigalité. Enfin le motif qui joue le rôle de cause au début de l'évolution sociale, et qui pousse les égaux à rivaliser les uns avec les autres par la dépense, ce motif ne cesse pas de pousser l'inférieur à rivaliser avec le supérieur autant qu'il le peut. Partout et toujours, l'inférieur a cherché à se faire valoir, et lutté pour franchir les limites qui lui étaient imposées ; or, la manière la plus générale de se faire valoir a consisté pour lui à adopter les costumes et l'apparat du supérieur. D'ordinaire, quelques personnes d'un rang subalterne parviennent pour une raison ou une autre à gagner le droit d'empiéter sur leurs supérieurs en imitant les usages du rang de ceux-ci ; et d'ordinaire les précédents d'imitation se multiplient de telle sorte qu'ils donnent aux membres des classes nombreuses la liberté de vivre et de s'habiller à la façon des membres des classes moins nombreuses.

Ce résultat s'est produit surtout dès que le rang et la

richesse ont cessé d'être des éléments coïncidants, c'est-à-
dire aussitôt que l'industrialisme a produit des hommes
assez riches pourr ivaliser par le luxe de leur existence avec
ceux d'un rang au-dessus d'eux. Grâce à la supériorité de
leurs ressources et aussi à la puissance plus grande qui en
est la conséquence; grâce encore à l'importance croissante
de l'assistance financière qu'ils peuvent prêter aux classes
gouvernantes dans les affaires publiques et privées, les
industriels ont vu décroître la résistance qui leur était opposée, quand ils essayaient d'adopter les usages jadis interdits à tous ceux qui n'étaient pas bien nés. Les prohibitions
des premiers temps éditées et rééditées par des lois somptuaires, ont peu à peu fléchi, jusqu'à ce que l'imitation des
supérieurs par les inférieurs, gagnant continuellement les
couches inférieures, n'ait plus rencontré d'autre barrière
que la raillerie et le ridicule.

§ 426. Si mêlés et confondus que le cérémonial et la
mode se présentent à nous, leur origine est réellement
différente, ainsi que leur signification. Le cérémonial est
propre au régime de la coopération obligatoire, et la mode
au régime de la coopération volontaire. Il y a là évidemment une différence essentielle et même une opposition de
nature entre la conduite imposée par la subordination des
petits aux grands et celle qui est l'effet de l'imitation des
grands par les petits.

Il est vrai que les règles de conduite que nous distin-
guons ici se fondent d'ordinaire dans le même ensemble
de règles sociales. Il est vrai que certaines formes cérémonielles finissent par n'être plus, pour ceux qui les accomplissent, que des éléments de la mode régnante, tandis que
certains éléments de la mode, comme l'ordre du service

dans un dîner, passent pour des usages d'ordre cérémoniel. Il est vrai aussi que le cérémonial et la mode ont une même sanction dans une opinion inexprimée qui paraît être la même pour l'un et l'autre. Mais, comme nous l'avons vu plus haut, c'est une illusion. Alors même que sous nos yeux un riche quaker se refuse à mettre des habits semblables à ceux que portent des gens de sa fortune, et qu'il ne veut pas ôter son chapeau devant un homme de rang supérieur, nous voyons dans ces actes de dissidence des actes de même nature; nous avons la preuve en effet qu'ils n'existaient pas durant ces époques anciennes où l'inférieur devait saluer le supérieur sous peine de s'exposer à certains châtiments, alors que, bien loin de pousser les inférieurs à imiter le costume de leurs supérieurs, on le leur défendait. La conduite du quaker brave deux autorités différentes, celle de la règle de la classe, qui prescrivait jadis ces salutations, et celle de l'opinion sociale, pour laquelle des actes de dissidence quant au costume impliquent une situation sociale inférieure.

Par conséquent, chose étrange, la mode, en tant que différente du cérémonial, est un fait appartenant au type industriel en tant qu'opposé au type militaire. Il suffit d'observer que, en faisant usage de fourchettes d'argent à sa table, le marchand au détail affirme son égalité avec le noble; ou, mieux encore, il suffit de remarquer comment la servante, en son jour de congé, se met sur le même pied que sa maîtresse en portant un bonnet à la dernière mode pour reconnaître que les règles de conduite dont l'ensemble s'appelle la mode, supposent l'accroissement de liberté qui marche avec le progrès du régime pacifique sur le régime guerrier.

Dans sa forme actuelle, la mode est dans le régime social

l'analogue du gouvernement constitutionnel dans le régime politique : on y voit un compromis entre la contrainte exercée par le gouvernement et la liberté individuelle. De même que, avec la transition qui mène de la coopération obligatoire à la coopération volontaire dans l'action publique, il y a eu un développement de l'appareil représentatif qui sert à exprimer la volonté moyenne; de même il s'est fait un développement de l'agrégat indéfini des gens riches et cultivés, dont les habitudes imposent par leur *consensus* des règles à la vie privée dans la société en général. Enfin il faut observer, dans un cas comme dans l'autre, que ce compromis toujours variable entre la contrainte et la liberté, a pour effet l'accroissement de la liberté. En effet, tandis qu'en somme l'autorité du gouvernement sur les actions de l'individu diminue, la mode perd de sa rigidité; on en voit un exemple dans la plus grande latitude avec laquelle le jugement privé se meut dans certaines limites vaguement tracées.

D'abord imitation des défauts, puis peu à peu imitation d'autres traits particuliers d'un supérieur, la mode a toujours tendu à produire l'égalité. Servant à rejeter dans l'ombre, et à la fin à effacer les marques des distinctions de classes, elle a favorisé le développement de l'individualité, et par cet effet elle a contribué à affaiblir le cérémonial qui suppose la subordination.

# CHAPITRE XII

§ 427. Nous trouvons donc que les règles de conduite ne sont pas des résultats de conventions délibérées, ainsi qu'on paraît le croire. Au contraire, ce sont des produits naturels de la vie sociale issus d'une évolution graduelle. Outre les preuves de détail que nous en avons, il y en a une preuve générale que nous trouvons dans la conformité de cette évolution avec l'évolution générale.

Dans les groupes primitifs d'hommes qui ne connaissent pas l'autorité d'un chef, les coutumes qui règlent la conduite ne forment qu'un ensemble de peu d'importance. Un petit nombre d'actions d'inspiration toute naturelle en face d'étrangers, dans certains cas des mutilations, enfin quelques prohibitions portant sur certains aliments réservés par privilège aux hommes adultes, voilà tout le code des usages. Mais, à mesure que ces sociétés s'unissent pour former des sociétés composées, ou doublement et triplement composées, s'accumulent une grande quantité de dispositions cérémonielles réglant toutes les actions de la vie; il se produit un accroissement de la masse des observances.

Simples à l'origine, ces observances deviennent complexes progressivement. La même racine donne naissance à divers genres de révérences. Les noms descriptifs des premiers temps se transforment en une foule de titres hiérarchisés. Les salutations primitives sont devenues avec le temps des formules de compliments adaptées aux personnes et aux circonstances. Les armes conquises à la guerre donnent naissance aux symboles d'autorité et subissent peu à peu des transformations très variées. En même temps certains trophées, donnant lieu par voie de différenciation à des insignes, à des costumes, à des décorations, aboutissent dans chacune de ces divisions à des variétés innombrables d'usages qui ne présentent plus aucune ressemblance avec les usages originaux. Enfin, outre l'hétérogénéité croissante qui se manifeste dans chaque société entre les produits issus d'une origine commune, il y a une autre hétérogénéité qui s'effectue entre cet agrégat de produits dans une société et les agrégats analogues dans d'autres sociétés.

En même temps les observances deviennent de plus en plus définies, et aboutissent, en Orient par exemple, à des formalités fixes dont tous les détails sont l'objet d'une ordonnance dont on ne peut s'écarter sans encourir des peines. Enfin, en divers endroits, l'immense ensemble de cérémonies complexes et définies qui sort de cette élaboration, se condense sous forme de codes cohérents formulés dans des livres.

Voilà donc un progrès bien établi en hétérogénéité, en précision et en cohérence.


§ 428. Lorsque nous observons l'unité originelle du cérémonial tel qu'il existe dans les hordes primitives, et que nous l'opposons à la diversité qu'il revêt dans les

sociétés avancées, sous ses formes politiques, religieuses
et sociales, il est aisé de reconnaître un autre point de vue
de cette transformation que subissent tous les produits de
l'évolution.

L'origine commune des formalités propitiatoires qui avec
le temps paraît ne plus avoir de lien de parenté, se trouve
indiquée dans notre premier volume par les analogies nombreuses qu'on observe entre les cérémonies religieuses et
les cérémonies accomplies en l'honneur des morts; les
chapitres précédents ont fait voir que les analogies entre
les cérémonies de ces deux genres et celles qu'on accomplit
en l'honneur des vivants, sont encore plus remarquables.
Nous avons vu déposer aux pieds des chefs, sur des tombeaux, dans des temples, et offrir même à des égaux, des
parties du corps humain enlevées comme trophées sur le
corps des vaincus; nous avons vu que les mutilations auxquelles cet usage donnait lieu deviennent des marques de
soumission envers les rois, les dieux, les parents morts, et
dans quelques cas les amis vivants. Nous trouvons d'abord
des présents, primitivement composés d'aliments, offerts
aux étrangers par des sauvages en vue de s'assurer leur
bienveillance; puis nous passons aux présents, composés
aussi primitivement d'aliments, offerts aux chefs; comme
pendant de ces présents, nous rencontrons les offrandes,
primitivement composées d'aliments, faites aux esprits et
aux dieux, offrandes qui deviennent par développement,
chez les peuples où le culte des ancêtres est en honneur,
des sacrifices où se révèlent des transformations analogues :
en Chine par exemple, où l'on dépose des repas de plusieurs mets aussi bien devant les tablettes dédiées aux
ancêtres, les hommes glorifiés par l'apothéose, et les grandes
divinités, et où l'on a coutume de dire que « tout ce qui

est bon à manger est bon à sacrifier. » On fait des visites aux tombeaux en signe de respect pour les esprits des morts ; aux temples pour y adorer les dieux que l'on suppose présents ; à la cour des souverains pour témoigner de sa fidélité ; et à des particuliers pour leur marquer la considération qu'on a de leur personne. On s'incline, par une attitude qui supposait primitivement l'état de sujet, devant des monarques et des suzerains ; on s'incline aussi devant les dieux ; on le fait en l'honneur des morts, et on imite même cette attitude devant des égaux. Expressions, tantôt de l'humilité de celui qui parle, tantôt de la grandeur de celui à qui il s'adresse, des formules de compliments, semblables par leur nature, servent pour le souverain visible comme aussi pour l'invisible ; puis, par une extension qui en permet d'abord l'usage envers des personnes d'une puissance moindre, elles finissent par être employées envers des personnes d'un rang ordinaire ; d'autre part, les titres qui attribuent le rang de père ou la suprématie, appliqués d'abord aux rois, aux dieux et aux morts, deviennent à la longue des titres d'honneur en usage en faveur de personnes du commun. On retrouve dans les images des dieux les objets qui pour les monarques sont les symboles de l'autorité ; dans certains cas, les potentats du ciel et ceux de la terre portent des costumes analogues et des attributs semblables ; enfin certaines parties du costume ou certains insignes qui servaient jadis à attester la supériorité du rang social, finissent par n'être plus que des ornements de cérémonie, que portent, surtout à l'occasion de fêtes, les personnes de rang inférieur. Il existe d'autres analogies remarquables. L'usage de l'onction nous en présente une ; réservé d'abord aux rois et aux images des dieux, il se répandit en Egypte au point qu'on oignait les morts et les hôtes. En

Egypte encore, les cérémonies du jour de naissance étaient à la fois sociales, politiques et religieuses : on ne célébrait pas seulement les jours de naissance des particuliers et ceux des rois et des reines, on célébrait aussi ceux des dieux. Nous ne devons pas oublier de mentionner le caractère sacré des noms. Dans un grand nombre de pays, il est ou il a été défendu de prononcer le nom du dieu; ailleurs, la même prohibition s'applique au nom du roi; ailleurs, c'est un crime de faire allusion à un mort en prononçant son nom; enfin, chez diverses nations sauvages, on ne peut prendre en vain le nom d'une personne vivante. Le sentiment de la présence de l'objet du culte ou de la personne qu'on honore oppose une barrière à la violence; il a aussi des conséquences qui sont analogues. Non seulement le temple du dieu est un lieu sacré, mais en divers pays le tombeau du chef l'est aussi, et dans d'autres, en Abyssinie par exemple, la présence du monarque a le même privilège : « on punit de mort celui qui frappe, ou lève la main pour frapper, devant le roi [1]. » Chez les peuples de l'Europe, l'usage qui interdit de se battre devant une dame montre la manière dont cet élément de la règle cérémonielle pénètre dans les relations sociales. Ajoutons, pour finir, un exposé plus complet d'un exemple curieux auquel nous avons déjà fait allusion, à savoir l'usage de l'encens dans le culte d'un dieu, comme honneur politique et comme observance sociale. En Egypte, on offrait l'encens également aux rois et aux dieux. Clavigero nous apprend que « l'offrande de l'encens chez les Mexicains et d'autres nations d'Anahuac n'était pas seulement un acte de religion envers les dieux, mais aussi un acte de courtoisie dans les relations civiles.

---

1. James Bruce, *Travels*, etc., VI, 16.

envers les seigneurs et les ambassadeurs [1]. » Durant le
moyen âge, en Europe, on brûlait l'encens dans les églises
non seulement comme cérémonie du culte divin, mais aussi
comme hommage rendu au rang social ; quand les nobles
entraient dans une. église, ils avaient droit chacun à un
certain nombre de coups d'encensoir d'après leur grade
dans la noblesse. Enfin un passage d'une comédie de Ben
Jonson (*Every Man out of his Humour*, acte II, scène 2) fait
supposer qu'au temps de l'auteur la tradition de cet usage
existait encore, et l'on s'en servait comme d'un acte de
politesse envers ses hôtes.

Si de nombreuses analogies nous attestent l'origine commune d'observances qui se trouvent aujourd'hui distinctes
sous les genres de politique, de religion, de relations sociales, si nous y voyons la vérification dans les détails de
l'hypothèse d'après laquelle le gouvernement cérémoniel
précéderait dans le temps les autres formes de gouvernement, dans lesquelles on le retrouverait toujours à titre
d'élément, nous voyons comment, conformément aux lois
générales de l'évolution, il se subdivise par différenciation
dans les trois grands ordres, en même temps que chacun de
ces ordres se différencie lui-même.

§ 429. Depuis le chien qui rampe sur le ventre et vient
lécher la main du maître qui l'a battu, nous suivons la loi
d'après laquelle des formes cérémonielles sont le produit
naturel de la relation qui unit le vainqueur et le vaincu, et
la loi qui en est la conséquence, à savoir que ces formes se
développent avec le type militaire de société. Puisque nous
énonçons encore une fois cette dernière loi, il convient
de la présenter sous un point de vue différent. Voici des

---

1. Clavigero, liv. VI, ch. 20.

faits qui montrent la relation entre le cérémonial et le
régime militaire à la fois dans sa rigueur, dans sa précision,
dans son étendue et dans sa complication.

« Aux îles Fidji, si un chef voit l'un de ses sujets ne pas
s'incliner assez bas en sa présence, il le tue sur place [1]. » On
y voit « les mains des hommes et des femmes dégarnies de
doigts en punition d'un acte de maladresse ou d'un manque de respect. » William nous apprend que chez cette
nation sanguinaire et gouvernée avec férocité, « le langage
ordinaire n'est pas fait pour parler d'un membre du corps,
ou des actes les plus communs de la vie, quand il s'agit
d'un chef, mais on ne parle des uns et des autres qu'avec
hyperbole [2]. » L'Afrique nous fournit un autre exemple de
cette relation entre la rigueur du cérémonial et celle du
pouvoir despotique qui accompagne l'excès du régime social
militaire. Dans le royaume d'Uganda, le roi, qui venait de
recevoir de Speke le cadeau d'une carabine, envoya un
page sur la porte essayer cette arme en tirant le premier
homme qu'il apercevrait à la distance indiquée [3]. Selon
Stanley, sous le dernier roi, Suna, on passa cinq jours à
faire périr trente mille prisonniers qui s'étaient rendus.
Dans ce pays, « un officier qu'on voit saluer sans les formalités requises est envoyé au supplice [4], » et un autre
qui « laisse voir par hasard un pouce de sa jambe nue
en s'accroupissant, ou qui a son *mbugu* attaché contre
les règles, est condamné au même sort [5]. » Nous observons
une relation semblable en Asie, chez les Siamois, peuple
plus avancé en civilisation. Chez eux, tous les mâles adultes

1. Erskine, *Journal of a Cruize*, 462.
2. William et Calvert, *Fiji and the Fijians*, I, 37.
3. Speke, *Journal*, 298.
4. Stanley, *How I found Livingstone*, I, 369.
5. Speke, *loco citato*, 256.

sont soldats; un roi sacré règne sur eux avec omnipotence.
On ne peut franchir le seuil des « palais du roi sans témoigner de son respect » d'après des règles connues, et un
châtiment cruel punit toute infraction à ces règles commise
par inattention[1]. Dans les relations sociales même, « des
erreurs dans ce genre de devoirs (inclinations et révérences)
peuvent être punies par le bâton sur ceux qui les ont commises. »

En même temps que la règle cérémonielle se montre
rigoureuse, elle est très définie. Aux îles Fidji, « il y a
diverses formes de salutation, suivant le rang des gens; et
l'on est bien attentif à s'assurer que le salut sera fait dans
les formes voulues[2] » : cette précision vient naturellement
de ce que tout manquement à l'observance est puni de la
perte d'un doigt. La même cause a pour effet l'existence
d'une précision analogue dans les royaumes africains où
sévit un gouvernement tyrannique. A Loango, par exemple,
un roi tua son propre fils et le fit mettre en quartiers, parce
que ce fils l'avait vu boire[3]. Chez les Achantis « règne
une politesse méticuleuse et un formalisme compliqué et
cérémonieux[4] ». Enfin cette précision est le caractère des
observances dans les Etats despotiques de l'Orient. « Les
Siamois, dit La Loubère, disent à peu près toujours la
même chose dans les mêmes cérémonies. Dans les audiences
solennelles du roi de Siam, on sait presque d'avance les
paroles qu'il prononcera[5]. » De même, en Chine, dans la
salle impériale d'audience, il y a des pierres incrustées de
plaques de bronze où se trouvent gravés en caractères

---

1. Bowring, *The Kingdom*, etc., I, 435.
2. *United States Exploring Expedition* (cap. Wilkes), III, 226.
3. Astley, *Collection*, etc., III, 226.
4. Brodie Cruickshank, *Eighteen Years on the Gold Coast*, etc., I, 109.
5. La Loubère, *Du royaume de Siam*, I, 172.

chinois la qualité des personnes qui doivent s'y tenir debout
ou s'y agenouiller [1]. « Il est plus aisé, dit Huc, d'être poli en
Chine qu'ailleurs, puisque la politesse y est soumise à des
règles plus fixes [2]. » Le Japon, aussi, nous offre un exemple
de cette précision de l'ajustement de l'observance aux
cas : « Les marques de respect envers les supérieurs.... y
sont graduées depuis un signe banal de reconnaissance
jusqu'à la prosternation la plus absolue. » — « Les lois aussi
bien que la coutume viennent consacrer cet état de choses,
et surtout le droit donné aux hommes-à-deux-sabres, de
se faire justice de leurs propres mains, au cas où ils se
trouvent insultés. » L'Europe même, dans ses régions où le
régime militaire est le plus florissant et qui subissent un
gouvernement autocratique, ne laisse pas de nous offrir des
exemples. En Russie, nous apprend le marquis de Custine,
au mariage du grand-duc de Leuchtemberg (1839), l'empereur Nicolas « ne cessait d'interrompre ses prières et d'aller
de côté et d'autre pour remédier à des omissions de formalités d'étiquette entre ses fils ou le clergé... Tous les grands
fonctionnaires de la cour semblaient gouvernés par sa
direction suprême et minutieuse [3]. »

Les gouvernements despotiques de l'Orient nous offrent
des exemples très frappants aussi de l'étendue et de la
complication savante des règles cérémonielles. « Lorsque
plusieurs Siamois se trouvent réunis, dit La Loubère, et
qu'un nouvel arrivant se joint à eux, il arrive souvent que
l'attitude de chacun change. Ils savent devant qui et jusqu'à
quel point ils doivent se courber, ou se tenir debout, ou
demeurer assis ; s'ils doivent joindre leurs mains ou non, les

1. Pinkesrton, *General Collection*, VII, 265.
2. Huc, I, 212.
3. Marquis de Custine, *Russie.*

tenir hautes ou basses; si, lorsqu'ils sont assis, ils doivent avancer un pied ou les deux, ou les tenir tous les deux cachés [1]. » Le monarque lui-même est soumis à des obligations analogues. « Le *Phra raxa monthieraban* (qui paraît être le livre sacré) pose les règles auxquelles le souverain est tenu d'obéir; il prescrit les heures du lever, celles du bain, la manière d'offrir des aumônes et celles qu'il faut offrir aux bonzes, les heures d'audience pour les nobles et les princes, le temps à consacrer aux affaires publiques et à l'étude, les heures des repas, et fixe le moment où la reine et les dames du palais doivent être reçues [2]. » Dans le récit de son ambassade à Ava, Syme raconte que « la subordination des rangs est conservée et marquée par les Birmans avec la rigueur la plus tenace. Non seulement les maisons, mais les meubles usuels, tels que la boîte à bétel, le flacon d'eaux, la coupe à boire, et les harnais des chevaux, tous ces objets expriment et révèlent par leur forme et leur qualité la situation exacte du propriétaire [3]. » En Chine aussi, le Liki, ou Livre des rites, donne des règles à toutes les actions de la vie; enfin un passage de Huc montre à la fois l'ancienneté de leur système d'observances, immense, cohérent et compliqué et le respect avec lequel on suit les prescriptions de ce livre. « Sous les premières dynasties, dit un fameux moraliste chinois, le gouvernement était d'une unité parfaite, les cérémonies et la musique étaient les mêmes pour tout l'empire. » Encore un exemple. Au Japon, surtout dans le passé, le cérémonial était tracé dans certains livres avec tant de soin, que toute affaire, même une exécution à mort, était réglée

---

1. La Loubère, *Du royaume de Siam.* I, 435.
2. Bowring, *The Kingdom and People, etc.*, I, 435.
3. Symes, *Account of Embassy to Kingdom of Ava*, I, 282.

dans ses divers mouvements, lesquels étaient prescrits avec une minutie à peine croyable.

Il n'est pas possible de ne pas reconnaître la nécessité de ces relations, quand nous nous rappelons que, avec la composition et la recomposition des groupes sociaux produites par le régime militaire, l'évolution des formalités de la subordination doit se produire, formalités que les besoins de contrainte rendent plus fortes, que la hiérarchie des rangs rend plus nombreuses, et que l'accomplissement continuel sous la sanction de peines rend plus précises.

§ 430. Il y a avantage à indiquer les caractères moraux qui accompagnent les uns le développement, les autres la décadence de la règle cérémonielle, au moment où nous remarquons comment les observances s'affaiblissent à mesure que l'industrialisme se fortifie.

Nous avons vu que la cérémonie prend naissance dans la *crainte :* d'une part, suprématie d'un vainqueur ou maître; d'autre part, peur de la mort ou d'un châtiment chez le vaincu ou l'esclave. Enfin, sous le régime de coopération tel qu'il est créé par la crainte, ce sentiment développe et conserve toutes les formes de procédés propitiatoires. Mais, en même temps que s'élève le type social fondé sur la coopération volontaire, la crainte décroît, le chef ou officier subalterne ne demeure plus absolument à la merci de son supérieur; le commerçant, qui n'est plus victime des rapines ou des tourments du noble, a un moyen de le contraindre à payer; le travailleur, au moment de toucher son salaire, n'est pas exposé à recevoir des coups comme l'esclave. Dans la mesure où le régime qui règle l'échange des services par des contrats, gagne en étendue, et où celui qui les impose par la force, diminue, les hommes se craignent moins les

uns les autres, et par suite s'appliquent bien moins à s'acquitter des formalités de propitiation.

La guerre a pour effet nécessaire d'entretenir l'esprit de
*fraude*. Embuscades, manœuvres, feintes, etc., toutes ces
opérations impliquent le mensonge, et c'est pour tout le
monde un des traits du génie militaire que de tromper
l'ennemi par ses actes. L'esclavage, ce produit des guerres
heureuses, suppose la pratique quotidienne de la duplicité.
Contre la colère d'un maître cruel, un mensonge heureux est
une protection pour l'esclave. Sous des tyrans sans scrupule
dans leurs exactions, un mensonge adroit est un moyen de
salut et un motif d'orgueil. Enfin, toutes les cérémonies qui
accompagnent le régime de la contrainte sont pénétrées de
l'élément d'insincérité : le flatteur ne croit pas les louanges
hyperboliques qu'il adresse ; il ne sent rien de l'amour qu'il
professe pour son supérieur et ne se soucie en rien de la
prospérité qu'il lui souhaite par ses paroles. Mais, dans la
mesure où la coopération volontaire remplace la coopération forcée, la tentation de tromper pour échapper à ce
genre de châtiments devient moins forte et moins continue ;
en même temps, la confiance trouve un terrain favorable,
parce que la coopération volontaire ne peut prospérer et
s'étendre qu'autant que la confiance mutuelle s'accroît.
Quoique, dans les diverses opérations de l'industrie, il
demeure encore beaucoup de la méfiance du régime militant, il suffit de se rappeler que ce n'est que par l'accomplissement quotidien des contrats que ces opérations marchent, pour reconnaître que sous le régime industriel on
tient en général les promesses qu'on a faites. Enfin, en
même temps que s'étend le domaine de la confiance, s'accroît le dégoût de l'extrême méfiance que recouvrent les
formalités de propitiation. Ni en paroles, ni en actes, les

sentiments professés ne s'écartent plus aussi grandement des sentiments réels.

Est-il besoin d'ajouter que, à mesure que la coopération sociale devient moins obligatoire et plus volontaire, l'*indépendance* augmente; le service forcé implique la dépendance; mais le service rendu d'après un accord préalable implique l'indépendance. Naturellement, les attitudes morales différentes que ces deux genres de services supposent, s'exprimant par des types politiques différents, l'un relativement despotique, l'autre relativement libre, s'expriment aussi par les genres concomitants de règle cérémonielle que l'on tolère ou que l'on aime sous chacun de ces régimes. Dans le premier cas, on tient pour honorables les insignes d'assujettissement et l'on prend plaisir à des actes d'hommage; dans l'autre, on en vient à haïr tout ce qui est livrée, et l'on a de la répugnance à se servir des formalités de respect qui touchent à l'obséquiosité. L'amour de l'indépendance se joint à l'amour de la confiance pour produire un sentiment de répugnance à l'égard des courbettes et des compliments qui sont l'expression d'une subordination à laquelle personne ne se sent plus tenu.

L'éducation par la guerre, étant une éducation pour la destruction, forme l'homme à l'*endurcissement*. Tous les sentiments sympathiques de l'homme sont desséchés, et ceux qui tendent à s'élever sont rabattus. L'attitude asympathique que la guerre rend nécessaire se trouve conservée par la coopération sociale obligatoire qu'elle fait naître et développe. La subordination de l'esclave au maître, maintenue par l'emploi de la force nécessaire pour obtenir les services même de l'homme qui s'y refuse, implique la répression du sentiment d'égalité. La répression de ce sentiment est aussi au fond des efforts que l'on fait pour imposer les formalités d'hommage. Le plaisir qu'on éprouve à se voir l'objet de courbettes rampantes décèle un manque de sentiments sympathiques en faveur de la dignité d'autrui ; à mesure qu'un type social plus libre se développe et qu'en même temps la sympathie augmente, les supérieurs éprouvent un dégoût croissant de ces manifestations extrêmes de sujétion de la part des inférieurs. « Servez-vous de votre bonnet à son usage, dit Hamlet à Osric, qui se tient devant lui tête nue ; » ce qui montre qu'au temps de Shakespeare il s'était déjà formé un sentiment d'égalité qui causait de la peine à la vue d'un homme s'humiliant par trop. Enfin ce sentiment, grandissant, à mesure que le type industriel se développe, rend plus répugnantes toutes les formes cérémonielles qui expriment ouvertement la subordination.

Disons-le encore, né dans des sociétés où la gloire des succès à la guerre est un sentiment dominant, un cérémonial développé appartient à un état social où l'*amour de la louange* est le motif social prépondérant. Mais, à mesure que l'industrialisme remplace le régime militaire, la domination de ce sentiment égo–altruiste se trouve peu à peu limitée par le sentiment altruiste qui grandit ; en même temps que s'accroît le respect des droits d'autrui, décroît l'ardeur qui porte vers les distinctions qui donnent l'idée de leur subordination. Les titres sonores, les formules adulatrices du langage, les inclinations humbles, les costumes somptueux, les insignes, les privilèges de préséance, etc., servent tous à alimenter le sentiment qui fait désirer à l'homme d'être regardé avec une admiration réelle ou simulée. Mais, aussitôt que le désir de se sentir exalté au prix de l'humiliation d'autrui se trouve arrêté par la sympathie, l'appétit pour les marques honorifiques devient moins ardent; on se contente de témoignages de respect plus modérés, et même on les préfère.

On voit donc que de diverses manières le caractère moral propre au type militaire de société est favorable au cérémonial, tandis que le caractère moral naturel au type industriel lui est défavorable.

§ 431. Avant de poser définitivement les conclusions que nous avons déjà esquissées et que nous devons tirer pour indiquer l'avenir du cérémonial, nous devons remarquer que les obligations qu'il impose forment non seulement un élément du régime coercitif, propre aux types sociaux inférieurs caractérisés par la prépondérance du régime militaire, mais aussi d'une discipline qui adapte les hommes à une vie sociale supérieure.

Tant que les émotions anti-sociales de l'homme possèdent la prédominance qui est inévitable pendant que la guerre dure habituellement, il doit exister en lui des penchants puissants et fréquents, qui portent à des paroles et à des actes de nature à engendrer l'inimitié et à mettre en danger la cohésion sociale. De là le besoin de certains genres de conduite dont l'exacte observance diminue les chances de querelles. De là la nécessité d'une règle cérémonielle rigoureuse dans la mesure où le caractère des gens est égoïste et explosif.

Ce n'est pas seulement à *priori*, mais à *posteriori*, qu'on peut conclure que les observances en vigueur ont une fonction d'éducation, à l'égard des actions de moindre importance, fonction qui s'exerce sur le caractère anti-social pour le disposer à s'adapter à la vie sociale. Chez les Japonais, qui ont vécu durant tant de siècles sous un régime politique absolu, avec des castes rigoureusement fermées, des lois san-

guinaires et un cérémonial rigoureux et compliqué, il s'est
constitué un caractère qui, suivant la description de M. Run-
dell, bien que « hautain, vindicatif et licencieux, » ne laisse
pas d'inspirer une conduite d'une douceur admirable.
M. Cornwalis affirme que l'amabilité et la sérénité sont
des qualités universelles chez les femmes au Japon; enfin
M. Drummond leur attribue une grâce impossible à décrire.
Chez les hommes mêmes, le sentiment de l'honneur fondé sur
le soin de la réputation auquel le cérémonial fait si souvent
appel, les porte à des excès de circonspection. Un autre fait
de nature à vérifier nos conclusions nous est offert par une
autre société soumise à un gouvernement despotique et très
cérémonieux, la Russie. « Si la crainte rend les hommes
sérieux, dit le marquis de Custine, elle les rend aussi très
polis. Je n'ai vu nulle part tant d'hommes de toutes les classes
se traitant les uns les autres avec autant de respect. » On
trouve dans les pays de l'Occident des exemples analogues de
cette relation, mais moins prononcés. L'Italien, soumis longtemps à un gouvernement tyrannique, en danger de mort s'il
vient à exciter les sentiments de vengeance de ses concitoyens,
se distingue par ses manières conciliantes. En Espagne,
où l'autorité du gouvernement est illimitée, où les femmes
sont durement traitées et où « nul ouvrier ne sort de chez
lui sans son couteau, » règne une extrême politesse. Au
contraire, le peuple anglais, qui a vécu longtemps sous des
lois qui assurent une protection contre les graves conséquences que pourrait avoir une offense, manque grandement de douceur et se montre très inattentif à l'égard des
menues politesses. Nous voyons donc, aussi bien par déduction que par induction, que le gouvernement cérémoniel
facilite la coopération sociale dans les sociétés où la nature
de leurs membres est encore grandement antisociale.

§ 432. Ceci nous amène à reconnaître un principe général, à savoir que, dans chaque groupe systématisé de forces restrictives, le groupe cérémoniel comme le politique et l'ecclésiastique, qui en sortent, il se dégage peu à peu une sorte de gouvernement non systématisé, qui finit par devenir indépendant.

Le gouvernement politique, qui a dans le principe la subordination pour fin, et qui inflige des peines aux hommes qui se font du tort les uns aux autres, non à cause du caractère intrinsèquement mauvais de leurs actes, mais parce que ces actes enfreignent les commandements du chef, le gouvernement politique n'a jamais cessé d'habituer les hommes à obéir à des règles tendant à l'établissement de l'ordre social, jusqu'au moment où se trouve développée la conscience que ces règles n'ont pas seulement une autorité extrinsèque dérivée de la volonté d'un chef, mais une autorité intrinsèque tirée de leur propre utilité. Les ordres d'un roi, jadis arbitraires, emportés et souvent irrationnels, se transforment en un système reconnu de lois, qui formulent les restrictions nécessaires qui imposent aux actions de chacun les droits d'autrui. Les hommes reconnaissent de plus en plus ces restrictions et s'y conforment, non seulement sans songer que ce sont des ordres du monarque, mais même sans songer que ce sont des injonctions inscrites dans une loi votée par le Parlement. En même temps, le groupe de prescriptions dites religieuses prend naissance du sein des prétendus désirs de l'esprit ancêtre, lesquels, se développant toujours davantage, prennent la forme de commandements traditionnels de l'esprit d'un grand homme, puis deviennent des prescriptions divines. Au sein des prescriptions religieuses, qui dans le principe ne concernent à peu près exclusivement que des actes exprimant la soumission au roi céleste, se dégagent les règles que nous appelons morales. A mesure qu'une société progresse, les règles morales deviennent une sorte de formulaire de la conduite exigée par le bonheur personnel, domestique et social. Durant longtemps, mal différenciées des règles politiques essentielles et pour le moins employées à en fortifier l'autorité, les règles morales regardées dans le principe comme sacrées, uniquement à cause de leur origine prétendue divine, acquièrent à la fin un caractère sacré dérivé de leur utilité, attestée par l'expérience pour gouverner certaines parties de la conduite de l'homme, qui ne sont pas gouvernées ou qui le sont peu par la loi civile. Les idées de devoir moral se développent et se consolident sous forme d'un code moral qui finit par devenir indépendant de sa racine théologique. En attendant, du milieu de la portion de la règle cérémonielle qui s'est dégagée sous forme d'un système de règlements pour les relations sociales, sort une troisième classe de restrictions, et celles-ci pareillement finissent par devenir indépendantes. D'observances qui, dans leurs formes primitives, expriment en partie la subordination et en partie l'attachement à un supérieur, et qui, en se généralisant dans les couches inférieures, deviennent des formes de la conduite, sortent à la fin des observances exprimant une attention proprement dirigée sur la personnalité d'autrui et une vraie sympathie pour son bonheur. Des cérémonies qui dans le principe n'ont pas d'autre but que de gagner la faveur d'une personne dominante, passent, quelques-unes du moins, à l'état de règle de politesse, et celles-ci gagnent une autorité distincte de celle qu'elles possédaient originellement. Le *memento rituel* des Chinois, où l'on trouve des règles pour toutes les actions de la vie, nous en offre une preuve complète. Les prescriptions de ce

livre sont entremêlées d'observations vraiment excellentes
sur les égards et la bonté qu'on doit avoir les uns pour les
autres dans la société, ce qui passe pour le vrai principe de
l'étiquette. Aussitôt que les principes de politesse naturelle
que nous avons vus prendre naissance dans la sympathie se
distinguent du code de cérémonial d'où ils tirent leur origine, ils remplacent l'autorité de ce code par une autorité
supérieure, et progressent en laissant dépérir ces éléments
non essentiels pour en développer les essentiels.

De même, enfin, que la loi se différencie des commandements d'une personne et que la morale se différencie
d'avec les prescriptions religieuses, de même aussi la politesse se différencie d'avec l'observance cérémonielle. A cela
nous devons ajouter que de même les usages rationnels se
différencient d'avec la mode.

§ 433. Ainsi guidés par le passé, nous ne pouvons avoir
de doute sur l'avenir. Chaque progrès nouveau du type
social basé sur la coopération volontaire, fera tomber
davantage en désuétude les salutations cérémonieuses, les
formules de compliments, les titres, les insignes, etc. Les
sentiments semblables à ceux des gens par qui et envers
qui s'accomplissent des actes exprimant la subordination,
deviendront de plus en plus des objets d'aversion.

Naturellement, le changement sera graduel et doit l'être.
De même que, lorsqu'une nation conquiert la liberté politique avant que ses membres aient la capacité de se gouverner eux-mêmes, il en résulte un désordre social; de
même que l'abolition des restrictions religieuses, alors que
les restrictions morales ne sont pas devenues assez fortes,
amène une augmentation de mauvaise conduite; de même,
si les observances qui règlent les relations sociales perdent

leur autorité avant que les sentiments qui portent à la vraie politesse se soient développés, il se produit inévitablement plus ou moins de grossièreté dans la conduite, et par suite plus ou moins de danger de dispute. Il suffit de mentionner certaines parties de nos couches sociales inférieures, les charbonniers et les briquetiers, que leurs rapports avec leurs maîtres et les autres personnes laissent à peu près sans frein, pour voir que des maux considérables naissent d'une décadence prématurée de la règle cérémonielle.

Le progrès normal vers l'état supérieur, où les actes de moindre importance des hommes les uns à l'égard des autres, comme ceux de plus grande importance, sont si bien réglés par des freins internes qui rendent inutiles les freins externes, ce progrès suppose l'accomplissement graduel de deux conditions. Il y faut à la fois des émotions et une intelligence d'un ordre plus élevé. Il y faut un sentiment plus fort de l'égalité pour tous, et une intelligence développée au point de voir tout d'un coup comment toutes les paroles et tous les actes affecteront l'état des esprits, c'est-à-dire une intelligence qui trouve, dans l'expression du visage et la cadence du discours, une information sur l'état actuel d'émotion, et qui y voie comment l'émotion a été affectée par les actions accomplies à l'instant même.

# CINQUIÈME PARTIE

## LES INSTITUTIONS POLITIQUES

---

## CHAPITRE PREMIER

### PRÉLIMINAIRES

§ 434. L'idée et le sentiment ne sauraient être complètement séparés. Toute émotion correspond à un appareil plus ou moins distinct d'idées ; tout groupe d'idées se trouve plus ou moins pénétré d'émotions. Il y a cependant de grandes différences dans la part qui revient à chacun de ces éléments dans la combinaison. Il est des sentiments qui demeurent vagues parce qu'ils ne sont pas définis par des idées, et d'autres qui reçoivent des formes claires des conceptions auxquelles ils se trouvent associés. Tantôt nos idées sont déformées par la passion qui les envahit, tantôt il est difficile d'y découvrir trace de plaisir ou de déplaisir. Il est clair aussi que dans chaque cas les proportions de ces deux éléments de l'état mental peuvent varier. Les idées restant les mêmes, l'émotion qui les accompagne peut être plus ou moins grande, et chacun sait bien que la rectitude du jugement porté dépend, sinon de l'absence d'émotion, au moins de cet état d'équilibre des émotions qui est incompatible avec la prépondérance d'aucune d'elles.

Cette vérité éclate surtout dans les questions relatives à la vie humaine. Il est deux manières de considérer les actions des hommes, le point de vue de l'individu ou celui de la société. On peut y voir des groupes de phénomènes à soumettre à l'analyse en vue de constater les lois qui règlent leur dépendance ; on peut aussi les regarder comme des causes de plaisir ou de peine, et alors les associer avec l'approbation ou la réprobation. Lorsque nous traitons ces problèmes au point de vue intellectuel, nous pouvons considérer la conduite comme le résultat de certaines forces ; lorsque nous les traitons au point de vue moral et que nous jugeons les effets de la conduite comme bons dans un cas et mauvais dans un autre, nous pouvons en faire l'objet soit de notre admiration, soit de notre indignation pour satisfaire notre conscience. Il doit évidemment exister une grande différence dans nos conclusions, selon que, dans le premier cas, nous étudions les actions des hommes comme celles d'êtres sans rapport avec nous, qui ne nous touchent que parce que nous avons à les comprendre, ou que, dans le second cas, nous les regardons comme des actes d'êtres semblables à nous, dont la vie et la nôtre se trouvent liées, et dont la conduite éveille en nous, par effet direct ou par sympathie, des sentiments d'amour ou de haine.

Dans l'*Introduction à la sociologie*, j'ai décrit les divers genres de perversion que nos émotions produisent dans nos jugements. J'ai fourni des exemples montrant comment la crainte et l'espérance nous exposent à de fausses appréciations, comment l'impatience nous porte à prononcer des condamnations injustes, comment l'antipathie et la sympa-

thie peuvent déformer nos croyances. Les faits nombreux
rapportés dans cet ouvrage démontrent que le pli de l'éducation et celui du patriotisme déforment l'un et l'autre les
convictions des hommes. Enfin j'ai montré que les formes
les plus particulières des préjugés moraux, le préjugé de
classe, le préjugé politique et le préjugé théologique, engendrent chacun une forte prédisposition à telle ou telle
manière de considérer les affaires publiques.

On me permettra d'insister sur la nécessité qui s'impose
à nous dans nos études sociologiques, et surtout dans celle
que nous allons aborder, d'écarter autant que possible
toutes les émotions que les faits sont de nature à exciter en
nous, et de ne nous préoccuper que de l'interprétation des
faits. Nous rencontrerons divers groupes de phénomènes
dont l'examen est de nature à soulever en nous le mépris,
le dégoût ou l'indignation ; nous ne devons pas nous laisser
dominer par ces sentiments.

§ 435. Au lieu de négliger les superstitions de l'homme
primitif, comme n'étant d'aucune valeur ou comme purement dangereuses, nous devons examiner le rôle qu'elles
ont joué dans l'évolution sociale et nous tenir prêts, au
besoin, à reconnaître leur utilité. Nous avons déjà vu que
la croyance qui porte le sauvage à enterrer des objets précieux à côté des cadavres, et à porter des aliments sur les
tombeaux, a une origine naturelle ; que la propitiation des
plantes et des animaux, et le « culte du bois et de la pierre »
ne sont pas des pratiques gratuitement absurdes ; enfin
que, si l'on sacrifiait des esclaves aux funérailles de leurs
maîtres, c'était en vertu d'une idée qui paraît rationnelle à
l'intelligence à ses débuts. Maintenant nous allons examiner les effets politiques de la théorie animiste ; et, s'il

existe une raison d'affirmer que cette croyance a été un adjuvant indispensable de l'évolution sociale, nous devons sans hésiter accepter cette conclusion.

La connaissance des misères que les luttes des peuples ont causées partout, durant des siècles sans nombre, ne doit pas nous empêcher de reconnaître le rôle prééminent que ces luttes ont joué dans la civilisation. Si nous devons éprouver de l'horreur à la vue du cannibalisme qui a été dans le monde entier, dans les premiers temps, une conséquence de la guerre ; si nous frissonnons à l'idée des hécatombes de prisonniers répétées par milliers à la suite des batailles que se livraient les tribus sauvages ; si nous lisons avec dégoût l'histoire de ces pyramides de têtes et d'ossements blanchis de populations massacrées qu'ont dressées des envahisseurs barbares ; si nous devons haïr l'esprit militaire, qui de nos jours encore inspire les trahisons et les agressions brutales, ce n'est pas une raison pour que nous laissions nos sentiments nous aveugler sur la valeur des faits qui prouvent l'influence favorable exercée par les conflits soulevés entre les sociétés sur le développement des organes sociaux.

Notre aversion pour des gouvernements de certains genres ne doit pas davantage nous empêcher de voir qu'ils sont appropriés à leurs circonstances. Encore que nous rejetions l'idée que le vulgaire se fait de la gloire, et que nous refusions d'accorder, à l'exemple des soldats et des écoliers, l'épithète de *grand* aux despotes conquérants, et que nous détestions le despotisme, encore que nous regardions comme des crimes énormes le sacrifice qu'un despote fait de ses propres peuples et des peuples étrangers à son but de domination universelle, il nous faut pourtant reconnaître que les empires que les conquérants édifient par

la fusion de plusieurs sociétés en une seule, produisent
d'heureux résultats. Ni les massacres ordonnés par les empereurs romains, ni les assassinats auxquels les potentats de
l'Orient ont recours pour se débarrasser de leurs parents,
ni les exactions des tyrans, qui appauvrissent des nations
entières, ne doivent nous indigner jusqu'à nous empêcher
d'apprécier les avantages qui ont, dans certaines conditions, été les fruits de la puissance illimitée d'un souverain. Le souvenir des instruments de torture, des ou-
bliettes, des victimes enmurées, ne doit pas cacher à notre
esprit la preuve que l'abjecte soumission du faible au fort,
quoique imposée sans scrupule, a été, en certains temps et
en certains lieux, nécessaire. Il en est de même d'une autre
conséquence de la guerre, le droit de propriété d'un
homme sur un autre. Il faut se garder de condamner l'esclavage d'une manière absolue, alors même que nous croi-
rions à la tradition répétée par Hérodote, que la construction de la grande pyramide exigea, pendant vingt ans, des
relais de cent mille esclaves ; ou que nous tiendrions pour
vrai le récit d'après lequel les serfs astreints au travail pour
bâtir Saint-Pétersbourg ont péri au nombre de trois cent
mille. Sans doute nous savons que l'imagination reste au-
dessous des souffrances endurées par les hommes et les
femmes tenus en esclavage, sans que l'histoire en ait gardé
le souvenir ; mais nous devons consentir à accepter les
faits propres à prouver que de l'institution servile il a pu
résulter des avantages.

En un mot, pour qu'une explication des arrangements
sociaux mérite confiance, il faut qu'elle soit l'œuvre d'une
conscience à peu près dépourvue de passion. Si l'on
ne peut ni ne doit exclure de l'esprit le sentiment au moment où l'on considère ces arrangements, on doit cepen-

dant l'en exclure quand on les considère comme des phénomènes naturels dont on veut savoir les causes et les effets.

§ 436. Ce qui nous aidera à conserver cette attitude
mentale, c'est la conviction que, dans les actions humaines,
le mal absolu peut être un bien relatif, et le bien absolu un
mal relatif.

On entend répéter comme un lieu commun que les institutions à l'abri desquelles une race prospère ne conviennent pas à une autre, mais il s'en faut de beaucoup que la
croyance à cette vérité soit générale. Il est des gens qui
ne croient plus à la vertu des « constitutions sur le papier »,
et qui ne laissent pas cependant de préconiser à l'égard
des races inférieures une conduite impliquant la croyance
que les formes sociales civilisées peuvent être avec avantage imposées aux peuples non civilisés ; que les dispositions qui nous semblent vicieuses le sont pour ceux-ci,
et qu'ils trouveraient profit à des institutions domestiques, industrielles ou politiques, semblables à celles dont
nous tirons avantage. Mais, si nous admettons que le
type d'une société est déterminé par la nature de ses
unités, nous sommes obligés d'admettre comme conséquence qu'un régime intrinsèquement du rang le plus
inférieur peut être néanmoins le meillleur possible dans
les conditions primitives.

En d'autres termes, il ne faut pas substituer le code
avancé qui règle notre conduite, lequel s'adresse surtout
aux relations privées, au code rudimentaire de conduite,
lequel s'applique principalement aux relations publiques.
Aujourd'hui que la vie est généralement remplie par des
relations pacifiques entre concitoyens, les idées morales
portent principalement sur les actions d'homme à homme ;

mais dans les premiers temps, alors que la vie se passait surtout en lutte avec les sociétés voisines, les idées morales qui pouvaient exister avaient presque exclusivement pour objet les relations inter-sociales : on jugeait les actions des hommes d'après leurs effets directs sur la prospérité de la tribu. Puisque la conservation de la société a la prééminence sur celle de l'individu, puisqu'elle en est la condition, il faut, dans l'étude des phénomènes sociaux, interpréter le bien et le mal plutôt dans leur sens primitif que dans leur sens moderne, et par suite considérer comme relativement bon ce qui permet à la société de survivre, quelque grandes que soient les souffrances infligées aux individus.

§ 437. Parmi nos idées ordinaires, il en est d'autres qu'il convient d'élargir, si l'on veut interpréter correctement l'évolution politique. Les mots *civilisés* et *sauvages* ont nécessairement donné à ces idées des significations très différentes de celles qui ont cours. La profonde différence, que l'usage établit tout à l'avantage des hommes qui composent les grandes nations, et au désavantage des hommes qui forment les groupes simples, ne résiste pas aux effets d'une connaissance plus complète. On trouve chez les peuples grossiers des caractères qui soutiennent la comparaison avec ceux des meilleurs d'entre les peuples cultivés. Avec peu de savoir et des arts rudimentaires, certains peuples possèdent des vertus à faire honte à ceux d'entre nous dont l'éducation et l'élégance sont les plus parfaites.

Il existe dans l'Inde des débris de certaines races primitives qui possèdent un caractère moral où l'habitude de dire la vérité paraît organique. Ces indigènes ne sont pas seulement supérieurs en cela aux Hindous leurs voisins, doués d'une intelligence plus développée et en possession

d'une civilisation relativement avancée ; ils le sont aussi
aux Européens. On a fait la remarque qu'il est des peuplades montagnardes dont on peut toujours accepter avec
une confiance parfaite les affirmations ; on ne saurait en
dire autant des fabricants qui se servent de fausses marques ou des diplomates qui trompent avec intention. Parmi
ces peuplades, on peut citer les Santals, dont Hunter dit
qu'ils « sont les plus véridiques des hommes qu'il ait jamais
rencontrés », et les Sourahs. « Un trait agréable de leur
caractère, dit Shortt de ces derniers, c'est qu'ils sont absolument véridiques, qu'ils ne savent point mentir. » Néanmoins les relations des sexes appartiennent chez eux à un
type primitif et inférieur ; il en est ainsi chez les Todas eux-
mêmes, qui regardent « la fausseté comme le pire des
vices [1]. » Metz, il est vrai, raconte qu'ils usent de dissimula-
tion envers les Européens, mais il reconnaît que c'est un
effet de leur commerce avec ces derniers [2]. Ce jugement se
trouve conforme à celui qu'a exprimé devant moi un fonctionnaire civil de l'Inde au sujet d'autres tribus montagnardes, jadis bien connues pour leur véracité, mais que
leur contact avec les blancs a rendues moins véridiques. Le
mensonge est si rare chez les races aborigènes de l'Inde
que les *civilisés* n'ont point encore corrompus, que Hunter
distingue, entre toutes les tribus du Bengale, les Tippéras
comme « la seule où ce vice se rencontre [3]. »

De même, pour l'honnêteté, il est des peuples dits inférieurs qui en remontrent à ceux qui passent pour supérieurs. Si dégradés et ignorants que soient à quelques
égards les Todas dont nous venons de parler, Harkness

---

1. Cap. Henry Harkness, *The Neilgherry Hills*, 1832.
2. Rev. F. Metz, *Tribes inhabiting the Neilgherry Hills*.
3. Hunter, *A Statistical Account of Bengal*. London, 1876, VI, 53.

nous dit « qu'il n'a jamais vu un peuple, civilisé ou sauvage, qui parût avoir un respect plus religieux pour les
droits du *mien* et du *tien*. » Les Marias (Gonds) « présentent comme plusieurs autres races sauvages un caractère
singulier de véracité et d'honnêteté [1]. » Chez les Khonds,
« nier une dette est une violation de ce principe, tenue
pour un acte extrêmement coupable. Il faut, disent-ils, tout
abandonner à ses créanciers [2]. » Le Santal préfère « ne point
traiter affaire avec ses hôtes ; mais, quand ceux-ci abordent
la question, il traite avec eux avec autant d'honnêteté qu'il
le ferait avec un homme de sa tribu.... il dit tout de suite
le véritable prix de l'objet [3]. » Les Lepchas « sont merveilleusement honnêtes ; le vol est rare chez eux [4]. Enfin les
Bodos et les Dhimals sont « honnêtes et véridiques en actes
et en paroles [5] ». Le colonel Dixson s'étend sur la « fidélité,
la véracité et l'honnêteté » des aborigènes du Carnatique,
qui témoignent « d'un dévouement extrême et presque touchant quand on se fie à leur honneur [6]. » Enfin Hunter dit
que, chez les Chacmas, « le crime est rare.... le vol presque inconnu [7]. »

Il en est de même aussi des vertus générales de ces
tribus et de quelques autres peuples sauvages. Le Santal
« possède une disposition heureuse,.... il est sociable à
l'excès », et, quoique les deux sexes recherchent passion-
nément la société l'un de l'autre, » les femmes sont extrê-

1. Glasfind, *Selections from the Records of Government of India Foreign
Department.*
2. Macpherson, *Reports upon the Khonds of Ganjani and Cuttack*, Calcutta, 1842, VII, 196.
3. Hunter, *A Statistical account, etc.*, I, 215.
4. Campbell, *Journ. of Ethnological Society*, juillet 1869.
5. Hodgson, *Kooch, Bodo and Dhimal Tribes*, VIII, 745.
6. Hunter, *A comparative Dictionary of the Languages of India and
High Asia*, Lond., 1868, I, 215.
7. Hunter, *loc. cit.*, Lond., 1876, VI, 48.

mement chastes. » Les Bodos et les Dhimals sont « pleins
d'aimables qualités [1] ». Le Lepcha, joyeux, aimable et pa-
tient, est, selon Hooker, un très « attrayant compagnon » ; enfin le Dr Campbell rapporte un exemple « de
l'effet qu'un profond sentiment du devoir peut produire
sur ce sauvage ». On peut aussi citer des faits tirés de
récits sur certains peuples malayo-polynésiens et papous,
qui montrent sous une vive lumière des traits de caractère
que nous n'associons d'ordinaire qu'à la nature humaine
longtemps soumise à la discipline de la vie civilisée et aux
enseignements d'une religion supérieure. Albertis, dont le
témoignage est des plus récents, parle de certain peuple
de la Nouvelle-Guinée qu'il a visité (près de l'île Yule) et
le dit d'une honnêteté rigoureuse, « très bon et pacifique » : après les disputes qui éclatent entre les villages,
les gens « se montrent aussi affables qu'auparavant et ne
témoignent aucune animosité. » Mais le Rév. W.-G. Lawes,
qui commente le récit d'Albertis dans un rapport à l'Institut
colonial, dit que leur bienveillance pour les blancs ne résiste pas aux mauvais traitements que ceux-ci leur font
subir. C'est l'histoire de tous les sauvages.

Au contraire, dans diverses parties du monde, les hommes
appartenant à des types différents fournissent la preuve
que des sociétés relativement avancées dans l'organisation
et la civilisation peuvent demeurer inhumaines dans leurs
idées, leurs sentiments et leurs usages. Les Fidjiens, qui,
d'après Pickering, sont les plus intelligents des peuples illet-
trés, sont au nombre des plus féroces. « Le caractère des
Fidjiens se signale par une méchanceté profonde et vindi-
cative. » Le mensonge, la trahison, le vol et le meurtre ne
sont point chez eux des actes criminels, mais des actions

---

1. Hodgson, Kooch, etc.

honorables; l'infanticide se pratique en grand; on étrangle d'ordinaire les gens maladifs; et quelquefois on dépèce toutes vives les victimes humaines avant de les manger. Néanmoins, les Fidjiens ont « un système politique compliqué et conduit avec soin », des forces militaires bien organisées, des fortifications bien étudiées, une agriculture avancée avec rotation de cultures et irrigations; la division du travail y est poussée loin, un appareil de distribution distinct et une ébauche de circulation; enfin une industrie assez habile pour construire des canots qui portent trois cents hommes[1]. Voyons encore une autre société africaine, le Dahomey. Nous y trouvons un système complet de classes, au nombre de six; des arrangements politiques complexes avec des fonctionnaires allant toujours par deux; une armée divisée en bataillons, qu'on passe en revue et qui fait la petite guerre; des prisons, une police, et des lois somptuaires; une agriculture dans laquelle on fait usage d'engrais et qui cultive une vingtaine de plantes, des villes entourées de fossés, des ponts et des routes avec des barrières à péages. Cependant à côté de ce développement social relativement supérieur existe un état de choses qu'on pourrait appeler le crime organisé. On fait des guerres pour se procurer les crânes dont on décore le palais du roi; on égorge des centaines de sujets quand un roi meurt; on en immole un grand nombre chaque année pour envoyer des messages dans l'autre monde. Cruels et sanguinaires, menteurs et fourbes, « les naturels sont dépourvus de sympathie ou de reconnaissance, même à l'égard des membres de leur propre famille, » de sorte qu' « il n'existe pas même l'apparence de l'affection entre le mari et la femme ou entre les parents et les enfants. » Le Nouveau Monde offrit, à l'époque de sa

---

1. Erskine, *Journal of Cruise*, etc., 1872.

découverte, des faits analogues. Les Mexicains avaient
des villes de 120 000 maisons, mais ils adoraient des dieux
cannibales dont on nourrissait les idoles avec de la chair
humaine chaude et fumante, introduite dans leur bouche ; ils faisaient des guerres dans le but de se procurer
les victimes qu'il fallait immoler à ces dieux. Ils étaient
habiles à bâtir des temples vastes et imposants, mais ils
immolaient deux mille cinq cents personnes par an, rien
qu'à Mexico et dans les villes voisines, et un bien plus grand
nombre dans tout l'ensemble du pays[1]. Pareillement, dans
les États populeux de l'Amérique centrale, assez civilisés
pour posséder un système de calcul, un calendrier régulier,
des livres, des cartes, etc., il y avait aussi des sacrifices d'un
grand nombre de prisonniers, d'esclaves et d'enfants, à qui
l'on arrachait le cœur qu'on offrait tout palpitant sur les
autels, ou qu'on écorchait vifs et dont la peau servait aux
prêtres d'habits de danse[2].

Nous n'avons pas besoin de chercher dans des régions
éloignées ou chez des races étrangères des faits pour démontrer qu'il n'existe pas de lien nécessaire entre les types sociaux appelés civilisés et les sentiments supérieurs que notre
esprit associe d'ordinaire avec la civilisation. Les mutilations des prisonniers qu'on voit dans les sculptures d'Assyrie
ne sont pas d'une cruauté moindre que celles dont les plus
sanguinaires des races sauvages nous offrent des exemples.
Ramsès II, qui se plaisait à se faire représenter en sculp-
ture sur les murs des temples dans toute l'Egypte, tenant

---

1. Ternaux-Compans, *Recueil de pièces relatives à la conquête du Mexi-que*, Paris, 1838. Clavigero, *Histoire du Mexique*, L, vi, 18. Diaz de Cas-tillo, *Mémoires*, 1598. Herrero, *Histoire générale du Continent et des îles d'Amérique*, 1601.

2. Landa, *Relation des choses du Yucatan*, 1566, trad. franç. de Brasseu, de Bourbourg, § 24. Gallatin, *Notes on the semi civilized Nations of Mexico, Yucatan, and Central America* (*Transactions of the American Ethnological Society*), I, 104. Herrera, *loc. cit.* Prescott, *Conquest of Peru*, liv. I, 4.

une douzaine de captifs par les cheveux et leur tranchant
la tête d'un seul coup, massacra dans ses conquêtes plus
d'hommes que n'en peuvent détruire un millier de chefs
sauvages ensemble. Les tortures infligées aux ennemis
captifs par les Peaux-Rouges ne dépassent pas en horreur
celles qu'on faisait subir dans l'antiquité aux criminels par
le supplice de la croix, ou aux gens suspects de rébellion
que l'on cousait dans la peau d'un animal fraîchement tué,
ou aux hérétiques qu'on enduisait d'une matière combus-
tible à laquelle on mettait le feu. Les Damaras, qu'on dit
assez complètement dépourvus de cœur pour rire à la vue
d'un des leurs tué par une bête féroce, ne valent pas moins
que les Romains, qui se plaisaient à voir massacrer en masse
leurs victimes humaines dans les amphithéâtres. Si les victimes des hordes d'Attila dépassent le nombre de celles que
les armées romaines firent périr à la prise de Séleucie,
ou le nombre des Juifs qu'Adrien fit égorger, c'est que
l'occasion n'avait pas permis que ceux-ci fussent plus
nombreux. Les cruautés des Néron, des Gallien et d'autres
empereurs, rivalisent avec celles des Gengis Khan et de
Tamerlan. Caracalla fit mettre à mort vingt mille partisans
de son frère après l'avoir assassiné; puis ses soldats for-
cèrent le sénat à placer le meurtrier au rang des dieux :
preuve que chez le peuple romain la férocité ne le cédait
point à celle qui fait déifier le plus sanguinaire des chefs
chez les pires des sauvages. Le christianisme n'y a pas
changé grand'chose. Dans toute l'Europe au moyen âge,
les crimes politiques et les dissidences religieuses attiraient
sur leurs auteurs des tortures savamment calculées, égales
à celles que font souffrir à leurs victimes les barbares les
plus cruels, sinon plus atroces.

Si étrange que cela paraisse, il faut admettre que l'accroissement du sentiment de l'humanité ne marche pas *pari passu* avec la civilisation ; mais qu'au contraire les premières étapes de la civilisation ont pour condition nécessaire un état d'inhumanité relative. Chez les tribus d'hommes primitifs, c'est le plus brutal plutôt que le plus bienveillant qui réussit dans les conquêtes dont la consolidation des constructions sociales primitives est le résultat. Durant les étapes subséquentes de l'évolution sociale, une agression sans scrupule venant du dehors, et une contrainte cruelle sévissant au dedans de la société, demeurent longtemps l'accompagnement habituel du développement politique. Les hommes dont le concours a formé les meilleures sociétés organisées n'ont été dans le principe, et n'ont été longtemps, que les sauvages les plus forts et les plus adroits. Aujourd'hui même, encore, lorsqu'ils s'affranchissent des influences qui modifient superficiellement leur conduite, ils montrent qu'ils ne valent pas beaucoup mieux que des sauvages. Lorsque d'une part nous portons les yeux sur une peuplade absolument incivilisée, les Veddahs des bois, qui, dit-on, sont d'une « véracité et d'une honnêteté proverbiales, doux et affectueux, obéissant au plus léger signe d'un désir, et très reconnaissants de l'attention ou de l'assistance qu'on leur prête, » ces sauvages au sujet desquels Pridham fait la remarque que nous pourrions prendre chez eux des leçons de reconnaissance et de délicatesse [1] ; et que d'autre part nous reportons nos regards sur certains actes récents de brigandage international, accomplis par le massacre de milliers d'individus qui n'avaient fait aucun mal à ceux qui les tuaient, et au prix d'actes de perfidie, de manque

---

1. Bailey, in *Journal Ethnological Society*, II, 228. Sir J. Emerson Tennant, *Ceylon*. Pridham, *Historical, Political and Statistical Account of Ceylon*, 460.

de foi et d'exécutions de prisonniers faites de sang-froid ;
il faut reconnaître qu'entre les peuples dits civilisés et ceux
qu'on appelle sauvages la différence n'est pas celle qu'on
suppose communément. Quelque relation qui existe entre
le caractère moral et le type social, elle ne saurait impli-
quer à tous égards la supériorité émotionnelle de l'homme
social sur l'homme présocial [1].

§ 438. « Comment cette idée peut-elle se concilier avec celle
de progrès? » diront nombre de lecteurs. « Qu'est-ce donc
qui justifie la civilisation, si, comme cette idée l'implique,

---

1. Pendant que ces lignes étaient sous presse, on a pu apprendre ce dont
l'homme social, appartenant à une race avancée, est capable. Afin de justifier
la destruction de deux villes africaines du Batanga, on nous dit que leur roi,
qui voulait obtenir l'établissement d'un comptoir, mécontent de la promesse
de l'établissement d'un sous-comptoir, aborda un schooner anglais, y enleva
M. Govier, le second, refusa de le rendre et menaça, quand on le lui réclama,
de lui faire couper la tête, singulière façon, si le fait est vrai, d'obtenir l'établissement d'un comptoir. M. Govier parvint à s'échapper, sans avoir été maltraité durant sa détention. Le commodore Richard jeta l'ancre avec la *Boadicée*
et deux canonnières devant Cribby, résidence du roi Jack ; il demanda au roi
de venir à son bord lui fournir des explications, lui promettant toute sécurité,
mais le menaçant de graves conséquences en cas de refus. Le roi, qui ne se
fiait pas à la promesse, ne vint pas. Sans demander aux naturels s'ils avaient
quelques raisons de mettre la main sur M. Govier, et se contentant de l'affirmation improbable de ses nationaux, le commodore Richard, après quelques
heures de répit, balaya la plage avec ses obus, brûla la ville, qui comptait trois
cents maisons, saccagea les récoltes des indigènes et détruisit leurs canots. Non
satisfait de l'incendie de la ville du roi Jack, il tira vers le sud et brûla aussi
celle du roi Long-Long. Ces faits ont été publiés par le *Times* du 10 septembre 1880. Dans un article qu'il consacre à ces événements, l'organe des
honnêtes gens anglais regrette que « le châtiment infligé aux naturels de Batanga doive paraître, à ces esprits enfantins, tout à fait hors de proportion avec
l'offense. » Cela veut dire, sans doute, que l'esprit adulte des civilisés ne le
trouvera pas hors de proportion. En outre, ce journal, inspirateur des classes
dirigeantes, pour qui les dogmes théologiques reconnus sont la base indispensable de la distinction du bien et du mal, remarque que « n'était l'ombre
sinistre projetée sur l'événement par la mort de deux des nôtres, l'épisode
serait passablement piquant. » Sans doute, après que les missionnaires de la
*religion d'amour* ont apporté la *bonne nouvelle à l'esprit enfantin du sauvage*, il y a du piquant, et du plus horrible, peut-être, à lui montrer, en brû-
lant sa maison, comment cette religion se pratique. Il ne serait pas mal d'accompagner d'un rire méphistophélique un commentaire des vertus chrétiennes
qui se fait à coup d'obus. Il est possible que le roi, en refusant de se risquer à
bord d'un navire anglais, cédait à la croyance commune des nègres, qui représentent le diable sous les traits d'un blanc.

on voit quelques-uns des attributs supérieurs de l'humanité portés plus haut chez des peuples sauvages, qui vivent isolés par couples dans les bois, que chez les membres des grandes nations bien organisées, en possession d'arts merveilleusement élaborés et d'une science étendue? » Un appel à l'analogie sera la meilleure réponse à faire.

C'est parce que la lutte pour l'existence s'est propagée dans toute l'étendue du monde animal, qu'elle a été un moyen indispensable d'évolution. Nous voyons que, dans la concurrence entre les individus de même espèce, la survie des plus aptes a depuis le commencement favorisé la production d'un type supérieur; mais ce n'est pas tout; nous voyons encore que la guerre incessante entre les espèces est la cause principale et de la croissance et de l'organisation. Sans le conflit universel, il n'y aurait pas eu de développement des facultés actives. Les organes de perception et de locomotion se sont peu à peu développés durant l'action réciproque des individus poursuivants et des poursuivis. Les membres et les sens en se perfectionnant ont fourni un concours plus avantageux aux viscères, et les appareils viscéraux ont fourni un meilleur apport de sang aéré aux membres et aux sens; d'autre part, un système nerveux supérieur s'est trouvé à chaque degré mis en jeu pour coordonner les actions de ces appareils plus complexes. Du côté des animaux de proie la mort par inanition, et, du côté de ceux qui servent de proie, la mort par destruction, ont fait disparaître les individus et les espèces les moins favorablement armés. Tout progrès dans la force, la vitesse, l'agilité ou la sagacité chez les animaux d'une classe a pour conséquence nécessaire un progrès correspondant chez les animaux de l'autre classe; sans les efforts répétés sans fin pour atteindre la proie ou échapper à l'ennemi, sous peine de la vie, ni les uns ni les autres n'auraient pu réaliser leur progrès.

Remarquons néanmoins que si cette impitoyable discipline de la nature, ce monstre « aux dents et aux griffes rouges de sang », a été une condition nécessaire du progrès de la vie des êtres doués de sentiment, il n'en faut pas conclure qu'elle doive exister dans tous les temps et avec tous les êtres. L'organisation supérieure développée par cette lutte universelle, et qui s'y adapte, n'est pas nécessairement condamnée à s'employer à jamais à des fins pareilles : la force et l'intelligence résultant de cette organisation sont de nature à servir à des emplois bien différents. La structure héréditaire qui la constitue n'est pas seulement bonne pour l'attaque ou la défense, elle est apte à d'autres fins diverses, lesquelles peuvent devenir pour l'être ainsi modifié les fins uniques de sa destinée. Les myriades d'années de guerre durant lesquelles se sont développées les forces de tous les types inférieurs d'êtres vivants, ont légué à l'être du type supérieur des forces pour des fins sans nombre, autres que celles de tuer et d'éviter d'être tué. Ses dents et ses ongles lui servent peu dans le combat; il n'impose pas à son esprit comme occupation ordinaire l'obligation de combiner des moyens de détruire d'autres êtres vivants, ou de se préserver du mal que ceux-ci pourraient lui faire.

De même pour les organismes sociaux. Nous devons reconnaître que la lutte pour l'existence entre les sociétés a été l'instrument de leur évolution. Ni la consolidation et la reconsolidation de petits groupes en un groupe plus grand, ni l'organisation de groupes composés et doublement composés, ni le développement concomitant des facteurs d'une existence plus large et plus élevée que produit la civilisation, n'auraient été possibles sans les guerres de tribu à tribu et plus tard de nation à nation. Ce qui est le point de départ de la coopération sociale, c'est l'action combinée pour l'attaque et la défense; c'est de ce genre de coopération que tous les autres proviennent. Sans doute il est impossible de légitimer les horreurs causées par cet antagonisme universel qui, débutant par les guerres chroniques de petites troupes, il y a dix mille ans, a fini par les grandes batailles de grandes nations; il faut reconnaître que sans ces horreurs le monde ne serait encore habité que par des hommes de type faible, cherchant un abri dans les cavernes et vivant d'une nourriture grossière.

Remarquons cependant que la lutte intersociale pour l'existence, qui a été une condition indispensable de l'évolution des sociétés, ne jouera pas nécessairement dans l'avenir un rôle semblable à celui qu'elle a joué dans le passé. Nous reconnaissons que nous sommes redevables à la guerre de la formation des grandes sociétés et du développement de leurs appareils, mais nous pouvons conclure que les forces acquises, applicables à d'autres fonctions sociales, perdront leur rôle primitif. Si nous accordons que, sans ces luttes sanglantes continuelles, les sociétés civilisées n'auraient pu se former, et que cet état devait nécessairement avoir pour corrélatif une forme appropriée du caractère de l'homme, autant de férocité que d'intelligence; nous avons en même temps le droit d'affirmer qu'une fois ces sociétés produites, la brutalité du caractère des unités sociales, condition nécessaire de cette opération, disparaîtra. Si les profits réalisés durant la période de déprédation demeurent comme un héritage permanent, les maux sociaux et individuels causés dans cette période décroîtront et s'effaceront graduellement.

Ainsi donc, quand nous considérons la structure et le

fonctions d'une société au point de vue de l'évolution, nous pouvons conserver le calme d'esprit nécessaire pour en donner une interprétation scientifique, sans perdre la faculté d'éprouver le sentiment d'approbation ou de réprobation morales.

§ 439. A ces remarques préliminaires sur l'attitude mentale qu'on doit conserver dans l'étude des institutions politiques, nous en devons ajouter d'autres plus courtes relatives aux questions dont on doit s'occuper. Si les sociétés étaient toutes de la même espèce, ne différant que par le degré de croissance et de structure, il suffirait de les comparer pour apercevoir clairement le cours de l'évolution ; mais la différence de types qui les sépare, tantôt grande, tantôt petite, jette de l'obscurité sur le résultat de ces comparaisons.

Ajoutons encore que, si chaque société grandissait et se développait à l'abri de l'intrusion de facteurs nouveaux, l'interprétation de son évolution serait relativement facile, mais les opérations compliquées du développement social sont souvent recompliquées par des changements dans les systèmes de facteurs. Tantôt le volume de l'agrégat social augmente ou diminue tout d'un coup par une annexion ou par une perte de territoire ; tantôt le caractère moyen de ses unités se trouve altéré par l'introduction d'une autre race à titre de conquérants ou d'esclaves ; tandis que, nouvel effet de cet événement, de nouvelles relations sociales se superposent aux anciennes. Dans bien des cas, les invasions que les peuples se font subir les uns aux autres, les mélanges de races et d'institutions, les dissolutions et les reconstructions de l'agrégat détruisent la continuité de la marche normale au point qu'il est extrêmement difficile, sinon impossible, d'en rien conclure.

Encore une fois, les modifications dans le mode moyen d'existence d'une société, tantôt de plus en plus belliqueuse et tantôt de plus en plus industrielle, provoquent des métamorphoses : le changement de fonction engendre le changement de structure. Aussi faut-il distinguer les réarrangements progressifs qui appartiennent aux périodes les plus avancées du développement d'un type social de celles qui sont causées par le début du développement d'un type social autre. Les traits d'une organisation, appropriés à un mode d'activité périmé ou depuis longtemps suspendu, commencent à s'effacer et font place aux traits de plus en plus définis d'une organisation appropriée au mode d'activité qui a remplacé la première. On peut commettre des erreurs si l'on prend les traits de l'une pour ceux de l'autre.

Nous pouvons donc prévoir que, de cet ensemble complexe et confus, les vérités les plus générales seules émergeront avec netteté. Tout en prévoyant la possibilité d'établir positivement certaines conclusions générales, nous devons prévoir aussi qu'il faudra se borner à donner comme probables les conclusions les plus spéciales.

Heureusement, comme nous le verrons en définitive, les conclusions susceptibles d'être établies positivement sont celles dont la valeur directrice est la plus grande.

# CHAPITRE II

## DE L'ORGANISATION POLITIQUE EN GÉNÉRAL

§ 440. De ce que des individus se trouvent rassemblés en un groupe ils ne forment pas une société. Une société, au sens scientifique du mot, n'existe que lorsqu'à la juxtaposition des individus s'ajoute la coopération. Tant que les membres d'un groupe ne combinent pas leurs forces en vue d'une ou plusieurs fins communes, il n'y a guère de lien pour les unir. Une seule chose peut les empêcher de se séparer : c'est un état dans lequel chacun des membres du groupe est plus capable de satisfaire ses propres besoins en unissant ses efforts à ceux des autres qu'il ne le ferait en agissant seul.

La coopération ne saurait donc exister sans société, et c'est le but pour lequel une société existe. Ce peut être la combinaison de plusieurs forces en vue de réaliser une chose que la force de nul homme isolé ne pourrait produire, ou ce peut être une répartition de rôles différents à diverses personnes, qui participent toutes aux bénéfices dus aux efforts de tous. Le motif d'agir ensemble, originellement dominant, sera le besoin de se défendre contre les ennemis, ou le désir de se procurer plus facilement des subsistances

par la chasse ou autrement, ou, ce qui arrive communément, ces deux besoins à satisfaire. Les unités passent de
l'état d'indépendance parfaite à celui de dépendance mutuelle ; c'est par là que leur union constitue une société
proprement dite.

Mais la coopération implique l'organisation ; s'il faut combiner efficacement des actes, il faut qu'il existe des arrangements grâce auxquels ces actes s'ajustent dans le moment,
avec la quantité et le caractère voulus.

§ 441. Cette organisation sociale, nécessaire comme moyen
d'assurer l'action combinée, est de deux genres. Bien que
ces deux genres existent généralement ensemble et se trouvent plus ou moins mêlés, ils ne laissent pas d'être distincts
par l'origine et la nature. Il y a une coopération spontanée
qui s'effectue sans préméditation durant la poursuite de fins
d'un caractère privé ; il y a aussi une coopération consciemment instituée qui suppose des fins d'intérêt public reconnues nettement. Il y a des différences frappantes dans la
manière dont chacun de ces deux genres de coopération
s'établit et progresse.

Toutes les fois que, dans un groupe primitif, commence
ce genre de coopération que réalise l'échange des services,
toutes les fois que les individus trouvent que le meilleur
moyen de satisfaire leurs besoins est de céder des produits
qu'ils font le mieux, en retour d'autres produits qu'ils font
moins bien ou qu'ils ne sont pas aussi bien en état de faire,
un genre d'organisation se trouve inauguré qui, dès lors et
dans toutes les phases supérieures qu'elle aura à traverser,
sera le résultat d'efforts tentés pour satisfaire des besoins
personnels. La division du travail, jusqu'au bout comme au
début, progresse par l'expérience des moyens que les hom-

mes se procurent pour se faciliter mutuellement l'existence. Chaque progrès nouveau de l'industrie dans la voie de la spécialisation vient de l'effort d'un individu qui l'entreprend pour son profit, et se fixe parce qu'il conduit de quelque façon au profit d'autrui. En sorte qu'il y a une espèce d'action concertée, en même temps qu'une organisation sociale compliquée, qui en résulte, laquelle n'est point l'effet d'un accord délibéré. Sans doute, dans les petites subdivisions de cette organisation, nous voyons se répéter partout la relation d'employeur et d'employé, l'un dirigeant les actions de l'autre; pourtant cette relation spontanément formée pour faciliter la poursuite de fins privées, et continuée uniquement au gré des intéressés, n'est pas le résultat de vues conscientes de fins d'intérêt public à poursuivre : l'idée de ces dernières ne se présente pas. Enfin, quoique, pour les fonctions commerciales régulatives, il se forme des appareils qui servent à adapter l'offre des produits à la demande, ces appareils ne jouent pas leur rôle en stimulant ou en arrêtant l'activité de l'homme, mais en communiquant l'information qui la stimule ou l'arrête; et ces appareils ne se développent pas en vertu d'une conception avouée de ce genre de direction, mais par le seul effet de la chasse au gain par les individus. La division compliquée du travail par laquelle s'effectuent aujourd'hui la production et la distribution des produits est si bien issue d'une élaboration non intentionnelle, que c'est seulement dans les temps modernes qu'on s'est aperçu qu'elle n'a jamais cessé de se faire.

D'autre part, la coopération en vue d'un but concernant directement la société tout entière est consciente et s'accomplit par une organisation d'un autre genre, formée d'une façon différente. Lorsque le groupe primitif a à se

défendre contre d'autres groupes, ses membres agissent
ensemble, poussés par des motifs nouveaux qui diffèrent
des motifs purement personnels. Même au début, avant
que l'autorité d'un chef s'établît, il existait une autorité
exercée par le groupe sur ses membres; chacun d'eux est
obligé par l'opinion publique de prendre sa part dans la
défense générale. De très bonne heure, le guerrier d'une
supériorité reconnue commence à exercer sur chaque
membre du groupe, durant la guerre, une influence qui
s'ajoute à celle qu'exerce l'opinion du groupe; et son autorité, une fois établie, favorise grandement l'action combinée. Par conséquent, depuis le commencement, ce genre
de coopération sociale est une coopération consciente, et
une coopération qui n'est pas entièrement une affaire de
choix; elle contrarie même souvent les désirs inspirés par
l'intérêt privé. A mesure que l'organisation inaugurée par
cette coopération se développe, nous voyons, en premier
lieu, la fraction combattante de la société, accuser les
mêmes caractères plus fortement; les grades et les divisions
d'une armée coopèrent toujours davantage sous l'autorité,
consciemment établie, d'agents qui matent les volontés
individuelles, ou, pour parler exactement, qui gouvernent
les individus par des motifs qui les empêchent d'agir comme
ils agiraient spontanément. En second lieu, nous voyons
dans toute la société se propager une forme analogue d'organisation, analogue en ce que, en vue de conserver le
corps militaire et le gouvernement qui la dirige, des fonctions s'établissent pareillement, qui imposent leur autorité
aux citoyens et les forcent à travailler plus ou moins à
des fins d'intérêt public au lieu de se consacrer à des fins
d'intérêt privé. Enfin se développe simultanément une organisation nouvelle, toujours de même genre dans son prin-

cipe fondamental, qui bride les actions individuelles de telle sorte que la sûreté sociale ne soit pas mise en péril par le désordre qu'engendre la poursuite effrénée des fins d'intérêt privé. Aussi, ce genre d'organisation sociale se distingue-t-il de l'autre, parce qu'il naît de la poursuite consciente de fins d'intérêt public, au profit desquelles on impose une contrainte aux volontés individuelles, d'abord par la volonté combinée du groupe entier, et ensuite d'une façon plus définie par la volonté d'une autorité régulative que le groupe tire de lui-même.

Nous apercevons plus clairement la différence qui sépare ces deux genres d'organisation en observant que, s'ils servent l'un et l'autre au bien de la société, ils y servent d'une manière inverse. L'organisation révélée par la division du travail en vue des fins industrielles est un exemple d'action combinée, mais d'une action combinée qui va directement au bien des individus et le favorise, et qui sert indirectement au bien de la société dans son ensemble en sauvegardant les individus. Inversement, l'organisation réalisée en vue de fins gouvernementales et défensives, est un exemple d'action combinée, mais d'une action combinée qui sert directement au bien de la société dans son ensemble et le favorise, et qui sert indirectement au bien des individus en protégeant la société. Les efforts des unités pour se conserver elles-mêmes créent une forme d'organisation; tandis que les efforts de l'agrégat pour se conserver créent l'autre forme. Dans le premier cas, il n'y a poursuite consciente que de fins d'intérêt privé, et l'organisation corrélative résultant de cette poursuite de fins d'ordre privé, s'opérant inconsciemment, manque de force coercitive. Dans le second, il y a poursuite consciente de fins d'intérêt public; et l'organisation corrélative exerce l'autorité coercitive.

Nous n'avons à nous occuper ici que de l'un des deux genres de coopération et d'appareils qui la réalisent. Par organisation politique, il faut comprendre la partie de l'organisation sociale qui effectue consciemment les fonctions de direction et de frein en vue de fins d'ordre public. Il est vrai, comme je l'ai déjà indiqué et comme nous le verrons tout à l'heure, que les deux genres d'organisation se trouvent mêlés de diverses manières, que chacun étend plus ou moins ses rameaux dans le domaine de l'autre, selon qu'ils sont l'un ou l'autre plus ou moins prédominants. Mais ils diffèrent par l'origine et par la nature ; et pour le moment nous devons, autant que cela est possible, borner notre attention au dernier.

§ 442. En comparant les états des hommes sans organisation politique avec ceux des hommes dont la société en est plus ou moins pourvue, nous allons voir que la coopération où ils sont parvenus leur assure des avantages dont ils n'auraient pu jouir, si, demeurant dans leur état primitif, ils avaient agi isolément ; et que, comme moyen indispensable de cette coopération, l'organisation politique a été et demeure avantageuse.

Il y a sans doute des conditions sous lesquelles la vie individuelle est possible, sans organisation politique, comme avec elle. Lorsque sur un territoire, celui des Esquimaux par exemple, il n'existe qu'un petit nombre de personnes et qu'elles vivent dispersées à de grandes distances ; lorsqu'il n'y a pas de guerre, probablement parce que de grands obstacles matériels s'y opposent, et qu'il n'y a pour la faire que de faibles motifs ; enfin lorsque les circonstances rendent les occupations tellement uniformes qu'il n'y a guère place pour la division du travail, il n'y en a pas pour une dépendance mutuelle, et les arrangements qui la réalisent ne sont point nécessaires. Constatons ce cas exceptionnel, et voyons ceux qui ne le sont pas.

Les Indiens Diggers [1], « qui ne s'élèvent pas beaucoup au-dessus de l'orang-outang, » vivent éparpillés dans la Sierra Nevada, cherchant un abri dans les cavernes et vivant de racines et de vers ; ils traînent une existence misérable à l'état de nature dans une saleté horrible et dégoûtante ; ils diffèrent des autres tribus Chochones par leur défaut complet d'organisation sociale [2]. Les tribus qui errent le long des rivières ou dans les plaines soumises à quelque autorité gouvernementale, si faible qu'elle soit, mènent une existence plus satisfaisante. Dans l'Amérique du Sud, les Indiens Chacos, race aussi inférieure que celle des Diggers, qui mènent comme eux une vie dégradée et misérable, se distinguent des sauvages supérieurs et plus heureux qui les entourent, en ce qu'ils sont dissociés [3]. Parmi les Bédouins, la tribu des Chérarats diffère des autres en ce qu'elle se subdivise à l'infini en bandes qui ne reconnaissent point de chef commun : on dit qu'ils sont les plus misérables des Bédouins [4]. Le contraste remarqué par Baker entre des peuplades africaines limitrophes est encore plus tranché. Passant subitement, dit-il, d'une tribu où l'usage des vêtements est inconnu, où il n'existe pas de gouvernement, c'est-à-dire de la « sauvagerie la plus brute à la demi-civilisation », nous entrons dans l'Unyoro, pays régi par « un despote inflexible », qui fait subir « la mort ou les tourments » pour « le plus mince délit », mais où fleurit

---

1. Diggers (fouisseurs), ainsi appelés parce qu'ils creusent la terre pour en arracher les racines dont ils se nourrissent. (Trad.)

2. Kelly, *Excursion to California*, London, 1851, I, 252.

3. Hutchinson, *Buenos Ayres*, etc., Lond., 1865, 280.

4. W. J. Palgrave, *Narrative of a Year's Journey through Central and Eastern Arabia*, Lond., 1865, 15.

une administration avancée, où il y a des gouverneurs
subalternes, des impôts, où le peuple est bien vêtu, où il
existe des arts, une agriculture et une architecture [1]. De
même aussi, dans la Nouvelle-Zélande, à l'époque de la
découverte, Cook remarqua que la prospérité paraissait
plus grande et la population plus dense dans les régions
soumises à l'autorité d'un roi [2].

Ces derniers exemples nous conduisent à une nouvelle
conclusion. Non seulement ce premier pas dans l'organisation politique, qui range les individus sous l'autorité d'un
chef de tribu, procure les avantages qui sont le prix d'une
coopération plus parfaite, mais ces avantages s'accroissent
quand des chefs politiques de second rang deviennent sujets
d'un chef politique de premier rang. On peut citer l'exemple
des Béloutchis, comme type des maux que cette organisation permet d'éviter : les tribus des Béloutchis qui ne sont
point soumises à un souverain commun sont perpétuellement en guerre l'une avec l'autre ; l'usage s'y conserve
d'élever dans chaque champ une petite tour de boue où le
propriétaire et les gens de sa suite gardent la récolte [3]. Cet
état de choses ressemble, mais en pire, à celui des clans
des montagnes de l'Ecosse, avec leurs réduits fortifiés où
l'on mettait les femmes et le bétail à l'abri des incursions
des voisins, à l'époque où les clans n'étaient point soumis à un pouvoir central. Les Grecs de l'antiquité sentirent
les bienfaits d'une autorité supérieure, que ce fût celle d'un
gouvernement simple ou d'un gouvernement composé; en
effet, c'est à un conseil amphictyonique qu'est due la loi qui
défendait « à une tribu hellénique de raser les habitations

1. Sir Sam. Baker, *Ethnological Transactions*, 1867.
2. Hawkesworth, *Account of Voyages of Discovery in the Southern Hemisphere*, Lond., 1773, III, 470.
3. *Journal of ethnological Society*, I, 109.

d'une autre tribu et de couper l'eau à aucune cité grecque assiégée [1]. » Le progrès de la structure politique, qui consiste dans l'union de petites sociétés pour en former de plus grandes, favorise le bien-être ; cela s'est vu dans la Grande-Bretagne lorsque la conquête romaine eut mis fin aux luttes incessantes des tribus ; et une fois encore, à une date plus récente, lorsque les barons féodaux, devenus sujets d'un monarque, se virent interdire les guerres privées. On vit la même chose, mais sous une forme renversée, dans l'anarchie qui suivit la chute de l'empire carlovingien : les ducs et les comtes reprirent leur indépendance et se traitèrent les uns les autres en ennemis : état politique dont on pouvait dire que, « lorsque les seigneurs féodaux ne se faisaient pas la guerre, ils vivaient ouvertement de pillage. » Enfin l'histoire de l'Europe a, à plusieurs reprises, en divers temps et en divers lieux, fourni des exemples analogues.

Si, d'une part, l'organisation politique, à mesure qu'elle s'étend dans des masses humaines de volume croissant, favorise directement la prospérité sociale, en écartant les obstacles que l'antagonisme des individus et des tribus oppose à la coopération, d'autre part elle la favorise aussi d'une autre manière. Dans un petit groupe social, il ne saurait se produire rien de plus qu'une division rudimentaire du travail. Pour que les genres de production puissent se multiplier, il faut des genres de producteurs multipliés ; et, avant que l'on puisse obtenir un produit par la voie la plus économique, il faut que les différentes phases de la production soient réparties entre des mains spéciales. Ce n'est pas tout encore. Ni les combinaisons complexes

1. Curtius, *History of Greece*, I.

d'individus qui sont nécessaires, ni l'outillage mécanique savant qui facilite la production, ne sauraient exister là où n'existe pas une grande société qui engendre une grande demande.

§ 443. Mais quoique les avantages, qui sont le prix de la coopération, supposent l'existence préalable d'une organisation politique, celle-ci entraîne nécessairement des désavantages; il est même très possible que les dommages l'emportent sur les profits. Il faut conserver les appareils de gouvernement et supporter les freins qu'ils imposent; enfin, il est possible que les maux résultant des impôts et de la tyrannie deviennent plus grands que les maux qu'ils empêchent.

Dans les pays où, comme en Orient, la rapacité des monarques a été quelquefois jusqu'à prendre aux cultivateurs une si grande partie de leurs produits qu'il fallait ensuite leur rendre de quoi faire les semailles, on voit comment l'institution qui maintient l'ordre peut causer plus de maux que le désordre. Nous en trouvons un exemple dans l'état de l'Egypte sous les Romains, qui superposèrent à la couche de fonctionnaires indigènes celle de leurs propres fonctionnaires, et firent des saignées aux ressources du pays non point pour les besoins de l'administration locale seulement, mais aussi pour ceux de l'administration impériale. Outre les impôts réguliers, ils y levaient des réquisitions pour nourrir et habiller les armées partout où elles étaient cantonnées. Ils ne cessaient de faire des demandes d'argent extraordinaires au peuple pour l'entretien des travaux publics et des agents subalternes [1]. Des gens en charge

---

1. Wilkinson, *Manners and Customs of the Ancient Egyptians*, I, 330.

se trouvaient tellement appauvris par ces exactions qu'ils
« recherchaient des occupations déconsidérées ou se faisaient les esclaves de personnes au pouvoir. » Les dons
volontaires offerts au gouvernement se convertissaient bientôt
en contributions forcées. Ceux qui achetaient le privilège
d'être exempts de ces extorsions n'avaient pas plus tôt payé
les sommes qu'on leur demandait, qu'on foulait aux pieds
leur immunité. Les calamités résultant du développement
excessif de l'organisation politique des Gaules, durant la
décadence de l'empire romain, étaient encore plus terribles : « Les receveurs étaient si nombreux par rapport
aux imposés, et le poids des taxtes si énorme, que le travailleur succombait; les plaines devenaient des déserts, et
des bois poussaient où avait jadis passé la charrue... Il était
impossible de dénombrer les fonctionnaires qui s'abattaient
sur chaque province et chaque ville... Le claquement du
fouet et les cris des malheureux mis à la torture remplissaient les airs. On y mettait l'esclave fidèle pour le faire
témoigner contre son maître, la femme pour la faire déposer contre son mari, le fils contre son père... Non satisfait du rendement de l'évaluation des premiers agents du
fisc, on en envoyait d'autres coup sur coup, qui grossissaient
l'estimation, pour se faire valoir; aussi les impôts allaient-
ils en croissant. Pendant ce temps, le bétail disparaissait et
les gens mouraient. Nonobstant, les survivants avaient à
payer les impôts des morts. » Ce qui montre à quel point
sous la domination romaine les profits se trouvaient dé-
passés par les dommages, à ce que dit un contemporain, c'est
que « les peuples redoutaient l'ennemi moins que le collec-
teur des impôts, qu'ils passaient au premier pour échapper
au second. Aussi la populace romaine exprimait-elle partout
le désir de vivre avec les Barbares. Dans les mêmes régions,

en des temps plus modernes, reproduction des mêmes faits.
Dès que la paix intérieure et ses bienfaits se trouvèrent
réalisés dans la France du moyen âge, du moment que les
barons féodaux devinrent sujets du roi, que le pouvoir
central, devenu plus fort, eut mis fin à l'usage primitif des
vengeances sanglantes qu'on tirait des parents d'un coupable, et imposé la *trêve de Dieu* comme un adoucissement
à la sauvagerie universelle, on vit l'extension de l'organisation politique donner promptement naissance à des maux
aussi grands ou plus grands, la multiplication des impôts,
les emprunts forcés, les confiscations illégales, les amendes
arbitraires, l'altération toujours plus grande des monnaies,
la corruption universelle de la justice à la suite de la vente
des offices ; les populations disparaissaient emportées par la
famine : les uns se tuaient; les autres, abandonnant leurs
demeures, vivaient de vagabondage. Plus tard, lorsque le
souverain suprême, devenu absolu, étendit son autorité sur
tous les détails de la vie sociale, qu'enveloppa un réseau
administratif immense, on vit en moins de deux siècles
les impôts indirects seuls « franchir l'énorme distance de
11 à 311 millions » ; l'appauvrissement et la misère de la
nation qui en fut la conséquence aboutirent à la grande
révolution. Aujourd'hui même, on observe en divers lieux
des faits analogues. En voyageant sur le Nil, on apprend que
le peuple est d'autant mieux dans ses affaires qu'il est plus
éloigné du centre du gouvernement, c'est-à-dire que le bras
de l'administration ne peut l'atteindre aussi aisément. Ce
n'est pas seulement sous la domination barbare du Turc
que cela se passe. En dépit de l'excellence tant vantée de
l'administration anglaise dans l'Inde, les charges extraordinaires et la complication des mesures restrictives qu'elle
comporte sont cause que les populations trouvent les ré-

gions voisines préférables : les *ryots* de diverses contrées quittent leurs maisons et vont s'établir sur le territoire du Nizam et sur celui du rajah de Gwalior [1].

Non seulement l'organisation politique fait peser sur les gouvernés des maux qui en réduisent grandement et quelquefois en excèdent les avantages. Quand les freins gouvernementaux sont nombreux et rigides, ils brident ceux qui les imposent aussi bien que ceux à qui ils sont imposés. Dans la hiérarchie des agents gouvernants, les supérieurs imposent leur autorité aux agents d'un grade inférieur, mais se courbent sous celle des agents des grades supérieurs ; il arrive même que l'agent le plus haut placé se trouve asservi par le système créé pour la conservation de sa suprématie. Dans l'ancienne Egypte, la vie du roi était soumise à une étiquette minutieuse qui réglait heure par heure ses occupations et ses cérémonies, en sorte que, tout-puissant de nom, il se trouvait en réalité moins libre qu'un sujet. Il en a été et il en est de même des autres despotes. Jusqu'à ces dernières années, au Japon, où la forme de l'organisation était devenue fixe et où, depuis le haut jusqu'au bas, les actions de la vie étaient réglées dans le détail, l'autorité pesait si lourdement sur celui qui l'exerçait que l'abdication volontaire était chose fréquente. « La coutume de l'abdication, dit Adams, est commune dans toutes les classes, depuis l'empereur jusqu'à son plus infime sujet. » Les États de l'Europe ont fourni des exemples de cette tyrannie en retour. « Dans le palais de Byzance, dit Gibbon, l'empereur était le premier esclave des cérémonies qu'il imposait [2]. » Au cours de ses réflexions sur l'ennuyeuse vie de la cour de Louis XIV, Mme de Maintenon remarque qu' « elle ne

1. *The Statesman*, Août 1880, 218.
2. Gibbon, *Fall of the Roman Empire*.

sait personne de plus malheureux que les gens haut placés, si ce n'est ceux qui leur portent envie. Si vous pouviez, ajoute-t-elle, vous faire une idée de ce que c'est! »

De sorte que la satisfaction des besoins personnels des hommes gagne au maintien de l'ordre et à la formation d'agrégats assez grands pour comporter une division compliquée du travail; mais qu'en revanche elle rencontre un obstacle dans les prélèvements considérables qui diminuent les produits de leurs efforts, et par suite dans les restrictions imposées d'ordinaire plus qu'il n'est nécessaire à ces efforts. Enfin l'autorité politique inflige indirectement des maux à ceux qui l'exercent aussi bien qu'à ceux qui la subissent.

§ 444. Les pierres qui composent une maison·ne sauraient servir à un autre usage tant que la maison n'est pas démolie. Quand les pierres sont unies par du mortier, il est encore plus difficile de détruire leur arrangement actuel, pour les combiner ensuite sur un nouveau plan. Enfin, si le mortier a eu des siècles pour se consolider, la difficulté de rompre la masse qu'il forme avec les pierres est si grande, qu'il est plus économique de bâtir avec de nouveaux matériaux qu'avec les anciens.

Je dis cela pour montrer que tout arrangement est un obstacle au réarrangement; et qu'il doit en être ainsi de l'organisation, qui est un genre d'arrangement. Lorsque, durant l'évolution d'un corps vivant, la substance qui le compose, d'abord relativement homogène, s'est transformée en une combinaison de parties hétérogènes, un obstacle s'est formé, toujours grand et quelquefois insurmontable, qui s'oppose à tout nouveau changement de structure; plus la structure est compliquée et définie, plus est grande la résistance qu'elle oppose au changement. Enfin ceci, qui est éminemment vrai d'un organisme individuel, est vrai, moins éminemment peut-être, d'un organisme social. Quoiqu'une société formée d'unités discrètes, et qui n'a pas reçu son type héréditairement d'innombrables sociétés pareilles, soit beaucoup plus plastique, néanmoins le même principe s'y vérifie. Dès que ses parties sont différenciées, dès qu'il s'y forme des classes, des corps de fonctionnaires, des administrations réglées, tout cela, faisant corps, lutte contre les forces qui tendent à la modifier. L'esprit conservateur qui se révèle dans une institution séculaire montre chaque jour la réalité de cette loi sociale. Qu'il s'agisse de l'hostilité de l'Église envers la législation qui intervient dans sa discipline, qu'il s'agisse de l'opposition de l'armée anglaise à l'abolition de l'usage de l'achat des grades, ou de la défaveur avec laquelle les hommes de loi ont accueilli la réforme des lois, on voit invariablement qu'il n'est jamais facile d'opérer un changement soit dans la structure, soit dans les modes d'action des parties qui ont une fois été spécialisées.

De même que les divers actes du corps vivant ont leur fin commune dans sa conservation, de même ses divers organes ont chacun pour fin de se conserver intacts. Pareillement, de même que dans une société la conservation de son existence est le but de ses actions combinées, de même aussi il est vrai que ses diverses classes, ses catégories de fonctionnaires, ses autres parties spécialisées ont chacune pour but principal de se conserver. L'objet considéré comme fin n'est point la fonction à remplir, mais l'entretien de ceux qui la remplissent ; il en résulte que, lorsque la fonction est inutile, ou même dommageable, la structure se conserve aussi longtemps qu'elle le peut. L'histoire des Templiers en fut un exemple. De nos jours, nous en avons un autre devant les yeux. Tout le monde sait que les corporations de Londres ont cessé de remplir leurs fonctions primitives, mais elles n'en conservent pas moins leur organisation avec un soin jaloux. La convention des bourgs royaux d'Ecosse, qui faisait autrefois les lois municipales, se réunit encore chaque année, mais ne remplit plus aucune fonction. Les comptes du *Livre noir* des sinécures qui survivaient naguère encore, en fournissent aussi d'innombrables exemples.

Nous ne saurions évaluer complètement la force qu'une organisation oppose à la réorganisation, qu'après avoir reconnu que sa résistance augmente en progression composée. En effet, en même temps que chaque partie nouvelle est un obstacle nouveau au changement, la formation de cette partie suppose une diminution subie par les forces, qui sont les causes du changement. Si, toutes choses restant les mêmes, la structure politique d'une société subit un développement nouveau ; si les institutions existantes s'étendent, ou que de nouvelles apparaissent ; si, pour diriger les fonctions sociales plus dans le détail, on crée un nouvel état-major d'employés, il en résulte du même coup un accroissement de l'agrégat des gens composant la partie régissante, et un décroissement correspondant dans l'agrégat des unités qui composent la partie régie. De diverses manières, tous ceux qui composent l'organisation gouvernante et administrante s'unissent entre eux et se séparent des autres. Quelles que soient leurs fonctions particulières, ils entretiennent avec les centres gouvernants de leur département administratif des rapports semblables, et par ces centres avec le centre gouvernant suprême ; ils sont habitués à des sentiments et à des idées analogues sur le système d'institutions auquel ils sont incorporés. Tirant leur subsistance du revenu national, ils inclinent vers des

idées et des sentiments analogues sur la façon de lever ce
revenu. Quelque jalousie que les divers corps de fonctionnaires puissent entretenir les uns à l'égard des autres, la
sympathie qui les unit tous, la domine, lorsqu'un de ces
corps voit son existence ou ses privilèges menacés, puisque
l'intervention qui le menace peut s'étendre aux autres. En
outre, ils sont tous dans un rapport semblable avec le reste
de la société, dont ils règlent souverainement, chacun à sa
manière, les actions ; aussi sont-ils conduits à professer des
croyances voisines sur la nécessité de cette direction et
l'avantage de s'y soumettre. Peu importent les opinions
politiques que les hommes aient pu avoir, ils ne sauraient
entrer dans les emplois publics sans glisser vers des opinions en accord avec leurs fonctions. En sorte que, par
un effet inévitable, tout développement nouveau de la machine gouvernementale ou administrative, en un mot de
l'appareil directeur des forces sociales, augmente les obstacles à des modifications futures, à la fois d'une manière
positive, en fortifiant ce qui doit être fortifié, et d'une
manière négative, en affaiblissant le reste, jusqu'à ce qu'à
la fin la rigidité devienne si grande que tout changement
soit impossible, et que le type demeure fixé.

Si chaque développement nouveau de l'organisation politique augmente les obstacles au changement, ce n'est pas
seulement par l'accroissement du pouvoir des régissants et
par la diminution du pouvoir des régis. En effet, les idées et
les sentiments de la société dans son ensemble s'adaptent au
régime avec lequel les hommes se sont familiarisés dès l'enfance au point qu'ils le considèrent comme naturel. Dans
la mesure où les organes publics occupent une plus large
place dans l'expérience quotidienne, n'en laissant qu'une
petite aux autres, on est bien plus porté à penser que l'auto-

rité publique est partout nécessaire, et bien moins capable de concevoir comment les actions sociales pourraient être dirigées autrement. En même temps, les sentiments, façonnés ou adaptés par l'habitude au mécanisme régulatif, en deviennent les auxiliaires, et créent l'aversion pour l'idée du vide que laisserait sa disparition. Bref, la loi générale d'après laquelle l'organisme social et ses unités agissent et réagissent jusqu'à ce que l'accord se fasse entre eux, suppose que toute extension nouvelle de l'organisation politique augmente les obstacles qui s'opposent à la réorganisation, non seulement en ajoutant à la force de la portion régissante et en diminuant la force de la portion régie, mais aussi en produisant dans les citoyens des idées et des sentiments en harmonie avec la structure qui résulte de ce développement, et en désaccord avec tout état de choses qui en diffère entièrement. C'est une vérité dont la France et l'Allemagne nous fournissent des exemples. Quand Auguste Comte préfigurait un état industriel, il était tellement dominé par les conceptions et les goûts propres au régime social de la France, que dans le plan d'organisation qu'il assignait à l'état industriel, il prescrivait des arrangements propres au type militaire et tout à fait en désaccord avec le type industriel. Il avouait même une aversion profonde pour l'individualisme, ce produit de la vie industrielle qui donne aux institutions industrielles leur caractère. De même aussi, en Allemagne, les socialistes, à qui l'on prête le désir et qui se croient la mission de réorganiser entièrement la société, sont incapables à ce point de rejeter la conception du type social dans lequel ils ont été élevés, qu'ils préconisent un système social qui n'est au fond qu'une forme nouvelle de celui qu'ils voudraient détruire. C'est un système dans lequel la vie et le travail sont arrangés et réglés par des autorités publiques, omniprésentes comme celles qui existent déjà, et non moins coercitives : l'individu y a sa vie encore plus réglée qu'aujourd'hui.

Si donc, en l'absence d'institutions réglées, il ne saurait y avoir de coopération, la coopération d'un genre supérieur se trouve empêchée par des institutions qui facilitent celle d'un genre inférieur. Bien que, faute de certaines relations établies entre les parties, les actions combinées ne soient pas possibles, plus ces relations deviennent étendues et complexes, plus il devient difficile de réaliser une amélioration dans la combinaison des actions. Il s'opère un accroissement des forces tendant à immobiliser et une diminution des forces tendant à mobiliser, jusqu'à ce que l'organisme social complètement organisé, de même que l'individu complètement organisé, ne soit plus susceptible d'adaptation.

§ 445. Dans un animal vivant, formé qu'il est d'unités agrégées originellement du même genre, le progrès de l'organisation implique non seulement que les unités composant chacune des parties différenciées conservent chacune sa position, mais aussi que leur descendance leur succède dans ces positions. Les cellules hépatiques qui, tout en remplissant leur fonction, grandissent et donnent naissance à de nouvelles cellules hépatiques, font place à celles-ci, quand elles se dissolvent et disparaissent ; les cellules qui en descendent ne se rendent pas aux reins, aux muscles, aux centres nerveux pour s'unir dans l'accomplissement de leur fonction. Enfin, il est évident qu'à moins que les unités spécialisées dont chaque organe est composé, n'aient produit des unités spécialisées semblablement, qui restent à la même place, il ne saurait exister entre les parties aucune de ces relations constituées qui sont le caractère

de l'organisme et qui le rendent propre à son mode particulier de vie.

De même dans une société, la constitution de la structure
se trouve favorisée par la transmission de positions et de
fonctions à travers les générations successives. La conservation de divisions de classes qui se produisent à mesure que
l'organisation progresse, suppose l'hérédité du rang et de la
place dans chaque classe. Il en est de même des subdivisions
de classe qui dans certaines sociétés constituent des castes,
et dans d'autres se révèlent partiellement par des corporations. Lorsque la coutume ou la loi obligent le fils d'un
artisan à suivre la profession de son père, elles introduisent
dans la structure industrielle des obstacles au changement
analogues à ceux qui, dans les organes régulatifs, résultent
de l'impossibilité de franchir les barrières des rangs. On
voit cette difficulté portée à l'extrême dans l'Inde; on la
voyait moins prononcée sans doute en Angleterre autrefois
dans les corporations d'artisans, qui facilitaient l'accès d'un
métier aux enfants des hommes qui en faisaient profession,
et l'interdisaient aux autres. Nous pouvons donc dire que
l'hérédité de position et de fonction est le principe de fixité
de l'organisation sociale.

L'hérédité du rang ou de la profession produit la stabilité d'une autre manière encore : elle assure la suprématie
à l'aîné, et la suprématie de l'aîné assure la conservation
de l'ordre établi. Un système social sous lequel un souverain, un chef subordonné, un chef de clan ou de maison,
un fonctionnaire, une personne quelconque possédant le
pouvoir donné par le rang ou la propriété, conserve sa position jusqu'à ce que son descendant l'occupe, d'après une
règle de succession reconnue, est un système dans lequel
il va de soi que les jeunes gens et même les gens d'âge

moyen sont exclus de la conduite des affaires. De même
aussi, lorsqu'un système industriel est arrangé de telle sorte
que le fils, habituellement formé aux affaires de son père,
ne peut, à la mort de celui-ci, occuper la position de maître,
la puissance régulative des plus âgés sur les opérations de
production et de distribution n'est guère limitée par la
puissance des plus jeunes, si elle l'est. Or, chaque jour nous
apporte la preuve que l'accroissement de rigidité de l'organisation nécessitée par la marche de l'évolution, augmente
dans l'âge avancé la force de l'habitude et l'aversion pour
le changement. D'où il résulte que la succession aux places
et fonctions en vertu de l'hérédité, entraînant comme conséquence nécessaire le monopole du pouvoir par les plus
âgés, implique la prédominance de l'esprit conservateur et
assure par là davantage le maintien des choses comme elles
sont.

Par contre, le changement social est facile dans la mesure
où les positions et les fonctions peuvent dépendre de qualités
personnelles. Les hommes d'une classe qui pénètrent dans
une autre portent un coup direct à la séparation des rangs;
ils en portent encore un indirect en ce qu'ils conservent
leurs relations de famille dans une classe, et en nouent de
nouvelles dans l'autre; de plus, les idées et les sentiments
dominants dans les deux classes, auparavant plus ou moins
différents, réagissent les uns sur les autres et opèrent un
changement dans le caractère. Pareillement s'il n'existe
entre les subdivisions des classes productives et distribu-
tives rien qui empêche le passage de l'une à l'autre, plus
ces passages seront nombreux, plus les influences physiques
et mentales qui sont les effets du mélange réciproque,
altéreront le caractère des unités de ces subdivisions, en
même temps qu'elles opposeront un obstacle à l'établisse-

ment de différences de nature par l'effet des différences d'occupation. Cet échange d'unités d'une classe à l'autre ou d'un groupe à l'autre doit néanmoins, en somme, dépendre de l'aptitude des individus pour leurs nouvelles positions et leurs nouvelles fonctions. L'intrusion ne réussira d'ordinaire que lorsque les intrus auront des aptitudes plus qu'ordinaires pour les affaires qu'ils entreprennent. Ceux qui désertent les fonctions que leur assigne leur origine, ont le désavantage dans la lutte avec ceux dont ils prennent les fonctions; ils ne peuvent surmonter ce désavantage que grâce à quelque supériorité : il faut qu'ils fassent mieux que ceux qui sont nés pour cela, et qu'ils ouvrent la voie par leur exemple à une amélioration. On peut donc dire que la permission pour l'homme de faire dépendre sa carrière de ses aptitudes est le principe du changement dans l'organisation sociale.

De même que nous avons vu la succession par hérédité mener indirectement à la stabilité, en conservant l'autorité entre les mains de ceux à qui leur âge donne le plus d'aversion pour les nouveautés, de même ici, par contre, nous pouvons voir que la succession par droit de capacité mène indirectement au changement. Positivement et négativement à la fois, la possession du pouvoir par les jeunes facilite l'innovation. Tant que la force déborde, il y a peu à redouter ces obstacles à l'amélioration et les maux qu'ils suscitent, si formidables quand les forces manquent; en même temps, l'imagination plus active qui marche avec une vitalité plus grande, combinée avec une force moindre de l'habitude, facilite l'admission d'idées nouvelles et l'adoption de méthodes qui n'ont pas encore été mises à l'épreuve. Et, comme les diverses positions sociales se trouvent chacune remplie par ceux qui se sont montrés à l'épreuve les plus aptes, il est permis à des gens relativement jeunes d'exercer l'autorité ; il en résulte que la succession de par la capacité favorise le changement dans l'organisation sociale, indirectement aussi bien que directement.

Ainsi, par opposition, nous voyons que, si l'obtention des fonctions par hérédité mène à la rigidité de la structure, l'obtention des fonctions par la capacité mène à la plasticité de la structure. La succession par cause de filiation favorise la conservation de ce qui existe. La succession par cause d'aptitude favorise la transformation et rend possible un état meilleur.

§ 446. Nous avons vu que « la complication de structure accompagne l'accroissement de masse » dans les organismes sociaux aussi bien que dans les organismes individuels. Lorsque de petites sociétés se combinent pour former des sociétés composées plus étendues, les appareils gouvernants nécessaires dans les diverses sociétés composantes doivent se subordonner à un appareil gouvernant central : de nouvelles structures sont nécessaires. La recomposition d'une société nécessite une complexité analogue plus avancée dans les arrangements gouvernementaux ; enfin, à chacune des étapes de l'accroissement, tous les autres arrangements doivent devenir plus compliqués. Selon la remarque de M. Duruy, Rome cessant d'être une ville pour devenir le monde, ne pouvait garder les institutions qui convenaient à une seule ville et à un petit territoire... Comment eût-il été possible de faire rentrer soixante millions de provinciaux dans le cercle étroit et rigide des institutions municipales ? La même chose arrive partout où, au lieu d'une extension de territoire, il y a seulement une augmentation de population. Le contraste qui existe entre le système administratif simple, qui suffisait jadis en Angleterre pour un million de sujets, et le système administratif compliqué exigé aujourd'hui, pour plusieurs millions, met assez bien en évidence cette loi.

Mais, à présent, notons une conséquence. Si d'une part une croissance nouvelle implique une structure plus complexe, d'autre part la mutabilité de la structure est une condition d'une nouvelle croissance ; et, par contre, l'immutabilité de la structure est le signe d'un arrêt de développement. Comme la loi corrélative que nous venons de remarquer, celle-ci s'aperçoit nettement dans l'organisme individuel. D'une part, le passage d'une forme petite et non mûre à une forme grande et mûre dans un être vivant, suppose que toutes ses parties doivent changer de volume et de rapport ; il faut que chaque détail de chaque organe se modifie, ce qui implique la conservation de la plasticité. D'autre part, lorsque, en approchant de la maturité, les organes prennent leurs dispositions définitives, la précision et la rigidité croissante de leur structure constituent un obstacle toujours plus grand à la croissance : la désorganisation et la réorganisation qui doivent nécessairement précéder le réajustement, deviennent de plus en plus difficiles. Il en est de même pour une société. L'augmentation de sa masse nécessite un changement dans les appareils préexistants, soit par incorporation de l'accroissement en eux, soit par leur extension à travers sa masse. Chaque élaboration nouvelle des dispositions de la structure y apporte un nouvel obstacle ; enfin, lorsque l'organisme a atteint la rigidité, les modifications des appareils que supposerait l'accroissement de leur volume sont impossibles, et l'accroissement se trouve empêché. Ce n'est pas tout. Les appareils gouvernementaux et administratifs s'opposent à la croissance, parce qu'ils absorbent les matériaux de la croissance. Déjà, en signalant les maux qui accompagnent les profits de l'organisation politique, nous avons donné à entendre ce résultat. Les frais du gouvernement sont un dommage pour les producteurs, auxquels ils enlèvent leurs produits ; de plus ils causent un dommage à la société : prendre aux unités, c'est prendre à l'agrégat. Quand les ressources des particuliers subissent pour des fins d'intérêt public une soustraction excessive, l'appauvrissement qui en est l'effet amène la diminution de la population , ou au moins en arrête l'accroissement. Évidemment, les membres d'une société qui forment les parties régissantes, et tous ceux qui dépendent d'eux, doivent être pourvus de moyens de subsistance par les parties qui remplissent les fonctions de production et de distribution ; et, si les parties régissantes continuent à grandir relativement aux autres parties, il arrivera un moment où elles absorberont l'excédent tout entier, et la multiplication se trouvera arrêtée par le défaut de nutrition.

Aussi existe-t-il une relation significative entre la structure d'une société et son développement. L'organisation qui dépasse les besoins d'une société l'empêche d'acquérir le volume plus grand et le type supérieur correspondant qui aurait pu se réaliser sans cela.

§ 447. Pour bien interpréter les faits spéciaux dont nous allons nous occuper, il ne faut pas oublier les généralités que nous venons d'imposer. On peut les résumer de la manière suivante :

La coopération est rendue possible par l'état de société, et rend la société possible. Elle présuppose des hommes associés, et les hommes demeurent associés à cause des bénéfices qu'ils retirent de la coopération.

Mais il ne saurait y avoir d'actions concertées sans

des appareils qui les ajustent dans le temps, la quantité
et le genre voulus; et les actions ne sauraient être de
divers genres sans que les coopérateurs assument des
fonctions différentes. Cela veut dire que les coopérateurs
doivent s'organiser, soit volontairement soit involontaire-
ment.

L'organisation que la coopération implique est de deux
genres, distincts par l'origine et la nature. L'une, provenant directement de la poursuite de fins individuelles et
conduisant directement au bien social, se développe inconsciemment et n'est point coercitive. L'autre, provenant
directement de la poursuite de fins sociales et menant indirectement au bien individuel, se développe consciemment,
et est coercitive.

Tandis qu'en rendant la coopération possible l'organisation politique procure des avantages, elle produit aussi des
résultats qui les diminuent. La conservation de cette organisation est coûteuse, et le prix qu'elle coûte peut l'em-
porter sur les maux qu'elle fait éviter. Elle impose nécessairement des restrictions, et ces restrictions peuvent aller
si loin que l'anarchie, avec toutes ses misères, soit pré-
férable.

Une organisation constituée devient un obstacle à la réorganisation. Le but premier de chaque partie comme du
tout est de s'entretenir; aussi, dès que les parties sont formées, elles tendent à durer, qu'elles soient utiles ou non.
En outre, chaque addition qui vient augmenter les appareils régulatifs, impliquant, toutes choses égales, une
perte subie au même moment par le reste de la société
qui est régie, il s'ensuit que, tandis que les obstacles au
changement augmentent, les forces qui causent le changement sont diminuées.

La conservation de l'organisation d'une société implique que les unités formant les appareils dont elle est composée se trouvent remplacées dès qu'elles périssent. Si les vacances qu'elles laissent sont remplies sans débats par leurs descendants, la stabilité fleurit; au contraire, le changement se trouve favorisé lorsque les vacances sont remplies par ceux qui se montrent, à l'épreuve, les plus capables de s'en acquitter. La succession par hérédité est donc le principe de rigidité de la société, tandis que la succession par capacité en est le principe de plasticité.

Bien que, pour que la coopération soit possible, et par conséquent que la croissance sociale soit facilitée, il doive y avoir une organisation, celle-ci une fois constituée met obstacle à une croissance ultérieure, puisque cette croissance ultérieure implique une réorganisation à laquelle s'oppose l'organisation existante, et que l'organisation existante absorbe une partie des matériaux de la croissance.

De sorte que si, à chaque étape, l'organisation en se complétant peut réaliser immédiatement des résultats meilleurs, ce n'est qu'aux dépens de résultats ultérieurs encore meilleurs.

# CHAPITRE III

§ 448. L'analogie des organismes individuels avec les organismes sociaux, vraie à tant de points de vue, l'est aussi à celui des causes de la croissance. Nous ferons bien de considérer l'intégration politique à la lumière de cette analogie.

Tout animal s'entretient et grandit en s'incorporant les matériaux constitutifs d'autres animaux ou de plantes. Depuis les protozoaires microscopiques jusqu'aux animaux placés au plus haut degré de l'échelle, les animaux du plus grand volume et de la structure la plus compliquée ne se développent que grâce au succès dans la lutte en vue de l'incorporation. Les êtres inférieurs vaquent à cette opération d'une façon toute physique et inconsciente. Dépourvu de système nerveux comme de toute distinction fixe des parties, le rhizopode absorbe des fragments de matière nutritive par des actes que nous ne pouvons ne pas considérer comme inconscients. Il en est de même des agrégats simples formés par l'agglomération de petits êtres de ce genre. La charpente de fibres que tout le monde connaît et qui est

l'éponge à l'état mort, contient, à l'état vivant, une multitude
de monades séparées; et les actions qui s'accomplissent dans
l'éponge sont de nature à favoriser directement la vie de chacune de ces monades, et indirectement la vie de l'agrégat,
agrégat qui n'a ni sensibilité ni motilité. Plus haut dans l'échelle
animale, cependant, l'introduction des matériaux nutritifs destinés à la croissance, par un organisme composite, s'opère
d'une façon consciente, d'une façon qui diffère de la primitive
en ce qu'elle favorise directement la vie de l'ensemble, et indirectement celle des unités composantes. A la fin, l'agrégat
bien consolidé et organisé, qui n'avait originellement pas
d'autre vie que celle qui était constituée par les vies séparées
de ces petites créatures agglomérées ensemble, acquiert une
vie corporative qui prédomine sur les autres, et aussi des
désirs qui dirigent ses actes dans le sens de l'incorporation.
A quoi il faut ajouter le corollaire évident que, à mesure
que dans le cours de l'évolution son volume augmente, il
s'incorpore comme proie des agrégats de plus en plus
grands.

On peut suivre des étapes analogues dans la croissance
des organismes sociaux et les formes d'activité qui l'accompagnent. Au début, il n'y a pas d'autre vie dans le groupe
que celle qui se révèle dans la vie de chacun de ses membres; et c'est seulement à mesure que l'organisation s'élève
que le groupe dans son ensemble arrive à posséder la vie
corporative constituée par des actions mutuellement dépendantes. Les membres d'une horde primitive, agrégés par
un lien lâche, sans fonctions distinctes, coopèrent au profit
immédiat de l'entretien individuel et relativement peu au
profit de l'entretien de l'agrégat. Lors même que, au moment
où les intérêts de tous sont simultanément mis en péril,
chacun des membres de la horde combat en même temps que

les autres, leurs actions ne sont pas coordonnées; les seules dépouilles conquises dans une bataille gagnée sont celles que le guerrier peut s'approprier individuellement. Mais dans le cours des luttes pour l'existence entre les groupes ainsi inorganisés, à mesure que se fait le développement de l'organisation politique qui crée l'individualité de la tribu, on voit apparaître la lutte en vue d'incorporer une autre tribu, d'abord en partie, puis en totalité. Les tribus nombreuses, ou bien organisées, ou en possession de ces deux avantages, subjuguent les tribus voisines et les annexent, de manière à former les parties d'un tout composé. A mesure que l'évolution politique s'avance, se caractérisent de plus en plus par l'appétit des sociétés grandes et fortes, celui qui les pousse à s'incorporer les sociétés plus faibles.

On apercevra clairement cette différence en regardant de plus près le contraste qui sépare les guerres des petits groupes et celles des grandes nations. Deux chiens se battent lorsque l'un d'eux veut ravir à l'autre sa nourriture, et deux bandes de chiens se livrent bataille lorsque l'une d'elles envahit le territoire où l'autre se nourrit, comme à Constantinople par exemple. Même chose chez l'homme : les conflits entre individus pour la nourriture s'agrandissent et deviennent des conflits entre des hordes, lorsque l'une d'elles, à la poursuite de sa subsistance, empiète sur le territoire d'une autre. A l'époque pastorale, ces motifs se reproduisent avec une différence. « Les représailles de pillages passés » sont les motifs habituels de la guerre chez les Béchuanas : « ils n'ont d'autre but que de se procurer du bétail [1]. » Il en fut de même chez les peuples européens de l'antiquité. « Je n'ai rien à leur reprocher, dit Achille en parlant des Troyens; ils ne

---

1. W.-J. Burchell, *Travels into the Interior of South ern Africa.* II, 532.

m'ont ravi ni mes bœufs ni mes chevaux [1]. » En Ecosse, jadis,
les razzias de bétail étaient les causes habituelles de combats de tribu à tribu, exemple de la persistance des luttes
pour les moyens de subsistance. Lors même que la société
est agricole, il en est ainsi au début. Chez les Khonds, « un
champ, ou une bande de terre sur la limite d'un district
est un objet de dispute, et donne lieu à des contestations
entre les parties et leurs hameaux respectifs, dit Macpherson, et, si les tribus auxquelles les parties appartiennent sont enclines à l'hostilité, elles se jettent vite dans
la querelle [2]. » Par là, la concurrence dans la croissance
sociale est encore réduite à une concurrence pour les
moyens qui procurent le bien-être personnel, cause indirecte
de croissance sociale.

Nous voyons ce principe général se vérifier d'autre manière. Voici un exemple du progrès de la croissance sociale
par la cause même de la multiplication des unités : c'est
le rapt, seconde cause de la guerre primitive. Les hommes
d'une tribu qui enlèvent les femmes d'une autre, n'augmentent pas seulement directement le nombre des membres
de leur tribu propre, mais ils préparent bien davantage,
d'une manière indirecte, l'augmentation de ce nombre en
ajoutant par la suite au nombre de ses enfants. Dans ce
mode de croissance aux dépens les unes des autres, qu'on
observe communément chez certaines tribus sauvages de
nos jours, et qui fut autrefois commun aux tribus d'où les
nations civilisées sont sorties, nous observons encore le
même trait fondamental : toute augmentation du groupe
qui se réalise est un résultat indirect de prise de possession et de reproduction d'individus.

1. Homère, *Iliade*, liv. I.
2. Macpherson, *Report upon the Khonds of Ganjani and Cuttack*, Calcutta, 1842-43.

D'autre part, à une époque plus avancée, la lutte entre les sociétés n'a pas pour objet la prise de possession des moyens de subsistance d'autrui, mais prise de possession du corps d'autrui. La question qui se pose est de savoir quelle société s'incorporera les autres. A un point de vue, l'histoire des grandes sociétés est l'histoire des succès remportés dans ces luttes ; et jusqu'à nos jours on a vu des sociétés s'agrandir de la sorte. La France s'est incorporée une partie de l'Italie, l'Allemagne une partie de la France, la Russie une partie de la Turquie. Il semble qu'il y ait entre la Russie et l'Angleterre un assaut pour savoir laquelle grandira le plus en absorbant d'autres sociétés.

Ainsi donc, pour les organismes sociaux comme pour les organismes individuels, c'est grâce à la lutte pour l'existence, d'abord par la prise de possession des moyens de croissance d'autrui, plus tard par l'absorption d'autrui, que naissent ces grands agrégats, qui ont le double effet de rendre possible une organisation supérieure et d'en exiger la réalisation.

§ 449. L'intégration politique se trouve dans quelques cas favorisée, et dans d'autres empêchée, par diverses conditions, les unes externes, les autres internes. Ce sont les conditions du milieu et les caractères des hommes qui composent la société. Nous allons les passer en revue dans cet ordre.

Nous avons déjà montré comment l'intégration politique se trouve empêchée par l'inclémence du climat ou par l'infertilité du sol, qui ne permet pas à la population de s'accroître [1]. Ajoutons aux exemples déjà cités celui des Sémi-

---

1. *Principes de sociologie*, § 11-21.

noles. « Ces Indiens sont tellement disséminés sur une
surface nue et déserte qu'il est rare qu'ils s'assemblent pour
prendre une misérable boisson ou pour délibérer sur les
affaires publiques. » Schoolcraft rapporte que pour certaines peuplades d'Indiens-Serpents « il n'y a guère lieu de
douter que la rareté du gibier dans le pays ne soit la cause
de l'absence presque totale d'organisation politique. » Nous
avons vu encore qu'une grande uniformité de surface, de
produits minéraux, de flore et de faune, sont d'autres
obstacles, et que la prospérité de l'individu, condition nécessaire du développement social, dépend du caractère particulier de la flore et de la faune, en ce qu'elles contiennent
des espèces favorables ou défavorables au bien-être de
l'homme. Nous avons vu encore que la structure de l'habitat, en ce qu'elle facilite ou empêche les communications,
qu'elle rend la fuite aisée ou difficile, est pour beaucoup
dans les dimensions de l'agrégat social. Aux exemples déjà
cités, où l'on voit que les populations des montagnes et
celles des déserts et des marais se consolident difficilement,
tandis que celles qui demeurent parquées par des barrières
se consolident facilement [1], nous pouvons en ajouter deux
nouveaux. L'un nous vient des îles de la Polynésie, Taïti,
Hawaï, Tonga, Samoa, etc. Les insulaires resserrés par la
mer se sont unis plus ou moins étroitement en agrégat de
dimensions considérables. L'autre exemple nous est offert
par l'ancien Pérou, où, avant l'époque des Incas, des sociétés à demi civilisées se sont constituées dans des vallées
séparées les unes des autres « sur la côte par des déserts
torrides et à peu près infranchissables, et, plus avant dans
les terres, par des montagnes élevées ou par des *puñas*

---

1. *Principes de sociologie*, § 17.

froides et impraticables. » Squier reconnaît un facteur de leur civilisation dans l'impossibilité où ces peuples se trouvaient, par suite de ces conditions, d'échapper à la contrainte gouvernementale [1]; et un ancien écrivain espagnol, Cieza, y voit la cause des différences sociales qui séparaient les Péruviens de leurs voisins les Indiens du Popoyan, qui pouvaient battre en retraite « vers d'autres régions fertiles, chaque fois qu'ils étaient attaqués. » Par contre, on voit assez aisément comment la facilité des communications au dedans favorise dans la région occupée l'accroissement de la densité de la population. Une remarque de Grant sur les peuplades de l'Afrique équatoriale fait sentir l'importance de cette cause. « Nulle juridiction, dit-il, ne s'étend sur un district dont la longueur exige plus de trois ou quatre jours de marche. » De tels faits, donnant à penser que l'intégration politique peut progresser à mesure que les moyens d'aller d'un lieu à un autre s'améliorent, nous remettent en mémoire que, depuis le temps des Romains jusqu'à nos jours, la construction de routes a rendu possible la formation de plus grands agrégats sociaux.

Nous avons donné ailleurs des preuves qu'un certain type de constitution physique est une condition nécessaire de l'agrégation [2]. Nous avons vu que les races qui ont donné naissance à de grandes sociétés avaient été préalablement soumises à des conditions physiques favorables à la formation d'une constitution vigoureuse. Ajoutons seulement que l'énergie constitutionnelle nécessaire pour l'accomplissement d'un travail continu sans lequel il ne saurait y avoir ni civilisation ni concentration de population, phénomène

---

1. Squier, *Observations on Geography and Archæology of Peru*. London, 1870-78.
2. *Principes de sociologie*, § 16.

concomitant de la civilisation, ne s'acquiert pas rapidement; cette énergie est uniquement le résultat de modifications héréditaires lentement accumulées. Les effets du gouvernement des Jésuites sur les Indiens du Paraguay offrent une preuve excellente de l'incapacité physique des races inférieures pour le travail. Les Jésuites avaient ployé ces Indiens à des habitudes industrieuses, et à une vie réglée que beaucoup d'auteurs jugeaient admirables, mais cette nouvelle existence eut pour résultat fatal l'infécondité. Il n'est pas improbable que l'infécondité, communément observée dans les races sauvages initiées aux occupations de la civilisation, proviennent de ce que leur physique est soumis à plus d'efforts que leur constitution n'en peut supporter.

Lorsque nous avons traité de « l'homme primitif-émotionnel », nous avons indiqué les caractères moraux qui favorisent et ceux qui empêchent l'union des hommes en groupes considérables. Nous allons fournir de nouveaux exemples de ceux qui se rapportent à l'aptitude ou à l'inaptitude du type à la subordination. « Les Abors, de leur propre aveu, ressemblent au tigre : ils ne peuvent demeurer plusieurs dans une même caverne, » et « leurs maisons sont éparpillées, séparément ou par groupes de deux ou trois [1]. » Par contre, il est des races africaines qui ne se bornent pas à céder à la contrainte, mais qui admirent celui qui les contraint. Tels sont les Damaras, qui, selon Galton, « recherchent l'esclavage, » et « suivent un maître comme le ferait un épagneul [2]. » On raconte la même chose d'autres peuplades du sud de l'Afrique. Dans l'une d'elles, il arriva à un naturel de dire à un voyageur que je connais : « Vous

1. Galton, *Journal of Asiatic Society of Bengal*, XVI, 624.
2. Galton, *Journal Royal Geographical Society*, 1852, 232.

êtes un drôle de maître. J'ai passé deux ans avec vous, et vous ne m'avez pas battu une seule fois. » Evidemment, les dispositions que nous opposons dans ce contraste frappant, sont pour beaucoup dans l'impossibilité ou la possibilité de l'intégration politique. Une autre condition, très puissante, est la présence ou l'absence de l'instinct nomade. Les races chez lesquelles les habitudes nomades n'ont point rencontré d'obstacle durant d'innombrables générations de chasseurs et de pasteurs montrent, même lorsqu'elles sont contraintes d'adopter la vie agricole, une disposition au déplacement qui oppose un obstacle considérable à l'agrégation. Il en est ainsi des tribus montagnardes de l'Inde. « Les Koukis sont naturellement une race nomade qui n'occupe jamais le même lieu plus de deux ou trois mois, au maximum [1]. » Tels sont aussi les Michmis, qui « ne donnent jamais de nom à leurs villages » [2] : l'existence de ces villages est en effet trop courte. Chez d'autres races, cet instinct nomade survit et révèle ses effets même après la formation de villes populeuses. Burchell, qui visita les Bachassins en 1812, raconte que Litakum, ville de quinze mille habitants, avait été deux fois abandonnée dans l'espace de vingt ans [3]. Il est évident que des peuples de ce caractère s'unissent moins facilement pour former de grandes sociétés que ceux qui aiment leurs anciennes demeures.

A ce que nous avons dit des caractères intellectuels qui facilitent ou empêchent la cohésion des hommes sous forme de masses, quand nous avons traité de « l'homme primitif-intellectuel », nous pouvons ajouter deux conséquences très importantes. La vie sociale, étant une vie coopé-

---

1. Stewart, *Journal Asiatic Society of Bengal.* XXIV, 633.
2. Cooper, Mishmee Hills. London, 1873, 228.
3. Burchell, *Travels, etc.* II, 512.

rative, suppose non seulement une nature émotionnelle, propre à la coopération, mais aussi une intelligence capable de reconnaître les bienfaits de la coopération et de régir les actions de manière à la réaliser. Une nature mentale, irréfléchie, manquant de la faculté d'apercevoir les causes, dépourvue d'imagination constructive, tel qu'est l'esprit du sauvage, oppose à la coopération des obstacles qu'il est difficile de croire tant qu'on n'en a pas vu les preuves. On voit même chez des peuples à demi civilisés une incapacité étonnante de concert sur des questions tout à fait simples [1]. Comme ceci donne à penser que la coopération ne saurait produire son effet du premier coup que lorsque les coopérateurs obéissent à un commandement péremptoire, il en résulte que la nature émotionnelle ne doit pas être l'unique cause de la subordination, mais qu'il y a aussi un état intellectuel d'où résulte la foi à celui qui commande. La crédulité inspire le respect de l'homme capable, censé possesseur d'un pouvoir surnaturel, et qui plus tard, inspirant la crainte de l'esprit de cet homme, dispose à accomplir ses ordres dont le souvenir s'est conservé ; cette crédulité est à la fois le point de départ de l'autorité religieuse d'un chef déifié qui impose avec une force nouvelle l'autorité de son

---

1. La conduite des bateliers arabes sur le Nil montre d'une manière frappante cette incapacité d'agir de concert. Lorsqu'ils tirent ensemble sur une corde et qu'ils se mettent à chanter, on en conclut qu'ils tirent en mesure avec leurs paroles. Toutefois, en les observant de près, on s'aperçoit que les efforts ne sont pas combinés à intervalles donnés, mais qu'ils les font sans se conformer à une unité de rythme. Pareillement, lorsqu'ils se servent de leurs perches pour dégager la dahabeïah d'un banc de sable, ils poussent chacun des grognements si rapides qu'il leur est évidemment impossible de fournir des poussées combinées utilement, qui supposent des intervalles appréciables de préparation. On voit encore mieux le défaut de concert dans les actions des Nubiens et des Arabes qui se mettent par centaines pour faire remonter les rapides à leur embarcation. Ce sont des cris, des gesticulations, des actions incohérentes, une confusion complète ; de sorte que c'est tout à fait par hasard qu'à la longue il arrive qu'un nombre suffisant d'efforts soient faits en même temps. Comme me le disait notre drogmann arabe, homme qui avait voyagé : « dix Anglais ou Français feraient la chose d'un seul coup. »

descendant divin, et une tendance de l'esprit, indispensable aux premières époques de l'intégration. Le scepticisme est funeste tant que le caractère moral et intellectuel de l'homme demeure dans l'état qui rend nécessaire la coopération obligatoire.

L'intégration politique, empêchée dans beaucoup de pays par les conditions du milieu, s'est trouvée chez beaucoup de races d'hommes arrêtée par une inaptitude naturelle, physique, morale et intellectuelle.

§ 450. Pour que l'union sociale soit possible, il ne suffit pas que le caractère des individus unis y soit approprié, il faut qu'il y ait entre eux une homogénéité considérable. Au début, cette ressemblance nécessaire se trouve assurée par une parenté plus ou moins étroite. Nous en avons des preuves partout chez les peuplades sauvages. Chez les Boschismans, dit Lichtenstein, « les familles seules forment des associations constituées par de petites tribus isolées; les sentiments sexuels, l'amour instinctif des parents pour les enfants, ou l'attachement coutumier des parents les uns pour les autres, sont les seuls liens qui retiennent des membres de la tribu dans une sorte d'union [1]. » Autre exemple : « Les Veddahs des montagnes se divisent en petits clans ou familles associées pour des raisons de parenté, qui s'accordent à se partager la forêt entre eux comme territoire de chasse, etc. [2]. » Enfin l'origine familiale de la société, qui se révèle dans ces groupes peu organisés, reparaît dans les groupes très organisés de sauvages plus avancés, par exemple les naturels de la Nouvelle-

[1]. Lichtenstein, *Travels in Southern Africa in the Years*, 1803-1806, II, 190.

[2]. Sir J. Emerson Tennant, *Ceylon*, etc., 1859, II, 440.

Zélande, dont « dix-huit nations historiques occupent le pays, chacune subdivisée en plusieurs tribus, autrefois des familles, ce qu'indique incontestablement le préfixe Ngati, qui veut dire descendant (comme les préfixes O et Mac). » Les remarques de Humboldt sur les Indiens de l'Amérique du Sud montrent bien cette relation entre la parenté et l'union sociale. « Les sauvages, dit-il, ne connaissent que leur propre famille; et une tribu ne leur paraît qu'un assemblage plus nombreux de parents. » Lorsque les Indiens habitant les missions voient ceux des forêts qui leur sont inconnus, ils disent : « Ce sont sans doute de mes parents; je les comprends quand ils me parlent. » Mais ces mêmes sauvages détestent tous ceux qui ne sont pas de leur tribu. « Ils connaissent les devoirs de famille et ceux de parenté, mais non ceux d'humanité. »

Lorsque nous avons traité des relations domestiques, nous avons exposé les raisons qui autorisent à conclure que la stabilité sociale augmente à mesure que les relations parentales deviennent plus définies et plus étendues, puisque le développement des relations parentales, en ce qu'il assure la ressemblance de nature qui favorise la coopération, implique l'affermissement et la multiplication des liens de famille qui font obstacle à la disjonction. Partout où la promiscuité règne, partout où l'usage des mariages temporaires prévaut, les relations parentales connues sont relativement rares et relâchées; il n'y a guère que ce genre de cohésion sociale qui vient de ce que les membres de cette société appartiennent au même type d'homme. La polyandrie, surtout celle de la forme supérieure, produit des relations parentales quelque peu définies, que l'on peut suivre plus loin : elles servent à unir plus étroitement le groupe social. Enfin la polygynie resserre et multiplie les relations de famille. Seulement, comme nous l'avons vu, c'est de la monogamie que naissent les relations de famille qui sont à la fois les plus définies et celles dont les ramifications sont les plus étendues ; c'est des familles monogamiques que sortent les sociétés les plus vastes et les plus cohérentes. La monogamie favorise la solidarité sociale de deux façons qui présentent de l'analogie, mais que l'on peut distinguer.

Dans la famille polyandrique, les enfants sont un peu moins que demi-frères et demi-sœurs ; dans la famille polygamique, la plupart des enfants ne sont que des demi-frères et des demi-sœurs ; mais, dans la famille monogamique, les enfants sont, dans la grande majorité des cas, tous de même sang des deux côtés. Comme ils sont liés par une parenté plus étroite, il s'ensuit que les groupes d'enfants auxquels il donnent naissance sont eux-mêmes plus étroitement parents. Enfin lorsque, dans les premiers temps par exemple, ces groupes d'enfants, devenus grands, continuent à former une société et travaillent ensemble, ils sont unis à la fois par leur parenté et par leurs intérêts industriels. Sans doute, à mesure que le groupe familial, en croissant, devient une *gens* qui s'étend, l'intérêt industriel se divise, mais les relations parentales empêchent les divisions de devenir aussi marquées qu'elles le seraient devenues sans cela. Il en est encore de même lorsque la *gens*, avec le temps, devient une tribu. Ce n'est pas tout encore. Si les circonstances locales unissent plusieurs tribus encore alliées par le sang, quoique par une parenté plus lointaine, il en résulte que, établies côte à côte, elles se fondent graduellement l'une dans l'autre en se mêlant, ou par des mariages mixtes ; la société composée qui se forme en conséquence, unie par des liens nombreux et compliqués de relations parentales aussi bien que par des intérêts politiques, se trouve plus fortement liée qu'elle ne le serait sans cela. Nous en avons des exemples frappants dans les anciennes sociétés qui ont exercé l'empire. « Tout ce que nous apprenons, dit Grote, des anciennes lois d'Athènes, repose sur les divisions de la gens et de la phratrie, qui sont partout traitées comme des familles agrandies. » Pareillement, suivant Mommsen, « l'Etat romain reposait sur la famille romaine : il en respectait les éléments constitutifs et la forme. La société romaine naquit de l'union (sous quelque forme qu'elle se soit produite) des anciens clans, les Romilii, les Voltinii, les Fabii, etc.. » Enfin sir Henry Maine a montré en détail comment la famille simple devient la communauté de maison, et plus tard la communauté de village. Sans doute, les témoignages fournis par les races qui entretiennent des relations sexuelles irrégulières ne nous permettent pas de prétendre que la communauté du sang soit la raison primitive de la coopération politique ; sans doute, dans des tribus nombreuses qui ne se sont pas encore élevées à l'état pastoral, il existe une coopération offensive et défensive entre ceux chez qui la différence des totems est le signe avéré d'une différence de sang ; mais, lorsque la filiation masculine s'est établie, surtout lorsque la polygamie règne, la communauté de sang exerce une influence considérable sinon prépondérante, en faveur de la coopération politique. Enfin nous retrouvons là, sous un autre point de vue, ce que nous avons dit plus haut, à savoir que l'action combinée, exigeant une certaine ressemblance de nature entre ceux qui l'accomplissent, réussit le mieux, dans les premiers temps, parmi ceux qui, descendant des mêmes ancêtres, ont entre eux la plus grande ressemblance.

Il faut ajouter ici un effet extrêmement important, quoique moins direct, des relations du sang, et surtout de la relation du sang plus définie que les autres qui résulte de l'union monogamique. Nous voulons parler de la communauté de religion, c'est-à-dire d'idées et de sentiments semblables, incarnés dans le culte d'une divinité commune. Ce culte commence en réalité par des cérémonies de propitiation du fondateur de la famille ; à mesure que la famille s'étend, les groupes toujours plus nombreux de descendants qui la composent prennent part à ce culte, qui devient à la fin un lien pour le groupe composé graduellement formé, et un obstacle à l'antagonisme qui peut surgir entre tels ou tels des groupes composants : c'est-à-dire une cause favorable à l'intégration. L'influence d'un culte commun se révèle partout dans l'histoire ancienne. Chacune des villes de la primitive Egypte était le centre du culte d'une divinité spéciale ; et lorsqu'on étudie sans opinion préconçue le développement extraordinaire du culte des ancêtres, sous toutes ses formes, en Egypte, on ne saurait contester l'origine de cette divinité. Chez les Grecs, « chaque famille avait ses rites sacrés propres et des cérémonies funèbres commémoratives des ancêtres, célébrées par le chef de la famille, auxquels nul autre que les membres de la famille ne pouvait participer : l'extinction de la famille entraînait la suspension de ces rites religieux, aussi les Grecs la considéraient-ils comme une calamité, moins à cause de la perte des citoyens qui la composaient, que parce que les dieux de cette famille et les mânes de citoyens décédés se trouvaient par là privés de leurs honneurs accoutumés, et pouvaient se venger en accablant le pays de leur colère. Les grands agrégats appelés gens, phratrie, tribu étaient formés par une extension du même principe, celui qui faisait regarder la famille comme une confrérie religieuse, rendant un culte à quelque divinité commune, ou à un héros sous un nom approprié, et les considérant comme l'ancêtre commun. » Un lien analogue s'engendrait d'une manière analogue dans la société romaine. Chaque curie, c'est-à-dire l'homologue de la phratrie, avait un chef, « dont la fonction principale était de présider aux sacrifices. » Sur une plus large échelle, il en était de même pour toute la société. Le roi primitif à Rome était un prêtre des divinités communes à tous : « il se tenait en rapport avec les dieux de la société ; il les consultait et les apaisait. » Les commencements de ce lien religieux, qui se révèlent dans la société romaine sous une forme avancée, sont reconnaissables dans l'Inde. « La famille des Hindous, dit sir Henry Maine, est l'ensemble des personnes qui se seraient assemblées pour prendre part aux sacrifices des funérailles de quelque ancêtre commun, si cet ancêtre était mort de leur temps. » De sorte que l'intégration politique, en même temps qu'elle se trouve favorisée par la ressemblance de nature que suppose la filiation commune, l'est encore par la ressemblance de religion qui provient de cette même filiation commune.

Il en est de même, plus tard, de l'espèce de ressemblance de nature moins prononcée qui est le caractère des hommes de même race qui se sont multipliés et répandus de façon à former de petites sociétés limitrophes. La communauté de nature, celle des traditions, des idées et des sentiments, aussi bien que celle du langage, continuent à favoriser chez ces sociétés la coopération, mais avec moins d'efficacité. Chez les hommes de types divers, la coopération se trouve empêchée à la fois parce qu'ils ne peuvent se comprendre à cause de l'ignorance où ils sont de leurs langues respectives, et parce que leurs manières de penser et de sentir ne se ressemblent pas. Combien de fois, chez des hommes de la même famille, des querelles ne viennent-

elles pas d'erreurs sur l'interprétation des paroles! Quelle
cause de confusion et d'antagonisme ne doivent pas être les
différences partielles ou complètes de langage, accompagnement ordinaire des différences de race. Pareillement
les hommes qui diffèrent beaucoup par leur nature émotionnelle, ou par leur nature intellectuelle, sont les uns
pour les autres des objets d'étonnement par la conduite
inattendue qu'ils tiennent : les voyageurs en font habituellement la remarque. Nouvel obstacle à l'action combinée.
La diversité des coutumes devient aussi une cause de dissension. Lorsqu'un peuple fait usage d'aliments qu'un autre
rejette avec dégoût; lorsqu'un animal tenu pour sacré par
l'un est pour l'autre un objet de mépris; lorsque l'un
s'attend à une salutation que l'autre n'observe jamais; il y a
des causes incessantes d'aversion qui empêchent les efforts
combinés. Toutes choses égales, la facilité de la coopération
sera en raison du sentiment de la confraternité, et ce sentiment se trouve contrarié par tout ce qui empêche les
hommes de se comporter de même dans les mêmes conditions. La coopération des facteurs originaux et dérivés,
énumérés plus haut, s'exprime très bien dans le passage
sage suivant, que nous empruntons à Grote : « les Hellènes étaient tous de même sang et de même lignée; ils
descendaient tous du même patriarche Hellen. En traitant
des Grecs historiques, il faut accepter ce point comme une
donnée : ce fait représente le sentiment sous l'influence
duquel ils se mouvaient et agissaient. Hérodote le place au
premier rang, comme le principal des quatre liens qui
reliaient les parties de l'agrégat hellénique, à savoir : 1° confraternité du sang; 2° confraternité de langue; 3° domiciles
des dieux fixes et sacrifices communs à tous; 4° usages et
penchants semblables. » L'influence que nous reconnais-

sons dès lors à la ressemblance de nature causée par une
filiation commune, suppose qu'en l'absence d'une ressemblance considérable les agrégats politiques demeurent instables, et ne sauraient se conserver que grâce à une contrainte qui un jour ou l'autre ne peut manquer de défaillir.
Bien que d'autres causes y aient aussi joué leur rôle, il
n'est pas douteux que celle-ci n'ait eu une part dans la dissolution des grands empires des temps passés. C'est à cela,
en grande partie, sinon avant tout, qu'est due de nos jours
la décadence de l'empire turc. L'empire anglo-indien, main-
tenu par la force dans un état d'équilibre instable, menace
de donner quelque jour par sa chute un nouvel exemple
du défaut de cohésion qui provient du défaut d'accord des
éléments.

§ 451. L'une des lois de l'évolution en général veut que
l'intégration s'opère dès que des unités semblables se trouvent soumises à l'action de la même force ou de forces semblables (*Premiers principes*, § 169) ; et, depuis les premiers
moments de l'intégration politique jusqu'au dernier, nous
voyons cette loi vérifiée. Le fait de se trouver exposés ensemble à des actions externes uniformes et d'y opposer
ensemble des réactions a, depuis le commencement, été
la cause principale de l'union entre les membres des sociétés.

Déjà (§ 250) nous avons aperçu le premier signe de cohésion sociale dans l'union de petites hordes d'hommes primitifs en vue de lutter contre des ennemis. Exposés au même
danger et s'unissant pour y faire face, les membres de la
horde contractent une union plus intime dans le cours de
leur coopération contre ce danger. Aux premières époques,
cette relation de cause et d'effet se voit clairement lorsque

l'union formée pendant une guerre disparaît dès que la
guerre est finie : alors la faible ébauche de combinaison
politique qui commençait à se montrer, s'efface. Mais les
exemples les plus complets de cette intégration se trouvent
dans celle qui unit des groupes simples en groupes composés
dans le cours de la résistance opposée en commun aux ennemis et des attaques dirigées contre eux. On peut fortifier
par de nouvelles preuves celles que nous avons déjà données. Chez les Karens, dit Mason, « chaque village, formant une société indépendante, a toujours un vieux
compte à régler avec presque tous les autres villages de
sa race. Mais le danger commun que leur font courir
des ennemis plus puissants, ou le besoin de tirer vengeance de quelque injure commune, a souvent amené
plusieurs villages à s'unir pour la défense ou pour l'attaque[1]. » Suivant Kolben, « de chétives nations de Hottentots,
voisines d'une nation puissante, forment fréquemment des
alianoes offensives et défensives contre la nation la plus
forte [2]. » Chez les naturels de la Nouvelle-Calédonie, dans
l'île Tanna, « six ou huit villages, ou plus encore, s'unissent et forment ce qu'on peut appeler un district, un comté,
et ils se liguent entre eux en vue de se protéger mutuellement... En temps de guerre, deux ou un plus grand nombre
de ces villages se coalisent [3]. » Dans les îles Samoa, « des
villages au nombre de huit ou dix s'unissent par un consentement commun et forment un district ou un État en vue
de se protéger mutuellement [4]. » Durant les hostilités, ces
districts s'unissent quelquefois par deux et par trois. Il en

1. Mason, *Journal of the Asiatic Society of Bengal*, XXXVII, II, 152.
2. Kolben, *Present State of the Cape of Good Hope*, trad. angl. de Medley,
p. 287.
3. Rev. W. Turner, *Nineteen Years in Polynesia*, 84.
4. Id., *Ibid.*, 290.

était de même chez les peuples historiques. Ce fut durant les guerres du temps de David que les Israélites passèrent de l'état de tribus séparées à celui d'une nation consolidée dominatrice[1]. Les sociétés grecques éparses, déjà agrégées en petites confédérations à la suite de guerres de peu d'importance, se trouvèrent disposées à l'union en un congrès panhellénique et à la coopération qui en devait être la conséquence, au moment où elles se sentirent menacées de l'invasion de Xerxès. Deux confédérations se formèrent ensuite, celle de Sparte et celle d'Athènes, et cette dernière prit possession de l'hégémonie et finalement de l'empire, dans la suite des opérations militaires contre les Perses[2]. Il en fut de même chez les races teutoniques. Les tribus germaines, primitivement sans lien fédéral, formaient de temps en temps des alliances pour faire face à l'ennemi. Entre le Ier et le Ve siècle, ces tribus se massèrent graduellement pour former des groupes considérables en vue de résister à Rome ou de l'attaquer. Dans le cours du siècle suivant, les confédérations militaires de peuples « de même sang », prolongeant leur durée, devinrent des États qui, plus tard, s'agrégèrent et constituèrent des États plus grands encore. Pour prendre un exemple relativement moderne, les guerres entre la France et l'Angleterre aidèrent ces deux pays à passer, de l'état où les éléments féodaux qui les composaient jouissaient d'une grande indépendance, à celui de nation consolidée. Pour mieux montrer que c'est bien ainsi que commence l'intégration de petites sociétés en une société plus grande, on peut ajouter qu'au début les unions n'existent que pour réaliser des fins militaires : chaque société composante conserve longtemps son administration

---

1. Dunker, *Geschichte der allerthums*, Leipzig, 1868, II, 99.
2. Grote, *History of Grece*, IV, 431 ; II, 159.

intérieure à l'état indépendant, et c'est seulement lorsque
l'habitude de l'action combinée en guerre a été prise qu'une
organisation politique commune vient rendre la cohésion
permanente. La combinaison de petites sociétés pour en
former de plus grandes par l'effet de la coopération militaire
se trouve assurée par la disparition des petites sociétés qui
ne coopèrent point. Barth remarque que « les Foulahs progressent toujours, n'ayant point affaire à un seul ennemi
fort, mais à plusieurs petites tribus qu'aucun lien fédéral
ne réunit[1]. » Galton rapporte que, lorsque les « Namaquois
font une razzia dans un village de Damaras, il est rare
que les villages voisins se lèvent pour sa défense; par
suite les Namaquois ont détruit ou réduit en esclavage peu
à peu presque la moitié de la nation des Damaras[2]. » Il en
fut de même des conquêtes des Incas au Pérou : « on ne fit
rien d'ensemble pour s'opposer à leurs progrès; chaque
province défendit son territoire sans recevoir les secours
d'aucune autre province[3]. » Nous devons mentionner cette
marche si frapppante et si bien connue, parce qu'elle a une
signification sur laquelle il importe d'insister. En effet,
nous voyons que, dans la lutte pour l'existence entre les
sociétés, la survie des plus aptes est la survie des sociétés
qui ont fait preuve de la plus grande aptitude à la coopération militaire; et la coopération militaire est le genre primitif de coopération qui prépare la voie aux autres. De
sorte que la formation de grandes sociétés par l'union de
petites durant la guerre, et la destruction ou l'absorption
des petites sociétés restées désunies par de plus grandes
arrivées à l'état d'union, sont les opérations inévitables par

1. Barth, *Travels and Discoveries, etc.*, II, 509.
2. Galton, *Journal Royal Geographical Society*, 1852, 159.
3. Ondegardo.

lesquelles les variétés humaines les plus adaptées à la vie sociale supplantent les moins adaptées.

Sur ce procès de l'intégration, il ne nous reste plus qu'une remarque à faire : c'est qu'elle suit cette marche nécessairement, qu'elle commence nécessairement par la formation de groupes simples, et qu'elle progresse par la combinaison et la recombinaison de ces groupes. Impulsifs dans leurs actes, peu capables de concert, les sauvages ont une cohésion si faible que de petits groupes d'hommes peuvent seuls y conserver leur intégrité. Pour que ces petits corps sociaux soient susceptibles de s'unir pour former des corps plus considérables, il faut qu'au préalable, dans chacun d'eux, leurs membres se soient unis les uns aux autres par quelque ébauche d'organisation politique, puisque la cohésion de ces corps implique une plus grande aptitude pour l'action concertée et une organisation plus développée pour l'accomplir. Pareillement, avant que la combinaison puisse faire un pas de plus, il faut qu'au préalable ces groupes composites se soient quelque peu consolidés. Sans nous arrêter à aucun des nombreux exemples que nous rencontrons chez les sauvages, il suffira de rappeler ceux que nous avons déjà cités (§ 226), et d'y ajouter, pour en fortifier l'autorité, des exemples tirés de peuples historiques. Nous savons que, dans la primitive Égypte, les nombreuses petites sociétés (qui finirent par devenir les *nomes*) s'unirent d'abord pour former les deux agrégats appelés Haute-Égypte et Basse-Égypte, qui plus tard s'unirent en un seul. Dans l'ancienne Grèce, les villages s'unirent aux villes avant que les villes s'unissent pour former des États ; enfin ce changement précéda celui qui unit les États entre eux. Dans l'ancienne Angleterre, les petites principautés saxonnes se massèrent pour former les divisions de l'Heptarchie avant de passer à l'état d'un corps de nation. C'est un principe de physique que la force avec laquelle un corps résiste à l'effort croît en raison du carré de ses dimensions, tandis que les efforts auxquels son propre poids le condamne croissent comme les cubes de ses dimensions, d'où il résulte que la faculté que ce corps a de conserver son intégrité devient relativement moindre à mesure que sa masse devient plus grande. On peut dire des sociétés quelque chose d'analogue. Tant que la cohésion est faible, il n'y a que les petits agrégats qui puissent rester unis; et plus tard des agrégats plus considérables ne deviennent possibles que lorsqu'aux plus grands efforts qu'ils ont à subir, il leur est possible d'opposer une plus grande cohésion, celle qui est le produit d'une nature humaine adaptée, et d'un développement consécutif dans l'organisation sociale.

§ 452. A mesure que l'intégration sociale progresse, les agrégats en accroissement exercent une contrainte croissante sur leurs unités, fait qui est le pendant d'un autre fait déjà exprimé, à savoir que pour conserver son intégrité un agrégat plus grand a besoin d'une cohésion plus grande. Les forces par lesquelles les agrégats conservent l'union de leurs membres, sont d'abord faibles, mais elles deviennent fermes à une certaine époque de l'évolution sociale, puis elles se relâchent, ou plutôt elles changent de forme.

Primitivement, le sauvage va individuellement d'un groupe à un autre, poussé par divers motifs, mais surtout pour s'assurer une protection. Les Patagons ne peuvent vivre isolés. « Celui qui l'essayerait serait inévitablement tué ou emmené en esclavage, dès qu'il serait découvert [1]. »

1. Falkner. *Description of Patagonia*, 121.

Dans l'Amérique du Nord, chez les Chinouks, « sur la côte, règne une coutume qui permet de capturer et de réduire en esclavage, à moins d'une rançon payée par ses amis, tout Indien trouvé loin de sa tribu, bien que l'on ne soit pas en guerre avec elle [1]. » Au début, pourtant, quoique ce soit pour l'homme une nécessité de s'unir à un groupe, il n'est pas l'obligé de rester uni à ce même groupe. Les Kalmoucks et les Mongols abandonnent leurs chefs, quand ils trouvent son autorité oppressive, et passent à d'autres [2]. Les Abipones, dit Dobrizhoffer, « quittent leur chef sans lui en demander la permission et sans qu'il en marque son déplaisir, et ils vont avec leur famille partout où il leur plaît ; ils s'attachent à un autre cacique ; lorsqu'ils sont fatigués de suivre le second, ils retournent impunément à la horde du premier [3]. » Pareillement, dans l'Afrique du Sud, « les exemples fréquents de changements (chez les Balondas) d'une partie du pays à une autre prouvent que les grands chefs ne possèdent qu'une puissance limitée [4]. » Mac Culloch remarque que, chez les Koukis, « un village entouré d'une grande étendue de terre propre à la culture, et régi par un chef populaire, ne tarde pas à s'agrandir par l'arrivée d'immigrants qui abandonnent des villages moins favorisés [5]. » C'est de cette manière que certaines tribus grandissent, tandis que d'autres s'amoindrissent.

A la nécessité qui pousse l'individu à s'assurer d'une protection s'ajoute celle qui pousse la tribu à se fortifier ; enfin

1. Kane, *Wanderings of an Artist among. Indians of North America.* London, 1859, 214.
2. Pallas, *Voyages en différentes provinces de l'empire de Russie.* I, 188.
3. Dobrizhoffer. II, 105.
4. Livingstone, *South Africa.* 208.
5. M. Culloch, *Selections from Records of Government of India.* XXVII. 58.

l'usage de l'adoption, qui en résulte, crée un autre mode
d'intégration. Chez certaines tribus indiennes de l'Amérique
du Nord, « l'adoption ou la torture était la seule alternative
offerte à un captif » (l'adoption étant le sort du captif qui
s'était fait admirer par sa bravoure); voilà un nouvel
exemple de la tendance de toute société à grandir aux dépens d'autres sociétés. Le désir d'avoir beaucoup d'enfants
qui fortifient la famille, désir révélé dans les traditions
hébraïques, se transforme vite en un désir d'avoir des
enfants fictifs, réalisé tantôt par l'usage des contrats de
confrérie par échange de sang, tantôt par des naissances
simulées. Nous avons vu (§ 319) des raisons d'admettre que
l'usage de l'adoption chez les Grecs et les Romains a pris
naissance aux époques reculées où le groupe patriarcal
nomade constituait la tribu et alors que la tribu cédait au
désir de se fortifier; mais cet usage se conserva par la suite
par le désir d'avoir quelqu'un qui continuât à s'acquitter
des sacrifices aux ancêtres. Même longtemps après que de
grandes sociétés se furent formées par l'union de groupes
patriarcaux, les querelles continuèrent entre les familles et
les clans qui les composaient, ce qui montre que ces familles
et ces clans n'avaient jamais cessé d'obéir au motif de se
fortifier par l'accroissement du nombre de leurs membres.

. Des motifs analogues produisirent des résultats analogues
au sein des sociétés plus modernes, aux époques où leurs
éléments étaient intégrés si imparfaitement qu'il subsistait
toujours parmi eux quelque antagonisme. C'est ainsi qu'au
moyen âge, en Angleterre, alors que le gouvernement local
était si incomplètement subordonné au gouvernement général, tout homme libre devait s'attacher à un seigneur, à
un bourg, à une guilde; sans cela, il demeurait « un
homme sans amis, » exposé au même danger que le sau-

vage qui n'appartient pas à une tribu. D'autre part, la loi d'après laquelle « le seigneur ne pouvait plus réclamer le serf qui avait continué à vivre un an et un jour dans un bourg ou municipe libre, » nous prouve le désir des groupes industriels de se fortifier contre les groupes féodaux qui les entouraient, effet analogue à celui de l'adoption soit chez la tribu sauvage, soit dans la famille telle qu'elle existait dans les sociétés plus anciennes. Naturellement, à mesure que la nation entière devient plus intégrée, ces intégrations locales perdent ce qui les sépare, et leurs divisions s'effacent; néanmoins elles laissent longtemps des traces, comme en Angleterre, par exemple, où on les retrouve dans la loi du domicile, et même jusqu'en 1824, dans les lois qui touchent à la liberté de voyager pour les artisans [1].

Ces faits nous conduisent à reconnaître que, si au début il y a peu de cohésion entre les unités qui forment un groupe et si ces unités sont très mobiles, le progrès de l'intégration s'accompagne habituellement non seulement d'une aptitude toujours moindre des unités à passer d'un groupe à un autre, mais aussi d'une aptitude toujours moindre de ces unités à changer de place à l'intérieur du groupe. Naturellement, le passage de l'état nomade à l'état sédentaire implique en partie cette inaptitude, puisque chaque personne se trouve toujours plus étroitement liée par ses intérêts matériels. L'esclavage produit aussi cet attachement d'individus à des membres de la société fixés en un lieu et par suite à certaines parties du sol : le servage a produit le même effet avec quelques différences. Mais, dans les

---

1. John Hill Burton, *History of Scotland from Agricola's Invasion to the Revolution of 1688.* Edinb. 1867, II, 153. — Harriet Martineau. *History of England during the Thirty Years Peace.* 1849, I, 343.

sociétés intégrées, ce ne sont pas seulement les individus retenus en esclavage qui sont attachés à un certain lieu, les autres le sont aussi. Les anciens Mexicains, au dire de Zurita, « ne changeaient jamais de village ni même de quartier. Cette coutume imposait son autorité comme l'eût pu faire une loi [1]. » Dans l'ancien Pérou, « il n'était permis à personne de s'éloigner d'une province ou d'un village pour aller dans un autre; » et « quiconque voyageait sans un juste motif était puni comme vagabond [2]. » Ailleurs, avec le développement du type militant qui accompagne l'agrégation, des restrictions au déplacement se sont imposées sous d'autres formes. L'ancienne Égypte possédait un système d'immatriculation, et tous les citoyens devaient à des époques fixes se présenter aux autorités locales. « Au Japon, tout le monde est enregistré, et nul ne peut changer sa résidence sans que le nanuchi, ou chef du temple, lui donne un certificat. » Enfin, dans les pays de l'Europe où subsiste un gouvernement despotique, la formalité des passeports gêne les citoyens qui veulent se déplacer, et dans certains cas les empêche de voyager à l'étranger.

À ce point de vue, comme à d'autres, les freins que l'agrégat social impose à ses unités se relâchent à mesure que le régime industriel fait reculer le régime militaire : en partie parce que les sociétés marquées par l'industrialisme sont très populeuses et possèdent des membres en excès pour remplir la place de ceux qui les quittent, et en partie parce que, l'oppression caractéristique du régime militaire n'existant pas sous le régime industriel, les intérêts pécuniaires, les liens de famille et l'amour du pays produisent une cohésion suffisante.

1. Zurita. *Trad.*, Ternaux Compans, 240.
2. Garcilaso de la Vega, L. IV, ch. 8, liv. V, ch. 9.

§ 453. Ainsi, pour ne rien dire en ce moment de l'évolution politique, qui se révèle par l'accroissement de la
structure, et pour nous borner à l'évolution politique révélée par l'accroissement de la masse, que nous désignons
sous le nom d'intégration politique, nous y reconnaissons
les traits suivants :

Tant que les agrégats sont petits, l'incorporation de
matériaux destinés à la croissance se fait aux dépens d'autres agrégats sur une petite échelle ; les moyens sont, d'un
agrégat à l'autre, l'occupation de son terrain de chasse, le
rapt des femmes et de temps en temps l'adoption des
hommes. Lorsque de grands agrégats sont formés, l'incorporation se fait par des moyens plus étendus : c'est d'abord
l'asservissement de membres isolés, ravis aux tribus vaincues, et bientôt l'annexion en masse de ces tribus. Enfin, à
mesure que les agrégats composés passent à l'état doublement ou triplement composé, il s'y développe des désirs
d'absorber des sociétés voisines plus petites et par là de
former des agrégats encore plus grands.

Des conditions diverses favorisent ou empêchent la croissance et la consolidation sociales. L'habitat d'une société
est propre ou impropre à l'entretien d'une population nombreuse ; des facilités de relations plus ou moins grandes à
l'intérieur du territoire de cette société favorisent ou empêchent la coopération ; suivant qu'il existe ou non des
barrières naturelles, il est aisé ou difficile de tenir les
individus réunis sous la contrainte qui est nécessaire au
début de la vie sociale. Enfin, selon la détermination imprimée par les antécédents de la race, les individus peuvent posséder plus ou moins les dispositions physiques,
émotionnelles, intellectuelles qui les rendent propres à
l'action combinée.

Si d'une part l'étendue où peut aller dans chaque cas l'intégration sociale dépend en partie de ces conditions, elle dépend aussi en partie du plus ou moins de ressemblance des unités. D'abord, tandis que la nature de l'homme est si peu façonnée pour la vie sociale, que la cohésion demeure faible, l'agrégation dépend grandement des liens du sang, qui supposent une grande ressemblance. Les groupes dans lesquels ces liens et l'accord qui en résulte sont le plus marqués et qui, possédant des traditions de famille communes, un ancêtre mâle commun, un culte commun de cet ancêtre, sont en conséquence semblables par les idées et les sentiments ; ces groupes sont ceux dans lesquels la cohésion sociale et la puissance de coopération les plus grandes prennent naissance. Durant longtemps, les clans et les tribus descendant de ces groupes patriarcaux primitifs conservent leur concert politique, grâce à ce lien de parenté et à la ressemblance qu'il suppose. C'est seulement après que l'adaptation à la vie sociale a fait des progrès considérables, qu'une coopération harmonique entre individus qui ne sont pas sortis de la même souche est praticable ; et même dans ce cas faut-il encore que la dissemblance de leur nature soit faible. Quand la dissemblance est grande, la société, maintenue uniquement par la force, tend à se désintégrer dès que la force fait défaut.

La ressemblance des unités qui forment un groupe social est, comme nous l'avons vu, une condition de leur intégration ; une autre condition est la réaction combinée de ces unités contre l'action interne : la coopération dans la guerre est la cause active de l'intégration sociale. L'union temporaire des sauvages pour l'offensive et la défensive nous en fait voir la première étape. Quand plusieurs tribus s'unissent contre un ennemi commun, à force de continuer à agir en commun, elles finissent par former un agrégat cohérent sous une autorité commune. Il en est de même plus tard pour les agrégats plus grands.

Le progrès dans l'intégration sociale est à la fois une cause et une conséquence de la diminution toujours plus grande de l'aptitude des unités à se séparer. Les hordes nomades primitives n'exercent pas sur leurs membres une contrainte capable de les empêcher individuellement de quitter une horde et d'en rejoindre une autre à volonté. Lorsque les tribus sont plus développées, il est moins aisé pour un individu d'en déserter une et de se faire admettre dans une autre; la combinaison sociale des groupes n'est plus assez lâche. Enfin, durant les longues périodes pendant lesquelles les sociétés sont agrandies et consolidées par le régime militaire, la mobilité des unités subit des restrictions toujours plus grandes. Ce n'est qu'après que la coopération volontaire s'est substituée à la coopération forcée, substitution qui est le caractère du progrès du régime industriel, que ces contraintes disparaissent; dans ces sociétés, l'union spontanée remplit exactement le même office que l'union obligatoire dans les autres.

Il reste à dire un autre fait : c'est que l'intégration polique, à mesure qu'elle progresse, efface les divisions primitives des parties intégrées. En premier lieu disparaissent lentement les divisions non topographiques qui proviennent de la parenté, par exemple dans les *gentes* et les tribus séparées : elles s'effacent par le mélange mutuel. En second lieu, les sociétés locales plus petites dont l'union forme une société plus grande, qui conservent d'abord leurs organisations séparées, les perdent par l'effet d'une longue coopération. Une organisation commence à s'y propager dans toutes les parties. En troisième lieu enfin, leurs limites topographiques s'effacent en même temps, et les nouvelles limites administratives de l'organisation commune les remplacent. Il en résulte naturellement un fait inverse, à savoir que, dans le cours de la dissolution sociale, les grands groupes se séparent d'abord, et ensuite, si la dissolution continue, ceux-ci se séparent et laissent isolés leurs groupes constituants plus petits. Les anciens empires qui se sont formés l'un après l'autre dans l'Orient en sont la preuve : les royaumes qui les composaient reprenaient chacun leur autonomie lorsque la contrainte qui les tenait unis venait à cesser. L'empire carlovingien en est une autre preuve; il se divisa d'abord en grands royaumes qui, à leur tour, se désintégrèrent en se subdivisant. Enfin, lorsque, comme dans ce dernier exemple, la marche de la dissolution va très loin, on voit reparaître un état à peu près semblable à la condition primitive, sous laquelle de petites sociétés déprédatrices passent leur temps dans une guerre continuelle avec les petites sociétés de leur voisinage.

# CHAPITRE III⟶ IV.

## DIFFÉRENCIATION POLITIQUE

§ 454. Comme nous l'avons vu dans les *Premiers principes* (§ 154), dans l'agrégat social comme dans tous les
autres, l'état d'homogénéité est un état instable ; et, lorsqu'il existe déjà une certaine hétérogénéité, elle tend à devenir plus grande.

Toutefois, pour que l'homogénéité cesse, ou plutôt que
la faible hétérogénéité qui existe d'ordinaire s'accroisse, il
faut que les parties soient soumises à des conditions hétérogènes ; et tout ce qui empêche de se produire des différences dans les conditions, empêche l'accroissement de
l'hétérogénéité. Il ne faut pas, par exemple, qu'il s'y fasse
continuellement des changements dans la distribution des
parties. Il ne saurait se produire de différences structu-
rales, si la même position par rapport à l'ensemble est
occupée, tantôt par une partie, tantôt par une autre. Il faut
qu'il y ait entre les parties une cohésion telle qu'elle ne
permette pas un déplacement facile.

Nous voyons des exemples de cette vérité dans les plus
simples organismes individuels. Un rhizopode inférieur,

dont la substance a presque la mobilité d'un liquide, demeure presque homogène, parce que chaque partie prend de moment en moment de nouvelles relations à l'égard des autres et du milieu. Il en est de même des sociétés les plus simples. Cook remarque que chez les petits groupes errants des Fuégiens « nul n'est plus respecté qu'un autre [1]. » Les Veddahs, les Andamènes, les Australiens, les Tasmaniens, sont aussi des exemples d'assemblages lâches, où n'existe aucune dissemblance permanente dans la position sociale ; ou bien, lorsqu'il en existe une, à ce que certains voyageurs prétendent, elle est tellement vague que d'autres peuvent la nier. Chez les hordes errantes des Coroados de l'Amérique du Sud, formées d'individus si faiblement unis qu'ils se joignent à leur gré tantôt à une horde tantôt à une autre, les distinctions de parties ne sont que nominales [2].

Réciproquement, il faut prévoir que, lorsque les diverses parties de l'agrégat social sont soumises à des conditions hétérogènes d'une manière permanente, elles deviennent proportionnellement hétérogènes. Nous le verrons encore plus nettement en changeant de point de vue.

§ 455. Dans le dernier chapitre, nous avons vu les groupes sociaux se former d'après la loi de l'évolution, qui veut que des unités semblables exposées à des forces semblables tendent à s'intégrer. Il est une autre loi, pendant de la première, d'après laquelle plus les unités semblables sont exposées à des forces dissemblables, plus elles tendent à former des parties différenciées dans l'agrégat ; nous allons voir l'application de cette loi à ces groupes former le second échelon de l'évolution sociale.

---

1. Hawkesworth, *Account of Voyages of Discovery in the Southern Hemisphere*, Lond., 1773, II, 58.
2. Spix and Martius, *Voyages au Brésil*.

La différenciation politique primaire naît de la différenciation familiale primitive. Les hommes et les femmes, se trouvant exposés par la dissemblance de leurs fonctions dans la vie à des influences dissemblables, commencent dès le début à prendre des situations différentes dans la société comme dans la famille : de très bonne heure, les hommes et les femmes forment les uns à l'égard des autres les deux classes politiques de gouvernants et de gouvernés. Pour reconnaître qu'il est bien vrai que la dissimilarité de position sociale qui s'établit entre eux provient de la dissimilarité de leurs relations avec les actions ambiantes, il suffira d'observer que l'une est plus ou moins grande selon que l'autre est aussi plus ou moins grande. Quand nous avons traité la question de l'état légal des femmes, nous avons montré que chez les Chippewayens et surtout chez les Chinouks et les Clatsops, « tribus qui vivent de poisson et de racines, où les femmes sont aussi habiles que les hommes à se procurer des aliments, celles-ci ont un rang et une influence peu commune chez les Indiens. » Nous avons vu aussi qu'à Cuba, où les femmes se joignent aux hommes dans les combats, « se battant à côté d'eux, » leur situation est plus relevée qu'elle ne l'est ordinairement chez aucun peuple ; pareillement au Dahomey, où les femmes sont aussi guerrières que les hommes, elles sont tellement considérées que l'organisation politique leur assigne « un rang officiellement supérieur à celui des hommes. » En opposant ces cas exceptionnels aux cas ordinaires où les hommes, uniquement occupés de guerre et de chasse, exercent une autorité illimitée, tandis que les femmes, occupées à ramasser diverses matières alimentaires de peu de volume et à porter des fardeaux, sont réduites à un esclavage abject, il devient évident que la diversité des rapports avec les actions ambiantes est la cause de la diversité des relations sociales. Nous en avons vu un autre exemple (§ 327) dans les rares sociétés non civilisées, qui vivent habituellement à l'état de paix telles que les Bodos et les Dhimals des montagnes de l'Inde, comme les anciens Pueblos de l'Amérique du Nord, sociétés où les occupations ne sont pas ou n'étaient pas séparées par une démarcation profonde en militaires et en industrielles, et appartenaient indistinctement aux deux sexes; chez lesquelles enfin, avec une différence relativement faible entre les fonctions des deux sexes, il n'y a ou il n'y avait qu'une faible différence dans leur statut.

Il en est ainsi quand nous passons de la différenciation politique plus ou moins grande qui résulte de la différence du sexe, à celle qui se produit entre les hommes. Lorsque les peuples mènent une vie constamment pacifique, les divisions nettes de classes n'existent pas. On peut citer à l'appui le nom d'une des tribus indiennes des montagnes, que j'ai déjà donné comme exemple d'honnêteté, de véracité, d'amabilité, aussi bien que d'une vie purement industrielle. « Tous les Bodos et les Dhimals, dit Hodgson, sont égaux : ils le sont absolument en droit, ils le sont merveilleusement en fait [1]. » On en dit autant d'une autre tribu montagnarde, pacifique et aimable : « les Lepchas ne connaissent pas les distinctions de classe [2]. » Enfin, chez une race différente, celle des Papous, les paisibles Alfourous montrent « les uns à l'égard des autres un amour fraternel », et n'ont pas de divisions de rang.

§ 456. De même que, dès le début, la relation domestique entre les sexes se transforme en une relation politique, à ce

1. Hodgson, *Kocch, Bodo and Dhimal Tribes*, 157.
2. Campbell, *Journal Ethnological Society*, juillet 1869.

point que les hommes et les femmes deviennent, dans les groupes militants, la classe gouvernante et la classe sujette, de même la relation de maître à esclave primitivement domestique se transforme en une relation politique, aussitôt que, par l'effet des guerres habituelles, la coutume de réduire les captifs en esclavage devient générale. C'est avec la formation d'une classe servile que commence la différenciation politique entre les appareils régulateurs et les appareils d'entretien, qui se retrouve partout dans les formes élevées de l'évolution sociale.

Kane remarque que « l'esclavage sous sa forme la plus cruelle existe chez les Indiens tout le long de la côte du Pacifique depuis la Californie jusqu'au détroit de Behring, les tribus les plus fortes réduisant en esclavage les membres de celles qu'elles peuvent vaincre [1]. Dans l'intérieur du continent américain, où l'état de guerre est peu intense, l'esclavage n'existe pas. » Cette phrase ne fait qu'exprimer sous une forme nette un fait qui se montre partout. Il y a des faits qui donnent à penser que la pratique de la réduction en esclavage provient par degrés insensibles de celle du cannibalisme. Chez les Noutkas, « on sacrifiait de temps en temps les esclaves et on les mangeait [2]. » Opposons cet usage à celui que l'on trouve commun ailleurs de tuer et de manger les prisonniers aussitôt qu'on les a pris. Lorsque les captifs étaient trop nombreux pour qu'on pût les manger tout de suite, il a suffi probablement d'en garder quelques-uns en réserve en vue de les manger plus tard, pour que le service qu'on en a tiré en attendant ait appris que leur travail avait plus de valeur que leur chair, et

---

1. Paul Kane, *Wanderings of an Artist among Indians of North America*, Lond., 1859, 214.

2. Bancroft, *The native Races of the Pacific*, etc., I, 195.

donné naissance à l'habitude de les conserver comme
esclaves. Quoi qu'il en soit de cette origine, nous trouvons
que, chez les tribus auxquelles des habitudes militaires
ont donné une ébauche de structure, l'usage de réduire
les prisonniers en esclavage est établi. Il est certain que les
femmes et les enfants pris à la guerre et les hommes qui
n'ont pas été mis à mort tombent naturellement dans une
servitude absolue. Ils appartiennent absolument aux guerriers qui les ont pris ; ceux-ci auraient pu les tuer, et ils
conservent le droit de le faire plus tard selon leur bon
plaisir. Les captifs deviennent une propriété, dont on peut
faire un usage quelconque.

L'acquisition d'esclaves, conséquence de la guerre au
début, devient bientôt le but de la guerre. Chez les Noutkas,
« quelques-unes des petites tribus du nord de l'île passent
pour une pépinière d'esclaves : les tribus plus fortes qu'elles
les attaquent périodiquement ; » la même chose se passe
chez les Chinouks. Il en était de même chez les anciens
Indiens de la Vera-Paz, qui faisaient périodiquement une
incursion sur le territoire ennemi.... et ils faisaient des
captifs autant qu'ils en avaient besoin [1]. Il en était de même
à Honduras, où, en déclarant la guerre, on faisait savoir
à l'ennemi « qu'on avait besoin d'esclaves » [2]. Il en est ainsi
chez les divers peuples du globe. Saint-John nous apprend
que beaucoup de Dayaks tiennent plus à conquérir des
esclaves qu'à remporter des têtes ; et, quand ils attaquent
un village, ils tuent seulement ceux qui résistent ou qui
cherchent à s'échapper [3]. » On sait d'ailleurs, sans qu'il
soit besoin de faits pour le prouver, qu'en Afrique

---

1. Ximénès, *Las Historias del origin de los Indios de Guatemala*, 202.
2. Herrera, IV, 135.
3, St John, *Life in the Forest of the Far East*, 1862, I, 104.

les guerres en vue de faire des esclaves sont communes.

Une fois inaugurée par la guerre, la distinction de classe se conserve et se fortifie de diverses manières. La coutume de l'achat s'établit de très bonne heure. Outre les esclaves pris à la guerre, les Chinouks en ont qu'ils ont achetés tout enfants dans les tribus voisines. D'ailleurs nous avons vu, en traitant des relations domestiques, que l'usage de vendre les enfants comme esclaves n'est pas rare chez les sauvages. Plus tard, à l'achat s'ajoutent d'autres moyens d'augmenter la classe servile : il y a l'esclavage volontaire au prix d'une protection, l'esclavage pour dette, enfin l'esclavage pour crime.

Sans nous occuper des détails, il nous suffit de remarquer que la différenciation politique inaugurée par la guerre s'effectue par l'incorporation de membres isolés empruntés à d'autres sociétés, et par des accroissements individuels semblables, et non par l'incorporation en masse d'autres sociétés ou de classes entières appartenant à d'autres sociétés. La classe servile, composée d'unités détachées de leurs relations sociales primitives et séparées les unes des autres, puis étroitement attachées aux maîtres qui les possèdent, forme d'abord, mais d'une manière indistincte, une couche sociale séparée. La démarcation ne se fait qu'autant que l'usage apporte quelque rectriction à la puissance des maîtres. Cessant d'occuper la situation d'un bétail domestique, les esclaves commencent à former une classe du corps politique, dès que l'on commence à distinguer leurs droits personnels à l'encontre de ceux de leurs maîtres.

§ 457. On croit d'ordinaire que le servage provient d'un adoucissement de l'esclavage ; l'examen des faits montre qu'il a pris naissance d'une autre manière. Durant les premiers

combats pour l'existence que se livrèrent les tribus primitives, elles grandirent les unes aux dépens des autres en
s'incorporant isolément les individus capturés. Voilà l'origine d'une classe d'esclaves au sens absolu; mais la formation d'une classe servile d'un rang considérablement
plus élevé en possession d'un état légal distinct est l'effet
d'une méthode plus récente et plus large d'accroissement,
celle au moyen de laquelle une société s'incorpore d'autres
sociétés en masse. Le servage prend naissance après la
conquête et l'annexion.

En effet, tandis que l'un implique que les individus
capturés sont arrachés de leur domicile, l'autre implique
que les individus subjugués conservent le leur. Thomson
remarque que « chez les naturels de la Nouvelle-Zélande
des tribus entières deviennent quelquefois nominalement
esclaves, quand elles sont conquises, bien qu'on les laisse
vivre dans leur résidence habituelle à la condition de payer
un tribut sous forme d'aliments aux conquérants [1] : » remarque qui indique l'origine d'arrangements analogues dans
des sociétés parentes. Le gouvernement des îles Sandwich,
au temps de la découverte, se composait d'un roi entouré
de chefs turbulents, soumis à une époque relativement
récente; mais « les gens du commun, dit Ellis, étaient généralement considérés comme attachés à la glèbe et passaient
avec la terre d'un chef à l'autre [2]. » Avant les derniers changements politiques des îles Fidji, il y avait des districts asservis; leurs habitants étaient tenus de fournir aux chefs
des maisons « avec la nourriture quotidienne, de bâtir ces
maisons et de les entretenir [3]. » Bien que les vaincus placés

---

1. Dr A. S. Thomson, *History of New Zealand, etc.*, 1859, I, 148.
2. Ellis, *Tour Through Havaï*, 397.
3. Erskine, *Journal of a Cruise, etc.* 461.

dans ces conditions diffèrent grandement par le degré de leur assujettissement, en ce que les uns, comme aux îles Fidjis, sont exposés à être mangés quand leurs maîtres en ont besoin, et que les autres ne sont tenus qu'à fournir une quantité déterminée des produits de leur travail, ils se ressemblent en ceci, qu'ils ne sont point détachés de leur résidence primitive. Nous avons tout lieu de croire que le servage d'Europe a pris naissance d'une manière analogue. En Grèce, nous trouvons l'exemple de la Crète, où, sous les conquérants doriens, existait une population vassale formée, paraît-il, en partie d'aborigènes, en partie d'anciens conquérants; les premiers serfs, attachés aux terres de l'État et des individus, et les autres propriétaires tributaires. A Sparte, des causes analogues avaient établi des relations analogues : il y avait les ilotes qui vivaient sur les terres de leurs maîtres spartiates et les cultivaient, et les périèques, qui avaient probablement constitué la classe supérieure avant l'invasion dorienne. Il en fut de même dans les colonies grecques après leur fondation. A Syracuse, par exemple, les aborigènes devinrent serfs. Il en a été de même à des époques plus récentes et dans des régions plus près de nous. La Gaule fut assujettie par les Romains, et plus tard la Gaule romanisée fut assujettie par les Francs; dans les deux cas, les individus qui cultivaient le sol furent rarement chassés; ils tombèrent seulement dans une situation inférieure : inférieure certainement au point de vue politique, et, aussi, selon M. Guizot, au point de vue industriel. La Grande-Bretagne fournit aussi des faits à l'appui de notre thèse. Avant la conquête romaine, écrit Pearson, « il est probable que, dans certaines parties du moins, il y avait des villages serviles, occupés par une race parente des Bretons, mais conquise, les premiers occupants du sol [1]. » Les faits fournis par les périodes anglo-saxonne et normande sont plus certains et parlent dans le même sens. Chez les montagnards d'Ecosse, des groupes ou classes entières étaient réduits en esclavage par d'autres [2]; et au début de l'histoire d'Irlande nous rencontrons une distinction, celle des tribus libres et des tribus tributaires, ce qui donnerait peut-être à penser qu'il y avait en Irlande le même genre de supériorité et de subordination. « Le *ceorl*, dit le professeur Stubbs, avait un droit sur la terre commune de son *township;* son nom latin, *villanus*, avait été un symbole de liberté, mais ses privilèges étaient attachés à la glèbe; lorsque le baron normand prit la terre, il prit aussi le vilain. Néanmoins le vilain garda ses droits coutumiers, sa maison avec sa terre et ses droits d'affouage et de pacage. La culture du domaine du seigneur dépendait des services du vilain; enfin il était de l'intérêt personnel du seigneur de protéger le vilain au même titre qu'un cheval ou un bœuf [3]. » Nous lisons dans Innes un passage d'un sens et d'une importance analogues. « J'ai dit, écrit-il, que, parmi les habitants de la Grange, les plus inférieurs dans l'échelle sociale étaient les *ceorls*, *serfs* ou vilains, qu'on se transmettait comme la terre qu'ils cultivaient, qu'on pouvait traquer et ramener s'ils tentaient de s'échapper, comme un bœuf ou un mouton égaré. Le nom légal de *nativus* ou *neyf*, que je n'ai trouvé que dans la Grande-Bretagne, paraît indiquer qu'ils tiraient leur origine de la race primitive, celle des possesseurs primitifs du sol... Dans le registre de Dunfernline, on lit beaucoup de *généalogies*, comme celles qu'on tient aujourd'hui pour les chevaux, qui

---

1. Pearson, *The Early and Middle ages of England*, 1867, I, 2.
2. J. Henry Maine, *Early Institutions*, 133.
3. Stubbs, *The Constitutional History of England*, Oxford, 1880, II, 453.

permettaient au seigneur de suivre et de revendiquer ses serfs en s'appuyant sur leur filiation. On peut remarquer que la plupart d'entre ces serfs portent des noms celtiques[1]. »

Evidemment, un territoire conquis serait demeuré inutile faute de cultivateurs ; on le laissait dès lors aux mains des cultivateurs primitifs, parce qu'il n'y avait rien à gagner à en mettre d'autres à leur place quand même on aurait pu en trouver un nombre égal. Aussi, s'il était de l'intérêt du vainqueur d'attacher tous les anciens cultivateurs au sol, il l'était aussi d'abandonner à chacun d'eux une certaine quantité du produit des cultures assez grande pour lui permettre d'élever des enfants ; et c'était encore l'intérêt du vainqueur de protéger le paysan contre les mauvais traitements qui l'auraient rendu incapable de travailler.

Pour montrer que cette distinction entre l'esclavage dans son type primitif et l'esclavage sous la forme du servage est fondamentale, il suffit de dire que, si l'esclavage peut exister et existe chez les sauvages et les tribus pastorales, le servage n'est possible qu'après que la société a atteint la période agricole : c'est alors seulement que peut se produire l'annexion d'une société par une autre, et qu'il peut exister un lien capable d'attacher l'homme au sol.

§ 458. Les hommes associés qui vivent de chasse, et pour qui le territoire occupé n'a de valeur que comme habitat de gibier, ne sauraient jouir de ce territoire autrement que par une participation commune : la propriété chez eux ne peut être qu'une propriété collective. Naturellement, au début, tous les adultes mâles, à la fois chasseurs et guer-

[1]. Cosmo Innes, *Scotland in the Middle Ages*, 1860, 141.

riers sont les possesseurs communs de la terre indivise, et ils
résistent aux empiètements que les autres tribus peuvent y
faire. Sans doute, dans l'état pastoral primitif, surtout quand
la stérilité de la région oblige les membres de la tribu à se
disperser au loin, ils errent sur une terre dont la propriété
n'est pas bien définie; la querelle entre les bergers
d'Abraham et ceux de Loth se disputant des territoires de
pâturage est un exemple d'une certaine prétention à l'usage
exclusif du sol. Plus tard, chez les anciens Germains,
chaque tribu se meut dans des limites tracées d'avance.

Je rappelle ces exemples afin de montrer qu'au début
il y avait identité entre la classe militaire et celle des propriétaires du sol. En effet, que le groupe social soit chasseur ou qu'il soit pastoral, les esclaves que les membres
possèdent sont également exclus de la propriété du sol : les
hommes libres, qui sont tous des combattants, deviennent
naturellement les propiétaires du territoire. Cet état de
choses, sous diverses formes, persiste longtemps, et il n'en
pouvait guère être autrement. Comme la terre, dans les premières sociétés sédentaires, est à peu près la seule source
de richesse, il arrive inévitablement que, tout le temps que
le principe qui fait de la force le droit, règne sans restriction, l'homme qui est puissant est en même temps propriétaire du sol. De là vient que partout où la terre, au lieu
d'être la propriété de la société dans son entier, se trouve
partagée entre les communautés de villages qui la composent, ou entre les familles, ou entre les individus, ceux qui
la possèdent sont ceux qui portent les armes. Dans l'ancienne
Egypte, « tout soldat était propriétaire foncier; » il lui
« était alloué un lot de six acres environ [1]. » Dans la Grèce,

---

[1]. Sharpe, *History of Egypt.*, 1852, I, 66.

envahisseurs hellènes dépouillèrent du sol les anciens
ssesseurs, et désormais le service militaire et la propriété
ncière allèrent ensemble. A Rome aussi, « tout pro-
iétaire, depuis sa dix-septième jusqu'à sa soixantième
nnée, était tenu au service militaire... même l'esclave
nancipé le devait lorsque, par exception, il était devenu
ssesseur d'une propriété foncière[1]. » Il en était de même
ns la société teutonique primitive. Avec les guerriers de
rofession, l'armée y comprenait « la masse des hommes
bres distribués en familles, combattant pour leur château
u leur feu[2] » : ces hommes libres, les *markmen*, possédaient
terre, partie en commun, partie comme propriétaires
ndividuels. La même disposition existait dans l'ancienne
ngleterre. « Les hommes libres occupaient la terre comme
ognats, par suite de leur enregistrement sur le champ de
ataille, où tous les parents se rangeaient sous les ordres
l'un officier de leur famille et de leur choix. » Le lien de
lépendance qui les attachait au sol était si étroit, qu'un
thane était déchu de sa terre libre pour sa mauvaise con-
luite dans la bataille[3]. »

A cette relation primitive entre l'état militaire et la pro-
riété foncière, provenant de l'intérêt commun de ceux qui
ossèdent et occupent le sol soit individuellement, soit col-
ectivement, à résister aux agresseurs, vient plus tard
s'ajouter une relation nouvelle. A mesure qu'à la suite des
succès militaires progresse l'évolution sociale, qui grandit
a puissance d'un chef suprême, ce chef prend l'habitude
le récompenser ses principaux capitaines par des dons de
erre. Les anciens rois d'Egypte « conféraient à des officiers

---

1. Mommsen.
2. Stubbs, *loc. cit.*, II, 493.
3. Kemble, *The Saxons in England*, I, 69. Hallam, *Europe in the Middle
Ages*, 1869, ch. VIII.

militaires éminents » des portions de terres distraites du domaine de la couronne [1]. Quand les barbares s'enrôlèrent au service de Rome, « on les paya en leur assignant des terres, suivant un usage en vigueur dans les armées impériales. La propriété de ces terres leur était concédée à la condition que le fils serait soldat comme son père [2]. » Chacun sait que des usages analogues régnèrent durant les âges féodaux ; c'était sur cette base que reposait la tenance féodale ; l'incapacité de porter les armes était une raison d'exclure les femmes de la succession. Comme exemple propre à montrer la nature de la relation établie entre l'état militaire et la propriété, rappelons que « Guillaume le Conquérant... distribua son royaume en 60 000 lots, de valeur à peu près égale (dont une partie demeura aux mains des anciens maîtres, et l'autre fut cédée aux vainqueurs, qui devinrent soit propriétaires, soit suzerains), chaque lot devant le service d'un soldat. » L'une des lois de Guillaume prescrit à tous les possesseurs du sol « de jurer qu'ils deviennent vassaux et tenanciers », et qu'ils « défendront les domaines de leur seigneur et ses droits autant que sa personne », en faisant « le service de chevalier [3]. »

La relation primitive entre l'état militaire et la propriété foncière a survécu longtemps ; les armoiries des familles d'un comté en Angleterre, aussi bien que les portraits des ancêtres qui sont la plupart représentés sous le costume militaire, en sont la preuve.

§ 459. Du moment qu'il existe une classe de guerriers ou d'hommes portant les armes, qui dans les sociétés primitives

1. S. G. Wilkinson, *Manner and Customs of the Ancient Egyptians*, I, 150.
2. Fustel de Coulange, *Histoire des institutions politiques de l'ancienne France*, 246.
3. Hallam, *loc. cit.*, ch. II, p. 1. Reeves, *History of the English Law*, I, 34.

sont les possesseurs du sol, à titre collectif ou individuel, ou en partie à l'un de ces titres et en partie à l'autre, il faut savoir comment cette classe se différencie en nobles et en hommes libres.

Naturellement, la réponse qui s'applique à la généralité des cas, c'est que, puisque l'homogénéité étant nécessairement instable, le temps amène inévitablement l'inégalité entre les hommes dont les situations étaient égales au début. Tant que la société n'est pas arrivée à l'état demi civilisé, la différenciation ne saurait être tranchée, parce qu'il n'existe pas alors d'exemples de grande accumulation de richesses et parce que les lois qui règlent la filiation ne favorisent pas la conservation des fortunes accumulées qui ont pu se réaliser. Mais, dans les sociétés pastorales et plus encore dans les agricoles, celles surtout où la filiation en ligne masculine s'est établie, diverses causes de différenciation entrent en jeu. C'est d'abord la différence de parenté avec le chef. Evidemment, dans le cours des générations, les plus jeunes descendants des plus jeunes se rattachent par un lien de plus en plus lâche au plus vieux descendant du plus vieux, et l'infériorité sociale prend naissance : de même que l'obligation de mettre à exécution la vengeance du meurtre d'un membre de la famille ne s'étend pas au delà d'un certain degré de parenté (qui ne dépassait pas le septième dans l'ancienne France), de même la distinction attachée à cette parenté ne dépasse pas ce degré. De la même cause vient l'infériorité en matière de possessions. L'hérédité par primogéniture dans le cours des générations fait que les individus qui n'ont avec le chef du groupe que les rapports de consanguinité les plus éloignés, sont aussi les plus pauvres. A ces facteurs s'en ajoute un autre, à savoir le surplus de puissance que confère la supériorité de ri-

chesse. En effet, lorsqu'il s'élève des disputes dans le sein
de la tribu, ce sont les plus riches qui, mieux armés pour la
défense et plus capables d'acheter des secours, ont naturellement l'avantage sur les plus pauvres. Nous voyons, dans
un fait rapporté par sir Henry Maine, toute la puissance de
cette cause. « Les fondateurs d'une partie de l'aristocratie
de l'Europe moderne, les Danois, étaient dans le principe des
paysans qui fortifiaient leurs maisons durant les luttes à
mort des villages et tiraient parti de cet avantage [1]. » La
supériorité de situation, une fois qu'elle a pris naissance,
s'accroît d'une autre manière. Nous avons déjà vu que les
sociétés reçoivent un certain accroissement de l'adjonction
de fugitifs venus d'autres sociétés : ce sont quelquefois des
criminels, quelquefois des opprimés. Lorsque ces fugitifs
appartiennent à des races de type supérieur, ils deviennent
souvent des chefs, ce que l'on voit chez plusieurs tribus montagnardes de l'Inde, dont les rajahs appartiennent à la race
indoue; mais, quand les fugitifs sont de la même race que
la tribu d'adoption, ils n'y peuvent aspirer au premier rang
et s'attachent aux hommes qui y exercent le pouvoir suprême. Quelquefois ils renoncent à leur liberté pour obtenir
protection : un homme se fait lui-même esclave en rom-
pant une lance en présence du maître de son choix, chez
les Africains orientaux par exemple; ou il subit un léger
coup, comme chez les Foulahs. Dans l'ancienne Rome, il
existait une classe de demi-esclaves, appelés les clients, qui
avaient accepté la servitude en échange de la sécurité. Mais,
si le fugitif est capable de fournir un service de valeur à la
guerre, il s'offre en qualité de guerrier en échange du
refuge et de la protection qu'on lui accorde. Toutes choses

---

[1]. Maine, loc. cit., 84.

égales, il choisit pour maître un homme signalé par la supériorité de sa puissance et de ses biens, et apporte à cet homme déjà influent un moyen de le devenir davantage. Ces serviteurs armés, ne possédant comme étrangers aucun droit sur les terres du groupe, unis à leur chef par l'unique lien de l'allégeance, correspondent par leur situation aux *comites* des premières sociétés germaniques et à ce qu'on appelait jadis en Angleterre *Huscarlas* (Housecarls), guerriers dont les nobles s'entouraient. Il est évident du reste que des gens de cette sorte, unis à leurs protecteurs par certains intérêts communs et séparés par tous les intérêts du reste de la société, deviennent dans les mains de leurs maîtres des instruments dont ils se servent pour usurper les droits communaux et s'élever eux-mêmes sur l'abaissement de tous les autres.

Graduellement, le contraste s'aggrave. A ces esclaves, qui le sont devenus volontairement d'un chef, s'ajoutent d'autres esclaves capturés à la guerre, d'autres asservis pour payer des dettes de jeu, d'autres acquis à prix d'argent, d'autres en punition de crimes, d'autres pour dettes. Forcément, enfin, la possession d'un grand nombre d'esclaves, signe habituel de richesse et de puissance, a encore plus pour effet d'augmenter la richesse et la puissance, et de distinguer toujours davantage le rang supérieur d'avec l'inférieur.

§ 460. Certaines causes concomitantes engendrent des différences physiques et mentales entre les membres d'une société parvenus à des positions supérieures et ceux qui sont restés dans les inférieures. Les dissemblances de statut, une fois créées, amènent des dissemblances de genre de vie, et celles-ci, par les changements constitutionnels qu'elles opèrent, produisent bientôt des dissemblances de statut encore plus rebelles au changement.

Nous rencontrons d'abord la différence de régime alimentaire et ses effets. L'habitude, commune à toutes les tribus primitives, de ne laisser à manger aux femmes que les restes de l'homme, et l'autre habitude, qui marche avec la première, de ne pas permettre aux plus jeunes hommes l'usage de certaines viandes réservées à des hommes plus âgés, nous offrent des exemples du penchant inévitable qui porte d'habitude les forts à se nourrir aux dépens des faibles. Quand des divisions de classe s'établissent, elles ont habituellement pour conséquence que le supérieur se nourrit mieux que l'inférieur. Forster remarque que, dans les îles de la Société, les classes inférieures souffrent souvent de la disette dont les classes supérieures sont toujours affranchies. Aux îles Sandwich, la chair des animaux est principalement réservée aux chefs. Chez les Fidjiens, dit Seeman, le cannibalisme est interdit « aux gens du commun, aussi bien qu'aux femmes de toutes les classes; l'usage le veut ainsi [1]. » Ces exemples montrent assez la différence partout reconnue qui sépare le régime alimentaire du petit nombre des dominateurs d'avec celui du grand nombre des sujets. Ces différences de régime alimentaire et d'autres différences concomitantes dans le costume, l'abri, la tension des forces, finissent par produire des différences physiques. « Les chefs fidjiens sont de grande taille, bien faits et fortement musclés; les gens des rangs inférieurs offrent le spectacle d'une maigreur qui provient d'un travail écrasant et d'une alimentation chétive. » Aux îles Sandwich, « les chefs sont grands et vigoureux, et leur extérieur l'emporte tellement sur celui du bas peuple qu'on

1. Seeman, *Vita, an Account of a mission to the Vitian or Fijian Islands*, Cambridge, 1862, 179. — *United States Exploring Expedition*, III, 73.

les dirait de race différente. » Ellis, confirmant le récit de
Cook, dit que les chefs tahitiens sont « presque sans exception aussi au-dessus des paysans... par la force physique
qu'ils le sont par le rang et les richesses [1]. » Erskine remarque une différence analogue chez les naturels des îles
Tonga. On peut tirer d'une remarque de Reade qu'il en est
de même chez les peuples d'Afrique. « Les dames de la
cour, dit-il, sont grandes et bien prises; elles ont la peau
douce et transparente; leur beauté a de l'éclat et de la
durée. La jeune fille des classes moyennes, si souvent jolie,
est très souvent courte et épaisse, et tourne bientôt à la
matrone; mais, dans les rangs inférieurs, les jolis visages
sont rares : la figure est anguleuse, comprimée et souvent
presque déformée [2]. »

En même temps s'établit entre les gouvernants et les
gouvernés des dissemblances d'activité et d'adresse corporelle. Les gens du plus haut rang sont ordinairement occupés à la chasse, quand ils ne le sont pas à la guerre ;
la discipline, à laquelle ils demeurent soumis toute leur
vie, amène divers genres de supériorité physique. Ceux
au contraire qui s'adonnent à l'agriculture, qui portent des
fardeaux et sont soumis à d'autres pénibles labeurs, perdent en partie leur agilité et leur adresse naturelles. Ces
effets favorisent par conséquent la prépondérance d'une
classe sur l'autre.

Viennent ensuite les caractères mentaux de chacune de
ces classes produits chaque jour chez l'une par l'exercice
du pouvoir, et chez l'autre par la soumission au pouvoir.

1. Ellis, *Polynesian Researches*. II, 16.
2. Reade, *Savage Africa*, 1863. 241.
« En écrivant ce qui précède, j'ai trouvé, dans un travail récemment publié
dans les *Transactions de l'Institut anthropologique*, la preuve que de nos
jours même, en Angleterre, les gens de la classe où se recrutent les professions
libérales sont plus grands et plus lourds que ceux de la classe des artisans. »

Les idées et les sentiments, comme les modes de conduite, perpétuellement répétés, engendrent chez les uns une aptitude héréditaire au commandement, et chez les autres une aptitude héréditaire à l'obéissance; enfin le résultat de ces aptitudes, c'est qu'avec le temps s'établit des deux parts la croyance que les situations respectives, les relations officiellement réglées des classes, sont naturelles.

§ 461. En supposant la guerre habituelle entre les sociétés sédentaires, les interprétations qui précèdent ont supposé la formation de sociétés composées. Les divisions de classes que nous venons de décrire, se compliquent donc de la formation de nouvelles divisions de classes nées sous l'influence de relations établies entre les vainqueurs et les vaincus, dont les groupes respectifs contiennent déjà des divisions de classes.

La différenciation croissante qui accompagne l'intégration croissante s'aperçoit clairement dans les sociétés demi civilisées, aux îles Sandwich par exemple. « Voici, d'après Ellis, l'énumération des rangs de cette société : 1° le roi, les reines, la famille royale, le conseiller ou premier ministre du roi ; 2° les gouverneurs des diverses îles et les chefs des diverses grandes divisions territoriales : plusieurs d'entre eux sont les descendants d'ancêtres qui étaient rois d'une île au temps de Cook et qui le sont restés jusqu'au moment de la conquête de l'archipel par Taméhaméha; 3° les chefs des districts ou de villages, qui payent une rente fixe pour le sol qu'ils cultivent au moyen de leurs serviteurs, ou qu'ils laissent aux mains de leurs tenanciers : ce rang comprend aussi d'anciens prêtres ; 4° les classes laborieuses, celles qui prennent à loyer de petites portions de terre, celles qui travaillent le sol pour la nourriture et le

vêtement, les ouvriers, les musiciens, les danseurs [1]. »
Comme nous l'avons vu, ces classes laborieuses peuvent
d'ailleurs se diviser en artisans, qu'on paye avec des salaires, en serfs, attachés au sol, et en esclaves. En y regardant, on voit très bien que les chefs inférieurs, autrefois indépendants, ont été réduits au second rang, quand
les chefs voisins les ont subjugués en devenant des rois
locaux, et qu'ils ont passé au troisième rang, en même
temps que ces rois locaux devinrent des chefs du second
rang, lorsque la conquête de l'archipel les réunit tous sous
la domination d'une royauté suprême. D'autres sociétés,
arrivées au même point de civilisation, nous offrent des
divisions analogues qu'on peut expliquer de la même manière. Chez les naturels de la Nouvelle-Zélande, il y a six
grades sociaux, six chez les Achantis, cinq chez les Abyssiniens. D'autres Etats africains plus ou moins composés
présentent des divisions analogues. L'ancien Pérou nous
fournit un exemple aussi clair qu'on peut le souhaiter de
la superposition de rangs qui est l'effet de la conquête. Les
Incas réunirent sous leur domination plusieurs petits
royaumes; mais ils les laissèrent sous le gouvernement des
souverains locaux et de leurs subordonnés, sans rien
déranger dans l'administration locale; seulement ils établirent à la tête de leur empire une organisation supérieure,
formée d'une hiérarchie variée, occupée par des Incas. Les
traditions permettent de croire que des causes analogues
produisirent des effets analogues dans les premiers siècles
de l'histoire de l'Egypte, et les monuments qui nous racontent les luttes locales d'où sortit l'empire unifié, aussi bien
que les conquêtes des races d'envahisseurs, nous l'attestent

1. Ellis, *Tour through Hawai*, 392.

encore; la conséquence nécessaire de ces événements devait être l'établissement de nombreuses divisions et subdivisions qui existaient réellement dans la société égyptienne. Ce qui justifie cette opinion, c'est que, sous la domination romaine, une re-complication fut le résultat de la superposition de l'appareil gouvernemental romain sur les appareils gouvernementaux indigènes. Laissons les exemples tirés de l'histoire ancienne, et passons à des exemples mieux connus, tirés de l'histoire anglaise ; nous y voyons les compagnons du conquérant normand former dans le pays une seconde couche de barons, tenant directement leurs terres du roi. Ils occupaient le rang supérieur, tandis que les anciens thanes anglo-saxons se trouvaient réduits au rang de sous-feudataires. Naturellement, lorsque des guerres perpétuelles produisent d'abord de petites agrégations, ensuite de plus grandes, puis des dissolutions suivies elles-mêmes de re-agrégations, et ensuite l'union de ces agrégations, d'étendue plus ou moins grande, comme il est arrivé au moyen âge, des divisions très nombreuses prennent naissance. Sous les rois mérovingiens, il y avait des esclaves de sept origines différentes ; plusieurs rangs de serfs ; des affranchis, c'est-à-dire des hommes qui, bien qu'émancipés, n'avaient pas le rang des hommes complètement libres ; deux classes au-dessous de l'homme libre, les *liten* et les *coloni ;* trois classes d'hommes libres, c'est-à-dire propriétaires fonciers indépendants ; deux genres d'hommes libres dépendant d'autres hommes libres ; enfin trois genres d'hommes libres unis au roi par des relations particulières.

Tout en remarquant dans ces divers exemples comment une intégration politique plus grande rend possible une différenciation politique plus grande, nous pouvons remar-

quer aussi que dans les premières périodes tant que la
cohésion sociale est faible, c'est par une plus grande différenciation politique qu'une plus grande intégration politique est possible. En effet, plus la masse à maintenir unie
est grande à la période de non-cohésion, plus il faut que
les agents distribués sur les divers échelons de la hiérarchie
qui la maintiennent soient nombreux.

§ 462. Les différenciations politiques que le régime militaire fait naître, et qui durant longtemps prennent un
caractère de plus en plus défini, au point que le mélange
des rangs par l'effet des mariages est tenu à crime, se trouvent, à d'autres époques et sous d'autres conditions, dérangées, traversées et détruites, en partie ou en totalité.

Lorsque, durant des siècles et avec des degrés toujours
variables, la guerre produit des agrégations et des dissolutions, la rupture et le rétablissement continuels des liens
sociaux effacent les divisions établies de la manière que
nous avons décrite : par exemple l'état des choses dans le
royaume des Mérovingiens. Lorsque, au lieu de conquêtes
opérées par des sociétés voisines de même race, qui laissent subsister la plupart des situations sociales et des propriétés des subjugués, ce sont des conquêtes faites par des
races étrangères et exécutées par des procédés plus barbares, les rangs primitifs peuvent s'effacer de fait, et, à leur
place, apparaître des grades institués uniquement par la
volonté du despote conquérant. Nous voyons cet état de
choses réalisé dans les parties de l'Orient où depuis les
temps les plus reculés des races en ont subjugué d'autres :
il n'y a guère de rangs héréditaires s'il y en a, et le seul
qu'on y reconnaisse, c'est la position officielle. En dehors
des divers grades de fonctionnaires publics, il n'y existe

pas de distinction de classe qui ait un sens politique.

D'autres causes produisent une tendance à la subordination des rangs primitifs, et la substitution de nouveaux
rangs aux anciens : cette tendance accompagne le progrès
de la consolidation politique. Le changement réalisé en
Chine montre nettement cet effet. « Plus tard (à l'époque
de la décadence de la féodalité), dit Gutzlaff, un simple
titre fut la récompense conférée par le souverain... et les
grands puissants et redoutés des autres pays se trouvent
des serviteurs dépendants et pauvres de la couronne... Le
principe révolutionnaire du nivellement des classes a été
poussé en Chine extrêmement loin... Ce résultat est tout
au profit du souverain, dont il rend l'autorité absolue [1]. »

Il n'est pas difficile de voir les causes de ces changements. En premier lieu, les chefs locaux subjugués, perdant, au cours des progrès de l'intégration, toujours plus
de leur puissance; ils perdent par suite toujours plus de leur
rang réel, sinon de leur rang nominal, c'est-à-dire qu'ils
passent de la condition de chefs tributaires à celle de sujets.
Il arrive même que par jalousie le monarque les exclut
réellement des situations influentes : en France, par exemple,
« Louis XIV exclut systématiquement la haute noblesse des
fonctions de ministre [2]. » Bientôt leur situation privilégiée
sera diminuée par l'élévation de nouveaux rangs rivaux,
créés par l'autorité suprême de l'État. Au lieu des titres
hérités par des chefs militaires possesseurs du sol, titres qui
exprimaient leurs attributs et positions, on voit apparaître
des titres conférés par le souverain. Certaines des classes
issues de cette autorité ont encore une origine militaire : par
exemple, on faisait des chevaliers sur le champ de bataille,

---

1. Gutzlaff, *China opened*, 1838, II, 305.
2. Chéruel. *Histoire de l'administration monarchique en France.* II, 116.

souvent en grand nombre avant le combat, comme à Azin-
court, où le roi Henri V en créa cinq cents; et quelquefois
après la bataille, pour récompenser la valeur des combattants. D'autres titres proviennent de fonctions politiques de
différents grades : en France, par exemple, où, au dix-septième siècle, on conférait la noblesse héréditaire à des membres du Parlement et à des officiers de la Chambre des
Comptes. Les fonctions judiciaires donnent bientôt aussi
naissance à des titres honorifiques. En France, en 1607, on
accorda la noblesse à des docteurs, à des régents, à des professeurs de droit; enfin les cours souveraines obtinrent, en
1644, le privilège de la noblesse au premier degré. De sorte
que, selon la remarque de Warnkœnig, « la notion primitive
de noblesse s'étendit tellement avec le temps, que la relation
qu'elle soutenait primitivement avec la possession d'un fief
ne fut plus reconnaisable, et que l'institution se trouva
totalement changée [1]. » Ces exemples, et d'autres analogues
que nous trouvons dans plusieurs contrées européennes,
nous montrent comment les divisions primitives des classes
s'effacent, et comment les nouvelles se distinguent des anciennes en ce qu'elles sont délocalisées. Il se forme des
couches sociales qui se retrouvent partout dans une société
intégrée et qu'aucun lien n'attache à un lieu plutôt qu'à un
autre. Il est vrai que, parmi les titres conférés artificiellement, les plus élevés viennent des noms de territoire ou de
villes, simulant par là, mais ne faisant que simuler les anciens titres féodaux, qui exprimaient une possession sei-
gneuriale de ces territoires. Toutefois les autres titres modernes, nés du développement des fonctions politiques,
judiciaires ou autres, ne se rapportent pas même par le

1. Warnkœnig, *Französische Stats-und Rechtsgeschichte*, Bâle, 1846, I.

nom à des localités. Ce changement accompagne naturellement l'intégration croissante des parties en un tout, et la
formation d'une organisation du tout où les divisions entre
les parties n'ont aucune valeur.

L'accroissement de l'industrialisme affaiblit bien plus
activement les divisions politiques primitives inaugurées
par le régime militaire. Ce résultat se produit de deux
manières : premièrement, par la création d'une classe en
possession d'une puissance dérivée d'une autre source que
des domaines ou des positions officielles ; et, secondement,
par la production de sentiments en désacord avec les anciennes idées sur la hiérarchie des classes. Les peuples non
civilisés encore existants nous offrent un exemple de cette
relation. Le chef d'un kraal chez les Hottentots-Koranas en
est « d'ordinaire le plus riche propriétaire [1]. » Dans la
langue des Béchuanas, « le mot *kosi*... a un double sens et
veut dire également chef et homme riche [2]. » La faible autorité que possède un chef Chinouk « repose sur des richesses, consistant en femmes, enfants, esclaves, bateaux et
coquilles [3]. » Il en était ainsi en Europe aux temps primitifs.
Exemple, l'Albanie, où les chefs des communes « sont
en général les gens les plus riches [4] » : Il est évident
qu'avant que le commerce se fût développé, alors que
la possession du sol pouvait seule donner la fortune, le
rang de seigneur et la richesse étaient en relation directe.
Aussi sir Henry Maine a-t-il pu dire que « l'opposition que
l'on voit communément exister entre la naissance et la
richesse, et en particulier la richesse tirée d'ailleurs que
de la propriété foncière, est toute moderne [5]. » Toutefois,

1. Thompson, *Travels and Adventures in Southern Africa,* II, 30.
2. Burchell, *Travels into the Interior of Southern Africa,* II, 347.
3. Waitz. *Introduction to Anthropology.* III, 338.
4. Boué. *La Turquie en Europe,* 1841. III, 254.
5. Sir Henry Maine. *History of Early Institutions.* 134.

lorsque l'industrie est arrivée à cet état où les affaires en gros rendent de grands profits, on voit des négociants parvenir à des fortunes qui leur permettent de rivaliser de richesse avec la noblesse territoriale et de mener plus grand train qu'elle. Plus tard, ces négociants rendent des services aux rois et aux nobles, et acquièrent de l'influence politique; on voit alors de temps en temps lever la barrière qui les sépare des classes titrées. En France, le progrès commençait déjà en 1271, lorsque Raoul l'Orfèvre reçut des lettres de noblesse, « les premières lettres qui conférassent la noblesse en France [1]. » Le précédent, une fois établi, se répéta de plus en plus fréquemment; et souvent, sous la pression d'embarras financiers, le roi se mit à vendre des titres, ouvertement ou par des voies détournées. En France, en 1702, le roi anoblit 200 personnes au prix de 3000 livres par tête; en 1706, 500 personnes à 6000 livres. Enfin, à cette cause qui démantèle les anciennes divisions politiques, s'ajoute comme auxiliaire l'affaiblissement de ces divisions, par suite du développement de l'esprit d'égalité que la vie industrielle encourage. Plus les hommes s'habituent par une pratique journalière à défendre leurs propres droits tout en respectant ceux d'autrui, ce qu'ils font dans toute opération d'échange, qu'il s'agisse de richesse ou de services, plus ils acquièrent la disposition mentale opposée à celle qui accompagne l'assujettissement. Dès que cette transformation est opérée, les distinctions politiques qui supposent l'assujettissement cessent de plus en plus d'obtenir le respect qui fait leur force.

§ 463. On ne peut donc douter que les distinctions de classe ne remontent à l'origine de la vie sociale. Si nous

---

1. *Anciennes lois françaises*, Paris, 1828, II, 645.

laissons de côté les groupes nomades dont le défaut de cohésion est tel que les parties qui en forment les éléments changent incessamment de rapports les unes avec les autres et avec le milieu, nous voyons que, partout où la société présente quelque cohésion et des relations quelque peu fixes entre les parties, des divisions politiques prennent naissance. La possession d'un pouvoir relativement supérieur, cause première de différenciation, dans la famille comme dans la société, entre les fonctions et la situation des sexes, ne tarde pas à devenir une cause de différenciation entre les mâles, et révèle ses effets dans l'asservissement des prisonniers de guerre : d'où la constitution de deux classes, l'une de maîtres, l'autre d'esclaves.

Lorsque les hommes restent attachés à la vie nomade afin de se procurer la grossière nourriture dont eux-mêmes et leurs troupeaux ne peuvent se passer, tout ce que les groupes qu'ils forment peuvent gagner par la guerre c'est de s'approprier les uns aux dépens des autres quelques unités individuellement; mais, quand les hommes sont parvenus à l'état agricole ou sédentaire, il est possible à une société de s'emparer d'une autre en masse en même temps que de son territoire. Quand cela arrive, de nouvelles divisions de classes se produisent. La société conquise ou tributaire n'a pas seulement ses membres assujettis, mais des membres réduits à un état tel que, continuant à vivre sur leurs terres, ils abandonnent, par l'entremise de leurs chefs, une partie du produit du sol à leurs conquérants : ébauche de ce que sera la classe servile.

Dès l'origine, la classe militaire, possédant, grâce à la force des armes, la domination, devient la classe qui possède la source d'où dérivent les matières alimentaires, le sol. Aux époques de la vie nomade des peuples chasseurs et pasteurs, les guerriers du groupe sont propriétaires du sol collectivement. A l'état sédentaire, la propriété est en partie collective, en partie individuelle, d'après des modes variés; et à la fin elle devient tout à fait individuelle. Mais, durant les longues époques de l'évolution sociale, la propriété foncière et l'état militaire sont unis par une relation constante.

La différenciation de classe dont l'état militaire est la cause active trouve une condition favorable dans l'établissement d'une filiation définie, surtout dans la filiation masculine, et dans la transmission invariable de la situation et de la propriété dans l'ordre de primogéniture. D'où des inégalités de situation et de fortune entre les parents proches et les parents éloignés; enfin ces inégalités, une fois produites, s'aggravent, parce que grâce à elles le supérieur se procure les moyens de conserver sa puissance et d'augmenter ses moyens d'attaque et de défense.

Une différenciation de ce genre s'augmente, en même temps qu'une autre prend naissance par l'immigration de transfuges qui s'attachent aux plus puissants du groupe, tantôt comme serviteurs attachés au travail manuel, tantôt comme serviteurs armés; dans ce dernier cas, ils forment une classe de serviteurs attachés à l'homme puissant et sans lien avec le sol. Enfin, puisque, dans les groupes de ces sortes de tribus, les transfuges se rassemblent de préférence autour du groupe le plus fort, et se font les adhérents du chef de ce groupe, ils deviennent des instruments actifs des intégrations et des différenciations subséquentes que la conquête réalise.

L'inégalité de situation sociale, amenant l'inégalité dans la faculté de se procurer des aliments, des vêtements et l'abri, tend à fixer des différences physiques; celles-ci tournent encore à l'avantage des gouvernants et au désavantage des gouvernés. Outre les différences physiques, les manières de vivre produisent dans chaque classe des différences mentales, émotionnelles et intellectuelles, qui aggravent le contraste général de ces classes.

Viennent ensuite les conquêtes, d'où résultent les sociétés composées, et, plus tard, par la victoire de nouveaux conquérants, les sociétés doublement composées; on voit par là se former diverses couches de rangs superposés. Il en résulte en général que, si les rangs de la société conquérante s'élèvent respectivement plus haut que ceux qui existaient auparavant, ceux de la société conquise s'abaissent d'autant.

Les divisions de classes produites durant les premières périodes de l'âge militaire se dérangent et s'effacent dès que de nombreuses petites sociétés s'unissent pour en former une grande. Les rangs qui rappelaient l'organisation locale cèdent peu à peu le pas aux rangs créés par l'organisation générale. Au lieu d'agents délégués et subdélégués qui sont les chefs militaires, propriétaires des subdivisions qu'ils gouvernent, il y a des agents qui forment une couche de plus en plus distincte répandue dans toute l'étendue de la société, — c'est-à-dire une conséquence d'une administration politique avancée.

Avant tout, nous avons à remarquer que, si l'évolution politique supérieure de grands agrégats sociaux tend à renverser les divisions de rang qui s'étaient développées dans les petits agrégats qui entrent dans leur composition, en mettant à leur place d'autres divisions, l'avancement de l'industrialisme renverse encore plus complètement ces divisions primitives. En donnant naissance à une sorte de richesse qui ne tient pas au rang, l'industrialisme inaugure une puissance rivale; et en même temps, en établissant l'égalité des citoyens devant la loi, quand il s'agit de leurs transactions commerciales, il affaiblit les divisions qui dans le principe exprimaient l'inégalité devant la loi.

A l'appui de ces considérations, je peux ajouter qu'elles sont d'accord avec celles qui nous ont servi déjà à expliquer les institutions cérémonielles. De même que les différences primitives de rang sont l'effet de victoires, et que les formes primitives de propitiation dérivent de l'attitude du vaincu devant le vainqueur, de même les dernières différences de rang résultent de différences de puissance qui, en dernier ressort, s'expriment par une contrainte physique, et les observances qui distinguent les rangs sont des signes par lesquels on reconnaît ces différences dans la puissance. Quand on réduit l'ennemi vaincu en esclavage et qu'on le mutile en prenant un trophée aux dépens de son corps, on fonde la plus profonde distinction politique, en même temps qu'on crée la cérémonie qui en est le signe. La persistance du régime militaire qui compose et recompose les groupes sociaux, entraîne le développement des distinctions politiques et en même temps celui des cérémonies qui en sont les signes. Enfin, de même que nous avons vu l'industrialisme grandissant affaiblir la rigueur des règles cérémonielles, de même nous le voyons ici détruire graduellement les divisions de classes que le régime militaire introduit, et en établir d'autres indiquant des différences de situation, conséquences de différences d'aptitude pour les diverses fonctions dont une société industrielle a besoin.

# CHAPITRE IV

§ 464. La cause qui a le plus contribué à agrandir les idées des physiologistes, c'est la découverte par laquelle nous avons appris que des organismes qui, à l'état adulte, ne paraissent avoir rien de commun, ont été, aux premières périodes de leur développement, très semblables ; et même que tous les organismes partent d'une structure commune. La connaissance de cette loi a non seulement révolutionné nos idées sur les rapports des organismes entre eux, mais aussi sur les rapports des parties de chaque organisme entre elles.

Si les sociétés se sont développées, et si la dépendance mutuelle qui relie leurs parties, dépendance que suppose la coopération, s'est effectuée graduellement, il faut admettre que, en dépit des dissemblances qui finissent par séparer les structures développées, il y a une structure rudimentaire d'où toutes partent. Enfin, si nous pouvons reconnaître cette unité primitive, la constatation de ce fait nous aidera à interpréter la diversité finale. Nous comprendrons mieux comment dans chaque société les divers élé-

ments de l'autorité politique en sont venus au point où
nous les voyons ; et aussi quelles relations ces éléments
entretiennent les uns avec les autres.

Partons d'une horde non organisée, avec ses membres
de tout sexe et de tout âge, demandons-nous ce qui doit
arriver lorsqu'il faut décider quelque question d'intérêt
public, par exemple une question de déplacement ou de défense contre les ennemis. Les individus assemblés rentre-
ront plus ou moins nettement dans deux groupes. Les plus
âgés, les plus forts, et ceux dont la sagacité et le courage
ont été mis à l'épreuve, formeront le plus petit groupe,
celui qui prend part à la discussion, tandis que le groupe
le plus grand, formé des jeunes, des faibles et des gens sans
illustration, borne son rôle à celui d'auditeur, qui ne fait
d'ordinaire guère plus que d'exprimer de temps en temps
son assentiment ou sa désapprobation. On peut en conclure encore autre chose. Dans le groupe des meneurs, il y
aura des hommes dont l'influence l'emportera sur celle des
autres, quelque chasseur âgé, quelque guerrier illustre,
quelque sorcier habile, qui prendra plus que sa part
dans la résolution d'après laquelle on agira à la fin. Cela
veut dire que l'ensemble se partagera en trois parties. Pour
me servir d'une métaphore empruntée à la biologie, nous
dirons que de la masse générale sortiront par différenciation un noyau et un nucléole.

Ces premiers rudiments de structure politique, dont nous
admettons à *priori* la formation spontanée, ont pris naissance chez les peuples les moins avancés : la répétition les
fortifie de manière à produire un ordre constitué. Lorsque,
chez les aborigènes de Victoria, une tribu se prépare à tirer
vengeance d'une autre tribu où l'un de ses propres membres est censé avoir été tué, « un conseil s'assemble, com-

posé de tous les vieillards... Les femmes forment un cercle
extérieur autour des hommes... Le chef (simplement un
naturel influent) ouvre le conseil [1]. » Ce que nous voyons ici
se passe dans un ensemble où n'existent guère d'autres
différences que celles qui viennent de la force, de l'âge, de
la capacité, se passe aussi lorsque, plus tard, ces distinctions naturelles ont acquis un caractère défini. A l'appui,
l'on peut citer le récit que Schoolcraft nous fait d'une con-
férence tenue entre des Chippeouais, des Ottaouas et des
Pottoouattomis avec des commissaires des Etats-Unis, à
laquelle il assistait. Après que le commissaire en chef eut
parlé, ce furent, du côté des Indiens, les principaux chefs
qui prirent la parole, en commençant par « un homme
vénérable par son âge et sa situation ». Bien que Schoolcraft ne parle pas de l'ensemble formé par le vulgaire, nous
en connaissons pourtant l'existence par un passage de l'un
des discours des Indiens : « Voilà, vous voyez mes frères,
jeunes et vieux, les guerriers et les chefs, les femmes et les
enfants de ma nation [2]. » Ce qui donne à penser que l'ordre
politique observé dans cette circonstance était l'ordre usuel,
c'est qu'on le retrouve même dans des parties de l'Amérique où les chefs ont reçu la distinction d'une noblesse
acquise ; nous en avons la preuve dans ce que Bancroft
nous raconte de l'une des tribus de l'Amérique centrale où
« il y a de fréquentes réunions dans la salle du conseil, la
nuit. La salle est alors éclairée par un grand feu, les gens
s'y tiennent découverts, écoutant avec respect les observations et les décisions des *ahuales*, hommes au-dessus de
quarante ans, qui ont occupé des fonctions publiques, ou

1. Smith. *Aborigines of Victoria.* 1878, I, 103.
2. Schoolcraft, *Expedition to the Sources of the Mississipi River*, London,
1855, 137.

qui se sont distingués de diverses manières [1]. » Chez les
peuples de type différent et fixés en des lieux très éloignés
l'un de l'autre, nous retrouvons cette forme primitive de
gouvernement modifiée dans les détails, mais au fond avec
le même caractère. Parmi les tribus montagnardes de
l'Inde, nous pouvons citer les Khonds. Chez eux, « les
assemblées de la tribu entière, ou de quelqu'une de ses
divisions, se réunissent pour décider les questions d'importance générale. Les membres de chaque société, cependant,
ont le droit d'assister à toutes les assemblées, d'y donner
leur voix sur les questions posées, quoique les patriarches
prennent seuls part à la discussion publique.... Les patriarches fédéraux, pareillement, tiennent conseil avec les chefs
des tribus, et assemblent quand c'est nécessaire la population entière du groupe fédéral [2]. » Dans la Nouvelle-
Zélande, on conduisait les affaires d'accord avec l'opinion
publique exprimée dans les assemblées générales ; enfin les
chefs « ne pouvaient conclure la paix ou déclarer la guerre,
ou rien faire qui touchât aux intérêts du peuple entier,
sans obtenir l'assentiment de la majorité du clan [3]. » Ellis
nous apprend que, chez les Tahitiens, le roi avait un petit
nombre de chefs pour conseillers, mais qu'il ne pouvait
entreprendre aucune affaire important à la nation entière
sans consulter les propriétaires fonciers du second rang, et
que pour cela on tenait des assemblées publiques [4]. De même
chez les Malgaches. « Le plus grand conseil national de
Madagascar est une assemblée du peuple de la capitale et

1. Bancroft, *The native Races of the Pacifio States of North America*,
Lond., 1876, I, 702.
2. Macpherson, *Report upon the Khonds of Ganjani and Cuttack*, Calcutta, 1842, 32.
3. Thomson, *The Story of New Zealand, etc.*, 95.
4. Ellis, *Polynesian Researches*, II, 363.

des chefs des provinces, des villes, des villages, etc. [1]. » Le
roi la préside ordinairement en personne.

· Dans ces derniers exemples, il est vrai, nous voyons des
changements considérables dans la puissance relative des
trois éléments, puisque le petit nombre qui forme le groupe
intérieur a acquis de l'autorité aux dépens du grand nombre
qui demeure alentour; mais ces trois groupes existent toujours, et nous les retrouvons encore quand nous passons
aux peuples historiques. Movers remarque que, « à l'époque
d'Alexandre, les Tyriens décidèrent la guerre sans l'assentiment et en l'absence du roi, le sénat s'étant mis d'accord
avec l'assemblée du peuple [2]. » Tout le monde sait que chez
les Grecs d'Homère, l'Agora, sous la présidence du roi,
était « une assemblée où les chefs se communiquaient et
discutaient les affaires en présence du peuple, qui se bornait à écouter et à montrer sa sympathie [3]; » la foule se
tenait rangée en cercle autour des chefs. Le peuple ne demeurait pas toujours auditeur passif; Thersite, bien que
maltraité par Ulysse et raillé par la foule, ne laisse pas
d'intervenir dans la discussion et de faire sa harangue. Le
roi, le sénat et les hommes libres, aux premiers temps de
l'histoire romaine, avaient entre eux des rapports qui ré-
sultaient manifestement de ceux que soutenaient entre eux
les éléments de l'assemblée originelle; quoiqu'ils ne s'unissent pas tous les trois dans une coopération simultanée, il
arrivait cependant que, dans les occasions importantes, le
roi communiquât ses propositions aux citoyens assemblés;
ceux-ci exprimaient leur approbation ou leur désapprobation; enfin les chefs de clan, formant le sénat, encore que

1. Ellis, *History of Madagascar*, I, 378.
2. Movero, *Die Phœnizier*, 1841, II, 540.
3. Grote.

leurs discussions ne fussent pas publiques, avaient assez
de pouvoir par leur union pour annuler à l'occasion la
décision prise par le roi et les citoyens. Chez les Germains, dit Tacite, « les chefs discutent entre eux les petites questions, et tous les hommes s'occupent des grandes.
Mais les affaires où la décision finale appartient au peuple
sont d'abord traitées par les chefs..... la multitude s'assemble en armes dans l'ordre qu'elle trouve bon ; les prêtres réclament le silence, et ils ont même le droit de l'imposer. Ensuite le roi ou chef prend la parole, et selon son
âge, sa naissance, la gloire militaire qu'il s'est acquise ou
son éloquence, il se fait écouter bien plus parce qu'il sait
persuader que parce qu'il a le droit de commander. Si son
avis déplaît, la foule le rejette par ses murmures ; s'il plaît,
les auditeurs l'approuvent en choquant leurs framées. » De
même chez les Scandinaves ; en Islande par exemple, où
il y avait non seulement un Al-thing général annuel auquel
« un homme libre devait à son honneur d'assister », et autour duquel « les gens de toutes les classes venaient dresser
leurs tentes », mais encore des assemblées locales appelées
Var-thing, « auxquelles tous les hommes libres du district
assistaient avec leur suite..... tant pour la discussion des
affaires publiques que pour l'administration de la justice.
Quand il s'agissait de justice, les juges se tenaient au milieu, et le peuple rangé en cercle les entourait [1]. » La description que Freeman nous fait des assemblées annuelles
des cantons suisses d'Uri et d'Appenzell nous apprend que
cette forme politique primitive existe encore. En effet, bien
qu'il indique surtout la présence de l'ensemble du peuple,
il fait mention, pour Uri, à la fois du corps des magistrats

1. Mallet, *Northern Antiquities*, 291.

ou chefs choisis qui forment le second élément, et du magistrat suprême qui forme le premier. Le passage suivant que nous empruntons aussi à Freeman [1] nous fournit une preuve indirecte que le Wittenagemot était constitué d'une manière analogue. « Nul témoignage ancien, dit Freeman, ne nous renseigne d'une manière claire et formelle sur la constitution de ce corps. On dit généralement en termes vagues que c'était une réunion de sages, de nobles, de grands. Mais, à côté de passages comme ceux-ci, d'autres donnent à penser que ce corps était constitué d'une manière plus populaire. Le roi Eadward, est-il dit, fut choisi par *tout le peuple*. L'Earl Godwine *parla devant le roi et tout le peuple du pays.* » Cette citation fait supposer que le rôle du peuple dans l'assemblée consistait à exprimer par des murmures son approbation ou sa désapprobation.

Cette forme de l'appareil gouvernemental est donc la forme fondamentale, parce qu'on la trouve au début de la vie sociale et qu'elle persiste sous diverses conditions. Ce n'est pas seulement chez les peuples de types supérieurs, tels que les Ariens et certains Sémites, que nous la rencontrons; nous l'observons encore chez les divers peuples polynésiens, les Peaux-Rouges de l'Amérique du Nord, les tribus dravidiennes des montagnes de l'Inde et les tribus de l'Australie. En fait, comme nous avons déjà dû le penser, l'organisation sociale ne pouvait commencer d'une autre façon. D'une part, nulle force gouvernementale n'existe d'abord, sauf celle de la volonté commune exprimée par la horde assemblée. D'autre part, le rôle principal dans la détermination de cette volonté commune sera inévitablement joué par les hommes en petit nombre dont la supé-

---

1. Freeman, *Growth of the English Constitution.* 60.

riorité est reconnue. Parmi ces hommes prédominants, il en est un qui est assurément le plus prédominant. Ce qui doit nous frapper le plus, ce n'est pas tant qu'une forme libre soit la forme primitive de gouvernement, bien qu'il y ait lieu d'en tenir grand compte. Ce n'est pas non plus qu'au début même se révèle la démarcation qui sépare le petit nombre des supérieurs du grand nombre des inférieurs, démarcation qui s'accentuera plus tard, et pourtant ce fait mérite aussi qu'on le signale et qu'on s'y arrête. Ce n'est pas davantage l'apparition primitive d'un homme en possession d'une puissance plus grande que celle de toute autre personne. Ce que nous devons surtout remarquer, c'est qu'au début même on peut distinguer les vagues linéaments d'une structure politique triple et une.

§ 465. Il ne faut pas s'attendre à rencontrer deux cas où la proportion des forces de ces trois éléments soit tout à fait la même ; et, comme nous le donnent à penser divers exemples, ces éléments subissent des changements plus ou moins grands, déterminés tantôt par la nature émotionnelle des hommes qui composent le groupe, tantôt par les circonstances physiques qui favorisent ou entravent l'indépendance, tantôt par des occupations belliqueuses ou pacifiques, tantôt enfin par le caractère exceptionnel de certains individus.

La possession d'une sagacité, d'une adresse, d'une force, habituellement considérée par les hommes primitifs comme une qualité surnaturelle, peut donner à quelque membre de la tribu une influence, qui, transmise à un successeur censé héritier du même caractère surnaturel, peut donner lieu à une autorité qui se place à la fois au-dessus de celle des autres chefs et de celle de la masse. Ou bien par l'effet d'une certaine division du travail quelques-uns se trouvent attachés exclusivement aux occupations guerrières, tandis que le reste s'adonne à d'autres travaux ; par suite les deux éléments supérieurs de l'appareil politique acquièrent la force de se débarrasser du troisième. Ou bien encore les membres du troisième, conservant des habitudes qui rendent difficile ou impossible l'emploi de la contrainte à leur égard, peuvent conserver sur les deux autres une suprématie générale. Enfin les rapports de ces trois éléments gouvernants avec la société dans son entier peuvent subir, et ordinairement subissent des changements par suite de la formation d'une classe passive, exclue de leurs délibérations, classe d'abord composée de femmes, auxquelles viennent plus tard s'ajouter les esclaves et les autres individus tenus en dépendance.

Les guerres heureuses ne donnent pas seulement naissance à la classe passive, mais changent plus ou moins nettement, grâce à l'assujettissement qu'elles supposent, les forces relatives des trois parties de l'appareil politique. Comme, toutes choses restant égales, les groupes dans lesquels la subordination est faible ou nulle sont subjugués par les groupes dans lesquels la subordination est plus grande, il y a des chances pour la survie et l'extension des groupes dans lesquels la force politique du petit nombre des dominateurs devient relativement grande. Pareillement, puisque le succès à la guerre dépend grandement de la promptitude et de la consistance de l'action que donne l'unité de volonté, il faut nécessairement, lorsque l'état de guerre est persistant, que les membres du groupe gouvernant obéissent de plus en plus à son chef ; en effet, dans la lutte pour l'existence entre des tribus d'ailleurs égales, la défaite est la conséquence ordinaire de la désobéissance. Il faut remarquer encore que l'assujettissement des sociétés les unes par les autres, souvent renouvelé, a pour effet d'obscurcir et même d'effacer les traces de la forme politique originelle.

Seulement, tandis que nous reconnaissons que durant le cours de l'évolution politique ces trois éléments primitifs changent de proportions de diverses manières et à des degrés divers, au point que certains tombent à l'état de vestige ou même disparaissent entièrement, il est un fait qui modifiera profondément nos idées sur les formes politiques : c'est qu'elles dérivent toutes de cette forme primitive. Une monarchie despotique, une oligarchie, ou une démocratie sont une forme de gouvernement où l'un des éléments originels s'est considérablement développé aux dépens des deux autres; et il faut classer les divers types mixtes d'après le degré d'influence que l'un ou l'autre des éléments originels y conservent.

§ 466. Y a-t-il à côté de cette unité fondamentale de formes politiques une unité fondamentale de forces politiques? En perdant de vue l'origine commune des structures politiques, avons-nous aussi cessé d'apercevoir clairement l'origine de leur puissance? Il vaut la peine de s'arrêter un moment à considérer combien nous sommes enclins à oublier ce qui est loin, quand nous pensons à ce qui est près.

Quand on voit dans une tempête les flots démolir un vaisseau naufragé ou arracher les rochers des jetées, on est frappé de l'énormité de leur puissance. Mais, si l'on remarque que sans les vents rien de pareil ne se produit, on reconnaît que la mer est par elle-même sans force, et que la force qui la met en état de détruire des vaisseaux et des

massifs de maçonnerie provient des courants d'air qui bou-
leversent sa surface. Pourtant, si l'on s'arrêtait là, on man-
querait de reconnaître la force qui opère ces changements
saisissants. En lui-même, l'air est aussi passif que l'eau. Il
n'y aurait pas de vents sans les effets variables de la chaleur
solaire sur les différentes parties de la surface de la terre.
Ce n'est pas tout : il ne suffit pas d'avoir reporté jusque-là
l'origine de la force qui mine les rochers et les roule, pour
en avoir atteint la source, il faut aller plus loin; sans la
concentration continue de la masse du soleil, causée par la
gravitation mutuelle de ses parties, il n'y aurait point de
radiation solaire.

Le penchant, dont nous donnons ici un exemple, qui
porte tout le monde plus ou moins à attribuer la force à
l'appareil visible qui l'exerce, plutôt qu'à la source inaperçue
d'où elle provient, a, comme nous l'avons senti déjà, une
influence fâcheuse sur nos idées en général et entre autres
sur nos idées politiques. Sans doute l'habitude, générale
dans le passé, de considérer la puissance des gouvernements
comme leur étant inhérente, s'est passablement modifiée,
grâce au développement des institutions populaires; cependant, même aujourd'hui, on ne saisit pas clairement que les
gouvernements n'ont pas de puissance par eux-mêmes, mais
qu'ils ne sont que des appareils par le moyen desquels une
certaine puissance agit. Cette puissance existait avant la
naissance d'aucun gouvernement; c'est par elle que les gouvernements ont été produits, et elle demeure toujours la
force qui, sous des déguisements plus ou moins complets,
agit par leur moyen. Remontons au commencement.

Les Groënlandais n'ont absolument aucune autorité politique; il n'y a chez eux rien qui y ressemble, si ce n'est le
tribut de déférence payé à l'opinion de quelque vieillard

habile à la chasse au phoque et savant dans l'interprétation des signes du temps. Mais un Groënlandais lésé par un autre trouve un remède à ses griefs dans ce qu'on appelle dans ce pays un combat de chant. Il compose une satire et défie son adversaire à un duel satirique en présence de la tribu : « celui à qui reste le dernier mot gagne le procès. » Selon Crantz, « nulle cause ne contribue plus à préserver le Groënlandais du vice que la crainte du déshonneur [1]. » Voilà à l'œuvre, dans son absolutisme primitif, l'influence gouvernante du sentiment public, qui précède les influences gouvernantes plus spéciales. A la crainte de la réprobation sociale s'ajoute quelquefois celle du bannissement. Chez les Australiens, d'ailleurs insubordonnés, « on punit quelquefois les crimes tels que le vol par l'expulsion du camp [2]. » Il est une tribu colombienne, « les Saliches, dont on peut à peine dire qu'ils possèdent une forme régulière de gouvernement; » nous apprenons cependant « qu'ils punissent quelquefois les criminels en les bannissant de leurs tribus [3]. » Des naturels des montagnes de l'Inde, d'un type très différent de celui des Colombiens, comme aussi de mœurs très différentes, nous offrent un exemple du rapport analogue qui existe entre l'état rudimentaire du frein politique et le frein du sentiment commun. Chez les Bodos et les Dhimals, dont les chefs ne sont que des vieillards respectés sans autorité coercitive, ceux qui enfreignent les coutumes « sont avertis, mis à l'amende ou excommuniés, selon le degré de l'infraction [4]. » Mais l'influence du sentiment public dans des groupes qui n'ont que

1. David Crantz, *History of Greenland*, 1820, I, 164.
2. Cap. Chas. Sturt, *The Expeditions into the Interior of Southern Australia*, II, 117, 276.
3. *United States Exploring Expedition*, Hales, VI, 207.
4. Hodgson, *loc. cit.* 157.

peu ou point d'organisation politique se révèle surtout dans
la force avec laquelle elle agit sur les individus qui sont
tenus de venger un meurtre. Chez les naturels d'Australie,
dit sir George Grey, « le devoir le plus sacré qu'un indigène
doive remplir est celui de venger la mort de l'homme dont
il est le plus proche parent, car ce devoir lui incombe à lui
particulièrement; tant qu'il ne s'est pas acquitté de cette
obligation, il demeure en butte aux brocards des vieilles
femmes; ses femmes, s'il est marié, ne tarderaient pas à le
quitter; s'il ne l'est pas, aucune jeune femme ne voudrait
lui parler; sa mère ne cesserait de se lamenter et de se
reprocher d'avoir donné le jour à un fils si dégénéré; son
père le traiterait avec mépris, et des paroles de reproche
résonneraient sans cesse à ses oreilles [1]. »

Nous avons ensuite à remarquer que, longtemps encore
après son apparition, l'autorité politique demeure visiblement subordonnée à l'autorité du sentiment général; il y a
pour cela deux raisons, d'abord parce que, tant qu'il
n'existe pas d'appareils gouvernementaux politiques développés, le chef n'est guère capable d'imposer sa volonté, et
ensuite parce que, s'il veut se servir de son pouvoir, il provoque la désertion. Nous en trouvons des exemples dans
toutes les parties du monde. En Amérique, chez les Indiens
Serpents, « chacun est son propre maître, et sa conduite
n'est soumise à aucune autre autorité que les conseils du
chef appuyés par l'influence qu'il exerce sur l'opinion des
autres membres de la tribu [2]. » Chez les Chinouks, « les
moyens qu'un chef possède de rendre service à ses voisins
et la popularité qu'il acquiert par ses services, sont à la fois

---

1. Sir G. Grey, *Journal of two Expeditions of Discovery in Australia.*
Lond., 1841, II, 240.
2. Lewis et Clarke, *Travels to the Source of the Missouri, etc.*, 1814, 306.

la base et la mesure de son autorité [1]. » Lorsqu'un Dacotah
« veut faire du mal à quelqu'un, le seul moyen qu'un chef
ait de le détourner de ses mauvais desseins, c'est de lui
donner quelque chose; le chef n'a aucune autorité pour
agir au nom de la tribu et ne l'oserait pas [2]. » Enfin chez les
Cricks, plus avancés pourtant par l'organisation politique,
l'autorité des chefs élus « dure tant qu'ils se conduisent
bien. La désapprobation du peuple est une barrière que
leur puissance ne peut surmonter [3]. » En Asie, les *beis* ou
chefs des Kirghis « n'ont guère d'autorité sur eux soit pour
le bien soit pour le mal. On montre quelque déférence pour
leur opinion en considération de leur âge et de leur sang,
mais c'est tout [4]. » Les Ostyaks « témoignent du respect,
dans toute l'acception du mot, à leur chef, s'il est sage et
vaillant; mais cet hommage est volontaire et ne repose que
sur la considération personnelle [5]. » Chez les Nagas, dit
Butler, « les ordres des chefs ne sont obéis qu'autant qu'ils
s'accordent avec les désirs et la convenance de la nation [6]. »
Il en est de même dans certaines parties de l'Afrique, par
exemple chez les Hottentots Korannas. « A la tête de chaque
clan ou kraal est un chef ou capitaine, c'est d'ordinaire
celui qui possède le plus; mais son autorité est extrêmement
limitée, et il n'obtient l'obéissance qu'autant qu'il mérite
l'approbation générale [7]. » Même chez les Cafres, dont l'organisation politique est plus avancée, l'autorité rencontre
des limites analogues. Le roi « fait des lois et les exécute

---

1. Lewis et Clarke, *loc. cit.*, 443.
2. Schoolcraft, *Expedition to the source of Mississipi River*, Lond., 1855,
II, 182.
3. Id., *Ibid.*, I, 275.
4. Wood, *Journey to the Sources of the River Oxus*, Lond., 1841, 338.
5. *Revelations of Siberia*, Lond., 1853, II, 269.
6. Butler, *Travels and Adventures in Assam*, Lond., 1855.
7. Thompson, *Travels and Adventures in Southern Africa*, II, 30.

d'après son unique volonté. Il existe pourtant chez le peuple une puissance en état de contrebalancer celle du roi ; celui-ci ne gouverne qu'aussi longtemps qu'on veut lui obéir[1]. » On l'abandonne s'il gouverne mal.

Dans sa forme primitive, la puissance politique est donc le sentiment de la communauté, opérant par une institution établie par elle, formellement ou non. Sans doute, dès le début, le pouvoir du chef est en partie personnel ; sa force, son courage ou son adresse supérieure le mettent en quelque sorte en état d'imposer sa volonté personnelle. Mais, d'après le témoignage des faits, sa volonté personnelle n'est qu'un faible facteur ; et l'autorité qu'il exerce se mesure à la fidélité avec laquelle il exprime la volonté de tous.

§ 467. Si le sentiment public, qui agit d'abord par lui-même et plus tard en partie par l'intermédiaire d'un agent, est jusqu'à un certain point le sentiment spontanément formé des intéressés, il est bien plus encore l'opinion qui leur est imposée ou prescrite. En premier lieu, la nature émotionnelle qui détermine le mode général de conduite provient des ancêtres ; c'est un produit de toutes les manifestations passées de l'activité ; et en second lieu les désirs spéciaux qui, directement ou indirectement, déterminent les lignes de conduite, sont inspirés dans les premiers temps de la vie par les anciens, et mis au service des croyances et des usages qui sont l'héritage de la tribu. Le sentiment directeur est, en un mot, le sentiment accumulé et organisé du passé.

Il n'y a qu'à se rappeler l'initiation douloureuse qu'à un

1. Lichtenstein, *Travels in Southern Africa in the Years*, 1803-1806, I, 286.

âge fixe chaque membre de la tribu doit subir : la circoncision, l'arrachement des dents, les balafres, le tatouage, la
torture, et l'impossibilité d'éviter d'obéir à ces coutumes
impérieuses, pour voir que la force directrice qui existe
avant qu'un organe d'autorité politique soit institué, et
qui s'exprime plus tard par cet organe, n'est autre que
l'opinion formée graduellement au cours d'innombrables
générations précédentes. Je me trompe; ce n'est pas l'opinion qui, à parler rigoureusement, n'est qu'un produit intellectuel absolument impuissant; c'est l'émotion associée à
l'opinion. Voilà ce qui constitue partout au début la force
directrice.

Les Tupis croient que, « s'ils s'écartaient des coutumes
de leurs ancêtres, ils seraient détruits [1]. » Voilà une manifestation définie de la force avec laquelle cette opinion
transmise exerce son influence. Chez l'une des plus grossières tribus des montagnes de l'Inde, les Juangs, les
femmes tinrent longtemps à conserver leurs paquets de
feuilles, dans la croyance qu'il était mal de changer d'usage.
On nous apprend que, chez les Hottentots Korannas,
« lorsque les anciens usages ne sont pas en jeu, chacun
paraît agir d'après ce qui lui semble juste [2]. » Bien que les
chefs Damaras « aient la puissance de gouverner arbitrairement, ils ne laissent pas de vénérer les traditions et les coutumes de leurs ancêtres [3]. » D'après Smith, « on ne saurait
dire que les Araucaniens aient des lois, bien qu'ils aient
beaucoup d'anciens usages qu'ils tiennent pour sacrés et
qu'ils observent rigoureusement [4]. » Selon Brookes, chez
les Dayaks, la coutume paraît simplement être devenue une

1. Southey, *History of Brazil*, 1810, I, 250.
2. Thompson, *loc. cit.*, II, 30.
3. *Journal of Ethnological Society*, III, 2.
4. Smith, *The Araucanians*, Lond., 1855, 243.

loi, et l'infraction à la coutume est punie d'une amende [1]. Chez quelques clans des Malgaches, « innovation et mal sont inséparables, et l'idée de progrès est absolument inadmissible [2]. »

L'autorité des usages héréditaires n'est pas seulement aussi forte chez les groupes d'hommes sans organisation politique ou avec une faible organisation, qu'elle l'est chez les tribus et les nations avancées; elle est plus forte. Suivant la remarque de sir John Lubbock, « nul sauvage n'est libre. Partout la vie du sauvage est réglée par un système compliqué et en apparence fort incommode de coutumes (aussi obligatoires que des lois), de prohibitions et de privilèges bizarres [3]. » Si dépourvue de structure sociale que paraisse la plus grossière de ces tribus, ses idées et ses usages ne laissent pas de former une trame invisible qui la tient unie, et qui sert à refréner certaines classes d'actions. Cette trame invisible s'est formée lentement et inconsciemment par l'effet des actes de chaque jour, sous l'impulsion des sentiments dominants et la direction des idées régnantes, durant des générations dont le nombre se perd dans le passé.

En un mot donc, avant qu'aucun appareil défini pour l'exercice de l'autorité sociale se soit développé, il existe une autorité provenant en partie de l'opinion publique des vivants et plus encore de l'opinion publique des morts.

§ 468. Des exemples que nous venons de rapporter ressort un fait que nous allons préciser : c'est que, lorsqu'un appareil politique s'est développé, sa puissance, qui dépend beaucoup de l'opinion publique actuelle, dépend d'ailleurs

---

1. Brookes, *Ten Years in Sarawak*, I, 129.
2. Ellis, *History of Madagascar*, I, 377.
3. Lubbock, *The Origin of the Civilisation*, etc., 303.

presque entièrement de l'opinion publique passée. Le chef, en partie organe des volontés de ceux qui l'entourent, est encore plus l'organe des volontés de ceux qui ne sont plus; et sa propre volonté, très soumise à l'autorité des premières, l'est encore plus à celle des dernières.

En effet, sa fonction comme régulateur consiste surtout à imposer les règles héréditaires de conduite où s'incarnent les sentiments et les idées traditionnels. Nous voyons cela partout. Chez les Alfourous, les anciens rendent leurs décisions, « d'après les coutumes des ancêtres, que l'on entoure du plus grand respect [1]. » De même chez les Kirghis : « Les jugements des *beis,* ou des anciens éminents, sont basés sur des coutumes connues et universellement acceptées [2]. » Les naturels de Sumatra « sont gouvernés, dans leurs querelles, par des coutumes très anciennes (*adat*), transmises par les ancêtres. Les chefs qui prononcent leurs décisions ne disent pas : « si veut la loi, » mais : « telle est la coutume [3]. »

Lorsque la coutume devient la loi, le chef politique devient encore plus clairement un agent par l'organe duquel les sentiments des morts gouvernent les actions des vivants. On voit très bien que le pouvoir qu'il exerce est au fond une puissance qui agit par lui, dès qu'on remarque combien il est faible quand il veut résister à cette puissance. Sa volonté personnelle est réellement inefficace, excepté lorsque les prescriptions patentes ou tacites des générations passées le laissent libre. C'est ainsi qu'à Madagascar « un mot du souverain suffit, dans les affaires où il n'y a pas de loi, de coutume ou de précédent [4]. » Chez les Africains orientaux,

1. Kolffe, *Voyages du brick hollandais Domega,* 161. .
2. Al. Michie, *Siberian Overland Route,* Lond., 1864, 218.
3. Marsden, *History of Sumatra,* 1811, 217.
4. Ellis, *History of Madagascar,* I, 337.

« la seule limite au pouvoir du despote est l'*Ada,* le précédent [1]. » Chez les Javanais, écrit Raffles, « le seul frein qui s'impose à la volonté du chef du gouvernement est la coutume du pays, et le respect que ses sujets ont pour son caractère [2]. » A Sumatra, le peuple « ne reconnaît pas aux chefs le droit d'instituer les lois qu'ils jugent à propos, ni d'abolir ou d'altérer les anciens usages, auxquels il tient avec une fidélité jalouse [3]. » Ce qui montre à quel point est impérieuse l'obligation de se conformer aux croyances et aux sentiments des ancêtres, c'est le résultat fatal auquel on s'expose en s'en écartant. « Le roi des Achantis, bien qu'il passe pour un autocrate..., n'est pas absolument libre de tout contrôle. Il est soumis à l'obligation d'observer les coutumes nationales qui ont été transmises au peuple depuis la plus haute antiquité. Une infraction à cette obligation, par laquelle il avait tenté de changer quelques-unes des coutumes des ancêtres, a coûté à Osaï Quamina son trône [4]. » Ce fait nous remet en mémoire que, chez les Hottentots de nos jours, comme dans le passé chez les Mexicains d'avant la conquête, et chez les peuples civilisés, les chefs s'engageaient, en héritant du pouvoir, à ne rien changer à l'ordre établi.

§ 469. Sans doute quand nous disons qu'un gouvernement n'est en somme qu'un instrument par lequel agit la force du sentiment public, présent et passé, il semble que nous émettions une proposition en désaccord avec un grand nombre de faits où l'on voit jusqu'où peut aller la puissance d'un homme en possession du gouvernement. Sans

---

1. Burton, *Lake Regions of Central Africa,* II, 360.
2. Raffles, *History of Java,* 1, S. 274.
3. Marsden, *History of Sumatra,* 217.
4. Beacham, *Ashantee and the Gold Coast,* 90.

parler de la facilité avec laquelle un tyran ôte la vie à ses
semblables pour des motifs spécieux ou même sans motif,
confisque leurs biens sans raison, transporte ses sujets d'un
lieu dans un autre, leur extorque des contributions d'argent
et de travail sans être retenu par aucun frein, l'aisance
avec laquelle il commence et pousse une guerre où il sacrifie ses sujets en masse, montre assez que sa volonté
toute seule peut dominer les volontés coalisées de tous
les autres. De quelle manière faut-il donc modifier notre
proposition primitive?

Tout en soutenant que, dans les groupes humains inorganisés, le sentiment manifesté sous forme d'opinion publique régit la conduite politique de la même manière qu'il
régit la conduite dans l'ordre cérémoniel et religieux, et en
affirmant aussi que les appareils de gouvernement, durant
les premières époques de leur développement, sont les produits du sentiment commun, en même temps qu'ils en
tirent leur force, et qu'ils y trouvent des freins, il faut admettre que ces relations primitives se compliquent, lorsque,
par l'effet de la guerre, de petits groupes se fondent par
composition et recomposition en des groupes considérables.
Lorsque la société se compose en grande partie d'individus
subjugués, asservis par une force supérieure, la relation
normale cesse d'exister. Il ne faut pas s'attendre à trouver
dans l'autorité imposée de force par un envahisseur les caractères d'une autorité spontanément développée au sein même
de la société. Les sociétés formées par la conquête peuvent
être et sont fréquemment composées de deux sociétés, en
grande partie, sinon entièrement, étrangères l'une à l'autre :
chez elles, ne saurait prendre naissance aucune force politique issue de la volonté générale. Dans ces conditions, ou bien
le chef politique tire exclusivement sa puissance du senti-

ment de la classe dominante, ou bien il oppose les unes aux
autres les diverses masses de sentiments formés dans les
hautes et les basses classes de la nation ; il acquiert par là
les moyens de donner à sa volonté personnelle le rôle principal.

Ces réserves faites, on peut encore soutenir que d'ordinaire presque toute la force exercée par l'appareil gouvernemental provient des sentiments de la partie de la société
qui est capable de les manifester, sinon de la société tout
entière. Si l'opinion de la société inférieure subjuguée et
sans armes, n'a plus qu'une faible valeur comme facteur
politique, l'opinion de la haute classe armée demeure la
principale cause de l'action politique. On nous raconte
qu'au Congo « le roi qui gouverne despotiquement son
peuple est souvent inquiété dans l'exercice de son pouvoir
par les princes ses vassaux [1] » ; qu'au Dahomey, où le gouvernement est despotique, « les ministres, les capitaines et
les prêtres peuvent être punis individuellement par le roi,
et qu'ils le sont souvent ; mais qu'ensemble ils sont plus
forts que lui, et qu'il cesserait bientôt de régner s'il venait à
perdre leur concours cordial [2]. » C'est cela même qui s'est
passé et qui se passe encore dans les sociétés dont l'histoire
est le mieux connue, où le pouvoir du chef suprême est
absolu de nom. Depuis l'époque où les empereurs romains
étaient proclamés par les soldats et mis à mort par eux,
quand ils cessaient de leur plaire, jusqu'à nos jours, où,
en Russie par exemple, le vœu de l'armée fait souvent incliner la volonté du czar, les exemples sont nombreux d'un
autocrate qu'on voit fort ou faible, suivant qu'il s'appuie
sur la majorité, ou qu'il n'a pour lui que la minorité des

1. Proyart, *Voyages de Pinkerton*, XVI, 577.
2. Burton.

classes influentes, et nombreux aussi les exemples de l'influence que les sentiments même de ceux qui sont prosternés au point de vue politique exercent sur l'action politique, entre autres, l'influence du fanatisme turc sur les décisions du sultan.

Il y a des faits qu'il faut rappeler pour apprécier justement la force de la volonté commune en comparaison de celle de la volonté d'un autocrate. L'autocrate est obligé de respecter et de conserver l'ensemble des institutions et des lois, produits des sentiments et des idées du passé auxquels s'attache une sanction religieuse ; ce qui fait que dans l'ancienne Egypte des dynasties de despotes vivent et meurent, laissant après elles un ordre social qui n'a subi aucun changement essentiel. Un changement sérieux de l'ordre social, en désaccord avec le sentiment général, ne tardera probablement pas à être aboli ; en Egypte, par exemple, Amenhotep IV, en dépit d'une révolte, réussit à établir une religion nouvelle qui fut abolie sous le règne suivant. Ajoutons que les lois les plus en désaccord avec la volonté générale demeurent sans effet ; c'est ainsi que les lois somptuaires édictées par les rois du moyen âge et sans cesse remises en vigueur échouèrent constamment. Malgré son rang suprême et la nature divine dont on le fait participer, le roi, tout-puissant, ne laisse pas d'être enchaîné par des usages qui font souvent de sa vie un véritable esclavage : les opinions des vivants l'obligent à obéir aux prescriptions des morts. S'il ne s'y conforme pas ou s'il soulève par ses actes l'explosion de sentiment hostiles, ses serviteurs civils et militaires lui refusent l'obéissance et se tournent contre lui ; enfin, quand le mécontentement est extrême, on peut voir un exemple de « despotisme tempéré par l'assassinat. » Dans les sociétés où l'on détrône de temps en temps un autocrate odieux, il est d'habitude qu'on élève au pouvoir un autre autocrate : c'est que le sentiment général non seulement tolère, mais désire l'autocratie. Le sentiment que les uns appellent loyauté, et les autres servilité, a le double effet de créer le souverain absolu, et de lui conférer le pouvoir qu'il exerce.

Mais le principe cardinal qu'il est difficile d'apprécier exactement, c'est que, si les formes et les lois de chaque société sont les produits consolidés des émotions et des idées de ceux qui ont vécu dans le passé, elles deviennent efficaces par l'autorité qu'elles exercent sur les émotions et les idées existantes. Nous savons tous comment l'idée de la *main-morte* gouverne les actes des vivants dans l'usage qu'ils font de la propriété; mais la puissance de la main-morte dans le gouvernement de la vie en général au moyen du système politique en vigueur est immensément plus forte. La force qui, d'heure en heure et dans tout pays, soumise ou non à un régime despotique, produit l'obéissance qui rend l'action politique possible, c'est le sentiment accumulé et organisé à l'égard d'institutions héréditaires consacrées par la tradition. C'est pourquoi l'on ne saurait nier que, pris dans son sens le plus large, le sentiment de la communauté soit l'unique source du pouvoir politique, chez les sociétés, au moins, qui ne sont point soumises à la domination étrangère. Il en était ainsi au début de la vie sociale, et il en est encore ainsi au fond.

§ 470. C'est un point acquis dans la science qu'il faut reconnaître dans les causes encore agissantes les causes qui ont produit, par des opérations semblables dans le passé, l'état de choses actuellement existant. Partant de là, et poursuivant les recherches que cette idée suggère, nous allons arriver à la vérification des conclusions précédentes.

Chaque jour, les réunions publiques nous montrent des exemples nouveaux de la même différenciation, qui est le caractère de l'appareil politique primitif, et des exemples nouveaux des actions des diverses parties de cet appareil. On y retrouve la masse des moins éminents, formant l'auditoire, dont le rôle dans l'affaire consiste à exprimer l'approbation ou la désapprobation, à dire oui ou non aux motions. On y trouve la partie la moins nombreuse, occupant le bureau : les gens dont la richesse, la position, la capacité leur assurent l'influence ; ce sont les chefs locaux qui conduisent la discussion. Enfin, il y a le président élu, généralement l'homme le plus éminent, qui exerce une autorité reconnue sur les orateurs et l'auditoire : c'est le roi du moment. Une assemblée réunie à l'improviste se résout de même plus ou moins nettement en ces trois divisions ; et quand l'assemblée devient un corps permanent, comme celui d'une compagnie d'affaires, d'une société philanthropique, d'un cercle, ces trois divisions prennent rapidement des formes définies et deviennent le président, le bureau ou comité et les membres ou actionnaires. Ajoutez que, bien qu'au début une de ces associations permanentes, formées par la volonté libre, présente, comme la réunion de la horde primitive ou de l'assemblée publique moderne, une distribution de l'autorité telle que le petit nombre des hommes choisis et leur chef soient subordonnés à la masse, les proportions des pouvoirs respectifs subissent, selon les circonstances, des changements plus ou moins tranchés. Lorsque les membres qui composent la masse, outre qu'ils ont un grand intérêt à la marche de l'affaire, se trouvent placés de façon à combiner aisément leurs efforts, ils font échec au petit nombre et au chef ; mais lorsque la dispersion de la masse, celle des actionnaires d'un chemin de fer par exemple, met obstacle à leur coalition, le petit nombre des choisis devient une oligarchie, et du sein de l'oligarchie il n'est pas rare de voir surgir un autocrate : la constitution devient un despotisme tempéré par des révolutions.

Quand je dis que nous trouvons à chaque instant des preuves que la force d'un appareil politique dérive du sentiment commun, en partie incarné dans le système consolidé transmis par le passé et en partie suscité par les circonstances du moment, je n'entends pas seulement parler des preuves qui montrent que chez nous les actions gouvernementales sont habituellement déterminées par ces causes, et que les actions de tous les corps de moindre importance, constitués pour un temps ou pour une longue durée, obéissent aussi aux mêmes causes. Je fais plutôt allusion aux exemples de l'autorité irrésistible exercée par le sentiment de la moyenne sur la conduite en général. La loi est impuissante à empêcher les duels tant que l'opinion publique leur est favorable ; les commandements de la religion appuyés de menaces de damnation sont absolument impuissants à empêcher les violences les plus injustes quand les passions dominantes y poussent. Ces faits suffisent à montrer que les codes, les croyances religieuses et les appareils de gouvernement qui les imposent, demeurent inefficaces en face d'un sentiment opposé. Quand on songe à l'ardeur avec laquelle on recherche les applaudissements, et à la crainte qu'inspire la défaveur publique, ces stimulants et ces freins de l'homme, on ne saurait contester que les manifestations diffuses du sentiment lui dictent habituellement le cours de sa conduite une fois qu'il a donné satisfaction à ses besoin urgents. Quand on considère le code social qui règle les actes de la vie, même jusqu'à la couleur d'une cravate, et qu'on remarque que tel qui n'ose enfreindre ce code n'a aucune hésitation à faire un acte de contrebande, on reconnaît qu'une loi non écrite imposée par l'opinion est plus impérative qu'une loi écrite qui n'a point cette sanction. Bien plus, le mépris qu'on affecte pour de justes réclamations de créanciers, qui ne peuvent obtenir leur argent pour prix des articles qu'ils ont cédés, tandis qu'on se montre si prompt à s'acquitter de prétendues dettes d'honneur envers des gens qui n'ont donné ni biens ni services, fait voir que l'empire du sentiment prédominant, que ni la loi ni la religion n'imposent, peut être plus puissant que la loi et la religion ensemble soutenues par un sentiment moins fortement exprimé. Un regard jeté sur l'ensemble des actions des hommes nous oblige à reconnaître qu'ils demeurent encore, comme ils l'étaient au début de la vie sociale, dirigés par le sentiment commun, passé et présent; et que l'appareil politique, produit lui-même, graduellement développé, de ce sentiment, demeure encore le principal organe d'une portion spécialisée de ce sentiment, pour régler certains genres d'actions.

Je me sens en quelque sorte obligé de formuler cette induction comme un élément essentiel de la théorie politique. Mon excuse pour avoir insisté un peu longuement sur une conclusion qui paraît triviale, c'est que, admise de nom, elle ne l'est guère de fait. En Angleterre, même, où les appareils non politiques, produits spontanément ou savamment édifiés, sont nombreux et importants, et encore mieux dans la plupart des pays, où l'on compte moins de ces organes qu'en Angleterre, on ne s'aperçoit pas assez que les penchants combinés qui agissent par l'intermédiaire

des appareils politiques peuvent, quand ces appareils manquent, en produire d'autres par lesquels ils opèrent. Les
gens qui font de la politique raisonnent comme si les appareils de l'État possédaient une vertu propre, qu'ils n'ont
pas, et comme si le sentiment qui crée ces appareils
n'avait pas la vertu intrinsèque qu'il possède. Évidemment,
leurs actions doivent se trouver grandement dérangées par
le renversement de ces idées.

# CHAPITRE VI

## LES CHEFS POLITIQUES

§ 471. On constate dès le début des sociétés l'existence de trois éléments de la structure politique ; nous allons étudier le développement du premier. Nous avons dit quelque chose, dans les deux derniers chapitres, sur la différenciation très importante qui résulte de l'établissement de l'autorité d'un chef, et nous avons fait pressentir davantage. Ce que nous en avons dit au point de vue général, nous avons à l'étudier aux divers points de vue particuliers.

« Rink ayant demandé aux naturels de Nicobar qui était le chef parmi eux, ceux-ci se mirent à rire à la pensée qu'il pût croire qu'*un seul* homme eût quelque puissance sur un si grand nombre de ses semblables. » Je cite ce passage pour rappeler la résistance opposée au début à la prétention d'un membre du groupe à s'arroger la suprématie, résistance faible dans quelques races humaines, considérable dans la plupart, et très forte dans un petit nombre. Aux exemples déjà cités de tribus qui n'ont pour ainsi dire pas de chef, on peut en ajouter d'autres. En Amérique, les Haïdahs, chez lesquels « tous les individus semblent égaux [1] » ; les tribus californiennes, chez lesquelles « chacun fait ce qu'il veut [2] » ; les Navajos, chez qui « chacun est souverain dans son propre droit comme un guerrier [3] ». En Asie, les Angamies, qui « n'ont pas de chef reconnu, bien qu'ils élisent un homme chargé de porter la parole, qui en toute circonstance est sans pouvoir et irresponsable [4]. »

La faible subordination que montrent les groupes grossiers, ne se révèle que lorsque le besoin d'une action combinée se fait sentir impérieusement et que l'autorité est nécessaire pour rendre cette action efficace. Au lieu de rappeler les exemples déjà cités d'autorité temporaire de chefs, nous allons en donner d'autres. Les naturels de la basse Californie « ont un ou plusieurs chefs pour les conduire à la guerre ou à la chasse, et on les choisit pour la circonstance [5]. » On dit que la « puissance des chefs des Têtes-Plates cesse avec la guerre [6]. » Chez les Indiens de Vancouver, le chef « n'a aucune autorité et se borne à diriger les mouvements de sa bande dans les incursions de guerre [7]. »

Comme nous l'avons vu dans un autre article, l'insubordination primitive est plus ou moins grande selon que le milieu ou les habitudes favorisent ou gênent l'exercice de la contrainte. « Les naturels de la basse Californie, dit Baegert, ressemblent à des troupeaux de cochons sauvages qui courent çà et là à leur gré, réunis un jour et dispersés le lendemain, jusqu'à ce qu'un accident les rassemble de nou-

---

1. Bancroft, *The Native Races of the Pacific States of North America*, I, 168.
2. Id., *Ibid.*, I, 348.
3. Id., *Ibid.*, I, 508.
4. Stewart, *Journal Asiatic Society*, Bengal, XXIV.
5. Bancroft, *loc. cit.*, I, 365.
6. Id., *Idid.*, I, 275.
7. Id., *Ibid.*, I, 217.

veau [1]. » Selon Franklin, les chefs « des Chipewayens ne sont pas tout à fait sans pouvoir [2], » et ce peuple forme de petites bandes errantes. Les Abipones, « à qui l'agriculture est insupportable autant que la résidence en un lieu fixe », et « qui ne cessent de changer de place, dit Dobrizhoffer, ne respectent point leur cacique comme un maître, ne lui payent point de tribut et ne lui rendent aucun service, comme c'est l'habitude chez d'autres nations [3]. » Il en est de même sous des conditions analogues chez d'autres races d'un type très différent. Burckhardt remarque que, chez les Bédouins, « les cheicks n'ont aucune autorité fixe. » Suivant un autre auteur, « on dépose le chef qui a trop serré le lien de l'allégeance, ou on l'abandonne, et il retombe au rang de simple membre de la tribu, ou bien il reste complètement isolé [4]. »

Ces trois faits constatés : la non-existence de l'autorité politique au début, la résistance qu'elle soulève, et les circonstances qui permettent d'y échapper, on peut se demander quelles sont les causes qui aident au développement de cette institution. Il y en a plusieurs ; et l'institution de l'autorité d'un chef s'établit dans la mesure où ces causes concourent.

§ 472. Entre tous les membres du groupe primitif, qui diffèrent peu les uns des autres, il ne peut manquer d'en exister un qui possède une supériorité reconnue. Cette supériorité peut être de divers genres. Nous allons les examiner rapidement.

---

1. Bancroft, *loc. cit.*, I, 565.
2. Cap. J. Franklin, *Narrative of a Journey to Shores of Polar Sea*, 1823, 159.
3. Dobrizhoffer, *Abipones*, II, 162.
4. *Rambles in Syria*, 9.

Nous devons reconnaître, bien qu'à titre exceptionnel, des exemples où la supériorité est celle d'un étranger immigrant. Les chefs des Khonds « sont d'ordinaire des descendants de quelque audacieux aventurier [1] » de race hindoue. Forsyth assure la même chose de « la plupart des chefs » des montagnes de l'Asie centrale [2]. Enfin les traditions de Bochica chez les Chibchas, d'Amalicava chez les Tamanacs, et de Quetzalcoatl chez les Mexicains, donnent à penser que l'institution des chefs a eu chez ces peuples une origine analogue. Mais ce qui doit surtout nous occuper un moment, ce sont les conditions de supériorité qui prennent naissance au sein de la tribu.

La première est la supériorité que donne un âge plus avancé. Encore que l'âge, quand l'incapacité en est la conséquence, devienne souvent chez des peuples sauvages un objet de mépris poussé au point qu'on tue ou qu'on laisse mourir les vieillards, il n'en demeure pas moins que, tant que le vieillard conserve sa capacité, l'expérience plus grande qui est le privilège de son âge, lui assure généralement l'influence. Les Esquimaux qui n'ont pas de chef témoignent « de la déférence aux anciens et aux forts. » Burchell dit que, chez les Boschismans, les vieillards semblent exercer l'autorité de chefs jusqu'à un certain point [3]; il en est de même des naturels d'Australie. Chez les Fuégiens, « les jeunes gens acceptent comme une loi la parole d'un vieillard [4]. » Chaque parti de Veddahs « a un chef, le plus énergique ancien de la tribu [5], » qui partage le miel, etc. Il en

---

1. Major général John Campbell, *Wild Tribes of Khondistan*, 1864, 50.
2. Cap. J. Forsyth, *Highlands of Central India*, 9.
3. Burchell, *Travels into the Interior of Southern Africa*, I, 458.
4. Admiral Fitzroy, *Narrative of the Surveying Voyages of the « Adventure » and « Beagle »*, 1826-30, II, 178.
5. Tennant, *Sketches of the Natural Story of Ceylan*, II, 440.

est de même chez des peuples plus avancés. Les Dayaks du
nord de Bornéo « n'ont pas de chefs reconnus; mais ils
suivent les conseils du vieillard dont ils sont les parents [1]; »
enfin Edwards nous apprend que les Caraïbes, chez lesquels il n'existe pas de gouvernement, « reconnaissaient
une espèce d'autorité à leurs vieillards [2]. »

Naturellement, dans les sociétés grossières, la force
donne la prééminence. Outre l'influence de l'âge, « la force
du corps procure la distinction chez les Boschismans [3]. »
Les chefs des Tasmaniens étaient des hommes de grande
taille et très forts : « au lieu d'un chef électif ou héréditaire,
on obéissait au matamore de la tribu [4]. » Une remarque de
Sturt donne à penser que la souveraineté a eu chez les
Australiens la même origine. Pareillement dans l'Amérique du Sud. Chez les Tapajos, nous dit Bates, « on pouvait distinguer les traces du chef de celles des autres membres de la tribu à leur grandeur et à la longueur des
enjambées [5]. » Dans les tribus de Bédouins, « le plus violent, le plus fort, le plus habile acquiert une autorité complète sur ses compagnons [6]. » A une période plus avancée,
la vigueur physique demeure encore une qualité des plus
importantes; dans la Grèce homérique, par exemple, où
l'âge ne compensait pas même le déclin de la force, « un
vieux chef, fût-il Pélée et Laërte, ne pouvait garder sa position. » Enfin, tout le monde sait qu'en Europe, au moyen
âge, la conservation de l'autorité dépendait beaucoup des
prouesses du chef. Il n'y a pas plus de deux siècles que

1. Spenser St John, *Life in the Forest of the Far East*, 1862, I, 375.
2. Edwards, *History of the British West Indies*, 1819.
3. Lichtenstein, *Travels in Southern Africa*, II, 191.
4. Lloyd, *Thirty three Years in Tasmania and Victoria*, 1862, 56. Dore, *Tasmanian Journal*, I, 253.
5. Bates, *Naturalist on River Amazon*, 271.
6. Burchell, *loc. cit.*, III, 44.

dans les îles occidentales de l'Ecosse « un jeune chef de tribu était tenu d'honneur à donner un exemple public de sa valeur, avant d'être reconnu et proclamé maître du pouvoir [1]. »

La supériorité mentale seule, ou unie à d'autres qualités, est généralement une cause de prédominance. Chez les Indiens Serpents, le chef n'est que « la personne qui entre tous les guerriers inspire le plus de confiance [2]. » Le chef reconnu chez les Cricks, dit Schoolcraft, « ne s'élève au-dessus des autres que par la supériorité de ses talents et de sa capacité politique [3] ; » et, chez les Comanches, « la position d'un chef n'est pas héréditaire, mais elle est le résultat de son habileté, de la supériorité de son savoir ou de ses succès à la guerre [4]. » Un chef chez les Coroados est un guerrier « qui par sa force, son adresse et son courage a gagné quelque autorité sur eux [5]. » Enfin les Ostyaks « témoignent du respect, au sens le plus complet du mot, à leur chef, s'il est sage et vaillant; mais cet hommage est volontaire et non une prérogative de sa position [6]. »

Il est encore une autre source de puissance politique dans les tribus primitives : c'est l'étendue des propriétés; la richesse y est à la fois un signe indirect de supériorité et une cause directe d'influence. Chez les Tacullies, « on peut devenir *miuly*, ou chef quand on peut donner de temps en temps un festin à tout le village [7]. » — « Chez les Tolouas, de la région Del Norte, l'argent fait le chef [8]. » Les Spokunes

1. Martin, *Account of the Western Isles of Scotland.*
2. Lewis and Clarke, *Travels to the Source of the Missouri*, 1814, 306.
3. Schoolcraft, *Expeditions of the Sources of the Mississipi*, 1855, II, 130.
4. Id., *Ibid.*
5. Spix and Martius, *Voyages au Brésil.*
6. *Revelations of Siberia*, II, 269.
7. Bancroft, *loc. cit.*, I, 123.
8. Id., *Ibid.*, I, 348.

n'ont « point de chef régulièrement reconnu » [1]; mais un homme intelligent et riche mène sa tribu par son influence. Chez les Navajos, qui n'ont pas de chef, « tout homme riche a beaucoup de gens sous sa dépendance, et ceux-ci obéissent à sa volonté en paix comme en guerre [2]. » Enfin, pour montrer qu'il en est de même en Afrique, on peut ajouter un passage de Heuglin où l'on voit qu'un « chef Dôr est généralement l'homme le plus riche et le plus estimé du village ou du voisinage [3]. »

Naturellement, dans les sociétés qui ne sont pas encore politiquement avancées, une supériorité reconnue peut toujours avoir pour rivale une supériorité de fraîche date et être supplantée par elle. « Lorsqu'un Arabe, avec une escorte composée de ses parents seulement, a mené heureusement des razzias contre l'ennemi, d'autres amis se joignent à lui, et, s'il continue à remporter des succès, il acquiert la réputation d'*avoir du bonheur;* il établit ainsi dans la tribu une sorte d'autorité seconde ou inférieure [4]. » De même à Sumatra. « L'air du commandement, des manières insinuantes, une parole abondante et facile, de la finesse et de la sagacité à débrouiller les petites difficultés des disputes, telles sont les qualités qui manquent rarement d'assurer à celui qui les possède le respect et l'influence, plus peut-être qu'à un chef reconnu [5]. » Chez les Tongans et les Dayaks, on observe des exemples analogues de substitution d'influence.

Dès le début, nous reconnaissons que le principe où nous avons vu le seul principe de force est aussi l'unique prin-

1. Wilkes, *Narrative in United States Exploring Expedition*, IV, 475.
2. Bancroft, *loc. cit.*, I, 508.
3. Heuglin, *Reise in das Gebiet der Weissen Nil*, 1869, 195.
4. Burckhardt, *loc. cit.*, I, 300.
5. Marsden, *History of Sumatra*, 211.

cipe d'organisation. L'autorité d'un chef politique, quelle qu'elle soit, s'acquiert par une aptitude qui se manifeste sous la forme d'un âge plus avancé, d'une plus grande vaillance, d'une volonté plus forte, d'un savoir plus étendu, d'un esprit plus vif ou d'une plus grande richesse. Mais la suprématie qui dépend exclusivement d'attributs personnels n'est évidemment que passagère. Elle est toujours exposée à succomber devant celle d'un homme plus capable qui peut s'élever d'un moment à l'autre; et alors même qu'elle ne succomberait pas, la mort y mettrait fin inévitablement. Nous avons donc à rechercher comment l'institution permanente d'un chef s'établit. Mais auparavant il faut examiner plus à fond les deux genres de supériorité qui mènent spécialement à cette institution et leurs modes d'opération.

§ 473. Si la vigueur physique est une cause de prédominance au sein de la tribu en des occasions chaque jour renouvelées, il est encore plus vrai qu'unie au courage elle est dans la guerre une cause de prédominance. La guerre est donc une cause dont l'effet est d'affermir toujours davantage toute autorité naissante de ce genre. Quelque répugnance que les membres de la tribu aient à reconnaître l'autorité de l'un d'entre eux, ce sentiment doit s'effacer devant le besoin de sécurité, quand la reconnaissance de cette autorité assure la sécurité.

L'élévation au pouvoir du guerrier le plus fort et le plus courageux est d'abord spontanée, et plus tard le commun accord la rend plus définie; quelquefois, elle est soumise à une épreuve. En Australie, où un guerrier « n'est estimé des autres que d'après son adresse à jeter ou à esquiver un épieu » [1], il est possible que la capacité plus grande pour la

1. *Transactions Ethnological Society*, New Series, III, 250.

guerre dont un guerrier fait preuve soit la cause de l'autorité temporaire qu'on observe dans ce pays. Nous voyons encore cette genèse naturelle du commandement chez les Comanches, où quiconque se distingue en prenant beaucoup de « chevaux et de chevelures peut aspirer au rang de chef et y est peu à peu élevé par le consentement populaire » [1]. Cependant, le plus communément, l'élévation du chef est l'effet d'un choix délibéré, par exemple chez les Têtes-Plates, où, « à l'exception des chefs de guerre, personne n'exerce aucune autorité [2]. » On met dans certains cas délibérément à l'épreuve, la force, l'adresse, le courage et la patience. Aux îles Tonga, le roi doit subir une épreuve : on jette sur lui trois lances qu'il doit esquiver. Chez les Dayaks des bords de la mer, une qualité nécessaire pour un chef de guerre est l'adresse à grimper à un gros mât bien graissé [3]. Enfin Saint-John raconte que, dans certains cas, « c'était l'usage, quand on voulait décider qui serait le chef, que les rivaux se missent en quête d'une tête ; le premier qui rapportait ce trophée était proclamé vainqueur [4]. »

En outre, la nécessité d'avoir un chef utile a pour résultat de restaurer l'institution partout où elle est devenue nominale ou faible. « L'expérience, dit Edwards, a appris aux Caraïbes que la discipline est aussi nécessaire que le courage ; ils choisissent leurs capitaines avec grande solennité dans les assemblées générales et soumettent les prétendants à des épreuves d'une odieuse barbarie [5]. » De même chez les Abipones, « qui ne redoutent pas leur cacique comme juge, pas plus qu'ils ne l'honorent comme maître, mais qui

---

1. Schoolcraft, *Expedition to the Sources of the Mississipi*, 1855, I, 231.
2. Bancroft, *loc. cit.*, I, 275.
3. Hugh Low, *Sarawak*, 209.
4. St-John, *Life in the Forest of the Far East*, I, 223.
5. Edwards, *History of the British West Indies*, I, 48.

ne laissent pas de le suivre comme chef et souverain à la guerre, partout où il faut attaquer ou repousser l'ennemi [1]. »

Ces faits et d'autres analogues entraînent trois consé- quences voisines l'une de l'autre. D'abord la continuité de la guerre entraîne la continuité de l'autorité du chef. Ensuite, à mesure que le chef voit croître son influence comme commandant militaire heureux, il en acquiert comme chef civil. En troisième lieu, l'union ainsi nouée entre la supré- matie militaire et la suprématie politique se conserve du- rant les phases subséquentes de l'évolution sociale. Ce n'est pas seulement chez les Hottentots, les Malgaches et autres que le chef ou le roi marche à la tête de l'armée; ce n'est pas non plus seulement chez les peuples à demi civilisés, comme les anciens Péruviens et Mexicains, que l'on voit le monarque ne faire qu'un avec le général en chef; l'histoire des peuples éteints et celle des nations existantes présentent partout des exemples de cette relation. En Egypte, « aux temps primitifs, le rôle de roi et celui de général étaient insépara- bles [2]. » Les sculptures et les inscriptions assyriennes repré- sentent le souverain despotique sous les traits du soldat vain- queur; il en est de même des documents hébraïques. La suprématie civile et la suprématie militaire étaient unies chez les Grecs d'Homére; dans la Rome primitive, « le général était d'ordinaire le roi lui-même [3]. » Est-il besoin d'exemple pour rappeler qu'il en a été ainsi partout en Europe et qu'il en est encore ainsi chez les peuples les plus militaires ?

Comment une autorité d'un genre plus étendu découle- t-elle de l'autorité militaire? On ne le voit pas aisément dans les sociétés qui n'ont pas d'histoire. Tout ce que nous pou-

---

1. Dobrizhoffer, *loc. cit.*, II, 103.
2. Taylor, *Student's Manual of Ancient History, Egypt*, 1843, 16.
3. Mommsen.

vons, c'est de supposer que, à mesure que le guerrier ou chef victorieux acquiert plus de puissance coercitive, une règle plus forte s'impose naturellement aux affaires civiles. Nous avons la preuve que les choses se sont passées ainsi chez les peuples historiques. D'après Sohm, les invasions romaines ont produit chez les Germains ce résultat que « la royauté s'est confondue avec le commandement (devenu permanent) de l'armée, et par suite s'est élevée au rang d'une institution de l'État. La subordination militaire sous le roi-chef favorisa le progrès de la subordination politique sous le roi…. La royauté après les invasions est une royauté armée de droits souverains, une royauté au sens moderne [1]. » Pareillement, d'après Ranke, durant les guerres contre les Anglais au xve siècle, la monarchie française, tout en combattant pour sa propre existence, acquérait du même coup, comme par l'effet de la lutte, une organisation plus solide. Les expédients auxquels on recourut pour soutenir la lutte devinrent, comme dans d'autres cas importants, des institutions nationales [2]. La carrière de Napoléon et l'histoire récente de l'empire allemand nous offrent deux exemples modernes du rapport qui unit la guerre heureuse avec l'affermissement de l'autorité politique.

Donc le gouvernement de la société, né d'ordinaire de l'influence acquise par le guerrier le plus puissant, le plus hardi, le plus capable, s'établit lorsque la guerre donne à la supériorité de ce guerrier l'occasion de montrer et de produire la subordination ; plus tard, le développement du pouvoir politique conserve sa relation première avec l'exercice des fonctions militaires.

---

1. Shom, *Die Fränkische Reichs-und-Gerichts-verfsasung*, 1871, I, 9.
2. Ranke, *Histoire de France*, principalement pendant le xvie et le xviie siècle, trad. franc., 1854, I, 58.

§ 474. On se ferait néanmoins une idée fausse de l'origine du gouvernement si l'on ne parlait que de cette source. Une autre influence, agissant tantôt seule, tantôt avec le concours de celle dont nous venons de parler, a une importance extrême : c'est celle du sorcier.

On ne saurait dire qu'elle naisse aussitôt que l'autre, puisqu'elle ne peut se produire que lorsque la théorie animiste a pris corps. Mais, dès que la croyance aux esprits des morts s'est établie, le sorcier, qui prétend gouverner ces esprits et qui inspire la foi en ses prétentions, devient un objet de crainte et impose l'obéissance. On nous raconte que chez les Thlinkits « le suprême exploit de la puissance d'un sorcier est de faire passer un des esprits auxquels il commande, dans le corps de l'individu qui refuse de croire à sa puissance, sur quoi le possédé perd connaissance ou tombe en convulsions [1]. » Cela nous donne une idée de la terreur que le sorcier inspire et de l'autorité que par suite il peut gagner. Nous en avons des preuves depuis les races les plus inférieures jusqu'aux plus élevées. Fitzroy dit que « le sorcier chez les Fuégiens [2] » est le plus adroit et le plus fourbe de la tribu, et qu'il a une grande influence sur ses compagnons. « Bien que les Tasmaniens ne vécussent pas courbés sous le despotisme de leurs chefs, ils s'inclinaient devant les conseils, ils obéissaient au prestige de certains sages ou savants et ils tremblaient devant eux [3]. » Un chef des Haïdahs « semble le principal sorcier de la peuplade, et il n'aurait même qu'une faible autorité en dehors de celle qu'il tient de sa puissance surhumaine [4]. » Les sorciers Dacotahs « sont les plus grands coquins de la tribu, ils

1. Bancroft, loc. cit., III, 148.
2. Admiral Fitzroy, Voyages of the « Adventure » and « Beagle », II, 178.
3. Bonwick, Darly Life and Origin of the Tasmanians, 1870, 175.
4. Bancroft, loc. cit., III, 285.

exercent une influence énorme sur l'esprit des jeunes gens,
qu'on élève dans la croyance à leurs pouvoirs surnaturels....
Le chef militaire, qui mène les guerriers à la bataille, est
toujours un sorcier, et l'on croit qu'il a le pouvoir de mener
les siens à la victoire ou de les sauver de la défaite [1]. »
Chez les peuples plus avancés de l'Afrique, une prétendue
puissance d'opérer des effets surnaturels donne pareillement de l'influence, en fortifiant l'autorité acquise par une
autre voie. Il en est ainsi chez les Amazoulous : un chef
« ensorcelle un autre chef avant de le combattre », et les
siens ont en lui une grande confiance, s'il a une grande
renommée comme magicien. Telle est l'origine du pouvoir
de Langalibale, qui, d'après l'évêque Colenso, « sait bien
la composition de l'*intelezi* en usage pour commander
au temps, et sait bien aussi la sorcellerie de guerre, c'est-
à-dire ce qui la compose, étant lui-même un savant. » On
voit mieux encore comment l'influence du roi des Obbos
vient de cette cause, lui qui, pendant la sécheresse, rassemble ses sujets et leur dit « combien il regrette que leur
conduite l'ait obligé à leur infliger un mauvais temps, mais
que c'est leur faute... Il lui faut des chèvres et du grain.
Pas de chèvres, pas de pluie, c'est notre contrat, mes amis,
dit Ratchiba... Que son peuple se plaigne de l'excès de
pluie, il les menace de les condamner aux tempêtes et au
tonnerre à jamais, s'ils ne lui apportent pas tant de cor-
beilles de grains, etc., etc. Ses sujets ont la confiance la
plus absolue en sa puissance [2]. » Enfin, au Loango, le roi
passe aussi pour commander au temps.

On retrouve une relation analogue dans les monuments
des divers peuples éteints des deux hémisphères. Huitzilo-

---

1. Schoolcraft. *Expedition to the Source of the Mississipi.* IV, 495.
2. Baker.

pachtli, le fondateur de l'empire mexicain, était « un grand magicien et un grand sorcier. » Chaque roi mexicain, en montant sur le trône, devait jurer « d'obliger le soleil à suivre sa course, les nuées à verser la pluie sur la terre, de faire couler la rivières et mûrir les fruits [1]. » Un souverain chibcha qui reprochait à ses sujets leur défaut d'obéissance leur dit qu'ils « savaient qu'il était en son pouvoir de les affliger d'une épidémie, de leur donner la variole, le rhumatisme, la fièvre, et de faire pousser autant d'herbe, de légumes et de plantes qu'ils en désiraient [2]. » D'anciens documents égyptiens fournissent des indications d'une croyance primitive semblable. Après l'apothéose de Toutmès III, « on le regarda comme le bon dieu de la contrée, qui préservait de l'influence mauvaise des esprits du mal et des magiciens [3]. » Il en était de même des Juifs. « Les écrits rabbiniques ne tarissent pas sur la science et le pouvoir magiques de Salomon. Ils nous le montrent non seulement comme le roi de la terre entière, mais aussi comme le souverain des bons et des mauvais esprits ; ils lui attribuent la puissance de les chasser des corps des hommes et des animaux et aussi de les leur livrer [4]. » Les traditions des peuples européens fournissent des faits analogues. Comme nous l'avons déjà vu (§ 198), les récits de la saga *Heims-Kringla* donnent à penser qu'Odin, le souverain scandinave, était un sorcier ; ce que furent aussi Niort et Frey, ses successeurs. Quand on se rappelle les armes surnaturelles et les exploits surnaturels des rois héroïques primitifs, on ne peut guère douter qu'ils ne possédassent aussi dans certains cas des pouvoirs magiques d'où dérivent les prétendus pou-

1. Bancroft, *loc. cit.*, III, 295.
2. Piedrahita, *Historia del nuevo regno de Granada*, II, 17.
3. Brugsch, *History of Egypt*, I, 406.
4. *Supernatural Religion*, 2ᵉ édit., 1874, I, 117.

voirs de certains rois de guérir des maladies par le toucher ou par d'autres pratiques. Nous en pouvons d'autant moins douter que l'on attribuait des pouvoirs analogues à des chefs subordonnés issus de héros des temps primitifs. Il y avait des nobles bretons d'ancienne race dont la salive et le toucher passaient pour avoir des vertus curatives.

Il est donc certain qu'un facteur important de la genèse de l'autorité politique d'un chef est un produit de la théorie animiste et de la croyance que des hommes qui ont acquis puissance sur les esprits peuvent s'assurer leur obéissance. Généralement, le chef et le sorcier ne sont pas la même personne ; et alors il existe entre eux un certain antagonisme ; ils sont rivaux d'autorité. Mais, lorsque le chef ajoute à la puissance qu'il a acquise par des moyens naturels cette autre puissance prétendue surnaturelle, son autorité s'en trouve considérablement augmentée. Les membres de sa tribu qui seraient tentés de lui résister, si la vaillance seule pouvait décider entre eux, ne l'osent point s'ils le croient maître de leur envoyer quelqu'un de sa garde de revenants pour les tourmenter. Nous avons des preuves que les chefs désirent réunir en leur personne ces deux caractères. Canon Callaway nous dit que, chez les Amazoulous, un chef cherche à découvrir les secrets d'un sorcier ; après quoi il le tue[1].

§ 475. Revient la question de savoir comment l'institution du chef devient permanente. L'autorité politique qui provient de la force du corps, ou du courage, ou de la sagacité, même fortifiée par l'assistance surnaturelle, prend fin avec la vie du sauvage qui l'acquiert. Le principe de la capacité physique ou mentale qui suffit à produire la diffé-

1. Rev. Canon Callaway, *The Religious System of the Amazulu*, 340, note 86.

renciation temporaire entre le gouvernement et le gouverné
ne suffit pas à produire une différenciation permanente. Il
y faut le concours d'une autre cause que nous allons
examiner.

Nous avons déjà vu que même dans les groupes les plus
grossiers l'âge donne quelque supériorité. Chez les Fuégiens et les Australiens, non seulement les hommes vieux,
mais les vieilles femmes, exercent l'autorité. Un fait intéressant donne à penser que le respect pour la vieillesse, en
dehors de toute autre distinction, est une cause puissante
de subordination politique; c'est que dans plusieurs sociétés avancées, où le gouvernement revêt un caractère
extrêmement coercitif, le respect dû à l'âge prend le pas
sur toutes les autres causes. Sharpe fait remarquer que
dans l'ancienne Egypte, « comme en Judée et en Perse, la
mère du roi prenait souvent rang au-dessus de sa femme[1]. »
En Chine, en dépit de la condition inférieure des femmes
au double point de vue social et domestique, on observe la
suprématie de la mère, qui ne le cède qu'au père; et l'on
voit la même chose au Japon. Je peux citer un autre exemple encore à l'appui de l'idée que l'assujettissement aux
parents prépare à l'assujettissement aux chefs. Chez les
Coroados, dont les groupes ont si peu de cohésion, « le
*pajé* n'a pas plus d'influence qu'un autre sur la volonté de
la multitude, parce que les Coroados vivent sans rien qui
leur serve de lien social, ni régime républicain, ni régime
patriarcal. Les liens de la famille même sont très lâches
parmi eux..... il n'y existe point de droit pour les vieux de
passer avant les jeunes, et l'âge ne paraît jouir chez eux
d'aucun respect[2]. » Enfin, à l'appui de ce fait, je puis

1. Samuel Sharpe, *History of Egypt*, II, 2.
2. Spix and Martius, *Voyages au Brésil*, II, 244.

ajouter, comme je l'ai fait voir ailleurs, que les Mantras, les Caraïbes, les Mapuchés, les Indiens du Brésil, les Gallinoméros, les Chochones, les Navajos, les Californiens, les Comanches, qui se soumettent peu ou point du tout à l'autorité d'un chef, ne témoignent que d'une soumission filiale faible et de courte durée.

Voyons maintenant sous quelles circonstances le respect pour l'âge prend la forme prononcée qu'on voit dans les sociétés caractérisées par une subordination politique prononcée. On a vu (§ 319) que lorsque des hommes, passant de l'état de chasseurs à celui de pasteurs, se sont mis à changer de lieu en quête de pâturages pour leurs animaux domestiqués, ils passèrent à une condition favorable à la formation du groupe patriarcal. Nous avons vu que, dans la horde pastorale primitive, l'homme, affranchi des anciennes influences de tribu qui contrarient la puissance paternelle et qui empêchent l'établissement de relations réglées entre les sexes, s'est trouvé dans de bonnes conditions pour réaliser l'institution d'un chef d'un groupe uni : le père est devenu, « par le droit du plus fort, chef, propriétaire et maître de sa femme et de ses enfants, et de tout ce qu'il menait avec lui. » Nous avons énuméré les causes qui ont fait du mâle le plus âgé un patriarche ; et nous avons vu que les Sémites, les Aryens et les Touraniens ne sont pas les seuls à fournir des exemples de cette relation entre les habitudes pastorales et l'organisation patriarcale, et qu'on en retrouve chez les peuples du sud de l'Afrique.

Quelles qu'en soient les causes, néanmoins, nous avons des preuves nombreuses que cette suprématie du mâle le plus âgé dans la famille, commune chez les peuples pasteurs et ceux qui ont traversé l'âge pastoral pour entrer dans l'âge agricole, se transforme naturellement en supréma-

tie politique. Chez les Santals, dit Hunter, « le gouvernement du village est purement patriarcal. Chaque hameau
a un fondateur primitif (le Manjhi-Hanan), qu'on regarde
comme le père de la communauté. Il reçoit des honneurs
divins dans le tombeau sacré et transmet son autorité à ses
descendants. » Dans la famille composée des Khonds, dit
Macpherson, « l'autorité paternelle est à peu près absolue.
C'est une règle que le père d'un homme est son dieu ; et
la désobéissance à ce dieu est le plus grand des crimes, et
tous les membres d'une famille vivent unis dans une subordination stricte à leur chef jusqu'à sa mort [1]. » Sir Henry
Maine et d'autres historiens nous ont familiarisés avec le
développement des groupes simples en groupes composés
et doublement composés, obéissant à l'autorité de celui qui
unit la qualité de chef de la famille avec celle de chef
politique ; c'est un état social commun aux Grecs, aux
Romains et aux Germains primitifs; on le retrouve encore
chez les Hindous et les Slaves.

Nous voyons là la première apparition d'une cause qui
mène à la permanence de l'institution du chef politique.
Comme on l'a vu dans un chapitre précédent, si la succession de par la capacité donne de la plasticité à l'organisation sociale, la succession de par l'hérédité lui donne la
stabilité. Nulle disposition réglée ne saurait naître dans
une communauté primitive tant que la fonction de chaque
unité ne dépend d'aucun autre titre que sa capacité, puisque,
à sa mort, la constitution politique, en ce qui concerne le
rôle qu'il y jouait, est à refaire. C'est seulement lorsque sa
place est immédiatement remplie par un homme dont les
titres sont reconnus, que prend naissance la différenciation

---

1. Macpherson, *Khonds of Ganjani and Cuttack*, 47.

qui survit durant de nombreuses générations. Evidemment,
dans les premiers âges de l'évolution sociale, alors que la
cohésion est faible et que la structure est encore rudimentaire, il est nécessaire que le principe d'hérédité, surtout
au point de vue de l'autorité politique, l'emporte sur le
principe de capacité. L'examen des faits le montrera clairement.

§ 476. Il faut d'abord considérer deux formes primaires
de la succession héréditaire. Le système de parenté par les
femmes, comme chez les peuples grossiers, aboutit à la
transmission de la propriété et du pouvoir aux frères et aux
enfants des sœurs ; mais le système de parenté par les
mâles, général chez les peuples avancés, aboutit à la transmission de la propriété et du pouvoir aux fils ou aux filles.
Nous avons d'abord à remarquer que la succession par les
femmes aboutit à une autorité politique moins stable que
la succession par les mâles. Nous avons vu en traitant
des relations domestiques que le système de parenté par
les femmes s'établit lorsque l'union des sexes est temporaire et non réglée : il faut en conclure que ce système
familial est propre aux sociétés arriérées à tous les points
de vue, l'ordre politique compris. Les relations irrégulières
impliquent la rareté et la faiblesse des liens connus de
parenté, et un type de famille dont les anneaux successifs
ne sont pas fortifiés par autant d'anneaux collatéraux. Il en
résulte communément que, lorsque la filiation par les
femmes existe, l'autorité d'un chef n'existe pas, ou qu'elle
est basée sur le mérite, ou bien que, lorsqu'elle est héréditaire, elle est ordinairement instable. Les Australiens et
les Tasmaniens en fournissent des exemples types. Chez les
Haïdahs et autres peuples sauvages de Colombie, « le rang,

héréditaire de nom, se transmet le plus souvent dans la ligne
féminine; » et l'autorité réelle « dépend en grande partie
de la richesse et de la capacité à la guerre [1]. » Chez d'autres tribus américaines, les Chippeouais, les Comanches,
les Serpents, nous voyons le système de parenté par les
femmes combiné soit avec le défaut d'autorité établie soit
avec l'état rudimentaire de l'autorité. Dans l'Amérique du
Sud, les Araouaks et les Ouaraus conservent la filiation féminine et des chefs héréditaires, mais d'une autorité à peu
près nominale. On peut en dire autant des Caraïbes.

On peut rattacher ici un groupe de faits d'une grande
valeur. Chez un grand nombre de peuples où la transmission de la propriété et du rang en ligne féminine est la
règle, il est fait exception en faveur du chef politique; et
les sociétés où cette exception existe sont celles où l'autorité politique est relativement stable. Encore que la parenté
par les femmes existe aux îles Fidji, d'après Seemann, le
chef, choisi parmi les membres de la famille royale, est
« généralement le fils » du dernier souverain. A Tahiti, où
les deux rangs les plus élevés suivent le système primitif de
filiation, la succession masculine au rang de chef est si
bien établie que le père dès la naissance de son fils aîné
n'est plus que le régent de l'Etat en son nom [2]. Chez les Malgaches, où la parenté par les femmes est la règle, le souverain nomme son successeur, et, s'il y manque, les nobles le
font à sa place; et, « à moins d'une incapacité réelle, c'est
le fils aîné qu'on choisit d'ordinaire [3]. » L'Afrique nous offre
des exemples de genres divers. Quoique les indigènes du
Congo, les nègres de la Côte et ceux de l'intérieur aient

---

1. Bancroft, *loc. cit.*, I, 167.
2. Ellis, *Polynesian Researches*, II, 346. Hawkesworth, *Account of Voyages... in the Southern Hemisphere*, II, 121.
3. Ellis, *History of Madagascar*, I, 342.

formé des sociétés d'une certaine grandeur et d'une certaine complexité, en dépit de ce que la parenté par les femmes assure la succession au trône, nous savons que chez les premiers « la fidélité est vague et incertaine »; que chez les seconds, partout où la liberté n'existe pas, le gouvernement est « un despotisme sans sécurité et de courte durée; » que chez les derniers enfin, lorsque le gouvernement n'est pas d'un type mixte, il consiste en « un despotisme rigoureux, mais plein de périls. » En même temps, dans les deux états les plus avancés et les plus puissants, la stabilité de l'autorité politique coïncide avec un abandon, débutant ou définitif, de la succession par les femmes. Chez les Achantis, le droit à la couronne est ainsi réglé : « le frère, puis le fils de la sœur, enfin le fils. » Au Dahomey règne l'ordre de primogéniture masculine. Les civilisations américaines éteintes présentent d'autres exemples de cette transition. Les conquérants aztèques du Mexique apportèrent avec eux le système de parenté par les femmes, et par conséquent la loi de succession en ligne féminine; mais cette loi se modifia en partie ou totalement pour faire place à la succession dans la ligne masculine. Dans le Tezcuco et le Tlacopan, provinces du Mexique, le fils aîné héritait de la royauté, et au Mexique le choix d'un roi ne portait que sur les fils et les frères du roi précédent. Dans l'ancien Pérou, dit Gomara, « les neveux héritaient, et les fils n'héritaient pas, excepté dans la race des Incas [1]. » Mais, dans ce cas, l'exception présentait cette étrange particularité que « le premier-né de ce frère et de cette sœur (c'est-à-dire de l'Inca et de sa principale femme) était l'héritier légitime du royaume [2], » disposition qui rendit la ligne de succession

---

1. Gomara, *Historia General de los Indias*, ch. 124.
2. Garcilaro de la Vega, liv. IV, ch. 9.

masculine singulièrement restreinte et définie. L'analogie
de l'usage du Pérou avec celui de l'Egypte nous ramène en
Afrique. « En Egypte, c'était la filiation féminine qui donnait le droit à la propriété et au trône. Le même usage régnait
en Ethiopie. Lorsque le monarque se mariait hors de la
famille royale, ses enfants ne possédaient pas un droit légitime à la couronne. » Si nous ajoutons que le monarque était
« censé descendre des dieux dans la ligne masculine et féminine », et qu'il y avait des mariages royaux entre le frère et la
sœur, nous reconnaissons que les mêmes causes produisaient
les mêmes effets en Egypte et au Pérou. En effet, au Pérou,
l'Inca était censé de race divine ; il était héritier de la divinité des deux côtés ; et il épousait sa sœur pour garder la
pureté du sang divin. Enfin, au Pérou comme en Egypte,
cet usage aboutissait à la succession de la royauté dans la
ligne masculine, tandis qu'en dehors de la famille royale la
succession par les femmes était la règle. A Ceylan, dans les
temps anciens, alors que « la forme du gouvernement était
un despotisme absolu, » régnait un usage analogue. Sir E.
Tennant nous apprend que « les rois cingalais épousaient
fréquemment leurs sœurs [1]. »

La méthode de transition d'une loi de filiation à l'autre,
que ces derniers faits impliquent, n'est pas la seule, il y en
a d'autres qu'impliquent des faits cités précédemment.
Dans la Nouvelle-Calédonie, un « chef nomme pour son
successeur, si c'est possible, son fils ou son frère ; » l'un
de ces choix implique la filiation dans la ligne masculine,
et l'autre convient aussi bien à la filiation dans la ligne
masculine qu'à la filiation dans la ligne féminine. A Madagascar, où prévalait le système de parenté par les femmes,

---

1. Sir J. Emerson Tennant, *Sketches of the Natural History of Ceylan*,
I, 479, II, 459.

« le souverain nommait son successeur, et naturellement choisissait son fils [1]. » En outre, il est visible que lorsque, comme dans les cas où aucune nomination n'a été faite, les nobles choisissent le souverain parmi les membres de la famille royale et se déterminent d'après des conditions d'éligibilité, il peut y avoir, et il y a naturellement, une dérogation à la filiation en ligne féminine; et, ce système de filiation un fois entamé, il est probable qu'on ne manquera pas de môtifs pour l'abolir. La transition s'opère d'autre manière encore. En effet, quelques-uns de ces exemples sont du nombre de ceux où la succession au rang souverain se trouve fixée quant à la famille, mais non quant au membre de la famille : état qui suppose que l'institution du chef politique possède une stabilité incomplète. Il y en a divers exemples en Afrique. La couronne d'Abyssinie, dit Bruce, est héréditaire dans une famille, mais élective quant à la personne du roi [2]. » — « Chez les Timmanis et les Bulloms, la couronne reste dans la même famille; mais le chef ou les chefs du pays de qui dépend l'élection d'un roi, ont toute liberté de nommer un membre d'une branche éloignée de cette famille [3]. » Enfin, chez les Cafres, « une loi veut que le successeur du roi soit choisi parmi les princes les plus jeunes [4]. » A Java et aux îles Samoa, aussi, la succession à l'autorité suprême ne sort pas de la famille, mais elle n'est qu'imparfaitement réglée en ce qui concerne l'individu à qui elle doit échoir. Enfin il en était de même en Aragon avant le XIIe siècle. Un petit nombre de puissants

1. Ellis, *History of Madagascar*, I, 342.
2. Bruce, *Travels to Discover the sources of the Nile*. IV, 488.
3. Winterbottom, *Account of the Native Africans, in the Neighbourrhood of Seirra Leone*, I, 124.
4. Arbousset et Daumas, *Voyage d'exploration au nord-est du cap de Bonne-Espérance*.

barons élisaient leur souverain à chaque vacance du trône, mais, comme cela se faisait aussi dans d'autres pays, au sein d'une seule famille [1]. »

Naturellement, nous ne prétendons pas que la stabilité de l'autorité du chef soit assurée par l'établissement de la filiation dans la ligne masculine. Nous voulons seulement dire que la succession d'après ce mode mène mieux à la stabilité qu'aucune autre. Entre toutes les raisons plausibles qu'on en peut donner, en voici une : dans le groupe patriarcal développé chez les races pastorales d'où les principaux peuples civilisés sont descendus, le sentiment de subordination à l'aîné, entretenu par les circonstances dans la famille et la *gens*, facilite une subordination d'une plus grande étendue dans les groupes plus vastes formés ultérieurement. Une autre raison, c'est qu'avec la filiation masculine la conjonction de la capacité et de la suprématie est plus fréquente. Le fils d'un grand guerrier, ou d'un chef doué de talents politiques d'un autre genre, aura plus de chances de posséder les mêmes qualités que le fils de sa sœur; et, s'il les possède, il arrivera qu'en ces premiers temps, où la supériorité personnelle est nécessaire aussi bien que la légitimité des droits, la succession en ligne masculine mènera plus facilement à la conservation du pouvoir, en ce qu'elle rendra l'usurpation plus difficile.

Toutefois, il y a une influence plus puissante qui concourt à donner de la permanence à la possession de l'autorité politique et qui s'accorde mieux avec la descendance masculine qu'avec la féminine, et cette influence est plus considérable probablement qu'aucune autre.

---

1. Hallam, *L'Europe au moyen âge.*

§ 477. En parlant du respect pour l'âge que l'autorité patriarcale engendre partout où la filiation masculine s'est établie (§ 475), nous avons cité des exemples qui ont révélé en outre un autre résultat, à savoir que le patriarche mort, adoré par ses descendants, devient une divinité familiale. Nous avons donné en abondance des preuves, tirées du passé et du présent, de nombreuses régions et de beaucoup de peuples, où l'on a pu voir les esprits se transformer en dieux. Il nous reste à montrer comment cette genèse a inévitablement pour effet de fortifier l'autorité du chef politique.

L'idée qu'il descend d'un chef qui imposait par sa supériorité, et dont l'esprit, particulièrement redouté, est l'objet d'un culte tellement exceptionnel qu'il se distingue de tous les esprits ancêtres en général, cette idée exalte et soutient le chef vivant de deux façons. On suppose qu'il hérite plus ou moins de son illustre ancêtre le pouvoir, aisément censé surnaturel, qui était le caractère propre de cet ancêtre, et il passe, à cause des sacrifices qu'il offre à cet ancêtre, pour entretenir avec lui des relations d'où il tire une assistance divine. Certains passages du récit de Canon Callaway sur les Amazoulous montrent l'influence de cette croyance. « L'Itongo (esprit ancêtre), dit-il, réside dans le grand homme et lui parle; » puis il ajoute, en parlant d'un sorcier : « les chefs de la maison d'Uzulu n'avaient pas coutume de permettre qu'on attribuât à un inférieur le pouvoir sur le ciel, car on disait que le ciel appartenait au chef de ce lieu [1]. » Ces faits nous fournissent une explication précise d'autres faits, tels que les suivants, qui montrent que l'autorité du chef terrestre augmente par l'effet de cette prétendue relation avec le chef céleste, que ce chef céleste

---

1. Canon Callaway, *loc. cit.*, 208, 390.

soit l'esprit du plus ancien ancêtre connu qui fonda la nation,
ou celui d'un conquérant étranger, ou celui d'un étranger
supérieur.

Les Koukis ont des chefs qui descendent d'aventuriers
hindous. « Tous ces rajahs, lisons-nous, sont censés issus
d'une même souche qui passe pour avoir été à l'origine
rattachée aux dieux mêmes; leurs personnes sont à cause
de cela considérées avec le plus grand respect et presque
avec une vénération superstitieuse; leurs ordres sont obéis
en toute circonstance comme des lois [1]. » Chez les Tahitiens, dit Ellis, « on supposait généralement que le dieu et
le roi se partageaient l'autorité sur la masse des humains.
Quelquefois le roi était la personnification du dieu... Dans
quelques îles, on supposait que les rois descendaient des
dieux. Leur personne était toujours sacrée [2]. » D'après Mariner, « *Toritonga* et *Veachi* (chefs divins héréditaires de
Tonga) passent l'un et l'autre pour les descendants des dieux
qui visitèrent jadis les îles Tonga [3]. » Dans l'ancien Pérou,
« l'Inca fit comprendre à ses vassaux que tout ce qu'il
faisait à leur égard, il le faisait par un ordre, une révélation
de son père, le Soleil [4]. »

L'appui que le pouvoir naturel trouve dans le pouvoir
surnaturel est le plus fort lorsque le chef est à la fois le
descendant des dieux et dieu lui-même : double attribut qui
n'est pas rare chez des peuples qui ne distinguent pas comme
nous le divin de l'humain. C'est ce qui arrivait dans l'exemple
que nous venons de citer, celui des Péruviens. Il en était
de même chez les anciens Egyptiens. Le monarque « était
le représentant de la divinité sur la terre et de même sub-

1. Stewart, *Journal Asiatic Society*, Bengal, XXIV, 625.
2. Ellis, *Polynesian Researches*, II, 341.
3. Mariner, *Account of the Tonga-Islands*, II, 75.
4. Garcilaso de la Vega, l. I, ch. 23.

stance que le dieu [1]. » Non seulement il devenait dans bien des cas dieu après la mort, mais on l'adorait comme tel pendant la vie, exemple la prière suivante adressée à Ramsès II : « Quand ils arrivèrent devant le roi..., ils se jetèrent à terre, et, levant les mains, ils prièrent le roi. Ils louèrent ce divin bienfaiteur... en ces termes : Nous venons devant toi, seigneur des cieux, seigneur de la terre, soleil, vie du monde, maître du temps..., maître de la prospérité, créateur des moissons, fabricateur des mortels, dispensateur de la respiration, animateur de la compagnie entière des dieux..., toi qui as fait les grands et créé les petits..., toi notre seigneur, notre soleil, par la parole de qui Tum vit... accorde-nous la vie par tes mains... et l'air pour nos narines [2]. » Cette prière nous suggère une remarquable analogie. Ramsès, dont la puissance, attestée par ses conquêtes, était regardée comme transcendante, est représenté dans cette prière comme le maître du monde supérieur autant que de l'inférieur ; et on attribue une puissance royale analogue chez deux peuples où l'absolutisme est également absolu, la Chine et le Japon. Comme nous l'avons vu en traitant des institutions cérémonielles, l'empereur de la Chine et le Mikado japonais possèdent une autorité telle dans les cieux qu'ils y font des promotions de rang à leur gré.

Il n'est pas besoin d'exemple pour montrer que, chez les premiers Grecs, l'autorité du chef politique s'est trouvée fortifiée par l'idée que ce chef était dieu ou qu'il descendait d'un dieu (soit l'ancêtre déifié de la tribu, soit l'un des dieux anciens). Les Aryens septentrionaux peuvent être aussi cités comme exemple. « D'après la foi des païens, la généalogie

---

1. Sir J. G. Wilkinson, *Manners and Customs of the Ancient Egyptians*, I, 321.
2. Brugsch, *History of Egypt*, II, 35.

des rois saxons, angles, danois, norvégiens et suédois remontait à Odin, ou à l'un de ses compagnons ou de ses héroïques fils. »

Il faut remarquer encore qu'un chef issu d'un dieu, qui est aussi grand prêtre des dieux, ce qui arrive d'ordinaire, possède une puissance surnaturelle plus efficace que celle d'aucun chef auquel on n'attribue que des pouvoirs magiques. En effet, au début on ne se représente les agents invoqués par le magicien que comme des agents du premier rang; tandis que le chef issu des dieux est censé obtenir le secours d'un agent invisible suprême. En second lieu, l'une de ces formes d'influence sur ces êtres surhumains redoutés a bien moins de tendance que l'autre à devenir un attribut permanent du souverain. Chez les Chibchas, nous avons bien observé un fait où la puissance magique fut transmise à un successeur, quoique « le cacique de Sogamoso fît savoir que Bochica l'avait fait héritier de toute sa sainteté, et qu'il possédait comme lui la puissance de faire pleuvoir à volonté [1], » et de donner la santé ou la maladie (ce que le peuple croyait); mais ce cas est une exception. En général, le chef dont les relations avec l'autre monde sont celles d'un sorcier ne transmet pas ce privilège; aussi ne fonde-t-il pas une dynastie surnaturelle, comme le fait le chef issu d'un dieu.

§ 478. Maintenant que nous avons examiné les divers facteurs qui concourent à établir l'institution du chef politique, examinons comment ce concours s'opère aux divers degrés de l'évolution de cette institution. Ce qu'il faut remarquer, c'est que les phénomènes successifs qui arrivent dans les groupes les plus simples reviennent habituellement

---

1. P. Simon, *Conquistas de Terra firme en el Nuevo Regno de Grenada.*

dans le même ordre dans les groupes composés et reparaissent dans les groupes doublement composés.

De même que, dans le groupe simple, il existe d'abord un état où il n'y a pas de chef, de même aussi, lorsque les groupes simples qui sont arrivés à avoir des chefs politiques possédant une faible autorité sont associés, il n'y a d'abord pas de chef de l'ensemble. Exemple les Chinouks. « Comme les familles, disent Lewis et Clarke, forment, en prenant de l'expansion, des bandes, ou tribus ou nations, l'autorité paternelle y est représentée par le chef de chaque association. Ce chef, toutefois, n'est pas héréditaire [1]. » Enfin, fait qui nous intéresse particulièrement en ce moment, « les chefs des divers villages sont indépendants les uns des autres » [2] : il n'y a pas de chef commun.

De même que l'autorité du chef dans un groupe simple, d'abord temporaire, cesse quand la guerre à laquelle elle doit son existence prend fin, de même, dans un ensemble de groupes qui ont chacun reconnu des chefs, c'est encore la guerre qui fait reconnaître un chef commun qui ne conserve pas son autorité au delà de la durée de la guerre. « Dans une guerre générale, dit Falkner, lorsque plusieurs nations contractent une alliance contre un ennemi commun, » les Patagons « choisissent un Apo, ou commandant en chef, parmi les caciques les plus vieux ou les plus célèbres [3]. » Des Indiens du haut Orénoque vivent « en hordes de quarante ou cinquante sous un gouvernement familial, et ils ne reconnaissent un chef commun qu'en temps de guerre. » De même à Bornéo. « Durant la guerre, les chefs des Dayaks Sarebas accordaient une certaine obéissance à un chef prin-

1. Lewis et Clarke, loc. cit., 443.
2. Waitz, Introduction to Anthropology, III, 338.
3. Falkner, Description of Patagonia, 121.

cipal, ou commandant en chef [1]. » Il en a été de même en
Europe. Seely remarque que les Sabins « semblent n'avoir
eu un gouvernement central qu'en temps de guerre [2]. » De
plus, « la Germanie avait anciennement autant de républiques que de tribus. Excepté en temps de guerre, il n'existait pas de chef commun à tous, ou même à une confédéra-
ration donnée [3]. »

Ces faits nous remettent en mémoire ce que nous avons
dit en parlant de l'intégration politique, à savoir que la
cohésion dans les groupes composés est moindre que celle
des simples groupes, et que la cohésion dans les groupes
doublement composés est moindre que dans les composés.
Ce que nous avons dit alors de la cohésion, nous pouvons
le dire ici de la subordination qui y mène; en effet, nous
voyons que, lorsqu'à la suite de guerres continuelles une
autorité permanente s'est constituée à la tête d'un groupe
composé, elle est moins stable que celle des groupes simples. Souvent elle ne dure que pendant la vie de l'homme
qui l'a créée : exemple chez les Karens, les Magangas et
les Dayaks. Chez ces derniers, dit Boyle, « c'est par exception qu'un chef s'élève à une suprématie reconnue sur les
autres chefs. S'il y parvient, c'est sans autre titre que son
mérite personnel et le consentement de ses anciens pairs,
et à sa mort son empire se dissout immédiatement [4]. » Alors
même que l'institution du chef du groupe composé dure
plus que la vie de son fondateur, elle demeure longtemps
d'une stabilité bien moindre que celle des groupes composants. D'après Pallas, les chefs mongols et kalmoucks ont
un pouvoir illimité sur leurs sujets, mais les khans ne pos-

1. Hugh Low, *Sarawak, its Inhabitants and Productions*, 183.
2. Seely, *Lectures and Essays*, 71.
3. Dunham, *History of Germany*, I, 17.
4. Boyle, *Adventures among the Dyak of Borneo*, 183.

sèdent en général qu'une autorité incertaine et faible sur les chefs subordonnés [1]. Chez les Araucaniens, dit Thompson, « les ulmones sont des juges légaux de leurs vassaux ; c'est pour cela que leur autorité est moins précaire que celle des hauts officiers, » les chefs centraux. Les Cafres sont « tous vassaux du roi, les chefs aussi bien que leurs subordonnés ; mais les sujets obéissent si aveuglément à leurs chefs, qu'ils les suivront au besoin contre le roi [2]. » L'Europe nous a fourni des exemples analogues. Chez les Grecs homériques, d'après M. Gladstone, « il est probable que la subordination du sous-chef au souverain local était plus étroite que celle du souverain local au chef de la Grèce [3]. » Enfin, durant les premiers temps de la féodalité en Europe, l'allégeance envers le chef d'un rang moins élevé, mais plus proche, était plus forte que celle qu'on devait au chef d'un rang plus élevé, mais plus éloigné.

Dans le groupe composé, comme dans le groupe simple, le progrès vers une autorité stable se trouve favorisé par la transition de la succession par le choix à la succession par hérédité. Durant les premiers âges de la tribu indépendante, quand le rang suprême n'est pas le fruit de la supériorité tacitement reconnue, c'est par l'élection qu'on l'obtient. Dans l'Amérique du Nord, les choses se passent ainsi chez les Aléoutes, les Comanches et bien d'autres encore ; dans la Polynésie, il en est ainsi chez les Dayaks de l'intérieur, et avant la conquête musulmane il en était ainsi à Java. On trouve cet usage chez les races montagnardes de l'Inde, les Nagas et autres. Dans quelques régions, diverses tribus de la même race offrent un exemple du passage à la succession

1. Pallas, *Voyages en différentes provinces de l'empire de Russie*, I. 188.
2. Lichtenstein, *loc. cit.*, I, 286.
3. Gladstone, *Study on Homer*, III, 11.

héréditaire. Chez les Karens, pas exemple, « l'autorité est considérée comme héréditaire dans beaucoup de districts; mais, dans un plus grand nombre, elle demeure élective[1]. » Certains villages chinouks ont des chefs qui reçoivent en héritage leur puissance, mais la plupart la tiennent de l'élection.

Pareillement, le groupe composé est d'abord gouverné par un chef élu. L'Afrique nous en offre beaucoup d'exemples. Bastian rapporte que, « dans beaucoup de parties de la région du Congo, le roi est élu par les petits princes[2]. » La couronne de Yariba n'est pas héréditaire : « les chefs élisent invariablement l'un des plus sages et des plus fins de leur ordre[3]. » Le roi d'Ibou, dit Allen, paraît être élu par un conseil de soixante anciens, ou chefs de grands villages[4]. » En Asie, il en est ainsi chez les Koukis; « parmi tous les rajahs de chaque clan, on en choisit un qui sera le *Prudham* ou rajah suprême de ce clan. La dignité n'est pas héréditaire, comme dans les cas de rajahs de second rang, mais chaque rajah du clan en jouit à son tour. » Il en a été de même en Europe. Bien que, chez les Grecs primitifs, le droit héréditaire fût reconnu en grande partie, l'exemple de Télémaque donne à penser « qu'il existait un usage ressemblant à l'élection ou impliquant en quelque sorte une action volontaire de la part des sujets, ou d'une partie d'entre eux, et qu'il était mis en pratique. » Cela est encore vrai de l'ancienne Rome. Ce qui prouve que la monarchie était élective, c'est « que, dans les derniers temps, il existait un office d'*interroi*, qui implique que le pouvoir royal ne

---

1. Mason, *Journal of the Asiatic Society of Bengal*, XXXVII, part. II, 131.
2. Bastian, *Africanische Reisen*, Bremen, 1859, 58.
3. Lander, *Records of Cap. Clapperton's last Expedition*, II, 223.
4. Allen et Thomson, *Narrative of an Expedition to the River Niger*, I, 231.

passait pas naturellement aux mains d'un successeur. »
Plus tard, il en fut ainsi des peuples orientaux. Jusqu'au
commencement du x° siècle, « la formalité de l'élection
subsista dans tous les Etats de l'Europe ; l'insuffisance du
droit de naissance avait besoin de la ratification de l'assentiment public. Il en était ainsi jadis en Angleterre. Dans les
premiers âges de l'histoire de ce pays, l'autorité du Bret-
walda ou chef suprême des autres rois fut d'abord élective ;
et l'on peut retrouver dans l'histoire de ce pays la formalité
de l'élection bien longtemps après cette époque. En outre,
on peut voir que le passage à la succession par hérédité est
l'effet du consentement de la nation, en France par exemple.
« Les six premiers rois de la dynastie capétienne s'assurèrent l'élection de leurs fils, en les faisant couronner de
leur vivant : ce qui ne se pouvait sans le consentement des
grands vassaux. »

La stabilité de l'autorité du chef du groupe composé,
accrue par l'utilité du commandement à la guerre et par
l'établissement de la succession héréditaire, s'accroît encore
par l'intervention d'un nouveau facteur, la prétendue origine surnaturelle ou la sanction surnaturelle. Partout, depuis le roi de la Nouvelle-Zélande, qui est rigoureusement
*tabou* ou sacré, on retrouve l'influence de cet élément ; et
de temps en temps, lorsqu'on n'invoque pas une naissance
divine ou une puissance magique comme des titres, on invoque une origine extraordinaire. L'Asie en offre un exemple dans la dynastie de Fodli, qui régna cent cinquante ans
dans l'Arabie méridionale, dont tous les princes avaient
six doigts, et qui demeura un objet de respect aux yeux
du peuple, parce que ses membres conservèrent la mal-
formation héréditaire. L'Europe des temps mérovingiens en
offre un exemple. La race royale encore païenne alléguait

une origine divine ; mais quand elle fut devenue chrétienne, dit Waitz, quand on ne put plus la faire remonter jusqu'aux dieux, on supposa une origine extra-naturelle. « Un monstre marin aurait enlevé la femme de Clodion, et de cette union serait né Mérovée [1]. » Plus tard, nous voyons un caractère sacré ou demi surnaturel s'établir, qui n'existait pas dans l'origine. Les rois carlovingiens fondaient leur autorité sur l'assentiment divin. Durant l'âge féodal moderne, à part de rares exceptions, « les rois n'étaient pas très éloignés.de se croire proches parents des maîtres des cieux. Les rois et les dieux étaient collègues. » Au xviie siècle, les théologiens prirent cette croyance à leur compte. Les rois, dit Bossuet, « sont des dieux et participent en quelque sorte de l'indépendance divine. »

Par conséquent, l'autorité du chef d'un groupe composé naît d'abord pour un temps durant la guerre, puis elle est conférée à vie par l'élection à cause de la fréquente coopération des groupes ; elle passe ensuite à la forme héréditaire, et devient permanente à mesure que la loi de succession devient très définie et indiscutée ; mais elle n'acquiert sa plus grande stabilité que lorsque le roi est réputé dieu délégué, ou lorsque, à défaut d'une nature divine dont il serait censé héritier, on admet qu'il est pourvu d'une délégation divine.

§ 479. Qu'il possède une prétendue nature divine, ou qu'il descende des dieux, ou qu'il règne en vertu d'une commission divine, le chef politique jouit d'un pouvoir illimité. En théorie, et souvent en pratique, il est le propriétaire de ses sujets et du territoire qu'ils occupent.

Quand le régime militaire prédomine et que les droits

---

1. Waitz, *Introduction to Anthropology*, 1863.

d'un conquérant sont absolus, les choses se passent de même chez les peuples incivilisés qui n'attribuent pas un caractère surnaturel à leurs chefs. Chez les Cafres Zoulous, le chef « a un pouvoir absolu sur la vie de ses sujets [1]. » — « Le chef Bhil est maître de la vie et des biens de ses sujets [2]. » Aux îles Fidji, le sujet est une propriété. Mais cela se voit surtout dans les pays où le chef passe pour être plus qu'un homme. Astley raconte que, dans le Loango, le roi « s'appelle *samba* et *pongo*, c'est-à-dire dieu [3]. » D'après Proyard, dans le même pays, « les gens disent que leur vie et leurs biens appartiennent au roi [4]. » Dans l'Ouasoro (Afrique orientale), le roi a un droit absolu de vie et de mort [5].... Dans quelques tribus... il est presque l'objet d'un culte. Dans le Msanbara, les indigènes disent : « Nous sommes tous esclaves du zumbé (roi), qui est notre mulungu (dieu). » En vertu de la loi fondamentale du Dahomey, comme dans le Benin, « tous les hommes sont esclaves du roi, et la plupart des femmes sont ses épouses; » enfin, au Dahomey, le roi s'appelle « l'esprit ». Les Malgaches disent du roi « notre dieu [6]; » il est le maître du sol, de tous les biens et même de ses sujets. Leur temps et leurs services sont à ses ordres. Dans les îles Sandwich, le roi, personnifiant le dieu, émet des oracles, et sa puissance « s'étend sur la propriété, la liberté et la vie de son peuple. » Divers souverains asiatiques dont les titres les proclament de la nature et de la race des dieux, sont aussi les maîtres absolus de leurs peuples. Dans le royaume de Siam, « le roi est le maître non seulement de la personne, mais en réalité de la propriété

1. Mann, *Transactions of Ethnological society*, New series, V, 291.
2. Sir J. Malcolm, *Memoir of Central India*, 1882, I, 551.
3. Astley, *Collection of Voyages and Travels*, London, 1745, III, 223.
4. Proyart, *in Pinkerton's Travels*, XVI, 557.
5. Burton, *Lake Regions of Central Africa*.
6. Ellis, *History of Madagascar*, I, 341.

de ses sujets; il dispose de leur travail et dirige leurs mouvements à volonté [1]. » En Birmanie, « les biens et les personnes des sujets sont censés la propriété du roi, et c'est pour cette raison qu'il choisit pour concubine toute femme qui vient à lui plaire. » En Chine, « il n'y a qu'une personne qui possède l'autorité, l'empereur;... un ouang, ou roi, n'a pas de possessions héréditaires, il vit d'un salaire accordé par l'empereur. L'empereur est le seul maître de la propriété foncière [2]. » Enfin on dit la même chose du Mikado du Japon issu des dieux : « Sa Majesté, alors même qu'elle n'est qu'un enfant âgé de quelques années, ne laisse pas d'accorder rangs et dignités, et c'est dans ses mains que réside toujours en réalité la propriété du sol [3]. »

Naturellement, lorsque le chef politique possède un pouvoir illimité; lorsque, conquérant victorieux, il voit ses sujets à ses pieds à sa merci; ou lorsque, issu des dieux, sa volonté ne peut être contestée sans impiété; ou lorsqu'il unit les caractères de conquérant et de dieu; il absorbe tous les genres d'autorité : il est à la fois chef militaire, législateur, grand juge et souverain pontife. Le roi, dans la plénitude de son développement, est la clef de voûte de toute structure sociale, le directeur de toute fonction sociale.

§ 480. Dans une petite tribu, le chef peut s'acquitter en personne de tous les devoirs de sa fonction. Il ne se borne pas à conduire les guerriers au combat, il a le loisir de régler les différends, il peut sacrifier à l'esprit ancêtre, maintenir l'ordre dans le village, infliger des châtiments,

1. Bowring, *Kingdom and People of Siam*, I, 423.
2. Gutzlaff, *China opened*, II, 252.
3. Adams, *History of Japan*, I, 11.

régler les transactions commerciales ; en effet, ceux qu'il gouverne sont peu nombreux et vivent dans un étroit espace. Quand il devient le chef de plusieurs tribus unies, l'accroissement du nombre des affaires aussi bien que l'étendue de pays couverte par ses sujets, font naître des difficultés qui l'empêchent d'administrer en personne. Il est nécessaire qu'il emploie d'autres personnes pour se procurer des informations, pour porter ses ordres et les faire exécuter sous leurs yeux; à la longue, ces aides s'élèvent au rang de chefs de départements administratifs et exercent une autorité déléguée.

En même temps que le développement des appareils de gouvernement accroît dans un sens le pouvoir souverain, en ce qu'il lui permet de traiter un plus grand nombre d'affaires, il diminue dans un autre sens sa puissance; en effet, son action subit de plus en plus l'influence des instruments par lesquels elle s'exerce. Ceux qui dirigent la marche d'une administration, n'importe laquelle, peuvent se convaincre que le chef d'une fonction régulative est à la fois aidé et embarrassé par les fonctions subalternes. Dans une association philanthropique, dans une société scientifique ou un club, ceux qui gouvernent trouvent que le personnel qu'ils ont organisé, gêne souvent et très souvent aussi déjoue leurs projets. Cela est encore plus vrai des administrations de l'État. Le souverain reçoit ses informations par des délégués, c'est par des délégués qu'il fait exécuter ses ordres; et à mesure que ses rapports avec les affaires deviennent indirects, l'autorité qu'il exerce sur elles diminue : jusqu'à ce que, dans les cas extrêmes, il ne soit plus qu'un jouet dans la main de son premier délégué, ou que celui-ci le détrône.

Si étrange que cela paraisse, les deux causes qui con-

courent à donner la permanence à l'autorité politique concourent aussi à une époque plus avancée à réduire le chef
politique à l'état d'automate qui exécute la volonté des
agents qu'il a créés lui-même. En premier lieu, lorsque la
succession par hérédité est enfin fixée dans une ligne rigoureusement prescrite, la possession du pouvoir suprême
devient indépendante de la capacité de l'exercer. L'héritier
d'un trône vacant est souvent trop jeune pour s'acquitter
de sa fonction ; ou bien trop faible d'esprit, trop peu énergique ou trop absorbé par les plaisirs que sa position
procure en abondance ; il en résulte que, dans le premier
cas le régent, et dans l'autre le premier ministre, devient
le vrai chef. En second lieu, le caractère sacré qu'il reçoit
de son origine censée divine le rend inaccessible aux gouvernés. Il n'y a plus de rapport entre lui et eux que par
l'intermédiaire des agents dont il s'entoure. Par suite, il
est difficile ou impossible qu'il apprenne plus qu'ils ne veulent lui en laisser savoir ; il en résulte l'incapacité d'adapter
ses commandements aux circonstances, et l'incapacité de
savoir si ses ordres ont été obéis. Son autorité ne sert
qu'à faire réussir les desseins de ses agents.

Même dans une société aussi simple que celle des îles
Tonga, nous en voyons la preuve. Il y a un chef sacré héréditaire, qui « était primitivement le chef unique, possédant
le pouvoir temporel aussi bien que le spirituel, et censé
issu des dieux [1], » mais qui est aujourd'hui sans pouvoir. En
Abyssinie, nous voyons quelque chose d'analogue. Le monarque n'y entretient aucune communication directe avec
ses sujets, et il est revêtu d'un caractère sacré tellement
auguste qu'il assiste invisible au conseil ; il est un souve-

---

1. Erskine, *Journal of a Cruize*, 126.

rain muet. Dans le Gondar, une des provinces d'Abyssinie,
il faut que le roi appartienne à la maison royale de Salomon ; mais l'un quelconque des chefs turbulents qui a conquis la suprématie par les armes devient un *ras*, ou premier ministre ou monarque réel ; seulement il faut « un
empereur en titre pour accomplir la cérémonie de l'institution d'un *ras* », puisque le nom au moins d'empereur
« est jugé nécessaire pour valider le titre de *ras* [1]. » On
peut citer l'exemple du Thibet, où le caractère sacré du
chef politique primitif se trouve séparé du droit fondé sur
l'hérédité ; en effet, le Grand Lama, considéré comme
« Dieu le Père » incarné chaque fois dans le nouveau souverain, ne tient pas la nature divine de la filiation naturelle,
mais la reçoit d'une façon surnaturelle ; des signes de sa
divinité le font reconnaître entre tous ; et, cette divinité impliquant le détachement des affaires temporelles, il ne possède aucun pouvoir politique. Un pareil état de choses
existe au Boutan. « Le Dharma-Raja est pour le peuple de
ce pays ce que le Grand Lama est au Thibet, à savoir une
incarnation de la divinité, ou Bouddha lui-même sous une
forme humaine. Durant le temps qui sépare sa mort de sa
réapparition, ou, pour parler plus exactement, jusqu'à ce
qu'il soit parvenu à un âge assez avancé pour monter au
trône spirituel, un membre du clergé remplit par procuration l'office du Dharma-Raja. » En même temps que ce
souverain sacré, il y en a un autre, le souverain temporel.
Le Boutan « a deux chefs de nom, connus des Européens et
des tribus des montagnes sous les noms hindoustanis de
Dharma-Raja et de Délé-Raja... Le premier est le chef spirituel, le dernier est le chef temporel [2]. » Bien que dans ces

1. Harris, *Highlands of Æthiopia*, III, 10, 34.
2. Dr Rennie, *Bhotan and the story of the Dooar War*, 1866, 15.

pays le chef temporel n'ait pas une grande influence (probablement à cause du prêtre-régent, qui, voué au célibat, ne peut fonder une race et empêche que le chef temporel ne se saisisse du pouvoir absolu), l'existence d'un chef temporel suppose que les fonctions politiques tombent en partie des mains du chef politique primitif. Mais l'exemple le plus remarquable et en même temps le mieux connu est celui du Japon. On y voyait l'autorité héréditaire supplantée par l'autorité déléguée, non dans le gouvernement central seul, mais dans les gouvernements locaux [1]. » Après le prince, et dans sa famille, venaient les *karos* ou *anciens*. Leur office était devenu héréditaire, et, comme les princes, ils tombèrent en bien des endroits dans l'impuissance. Les affaires du clan passèrent aux mains d'hommes habiles tirés des rangs inférieurs, qui, unissant la capacité à l'audace, et d'ailleurs sans scrupule, tinrent les princes et les *karos* hors de vue ; ils s'entourèrent d'honneurs, imposèrent à l'opinion de la foule des samouraïs ou classe militaire, et exercèrent le pouvoir eux-mêmes. Ils prirent soin cependant d'accomplir tous les actes de leur autorité au nom des souverains fainéants, leurs seigneurs ; aussi entendons-nous dire que les daïmios faisaient des choses que l'empereur ignorait peut-être complètement. » Dans le gouvernement central, nous voyons un double exemple du passage du pouvoir politique aux mains d'un ministre. Successeurs d'un conquérant issu des dieux, qui exerçait réellement la souveraineté, les empereurs japonais devinrent peu à peu souverains de nom, en partie à cause du caractère sacré qui les séparait de la nation, en partie à cause de l'âge trop peu avancé où la loi de succession les appelait au trône. Par suite, leurs délégués acquéraient l'auto-

---

1. Adams, *History of Japan*, I, 74.

rité. La régence au IX<sup>e</sup> siècle « devint héréditaire dans les Fugiwaras (issus de la famille impériale), et les régents devinrent tout-puissants. Ils obtinrent le privilège d'ouvrir toutes les pétitions adressées au souverain, de les présenter et les rejeter à leur gré. » A la longue, cette fonction usurpatrice perdit son autorité, usurpée à son tour de la même manière. De nouveau, on suivit rigoureusement une succession d'après une règle fixe, et de nouveau la séparation du maître d'avec les sujets lui fit perdre la direction des affaires. « Le seul titre aux charges publiques était une haute naissance, et on ne tenait aucun compte de l'incapacité dans le choix des fonctionnaires. » En dehors des quatre fonctionnaires intimes du Siogoun, « personne ne l'approchait; quelques crimes qui pussent se commettre à Kama Koura, il était impossible, à cause des intrigues de ces favoris, de lui faire parvenir une plainte. » Il en résulta que « par la suite cette famille... céda l'autorité aux chefs militaires, » qui, à leur tour, souvent devinrent des instruments aux mains d'autres chefs.

Nous avons un exemple de cette substitution, mais sous une forme moins nette dans l'ancienne Europe. Les rois mérovingiens, à qui la tradition attribuait une origine surnaturelle, et dont l'ordre de succession était réglé de telle sorte que les mineurs régnaient, tombèrent sous l'autorité de leurs premiers ministres. Longtemps avant Childéric, la famille mérovingienne avait cessé de gouverner. « Les trésors du roi et sa puissance avaient passé aux mains des maires du palais; l'autorité suprême leur appartenait en réalité. Le prince devait se contenter de porter le titre de roi, des cheveux flottants et une longue barbe, de s'asseoir sur le trône et de faire figure de monarque [1]. »

1. Eginhard.

§ 481. En nous plaçant au point de vue de l'évolution,
nous pouvons discerner l'avantage relatif d'institutions qui,
au point de vue de l'absolu, ne sont pas bonnes, et nous
apprenons à accepter à titre temporaire ce que nous re-
poussons à titre définitif. Les faits nous obligent à admettre que la soumission à des souverains despotiques a largement contribué au progrès de la civilisation, l'induction et
la déduction le prouvent à l'envi.

Si, d'une part, nous rapprochons les hordes nomades
sans chefs, que l'on trouve sur divers points du globe,
nous apercevons que, lorsque l'organisation politique fait
défaut, il y a peu de progrès; et, si nous considérons
ces groupes simples qui n'ont que des chefs nominaux,
nous voyons que, bien qu'ils présentent quelque développement des arts industriels et une certaine coopération, le
progrès y est faible. Si, d'autre part, nous jetons les yeux
sur les anciennes sociétés où la civilisation atteignit de
bonne heure une hauteur considérable, nous les voyons
soumises à un gouvernement autocratique. En Amérique,
le gouvernement purement personnel, limité par la seule
autorité des coutumes, était le propre des États du Mexique,
de l'Amérique centrale et des Chibchas. Au Pérou, le roi
divin exerçait un pouvoir absolu. En Afrique, l'ancienne
Égypte fut un exemple éclatant de la relation qui unit le gouvernement despotique et l'évolution sociale. Dans le passé
lointain, l'Asie en a fourni des exemples répétés, depuis la
civilisation accadienne. Les civilisations encore existantes
de Siam, de Birmanie, de la Chine et du Japon en sont de
nouveaux exemples. Les sociétés européennes primitives,
quand elles n'obéissaient pas à un despotisme centralisé,
obéissaient au moins au despotisme patriarcal diffus. Ce
n'est que chez les peuples modernes, dont les ancêtres ont

subi la discipline de ce régime social, et qui gardent l'empreinte de ses effets, que l'on voit la civilisation se séparer de l'assujettissement à la volonté d'une personne.

On reconnaît encore mieux que l'absolutisme a été nécessaire, quand on observe que, dans la lutte pour l'existence entre les sociétés, les vainqueurs ont été ceux qui, toutes choses égales, ont été le plus subordonnés à leurs chefs et rois. Puisqu'aux premiers âges la subordination militaire et la subordination sociale vont de pair, il s'ensuit que pendant longtemps les sociétés conquérantes demeurent soumises à un régime despotique. Les exceptions que l'histoire semble objecter sont en réalité la confirmation de la règle. Dans la lutte entre la Perse et la Grèce, les Grecs n'ont dû qu'à un pur accident de n'être pas détruits par la dissension des assemblées, faute de soumission à un chef unique. Enfin l'habitude de nommer un dictateur aux moments où l'ennemi mettait la république en péril, donne à penser que les Romains avaient découvert que la supériorité à la guerre a pour condition nécessaire une autorité absolue.

Laissant donc de côté la question de savoir si, en dehors de la guerre, les groupes nomades primitifs auraient jamais pu monter à l'état de sociétés sédentaires civilisées, nous pensons que, sous les conditions telles qu'elles ont existé, les luttes pour l'existence entre les sociétés, luttes qui ont eu pour effet de fusionner de petites sociétés en des sociétés plus grandes, jusqu'à ce que de grandes nations se soient formées, ont nécessité le développement d'un type social caractérisé par un gouvernement personnel, rigoureux.

§ 482. Pour mettre en lumière la genèse de cette institution politique principale, exposons brièvement les diverses influences qui ont concouru à la réaliser et les phases qu'elle a parcourues.

Dans les groupes les plus grossiers, la résistance que chacun de leurs membres oppose à l'usurpation de la suprématie par un individu quelconque empêche d'ordinaire l'établissement d'une autorité constituée, quoique la supériorité de force, de courage, de sagacité, de biens, d'expérience qui marche avec l'âge, acquière communément de l'influence.

Dans ces groupes et dans les tribus un peu plus avancées, il y a deux genres de supériorité qui conduisent plus que les autres à la prépondérance ; celle du guerrier et celle du sorcier. Séparées d'ordinaire, mais quelquefois unies dans la même personne, et dans ce cas la rendant considérablement plus puissante, ces deux supériorités ont pour effet d'inaugurer l'institution du gouvernement politique, et demeurent plus tard encore des facteurs importants du développement de cette institution.

D'abord, pourtant, la suprématie acquise par de grands talents naturels, ou par un pouvoir prétendu surnaturel, ou par ces deux causes de supériorité, est passagère : elle cesse avec la vie de celui qui l'avait acquise. Tant que le principe de la valeur personnelle est seul en jeu, l'autorité ne se constitue pas d'une manière permanente. Elle a besoin pour cela du concours d'un autre principe, celui de l'hérédité.

La coutume de reconnaître la filiation par les femmes, propre à beaucoup de sociétés grossières et qui survit dans quelques sociétés très avancées, est moins favorable à l'établissement d'une autorité politique permanente que la coutume de reconnaître la filiation par les mâles. Enfin, dans plusieurs sociétés à demi civilisées qui possèdent l'institution permanente du chef politique, l'hérédité par les mâles est établie dans la maison régnante, tandis que l'hérédité par les femmes survit dans la société en général.

Outre que l'usage de la filiation masculine donne à la famille plus de cohésion, apprend mieux la discipline de la subordination, et rend plus probable la conjonction d'une situation héréditaire avec une capacité héréditaire, on observe qu'il est favorable au culte des ancêtres, et par conséquent qu'il apporte à l'appui de l'autorité naturelle le concours d'une autorité surnaturelle. Le développement de la théorie spiritiste mène en réalité à la crainte des esprits des hommes puissants, jusqu'à ce que, après qu'un grand nombre de tribus ont été soudées ensemble par un conquérant, son esprit prenne dans la tradition la supériorité d'un dieu, d'où un double résultat. D'abord le descendant de ce conquérant, gouvernant après lui, est censé participer de sa nature divine, et ensuite obtenir son assistance, grâce aux sacrifices propitiatoires qu'il lui fait. La rébellion passe en conséquence pour un acte pervers et inexpiable.

Les méthodes d'après lesquelles l'institution du gouvernement politique s'établit, se répètent à des périodes de plus en plus avancées. Dans les groupes simples, l'autorité du chef est d'abord temporaire ; elle cesse avec la guerre qui lui a donné naissance. Quand des groupes simples qui possèdent des chefs politiques permanents s'unissent pour des fins militaires, l'autorité du chef général n'est que temporaire. De même que, dans des groupes simples, l'autorité est d'abord ordinairement élective et ne devient héréditaire que plus tard, de même l'autorité du chef du groupe composé est au début ordinairement élective et ne devient héré-

ditaire que plus tard. Il en est de même dans quelques cas
où se forment des sociétés doublement composées. De plus,
le pouvoir d'un chef suprême, produit d'une date plus
récente, d'abord conféré à l'élection, puis acquis par droit
de filiation, est communément moindre que celui des chefs
locaux dans leur propre territoire; et, quand il devient plus
fort, c'est d'ordinaire par le secours d'un autre principe,
une origine ou une commission prétendues divines.

Lorsque, en vertu d'une naissance ou d'une autorité prétendues surnaturelles, le roi est devenu absolu, et que,
possesseur à la fois de ses sujets et de son territoire, il
exerce tous les pouvoirs, il se voit obligé par le nombre des
affaires de déléguer sa puissance. Par un effet de réaction,
le mécanisme politique qu'il institue lui oppose une barrière; et ce mécanisme devient toujours trop lourd pour lui.
C'est surtout lorsque l'observation rigoureuse de la règle de
l'hérédité fait asseoir des incapables sur le trône, ou que la
prétendue nature divine du souverain le rend inaccessible
à ses agents, ou que ces deux causes unissent leurs effets,
c'est surtout alors que le pouvoir passe aux mains de délégués. Le souverain légitime devient un mannequin, et son
principal ministre le vrai souverain; celui-ci, dans certains
cas, passant à son tour par des phases analogues, devient
lui-même un mannequin qui laisse le gouvernement aux
mains de ses subordonnés.

Enfin, l'examen et la comparaison des faits nous mène à
reconnaître que les maux qui sont les effets directs du
gouvernement personnel produisent indirectement des
avantages. L'autorité politique du chef vainqueur a marché
régulièrement avec l'intégration politique sous laquelle il
eût été peut-être impossible que l'évolution sociale fît de
grands progrès. L'impérieuse nécessité de l'avoir pour

faire la guerre fut la seule cause de coopération parmi les hommes. L'assujettissement au commandement fut la seule cause qui rendit la coopération efficace. Enfin la coopération inaugurée par cette cause a seule rendu possibles les autres formes de coopérations qui sont le caractère de la civilisation.

# CHAPITRE VII

## DES GOUVERNEMENTS COMPOSÉS

§ 483. Dans le chapitre précédent, nous avons suivi le développement du premier élément de l'appareil triple et un que nous voyons partout apparaître au début des sociétés. Nous allons examiner le développement du second élément, c'est-à-dire du groupe des hommes dirigeants, du nombre desquels le chef est, au début, tout simplement le plus éminent. Nous allons rechercher les conditions sous lesquelles cet élément se développe au point de se subordonner les deux autres, les causes qui en restreignent le cercle, et celles qui l'élargissent, jusqu'à ce que le second élément se confonde avec le troisième.

Si les sentiments et les aptitudes intimes d'une race contribuent largement à déterminer la grandeur et la cohésion des groupes sociaux, ils contribuent encore plus puissamment à déterminer les relations qui s'établissent entre les membres de ces groupes. Si la manière de vivre adoptée a pour effet d'engendrer telle ou telle structure politique, le résultat se trouve toujours compliqué par les effets du caractère héréditaire. L'état primitif, où le pouvoir dirigeant est également réparti entre tous les guerriers ou tous les anciens, se transforme-t-il ou non en l'état où le pouvoir dirigeant devient le privilège exclusif d'un seul? La solution de cette question dépend en partie de la vie que mène le groupe, déprédatrice ou pacifique, et en partie du caractère de ses membres qui les porte à résister plus ou moins opiniâtrément à une domination usurpatrice. Quelques faits vont jeter la lumière sur cette idée.

Les Alfourous (insulaires papous), qui « vivent en paix et s'aiment comme des frères », ne reconnaissent d'autre « autorité chez eux que celle des décisions de leurs anciens [1]. » Chez les inoffensifs Todas, « toutes les disputes et les questions de bien et de mal sont réglées par arbitrage ou par un conseil de cinq membres (punchayet) [2]. » Les Bodos et les Dhimals, qu'on dit rebelles au service militaire, et « tout à fait exempts d'arrogance, d'esprit de vengeance, de cruauté, de fierté, » ont bien à leur tête dans chacune de leurs petites tribus un chef nominal qui paye en leur nom l'impôt, mais il est sans pouvoir, et c'est « un jury d'anciens qui tranche les disputes [3]. » Dans ces exemples, on peut remarquer à la fois que les causes favorables à la suprématie d'un chef manquent, et que celles qui l'empêchent, existent. Les Papous en général, dont les Alfourous cités déjà nous offrent le type, sont, d'après Modera, Ross et Kolff, bienveillants et d'un naturel doux; mais en même temps, d'après Earl, ils sont impropres à la vie militaire : « leur impatience de l'autorité leur interdit absolument l'organisation qui les mettrait en état de se défendre contre tout empiètement [4]. » Les Bodos et les Dhimals, qui « ne commettent aucune violence les uns en-

1. Kolffe, *Voyage du brick hollandais Domega*, 161.
2. Shortt, *Transactions of the Ethnological Society*, new series, VII, 241.
3. *Transactions of Ethnological Society of Bengal*, XVIII, 708.
4. Kolffe, *loc. cit.*, 6.

vers les autres, ni contre leurs voisins, » résistent avec une obstination opiniâtre aux injonctions déraisonnables. — « Une peuplade vraiment séduisante » qui appartient à la même race, les Lepchas, que les voyageurs sont unanimes à nous représenter comme doux, paisibles, bons, et qui répugnent au service militaire, « subissent, nous dit-on, de grandes privations plutôt que de se soumettre à l'oppression ou à l'injustice. »

Partout où la répugnance à subir l'autorité se montre forte, l'organisation politique non centralisée se maintient, en dépit du régime militaire, qui a pour effet de donner naissance à la constitution du gouvernement par un chef. Les Nagas « ne reconnaissent pas de roi chez eux, et rient à l'idée qu'il en existe chez d'autres »; leurs « villages sont en guerre perpétuelle » : « chacun y est son propre maître, ses passions et ses penchants s'exercent selon ce qu'il possède de force brutale. » Nous savons encore que « les petites disputes et les désaccords de peu d'importance sur la propriété sont réglés par un conseil d'anciens, à l'arbitrage duquel les parties se soumettent. Seulement, pour parler correctement, il n'existe pas chez les Nagas l'ombre d'une autorité constituée, et, si étrange que cela paraisse, ce défaut de gouvernement ne produit pas une anarchie et une confusion marquées [2]. » Il en est de même chez les tribus belliqueuses de l'Amérique du Nord. Schoolcraft dit de ces Indiens qu'ils « veulent tous gouverner et ne pas être gouvernés. Tout Indien se croit le droit de faire ce qui lui plaît; il pense que personne ne vaut mieux que lui, et se battra avant de céder sur ce qu'il juge bon de faire [3]. »

1. Campbell, *Journal of Ethnological Society*, July 1869.
2. Stewart, *Journal Asiatic Society of Bengal*, XXIV, 608.
3. Schoolcraft, *Expedition to the Sources of the Mississipi*, II, 130.

Il remarque, par exemple, que, chez les Comanches, « le principe démocratique est profondément enraciné, » et qu'on « tient des assemblées publiques à des intervalles réguliers durant l'année », pour régler les questions de gouvernement. Dans certaines régions de l'Amérique centrale, il existait autrefois des sociétés un peu plus avancées, qui, bien que belliqueuses, s'opposaient par l'effet d'une jalousie naturelle à l'établissement du monopole du pouvoir. Le gouvernement appartenait à un conseil électif d'anciens qui nommaient un chef de guerre ; et lorsque ce chef de guerre encourait le soupçon de comploter contre le salut de la république, ou dans le but de s'assurer le pouvoir suprême, le conseil le mettait à mort.

Sans doute les particularités de caractère qui mènent ainsi certaines races à produire dans le principe des gouvernements composés, et à s'opposer même, sous la pression de la guerre, à l'élévation d'un gouvernement politique simple, sont natives ; mais nous ne sommes pas dépourvus de moyens de découvrir les circonstances qui les ont rendues natives. Il est utile d'y jeter un coup d'œil pour voir comment on peut les interpréter. Les Comanches et les Indiens des tribus de même race, errant en petites troupes, actifs et habiles cavaliers, ont durant longtemps vécu de telle sorte qu'il était difficile à un homme d'exercer une contrainte sur un autre. Il en a été de même, mais pour une autre raison, chez les Nagas. « Ils habitent une région montagneuse, âpre et impénétrable ; » et leurs villages sont perchés « sur la crête des rochers [1]. » Ajoutons un fait significatif que nous fait connaître une remarque du capitaine Burton. En Afrique comme en Asie, il y aurait, d'après

1. Stewart, *loc. cit.*, XXIV, 607.

lui, trois formes de gouvernement nettement accusées, des régimes militaires despotiques, des monarchies féodales, et des républiques rudimentaires : celles-ci sont formées « par les tribus de Bédouins, les peuplades montagnardes et celles des jungles. » Evidemment, les noms de ces dernières montrent qu'elles habitent des régions dont les caractères physiques ne permettent pas l'établissement d'un gouvernement centralisé, et favorisent celui d'un gouvernement plus diffus, ainsi que la subordination politique moins prononcée qui l'accompagne.

Ces faits sont évidemment en rapport avec certains autres faits déjà mentionnés. Nous avons vu (§ 17 et plus loin § 449) qu'il est relativement facile de former une grande société, quand le sol qu'elle occupe est de ceux dont toutes les parties sont aisément accessibles, mais entouré de barrières qui ne permettent guère d'échapper ; nous avons vu aussi, par contre, que la formation d'une grande société se trouve empêchée ou grandement retardée, lorsque sur le sol qu'elle occupe les communications sont difficiles et qu'il est facile de s'en échapper. Maintenant, nous voyons mieux que les conditions physiques sus-indiquées ne sont pas seulement un obstacle pour l'intégration politique sous son aspect primitif, l'aspect d'une masse qui s'accroît, mais qu'elles sont aussi un obstacle pour le développement d'une forme plus intégrée de gouvernement. Les circonstances qui empêchent la consolidation sociale empêchent aussi la concentration du pouvoir politique.

Cependant, ce qui nous occupe en ce moment, c'est d'établir que l'existence continue de l'un ou de l'autre système de conditions donne à l'homme un caractère auquel s'adapte ou bien l'organisation politique centralisée ou l'organisation politique diffuse. Une race qui vit de longues

générations dans une région où le pouvoir despotique a pris
naissance prend un caractère adapté à ce régime, en partie
par suite de l'habitude quotidienne, et en partie par la survie des individus les plus propres à vivre sous ce régime.
Au contraire, dans une région favorable à l'indépendance
des petits groupes, on voit se fortifier d'âge en âge les sentiments de résistance à la contrainte; en effet, non seulement les efforts tentés de temps en temps pour subordonner
ces groupes, y entretiennent ces sentiments, mais, en général, ceux qui résistent le plus opiniâtrément sont ceux
qui, demeurant indépendants et transmettant leurs caractères à leur postérité, déterminent le caractère de la tribu.

Après avoir passé en revue les effets des facteurs externes
et internes, tels qu'ils agissent dans les tribus simples, nous
comprendrons comment ils concourent lorsque, par migration ou autrement, ces tribus rencontrent des circonstances
favorables à la croissance de grandes sociétés.

§ 484. On ne saurait mieux commencer cette explication
que par l'exemple d'une peuplade sauvage de ce genre où
l'on a pu voir à une époque récente ce qui se passe quand
les conditions sont favorables à l'union de petits groupes
en un grand.

Les nations des Iroquois, composées chacune de plusieurs tribus jadis en guerre, eurent à se défendre contre
les envahisseurs européens. Pour que les cinq nations, qui
furent six à la fin, combinassent leurs efforts dans ce but,
il fallut qu'elles se reconnussent les unes aux autres des
pouvoirs égaux, puisque l'alliance n'eût point été acceptée
si les unes avaient exigé la soumission des autres. Les
groupes coopéraient dans l'idée que leurs « droits, privilèges et obligations » resteraient les mêmes. Bien que le

nombre des sachems à vie et héréditaires nommés par chaque nation pour former le grand conseil fût différent, les
diverses nations y avaient le même nombre de voix. Sans
parler des détails de l'organisation, nous remarquerons
d'abord que pendant un grand nombre de générations, en
dépit des guerres que cette ligue soutint, sa constitution
demeura stable, que personne ne s'éleva au rang suprême;
et, ensuite, qu'à côté de l'égalité dans la puissance des groupes, existait l'inégalité dans chaque groupe : le peuple ne
participait pas à son gouvernement.

Cet exemple nous fournit la clef de la genèse de ces gouvernements composés avec lesquels l'histoire ancienne
nous a familiarisés. Grâce à lui, nous pouvons comprendre
comment dans les mêmes sociétés ont pu exister simultanément des institutions despotiques avec d'autres qui semblaient reposer sur le principe de l'égalité et qu'on a souvent confondues avec des institutions libres. Rappelons les
antécédents de ces peuples européens primitifs qui orga-
nisèrent des gouvernements de cette forme.

La vie pastorale et nomade donnait l'habitude de la subordination à un gouvernement simple. Un membre du groupe
qui voulait résister avait à choisir, ou de se soumettre à l'autorité sous laquelle il avait grandi, ou, s'il se révoltait, de
quitter son groupe, et d'affronter tous les périls dont le désert menaçait une existence sans protection. L'établissement
de cette subordination trouvait une autre condition favorable
dans la survie plus fréquente des groupes, où elle s'imposait
avec le plus de force. En effet, dans les conflits des groupes,
ceux dont les membres se montraient insubordonnés étaient
d'ordinaire à la fois plus petits et moins propres à une coopération efficace, et par suite destinés probablement à disparaître. Mais, en même temps que, dans ces familles ou

clans, l'obéissance au père et au patriarche rencontrait des circonstances favorables, ces circonstances favorisaient aussi le sentiment de liberté dans les relations entre les clans. Leur dispersion et leur mobilité ne permettaient guère que l'un d'entre eux exerçât l'autorité sur les autres; l'habitude de combattre avec succès la contrainte étrangère, ou de s'y soustraire par la fuite, continuée durant un nombre immense de générations, a dû probablement donner une grande force au penchant de ces tribus à se cabrer contre toute autorité étrangère et à la repousser.

La question de savoir, quand les groupes ainsi disciplinés s'agrègent, pourquoi ils contractent telle ou telle forme d'organisation politique, dépend en partie, comme nous l'avons déjà pressenti, des conditions qui les entourent. Quand même nous négligerions des différences qui séparent les Mongols, les Sémites et les Aryens, et qui ont pris naissance aux temps préhistoriques par suite de causes de nous inconnues, alors même que la longue durée de la vie pastorale.aurait produit chez eux une nature absolument semblable, les grandes sociétés formées par la combinaison de petites hordes ne pouvaient contracter des formes semblables que sous l'empire de circonstances semblables. C'est par l'effet de circonstances défavorables que les Mongols et les Sémites, partout où ils se sont établis et où ils se sont multipliés, n'ont pu conserver l'autonomie de leurs hordes après leur union, ni développer les institutions qui en découlaient. Les Aryens eux-mêmes, chez qui surtout ont pris naissance les formes les moins concentrées du gouvernement politique, sont une preuve que les circonstances, favorables ou défavorables, modifient presque tout. Dans le principe, les différentes branches de cette race héritent en commun du caractère mental constitué à l'époque où leurs ancêtres vivaient sur l'Hindou-Kouch et dans les pays voisins; mais elles développent plus tard des institutions différentes et les caractères qui accompagnent ces institutions. Celles qui s'étalent dans les plaines de l'Inde, où la riche fertilité du sol permet un immense accroissement de la population, et qui n'offrent que de faibles obstacles matériels à l'exercice de l'autorité, perdent leur indépendance native, et ne portent pas les systèmes politiques qui fleurissent chez leurs parents occidentaux, sous l'influence de circonstances qui favorisent la conservation du caractère primitif.

Il faut donc admettre que lorsque les groupes sociaux appartenant au type patriarcal s'établissent dans des régions qui permettent un accroissement considérable de la population, mais dont la structure physique s'oppose à la centralisation du pouvoir, le gouvernement politique composé prendra naissance et se maintiendra quelque temps, grâce au concours de deux facteurs : l'indépendance des groupes locaux et la nécessité de l'union pour la guerre. Voyons quelques exemples.

§ 485. L'île de Crète compte de nombreuses vallées entre ses hautes montagnes; on y trouve d'excellents pâturages et beaucoup de positions à fortifier; aux ruines qu'on y rencontre on voit que les anciens habitants les avaient utilisées. Il en est de même de la majeure partie de la Grèce. Un système de montagnes compliqué sépare une partie de l'autre et rend difficile l'accès de chacune d'elles. C'est surtout dans le Péloponèse qu'il en est ainsi, et surtout dans la partie occupée par les Spartiates. On a remarqué que l'État qui possède les deux côtés du Taygète a les moyens de se rendre maître de la péninsule : « c'est l'acropole du Péloponèse, comme cette péninsule est l'acropole de la Grèce [1]. »

Lorsque les couches successives de conquérants helléniques vinrent se superposer aux premiers habitants de la Grèce, elles apportèrent avec elles le type de caractère et d'organisation commun aux Aryens. Ce peuple, en prenant possession de cette terre, s'émietta inévitablement avec le temps « en autant de clans indépendants que le pays offrait de régions séparées par les ramifications de ses montagnes. » La séparation les rendit étrangers les uns aux autres, et par suite ennemis. Aux premiers siècles de l'histoire grecque, les clans occupant les villages situés dans les montagnes étaient tellement exposés aux incursions de leurs voisins, que c'était perdre son temps que de planter des arbres à fruits. Ils vivaient dans un état analogue à celui que l'on observe actuellement chez les tribus montagnardes de l'Inde, telles que les Nagas.

Un peuple qui se répand sur une région, qui isole les petits groupes adjacents, et plus encore les groupes de groupes plus éloignés qui se forment à la longue, ce peuple peut bien conserver la tradition d'une commune origine et reconnaître l'autorité du mâle le plus âgé, représentant du patriarche, mais il cesse d'avoir un gouvernement commun; il est de plus en plus difficile de conserver la soumission à une autorité générale, et la soumission à des autorités locales demeure seule possible. En même temps, dans de telles conditions, les causes d'insubordination doivent augmenter. Lorsque les diverses branches d'une même famille sont séparées les unes des autres au point que les relations deviennent difficiles entre elles, cha-

1. Fanshawe Tozer, *Lectures on the Geography of Grecie.* 1873, 284.

cune doit cesser de connaître l'histoire et la filiation des chefs des autres, ou ne les connaître qu'imparfaitement. Alors les prétentions à la surprématie affectées tantôt par un chef local, tantôt par un autre, ne peuvent manquer d'être contestées. Lorsque nous nous rappelons les luttes perpétuelles sur les droits de succession qui ont divisé même les sociétés constituées qui possèdent des documents, et les procès fréquents sur l'héritage de titres et de biens, nous ne pouvons manquer de conclure que, dans un état semblable à celui des Grecs primitifs, la difficulté d'établir la légitimité d'une autorité générale, conspirant avec le désir d'affirmer l'indépendance et la capacité de la conserver, entraînait inévitablement la dissolution de l'autorité générale en de nombreuses autorités locales. Naturellement, dans des conditions variables dans chaque localité, l'émiettement de vastes empires en un grand nombre de petits États s'opéra plus ou moins complètement, et, naturellement aussi, la restauration de grands empires ou l'agrandissement d'États plus petits s'effectua dans certains cas. Mais, en général, ces conditions ont eu pour effet d'entraîner la formation de petits groupes indépendants, conservant tous le type patriarcal. De là, comme conséquence, la décadence de la royauté que nous remarquons dans l'*Iliade*. En abordant la Grèce historique, dit Grote, nous trouvons que (à l'exception de Sparte), le monarque primitif, héréditaire, irresponsable, réunissant dans ses mains toutes les fonctions du gouvernement, a cessé de régner [1]. »

---

1. Au moment où j'écris, le troisième volume de l'ouvrage intitulé *Celtic Scotland* de M. Skene m'offre un exemple de la marche que j'ai indiquée plus haut. Les tribus celtiques primitives qui formaient les comtés de Moray, de Buchan, d'Athol, d'Angus, de Menteith, se divisèrent en clans, et ce qui montre bien l'influence que la nature du sol exerça sur ce résultat, c'est que ce changement se produisit dans les parties de ces comtés qui appartenaient à la région des montagnes. Il en résulta des groupes plus petits. « Le clan, dit

Qu'arrive-t-il quand un groupe de clans, issus d'une même origine, devenus indépendants et ennemis, se trouvent menacés par des ennemis auxquels aucune parenté ne les lie, ou auxquels ils ne tiennent que par une parenté éloignée? Habituellement ils mettent de côté leur différends et concourent à la défense commune. Mais à quelles conditions concourent-ils? Même entre des groupes amis, l'action combinée rencontrerait des obstacles, si l'un d'eux prétendait à la suprématie; à plus forte raison, entre les groupes divisés par des querelles non vidées, il ne saurait y avoir une action combinée que sur le pied d'égalité. La défense commune serait donc dirigée par un corps composé des chefs des petites sociétés coopérantes; et, si la coopération pour la défense se prolonge et se change en coopération pour l'attaque, ce corps gouvernant temporaire deviendrait un corps permanent servant de lien aux petites sociétés. Les caractères spéciaux de cette autorité composée varieront naturellement avec les circonstances. Lorsque les traditions des clans unis s'accordent à reconnaître un chef comme le représentant en ligne directe du patriarche ou héros primitif d'où le clan est issu, on lui accorde le premier rang et une autorité exceptionnelle. Lorsque les droits tirés de la filiation sont contestés, la supériorité personnelle ou l'élection déterminent quel sera le membre du clan qui

M. Skene, considéré comme une société isolée, se composait du chef entouré de ses parents à certains degrés déterminés de parenté; la masse, qui n'était pas du même sang que le chef, où tout le monde portait le même nom, avec les individus assujettis, c'est-à-dire des groupes d'indigènes qui ne prétendaient pas appartenir au sang du chef, mais qui descendaient probablement des anciens possesseurs du sol ou d'émigrés détachés d'autres clans, qui étaient venus se placer sous la protection de celui-ci... Ces parents du chef qui acquièrent la propriété de leur terre fondèrent des familles... La plus influente d'entre elles était celle du plus ancien cadet de la famille, qui s'était séparé depuis le plus longtemps de la branche principale et qui offrait d'ordinaire l'apparence d'une maison rivale à peine moins puissante que celle du chef. » (Skene, *Celtic Scotland*, III, 322.)

prendra la direction. Si, dans chacun des groupes composant la confédération, le pouvoir des chefs est sans limite, l'union de ces chefs donnera lieu à une oligarchie fermée; l'oligarchie sera d'autant moins fermée que l'on reconnaîtra moins l'autorité de chaque chef d'après la proximité de sa parenté avec l'ancêtre divin ou demi-divin. Enfin, lorsque de nombreux étrangers sont admis dans la société, qui ne doivent allégeance au chef d'aucun des groupes composant la confédération, de nouvelles causes d'élargissement de l'oligarchie apparaissent.

Telles furent, selon nous, les origines des gouvernements composés des États grecs au début de la période historique. Dans la Crète, où survivait la tradition de la royauté primitive, mais où la dispersion et la subdivision des clans avaient produit une condition dans laquelle « diverses villes se faisaient la guerre », il y avait « des maisons patriciennes, tirant leurs droits des âges primitifs du gouvernement royal[1]. » A Corinthe, la ligne des rois Héraclides « s'épuise graduellement, sous divers noms sans valeur, pour finir dans l'oligarchie des Bacchiades... Les personnes désignées par ce nom étaient toutes censées issues d'Hercule et formaient la caste gouvernante de la cité[2]. » De même à Mégare. D'après la tradition, cette ville se forma de la coalition de plusieurs villages habités par des tribus parentes, qui, primitivement en lutte avec Corinthe, s'étaient probablement, dans le cours de cette lutte, fondues en un État indépendant. Au début de la période historique, la même chose arriva à Sicyone et à d'autres villes. Sparte « conserva toujours, jusqu'au règne du tyran Nabis, son aspect primitif, celui d'un groupe de collines surmontées de villa-

1. Curtius, *Histoire de la Grèce.*
2. Grote, *Histoire de la Grèce.*

ges plutôt que d'une cité régulière [1]. » Bien qu'à Sparte la royauté ait survécu sous une forme exceptionnelle, les représentants du roi primitif, encore révérés grâce à la tradition qui attestait leur filiation divine, n'étaient plus guère que des membres de l'oligarchie dirigeante, décorés de quelques prérogatives. Sans doute, il est vrai qu'à la première partie de son histoire, l'oligarchie spartiate ne présentait pas la forme qui résulterait spontanément de l'union des chefs de clans pour la coopération militaire, sans doute elle était devenue élective au sein d'une classe limitée, mais il y avait une condition d'âge qui fixait l'éligibilité à soixante ans, condition en harmonie avec la croyance que le corps gouvernant se composait primitivement de chefs des groupes, qui étaient presque toujours les fils aînés des aînés; enfin ces groupes avec leurs chefs, qu'on disait les plus indisciplinés des Grecs avant Lycurgue, devinrent un peuple uni par la vie militaire continuelle, qui était son caractère propre [2].

---

1. Grote, *loc. cit.*

2. Comme réflexion utile sur les interprétations en général, et en particulier sur celles qui sont contenues dans cet ouvrage, aux raisons que Grote et d'autres auteurs ont eues de rejeter la tradition qui fait de la constitution de Sparte l'œuvre de Lycurgue, j'en vais ajouter d'autres. Le penchant qui porte tout le monde à attribuer un effet à la cause prochaine la plus en vue, révèle surtout sa force lorsque l'effet provient de causes obscures; nous en avons un exemple dans l'histoire contemporaine. On attribue l'abrogation de la loi des céréales à sir Robert Peel, et après lui à MM. Cobden et Bright; et l'on ne parle pas du colonel Thompson. Une génération plus tard, l'homme qui a quelque temps lutté tout seul, et forgé les meilleures armes avec lesquelles d'autres ont vaincu, sera un inconnu, et son nom n'éveillera plus l'idée de cette lutte. Mais il ne suffit pas de soupçonner que Lycurgue fut simplement l'homme qui mit la dernière main à l'œuvre d'autrui. Nous pouvons raisonnablement soupçonner que l'œuvre n'a été celle d'aucun homme, mais simplement l'effet des besoins et des conditions. Ce qui le prouve, c'est l'institution des repas publics. Qu'arrivera-t-il chez un petit peuple qui durant longtemps s'est répandu de tous côtés en conquérant, et a contracté dans cette vie le mépris de tout travail, qui, lorsqu'il n'est pas occupé à la guerre, passe son temps à des exercices qui le rendent propre à la faire? Il est clair que l'habitude de s'assembler chaque jour pour ces exercices entraînera pour chaque citoyen l'obligation d'apporter chaque jour ses provisions de bouche. Comme il arrive dans les pique-nique, où les participants apportent leur part au repas commun,

Les Romains sont un exemple de la formation d'un gouvernement composé dans des conditions au fond analogues à
celles auxquelles les Grecs étaient soumis, bien qu'en partie
différentes. A l'époque la plus ancienne de son histoire, le
Latium était occupé par des sociétés de villages, unies pour
former des cantons; et ces cantons formaient une ligue à la
tête de laquelle se trouvait Albe, le canton qui passait pour
le plus ancien et le plus illustre. Cette association était destinée à assurer la défense commune. Ce qui le prouve, c'est
que chaque groupe de villages-clans composant un canton
avait une forteresse commune sur un lieu élevé, et aussi
que la ligue des cantons avait Albe pour centre et place de
refuge, c'est-à-dire la position la plus forte aussi bien que la
plus ancienne. L'indépendance réciproque des cantons était
telle, qu'ils se faisaient la guerre : d'où nous pouvons conclure que, lorsqu'ils s'unissaient pour la défense commune,
c'était sur le pied d'égalité. Ainsi, avant que Rome existât,
le peuple qui la forma se trouvait habitué à un genre de
vie où, avec une grande subordination dans chaque famille
et chaque clan, et une subordination partielle dans chaque
canton (qui était gouverné par un prince, un conseil d'anciens et une assemblée de guerriers), existait l'union des
cantons, qui n'étaient aucunement subordonnés l'un à l'autre. Lorsque les habitants des trois cantons, les Ramniens,

il s'établira naturellement une certaine obligation touchant les qualités et la
quantité des aliments, obligation qui, répétée chaque jour, passera de la coutume dans la loi, et finira par s'appliquer spécifiquement au genre et à la
quantité d'aliments. En outre, il faut s'attendre que la loi s'établisse à une
époque où, les aliments étant grossiers et peu variés, la simplicité du régime,
primitivement forcée, finira par être censée voulue, comme un régime ascétique
délibérément conçu. Quand j'ai écrit ces lignes, je ne savais pas que M. Paley
avait fait connaître, dans le numéro de février 1881 du *Fraser's Magazine*,
que chez les Grecs, en des temps plus récents, c'était un usage commun d'avoir
des dîners où chaque convive apportait sa part de provisions, et que ceux qui
apportaient peu de chose et consommaient beaucoup étaient l'objet de raille-
ries. Ce fait ajoute à la probabilité de l'idée que nous venons d'émettre sur
l'origine du repas spartiate.

les Titiens et les Luceres, commencèrent à occuper le sol où Rome s'élève, ils y apportèrent avec eux leur organisation politique. Les plus anciens patriciens romains portaient les noms des clans ruraux appartenant à ces cantons. Lorsqu'ils s'établirent sur les collines du Palatin et sur le Quirinal, conservèrent-ils leurs anciennes divisions cantonales ? La chose n'est pas certaine, quoique probable *à priori*. Quoi qu'il en soit, on a la preuve qu'ils se fortifiaient les uns contre les autres aussi bien que contre l'ennemi du dehors. Les hommes de la montagne du Palatin et les hommes de la colline du Quirinal étaient habituellement en guerre : il y avait même des dissensions entre les divisions secondaires du groupe qui occupait le Palatin. La Rome primitive, dit Mommsen, « était plutôt un agrégat de villes qu'une ville unique [1]. » Enfin l'on peut admettre que les clans qui fondèrent ces établissements apportèrent avec eux leurs inimitiés non seulement parce qu'ils fortifiaient les collines sur lesquelles ils se fixaient, mais aussi parce que les maisons des familles anciennes et puissantes ressemblaient un peu à des forteresses.

A Rome, il y avait donc un groupe de petites sociétés indépendantes, parentes par le sang, mais en partie hostiles, qui devaient se coaliser contre les ennemis à des conditions auxquelles elles pussent acquiescer. Dans la Grèce primitive, les moyens de défense étaient, ainsi que Grote le fait remarquer, supérieurs aux moyens d'attaque ; il en était de même dans la Rome primitive. D'où il résulte que, s'il était facile de faire régner une autorité coercitive dans la famille et dans le groupe formé de familles parentes, il était malaisé d'étendre cette autorité sur plusieurs groupes analogues,

---

1. Mommsen, *Histoire romaine*.

puisqu'ils se fortifiaient les uns contre les autres. De plus, la rigueur du gouvernement dans chacune des sociétés constituant la cité primitive, se trouvait atténuée par la facilité qu'il y avait d'échapper à l'une d'entre elles et de se faire admettre dans une autre. Ainsi que nous l'avons vu chez les tribus simples, lorsque l'autorité devient par trop rude, ou déserte; et nous pouvons admettre que, dans la Rome primitive, l'exercice de la force par les chefs des maisons puissantes de chaque établissement sur ceux des maisons moins puissantes rencontrait un frein dans la crainte que l'émigration ne vînt affaiblir le clan et fortifier le voisin. Les circonstances firent donc que lorsque, pour la défense de la cité, la coopération devint nécessaire, les chefs des clans renfermés dans ses diverses divisions eurent des pouvoirs égaux. Le sénat primitif était le corps des anciens des clans; et « cette assemblée d'anciens était le vrai dépositaire du pouvoir politique » : c'était « une assemblée de rois ». En même temps, les chefs des familles dans chaque clan, formant le corps des citoyens, se tenaient pour des raisons analogues sur un pied d'égalité. Primitivement, pour le commandement à la guerre, il y avait un chef élu, qui était aussi le premier magistrat. Quoique dépourvu de l'autorité que conférait une origine divine, il possédait celle que conférait une prétendue approbation divine; et, revêtu des insignes d'un dieu, il conservait jusqu'à la mort l'autorité absolue propre à la divinité. Mais outre que le choix, primitivement fait par le sénat, rentrait effectivement dans ses attributions en cas de vacance subite, et outre que chaque roi, désigné par son prédécesseur, devait être accepté par l'assemblée des citoyens, ce pouvoir était exclusivement exécutif. L'assemblée des citoyens « était légalement supérieure au roi plutôt qu'un pouvoir placé à côté du sien. » De plus, en dernier ressort s'exerçait le pouvoir encore supérieur du sénat, gardien de la loi, qui pouvait annuler la décision prise à la fois par le roi et les citoyens. Ainsi la constitution était au fond une oligarchie de chefs de clans, enveloppée par une oligarchie de chefs de famille, oligarchie composée, qui n'eut plus de contrepoids quand la royauté fut abolie. Il faut appuyer sur le fait, assez frappant, et pourtant toujours oublié, que la république romaine, qui demeura quand la puissance royale eut pris fin, était d'une nature totalement différente de celle des gouvernements populaires avec lesquels on la range d'ordinaire. Les chefs de clans, qui formaient le corps gouvernant le plus restreint, comme les chefs de famille, qui formaient le corps gouvernant le plus étendu, étaient, il est vrai, jaloux du pouvoir les uns des autres; par là, ils ressemblaient aux citoyens d'un État libre qui conservent individuellement des droits égaux. Mais ces chefs exerçaient chacun une puissance absolue sur les membres de leur famille, aussi bien que sur leur groupe de subordonnés. Une société dont les groupes élémentaires conservaient chacun leur autonomie interne, à ce point que l'autorité était absolue au sein de chacun d'eux, n'était pas autre chose qu'un agrégat de petits régimes despotiques. Des institutions qui donnaient au chef de chaque groupe, outre le droit de posséder des esclaves, une autorité sur sa femme et ses enfants, même sur ses fils mariés, telle que ceux-ci n'avaient pas plus de droit que des bêtes de somme et restaient à la discrétion d'un chef qui pouvait les mettre à mort ou les vendre comme esclaves; ces institutions ne sont libres que pour ceux qui confondent la ressemblance des formes extérieures avec celle de la structure interne [1].

1. Je n'aurais pas cru nécessaire d'insister sur ce point, si l'on ne continuait

§ 486. La formation des gouvernements politiques composés dans les temps modernes reproduit cette marche dans les parties essentielles, sinon dans les détails. D'une manière ou d'une autre, le résultat se produit quand une nécessité commune oblige à la coopération, tandis qu'il n'y a pas d'autre moyen d'assurer la coopération qu'un consentement volontaire.

A commencer par l'exemple de Venise, nous remarquons d'abord que la région occupée par les anciens Venètes comprenait le territoire marécageux étendu que formaient les dépôts des diverses rivières qui se jettent dans l'Adriatique. Ce territoire était, au temps de Strabon, « coupé partout par des rivières, des cours d'eau et des étangs [1]; » de telle sorte « qu'Aquilée et Ravenne étaient bâties au milieu des marais. » Retranchés, comme dans une forteresse, dans cette région remplie de lieux inaccessibles à tout autre qu'aux habitants qui en savaient les chemins compliqués, les Venètes conservèrent leur indépendance, en dépit des efforts des Romains, jusqu'à l'époque de César. Plus tard, la portion du pays la plus particulièrement inaccessible fut encore le théâtre des mêmes événements. Dès les premiers siècles, les îlots, ou plutôt les bancs de vase sur lesquels Venise s'élève, ont été habités par un peuple de marins. Chaque îlot, entouré de lagunes sinueuses, avait un gouvernement populaire dirigé par des tribuns élus chaque année. Ces gouvernements primitifs, existant à l'époque où des milliers de fugitifs chassés de la terre ferme par l'invasion des Huns vinrent s'établir dans ces îles, sur-

pas à confondre des choses si complètement différentes. Dans ces dernières années a paru un article de revue écrit par un historien éminent, qui décrit la corruption de la république romaine durant les derniers temps, pour en tirer la morale que tels furent dans le passé et tels seront probablement dans l'avenir les fruits du gouvernement démocratique.

1. Sismondi, *Républiques italiennes.*

vécurent sous la forme d'une confédération grossière.
Comme nous l'avons vu dans d'autres cas, l'union à laquelle
ces petites sociétés indépendantes étaient contraintes pour
se défendre, était troublée par des guerres intestines ; et ce
ne fut que par l'obligation d'opposer une résistance aux
attaques des Lombards du côté de la terre et des pirates
esclavons du côté de la mer, qu'une assemblée générale de
nobles, du clergé et des citoyens nomma un duc ou doge
pour diriger les forces unies, et refréner les factions du
dedans : ce doge fut placé au-dessus des tribuns des îles de
l'Union, et ne fut sujet que du corps qui l'avait nommé.
Quels changements se produisirent plus tard ; comment le
doge se trouva-t-il soumis non seulement au contrôle de
l'assemblée générale, mais à celui de deux conseillers élus,
et fut-il obligé dans les occasions importantes de convoquer les principaux citoyens ; comment se forma-t-il par
la suite un conseil représentatif qui subit de temps en
temps des modifications. Nous n'avons pas à nous en occuper. Nous n'avons qu'à montrer que, de même que dans
les exemples précédents, les groupes composants placés
dans des circonstances favorables à la conservation de leur
indépendance respective, la nécessité impérieuse de l'union
contre les ennemis donna naissance à une grossière autorité composée, qui, en dépit des effets centralisateurs de
la guerre, se conserva longtemps sous diverses formes.

Quand on trouve des résultats analogues chez des hommes de race différente, mais occupant des régions semblables, le doute qui enveloppe les causes de ces résultats
doit se dissiper. Sur le territoire, moitié terre moitié mer,
formé par les alluvions déposées par le Rhin et les fleuves
adjacents, existaient dès les temps les plus reculés des familles éparses. Vivant sur des dunes isolées ou dans des ca-

banes élevées sur des pilotis, elles étaient si bien en sûreté
parmi leurs criques, leurs bancs de sable et leurs marais,
qu'elles échappèrent au joug des Romains. D'abord elles
vécurent de pêche, faisant par-ci par-là la chétive agriculture qu'elles pouvaient ; plus tard, s'adonnant à la marine et
au commerce, elles devinrent un peuple qui, à la longue,
rendit son sol plus habitable en refoulant la mer par des
digues. Ce peuple jouit longtemps d'une indépendance partielle, sinon complète. Au troisième siècle, « les Pays-Bas
contenaient le seul peuple libre de la race germanique. »
Les Frisons en particulier, plus éloignés des envahisseurs
que le reste de la nation, « s'associèrent avec les tribus
établies sur les limites de la mer du Nord et formèrent avec
elles une confédération fameuse sous le nom de *ligue
saxonne* [1]. » Bien que plus tard des habitants des Pays-Bas
aient subi le pouvoir des Francs, la nature de leur *habitat*
ne cessa pas de leur donner de tels avantages dans leur
résistance à une autorité étrangère qu'ils se constituèrent
à leur guise, en dépit des défenses qui leur furent faites.
« Depuis Charlemagne, le peuple de l'antique Ménapia,
devenu une république prospère, forma des associations
politiques pour opposer une barrière au despotisme des
Francs. » En même temps, les Frisons, qui, après des siècles de résistance aux Francs, furent obligés de céder et de
rendre de petits services en guise de tributs, conservèrent
chez eux leur autonomie. Ils formèrent « une confédération
de provinces maritimes soumises à un gouvernement grossier, mais qu'elles créaient elles-mêmes [2]. » Chacune des
sept provinces se partageait en districts gouvernés chacun
par des chefs électifs assistés de leurs conseils, et l'ensemble

---

1. Gratton, *History of the Netherlands.*
2. Motley, *Rise of Dutch Republic.*

était soumis à un chef électif général et à une assemblée
générale.

Entre les exemples tirés de l'histoire moderne, il faut citer
ceux qui attestent les effets d'une région montagneuse. Le plus
important est naturellement celui de la Suisse. Entourées
de forêts, « parmi les marais, les rochers et les glaciers, des
tribus de bergers éparpillés, depuis l'époque de la conquête
romaine, trouvèrent un refuge contre les envahisseurs de
l'Helvétie [1]. » Leurs troupeaux paissaient invisibles dans les
labyrinthes des Alpes, accessibles seulement à ceux qui en
connaissaient les chemins, et les indigènes avaient de grandes
facilités de se défendre contre les bandes errantes de ma-
raudeurs qui pouvaient découvrir leur retraite. Ces districts,
qui sont devenus les cantons de Schwytz, d'Uri et d'Unter-
wald, n'avaient au début qu'un seul centre de réunion ;
mais finalement, à mesure que la population s'accrut, ils
se divisèrent en trois, se donnèrent chacun une organisation politique séparée et conservèrent longtemps leur indépendance. Quand le régime féodal s'étendit sur l'Europe,
ils furent nominalement soumis à l'empereur ; mais ils re-
fusèrent l'obéissance aux supérieurs qu'on leur imposait et
contractèrent une alliance solennelle, qu'ils renouvelèrent
de temps en temps, pour résister à leurs ennemis extérieurs.
Nous n'avons pas à nous arrêter aux détails de leur histoire.
Ce qui nous importe, c'est que les habitants de ces trois
cantons, si propres par leur constitution physique à la conservation de l'indépendance des individus et des groupes,
tout en se donnant à eux-mêmes un gouvernement libre
dans leur canton, s'unirent pour la défense sur le pied d'égalité. Ce furent les *Suisses*, comme on les appela d'abord.

---

1. Vieusseaux, *Histoire de la Suisse*, 39.

Ils formèrent le noyau des confédérations plus étendues qui, à travers des fortunes diverses, se constituèrent par la suite. Chaque canton de ces confédérations conservait son indépendance; ils se faisaient la guerre entre eux et suspendaient leurs hostilités aux moments où il fallait s'unir pour la défense commune. Ce n'est que peu à peu que les ligues passèrent des formes primitives non réglées et temporaires à une forme réglée et permanente. Il faudrait ajouter deux faits significatifs : le premier, qu'à une date plus récente, une méthode analogue de résistance, fédération et émancipation de la tyrannie féodale, fut adoptée dans des sociétés séparées occupant de petites vallées dans les montagnes, les Grisons et le Valais, régions montagneuses sans doute, mais plus accessibles que celles de l'Oberland et du voisinage; le second, que les cantons moins accidentés ne conquirent leur indépendance ni si tôt ni si complètement, et que leur constitution interne était moins libre. Il existait un contraste prononcé entre les républiques aristocratiques de Berne, de Lucerne, de Fribourg et de Soleure, et les démocraties pures des cantons forestiers et des Grisons. Dans ce dernier canton, « chaque petit hameau au fond d'une vallée des Alpes, ou perché sur un rocher, formait une communauté indépendante, dont tous les membres étaient absolument égaux, ayant droit de vote dans toutes les assemblées et habiles à toutes les fonctions publiques [1]. » — « Chaque hameau avait ses lois propres, sa juridiction et ses privilèges » : les hameaux confédérés formaient des communes, les communes des districts, et les districts une ligue.

Enfin, à l'exemple de la Suisse il faut ajouter celui de

---

1. Erskine May, *Democracy in Europe*, I, 373.

Saint-Marin; cette petite république, assise sur le penchant des Apennins et dont le centre est placé sur un rocher de mille pieds d'altitude, a conservé son indépendance durant quinze siècles. Les huit mille âmes qui la composent sont gouvernées par un sénat de 60 membres et par des capitaines élus tous les six mois; des assemblées populaires y sont convoquées dans les occasions importantes; il y a une armée permanente de dix-huit hommes; « l'impôt s'y trouve réduit à rien [1]; » et les officiers ont pour traitement l'honneur de servir.

Les gouvernements composés nés dans les conditions physiques dont nous venons de donner des exemples se distinguent les uns des autres par une différence remarquable qu'il ne faut pas négliger : c'est celle qui sépare le régime oligarchique du régime populaire. Comme nous venons de le voir, si chacun des groupes unis par la coopération militaire est gouverné despotiquement, si les groupes se forment séparément sur le type patriarcal ou sont séparément gouvernés par des hommes censés issus des dieux, le gouvernement composé est de ceux où la masse du peuple n'a aucune part. Mais si, comme dans les exemples modernes, l'autorité patriarcale est tombée en décadence; ou si la croyance à la filiation divine des chefs est minée par une croyance en désaccord avec elle; ou si les habitudes pacifiques ont affaibli l'autorité coercitive que la guerre fortifie toujours; alors le gouvernement composé cesse d'être une assemblée de petits despotes. Avec le progrès de ces changements, ce gouvernement passe de plus en plus des mains de ceux qui exercent le pouvoir non par droit de position, mais par droit de nomination.

1. Bent, *Frazer's magazine*, décembre 1880.

§ 487. Il y a d'autres conditions qui favorisent la formation des gouvernements composés, temporaires sinon permanents : à savoir celles qui se rencontrent à la dissolution
des organisations précédentes. Chez les peuples habitués
depuis des siècles au gouvernement personnel, animés de
sentiments appropriés à ce gouvernement, sans idée d'autre
chose, la chute d'un despote est aussitôt suivie de l'élévation d'un autre ; ou, si un grand empire autocratiquement
gouverné tombe, ses parties se donnent chacune un gouvernement du même genre. Mais, parmi les peuples moins
serviles, la destruction de systèmes politiques à gouvernements simples peut être suivie de l'établissement d'autres
systèmes à gouvernements composés, surtout lorsque la
séparation s'opère simultanément entre parties qui n'ont
pas de gouvernement local d'un genre stable. Dans de
telles circonstances, il se fait un retour à l'état primitif. Le
système régulatif préexistant étant tombé, les membres de
la société demeurent sans autre pouvoir dirigeant que la
volonté du peuple ; et, l'organisation politique devant se
reconstituer sur nouveaux frais, la forme la première
adoptée ressemble à celle qu'on voit dans l'assemblée de la
horde sauvage ou dans la réunion publique moderne. D'où
résulte bientôt la forme politique où le gouvernement par
un petit nombre d'élus est soumis à l'approbation du grand
nombre.

On peut citer comme exemple la formation des républiques italiennes. Lorsque, durant le IXe et le Xe siècle, les
empereurs allemands, qui avaient longtemps usé leur puissance à refréner les rivalités locales en Italie et les insultes
des bandes de pillards, ne furent plus en état de protéger
les communautés sujettes de leur autorité, et que, par un
effet simultané, ils n'exercèrent plus sur elles qu'une au-

torité amoindrie, les villes italiennes se trouvèrent dans l'obligation de se donner une organisation politique propre, en même temps qu'elles eurent le pouvoir de le faire. Bien que dans ces villes il existât des vestiges de la vieille organisation romaine, ce régime était tombé en désuétude ; en effet, au moment du danger, les citoyens s'assemblaient au son d'une grande cloche, pour concerter entre eux les moyens de leur défense commune. C'est sans doute dans ces occasions qu'apparurent les rudiments des constitutions républicaines qui se formèrent plus tard. On allègue, il est vrai, que les empereurs allemands octroyèrent aux villes le droit de se donner ces constitutions ; mais il est raisonnable d'admettre plutôt que, soucieux seulement de recevoir les tributs de ces villes, ils ne firent aucun effort pour les empêcher de donner à leur nouveau régime une organisation. Sismondi a beau dire que le peuple des villes « chercha à se constituer sur le modèle de la république romaine » ; on peut se demander si, à cette époque d'ignorance, ces peuples en savaient assez long sur les institutions romaines pour subir l'influence de ce savoir. Il est bien plus probable que « l'assemblée de tous les hommes en état de porter les armes, réunis dans la grande place, » primitivement appelés à prendre des mesures pour repousser les agresseurs, assemblée qui, au début, a dû recevoir la direction d'un groupe de citoyens puissants, et choisir ses chefs, fut la forme rudimentaire du gouvernement républicain. On aurait d'abord tenu des assemblées de ce genre en des circonstances urgentes, et on aurait peu à peu pris l'habitude de les réunir pour décider sur toutes les questions importantes d'intérêt public. La répétition aurait introduit une plus grande régularité dans la procédure et une plus grande précision dans les divisions, pour finir par des gouvernements politiques composés, présidés par des chefs élus. Ce qui montre que les choses se sont passées ainsi dans les temps reculés dont il ne nous reste qu'une histoire vague, c'est qu'elles se passèrent d'une manière semblable, bien qu'un peu différente, à une époque postérieure, à Florence, quand les nobles usurpateurs furent renversés. Des documents précis nous apprennent qu'en 1250 « les citoyens s'assemblèrent sur la place de Santa-Croce, qu'ils se divisèrent en cinquante groupes, chacun sous un capitaine, et qu'ils formèrent ainsi des compagnies de milice; le conseil de ces officiers fut l'autorité primitive de la République restaurée. » Évidemment l'exercice de la souveraineté par le peuple, qui pendant quelque temps fut le caractère de ces petits États, deviendrait inévitablement la forme politique, si cette forme naissait de l'assemblée publique primitive; au contraire, ce résultat est peu probable quand le régime politique est le produit d'un plan conçu artificiellement par une classe fermée.

Il n'est guère besoin de faire voir que cette interprétation est en harmonie avec les faits de l'histoire moderne. Sur une échelle immensément plus grande et par des moyens diversement modifiés, l'une par la chute lente d'un régime ancien, et l'autre par l'effet d'une confédération en vue de la guerre, la première république française et la république américaine nous ont pareillement montré cette tendance au retour à la forme primitive d'organisation politique, au moment où un gouvernement en ruine, ou réduit à l'incapacité pour d'autres motifs, succombe. A travers l'obscurité que jettent sur ces transformations les circonstances et les incidents spéciaux qui viennent les compliquer, on y peut reconnaître le jeu des mêmes causes générales.

§ 488. Dans le dernier chapitre, nous avons vu que, selon le sens des conditions, le premier élément de la structure politique triple et une peut se différencier plus ou moins du second, depuis le chef guerrier qui s'élève faiblement au-dessus des autres guerriers, jusqu'au roi d'essence divine et d'autorité absolue, qui se distingue profondément de l'élite qui l'entoure. Les exemples précédents nous ont montré que le second élément, selon le sens des conditions, se différencie diversement du troisième : à une extrémité, la séparation consiste en une distinction qualitative très accusée, qui oppose aux deux groupes une barrière infranchissable ; à l'autre extrémité, les deux groupes sont presque confondus.

Ceci nous amène à reconnaître que les conditions ne déterminent pas seulement les diverses formes que prennent les gouvernements composés, mais qu'elles déterminent les divers changements qu'ils subissent. Ces changements sont de deux genres : ceux par où un gouvernement composé passe pour arriver à une forme moins populaire, et ceux qui le conduisent à une forme plus populaire. Nous allons les passer en revue dans cet ordre.

La concentration progressive du gouvernement composé est l'un des effets qui accompagnent l'exercice continu de l'activité militaire. Nous avons d'abord l'exemple de Sparte, dont la constitution dans sa première forme différait peu de celle dont l'*Iliade* nous montre l'existence chez les Grecs d'Homère. Le pouvoir s'y centralise de plus en plus. Un siècle après Lycurgue, une loi nouvelle ordonnait que, « lorsque le peuple aurait pris une décision de travers, le sénat de concert avec les rois annulerait cette décision. » Puis, comme conséquence de la gravitation qui concentrait la propriété dans un nombre plus petit de mains, « le nombre des citoyens en titre diminue constamment [1] » : ce qui suppose non seulement un accroissement relatif de la puissance de l'oligarchie, mais probablement un accroissement de la prépondérance des membres les plus riches dans cette oligarchie même. Nous avons ensuite l'exemple de Rome, qui fut toujours en guerre. Nous y voyons l'inégalité s'accroître avec le temps, à ce point que le sénat devenait un ordre de seigneurs se recrutant par succession héréditaire et exerçant « la tyrannie d'une coterie [2]. » Nous y voyons ensuite « le mal de l'oligarchie en engendrer un autre bien pire, l'usurpation du pouvoir par certaines familles. » Les républiques italiennes, aussi, engagées dans les guerres perpétuelles les unes contre les autres, nous présentent encore des exemples d'une concentration analogue du corps gouvernant. La noblesse, désertant ses châteaux, se mit à diriger « le gouvernement municipal des cités, qui par suite, durant cette période de l'histoire des républiques, tomba dans les mains des familles supérieures [3]. » Ensuite, à une époque plus récente, lorsque le progrès industriel eut produit des classes commerçantes riches, celles-ci disputèrent le pouvoir aux nobles, et finirent par les remplacer; puis elles répétèrent la même procédure dans leurs corps respectifs. Les corporations les plus riches privèrent les plus pauvres de leur part dans le choix des agents dirigeants; la classe privilégiée alla diminuant de plus en plus par l'effet de lois d'exclusion, et des familles d'origine récente furent exclues par celles qui pouvaient se vanter d'une longue existence. En sorte que, comme Sismondi le montre, les

---

1. Grote, *Histoire de la Grèce.*
2. Mommsen, *Histoire romaine.*
3. Hallam, *L'Europe au moyen âge.*

nombreuses républiques italiennes, qui conservaient encore ce nom à la fin du XV⁰ siècle, étaient, comme « Sienne et Lucques, gouvernées chacune par une seule caste de citoyens et.... ne possédaient plus de gouvernement populaire [1]. » Un résultat analogue se produisit chez les Hollandais. Durant les guerres que les cités flamandes soutinrent contre les nobles et les unes contre les autres, les gouvernements relativement populaires des villes subirent des restrictions. Les grandes guildes exclurent les petites du corps gouvernant, et leurs membres, « revêtus de la pourpre municipale...., gouvernèrent avec le pouvoir d'une aristocratie....; le gouvernement local fut souvent une oligarchie, tandis que l'esprit des bourgeois était particulièrement démocratique [2]. » A ces exemples, on peut ajouter celui des cantons suisses les moins propres par la conformation de leur sol à favoriser l'indépendance individuelle, qui se trouvaient en même temps engagés dans des guerres offensives aussi bien que défensives. Berne, Lucerne, Fribourg, Soleure, acquirent des constitutions politiques en grande partie oligarchiques; et à « Berne, où les nobles avaient toujours possédé la prépondérance, l'administration entière était tombée dans les mains d'un petit nombre de familles, qui se transmettaient les fonctions par hérédité [3]. »

Nous avons ensuite à noter, comme cause de la modification progressive des gouvernements composés, que, de même que les gouvernements simples, ils sont susceptibles de tomber à l'état de subordination à l'égard de leurs propres agents administratifs. Le premier exemple à citer nous

---

1. Sismondi, *Histoire des républiques italiennes.*
2. Erskine May, *Democracy in Europe*, London, 1877, II, 17.
3. Id., *ibid.*, I, 373.

présente la modification en même temps que la subordination : c'est celui de Sparte. Les éphores, primitivement
nommés par les rois pour remplir des fonctions sous leurs
ordres, commencèrent par s'élever au-dessus des rois et finirent par s'élever aussi au-dessus du sénat : ils devinrent ainsi
le véritable gouvernement. Nous avons encore l'exemple de
Venise, où le pouvoir jadis exercé par le peuple, passa
peu à peu aux mains d'un pouvoir exécutif, dont les membres habituellement réélus, et à leur mort remplacés par
leurs enfants, finirent par former une aristocratie, d'où
sortit plus tard le conseil des Dix. Ceux-ci, chargés à Venise
du même rôle que les éphores à Sparte, « veillaient à la sécurité de l'Etat avec une puissance supérieure aux lois, »
et, « affranchis du frein des lois, » constituaient le gouvernement réel [1]. A travers ses nombreuses révolutions et
ses changements de constitution, Florence montra les mêmes tendances. Les administrateurs nommés, tantôt la seigneurie, tantôt les prieurs, acquirent la force, pendant la
durée de leurs fonctions, de réaliser leurs projets privés
même au prix de la suspension de la constitution : ils s'assuraient le consentement forcé de l'assemblée du peuple
qu'ils faisaient cerner par des hommes d'armes. A la fin, le
principal agent exécutif, réélu de temps en temps pour la
forme, mais en réalité inamovible, devint, dans la personne
de Cosme de Médicis, le fondateur d'un gouvernement héréditaire.

Seulement, si le gouvernement composé est exposé à
passer sous la domination de ses agents civils, il l'est bien
davantage à devenir sujet de ses agents militaires. Il y en a
des exemples depuis les temps les plus reculés, et on n'a

1. Sismondi, *loc. cit.*

cessé de les commenter. Bien qu'ils soient connus de tous, je veux m'y arrêter, parce qu'ils reposent sur un des principes cardinaux de la théorie politique. Chez les Grecs d'abord, nous voyons que les tyrans, dont le pouvoir s'éleva souvent sur la ruine des oligarchies locales, avaient des forces armées à leurs ordres. Ou bien le tyran était « le magistrat exécutif auquel l'oligarchie elle-même avait délégué d'importantes fonctions administratives, » ou c'était un démagogue qui plaidait en faveur des prétendus intérêts de l'État, « afin de s'entourer de gens armés, » soldats qui dans un cas comme dans l'autre étaient les agents de son usurpation. Ensuite nous voyons un général heureux faire la même chose. Machiavel tire cette remarque de l'histoire romaine que « plus les généraux portaient leurs armes loin de Rome, plus on sentait la nécessité de prolonger la durée de leur commandement, et plus cette mesure devint commune. Il en résulta d'abord que l'on ne put plus employer au commandement des armées qu'un petit nombre de citoyens, et par suite que peu de généraux furent en état d'acquérir une grande expérience et une grande renommée. Puis, quand un commandant en chef eut conservé longtemps ce poste, il y trouva les moyens de corrompre son armée au point que les soldats abjurèrent l'obéissance due au Sénat, et ne reconnurent plus d'autre autorité que celle de leur général. C'est grâce à ces moyens que Sylla et Marius purent débaucher leurs troupes et les pousser à se battre contre leur patrie, et que Jules César parvint à se rendre maître absolu de Rome. »

Les républiques italiennes fournissent aussi beaucoup d'exemples analogues. Dès le commencement du XIVᵉ siècle, celles de Lombardie « s'assujettissaient toutes à la puissance militaire de quelques nobles à qui elles avaient confié le commandement de leurs milices, et par là elles perdirent toutes leur liberté. » A une époque plus récente et dans d'autres régions, nous trouvons d'autres exemples. En Angleterre, Cromvell montre comment un général heureux finit par devenir autocrate. Dans les Pays-Bas, même résultat avec les deux Artewelde, et plus tard avec Maurice de Nassau. C'est pour mémoire seulement que nous citons Napoléon. Il faudrait ajouter que la cause qui permet à un chef militaire de s'emparer du pouvoir suprême n'est pas seulement le commandement de la force armée; la popularité acquise par ce chef, surtout dans une nation militaire, l'élève à une position qui lui rend l'usurpation facile. En dépit de leur propre expérience et de celle des autres nations dans le passé, les Français ont porté il y a quelques années le maréchal de Mac-Mahon au pouvoir exécutif; les Américains eux-mêmes, en élisant plus d'une fois le général Grant comme président, ont montré que l'activité militaire a pu incliner rapidement leur société, bien qu'essentiellement industrielle, vers le type militaire dont le caractère propre est la réunion dans les mêmes mains du gouvernement civil et du gouvernement militaire.

Après les causes qui produisent la concentration des gouvernements composés ou qui les transforment en gouvernements simples, voyons celles qui les élargissent. Le premier exemple à examiner est celui d'Athènes. Pour le comprendre, il faut se rappeler qu'avant Solon le gouvernement démocratique n'existait pas en Grèce. On n'y connaissait que deux régimes, l'oligarchique et le despotique. Dans ces temps primitifs, avant que l'on eût commencé à réfléchir sur la politique, la théorie ne savait probablement rien des formes sociales totalement inconnues dans la pratique. Nous devons donc éliminer l'idée que le gouvernement démocratique prit naissance à Athènes sous l'inspiration d'une idée préconçue. Il faut ajouter un autre fait de même valeur (Athènes était alors gouvernée par une oligarchie), à savoir que la législation de Solon ne fit que restreindre l'influence de l'oligarchie en élargissant le corps politique, et en mettant fin à de criantes injustices. Quand on recherche les causes de changement dont Solon se fit l'organe, et qui permirent la mise en pratique de la réorganisation qu'il inaugura, on voit qu'elles consistaient dans l'influence directe et indirecte du commerce. Grote parle de « la préoccupation qui inspirait Solon, aussi bien que Dracon, d'imposer à leurs concitoyens l'habitude de travailler et de compter sur soi : » preuve que, même avant Solon, l'opinion, dans l'Attique, ne frappait guère de réprobation « le travail sédentaire, qui dans la plupart des villes de la Grèce passait pour peu honorable. » En outre, Solon avait été lui-même commerçant; et sa législation « assigna aux négociants et aux artisans un droit nouveau, le domicile à Athènes, premier encouragement à cette nombreuse population urbaine, tant de la ville que du Pirée, que nous trouvons effectivement le siècle suivant résidant dans cette ville. » Solon voyait accourir en foule des immigrants, qu'attirait la grande sécurité dont on y jouissait; il voulait les tourner plutôt vers le travail manuel que vers la culture d'un sol naturellement pauvre : il en résulta « une modification des mœurs primitives de l'Attique, qui encourageaient le séjour de la campagne et les travaux des champs[1]. » Un autre effet de cette législation fut d'augmenter le nombre des individus qui n'appartenaient point aux gentes et aux phratries, vestiges de l'organisation pa-

---

1. Grote, *Histoire de la Grèce.*

triarcale. et du gouvernement autocratique. Les autres
changements constitutionnels opérés par Solon avaient surtout trait à l'organisation industrielle. La substitution de
la capacité politique d'après la fortune à la capacité par
droit de naissance, diminua la rigidité de la forme politique,
puisque la richesse acquise par le travail ou autrement donnait accès dans l'oligarchie, ou parmi les autres privilégiés.
En défendant de réduire le débiteur en esclavage, et en rendant la liberté à ceux qui s'étaient eux-mêmes faits esclaves, les lois de Solon augmentèrent beaucoup la classe des
affranchis, distincte de celle des esclaves. A d'autres égards,
ce changement, respectant les contrats équitables, empêcha les contrats injustes par lesquels un homme, en se
donnant lui-même en gage, rendait plus que l'équivalent
de la somme qu'il empruntait. A mesure que diminuait le
nombre des cas où existait la relation de maître à esclave,
augmentait celui des cas où se faisait à l'amiable l'échange
des profits. L'odieux qui s'attachait au prêt à intérêt, dont
la conséquence était de réduire le débiteur en esclavage,
ayant disparu, le prêt légitime passa en usage général et ne
trouva plus d'opposant; le taux de l'intérêt fut libre, et le
capital accumulé put s'utiliser. Une autre cause auxiliaire,
conséquence dont la puissance augmentait toujours, c'est
l'accroissement d'une population placée dans des circonstances favorables pour agir de concert. Les gens de la ville,
chaque jour en contact, pouvaient s'assimiler les idées et
les sentiments les uns des autres; on les rassemblait rapidement sur un signe, et ils pouvaient coaliser leurs efforts
bien plus vite que les gens éparpillés dans les districts
ruraux. A tous ces résultats directs et indirects du développement industriel, il faut joindre le résultat final sur le
caractère produit par l'habitude de remplir chaque jour les

obligations des contrats et de les imposer, c'est-à-dire
une discipline qui, en même temps qu'elle demandait à chacun de reconnaître les droits d'autrui, lui demandait aussi
de faire respecter son propre droit. Solon fut un bel
exemple du citoyen qui affirme ses droits personnels en
même temps qu'il respecte ceux d'autrui, puisqu'à l'apogée
de son influence il refusa de devenir le despote de sa patrie, bien qu'il y fût invité, et que dans sa vieillesse il ex-
posa sa vie pour résister à une usurpation de tyrannie.
Par différentes voies, l'activité industrielle tendit donc à
élargir la structure oligarchique primitive. Enfin, bien que
ces effets de l'industrialisme, avec le concours d'effets suc-
cessivement accumulés, aient été longtemps tenus en échec
par l'usurpation des Pisistratides, ils ne tardèrent pas à se
révéler de nouveau, lorsqu'après l'expulsion de ces tyrans,
la révolution opérée par Clisthène leur permit de jouer
leur rôle de cause dans l'institution du régime démocratique.

Moins puissante sans doute, mais néanmoins efficace, la
même cause contribua à rendre libérale l'oligarchie romaine. Rome « fut redevable du commencement de son
importance au commerce international. » Comme Mommsen
l'indique, « la distinction qui séparait Rome de la masse des
autres villes latines, doit certainement s'expliquer par sa
position commerciale, et au type de caractère résultant de
cette position..... Rome était l'*emporium* des districts
latins [1]. » De plus, comme à Athènes, bien que dans une
étendue moindre, le commerce introduisit à Rome un courant toujours plus fort d'immigrants, auxquels on accordait des droits et qui, avec les affranchis et les clients, com-

---

1. Mommsen, *Histoire romaine.*

posaient la population industrielle, dont l'entrée dans le corps des citoyens fut cause de l'élargissement de la constitution romaine sous Servius Tullius.

Les républiques italiennes des temps modernes montrent encore, dans de nombreux exemples, ce rapport entre la vie commerciale et un régime plus libre. Les villes d'Italie étaient des centres industriels. « Les marchands de Gênes, de Pise, de Florence et de Venise fournissaient l'Europe des produits de la Méditerranée et de l'Orient; les banquiers de Lombardie apprirent au monde les mystères de la finance et des échanges avec l'étranger. Les maîtres d'Italie enseignèrent aux ouvriers des autres pays à devenir habiles dans l'art de travailler l'acier, le fer, le bronze, la soie, le verre, la porcelaine et les pierres précieuses. Les boutiques d'Italie, remplies d'objets d'un luxe éblouissant, excitaient l'admiration et l'envie des étrangers venus de régions moins favorisées [1]. » L'histoire de ces républiques nous apprend que les corporations de métiers étaient la base de leur organisation politique; que les classes supérieures du commerce se saisirent du pouvoir; qu'elles exclurent les nobles dans certaines villes; et que, si d'un côté les guerres extérieures et intestines avaient pour effet de restaurer des formes de gouvernement plus concentré et plus personnel, les révoltes des citoyens adonnés aux arts industriels rétablissaient de temps en temps le gouvernement populaire.

Ajoutons à cet enseignement les exemples tirés de l'histoire des Pays-Bas, des villes hanséatiques et ceux de l'histoire d'Angleterre; où l'on voit les institutions politiques devenir plus libérales à mesure que l'industrialisme fait des progrès, les villes donner l'impulsion à ces changements

1. E. May, *Democracy*, etc., I, 281.

plutôt que les campagnes, et les grands centres industriels
plutôt que les petits ; dès lors, il est incontestable que, si
l'accroissement de l'activité militaire concentre les gouvernements composés, leur base s'élargit dans la mesure où
l'activité industrielle devient prépondérante.

§ 489. Comme les résultats obtenus dans le chapitre précédent, ceux de ce chapitre prouvent que les types d'organisation politique ne sont point des produits de choix
délibéré. On parle communément des sociétées comme si
elles avaient décidé une fois pour toutes quelle forme de
gouvernement existerait par la suite chez elles. Grote lui-
même, dans sa comparaison entre les institutions de l'ancienne Grèce et celles de l'Europe au moyen âge, paraît admettre que l'idée des avantages et des désavantages de telle
ou telle disposition constitutionnelles avait fourni les motifs
de l'établir ou de la conserver. Mais les faits que nous
venons de rassembler, montrent que la genèse des gouvernements composés, comme celle des gouvernements simples, dépend de conditions et non d'intentions.

Nous avons admis que l'indépendance de caractère est
un facteur du régime politique ; mais nous avons assigné
pour cause à cette indépendance de caractère l'existence
continue de la race dans un habitat qui permet d'échapper
aisément à l'autorité ; nous avons vu qu'avec un caractère
formé par de telles conditions la coopération à la guerre est
la cause de l'union, sur le pied d'égalité, des groupes dont
les chefs s'unissent pour former un conseil directeur. Puis,
selon que les groupes intégrants sont soumis à une autorité
plus ou moins despotique, le conseil directeur de la confédération est plus ou moins oligarchique. Nous avons vu
que, dans les localités aussi différentes que le sont des ré-

gions montagneuses, des marais, des îles de vase et des jungles, des hommes de races différentes ont organisé des gouvernements politiques du genre composé. Enfin, puisque ces localités, d'ailleurs si dissemblables, se ressemblent en ce qu'elles sont les unes et les autres composées de parties difficilement accessibles, nous ne pouvons contester que cette difficulté soit la cause principale de la forme gouvernementale sous laquelle leurs habitants s'unissent.

Outre les gouvernements composés qui naissent spontanément dans les localités qui leur sont favorables, il y a d'autres gouvernements composés qui naissent après la dissolution d'organisations politiques antérieures. Ceux-ci peuvent surtout se produire lorsque le peuple, non répandu sur un vaste territoire, mais concentré dans une ville, peut aisément s'assembler en masse. Toute autorité ayant disparu, il arrive alors que l'agrégat a le champ libre et qu'il se constitue à son profit ce régime relativement démocratique par où tout gouvernement commence; mais, régulièrement ou irrégulièrement, un petit nombre de supérieurs se différencient du grand nombre, et entre ces hommes prédominants il en est un qui, directement ou indirectement, devient le plus prédominant.

Les gouvernements composés deviennent, avec le temps, plus étroits ou plus larges : plus étroits par l'effet du régime militaire, qui a toujours pour résultat de concentrer le pouvoir dirigeant dans un petit nombre de mains, et, s'il dure, de les transformer presque infailliblement en gouvernements simples. Par contre, l'industrialisme les élargit. En rassemblant des étrangers, affranchis de la contrainte qu'imposent les organisations patriarcales, féodales ou autres; en augmentant le nombre des individus à contraindre par comparaison avec celui des individus qui doivent exercer la contrainte; en mettant le plus grand nombre dans des conditions qui favorisent l'action concertée; en substituant à l'obéissance imposée chaque jour l'accomplissement quotidien d'obligations volontaires et l'affirmation quotidienne des droits de chacun; l'industrialisme aboutit à établir l'égalité entre les citoyens.

# CHAPITRE VIII

## LES CORPS CONSULTATIFS

§ 490. Nous nous sommes occupés dans les deux derniers chapitres tour à tour de deux des parties de la structure politique triple et une primitive, ou, pour parler plus exactement, nous avons étudié la première indépendamment de la seconde, et ensuite la seconde indépendamment de la première, en nous bornant à noter incidemment ses rapports avec la troisième. Nous allons maintenant nous occuper des deux ensemble. Au lieu de rechercher comment d'un chef, d'abord peu élevé au-dessus du reste du peuple, est sorti par évolution, dans certaines conditions, un souverain absolu, qui subordonne entièrement à son autorité et le petit nombre des supérieurs et la multitude; au lieu d'étudier comment, dans d'autres conditions, l'élite peu nombreuse devient une oligarchie qui ne tolère aucun maître suprême, et maintient la multitude sous le joug, nous allons examiner les cas où s'établit la coopération entre le chef et l'élite.

Après que l'institution du chef s'est établie, le chef ne laisse pas pour cela d'avoir beaucoup de motifs pour agir de concert avec les principaux du peuple. Il est nécessaire qu'il se les concilie, qu'il prenne leur avis et s'assure leur concours volontaire ; enfin, dans les questions sérieuses, il peut avoir à désirer de partager la responsabilité avec eux. De là l'autorité d'une assemblée consultative. Aux îles Samoa, « le chef du village et les chefs des familles formaient, et forment encore, le corps législatif de l'endroit [1]. » Chez les Foulahs, « avant de rien entreprendre d'important ou de déclarer la guerre, le roi (de Rabbah) est obligé de convoquer le conseil des Mallams et les principaux du peuple. » Chez les Mandingues, « dans toutes les affaires importantes le roi appelle une assemblée des principaux ou anciens, d'après les conseils desquels il se dirige [2]. » On pourrait en multiplier les exemples indéfiniment.

Pour comprendre la nature essentielle de cette institution et pour voir comment, en se développant, elle prend les caractères qui lui appartiennent, il faut encore une fois remonter au commencement.

§ 491. Les faits tels qu'on les observe chez les peuples de tous les temps prouvent que le corps consultatif n'est au début rien de plus qu'un conseil de guerre. C'est dans l'assemblée en plein air des hommes armés que le groupe des chefs se montre d'abord accomplissant la fonction délibérative en ce qui concerne les mesures militaires, fonction qui s'étend plus tard aux autres mesures. Longtemps après que les délibérations portent sur des questions d'un but plus général, les traces de l'origine de l'assemblée subsistent encore.

A Rome, où le roi était par-dessus tout un général et où les sénateurs, comme autant de chefs de clans, étaient au

1. Turner, Nineteen years in Polynesia, 284.
2. Mungo Park.

début les chefs militaires, on saluait habituellement les
citoyens, quand on les rassemblait, du nom de quirites (qui
porte la lance); le titre qu'on leur donnait naturellement
quand ils assistaient comme auditeurs aux conseils de
guerre survivait. De même, à une époque plus moderne,
dans les petites républiques italiennes. On y rassemblait
« les citoyens au son d'une grosse cloche, pour arrêter les
moyens de parer à la défense commune, » nous dit Sismondi;
et « cette assemblée de tous les hommes de la cité capables
de porter les armes s'appelait parlement. » Chez les Polonais des premiers temps, « des assemblées de ce genre,
avant l'établissement d'un sénat, et alors que les rois ne
possédaient qu'un pouvoir limité, se réunissaient fréquemment, et... tous les hommes qui portaient les armes s'y
rendaient; » enfin, plus tard, « les comitia *paludata,* qui
s'assemblaient durant un interrègne, se composaient de
toute la noblesse, qui tenait séance en plein air, armée et
équipée comme pour une bataille [1]. » En Hongrie aussi, jusqu'au commencement du XVIᵉ siècle, « les seigneurs, à cheval et armés de pied en cap, comme pour aller en guerre,
se réunissaient dans le champ de courses de Rakos, près de
Pesth, et là discutaient en plein air les affaires publiques [2]. »
Stubbs nous dit que, chez les Germains primitifs, le conseil politique suprême est la nation en armes [3]; » quoique,
durant la période mérovingienne, le pouvoir populaire dé-
clinât, « sous Clovis et ses successeurs immédiats, le peuple
assemblé en armes ne laissa pas d'avoir une part réelle dans
les décisions du roi [4]. » De nos jours même, la coutume de

1. Dunham, *Histoire de la Pologne.*
2. Daniel Lévy, *L'Autriche-Hongrie, ses institutions et ses nationalités,*
Paris, 1871, 165.
3. Stubbs, *The Constitutional History of England,* Oxford, 1880, I, 55.
4. Richter, *Annalen der deutschen Geschichte im Mittelalter,* Halle, 1879,
119.

marcher armé se conserve dans les pays où la forme politique primitive persiste. « Jusqu'aujourd'hui, écrit M. de Laveleye, les habitants des Rhodes extérieures d'Appenzell se rendent à l'assemblée générale, une fois l'an à Hundwyl, et l'autre fois à Trogen, tenant chacun à la main une vieille épée ou un antique glaive du moyen âge [1]. » M. Freeman a été témoin d'une réunion analogue à Uri, où les gens qui s'assemblaient pour choisir leur premier magistrat et délibérer venaient en armes.

On peut sans doute prétendre que, dans les premiers temps où les sociétés ne sont pas assises, le port d'armes est une nécessité à laquelle tout homme libre obéit pour sa sécurité personnelle, surtout quand il doit se rendre à un lieu de réunion très éloigné de sa demeure. Mais, d'après certains faits, si cette nécessité n'a pas cessé d'obliger les gens à se tenir prêts à combattre, cette cause ne suffit pas seule à expliquer l'usage des réunions armées. On nous apprend, il est vrai, que, chez les anciens Scandinaves, « tous les hommes libres capables de porter les armes étaient admis à l'assemblée nationale, et que, après l'élection « du nouveau souverain entre les descendants de la race sacrée, celui-ci était élevé au bruit du choc des armes et des cris de la multitude; » mais nous savons aussi que « personne, pas même le roi ou ses champions, n'avait le droit de venir en armes aux assises [2]. »

Indépendamment de ces faits, il y a de bonnes raisons de supposer que le conseil de guerre est l'origine du corps consultatif, et a fourni l'ébauche de la structure de ce corps. La défense contre les ennemis a été partout le besoin qui a dans le principe poussé à la délibération collective. L'action

1. E. de Laveleye, *La propriété primitive.*
2. Crichton et Wheaton, *History of Scandinavia*, I, 258.

individuelle ou l'action par petits groupes pourrait suffire pour d'autres desseins; mais, quand il s'agissait d'assurer le salut général, l'action combinée de la horde ou de la tribu tout entière était nécessaire; et le motif primitif d'une réunion politique doit avoir été le besoin d'assurer cette action combinée. En outre, parmi les traits constitutionnels des premières assemblées chez les nations civilisées, il en est qui indiquent les conseils de guerre comme le point de départ de ces assemblées. Si l'on veut savoir ce qui doit arriver quand les hommes influents de la tribu débattent les mesures militaires en présence du plus grand nombre, on dira que, en l'absence d'une organisation politique avancée, il faut obtenir l'assentiment du grand nombre à une décision avant de la réaliser; la même chose doit arriver aussi quand un grand nombre de tribus sont unies. La diète des Tartares, dit Gibbon, se composait de chefs de tribus et de leur suite de guerriers, et « le monarque, en passant ses forces en revue, devait consulter l'inclination d'un peuple armé [1]. Lors même que, dans de telles conditions, le petit nombre des gouvernants pourrait imposer sa volonté au grand nombre, il est évident qu'il commettrait, en le faisant, un acte impolitique, puisque toute discussion pourrait compromettre le succès de la guerre. De là serait né l'usage de poser aux guerriers assemblés la question de savoir s'ils donnent leur assentiment à la marche que le conseil des chefs a adoptée. Il en serait sorti un usage tel que celui qui s'était établi pour les affaires du gouvernement chez les premiers Romains, dont le roi ou le général demandait aux citoyens assemblés, ou « quirites », s'ils approuvaient la pro-

---

1. Gibbon.

position qui leur était soumise. Un usage attribué par
Tacite aux Germains primitifs aurait la même origine :
tantôt par des murmures, tantôt en brandissant leurs lances,
ils rejetaient ou acceptaient les propositions de leurs chefs.
Ajoutons qu'une conséquence naturelle de cet usage est
précisément la façon de s'exprimer de l'opinion du peuple
telle qu'on nous la décrit. Les citoyens à Rome ne pouvaient
répondre que par oui ou par non aux questions qu'on leur
posait ; c'est justement la réponse simple que les chefs et
les principaux guerriers auraient demandée aux autres
guerriers, quand il fallait choisir entre la paix et la guerre.
Chez les Spartiates, la part de la multitude subit des
restrictions analogues. A côté du Sénat et des deux rois
collègues, il y avait « une assemblée publique de citoyens,
qui se réunissaient dans le but d'approuver ou de rejeter les
propositions qui leur étaient soumises, mais qui ne jouissaient que de peu ou point de liberté de discussion [1]. » Cet
usage est facile à expliquer, si l'on admet que dans l'agora des
temps homériques, d'où dérivait la constitution spartiate,
l'assemblée des chefs devait gagner l'assentiment de leurs
guerriers avant d'entreprendre les opérations importantes.

Reconnaissons donc que la guerre donne naissance à la
délibération politique, et que le corps d'élite qui s'occupe
particulièrement de cette délibération prend une forme
pour la première fois dans les occasions où il faut pourvoir
à la sécurité publique, et nous serons bien préparés à comprendre les caractères du corps consultatif dans les dernières phases de son développement.

§ 492. Nous avons déjà vu qu'au début, la classe militaire
était nécessairement la classe qui possède le sol. Chez les

1. Grote.

tribus sauvages, il n'existe pas d'autre propriétaire du territoire qu'elles occupent que les guerriers qui en jouissent
en commun pour la chasse. Durant la période pastorale,
les occupants des territoires bons pour l'élevage du bétail
unissent leurs efforts pour le défendre par les armes contre
les envahisseurs. A la période agricole, il a fallu défendre
de temps en temps par l'épée les possessions communales,
familiales ou individuelles. C'est pour cela, comme nous
l'avons vu, que, dans les premiers temps, le droit de porter
des armes et la possession du sol vont d'ordinaire ensemble.

Tant que la terre demeure une propriété commune,
comme chez les peuples chasseurs, les différences qui s'établissent entre le petit nombre et le grand, ne sont que
des résultats d'une supériorité personnelle, réelle ou prétendue, d'un genre ou d'un autre. Il est vrai que des différences de richesse, sous formes d'effets, de bateaux, d'esclaves, etc., introduisent quelques différenciations de classe;
qu'alors même, avant que la propriété privée du sol ne
commence, une quantité d'autres genres de propriété contribuent à distinguer les gouvernants des gouvernés. Une
fois l'état pastoral atteint et le type patriarcal établi, la
propriété qui existe alors échoit au fils aîné de l'aîné; ou
si, comme le dit sir Henry Maine, il faut voir dans le
patriarche le mandataire du groupe, cette qualité s'unit
en lui à celle du commandement militaire pour lui donner
la suprématie. Plus tard, quand la terre est enfin occupée
par des familles et des sociétés sédentaires, et que la possession du sol prend un caractère défini, l'union de ces
caractères dans chaque chef de groupe devient plus marquée. Enfin, comme nous l'avons vu en traitant de la différenciation des nobles d'avec les hommes libres, plusieurs
influences concourent à donner au fils aîné de l'aîné la

supériorité, aussi bien par l'étendue de ses possessions territoriales que par celle de sa puissance. Ce rapport ne change pas quand la noblesse de fonction remplace la noblesse de naissance, ou quand, ce qui arrive bientôt, les compagnons d'un conquérant reçoivent en récompense des portions du territoire conquis. Partout la classe des supérieurs militaires tend à se confondre avec celle des grands propriétaires.

Il s'ensuit donc que, à commencer par l'assemblée des hommes libres portant les armes, tous possesseurs du sol, soit individuellement soit collectivement, chez qui le conseil des chefs, délibérant en présence de tous, ne se distingue que parce qu'il est composé des guerriers les plus illustres, la fréquence des guerres et le progrès de la fusion des groupes sociaux produisent un Etat où le conseil des chefs se distingue en ce que ses membres possèdent de plus grandes propriétes et une plus grande puissance comme conséquence. Différant de plus en plus du corps des hommes armés, le corps consultatif tendra graduellement à se le subordonner, et à la fin s'en rendra indépendant en s'en séparant.

On voit dans toutes les parties du monde des exemples du développement par lequel le conseil de guerre temporaire où le roi, à titre de général, appelle, pour y donner leur avis, les chefs de ses forces, passe à l'état d'un corps consultatif permanent où le roi, à titre de souverain, préside aux délibérations des mêmes hommes sur les affaires publiques en général. Le corps consultatif est partout composé de chefs secondaires, ou de chefs de clans, ou de seigneurs féodaux, dans la personne desquels s'unit d'ordinaire le gouvernement civil et militaire des groupes locaux avec la possession de territoires étendus; et les faits montrent

souvent cette composition sur une grande ou une petite
échelle, tant pour les conseils locaux que pour les conseils
généraux. On voit en Afrique une forme grossière et primitive de cette disposition. Chez les Cafres, « chaque chef
choisit, parmi ses sujets les plus riches, cinq ou six conseillers ; le grand conseil du roi se compose des chefs des
divers kraals [1]. » Une tribu béchuana « comprend en général
un certain nombre de villes ou villages, qui ont chacun son
chef distinct, auxquels obéissent un certain nombre de
chefs secondaires, » qui « reconnaissent tous la suprématie
du chef principal. Son pouvoir, encore que très grand et,
dans certains cas, despotique, subit néanmoins le contrôle
des chefs secondaires, qui dans leurs *pitchos,* parlements ou
réunions publiques, usent de la plus grande liberté de parole pour exposer leurs griefs contre le gouvernement du
chef [2]. » Burton nous apprend que le sultan des Ouanya-
mouésis « a auprès de lui un conseil de chefs ou d'anciens
dont le nombre varie de deux à vingt... Son autorité est
limitée par un contrepoids rudimentaire ; les chefs qui
l'entourent peuvent probablement mener au combat autant de guerriers que lui [3]. » De même chez les Achantis.
« Les cabecères et les capitaines veulent être entendus sur
toutes les questions qui se rapportent à la guerre et à la
politique étrangère. On examine ces questions dans une
assemblée générale : et le roi trouve quelquefois prudent de
céder aux vues et aux représentations pressantes de la majorité [4]. » On peut aussi citer des faits tirés de l'histoire des
anciens États américains. Au Mexique, « il y avait des as-

---

1. Lichtenstein, *Travels in Southern Africa in the Years,* 1803-1806,
I, 286.
2. Moffat, *Missionary Labours and Scenes in South Africa,* 248.
3. Burton, *Lakes of Central Africa,* II, 360.
4. Beecham, *Ashantee and the Gold Coast,* 90.

semblées générales présidées par le roi tous les quatre-vingts jours. On se rendait à ces réunions de toutes les parties des pays [1]. » Nous savons en outre que les nobles du premier rang, les Teuctlis, prenaient le pas sur tous les autres dans le Sénat, tant pour l'ordre de séance que pour le vote : ce qui montre en quoi consistait la composition du sénat. Il en était aussi de même pour les naturels de l'Amérique centrale de Vera Paz. « Quoique l'autorité suprême fût chez eux exercée par un roi, il avait pour coadjuteurs des seigneurs inférieurs à lui, qui portaient pour la plupart le titre de seigneurs et de vassaux ; ils formaient le conseil royal... et se rendaient auprès du roi dans son palais aussi souvent qu'ils étaient appelés [2]. » En Europe, nous devons citer d'abord l'ancienne Pologne. Originellement formée de tribus indépendantes, « chacune gouvernée par son propre *knias*, ou juge, que son âge ou sa sagesse bien connue avait élevé à cette dignité [3], » et conduite à la guerre par un *voïvode* ou capitaine nommé pour un temps, mais transformée à la longue par la composition et la recomposition qui sont les effets de la guerre, la nation polonaise s'était différenciée en classes de nobles et de serfs, au-dessus desquelles s'élevait un roi électif. Nous savons qu'à l'époque où le roi n'avait pas encore perdu sa puissance, « bien que chacun des palatins, des évêques et des barons pût donner des conseils au souverain, il fallut longtemps avant qu'un sénat régulier se formât, et que cette institution ne se compléta que lorsque l'expérience en eut prouvé l'utilité. D'abord la seule question sur laquelle le monarque délibérât avec ses barons avait trait à la guerre ; ce qu'il avait d'abord

---

1. Zurita, *Rapport sur les chefs de la Nouvelle-Espagne*, trad. Ternaux Compans, 106.
2. J. de Torquemada, *Monarquia Indiana, etc.*, liv. XI, ch. 20.
3. Dunham, *loc. cit.*, 278, 282.

octroyé par courtoisie, ou par méfiance de lui-même, ou dans l'intention d'atténuer sa propre responsabilité, en cas d'insuccès, les barons le réclamèrent comme un droit. » De même aussi, pendant leurs guerres intestines et leurs guerres contre Rome, les tribus germaniques primitives, jadis à demi nomades et à peine organisées, traversèrent la phase historique où les chefs et les hommes libres armés s'assemblaient périodiquement pour délibérer sur la guerre ou sur d'autres questions, et aboutirent par évolution à une structure analogue. Au temps de Charlemagne, dans la grande assemblée annuelle, « les ducs, les comtes, les évêques, les échevins et les centeniers, qui se rattachaient tous au gouvernement ou à l'administration, étaient présents officiellement; les grands et petits propriétaires, les barons et la petite noblesse rurale, remplissaient cet office en vertu de leurs fiefs, les hommes libres en vertu de leur état de guerriers, quoiqu'il y eût indubitablement peu d'hommes libres obligés au service militaire qui ne fussent investis de quelque portion de propriété foncière. » Enfin à une époque plus récente, dit Hallam, « dans toutes les principautés germaniques prévalait une forme de monarchie limitée, reproduisant en petit la constitution générale de l'Empire. Comme les empereurs, qui partageaient la souveraineté législative avec la diète, tous les princes qui appartenaient à cette assemblée avaient leurs états provinciaux propres, composés de leur feudataires et des villes médiates situées sur leur territoire [1]. » La masse de la population rurale avait donc cessé de posséder le pouvoir. Il en était de même en France à la fin de la période féodale. Une « ordonnance de 1228, sur les hérétiques du Langue-

---

1. Hallam.

doc, est prise sur l'avis de *nos grands et prudhommes*. »
Une autre ordonnance de 1246, sur les levées et exemp-
tions dans l'Anjou et le Maine, porte ces mots : « ayant
convoqué auprès de nous, à Orléans, les barons et les
grands des dits comtés, et ayant attentivement délibéré avec
eux, etc. »

On nous objectera, peut-être, que nous ne disons rien
des ecclésiastiques, qui font ordinairement partie du corps
consultatif; on peut en tenir compte sans que cela change
rien à ce que nous venons de dire. Si les usages modernes
nous font penser que la classe des prêtres se distingue de
celle des guerriers, elle ne s'en séparait pas dans l'origine. Nous savons déjà que, dans les sociétés militaires, le
roi est à la fois général en chef et grand prêtre, accomplissant à ce double titre les prescriptions de la divinité ; ajoutons que le prêtre subalterne est ordinairement un lieutenant dans les guerres censées entreprises d'après l'inspiration
divine. Avant de partir pour la guerre, Radama, roi de
Madagascar, « en qualité de prêtre comme en celle de général, sacrifia un coq et une génisse, et offrit une prière au
tombeau d'Andria-Masina, le plus illustre de ses ancêtres [1]. »
Ajoutons que chez les Hébreux les prêtres accompagnaient
l'armée au combat; en effet, nous voyons Samuel, prêtre
dès l'enfance, porter à Saül le commandement de Dieu de
« frapper Amalec », et mettre lui-même Agag en pièces.
Partout, chez les sauvages ou dans les sociétés à demi civilisées, nous voyons les prêtres prendre une part plus ou
moins active à la guerre; par exemple, chez les Dacotahs,
les Mundrucus, les Abipones, les Khonds, les prêtres décident quand il faut faire la guerre et donnent le signal de

1. Ellis, *History of Madagascar*, II, 252.

l'attaque. Chez les Tahitiens, les prêtres « portaient les armes et marchaient avec les guerriers au combat [1] »; chez les Mexicains, ils étaient ordinairement les instigateurs des guerres; ils suivaient leurs idoles sur le front de l'armée et leur sacrifiaient sur-le-champ les premiers prisonniers faits sur l'ennemi [2]. » Chez les anciens Égyptiens, « le prêtre de Dieu était souvent un commandant de guerriers ou de marins [3]. » Enfin, en dépit d'une croyance opposée, il y a une chose qui montre combien est naturel le rapport que nous trouvons commun à toutes les sociétés grossières et antiques : c'est la réapparition de ce rapport dans les sociétés plus modernes. Quand le christianisme eut franchi sa période primitive, où il n'avait rien de politique, pour entrer dans celle où il devint une religion d'État, ses prêtres reprirent à des époques activement militaires le rôle militaire primitif. « Au milieu du VIIIe siècle, en France, le service militaire régulier de la part du clergé français était déjà en plein exercice. » Dans les temps féodaux primitifs, les évêques, les abbés et les prieurs devinrent des seigneurs féodaux, avec toute la puissance et la responsabilité qui s'attachaient à leur position : ils entretenaient des troupes à leur solde, prenaient des villes et des forteresses, soutenaient des sièges, conduisaient ou envoyaient des forces au secours des rois. Orderic Vital nous parle de prêtres qui, en 1094, conduisaient leurs paroissiens à la bataille, et d'abbés qui y menaient leurs vassaux. Sans doute, plus tard, les dignitaires de l'Église ne prirent plus une part active à la guerre; mais leur fonction de conseillers en cette matière, souvent pour y pousser plutôt que pour l'empêcher, n'a pas encore

---

1. Ellis, *Polynesian researches*, II, 486.
2. Sahagun, *Historia general*, etc., liv. VIII, ch. 21.
3. Wilkinson, *Manners and Customs of the ancient Egyptians*, I, 159.

pris fin; c'est ainsi qu'on a vu en Angleterre les évêques, à l'exception d'un seul, approuver tous par leur vote, l'invasion de l'Afghanistan.

Donc, si le corps consultatif contient habituellement des ecclésiastiques, cela ne contredit pas notre thèse que ce corps commence par être un conseil de guerre, et devient plus tard une assemblée permanente de chefs militaires de rang inférieur.

§ 493. Nous retrouvons donc ici le résultat que nous avons déjà rencontré sous une forme différente, quand nous avons parlé des oligarchies, mais avec une différence. La différence vient de ce que le roi y joue le rôle de facteur coopératif. En outre, une grande partie de ce que nous avons déjà dit des effets de la guerre, qui rend les oligarchies plus étroites, s'applique aussi à la réduction à des limites plus étroites de l'assemblée consultative qui se transforme en un corps de nobles militaires, propriétaires fonciers. Seulement la fusion de petites sociétés pour former des sociétés plus grandes, conséquence de la guerre, met en jeu d'autres influences, lesquelles s'unissent aux premières pour produire ce résultat.

Dans les assemblées primitives où les hommes étaient pareillement armés, il devait arriver que la multitude des inférieurs reconnût l'autorité que le petit nombre des supérieurs tiennent de leur qualité de chefs de guerriers, de chefs de clan, ou de leur origine divine; mais ce petit nombre de supérieurs, certains de ne pouvoir lutter contre la multitude dans un conflit matériel, était obligé de montrer quelque déférence pour l'opinion du plus grand nombre et n'était pas capable de s'arroger la plénitude du pouvoir. Avec les progrès de la différenciation de classe dont nous avons

parlé, à mesure que le petit nombre des supérieurs acquièrent de meilleures armes que le grand nombre des inférieurs ne possèdent pas, soit que, comme chez les anciens,
ils aient des chars de guerre, soit que, comme au moyen âge,
ils portent des cottes de mailles ou des armures, et montent
des chevaux, ils sentent leurs avantages et n'accordent plus
le même respect aux opinions du grand nombre. Bientôt l'habitude de ne pas tenir compte de leur opinion fera place à
celle de regarder toute expression de cette opinion comme
impertinente.

Cette usurpation s'opérera grâce à la croissance de ces
corps de suivants en armes dont les membres du petit nombre supérieur s'entourent, mercenaires et autres, qui, affranchis de toute attache avec le commun des hommes libres,
sont liés à ceux qui les emploient par l'allégeance. Ces
suivants eux-mêmes, mieux pourvus d'armes offensives et
défensives que la foule, en viennent à la regarder avec
mépris et travaillent à l'asservir.

Ce n'est pas seulement à l'occasion des assemblées générales, mais de jour en jour dans leurs localités respectives,
que le pouvoir des nobles, établi sur ces bases, réduira de
plus en plus les hommes libres au rang de personnes dépendantes, surtout lorsque les petits nobles sont dispensés du
service militaire qu'ils doivent au roi, ou qu'on leur permet
de laisser tomber ce devoir en désuétude, comme cela est
arrivé en Danemark, environ au XIIIᵉ siècle. « Les paysans
libres qui étaient à l'origine propriétaires indépendants du
sol et possédaient un droit de vote égal à celui des nobles
des premiers rangs, se trouvèrent ainsi obligés de rechercher la protection de ces puissants seigneurs et de devenir
les vassaux de quelque Herremand voisin, ou d'un évêque,
ou d'un couvent. Les diètes provinciales, les Lands-Tings,

s'effacèrent peu à peu devant le parlement national général du Dannehof, l'Adel-Ting, ou l'Herredag, ce dernier exclusivement composé de princes, de prélats et d'autres grands du royaume... L'influence de l'ordre des paysans diminuant, tandis que les bourgeois n'avaient encore aucune part du pouvoir politique, la constitution, disloquée et vacillante, marcha rapidement vers la forme qu'elle prit finalement, celle d'une oligarchie féodale et sacerdotale [1]. »

La perte du pouvoir par les hommes libres armés, et du gain du pouvoir par les chefs armés qui composent le corps consultatif, peut être aussi une conséquence de l'extension du territoire occupé, résultat de la combinaison et de la recombinaison des sociétés. Comme Richter le fait remarquer au sujet des temps mérovingiens, « sous Clovis et ses successeurs immédiats, le peuple assemblé sous les armes exerçait une influence réelle sur les résolutions du roi. Mais, après que le royaume se fut étendu, l'assemblée du peuple entier fut une chose impossible [2] » : ceux-là seuls qui demeuraient près des lieux désignés pour la réunion pouvaient s'y rendre. On peut citer à l'appui deux faits dont l'un a déjà été mentionné dans un autre chapitre. « Le plus grand conseil national de Madagascar est une assemblée du peuple de la capitale et des chefs des provinces, des districts, des villes, des villages, etc [3]. » Dans le Witenagemot anglo-saxon, dit M. Freeman, « on voit quelquefois mentionnée précisément la présence d'un grand nombre d'assistants appartenant aux classes populaires ; ce sont des habitants de Londres ou de Winchester [4]. » Cela veut dire que tous les

1. Crichton et Wheaton, *History of Scandinavia*, I, 262.
2. Richter, *Annalen,* etc., 119.
3. Ellis, *loc. cit.*, I, 378.
4. Freeman, *The Growth of the English Constitution,* 60.

hommes libres avaient le droit d'y assister, mais que ceux de la localité pouvaient seuls faire usage de ce droit. Cette cause de réduction du nombre des assistants, que M. Freeman commente, produit son effet de plusieurs façons. Les frais du voyage jusqu'au lieu fixé pour l'assemblée, quand le royaume est devenu grand, sont trop lourds pour qu'une personne qui ne possède que quelques acres puisse les supporter. Ajoutez les frais occasionnés par la perte de temps, très onéreux pour celui qui travaille ou qui surveille le travail d'autrui. Enfin il y avait un danger considérable, dans ces temps de désordre, pour tous les voyageurs qui ne pouvaient marcher avec une suite bien armée. Assurément ces causes décourageantes devaient produire leurs effets lorsque, pour les raisons que nous venons de dire, les motifs de se rendre aux assemblées perdaient de leur force.

A ces causes s'en ajoute une autre. Une assemblée de tous les hommes armés d'une grande société, alors même qu'on pourrait les rassembler, serait incapable de procéder à une délibération, tant à cause du nombre énorme de ses membres que faute d'organisation. Une multitude composée d'individus venus des quatre coins d'un vaste pays, la plupart inconnus les uns aux autres, incapables de se mettre préalablement en rapport entre eux, partant sans plan comme sans chefs, ne peuvent lutter avec le corps relativement faible, mais bien organisé de ceux qui ont des idées communes et qui agissent de concert.

Il ne faut pas non plus oublier que lorsque ces causes ont concouru à faire diminuer l'assemblée d'hommes en armes qui demeurent loin du lieu de réunion, et que l'usage de convoquer les plus importants d'entre eux s'établit, il arrive naturellement que dans le cours du temps la réception de la convocation devient le titre qui donne l'entrée dans l'assemblée, et le défaut de cette convocation équivaut au défaut du droit d'y prendre place.

Voilà donc plusieurs influences, toutes conséquences directes ou indirectes de la guerre, qui concourent à produire la différenciation du corps consultatif d'avec la masse des hommes armés d'où il est sorti.

§ 494. Nous avons donc un souverain et un corps consultatif dont nous connaissons l'origine. Reste à savoir les causes des changements qui surviennent dans leurs pouvoirs respectifs. Entre ces deux autorités, il y a nécessairement toujours lutte; chacune d'elles essaye de dominer l'autre. A quelle condition le roi pourra-t-il dominer le corps consultatif? A quelle condition le corps consultatif sera-t-il en état de dominer le roi?

La croyance à la nature surhumaine du roi lui assure un immense avantage dans la lutte pour la suprématie. S'il descend des dieux, il ne saurait être question pour ses conseillers de s'opposer à sa volonté; et les membres de son conseil, isolément ou ensemble, ne se permettent guère que de déposer à ses pieds leur humble avis. Bien plus, si la ligne de succession est réglée de telle sorte que l'occasion d'une élection du roi par les principaux chefs ne se présente que rarement, de sorte qu'ils n'aient jamais à porter leur choix sur un homme qui conformerait ses vues à leurs désirs, ils sont désormais privés des moyens de conserver aucune autorité. Aussi arrive-t-il d'ordinaire qu'on ne trouve dans les pays de l'Orient ancien ou moderne, soumis à un gouvernement despotique, aucun corps consultatif en possession d'une existence indépendante. Encore que nous sachions que le roi d'Egypte « se faisait suivre dans ses guerres par le conseil des Trente, censé composé de conseillers privés, de scribes et de hauts officiers de l'État [1], » il y a lieu de supposer que les membres de ce conseil étaient des fonctionnaires, sans autre autorité que celle que le roi leur déléguait. De même à Babylone et en Assyrie. Les hommes de la suite du roi qui remplissaient auprès de ce souverain de race divine les fonctions de ministres et de conseillers, ne formaient pas des assemblées instituées en vue de la délibération. Dans l'ancienne Perse, on observait le même état de choses. Le roi héréditaire, personnage presque sacré, paré de titres extravagants, encore qu'il fût exposé à l'opposition de princes et de nobles issus du sang royal, placés à la tête des armées, et qui lui donnaient des avis, n'avait pas son autorité limitée par celle d'un corps composé de ces princes [2]. Au Japon, depuis les temps les plus reculés jusqu'à nos jours, il a existé un état analogue. Les daïmios étaient obligés de résider dans la capitale à des époques prescrites, mais c'était une mesure de précaution prise contre leur insubordination ; ils n'étaient jamais, durant leur séjour, appelés à prendre ensemble une part quelconque au gouvernement. De même en Chine. Bien qu'il n'y ait en Chine aucun corps délibératif ou consultatif existant nominalement, rien qui présente de l'analogie avec un congrès ou un parlement, la nécessité n'oblige pas moins l'empereur à consulter certains de ses officiers et à prendre leur avis [3]. L'Europe nous fournit aussi des faits de même signification. Je ne veux pas parler seulement de la Russie, mais je songe aussi à la France à l'époque où la monarchie revêtait la forme absolue, dans le siècle où les théologiens comme Bossuet enseignaient que « le roi n'est

---

1. Wilkinson, *Manners and Customs*, etc., I, 160.
2. Malcolm, *History of Persia*, I, 439 ; II, 303. Rawlinson, III, 223.
3. Sir Wells Williams, *The Middle Kingdom*, I, 321.

responsable envers qui que ce soit...; que l'Etat tout entier
se résume en sa personne; que sa volonté est l'expression
de celle du peuple; » dans le siècle où le roi (Louis XIV),
« imbu de l'idée de son omnipotence et de sa divine mission, était pour ses sujets un objet d'adoration, » et avait
« effacé et absorbé jusqu'à la dernière trace, la dernière
idée, le dernier souvenir de toute autorité à l'exception de
celle qui émanait de lui seul [1]. » En même temps que s'éta-
blissait la succession héréditaire et que la royauté acquérait
un caractère demi-divin, s'effaçait la puissance des anciens
feudataires.

Réciproquement, il existe des exemples où l'on voit que
lorsque le roi n'a jamais eu ou ne conserve pas le prestige
d'une prétendue filiation divine, et où la royauté demeure
élective, le pouvoir du corps consultatif est susceptible de
dominer le pouvoir royal, et à la fin de le supprimer. Le
premier fait à citer est celui de Rome. Dans le principe,
« le roi convoquait le sénat à son gré et lui soumettait des
questions; nul sénateur ne pouvait émettre son avis s'il n'en
avait été requis; encore moins le sénat pouvait-il se réunir
sans avoir été convoqué [2]. » Mais, à Rome, le roi, quoique
censé gratifié de l'approbation divine, ne passait pas pour
descendre des dieux, et, quoique habituellement désigné
par son prédécesseur, il était quelquefois réellement élu
par le sénat et toujours soumis à la formalité de l'approbation populaire; le corps consultatif finit par devenir souverain. « Le sénat s'était avec le temps transformé : ce corps,
institué seulement pour donner des avis aux magistrats,
était devenu un conseil commandant aux magistrats et gouvernant seul. » Plus tard, « le droit de nommer et de rayer

1. Saint-Simon, *Mémoires*.
2. Mommsen, *Histoire romaine*.

les sénateurs, qui appartenait primitivement aux magistrats, leur fut retiré ; » et enfin, « le caractère inamovible et viager des membres de l'ordre gouvernant, qui possédaient dans le sénat un siège et une voix, se trouva définitivement affermi ; » la constitution oligarchique fut alors fixée. L'histoire de la Pologne nous offre un autre exemple. Après que l'union de tribus à gouvernement simple eut produit de petits États et donné naissance à une noblesse ; et plus tard, après que ces États se furent unis, une royauté se forma. D'abord élective, comme toute royauté au début, elle demeura telle et ne devint jamais héréditaire. A chaque élection qui se faisait en dehors du clan royal, une occasion se présentait de choisir pour roi une personne dont le caractère paraissait aux nobles turbulents de nature à favoriser leurs desseins ; il en résulta la décadence du pouvoir royal. A la fin, « des trois ordres dont l'État se composait, le roi, bien que son autorité eût été anciennement despotique, était le moins important. Sa dignité n'était pas environnée de puissance ; il n'était que le président du sénat et le principal juge de la république [1]. » Il y a encore à citer l'exemple de la Scandinavie, déjà mentionné à d'autres égards. Les rois danois, norvégiens et suédois étaient originairement électifs ; et, quoique, en diverses occasions, l'hérédité fût pour un certain temps mise en vigueur, il y eut des retours fréquents à la forme élective, et comme conséquence les chefs féodaux et les prélats du corps consultatif s'arrogèrent l'autorité suprême.

§ 495. Le second élément de la structure politique triple et une trouve donc, comme le premier, une condition favorable dans le régime militaire. C'est la cause qui sépare

1. Duham, *Histoire de Pologne*, 282.

finalement le souverain de ceux qui sont placés au-dessous de lui; c'est encore la cause qui groupe le petit nombre des supérieurs en un corps intégré, séparé du grand nombre des inférieurs.

Le conseil de guerre formé des principaux guerriers qui discutent en présence de leur suite est le germe d'où sort le corps consultatif : ce qui le donne à penser, c'est la survie d'usages où l'on voit qu'une assemblée politique est dans le principe une assemblée d'hommes armés. D'autres faits sont d'accord avec cette interprétation : par exemple, on voit que, lorsque la société est parvenue à un État relativement constitué, le pouvoir du peuple assemblé se réduit à approuver ou à rejeter les propositions qui lui sont faites, et que les membres du corps consultatif, convoqués par le chef, c'est-à-dire par le général, n'émettent leur opinion que lorsqu'il les y invite.

Nous ne manquons pas non plus de moyens d'expliquer le procès par lequel le conseil de guerre primitif se développe, se consolide et se sépare du reste de la nation. Au sein de la classe des guerriers, qui est aussi la classe propriétaire du sol, la guerre produit des différences croissantes de richesse aussi bien que des différences croissantes de *condition légale;* de sorte qu'en même temps que s'opèrent la composition et la recomposition des groupes, effets de la guerre, les chefs militaires finissent par se distinguer comme grands terriens et souverains locaux. Par suite, les membres du corps consultatif se distinguent des hommes libres en général non seulement comme les chefs de guerriers se distinguent de leurs hommes, mais encore plus comme des hommes riches et puissants.

La distinction qui sépare de plus en plus le premier et le troisième élément de la structure politique triple et une, aboutit à la séparation lorsque, dans le cours du temps, la guerre rassemble sous la même domination de vastes territoires. Les hommes libres armés, épars sur une vaste surface, sont détournés du devoir d'assister aux assemblées périodiques, à cause des frais du voyage, de la perte de temps, du danger, et aussi par l'expérience que les multitudes non préparées ou non organisées se trouvent éperdues en présence d'un petit nombre d'individus organisés, mieux armés et mieux montés, et suivis des bandes à leur service. De sorte qu'après une période durant laquelle des hommes armés, vivant près du lieu de l'assemblée, s'y rendent, vient une période durant laquelle ceux-ci mêmes, n'étant pas convoqués, sont censés n'avoir aucun droit de prendre place dans l'assemblée ; par là, le corps consultatif se trouve complètement différencié.

Les changements dans la puissance relative du souverain et du corps consultatif sont l'effet de causes visibles. Si le roi conserve ou acquiert le renom d'une filiation ou d'une autorité surnaturelle, et si la loi de la succession héréditaire est fixée de façon à exclure l'élection, les hommes qui auraient ailleurs composé le corps consultatif, possédant une puissance coordonnée à celle du roi, deviennent de simples conseillers nommés par lui. Mais, si le roi n'a pas le prestige d'une origine sacrée ou d'une commission reçue des dieux, et qu'il demeure électif, le corps consultatif conserve la puissance et peut devenir une oligarchie.

Naturellement, je n'entends pas dire que les corps consultatifs sont nés de cette façon ou se sont constitués d'une façon analogue. Il se peut que des sociétés brisées par la guerre ou dissoutes par des révolutions, conservent de si faibles traces de leur organisation primitive qu'il n'y reste aucune classe du genre de celles du sein desquelles naissent

les corps consultatifs que nous avons décrits. Ou bien,
comme on le voit dans les colonies anglaises, il a pu se former des sociétés d'après des méthodes qui ne favorisaient
pas la formation de classes de chefs militaires possesseurs
du sol, et qui par conséquent ne fournissent pas les éléments dont les corps consultatifs dans leur forme primitive
se composent. Quand ces conditions se produisent, les assemblées qui y répondent autant que possible par la composition et la fonction, naissent sous l'influence de la tradition et de l'exemple; à défaut d'hommes comme ceux du
genre originel, elles se forment avec d'autres hommes, mais
en général avec ceux qui, par leur position, leur âge, leur
expérience des affaires publiques, s'élèvent au-dessus de
ceux qui composent les assemblées populaires. La description que nous avons tracée ne s'applique qu'à ce que
nous pouvons appeler les corps consultatifs normaux, qui
se développent durant l'opération de composition et de recomposition que la guerre effectue; et les sénats, ou chambres hautes, qui prennent naissance dans des conditions
plus modernes et plus complexes, peuvent passer pour les
homologues de ces corps consultatifs par la fonction et la
composition, autant que les nouvelles conditions le permettent.

# CHAPITRE IX

## LES CORPS REPRÉSENTATIFS

§ 496. A travers toute la diversité et la complexité de l'organisation politique, il n'est pas impossible de discerner par quelle marche l'évolution a produit des gouvernements politiques simples et des gouvernements politiques composés : on peut voir comment, dans certaines conditions, ces deux produits se sont unis sous la forme d'un souverain et d'un corps consultatif. Mais il est plus difficile d'apercevoir comment un corps représentatif se forme; en effet, la marche de l'opération et le produit qui en résulte sont plus variables. Nous sommes obligés de nous contenter de résultats moins précis.

Nous devrons, comme nous l'avons fait jusqu'ici, remonter dans le passé jusqu'au commencement pour y saisir le fil conducteur. Au sortir de la première période de la horde sauvage, où n'existe aucune autre suprématie que celle de l'homme qui doit le premier rang à sa force, ou à son courage, ou à son adresse, le premier pas conduit à la pratique de l'élection, au choix délibéré d'un chef à la guerre. De la manière de conduire les élections chez les tribus grossières, les voyageurs ne disent rien : il est probable que les méthodes en usage sont diverses. Mais nous avons des récits d'élections telles qu'elles avaient lieu chez les peuples d'Europe dans les temps primitifs. Dans l'ancienne Scandinavie, le chef d'une province, choisi par le peuple assemblé, était en conséquence « élevé au milieu du bruit des armes et des cris de la multitude [1] » ; et, chez les anciens Germains, on l'élevait sur un bouclier ; c'est ainsi encore que le peuple acclamait le roi mérovingien. Cette cérémonie nous rappelle un usage qui s'était conservé en Angleterre jusqu'à une époque bien près de nous, celui de promener en triomphe sur un fauteuil le membre du parlement nouvellement élu ; l'élection s'y faisait dans le principe par mains levées. Cela nous apprend que le choix d'un représentant était jadis la même chose que le choix d'un chef. La chambre des communes avait ses racines dans des assemblées locales semblables à celles où les tribus barbares choisissent leurs chefs de guerre.

Outre l'élection expresse, on trouve chez les peuples grossiers l'élection par le sort. Les Samoans, par exemple, dévident une noix de coco qui finit par s'arrêter dans son mouvement devant l'une des personnes environnantes, et par là la signale entre toutes. Nous trouvons des exemples de la désignation par le sort chez les races historiques primitives, chez les Hébreux par exemple, dans le cas de Saül et de Jonathan, et chez les Grecs d'Homère, quand il s'agit de désigner un champion pour combattre Hector. Dans ces deux cas, il existait une croyance à une intervention surnaturelle : on supposait que le sort était déterminé par une volonté divine. Il est probable qu'au début des croyances

---

1. Crichton et Wheaton, *History of Scandinavia*, I, 158.

analogues étaient pour beaucoup dans l'usage de confier le
choix au sort dans les affaires politiques chez les Athéniens
et dans les affaires militaires chez les Romains, comme
aussi, dans les temps plus récents, le choix des envoyés
dans certaines républiques italiennes et en Espagne, par
exemple dans le royaume de Léon au XII° siècle. Seulement
il n'est pas douteux que le désir de donner des chances
égales aux riches et aux pauvres, ou encore d'assigner
sans débat une mission onéreuse ou périlleuse, ne fût un
motif déterminant ou même prépondérant de préférer la
voie du sort. Mais ce qu'il faut noter, c'est que cette
manière d'élire qui joue un rôle dans la représentation
peut être retrouvée dans les usages des peuples primitifs.

Voilà l'ébauche de la procédure de la délégation. Des
groupes d'hommes qui ouvrent des négociations, ou qui
font leur soumission, ou qui envoient un tribut, nomment
d'ordinaire quelques-uns d'entre eux pour agir en leur
nom. Il est même nécessaire qu'il en soit ainsi, puisqu'une
tribu ne peut faire ces actes en corps. Il paraît donc que
l'envoi de représentants est, dès les premiers temps, l'effet
de causes semblables à celles qui le reproduisent à une
époque plus récente. Chacun des membres de la tribu
apprend aisément dans l'assemblée à connaître la volonté
commune, mais cette volonté ne peut aussi aisément se
manifester aux autres tribus; aussi, dans les affaires qui
intéressent plusieurs tribus, faut-il qu'elle soit communi-
quée par le moyen de délégués. De même, dans une grande
nation, les gens de chaque localité, capables de se gouverner eux-mêmes sur place, mais incapables de se joindre
aux gens des localités éloignées pour délibérer sur des
affaires communes, sont obligés d'envoyer une ou plusieurs
personnes pour exprimer leur volonté. La distance dans les

deux cas transforme l'expression directe de la voix du peuple en une expression indirecte.

Avant d'examiner les conditions dans lesquelles cette désignation de gens, faite d'une façon ou d'une autre, pour des fonctions déterminées passe en usage pour la formation d'un corps représentatif, il faut exclure les classes de faits qui n'ont pas de rapport avec notre étude actuelle. Sans doute, la représentation telle qu'on la conçoit d'ordinaire, et telle que nous avons à nous en occuper ici, se trouve associée à un régime populaire, mais ce rapport n'est pas une nécessité. En Pologne, avant et après l'établissement de la prétendue forme républicaine, la diète centrale, outre les sénateurs désignés par le roi, se composait de nobles élus dans les assemblées provinciales de nobles; le peuple était sans pouvoir et ne se composait guère que des serfs. En Hongrie, jusqu'à une époque récente, la classe privilégiée, qui, même après qu'elle eut été considérablement agrandie, ne comprenait qu'« un vingtième des mâles adultes », formait seule la base de la représentation. « Un comitat hongrois, avant les réformes de 1848, pouvait s'appeler une république aristocratique *directe* [1], » tous les membres de la noblesse avaient le droit d'assister à l'assemblée locale, et de voter pour la nomination d'un représentant noble à la diète générale; mais les membres de la classe inférieure n'avaient aucune part dans le gouvernement.

Outre les corps représentatifs exclusivement aristocratiques, il en est d'autres qu'il faut éliminer de notre étude. Selon Duruy, « l'antiquité n'ignorait pas autant qu'on le suppose le système représentatif. Chaque province de l'em-

1. Arthur J. Patterson, *The Magyars : their Country and Institutions*, I. 66.

pire avait ses assemblées générales. Les Lyciens possédaient un véritable corps législatif formé des députés de leurs vingt-trois villes... Cette assemblée avait même des fonctions exécutives [1]. » Enfin, Pavie, la Gaule, l'Espagne, toutes les provinces orientales et la Grèce avaient des assemblées analogues, mais le peu qu'on en sait permet de conclure qu'elles ne ressemblaient que de loin par leur origine et leur situation aux corps que nous appelons aujourd'hui représentatifs. Nous n'avons pas non plus à nous occuper des sénats, ni de conseils élus par les différentes parties d'une population urbaine, comme ceux qui se formèrent diversement dans les républiques italiennes, purs agents dont les actes étaient soumis à l'approbation ou à la désapprobation directement exprimées des citoyens assemblés. Nous devons nous borner ici à l'examen du genre de corps représentatifs qui se forment dans les sociétés occupant des territoires assez vastes pour que leurs membres soient obligés d'exercer par délégation les pouvoirs qui leur appartiennent ; enfin nous avons à traiter exclusivement des cas où les députés assemblés ne remplacent pas les organes politiques préexistants, mais concourent avec eux.

Il sera bon de commencer par examiner de plus près que nous ne l'avons fait encore dans quelle partie de la structure politique primitive le corps représentatif ainsi compris prend naissance.

§ 497. A cette question, les chapitres précédents ont fait une réponse tacite. En effet, si, à l'occasion de délibérations publiques, la horde primitive se divise spontanément en deux groupes, la masse des inférieurs et l'élite des supérieurs, parmi lesquels quelque individu possède

---

1. Duruy, *Histoire des Romains*, III, 376.

une influence suprême, et si, par la suite des compositions et recompositions de groupes sociaux que produit la guerre, le chef militaire reconnu se transforme en un roi, tandis que l'élite des supérieurs se transforme en un corps consultatif formé des chefs militaires du second ordre, il en résulte que tout tiers pouvoir politique coordonné doit être ou la masse des inférieurs eux-mêmes, ou quelque autre organe agissant en son nom. Cette proposition peut paraître une banalité; il est nécessaire de la poser, puisque, avant de rechercher les circonstances sous lesquelles le développement d'un système représentatif suit celui de la puissance populaire, il faut reconnaître la relation qui les unit.

La masse des gens du commun, qui conserve une suprématie latente dans les sociétés qui ne sont pas encore organisées politiquement, passe sans doute sous un régime de contrainte à mesure que la guerre établit l'obéissance et que la conquête produit des différenciations de classes, mais elle tend, quand l'occasion le permet, à relever son pouvoir. Les sentiments et les croyances organisés et transmis, qui, durant certaines périodes de l'évolution sociale, poussent le grand nombre à se soumettre au petit nombre, se trouvent dans certaines circonstances contrariés par d'autres sentiments et d'autres croyances. Nous y avons fait en divers endroits plusieurs allusions. Ici, nous devons les examiner l'un après l'autre et plus longuement.

Nous avons reconnu que l'un des facteurs du développement du groupe patriarcal durant la période pastorale, c'est l'influence de la guerre en faveur de la subordination au chef du groupe, puisqu'on a vu sans cesse survivre les groupes dans lesquels la subordination était le plus grand. S'il en est ainsi, une conséquence en découle : c'est que, réciproquement, la cessation de la guerre tend à diminuer la subordination. Entre membres de la famille composée, vivant primitivement ensemble et combattant ensemble, le lien se relâche, à mesure qu'ils ont moins souvent à coopérer pour se défendre en commun sous les ordres de leur chef. Par suite, plus l'Etat est pacifique, plus les divisions toujours plus nombreuses composant la *gens*, la *phratrie*, la tribu, deviennent indépendantes. Avec le progrès de la vie industrielle, une plus grande liberté d'action prend naissance, surtout entre les membres du groupe qu'unit seulement une relation éloignée.

Il doit en être de même aussi dans un assemblage social gouverné par un régime féodal. Tant que des querelles persistantes entre voisins mènent à des luttes locales ; tant que des corps d'hommes d'armes se tiennent prêts à l'action et que les vassaux ont à répondre de temps en temps à l'appel de leur suzerain pour le service de guerre ; tant qu'on attache du prix aux actes d'hommage, comme accessoires du service militaire ; le groupe demeure soumis à un assujettissement semblable à la discipline d'un régiment. Mais, à mesure que les agressions et les contre-agressions deviennent moins fréquentes, le métier des armes devient moins nécessaire, il y a moins d'occasions pour les témoignages périodiques d'allégeance, et l'on voit s'accroître dans la même mesure l'importance des actes quotidiens qui s'accomplissent sous la direction d'un supérieur : d'où une cause qui favorise l'originalité du caractère.

Ces changements trouvent une condition favorable dans le déclin des croyances superstitieuses sur la nature des chefs nationaux et locaux. Comme nous l'avons vu, la croyance qui assigne au roi une origine surhumaine, ou un pouvoir surnaturel, rend son bras plus fort. Lorsque les chefs des groupes constituants de la nation possèdent un caractère sacré dû à leur proche parenté avec l'ancêtre semi-divin que tous adorent, ou qu'ils sont membres d'une race de conquérants, issus des dieux, leur autorité sur leurs sujets est grandement fortifiée. Il en résulte donc que tout ce qui mine le culte des ancêtres et le système de croyances qui l'accompagne, favorise le développement de la puissance du peuple. Il n'est pas douteux que le développement du christianisme à travers l'Europe, en diminuant le prestige des gouvernants, grands et petits, n'ait préparé la voie à l'accroissement de l'indépendance des gouvernés.

Ces causes produisent relativement peu d'effet lorsque les individus vivent épars. Dans les districts ruraux, l'autorité des supérieurs politiques s'affaiblit relativement avec lenteur. Même après que la paix est devenue habituelle et que les chefs locaux ont perdu leur caractère demi-sacré, des traditions capables d'inspirer le respect s'attachent à leur personne : ils ne sont ni de même chair ni de même sang que les autres. La richesse qui, durant de longues périodes, distingue exclusivement le noble, lui donne à la fois le pouvoir réel et celui qui naît du faste. Il demeure pour ses inférieurs pendant longtemps le modèle solitaire d'un grand homme, modèle fixé exactement ou approximativement comme les grades de ces inférieurs le sont à l'époque où il est difficile de se déplacer. D'autres sont connus par ouï-dire ; lui, il est connu par expérience. Il peut aisément surveiller en personne les gens qui dépendent de lui ; lorsqu'il ne peut punir l'irrévérencieux ou le rebelle de manière à frapper tous les yeux, il peut le priver de travail et à force de lui rendre la vie difficile le contraindre à se soumettre ou à émigrer. Jusqu'à nos jours, la conduite des paysans et des fermiers à l'égard du grand propriétaire rural nous donne une idée de la puissante contrainte qui maintient les

populations rurales dans un état de demi-servitude après
que les forces gouvernantes primitives ont disparu.

Dans des conditions opposées, on peut s'attendre à des
effets opposés, à savoir quand de grands nombres d'individus s'agrègent étroitement. Lors même que ces masses
sont formées de groupes subordonnés chacun à un chef de
clan, ou à des seigneurs féodaux, diverses influences concourent à y affaiblir la subordination. Quand il existe dans
le même endroit plusieurs supérieurs auxquels leurs subordonnés respectifs doivent obéissance, ces supérieurs se
rapetissent mutuellement. Nul d'entre eux n'est aussi imposant du moment qu'on en voit d'autres que lui faire chaque jour montre du même faste. En outre, lorsque les
groupes de subordonnés se trouvent mêlés, leurs chefs ne
sauraient faire porter sur eux une surveillance aussi étroite.
Cette difficulté qui gêne l'exercice de l'autorité favorise la
coalition des subordonnés : la conspiration devient plus
aisée et la découverte des complots plus ardue. De plus,
avec la jalousie dont seront animés probablement, dans de
telles circonstances, ces chefs de groupes agrégés, chacun
d'eux pense à se fortifier individuellement ; pour cela, ils
luttent de popularité et cèdent à la tentation de relâcher
l'autorité qu'ils font peser sur leurs inférieurs, et d'accorder leur protection aux inférieurs maltraités par d'autres chefs. Ce qui mine encore davantage leur puissance,
c'est la présence d'un grand nombre d'étrangers dans l'ensemble social. Comme nous l'avons pressenti plus haut,
cette cause, plus que toute autre, favorise la croissance du
pouvoir populaire. Plus les immigrants, détachés des divisions des *gentes* ou des fiefs auxquels ils appartiennent, deviennent nombreux, plus ils affaiblissent la structure des
divisions au sein desquelles ils vont vivre. L'organisation

sociale qui admet des étrangers ne peut manquer de se relâcher ; enfin leur influence agit comme un dissolvant pour les organisations ambiantes.

Ceci nous ramène à une vérité sur laquelle on ne saurait trop insister, à savoir que la croissance de la puissance populaire est de toute façon associée aux fonctions commerciales. Ce n'est en effet que par les fonctions commerciales qu'un grand nombre de gens peuvent être amenés à vivre en contact étroit les uns avec les autres. Des nécessités matérielles tiennent la population rurale dispersée, tandis que des néccessités matérielles poussent à se rassembler ceux qui s'occupent de commerce. L'expérience des divers pays et des diverses époques montre que les réunions périodiques pour l'accomplissement de rites religieux, ou pour d'autres fins d'intérêt public, fournissent des occasions d'achat et de vente dont on tire habituellement parti. Ce rapport entre la réunion d'un grand nombre de gens et l'échange des produits, qui dans le principe n'existe que par intervalles, devient permanent lorsque ces gens demeurent réunis d'une manière permanente, c'est-à-dire lorsqu'une ville grandit dans le voisinage d'un temple, ou autour d'un point fortifié, ou dans un endroit où des circonstances locales favorisent quelque industrie.

Le développement de l'industrie vient encore en aide à l'émancipation du peuple en faisant naître un ordre d'individus dont la puissance, issue de leur richesse, rivalise avec la puissance de ceux qui étaient auparavant les seuls riches, les hommes de la noblesse, et dans quelques cas la dépasse. En même temps que cela produit un conflit qui diminue l'influence auparavant exercée par les chefs patriarcaux ou féodaux seuls, il en résulte aussi une forme plus adoucie de subordination. Le riche commerçant sort d'ordinaire dans

les premiers temps de la classe non privilégiée ; aussi le rapport qui l'unit à ses subordonnés ne comporte pas l'idée de
l'assujettissement de la personne. Dans la mesure où l'activité industrielle arrive à la prédominance, la relation d'employeur à employé devient familière, relation qui diffère de
celle de maître à esclave, ou de seigneur à vassal en ce
qu'elle ne renferme pas l'idée d'allégeance. Dans les conditions primitives, l'idée d'une vie individuelle indépendante,
d'une vie qui ne reçoit pas la protection d'un chef de clan
ou d'un seigneur féodal, et qui n'est pas tenue à obé-
dience, n'existe pas. Mais dans les populations urbaines,
composées en grande partie de réfugiés, qui deviennent de
petits commerçants ou des employés de grands commerçants,
l'expérience d'une vie indépendante est chose commune,
et l'on s'en fait une idée claire.

Enfin la forme de coopération distinctive de l'état industriel, qui prend naissance de la sorte, favorise les sentiments
et les idées appropriés au pouvoir populaire. Il y a chaque
jour une balance de prétentions ; l'idée de l'équité devient
de génération en génération plus définie. La relation entre
employeur et employé, entre acheteur et vendeur, ne saurait se maintenir qu'à la condition que les obligations des
deux parts soient remplies. Lorsqu'elles ne sont pas remplies, la relation disparaît et laisse debout le genre de relation où les obligations sont remplies. Le succès et le développement du commerce ont donc pour accompagnement
inévitable de maintenir les droits respectifs des gens intéressés, et de fortifier l'idée de ces droits.

En un mot, donc, en dissolvant de diverses manières l'ancien rapport de statut personnel, et en lui substituant le rapport nouveau de contrat (pour employer l'antithèse de sir Henry
Maine), le progrès de l'industrialisme rapproche des masses

de gens que leurs moyens rendent capables de modifier
l'organisation politique léguée par le régime militaire, en
même temps que leur éducation les y porte.

§ 498. On a coutume de dire que les gouvernements
libres sont l'effet d'accidents heureux. Les luttes entre différents pouvoirs de l'Etat, ou différentes factions, ont été les
causes qui ont poussé les uns ou les autres à briguer l'appui
du peuple, et par suite qui ont accru la puissance du peuple. Jaloux de l'aristocratie, le roi a voulu mettre de son
côté la sympathie du peuple, tantôt des serfs, plus souvent
des citoyens, et par conséquent il les a favorisés ; ailleurs,
le peuple a gagné à s'allier avec l'aristocratie pour résister
à la tyrannie et aux exactions du roi. Sans doute, il est possible de présenter les faits sous ce jour. Dans la lutte, le
désir de se faire des alliés prend naissance ; enfin dans
l'Europe du moyen âge, alors que les luttes entre les monarques et les barons étaient incessantes, l'appui des villes
était une chose d'importance. L'Allemagne, la France, l'Espagne, la Hongrie en offrent des exemples.

Mais c'est une erreur de voir dans des événements de ce
genre les causes de la puissance du peuple. Ce sont plutôt
les conditions qui permettent aux causes d'agir ; l'affaiblissement accidentel d'institutions anciennes ne peut manquer
de fournir des occasions à l'action de la force contenue jusque-là, qui est prête à opérer des changements politiques.
On peut distinguer trois facteurs dans cette force : la masse
relative des gens qui composent les sociétés industrielles par
opposition à celles qui sont incorporées dans des formes
plus anciennes d'organisation ; les sentiments et les idées
permanents que leur manière de vivre produisent en elles,
enfin les émotions passagères suscitées par des actes spé-

ciaux d'oppression ou par le malheur. Voyons comment ces facteurs concourent.

La démocratie athénienne nous en fournit deux exemples. Avant la législation de Solon, l'État était troublé par de violentes dissensions politiques; il y avait aussi « une révolte générale de la population la plus pauvre contre les riches, résultat de la misère combinée avec l'oppression [1]. » Plus tard, Clisthène, dans des circonstances analogues, opéra une révolution qui eut pour effet une diffusion plus étendue du pouvoir. La population relativement indépendante des commerçants immigrants s'était tellement accrue entre l'époque de Solon et celle de Clisthène, qu'il fallut porter à dix les quatre tribus primitives de l'Attique. Ensuite cette masse accrue, en grande partie composée d'hommes qui n'avaient pas été soumis à la discipline des clans, et que par suite les classes gouvernantes pouvaient moins contenir, s'éleva au premier rang à une époque où ces classes gouvernantes se divisaient. On dit bien que Clisthène, « vaincu dans sa lutte contre son rival, appela le peuple à son aide, » et que la révolution eut pour cause des motifs d'intérêt personnel; mais, faute de cette imposante volonté du peuple qui avait mis longtemps à grandir, la réorganisation politique n'aurait pu se faire, ou, s'il elle s'était faite, n'aurait pu se maintenir. « Les séditions sont le produit de grandes causes, mais elles éclatent à propos de chétifs incidents, » dit Aristote : remarque parfaitement vraie pourvu qu'on la corrige légèrement en disant changements politiques au lieu de séditions. En effet, il est évident que, une fois que la puissance du peuple a pu s'affirmer, il n'est plus possible de l'éliminer.

---

1. Grote.

Clisthène n'aurait pu dans ces circonstances imposer à une
si grande masse d'hommes des institutions en désaccord
avec leurs vœux. En somme, donc, ce fut la puissance industrielle qui produisit à ce moment et, par la suite, conserva l'organisation démocratique. Dans l'histoire d'Italie,
nous remarquons que l'établissement des petites républiques dont la naissance a coïncidé avec la décadence de la
puissance impériale a coïncidé plus particulièrement avec le
conflit des autorités qui ont causé cette décadence. « La
guerre des investitures, dit Sismondi, donna l'essor à l'esprit de liberté et de patriotisme dans toutes les municipalités de Lombardie, de Piémont, de Vénétie, de Romagne,
et de Toscane [1]. » En d'autres termes, tandis que la lutte
entre l'empereur et le pape absorbait les forces de l'un et
de l'autre, les peuples purent s'affirmer. A une époque plus
récente, Florence offrit un exemple d'une nature analogue,
encore qu'un peu différent dans la forme. « Au moment où
Florence expulsait les Médicis, la république était divisée
en trois partis différents. Savonarole profita de cet état de
choses pour soutenir que le peuple devait se réserver la
puissance et l'exercer par un conseil; sa proposition fut
adoptée, et ce conseil déclaré souverain. » En Espagne, le
pouvoir populaire grandit durant les troubles de la minorité
de Ferdinand IV; des assemblées périodiques, composées
de députés de certaines villes, se réunirent sans convocation de la couronne. « Le gouvernement, voulant ruiner
les projets ambitieux des infants de La Cerda et de leurs nombreux partisans, ne put se dispenser de s'attacher ces assemblées. Les querelles de la minorité d'Alphonse XI favorisè-
rent plus que jamais les prétentions du tiers-état. Chacun

1. Sismondi.

des candidats à la régence fit une cour assidue aux autorités municipales dans l'espoir d'obtenir les suffrages nécessaires [1]. » Tous ces progrès furent la conséquence du développement industriel : beaucoup de ces villes associées, sinon la plupart, avaient pris naissance à une époque précédente par la colonisation à nouveau de régions désolées durant les longues guerres des Maures et des chrétiens ; ensuite les *poblaciones* ou communautés de colons qui, répandus sur de vastes territoires, formèrent des villes prospères, s'étaient formées de serfs et d'artisans auxquels des chartes royales avaient octroyé divers privilèges, y compris celui de se gouverner elles-mêmes. A ces exemples il faut en joindre un que tout le monde connaît. En Angleterre, en effet, ce fut durant la lutte entre le roi et les barons, alors que les factions se faisaient à peu près équilibre, et que les populations des villes s'étaient tellement augmentées par le commerce, que leur concours prenait de l'importance, que les villes purent jouer un rôle appréciable, en premier lieu comme alliés à la guerre, et ensuite comme participant au gouvernement. On ne peut douter que lorsque le parlement de 1265 fut convoqué, où prirent place non seulement des chevaliers du comté, mais des députés des villes et des bourgs, Simon de Montfort n'eût le désir de se fortifier contre le pouvoir royal soutenu par le pape. Qu'il ait voulu augmenter le nombre de ses partisans ou se procurer des ressources d'argent plus abondantes, ou qu'il ait recherché ces deux avantages à la fois, il faut également admettre que les populations urbaines étaient devenues une partie relativement importante de la nation. Cette interprétation est en harmonie avec les événements subséquents. En effet,

1. Dunham, *History of Spain*, IV, 158.

si la représentation des villes fut supprimée quelque temps
après, elle ne tarda pas à reparaître, et elle fut rétablie en
1295. D'après Hume, une telle institution « n'aurait pu arriver à un développement si vigoureux, ni fleurir au milieu
des tempêtes et des convulsions », si elle n'avait pas été de
celles « auxquelles l'état général des choses avait déjà préparé la nation [1]. » Mais il convient d'ajouter que cet « état
général des choses », c'était l'augmentation de la masse,
des communautés industrielles libres, et par suite l'accroissement de leur influence.

Nous trouvons la confirmation de nos idées dans les faits
où l'on voit que la puissance gagnée par le peuple à l'époque où le pouvoir du roi et celui de l'aristocratie se trouvaient diminués par leurs dissensions, succombe de nouveau dès que la vieille organisation recouvre sa stabilité et
son activité, si le développement industriel n'a pas fait des
progrès dans la même proportion. L'Espagne, ou pour
mieux dire la Castille, en offre un exemple. La part que ces
communautés industrielles, formées pendant la colonisation
des terres incultes, avaient su acquérir dans le gouvernement, ne fut plus, au bout de quelques règnes marqués par
des guerres heureuses et des annexions, qu'un pur simulacre.

§ 499. Il est instructif de remarquer comment ce premier mobile de la coopération qui donne naissance à l'union
sociale en général continue plus tard à donner naissance à
des unions spéciales au sein de l'union générale. En effet,
de même que l'action militaire à l'extérieur inaugure et
favorise l'organisation de l'ensemble, de même l'action

---

1. Hume, *History of England.*

militaire à l'intérieur inaugure et favorise l'organisation
des parties, alors même que ces parties, industrielles par
leurs fonctions, n'ont dans leur essence rien de militaire.
Quand on lit leur histoire, on voit que les groupes grandis-
sants d'individus qui formaient des villes, où ils menaient
une vie essentiellement caractérisée par l'échange continu
de services d'après accord, développèrent leurs appareils
gouvernementaux durant leurs luttes persistantes avec les
groupes militaires qui les environnaient.

Nous voyons d'abord que les établissements de commerçants, qui acquirent de l'importance et obtinrent des
chartes royales, se trouvaient par le fait dans des situations
quasi militaires, devenaient avec quelques différences des
tenanciers féodaux de leurs rois, et portaient des res-
ponsabilités collectives. D'ordinaire, ils payaient des droits
de divers genres, équivalents en somme à ceux que payaient
les tenanciers féodaux, et, comme ceux-ci, ils étaient tenus
au service militaire. Dans les villes espagnoles qui possédaient des chartes, « tout habitant devait le service militaire [1]; » et « tout homme possédant une propriété d'une
certaine étendue était tenu de servir à cheval, ou de payer
une certaine somme. » En France, « dans les chartes d'incorporation des villes, le nombre de soldats exigés était
ordinairement fixé expressément [2]. » Enfin, dans les bourgs
royaux d'Ecosse, « tout bourgeois était vassal immédiat de
la couronne [3]. »

Remarquons ensuite que les villes industrielles, ordinairement formées par la fusion de divisions rurales préexistantes, devenues populeuses à cause de circonstances locales

1. Hallam, *L'Europe au moyen âge*.
2. Id., *ibid*.
3. Burton, *History of Hollands*, II, 168.

qui favorisaient quelque genre d'industrie, et bientôt lieux
de refuge pour les fugitifs et d'asile pour les serfs évadés,
soutenaient en face des petits groupes féodaux qui les entouraient, une relation semblable à celle que ceux-ci soutenaient les uns en face des autres : elles leur disputaient des
adhérents et souvent se fortifiaient. Quelquefois, comme en
France au XIII° siècle, des villes devinrent suzeraines, et
les communes possédaient le droit de guerre dans beaucoup
de circonstances. En Angleterre, dans les premiers siècles,
les villes maritimes se faisaient la guerre les unes aux autres.

Ajoutons que ces cités et ces bourgs, à qui des chartes
royales ou d'autres causes avaient donné la faculté d'administrer leurs propres affaires, formaient d'ordinaire chez
elles des coalitions en vue de se protéger. En Angleterre,
en Espagne, en France, en Allemagne, quelquefois avec
l'assentiment du roi, quelquefois en dépit de sa résistance,
comme en Angleterre, quelquefois par défi à son autorité,
comme dans l'ancienne Hollande, il se forma dans les villes
des corporations. L'origine de ces corporations remontait
à quelque union naturelle entre des personnes liées par la
parenté. Il en sortit bientôt des corporations de marins
et des corporations de marchands ; rattachées ensemble
par une relation de défense mutuelle, elles formèrent la
base de l'organisation municipale qui effectua la défense
générale contre les agressions des nobles.

Disons-le encore, dans les pays où les luttes entre les
sociétés industrielles et les sociétés militaires environnantes
étaient violentes et longues, les sociétés industrielles se
coalisaient pour se défendre. En Espagne, quand les « poblaciones » furent devenues prospères, il leur arriva
d'être envahies et pillées par des seigneurs féodaux voisins ; elles firent des ligues pour se protéger mutuelle-

ment. Plus tard, pour répondre à des besoins analogues, des confédérations plus étendues de villes et de cités, avec des sanctions pénales sévères pour la transgression des obligations communes, se formèrent en vue d'une assistance mutuelle pour résister aux attaques des rois et des nobles. En Allemagne encore, nous voyons l'alliance perpétuelle conclue par soixante villes du Rhin en 1255, lorsque, durant les troubles qui suivirent la déposition de l'empereur Frédéric II, la tyrannie des nobles devint insupportable. Des motifs analogues donnèrent lieu à des ligues analogues en Hollande et en France. En sorte que, à la fois en petit et en grand, des groupes industriels qui se forment çà et là au sein d'une nation sont, dans bien des cas, forcés par les luttes locales de prendre en partie les fonctions et la structure que la nation dans son ensemble est forcée de prendre pour lutter avec les nations qui l'entourent.

Ce qui nous importe, c'est de savoir que, si l'industrialisme se trouve arrêté par un retour à l'état militaire, le développement de la puissance du peuple s'arrête. Surtout lorsque, dans les républiques italiennes par exemple, les guerres défensives font place aux guerres offensives, et que l'ambition s'allume de conquérir d'autres territoires et d'autres villes, le régime de liberté propre à la vie industrielle se trouve barré, quand il n'est pas renversé, par le régime coercitif propre à l'état militaire. Ou bien, lorsque, comme en Espagne, les luttes entre villes et nobles continuent durant longtemps, l'essor des institutions libres s'arrête, puisque dans ces conditions il ne saurait exister ni la prospérité commerciale que produit l'accroissement de la population des villes, ni la culture de l'état mental propre à cette prospérité. On peut en conclure que le développement de la puissance populaire qui accompagne le développement industriel en Angleterre provient en grande partie de la faible intensité des luttes entre les groupes industriels et les groupes féodaux environnants. Les effets de la vie commerciale furent moins dérangés ; et les centres politiques locaux, urbains et ruraux, purent librement s'unir pour limiter l'autorité du centre général.

§ 500. Examinons maintenant plus spécifiquement comment s'acquiert l'influence gouvernementale du peuple. L'histoire des organisations d'un genre quelconque nous montre que le but auquel sert un arrangement dans le principe n'est pas toujours celui auquel il sert à la fin. Il en est ainsi dans le cas qui nous occupe. C'est plutôt par la reconnaissance d'obligations que par celle des droits que l'accroissement de la puissance populaire s'est fait d'ordinaire. Même la révolution opérée à Athènes par Clisthène prit la forme d'une redistribution des tribus et des dèmes en vue d'une répartition des taxes et du service militaire. A Rome, aussi, l'extension de la puissance de l'oligarchie, qui se produisit sous Servius Tullius, eut pour motif ostensible le but d'imposer aux plébéiens des obligations qui jusqu'à cette époque n'avaient pesé que sur les patriciens. Mais pour mieux comprendre cette relation primitive qui relie le devoir avec le pouvoir, où le devoir est originel et le pouvoir dérivé, remontons une fois encore au commencement.

En effet, quand nous nous rappelons que l'assemblée politique primitive est au fond un conseil de guerre, formé de chefs qui discutent en présence de leur suite, et que dans les premiers temps tous les mâles adultes libres, étant des guerriers, sont appelés à se réunir pour concourir à

des actions défensives et offensives, nous comprenons que,
dans le principe, la présence des hommes libres armés dans
l'assemblée est l'accomplissement du service militaire où ils
sont tenus, et que le pouvoir qu'ils exercent, quand ils sont
assemblés, n'est qu'une conséquence. Les époques plus
récentes offrent des preuves évidentes que tel est l'ordre
normal; en effet, cet ordre se reproduit, lorsque, après une
dissolution politique, l'organisation commence *de novo*.
Voyez les cités italiennes, où, les *parlements* primitifs,
assemblés au son du tocsin pour la défense commune,
comptaient tous les hommes en état de porter les armes :
l'obligation de combattre est la première en date, et le
droit de vote vient le second. Naturellement, ce devoir de
présence à l'assemblée survit lorsque l'assemblage primitif
assume d'autres fonctions que celle du genre militaire,
comme le prouve le fait déjà mentionné que chez les
Scandinaves il était « honteux aux hommes libres de ne
pas assister [1] » à l'assemblée annuelle, et comme le montrent d'autres faits, à savoir l'obligation pour tous les
hommes libres d'assister à la centurie, sous les Mérovingiens, « les amendes qui frappaient ceux qui ne se rendaient pas aux assemblés [2] » à l'époque carlovingienne,
enfin l'obligation, en Angleterre, pour tous les hommes
libres du rang inférieur, aussi bien que pour les autres,
« d'assister au *shire-moot* et à l'*hundred-moot* » sous peine
de « grosses amendes s'ils négligeaient ce devoir [3]. »
Ajoutons qu'au xiiie siècle, en Hollande, quand les bourgeois s'assemblaient pour discuter quelque question d'intérêt public, « quiconque sonnait la cloche de la ville,

---

1. Mallet, *Northern antiquities*, 291.
2. Guizot, *Histoire de la civilisation*.
3. Stubbs, *The constitutional History of England*, I, 397.

excepté du consentement général, ou ne se montrait pas quand elle tintait, s'exposait à une amende [1]. »

Après avoir reconnu cette relation primitive entre le devoir et le pouvoir du peuple, nous comprendrons plus nettement la relation quand nous la verrons reparaître lorsque le pouvoir populaire commence à revivre au cours de l'accroissement de l'industrialisme. En effet, nous voyons ici que l'obligation est le fait primaire, et la puissance le fait secondaire. C'est principalement en tant que fournissant une assistance au souverain, en général pour des motifs militaires, que les députés des villes prennent part aux affaires publiques. Alors reparaît sous une forme complexe le fait que nous avons vu sous une forme simple à une époque plus ancienne. Arrêtons-nous un moment pour examiner la transition.

Ainsi que nous l'avons vu en traitant des institutions cérémonielles, les revenus des chefs proviennent, d'abord complètement et plus tard en partie, de présents. Les occasions où les assemblées se rassemblent pour discuter les affaires publiques (principalement les opérations militaires pour lesquelles des fournitures sont un élément nécessaire) deviennent naturellement des occasions où l'on offre et l'on reçoit les présents attendus. Lorsque, grâce à des guerres heureuses, le roi guerrier fond de petites sociétés en une grande nation, quand « son pouvoir s'accroît en intensité à mesure que le royaume s'accroît en étendue [2] », pour citer l'expression lumineuse du professeur Stubbs; enfin lorsque, comme conséquence, les dons quasi volontaires deviennent de plus en plus obligatoires, encore qu'ils conservent les noms de *donum* et *auxilium;* il arrive en général que ces

---

1. Motley, *Rise of the Dutch Republic*, I, 32.
2. Stubbs, *loc. cit.*, I, ch. VII.

exactions, passant la limite tolérable, provoquent la résistance, d'abord passive et, dans les cas extrêmes, active. Si
les troubles qui en sont la conséquence affaiblissent beaucoup le pouvoir royal, il est probable que la restauration
de l'ordre, s'il se rétablit, se fera, parce qu'on comprendra
qu'il faut remettre en vigueur le système primitif des dons
volontaires avec les modifications nécessaires. Ainsi, lorsqu'en Espagne, à la mort de Sanche Ier, des troubles écla-
tèrent, les députés des trente-deux places qui s'assemblèrent à Valladolid décidèrent que l'on répondrait aux
demandes du roi réclamant les droits accoutumés, en
mettant à mort son envoyé; et le roi se trouvant dans la
nécessité de gagner l'adhésion des villes pendant sa lutte
contre un prétendant dut tolérer cette attitude. Pareillement, au siècle suivant, pendant les disputes que suscita
la régence durant la minorité d'Alphonse XI, les cortés
de Burgos demandèrent que les villes « ne contribuassent
pas au delà de ce qui était prescrit dans leurs chartes [1]. »
Des causes analogues opérèrent des résultats analogues en
France, comme lorsqu'une ligue insurrectionnelle obligea
Louis le Hutin à octroyer des chartes aux nobles
et aux bourgeois de Piçardie et de Normandie, par lesquelles il renonçait au droit de leur imposer des taxes
illégales; enfin, à diverses époques, on assembla les
Etats généraux dans le but de réconcilier la nation avec
les impôts levés pour faire la guerre. Il ne faut pas
oublier qu'en Angleterre, après quelques tentatives telles
que celle de Saint-Alban's et celle de Saint-Edmond's, les
nobles et le peuple réussirent, à Runnymede, à interdire
au roi certains actes tyranniques, et entre autres celui de

---

1. Dunham, *History of Spain*, IV, 158.

lever des impôts sans le consentement de ses sujets.

Qu'est-il résulté des arrangements politiques obtenus, avec des modifications dues aux conditions locales, dans différents pays dans des circonstances semblables? Evidemment, quand le roi, empêché d'imposer des demandes illégitimes, en fut réduit pour obtenir des subsides à solliciter ses sujets ou les plus puissants d'entre eux, le motif qui le poussa à les assembler, ou leurs représentants, ne fut avant tout que le désir d'avoir ces subsides. On peut supposer que ce motif de convoquer les assemblées nationales est le principal, parce qu'il était le principal aussi quand il s'agissait jadis de convoquer les assemblées locales. On lit par exemple dans un *writ* de Henri Ier relatif aux *shire-moots*, dans lequel il prétend rétablir les anciennes coutumes, ces mots : « je ferai convoquer ces cours quand mes besoins l'exigeront et à mon gré [1]. » Voter de l'argent, tel est donc le principal but pour lequel les principaux de l'Etat et ses représentants sont assemblés.

§ 501. De la capacité de prescrire les conditions sous lesquelles l'argent sera voté, vient la capacité et finalement le droit de prendre part à la législation. Cette relation se trouve vaguement ébauchée dans les premiers temps de l'évolution sociale. Faire des présents et obtenir redressement des griefs, voilà deux faits qui marchent ensemble dès le commencement. En parlant des présents, nous avons cité l'exemple de Goulab Singh. « Si du milieu d'une foule quelqu'un pouvait attirer ses regards en levant en l'air une roupie et en criant ces mots : Maharajah, une pétition! il fondait comme un épervier sur l'argent, s'en emparait et

---

1. Stubbs, *loc. cit.*, I, 3 8.

ensuite écoutait patiemment le pétitionnaire [1]. J'ai au même endroit donné d'autres exemples de la relation qui existe entre l'acte de fournir un aide à l'organe gouvernant et celui de lui demander protection. A l'appui de tous ces exemples, on peut en apporter d'autres, par exemple celui de l'Angleterre, où « la cour du roi, bien que cour suprême du royaume, ne s'ouvrait qu'à ceux qui apportaient des présents au roi [2], » et où le moyen de s'épargner des dommages et de se mettre à l'abri de toute agression était d'employer la corruption. Selon Hume, cet état de choses en Angleterre avait son pendant sur le continent.

Si telle est la relation primitive qui unit l'appui donné au chef politique et la protection exercée par ce chef, le rôle des corps parlementaires, quand ils prennent naissance, devient clair. De même que dans l'assemblée primitive, composée du roi, des chefs militaires et des hommes libres armés, assemblée qui gardait en grande partie la forme primitive, comme en France aux temps mérovingiens, l'offre des présents marchait avec le traitement des affaires publiques, judiciaires aussi bien que militaires; de même que, dans l'ancien *shire-moot* anglais, l'expédition des affaires locales, y compris l'administration de la justice, n'allait pas sans prestations en moutons, et sans le payement « d'un abonnement pour le *feorm-fultum*, ou entretien du roi [3]; » de même aussi, lorsque la résistance aux excès du pouvoir royal amena la convocation d'assemblées de nobles et de

1. Ce passage nous fait non seulement apercevoir la relation initiale, mais il nous apprend qu'au début se pose la question de savoir si la protection vient en premier lieu et le payement ensuite, ou le payement d'abord et la protection après. En effet, après les mots cités, nous lisons : « Une fois, un homme lui adressa une plainte d'après ce procédé; au moment où le maharajah voulut prendre la roupie, il ferma sa main et lui dit : — Non, écoute d'abord ce que j'ai à dire. »

2. Hume.

3. Stubbs, *loc. cit.*, I, 177.

représentants à l'appel du roi, on vit reparaître sous une forme plus relevée ces demandes simultanées d'argent d'une part et de justice de l'autre. Nous pouvons tenir pour certain que, tant que l'humanité ne changera pas, l'égoïsme des intéressés demeurera le facteur principal; de part et d'autre, on cherchera à donner le moins possible et à obtenir le plus possible, selon les circonstances. La France, l'Espagne et l'Angleterre fournissent des exemples qui concourent à le prouver.

Quand le roi de France, Charles V, en 1357, après avoir congédié les Etats généraux auxquels il reprochait de prétendus empiètements sur ses droits, se procura de l'argent en abaissant un peu plus le titre des monnaies, une sédition éclata à Paris, où la vie du roi fut menacée. Trois mois plus tard, il fut obligé de convoquer de nouveau les Etats et d'y faire droit aux réclamations de la précédente assemblée, en même temps qu'on lui votait des subsides pour la guerre. Dans une autre assemblée des États généraux en 1366, dit Hallam, « on représenta énergiquement la nécessité de restaurer le titre des monnaies comme la première condition que l'on mettait à concéder de nouveaux impôts; le peuple avait été trop longtemps trompé par la monnaie avilie de Philippe le Bel et de ses successeurs [1]. » En Espagne, les villes annexées, assujetties de par leurs chartes à certaines taxes et à certains services, avaient à chaque instant à résister à des demandes illégitimes; tandis que les rois ne cessaient de promettre de ne rien prendre au delà de ce que les lois et les coutumes leur attribuaient, et ne cessaient pas davantage de violer leurs promesses. En 1328, Alphonse XI « s'engagea à ne plus commettre d'exaction,

1. Hallam, *loc. cit.*

à ne plus faire payer de taxe, générale ou partielle, qui ne fût pas déjà établie par la loi, sans l'assentiment préalable de tous les députés réunis dans les Cortès. » Ce qui montre combien les rois observaient peu ces garanties, c'est qu'en 1393 les Cortès, en octroyant un subside à Henri III, inscrivirent la condition suivante : « le roi devait jurer devant l'un des archevêques de ne prendre ni demander argent, service ou emprunt, ou quoi que ce fût, aux cités ou aux villes, ou aux individus leur appartenant, sous aucun prétexte de nécessité, tant que les trois états du royaume n'auraient pas été au préalable convoqués et assemblés dans leurs Cortès selon l'antique usage [1]. » Il en fut de même en Angleterre à l'époque où la puissance parlementaire s'établit. En même temps que la fusion nationale s'opérait, l'autorité royale marchait vers un absolutisme presque complet, mais une réaction donna naissance à une résistance d'où sortit d'abord la Charte et plus tard la lutte prolongée du roi et du peuple, le roi essayant de briser ses entraves et ses sujets cherchant à les maintenir et à les fortifier. Le douzième article de la Charte disposait qu'aucun écuage ou aide, sauf ceux établis, ne pourrait être imposé sans l'aveu du conseil national. On vit, avant et après l'extension de l'autorité des parlements, renaître sans cesse des tentatives, du côté du roi pour obtenir des subsides sans redresser les griefs, et du côté du parlement pour subordonner le vote des subsides à l'accomplissement des promesses de redressement.

L'établissement du pouvoir du peuple dépend de l'issue de cette lutte; on en voit la preuve en comparant l'histoire des parlements français et espagnols avec celle du parlement

1. Hallam, *loc. cit.*

anglais. Les citations que nous avons rapportées montrent
que les Cortès établirent dans le principe et maintinrent
pour un temps le droit d'accorder et de refuser au roi ses
demandes d'argent et de lui imposer leurs conditions; mais
en définitive elles échouèrent dans cette tâche. « Dans la
lutte pour la liberté espagnole sous Charles Iᵉʳ, la couronne
négligeait de répondre aux pétitions des Cortès, ou elle se
servait de réponses générales et dilatoires. Cela donna lieu
à bien des remontrances. Les députés insistèrent en 1523
pour avoir des réponses avant de donner de l'argent. Ils y
revinrent en 1525 et obtinrent une loi générale insérée
dans la *Recopilation*, disposant que le roi répondrait à
toutes les pétitions avant de dissoudre l'assemblée. Toutefois cette loi fut violée comme les autres. Bientôt arriva la
décadence du pouvoir parlementaire. Le changement opéré
en France n'eut pas la même forme, mais il fut de même
nature. Nous avons vu que les États généraux avaient fait
de l'octroi des taxes la condition du redressement des griefs;
ils se trouvèrent plus tard amenés à abandonner ce pouvoir,
qui était une entrave pour le roi. Charles VII « obtint des
États du domaine royal réunis en 1439 que les tailles seraient déclarées permanentes, et, depuis 1444, il les leva
sans interruption et sans vote préalable. La permanence
des tailles s'étendit aux provinces annexées à la couronne;
mais celles-ci conservèrent le droit de les voter par leurs
états provinciaux... Dans les mains de Charles VII et de
Louis XI, l'impôt royal s'affranchit de tout contrôle... Il
augmenta de plus en plus [1]. » D'où, selon Dareste, cet effet
que, « lorsque les *tailles* et les *aides* furent devenues permanentes, et que la convocation des États généraux cessa d'être

1. Dareste de La Chavanne, *Histoire des classes agricoles*, II, 57.

nécessaire, il n'y eut guère plus d'assemblées que pour la forme. » Mais en Angleterre, durant le siècle qui suivit l'établissement définitif du parlement, les luttes incessantes nécessitées par les échappatoires, les tromperies, les mensonges des rois, eurent pour effet l'accroissement du pouvoir qu'avait le parlement de supprimer les subsides tant qu'il n'avait pas été fait droit aux pétitions.

Nous reconnaissons que ce résultat a été favorisé par les conflits des factions politiques, qui diminuaient la puissance coercitive du roi ; mais nous devons insister sur ce fait que l'accroissement d'une population industrielle libre en a été la cause fondamentale. La convocation des chevaliers du comté, représentants de la classe des petits propriétaires fonciers, qui précédait dans quelques circonstances la convocation des députés des villes, donne à penser que l'importance de cette dernière classe augmentait à titre de source de revenu pour la couronne ; quand les députés des villes furent convoqués au parlement de 1295, on vit à la formule de convocation que le motif de l'appel royal était d'obtenir de l'argent d'une partie de la population devenue relativement considérable et riche. Déjà le roi avait en plus d'une occasion envoyé des agents spéciaux aux comtés et aux bourgs pour en obtenir des subsides pour ses guerres. Déjà il avait assemblé des conseils provinciaux formés de représentants des cités, des bourgs, des villes à marché, afin d'en tirer des votes d'argent. Enfin, quand le grand parlement fut convoqué, le motif exposé dans les lettres de convocation fut que les guerres avec le pays de Galles, l'Écosse et la France mettaient le royaume en péril : cela veut dire que la nécessité d'obtenir des subsides amena la couronne à reconnaître les villes aussi bien que les comtés.

Il en fut de même en Ecosse. La première occasion connue où l'on vit les représentants des bourgs prendre part à l'action politique c'est lorsque la nécessité devint pressante de prendre de l'argent à toutes les sources : à savoir « à Cambuskenneth, le 15 juillet 1326, quand Bruce demanda à son peuple un revenu pour faire face aux dépenses de sa glorieuse guerre et aux besoins de l'Etat, revenu qui lui fut accordé par les earls, les barons, les bourgeois et les francs-tenanciers, assemblés en parlement plénier [1]. »

Ces exemples nous montrent à la fois que l'obligation est le fait primitif et la puissance le fait dérivé, et que c'est l'accroissement de la masse qui mène la vie de coopération volontaire, et non la vie de coopération obligatoire, c'est-à-dire en partie la classe rurale des petits francs-tenanciers et plus encore la classe urbaine des commerçants, qui inaugure la représentation du peuple.

§ 502. Reste encore une question. Comment le corps représentatif se sépare-t-il du corps consultatif? D'abord les assemblées nationales conservent la forme primitive des conseils de guerre et sont mixtes. Les *armes* différentes, comme on appelait les États en Espagne, forment d'abord un corps unique. La première fois que les chevaliers des comtés furent convoqués, en Angleterre, pour représenter les nombreux petits tenanciers du roi, obligés au service militaire, ils siégèrent et votèrent avec les grands tenanciers. Comme les villes étaient à l'origine même, dans la position des autres fiefs, ceux qui les représentaient n'avaient pas une situation sans analogie avec

---

1. Cosmo Innes, *Lectures on Scoth legal Antiquities*, 116.

celle des chefs féodaux; d'abord ils s'assemblaient avec ceux-ci, et dans certains cas ils restèrent unis avec eux, comme cela paraît être devenu l'habitude en France et en Espagne. Dans quelles circonstances, alors, les corps con-sultatif et représentatif se différencient-ils? C'est une ques-tion à laquelle il ne paraît pas y avoir de réponse très satisfaisante.

De très bonne heure, nous pouvons voir s'esquisser une tendance à la séparation déterminée par la dissemblance des fonctions. A l'époque carlovingienne en France, il y avait deux rassemblements annuels, l'un plus grand, où tous les hommes libres portant les armes avaient le droit d'assister; l'autre plus petit, formé de plus grands person-nages et délibérant sur des affaires plus spéciales. « Si le temps était beau, tout se passait en plein air ; sinon, dans des bâtiments séparés... Quand les seigneurs laïques et ecclé-siastiques furent.... séparés de la multitude, il demeura fa-cultatif pour eux de siéger ensemble ou séparément, selon les affaires qu'ils avaient à traiter [1]. » En d'autres temps et d'autres lieux, nous trouvons la preuve que la différence des fonctions est la cause de la séparation. Les assemblées nationales en armes des Hongrois étaient primitivement mixtes. « La dernière réunion de ce genre, dit Lévy, eut lieu quelque temps avant la bataille de Mohacz ; mais, bientôt après la diète se divisa en deux chambres : la table des magnats et la table des députés [2]. » En Écosse, les trois États s'étant rassemblés et souhaitant, pour des raisons d'économie et de convenance, se dispenser de leurs fonc-tions le plus tôt possible, « élurent certaines personnes pour tenir le parlement, qui se divisa en deux corps, l'un

1. *Ordonnances des rois de France*, II, 201.
2. Lévy, *L'Autriche-Hongrie, etc.*, 165.

pour les affaires générales du roi et du royaume, et l'autre, plus petit, pour juger les causes en appel [1]. » En Angleterre, bien que les lettres par lesquelles Simon de Montfort convoqua son parlement, ne fissent aucune distinction entre les magnats et les députés, celles qui furent envoyées, durant la génération suivante, alors que le parlement était une institution fondée, firent cette distinction : « l'invitation adressée aux magnats portait expressément qu'il leur serait demandé conseil, et celle qui était adressée aux représentants leur demandait action et consentement [2]. » Il est donc évident que, puisque le corps des magnats antérieurement formé était habituellement convoqué dans un but de consultation, spécialement militaire, tandis que les représentants, corps ajouté au premier plus tard, n'étaient convoqués que pour accorder de l'argent, il existait dès le début une cause de séparation de ces deux corps. Diverses influences conspirèrent pour la produire. La différence des langues, qui durait encore et mettait obstacle à une discussion en commun, fournissait une raison de se séparer. Ajoutons-y l'effet de l'esprit de classe, dont nous avons une preuve très nette. Quoique dans la même assemblée, les députés des bourgs « siégeaient séparés des barons et des chevaliers, qui ne daignaient pas se mêler avec ces petites gens; » et probablement ces députés, gênés par la présence de supérieurs qui leur imposaient, préféraient prendre séance à part. En outre, la coutume voulait que les divers États se soumissent aux taxes en proportions différentes ; et l'usage avait pour effet de les obliger à tenir conseil séparément. Enfin, « quand les députés avaient donné leur consentement aux taxes que la couronne leur

1. Cosmo Innes, *loc. cit.*, 119.
2. Hume.

demandait, leur affaire était finie ; ils se séparaient, bien
que le parlement continuât encore à siéger et à discuter
les affaires nationales. » Ce dernier fait nous montre clairement que, si d'autres causes concouraient à produire la
séparation, la dissemblance des fonctions était la cause
essentielle qui à la longue rendit la séparation permanente
entre le corps représentatif et le corps consultatif.

Ainsi de peu d'importance d'abord, et grandissant en
puissance seulement parce que la partie libre de la société,
occupée de production et de distribution, grandissait en
masse et en importance, de sorte que ses pétitions, toujours
plus respectées et plus souvent obéies, devinrent la source
de la législation, le corps représentatif se trouva la partie
du gouvernement qui exprima de plus en plus les sentiments
et les idées de l'industrialisme. Tandis que le monarque et
la chambre haute sont les produits de l'ancien régime de
la coopération obligatoire, dont l'esprit s'y révèle encore,
mais en s'affaiblissant graduellement, la chambre basse est
le produit du régime moderne de coopération volontaire qui
remplace l'ancien ; et l'on voit graduellement cette chambre
basse réaliser les vœux du peuple habitué à une vie chaque
jour réglée par le contrat au lieu de l'être par la loi.

§ 503. Pour empêcher qu'on se méprenne, il faut, avant
de résumer ce chapitre, faire remarquer que nous ne tenons pas compte des corps représentatifs qu'on a vu créer
de toutes pièces dans les temps modernes. Les législations
coloniales, constituées délibérément d'après les traditions
apportées de la mère-patrie, ne sont des exemples de la
genèse des corps sénatorial et représentatif qu'en un sens
fort restreint : on y voit que les appareils des sociétés
mères se reproduisent dans les sociétés dérivées, selon que

les matériaux et les circonstances le permettent ; mais on n'y voit pas comment ces appareils se produisent. Il est encore moins besoin de mentionner les faits où après des révolutions, des peuples assujettis jusque-là au despotisme se mettent par imitation à créer soudainement des corps représentatifs. Nous n'avons à nous occuper ici que de l'évolution graduelle de ces corps.

Souverain dans le principe, encore que passif, le tiers élément de la politique triple et une, assujetti de plus en plus à mesure que l'activité militaire développe son organisation propre, reprend possession de la puissance quand la guerre cesse d'être permanente. La subordination se relâche aussitôt qu'elle devient moins impérative. La crainte respectueuse du chef, local ou général, et les manifestations concomitantes d'allégeance, diminuent, surtout lorsque le prestige de l'origine surnaturelle du chef s'évanouit. Les vieilles relations survivent longtemps sous des formes modifiées parmi les populations rurales ; mais les clans ou groupes féodaux rassemblés dans des villes, mêlés à de nombreux immigrants indépendants, deviennent de diverses façons moins gouvernables, en même temps que les habitudes qui y règnent façonnent l'éducation de leurs membres et les rendent plus indépendants. Les petits groupes industriels qui se forment de la sorte dans une nation consolidée et organisée par le régime militaire, ne peuvent manquer de prendre peu à peu une nature différente de celle du reste. Longtemps ils gardent quelque chose de militaire dans leur structure et leurs rapports avec les autres parties de la société. D'abord les villes à chartes vivent sur le pied de fiefs, s'acquittant des droits féodaux et du service militaire. Il s'y forme des associations d'un caractère plus ou moins coercitif, pour la protection mutuelle. Ils font souvent la guerre aux nobles voisins et se la font même entre eux. Fréquemment, ils concluent des ligues pour la défense commune. Lorsque cet état à demi militaire des villes se conserve, le développement industriel et l'accroissement concomitant de la puissance populaire s'arrêtent.

Mais, lorsque les circonstances ont favorisé l'activité commerciale et l'accroissement de la population qui s'y adonne, celle-ci devient un élément considérable de la société et fait sentir son influence. L'obligation primitive de rendre argent et service militaire au chef de l'Etat, souvent contestée, est rejetée quand les exactions deviennent excessives ; et la résistance conduit à adopter des mesures de conciliation. Le chef de l'Etat en vient à demander le consentement du peuple au lieu de recourir à la contrainte. S'il n'y a pas d'antagonisme local, on voit dans les occasions où le chef politique soulève les colères par ses injustices, et où des défections l'affaiblissent, s'opérer une coalition du peuple avec d'autres classes de sujets opprimés. Des hommes qui n'étaient dans le principe députés qu'avec la mission d'autoriser le chef à imposer des taxes se trouvent en état, lorsque la puissance d'où ils émanent s'accroît, d'imposer de plus en plus énergiquement les conditions qu'ils mettent à leur consentement. Enfin, à force de céder à leurs réclamations pour obtenir leur assistance, le chef introduit l'usage de leur abandonner une part dans le rôle de législateur.

Finalement, en vertu de la loi générale, de l'organisation d'après laquelle la différence de fonctions amène une différenciation et une division des parties qui les accomplissent, une séparation s'opère. D'abord convoqués dans l'assemblée nationale pour des fins en partie semblables et en partie

dissemblables à celles des autres membres, les membres
élus montrent une tendance ségrégative, qui aboutit,
lorsque la position industrielle de la société continue à
gagner en puissance, à la formation d'un corps représentatif distinct du corps consultatif primitif.

# CHAPITRE X

## LES MINISTÈRES

§ 504. Dès les premières phases de l'évolution sociale, on trouve des hommes choisis par le chef pour l'aider : des hommes dont les situations et les devoirs sont alors vagues et variables. Au début, il n'y a point de motif au choix des aides si ce n'est la considération de la sécurité, de la convenance ou du goût. Voilà pourquoi nous rencontrons des ministres d'origine tout à fait différente.

La parenté est un motif du choix dans certains pays et à certaines époques. Chez les Bachassins par exemple, le frère du chef porte des ordres et les fait exécuter sous ses yeux. Il en était de même jadis au Japon, où le fils de l'empereur était premier ministre et où les daïmios avaient pour conseillers les cadets de leur famille. Dans l'ancienne Egypte aussi, « les principaux officiers de la cour ou de l'administration étaient, paraît-il, au début, les parents [1] » du roi. Souvent, sans doute, la jalousie exclut les parents des princes de ces places où l'autorité réside, mais ailleurs

1. Wilkinson, *Manners and Customs of the Ancient Egyptians*, I, 524.

l'amour propre familial et la confiance dans les parents, comme aussi la croyance que le désir de la prééminence de la famille assurera la fidélité, seront la cause que le chef employera ses frères, ses cousins, ses neveux, etc.

Un fait plus général, c'est l'évolution insensible qui transforme les serviteurs attachés à la personne, les domestiques, en serviteurs de l'État. Ceux qui sont en contact constant avec le chef ont des occasions de favoriser ou d'empêcher tout commerce avec lui, de l'influencer par leurs décisions, d'aider à l'exécution de ses commandements ou d'y mettre obstacle ; enfin ils acquièrent de la puissance et deviennent peu à peu ses agents consultants ou exécutants. Depuis les temps les plus reculés, nous en trouvons des exemples. Dans l'ancienne Égypte, « l'office de porte-éventail du roi était une fonction très honorable, que nul si ce n'est les princes royaux ou les fils de la première noblesse, avaient seuls le droit d'occuper. Ils formaient la principale partie de l'état-major du roi ; en campagne, ils accompagnaient le monarque pour recevoir ses ordres, ou ils recevaient le commandement d'une division de l'armée [1]. » En Assyrie, les gens de la suite du roi qui s'élevaient ainsi au pouvoir n'étaient pas de ses parents, mais des eunuques ; il en était de même en Perse. « Dans les derniers temps, les eunuques acquirent une immense autorité politique et remplirent tous les principaux emplois de l'État. Ils étaient au palais les conseillers du roi, et en campagne ses généraux [2]. »

L'Occident nous fournit des exemples analogues. Chez les Germains primitifs, on voit apparaître la tendance pour les officiers de la maison du roi à devenir des fonction-

---

1. Wilkinson, *loc. cit.*, V, 295.
2. Rawlinson, *Five Ancient Monarchies*, IV, 175.

naires politiques : on l'aperçoit nettement à l'époque mérovingienne. Le sénéchal, le maréchal, le chambellan, deviennent des fonctionnaires publics. Jusqu'à la fin de l'époque
féodale en France, l'administration de l'État, celle de la maison du roi restèrent confondues. Il en fut de même dans les
anciens temps de l'Angleterre. Selon Kemble, les quatre
grands officiers de la cour et de la maison étaient le Hrœge-
thegn (serviteur de la garde-robe), le Horsthegn (d'abord
le maître du cheval, puis le commandant des troupes de la
garde, enfin le connétable ou le grand maréchal), le Dis-
cthegn (thane de la table, plus tard sénéchal), le bouteiller
(peut-être Byrele ou Scenca). Il en fut de même sous les
conquérants normands; et il en a été ainsi en quelque
sorte jusqu'à nos jours [1].

Outre les parents et les serviteurs, les amis sont naturellement chargés par le chef de lui procurer des informations,
de lui donner des avis, de porter ses ordres. Dans l'antiquité, les Hébreux nous en fournissent un exemple. Ewald
remarque que dans les petits royaumes voisins du peuple
d'Israël, dans les premiers temps, il était d'usage que le chef
eût auprès de lui un ami pour l'aider, et il nous fait voir
que sous David, avec un État plus vaste et une administration plus compliquée, « les divers départements étaient nécessairement plus divisés, et les nouvelles fonctions d'*amis*
ou de ministres du roi acquéraient une sorte d'importance
indépendante [2]. » Des besoins semblables produisirent des
effets analogues dans les premiers jour de l'empire romain.
« Auguste, dit Duruy, qui se disait un pur citoyen romain,
ne pouvait, comme un roi, avoir des ministres, mais seulement des amis qui l'aidaient de leur expérience... La mul-

1. Kemble, *The Saxons in England*, II, 105.
2. Ewald, *Histoire d'Israël*, III.

titude des questions... l'amena plus tard à distribuer les
principales affaires régulièrement entre ses amis... Ce conseil s'organisa peu à peu [1]. » Plus récemment et dans d'autres
pays, nous voyons dans le groupe appelé « les amis du roi »
quelques hommes ou un seul, en qui le roi met sa confiance
et à qui il délègue son pouvoir. En Russie, le rapport qui
unissait Lefort à Pierre le Grand, en Espagne Albuquerque
à Pierre le Cruel, et en Angleterre Gaveston à Edouard II,
éclaire assez bien la genèse du pouvoir ministériel dans le
pouvoir acquis grâce à l'amitié et délégué par la confiance.
Aux exemples de ce genre, il faut ajouter ceux qui montrent
comment l'attachement entre les sexes joue son rôle. En
Castille, après la chute d'Albuquerque toutes les charges de
la cour furent remplies par les parents de la maîtresse du
roi; en France, sous Louis XV, « le seul gouvernement
visible fut celui des femmes [2], » depuis Mme de Prie jusqu'à Mme du Barry; enfin, en Russie, durant le règne de
Catherine II, ses amants possédèrent les uns après les autres le pouvoir politique; quelques-uns devinrent premiers
ministres et en fait des autocrates. Ces faits expriment
bien la tendance qui se révèle habituellement.

Le prêtre, qui passe pour être à même d'aider le chef par
des moyens surnaturels aussi bien que naturels, a toutes
les qualités pour devenir l'allié et l'agent de son choix.
Les Tahitiens avaient un premier ministre qui était aussi
un grand prêtre. En Afrique, chez les Eggarahs (nègres de
l'intérieur), un prêtre « remplit l'office de ministre de la
guerre [3]. » On voyait dans le Mizteca, province du Mexique,
comment la puissance politique des prêtres résulte de l'in-

---

1. Duruy, *Histoire des Romains*, III, 175.
2. E. et J. de Goncourt, *Histoire de la société française*, etc., 322.
3. Allen et Thomson, *Narrative of an Expedition to River Niger in* 1841. I, 527.

fluence qu'ils sont censés exercer sur les dieux. « Les caciques affichaient le plus profond respect pour les grands prêtres et ne faisaient rien sans prendre leur avis ; les prêtres commandaient les armées et gouvernaient l'État ; ils infligeaient la réprobation aux vices, et lorsque les coupables ne s'amendaient pas, ils les menaçaient de la famine, de la peste, de la guerre et de la colère des dieux. » En d'autres lieux de l'ancienne Amérique, au Guatemala, à la Vera-Paz, etc., on observe des faits analogues ; on en trouve aussi chez les peuples historiques, depuis les temps les plus reculés. Dans l'ancienne Egypte, les conseillers du roi appartenaient pour la plupart à la caste sacerdotale. Sous les empereurs romains, des ecclésiastiques devinrent ministres et conseillers secrets. Au moyen âge, les moines dominicains et franciscains occupaient les plus hautes charges politiques. Enfin, à des époques plus récentes, nous retrouvons la même relation dans la possession de la puissance ministérielle par des cardinaux, et en Russie par des patriarches. L'acquisition du pouvoir politique par les fonctionnaires de l'Église a quelquefois des causes spéciales, qu'il faut ajouter à la cause générale. Un chapelain royal, unissant dans sa personne le caractère du serviteur à celui du prêtre, soutient avec le roi des rapports dont l'effet nécessaire est presque toujours l'acquisition d'une grande influence. De plus, façonné par son éducation au travail d'un secrétaire, il se glisse naturellement dans certaines fonctions politiques, comme par exemple, en Angleterre, jadis, dans celles de chancelier.

Puisque au début, ces agents administratifs, quelque autre rôle qu'ils puissent remplir, sont ordinairement militaires et font partie du corps consultatif primitif, où ils prennent un rôle spécialisé, l'on peut dire, d'une manière générale, que c'est parmi les parents, les amis, les serviteurs ou les prêtres, unis par des rapports étroits avec lui, que le chef est obligé sous la pression des affaires de choisir des aides, et que leur destination et leurs fonctions, d'abord vagues et irrégulières, acquièrent peu à peu de la précision.

§ 505. S'il est beaucoup de traits de caractère des ministres et des ministères qui sont trop vagues pour servir de base à une généralisation, il en est d'assez constants, que l'on peut signaler sommairement.

Un agent de confiance acquiert communément du pouvoir sur son patron, c'est un fait qu'on observe partout. Même dans la maison d'un homme riche, il n'est pas rare qu'un premier serviteur, attaché à la maison depuis longtemps, gagne assez d'influence sur son maître pour le mener dans certaines affaires et même le gouverner. La même chose est souvent arrivée aux principaux fonctionnaires de l'Etat, et surtout lorsque la succession héréditaire est bien établie. Un chef qui, par l'effet de sa jeunesse, de sa paresse ou de l'amour des plaisirs, s'acquitte de ses devoirs par procuration, ou qui, par suite d'un goût personnel ou d'une entière confiance, se laisse aller à transmettre son autorité, finit par être si mal informé des affaires ou si étranger à la façon de les traiter, qu'il tombe presque sans pouvoir aux mains de son agent.

Lorsque la succession par hérédité est la loi d'une société et détermine son organisation, on voit quelquefois se manifester une tendance à l'hérédité non seulement de la souveraineté, mais aussi des charges qui se transforment en souveraineté déléguée. Sous les ducs de Normandie avant la conquête de l'Angleterre, les places de sénéchal, d'échanson, de connétable et de chambellan étaient « de grandes charges héréditaires [1]. » En Angleterre, à l'époque de Henri II, la succession des charges de grand sénéchal, de connétable, de chambellan, de bouteiller passait de père en fils dans les maisons de Leicester, Miles, Vere et Albini. Il en était de même en Ecosse à l'époque du roi David : « les charges de grand sénéchal et celles de connétable étaient devenues héréditaires dans les familles des Stuarts et des Morevils [2]. » Au Japon, le principe de l'hérédité de la fonction ministérielle était si bien établi qu'il assurait la suprématie aux ministres. Ces résultats sont les effets de causes et de méthodes analogues, celles qui amènent la royauté héréditaire. Lorsque, durant la dernière période de la féodalité, en France, par exemple, l'on voit les efforts tentés pour fixer dans certaines lignes de filiation les principales charges de l'Etat (efforts qui tantôt réussirent et tantôt échouèrent), on reconnaît que les ministres se servent des facilités qu'ils doivent à leur place, pour fixer l'hérédité de ces places dans leur famille, de la même manière que les rois l'avaient fait. De même qu'à l'époque où la royauté est élective, le roi est en état d'user des avantages qu'il tire de sa position pour assurer le trône à son fils, en le faisant élire de son vivant, et qu'il inaugure par là la succession héréditaire ; de même le ministre que l'on a laissé acquérir une grande puissance est tenté de l'employer à établir un monopole de sa charge chez ses propres descendants. Généralement, son désir rencontre une opposition efficace dans celui du souverain ; mais lorsque, au Japon, par exemple, la séquestration du souverain l'empêche de s'occuper des affaires, le désir du ministre se réalise.

---

1. Stubbs, *The Constitutional History of England*, I, 344.
2. C. Innes, *Lectures on Scotch legal Antiquities*, 120.

Seulement, comme ces luttes entre un roi et l'un de ses serviteurs, ou plusieurs d'entre eux, sont toujours près d'éclater, et que les efforts du roi pour maintenir son autorité sont quelquefois déjoués au point qu'il se voit contraint d'accepter des serviteurs héréditaires, il devient jaloux de ceux dont les intérêts sont en désaccord avec les siens, et cherche à se défendre en les chassant de leur charge. Par suite, il a un motif de choisir pour ministres des hommes qui, n'ayant pas d'enfants, ne sauraient fonder une maison, dont la puissance grandissante puisse lui disputer la suprématie; aussi, à certaines époques, voit-on les souverains donner la préférence à des prêtres célibataires. Ailleurs pour des motifs analogues, la préférence tombe sur des hommes qui n'appartiennent ni au clergé ni à la classe militaire; en France, par exemple, au xve et au xviie siècle, les rois préférèrent prendre leurs ministres dans la classe bourgeoise. La politique qui favorisait les villes contre les chefs féodaux les poussait à confier les emplois à des bourgeois au lieu de nobles. Dans d'autres conditions, ajoutons-le, ils ressentent de la jalousie pour les ecclésiastiques et les excluent du pouvoir. Plusieurs générations avant Pierre le Grand, le chef de l'Eglise de Russie « passait pour le second personnage de l'empire; on le consultait sur toutes les affaires d'Etat; mais, à la longue, l'orgueil ecclésiastique, perdant tout respect, dépassant toute mesure, tenta de dominer la puissance suprême; c'est alors que Pierre le Grand résolut d'abolir le patriarcat[1]. » Louis XIV et le pape se disputèrent la suprématie de l'Eglise française, et plus d'une fois des membres du clergé encouragèrent « les prétentions absolutistes des pontifes romains[2] » :

---

1. Fowler, *Lives of the Sovereigns of Russia*, I, 379.
2. Jervis, *History of the Gallican Church*, II, ch. II, 159.

aussi les prélats qui occupèrent des charges furent-ils
ceux qui subordonnèrent les buts cléricaux aux politiques; et, sous Louis XIV, à partir de 1661, « nul homme
d'Eglise ne fut admis à toucher la grande machine du
gouvernement [1]. » On retrouve en Angleterre, sinon aussi
nets, les effets de la même tendance. Au xvᵉ siècle, « on
voyait des ecclésiastiques secrétaires d'Etat, gardes du sceau
privé, conseillers privés, trésoriers de la couronne, ambassadeurs, commissaires chargés d'ouvrir le parlement, ou
de représenter l'Etat en Ecosse, présidents du conseil du roi.
surintendants des travaux royaux, chanceliers, gardes des archives, maîtres des rôles, etc [2]. » Mais, à mesure que l'Etat
entra en lutte avec l'Eglise, l'élément clérical disparut
d'abord en partie, ensuite complètement de l'administration. Sous Henri VIII, la charge de secrétaire du roi, et plus
tard celle de chancelier cessèrent d'appartenir à des prêtres; et dans le conseil des Seize, nommés pour gouverner
durant la minorité d'Edouard VI, il n'y avait que trois
membres appartenant aux ordres sacrés. Enfin si, durant
la courte époque où l'influence papale fut restaurée, les
prêtres surent reconquérir le rôle de ministres, cette époque passée, ils ne furent plus choisis.

Pour qu'un souverain soit en état d'empêcher que les
hommes dont il redoute l'ambition ou les intérêts occupent les hautes charges de l'Etat, il faut qu'il possède une
prépondérance suffisante. Une classe puissante qu'on frappe
d'exclusion, parce qu'elle est dangereuse, devient encore
plus puissante et ne peut être exclue; elle est en état de
monopoliser les fonctions administratives, ou en fait de
dicter le choix des ministres. Dans l'ancienne Egypte, où

---

1. Kitchen, *A History of France*, III, 210.
2. Turner, *History of England*, VI, 132.

le sacerdoce avait l'influence prépondérante, ses membres étaient chargés de l'administration : il en résultait que de temps en temps des prêtres usurpaient la royauté. L'époque où l'Église catholique était la plus puissante en Europe fut celle où les grandes charges politiques étaient occupées par des prélats. Dans d'autres circonstances, c'est la suprématie de la classe militaire qui se révèle. Au Japon, par exemple, c'étaient d'ordinaire des soldats qui étaient ministres et en réalité des usurpateurs. En Angleterre, à l'époque féodale, Henri III fut obligé par les barons d'accepter Hugh le Dépensier comme grand juge, et de confier les autres charges de sa maison à des personnes désignées par les vainqueurs. En Orient, jusqu'à nos jours, des changements de ministère ont été imposés par la soldatesque. Naturellement, les offices administratifs, comme toutes les autres places qui donnent le pouvoir, ont été un objet de compétition entre les chefs de la classe militaire, agents du souverain terrestre, et les chefs de la classe cléricale, qui se donnent pour les agents du souverain céleste; et la prépondérance de l'une ou de l'autre classe s'accuse souvent par le nombre des grandes charges de l'Etat qu'elles possèdent.

Ces faits montrent que, lorsqu'il n'existe aucune méthode régulière pour donner aux principaux conseillers et agents du souverain, la quantité de représentants autorisés de l'opinion publique, il s'établit néanmoins une procédure régulière grâce à laquelle se maintient un certain accord entre les actions des souverains délégués et la volonté de la société, ou jusqu'à un certain point la volonté de la partie de la société qui peut exprimer ce qu'elle veut.

§ 506. S'il était utile de creuser davantage le sujet, et moins difficile de rassembler les données nécessaires, on pourrait ajouter bien des choses à ce que nous avons dit de l'évolution de l'institution ministérielle.

Naturellement, on montrerait, dans une multitude de cas, comment, simple au début, elle devient composée; comment le serviteur unique du chef, qui l'aide en tout, fait place à un nombre de grands officiers du roi, qui se partagent des devoirs devenus eux-mêmes étendus et compliqués. En même temps que cette différenciation d'un ministère, on pourrait reconnaître l'intégration qui s'y opère dans certaines conditions; le changement qu'on aperçoit, part d'un état où les officiers de chaque département prennent chacun leurs instructions des souverains, pour arriver à un état où ils forment un corps solidaire. On pourrait instituer une étude sur les conditions dans lesquelles ce corps solidaire acquiert la puissance et assume en même temps la responsabilité. On arriverait probablement à reconnaître que le développement d'un conseil exécutif actif, la réduction concomitante de l'autorité exécutive primitive à un état automatique, est le caractère de la forme de gouvernement représentatif propre au type industriel. Mais, pour arriver aux résultats espérés, il faudrait se livrer à des recherches à la fois fastidieuses et désagréables, au cours desquelles on rencontrerait des découvertes sans précision et sans importance.

Pour le but qui nous occupe, il suffit de reconnaître les généralités que nous avons exposées ci-dessus. De même que le chef politique n'est d'abord que l'un des membres du groupe légèrement distingué des autres, tantôt un chef dont la vie privée et les ressources ressemblent à celles de tout autre guerrier, tantôt un patriarche ou un seigneur féodal qui, acquérant la prépondérance sur d'autres patriarches ou d'autres seigneurs féodaux, vit d'abord comme eux sur les revenus de ses propres biens, de même les auxiliaires du chef politique sortent des relations qui groupent autour de sa personne des amis et des serviteurs, à savoir les gens qui se rattachent à lui par les liens du sang, de la faveur ou des services. Quand le territoire national s'étend, que les affaires se compliquent, que des classes divisées d'intérêts se développent, on voit entrer en jeu des influences qui différencient quelques-uns de ceux qui entourent le chef et en font des fonctionnaires publics, les distinguant par là de sa famille et de sa maison. Enfin ces influences, à la faveur de circonstances spéciales, déterminent les genres d'hommes publics qui occupent le pouvoir. Lorsque le chef politique possède un pouvoir absolu, il fait des choix arbitraires, sans s'inquiéter du rang, de l'occupation ou de l'origine. Si, malgré son autorité prépondérante, il se trouve en présence de classes dont il jalouse la puissance, il adopte pour politique d'exclure leurs membres du partage de son pouvoir. Au contraire, si sa puissance est insuffisante, les représentants de ces classes s'imposent à lui. Cet événement fait présager le système politique sous lequel le déclin du pouvoir monarchique laisse grandir un corps solidaire de ministres dont la fonction reconnue est d'exécuter la volonté publique.

# CHAPITRE XI

§ 507. Le titre de ce chapitre nous paraît nécessaire pour désigner un ordre de faits plus étendu que celui qui aurait pour titre les gouvernements locaux.

Nous avons à nous occuper de deux genres d'instruments d'autorité confondus dans le principe, mais qui en viennent peu à peu à se distinguer. Chez les peuples qui obéissent à l'usage de la filiation féminine, comme chez ceux qui admettent la transmission de la propriété et du pouvoir par les mâles, le système régulatif basé sur les liens du sang peut être une conséquence et une dépendance d'un système régulatif né du commandement militaire. L'autorité qu'impose la victoire ne laisse pas d'entrer souvent en conflit avec l'autorité dérivée de la loi de succession, quand cette loi se trouve partiellement établie, et inaugure une différenciation qui sépare le gouvernement politique d'avec le gouvernement familial. Nous avons vu qu'à partir des époques primitives le principe de la capacité et celui de l'hérédité jouent l'un et l'autre un rôle dans la détermination de la position sociale des hommes. Lorsque, ce qui arrive souvent, un chef militaire est désigné pour le commandement, en dépit de l'existence d'un chef d'une légitimité reconnue, le pouvoir transmis par hérédité risque d'être maté par le pouvoir dérivé de la capacité. Dès le début donc, on peut voir surgir une espèce de gouvernement distincte du gouvernement de la famille ; enfin la capacité produit ses effets lorsque plusieurs groupes familiaux se coalisent pour des opérations militaires. Pour que la famille devienne la gens, la gens la phratrie, la phratrie la tribu, une condition est nécessaire, c'est la multiplication de groupes d'une parenté de plus en plus éloignée, et de moins en moins susceptibles d'être facilement soumis par le chef de quelque groupe nominalement dirigeant. Lorsque l'agrégation locale amène la fusion de tribus qui, issues de la même origine, ont perdu le souvenir de leur commune généalogie, on peut s'attendre à voir apparaître une autorité autre que celle des groupes familiaux. Encore que cette autorité politique, après avoir traversé la période élective, devienne souvent héréditaire de la même façon que l'autorité familiale primitive, elle n'en constitue pas moins un nouveau genre d'autorité.

Nous allons porter notre attention sur certains organes de gouvernement local auxquels l'autorité familiale et l'autorité politique donnent naissance, à mesure que les groupes deviennent composés et recomposés, à savoir les organes d'ordre politique. Nous nous en occuperons d'abord parce qu'ils sont unis par le rapport le plus direct avec les organes du gouvernement central dont nous nous sommes déjà occupés.

§ 508. D'après la puissance relative du vainqueur et du vaincu, la guerre établit divers degrés de subordination. Tantôt c'est le payement d'un tribut et de temps en temps un acte d'hommage qui affecte légèrement l'indépendance politique; tantôt l'indépendance politique est à peu près ou entièrement perdue. Généralement, cependant, dès le début le vainqueur juge nécessaire de respecter au fond l'autonomie des sociétés vaincues, ou croit que c'est pour lui la meilleure politique. Par suite, tant que l'intégration n'a pas fait beaucoup de chemin, les gouvernements locaux ne sont d'ordinaire rien de plus que les gouvernements des parties qui existaient séparément avant leur union en un même corps.

Nous observons partout des exemples de subordination indécise. A Tahiti, « l'influence réelle du roi sur les chefs locaux hautains et despotes n'était ni puissante ni permanente [1] ». L'ancienne organisation politique de l'Angleterre fait dire à Kemble : « on peut considérer l'ensemble du gouvernement exécutif comme une grande association aristocratique, dont les *ealdormen* étaient les *earls* constitutifs, et où le roi n'était guère plus que leur président [2]. » Pareillement, durant les premiers temps de l'époque féodale : en France par exemple, « Sous les premiers Capétiens, nous trouvons à peine un document général de législation... Tout était local, et tous les possesseurs de fiefs en premier lieu, et plus tard tous les grands suzerains, possédaient la puissance législative dans leurs domaines [3]. » Tel est le genre de relation qu'on observe d'ordinaire durant la phase initiale des groupes rassemblés où un groupe a acquis l'autorité sur le reste.

Quand l'envahisseur heureux, venant du dehors au lieu de s'élever au dedans du groupe, se trouve assez puissant

---

1. Ellis, *Polynesian Researches*, etc., II, 267.
2. Kemble, *The Saxons in England*, II, 142.
3. Guizot, *Histoire de la civilisation*, III.

pour subjuguer complètement tous les autres groupes, on voit survivre ordinairement les organisations locales préexistantes. On peut citer comme exemple certainsanciens états américains. « Quand les rois du Mexique de Tezcuco et de Tacuba conquéraient une province, ils avaient coutume de laisser à tous les chefs indigènes leur autorité, aux plus élevés aussi bien qu'aux plus inférieurs[1]. » Certains chefs de tribus de Chibchas furent assujettis au Bogota[2]. On nous apprend que lorsque le Pipa les subjugua, il leur laissa leur juridiction et le droit de transmettre dans leur famille la dignité de cacique. Nous avons vu dans un autre chapitre que les Incas victorieux laissèrent subsister les autorités politiques et les administrations des nombreuses petites sociétés qu'ils réunirent sous leur domination. Cette politique est en effet la plus utile. Comme le remarque sir Henry Maine, « il y a des institutions chez les peuples primitifs, les corporations et les communautés de village, que l'Etat suzerain qui les domine laisse toujours subsister, parce qu'elles facilitent l'administration civile et fiscale[3]. » On peut en dire autant des appareils régulatifs les plus considérables. Il est si difficile de remplacer subitement une vieille organisation locale par une entièrement nouvelle, qu'il est presque nécessaire de conserver l'ancienne en grande partie.

L'autonomie des gouvernements locaux, à peine troublée dans certains cas, et seulement supprimée en partie dans d'autres, se révèle de diverses manières. L'indépendance primitive des groupes continue à s'exprimer par le droit de

---

1. Zurita, *Rapports sur les chefs de la Nouvelle-Espagne*, trad. Compans.

2. Acosta, *Compendio historico del Descubrimiento y Colonizacion de la Nueva Granada*.

3. Sir H. Maine, *Village Communities*, 235.

se faire entre eux la guerre. Ils conservent leurs dieux
locaux, leur organisation ecclésiastique, leurs fêtes religieuses. Aux moments des guerres générales, leurs contingents respectifs demeurent séparés. Nous en voyons la
preuve dans les nomes d'Egypte, les cités grecques et les
seigneuries féodales.

§ 509. La disparition graduelle de l'autonomie locale est
l'issue ordinaire de la lutte entre les gouvernements des
parties de l'Etat qui cherchent à garder leur puissance et
le gouvernement central, qui essaye de la diminuer.

Selon que son bras se fortifie, surtout à la suite de
guerres heureuses, le principal chef politique augmente les
limites qu'il impose à l'autorité des chefs subordonnés;
d'abord il met fin aux guerres privées, puis il intervient
comme arbitre dans leurs affaires; enfin il s'arroge une
juridiction d'appel. Quand les chefs locaux se trouvent
appauvris par leurs luttes privées, ou par de vaines tentatives pour recouvrer leur indépendance, ou par les emprunts qu'ils ont dû faire à leur fortune pour soutenir la
guerre au dehors; quand les gens de la suite du souverain
central forment une nouvelle noblesse dotée avec des terres
conquises ou usurpées, le terrain est préparé pour l'apparition d'organes administratifs institués par le pouvoir central. Ainsi, en France, lorsque le monarque acquit la prépondérance, les seigneurs perdirent leur autorité en matière
législative. La confirmation royale devint une formalité
nécessaire qui donnait seule de la validité aux ordonnances
des seigneurs; enfin la couronne acquit le droit exclusif
d'octroyer des chartes, d'anoblir et de battre monnaie.
Quand la puissance des souverains locaux déclina, on vit
apparaître des délégués royaux qui exerçaient sur eux une

surveillance : des gouverneurs de province investis de leur charge au gré du roi. Plus tard se forma et grandit l'administration des intendants et de leurs subdélégués, qui exerçaient l'autorité au nom de la couronne; et tout ce qui pouvait encore demeurer de chétifs pouvoirs locaux s'exerçait sous la surveillance de l'autorité centrale. Lorsque le royaume de Mercie se forma par la fusion de royaumes plus petits, les rois locaux devinrent des *ealdormen;* plus tard, un changement de même nature s'opéra sur une plus vaste échelle. « A partir d'Egbert, on voit s'accentuer la distinction entre le roi et le *ealdorman,* le roi est le souverain : l'ealdorman est un magistrat. » Remarquons que sous Cnut les *ealdormen* deviennent des subordonnés, par suite de la nomination de *earls;* puis, sous Guillaume Ier, les comtés sont pourvus de nouveaux maîtres; plus tard enfin, après que les guerres des deux Roses les eut affaiblis, l'autorité locale des nobles héréditaires dut s'incliner devant celle de lords lieutenants nommés par la couronne. Ce n'est pas seulement l'organe gouvernemental provincial représenté par la personne du seigneur qui subit la subordination à mesure que la guerre fait avancer l'intégration politique, c'est aussi l'organe réprésenté par le magistrat élu par le peuple. L'antique *scirgeréfa* anglo-saxon, qui présidait le *sciregemot,* fut dans le principe un magistrat élu; plus tard, il fut nommé par le roi. Plus récemment se produisit un autre changement. « Une loi de la neuvième année du règne d'Edouard II abolit le droit du peuple à procéder à l'élection » du shériff. De même, « au commencement du règne de Henri III, la nomination de conservateurs » de la paix, magistrats d'abord électifs, « fut attribuée à la couronne, et leur nom fut changé en celui de juges. »

Ces faits nous montrent assez nettement que les chefs

locaux perdent leurs pouvoirs de gouvernement pour tomber à l'état d'agents d'exécution, rapidement quand un groupe de petites sociétés subit la conquête d'un envahisseur, lentement quand c'est l'un de ces deux chefs qui acquiert une suprématie reconnue ; ils s'acquittent dès lors des fonctions qu'ils conservent à titre de serviteurs, d'agents locaux plus récents. Au cours de l'intégration politique, des centres primitifs de gouvernement des parties constituantes de l'Etat en viennent à ne remplir leurs fonctions que d'une manière relativement automatique.

§ 510. Une autre remarque que nous avons à faire c'est qu'il existe d'ordinaire entre la structure du gouvernement général et celles des gouvernements locaux une véritable parenté. Diverses causes concourent à produire cet effet.

Lorsque l'un des groupes a acquis le pouvoir sur les autres, soit directement par les victoires de son chef sur eux, soit indirectement par le succès dû à son commandement dans les guerres soutenues par les confédérés, cette parenté s'explique tout naturellement. En effet, dans ces conditions, le gouvernement général n'est qu'un produit de développement d'un gouvernement qui n'était que l'un des gouvernements locaux. L'histoire des premiers siècles de l'Angleterre nous en fournit un exemple bien connu, c'est la ressemblance du *hundred moot* (petite assemblée du gouvernement local), avec le *shire moot* (constitué de la même manière, mais avec des attributions militaires, judiciaires et fiscales d'un genre plus étendu, et présidée par un chef primitivement élu), enfin avec le wittenagémot national (contenant dans le principe les mêmes éléments, mais avec des rapports différents, présidé par un roi, également élu dans le principe, et remplissant les mêmes fonctions sur une plus large échelle). Nous retrouvons la même ressemblance à une autre période. « On a souvent fait remarquer, dit sir Henry Maine, qu'une monarchie féodale était exactement le pendant d'une seigneurie féodale, mais nous commençons seulement à apercevoir la raison de cette analogie, c'est que l'une et l'autre étaient dans le principe des groupes de gens censés parents établis sur le sol et subissant la même transmutation d'idées par le fait de cet établissement [1]. » En France, dans les premiers temps de la période féodale, dit Maury, « la cour de chaque grand feudataire était l'image, naturellement un peu réduite, de celle du roi. » Les faits qu'il invoque montrent d'une façon instructive que dans le gouvernement local, comme dans le général, les serviteurs deviennent des agents ministériels [2]. Nous en trouvons d'autres exemples dans d'autres parties du monde, le Japon, divers Etats africains, diverses îles polynésiennes, l'ancien Mexique, l'Inde au moyen âge, etc., où les formes sociales essentiellement semblables à celles du système féodal existent ou ont existé.

Lorsque l'autonomie locale a été à peu près ou totalement détruite, par une race puissante d'envahisseurs par exemple, qui importe un autre type d'organisation, le même effet se produit; dans ce cas, le type nouveau tend à modifier les institutions locales, comme il modifie les générales. Nous le voyons dès les temps les plus reculés dans les royaumes de l'Orient, par exemple dans le cas des chefs provinciaux ou satrapes des Perses. « Tant qu'ils exerçaient leur autorité, ils possédaient un pouvoir despotique, ils représentaient le grand roi et revêtaient une partie de sa majesté... Ils exerçaient le droit de vie et de mort. » Jusqu'à nos jours,

---

1. Sir H. Maine, *Early Institutions*, I, 77.
2. Maury, *Revue des Deux-Mondes*, CVII, 585.

on a vu exister en même temps le despote central et des sous-despotes locaux. Rawlinson avait déjà fait remarquer que les anciens satrapes possédaient « l'autorité pleine et complète qui appartient aux pachas turcs et aux khans ou beys persans, c'est-à-dire une autorité réellement absolue[1]. » D'autres sociétés anciennes de types tout différents montrèrent la même tendance à assimiler la structure des parties incorporées à celle du corps où elles s'absorbaient. Nous voyons en Grèce que l'oligarchique Sparte cherchait à propager l'oligarchie dans les territoires qu'elle tenait sous sa dépendance, tandis que la démocratique Athènes propageait la forme démocratique. Enfin, partout où Rome fit des conquêtes et sema ses colonies, le système municipal romain s'établit.

Ce dernier exemple nous rappelle que, lorsque le caractère du gouvernement général change, celui du gouvernement local change aussi. Dans l'empire romain, le progrès vers un régime plus centralisé, effet de la permanence du militarisme, gagna du centre à la périphérie. « Sous la République, chaque ville avait, comme Rome, une assemblée populaire, souveraine pour légiférer et créer les magistrats ; » mais, à mesure que le gouvernement passa dans Rome à l'oligarchie et au principat, le pouvoir populaire déclina dans les provinces : « l'organisation municipale devint aristocratique, de démocratique qu'elle était[2]. » En France, le progrès du pouvoir monarchique vers l'absolutisme réalisa des changements analogues d'une autre manière. Le gouvernement mit la main sur les charges municipales, « les érigea en emplois héréditaires, et..... les vendit le plus qu'il put :... on imposa à toutes les communes un maire et des assesseurs

1. Rawlinson, *Five Ancient Monarchies*, IV, 418.
2. Duruy, *Histoire des Romains*, V, 83.

qui cessèrent d'être électifs; » alors ces magistrats se mirent à trancher du roi, à glorifier la sainteté de leur magistrature, à réclamer du peuple vénération, etc. En Angleterre, on observe avec beaucoup d'intérêt des mouvements simultanés tantôt vers des formes plus libres, tantôt vers des formes moins libres, tant locales que générales. Lorsque, sous Jean, le gouvernement central devint plus libéral, les villes gagnèrent le pouvoir d'élire leurs magistrats. Par contre, lorsque, sous la restauration, le pouvoir monarchique grandit, on vit se modeler les « municipalités sur un modèle plus oligarchique [1]. » Plus tard, une tendance libérale s'accentua pareillement dans le gouvernement central et dans les gouvernements locaux, ce qu'on a vu de nos jours.

§ 511. Des organes gouvernementaux locaux qui ont acquis un caractère politique, nous passons à ceux qui ont conservé le caractère familial primitif. Sans doute, à mesure que s'opère la fusion des groupes, l'organisation et le gouvernement politiques se séparent de l'organisation et du gouvernement familiaux, puis les dominent, aussi bien dans la province que dans l'État; mais l'organisation et le gouvernement de la famille ne disparaissent pas; seulement ils conservent dans certains cas leur nature primitive, tandis que dans d'autres ils donnent naissance à d'autres organisations locales d'ordre gouvernemental. Remarquons d'abord l'immense étendue où l'on retrouve le groupe familial considéré comme un élément de la société politique.

Chez les Bédouins barbares, nous trouvons le groupe-famille existant séparément. « Chaque grande famille, avec

1. Hallam, *L'Europe au moyen âge.*

ses accessoires, constitue seule une petite tribu [1]. » Mais,
dit Palgrave, « quoique le clan et la famille forment la base
et constituent l'expression dernière de la société arabe, ils
ne la résument pas absolument, chez les Bédouins par
exemple [2]. » L'union politique a laissé debout l'organisation
familiale, mais elle y a ajouté quelque chose. Il en a été
ainsi des sociétés sémitiques des premiers temps, celles des
Hébreux par exemple. Il en a été partout de même chez les
Aryens. « Le *Sept* irlandais est un corps formé de parents
dont l'auteur n'existe plus, mais qui descendent réellement
de lui... La loi indienne connaît une association de ce
genre, la famille indivise... La famille ainsi formée par la
continuation de plusieurs générations unies est identique
dans sa forme avec le groupe si bien connu des romanistes,
la parenté agnatique. » Non seulement la longue filiation
dans la ligne masculine s'est établie, mais aussi, lorsque
le système de filiation par les femmes persiste, on voit la
famille se transformer en *gens, phratrie* et *tribu*. Les choses
se sont passées ainsi chez les anciens peuples d'Amérique,
ceux du Yucatan par exemple, où, dans chaque ville, l'on
conservait les divisions par tribu. Selon M. Morgan et le
major Powell, il en est encore de même de certaines tribus
américaines, les Iroquois et les Ouyandottes, par exemple.

Une fois inclus dans un agrégat politique, comme avant
de l'être, le groupe-famille produit un gouvernement *quasi*
politique. Selon le type de la race et le système de filiation,
ce gouvernement familial peut être, comme chez les Sémites
et les Aryens anciens, un despotisme patriarcal absolu; ou
bien il peut être, comme chez les Hindous de nos jours, un
gouvernement autocratique issu du choix d'un chef dans

1. Burckhardt, *Travels in Arabia*, 5.
2. Sir H. Maine, *Early Institutions*, 105.

la famille dirigeante du groupe (choix qui tombe d'ordinaire sur le plus âgé) ; ou bien encore il peut être, comme dans les tribus américaines semblables à celles que nous avons citées, le gouvernement d'un conseil élu de la gens, qui élit son chef. C'est-à-dire que la structure triple et une, qui tend à se former dans toute assemblée organisée, se retrouve dans le groupe familial composé, comme dans le groupe politique. Les éléments de cette structure s'y trouvent diversement développés selon la nature du peuple et les circonstances.

Le gouvernement de chaque agrégat de parents reproduit, sur une petite échelle, des fonctions semblables à celles du gouvernement de l'agrégat politique. De même que la société dans son entier se venge sur d'autres sociétés des injures faites à ses membres, de même le groupe familial se venge sur d'autres groupes familiaux compris dans la même société. Ce fait est trop connu pour qu'il soit nécessaire d'en donner des exemples. Seulement on peut montrer qu'aujourd'hui même, dans les parties de l'Europe où survit l'organisation familiale, des vendettas de famille persistent. « L'Albanais vous dit froidement... Akeni-Dgiak, avez-vous du sang à venger dans votre famille ? [1] » et alors il vous demande le nom de votre tribu et met la main sur son pistolet. Avec cette obligation de tirer vengeance existe naturellement une responsabilité réciproque. La famille, dans toutes ses branches, est responsable dans son ensemble, et dans chaque partie, pour les injures faites par ses membres à ceux d'autres familles, de même exactement que la société dans son entier est tenue pour responsable par d'autres sociétés dans leur entier. Cette res-

1. Boué, *La Turquie en Europe*, II, 86.

ponsabilité n'est pas limitée aux meurtres commis par les membres du groupe familial, mais s'étend aux dommages causés par eux aux biens, et aux réclamations pécuniaires. « Dans les districts albanais libres, les dettes sont contractées à terme. En cas de non payement, on a recours aux chefs de la tribu du débiteur, et, si ceux-ci refusent de faire droit, on arrête le premier venu qui appartient à cette tribu et on l'accable de mauvais traitements, jusqu'à ce qu'il s'entende avec le véritable débiteur ou qu'il paye lui-même la dette, au risque de se pourvoir ensuite devant les anciens de sa tribu ou de poursuivre par les armes celui qui lui a valu ce dommage [1]. » Dans l'antique *mœgth* anglais, « si quelqu'un était emprisonné pour sorcellerie ou vol, etc., ses parents devaient payer l'amende et donner sûreté pour sa bonne conduite quand on le mettait en liberté [2]. »

En même temps que, dans l'agrégat politique, chaque groupe familial composé soutenait à l'égard des autres des relations quasi politiques, son gouvernement exerçait une autorité interne. Dans la gens telle qu'elle était constituée chez les peuples américains cités plus haut, l'administration des affaires appartient à son conseil. Les *gentes* chez les peuples historiques étaient régies par leurs patriarches, comme celles des Hindous le sont encore par leurs anciens élus. Enfin, outre cette organisation judiciaire dans l'ensemble des parents, il existe encore une organisation religieuse, issue du culte de l'ancêtre commun, qui impose des observances communes périodiques.

Ainsi les faits montrent que, si la fusion des groupes par la guerre s'accompagne du développement d'une organi-

---

1. Boué, *loc. cit.*, III, 359.
2. Young, *Anglo-Saxon Family Law*, 147.

sation politique placée au-dessus de l'organisation des sociétés de parents, ces sociétés de parents survivent long-temps et conservent en partie leur autonomie et leur constitution.

§ 512. Le progrès social ne laisse pas de les transformer de diverses façons : il les différencie en groupes qui perdent graduellement leurs caractères de famille. L'une des causes de cette transformation est le changement de la vie nomade à la vie sédentaire, accompagné de l'établissement de relations définies avec le sol, de la multiplication et du croisement qui en résultent.

Pour montrer que cette marche et ses conséquences sont générales, je dois citer le *calpulli* des anciens Mexicains, « ce qui veut dire district habité par une famille... d'origine ancienne, dont les membres occupent des domaines qui n'appartiennent pas à chacun d'eux, mais au calpulli, » qui choisissent leurs chefs hors de la tribu, et qui « s'assemblent pour traiter de leurs intérêts communs, régler la répartition des taxes et aussi l'ordonnance des fêtes [1]. » Enfin je puis citer un exemple très éloigné du premier au triple point de vue du lieu, du temps et de la race : c'est le *mir* russe encore subsistant, ou la commune-village, constituée par les descendants du même groupe familial de nomades devenus sédentaires. Le mir a une existence légale... il est propriétaire du sol, ses membres n'en sont qu'usufruitiers ou possesseurs temporaires; « il est gouverné par les chefs des familles assemblés en conseil sous la présidence du *staroste* ou maire, élu par eux [2]. » A côté de ces exemples, on peut mentionner le *mark* teutonique « formé

1. Zurita, *Rapports*, etc., 50.
2. Laveleye, *La propriété primitive*, etc., 8.

par un établissement primitif d'une famille ou de parents,
chez qui, comme César le dit des Suèves, la terre se
trouvait partagée entre « gentes et cognationes hominum [1]. »
D'après Kemble, les marks étaient « de grands groupes-
famille, comprenant des maisons de fortunes, de rang et
d'autorité diverses, quelques-unes issues directement d'ancêtres communs ou du héros de la tribu, d'autres unies
par une parenté plus éloignée...; les unes admises dans
la communauté par le mariage, d'autres par l'adoption,
d'autres par émancipation; mais toutes reconnaissant une
fraternité, une parenté ou *sibsceaft*; toutes formant ensemble
une unité en regard de communautés semblables; toutes
gouvernées par les mêmes juges et conduites par les mêmes
capitaines; toutes partageant les mêmes rites religieux; et
toutes connues entre elles comme de leurs voisines par un
nom commun [2]. » Ajoutons que, à l'exemple des groupes de
familles dont nous avons déjà parlé, le groupe de parents
qui constitue le mark avait, comme les groupes plus petits
et plus grands, l'obligation commune de défendre et de
venger ses membres, et une responsabilité commune pour
leurs actions.

Nous sommes enfin préparés à observer les diverses causes
qui concourent à changer le groupe qui unit des parents
en un groupe politique, local aussi bien que général. En
premier lieu, nous voyons admettre des étrangers dans la
famille, la gens, la tribu, fait que nous avons déjà reconnu
comme normal, à partir de la vie sauvage. Livingstone reconnaît que « le gouvernement est patriarcal » chez les
Bakouins, et raconte que chaque chef a autour de sa hutte
celles de ses femmes, de ses parents, de ses serviteurs, ce

1. Stubbs, *The Constitutional History of England*, I, 49.
2. Kemble, *The Saxons in England*, I, 56.

qui forme un *kotla* : « un pauvre qui vient se fixer dans le
kotla d'un riche passe pour le fils de ce dernier [1]. » C'est
d'une manière simple ce que nous voyons s'accomplir avec
des formalités dans la maison romaine ou dans le mark
teutonique. Dans la mesure où le nombre des étrangers
adoptés s'accroît et où le groupe se dilue par l'introduction
de serviteurs émancipés, les liens qui unissent ses membres
se relâchent, et leur caractère s'altère. En second lieu,
lorsque, par l'effet de la concentration et de la multiplication, divers groupes de parents juxtaposés s'entremêlent,
et qu'il cesse d'y avoir une relation directe entre la localité
et la parenté, la famille ou les liens de la gens s'affaiblissent encore davantage. Enfin apparaît, suscité par des besoins militaires ou fiscaux, le besoin d'un groupement basé
sur le lieu de résidence et non plus sur la parenté. L'antiquité nous en fournit un exemple dans la révolution
opérée par Clisthène, qui partagea le territoire de l'Attique en dêmes, remplaçant dans des vues politiques les
divisions d'après les tribus par des divisions topographiques, dont les habitants avaient des autorités administratives locales et une responsabilité politique.

Ceci nous ramène à la question controversée de l'origine
des *tythings* (dizaines) et *hundreds* (centaines). Nous avons
fait voir que les anciens Péruviens étaient divisés au point
de vue civil et militaire en dizaines et centaines, ayant chacune ses officiers respectifs. En Chine, où se trouve poussé
à l'extrême le principe de rendre les groupes responsables
des actes de leurs membres, le gouvernement ne connaît
pas les divisions en clans, mais seulement en dizaines et en
centaines : ce qui donne à penser que celles-ci étaient les

---

1. Livingstone, *South Africa*, III.

résultats de l'organisation politique en tant que distincte de l'organisation familiale. Dans certaines parties du Japon, aussi, « il existe une sorte de système hiérarchisé de chefs de dizaines et de centaines : ce sont les *otonos* de villes et de villages, responsables individuellement et collectivement de la bonne conduite de chacun d'eux [1]. » Nous avons vu qu'à Rome les groupes de centaines et de dizaines, civils aussi bien que militaires, furent les éléments politiques qui remplacèrent des groupes constitués d'après la gens. Sous la loi franque, le dizainier est le decanus, et le centenier le centenarius [2] ; et, quelque nom indigène qu'aient porté les divisions en dix ou en cent, elles semblent avoir, d'après Tacite, une origine indépendante chez les races germaniques.

N'oublions pas que ces centaines et ces dizaines formées au dedans des marks ou de divisions plus étendues, correspondaient pourtant assez exactement à des groupes basés sur la parenté (puisque les chefs de famille qui les constituaient en tant que groupes locaux, étaient d'ordinaire plus proches parents les uns des autres qu'ils ne l'étaient des chefs de famille pareillement groupés dans d'autres parties du mark). Nous reconnaissons à cela que l'organisation, les droits et les obligations de famille s'y trouvent conservés ou y ont reçu un nouveau développement. Je ne veux pas dire simplement que ces groupes trouvent dans leur *hundred moots*, etc., leurs administrations internes ; mais je veux dire surtout qu'ils formaient des groupes qui possédaient à l'égard des autres les mêmes droits et devoirs collectifs que les groupes familiaux. La responsabilité du groupe pour ses membres, qui jadis s'attachait au groupe de parents sans égard au lieu, passait en grande partie au

1. Alcock, *The capital of Tycoon*, II, 241.
2. Kemble, *loc. cit.*, I, 238.

groupe local formé seulement en partie de parents. A mesure que les *gentes* et les tribus s'étendaient et se mêlaient, une cause du transfert de la responsabilité prenait naissance. Si la société de famille était petite et étroitement agrégée, l'outrage commis par un de ses membres contre une autre société analogue pouvait d'ordinaire retomber sur cette société, sinon sur le coupable lui-même, et la société dans son ensemble en subissait les conséquences. Mais quand la société de famille, s'étant multipliée, occupait un plus vaste territoire, et se mêlait à d'autres sociétés de famille, on pouvait bien retrouver à quelle localité de ce territoire appartenait le transgresseur, mais on ne pouvait plus dire à quelle parenté, et les conséquences de la faute, lorsqu'elles ne retombaient pas sur la famille du coupable, qui n'était pas connue, retombaient sur les habitants de la localité qui étaient connus. D'où un système de mesures de sûreté aussi ancien et aussi général. En voici des exemples. « C'est ma volonté que tout homme soit en sûreté, tant dans les villes que hors des villes. » (Eadg., II, Supp., § 3 ) « Nous voulons que chaque homme libre fasse partie d'un *hundred* et d'un *tything*, s'il veut posséder le droit de *lad* ou de *wer*, au cas où il viendrait à être tué après qu'il aurait atteint l'âge de douze ans ; ou bien il ne possédera aucun des droits de l'homme libre, qu'il soit chef de maison ou serviteur. » (Cnut., II, § XX.) « ... Dans toutes les villes du royaume, tous les hommes sont tenus à se servir de garants dix par dix, de sorte que, si l'un des dix commet un crime, les neuf autres puissent l'obliger à faire droit. » (Edw. Conf., XX [1].)

Ce système de garantie mutuelle existait en Russie aussi

---

[1]. Thorpe, *Diplomatarium Anglicum Œvi Saxonici, a Collection of English Charters*, I, 274, 386, 450.

bien que chez les Franks. Aussi, dit Koutorga, « tout
membre de la société devait entrer dans une décanie, laquelle
avait pour mission la défense et la garantie de tous en
général et de chacun en particulier ; c'est-à-dire que la
décanie devait venger le citoyen qui lui appartenait et exiger
le wehrgeld, s'il avait été tué ; mais en même temps elle se
portait caution pour tous les siens [1]. »

En un mot, cette forme de l'organe de gouvernement
local, issu de la forme familiale primitive et la remplaçant,
était une suite naturelle de la multiplication et du mélange
produit par la vie sédentaire.

§ 513. Il reste à parler d'un organe de gouvernement
local d'un genre analogue, qui paraît avoir jadis été identique au précédent et qui a fini par en différer.

Kemble émet l'avis que le mot *gegyldan* veut dire « ceux
qui payent mutuellement les uns pour les autres.... les
membres du tithing et du hundred [2] ; » et nous voyons
le lien qui les unissait primitivement dans ce fait qu'au
Xᵉ siècle les citoyens étaient groupés en *frithgylds*, « ou associations pour le maintien de la paix, composées chacune de
dix hommes ; tandis que dix *gylds* semblables formaient
un *hundred* [3]. » La responsabilité collective pour la livraison
d'un criminel, qui pesait primitivement sur la *mægth* ou
la parenté de l'accusé, passait peu à peu à l'association
volontaire de la guilde ; et celle de la guilde s'effaçait
devant la responsabilité locale du *tithing*. » N'y a-t-il pas
des raisons d'admettre que ce transfert de la responsabilité
s'est produit primitivement grâce au développement qui a

---

1. Koutorga, *Essai sur l'organisation de la tribu*, trad. Chopin, 228.
2. Kemble, *loc. cit.*, I, 210.
3. Stubbs, *loc. cit.*, 68.

remplacé le groupe familial par la guilde, par suite de l'effacement graduel du caractère de la famille par l'incorporation de membres qui ne sont pas parents. Nous n'en trouvons pas de trace, il est vrai, dans les documents écrits ; mais c'est probablement parce que les premières phases du changement ont eu lieu avant l'âge des documents. Mais nous aurons des motifs de croire à l'existence de ces époques primitives si nous tenons compte des faits que nous offrent les sociétés éteintes et les sociétés moins développées que celles de l'Europe.

Prescott remarque que les métiers manuels chez les Péruviens, « comme toutes les autres professions ou fonctions passait toujours du père au fils [1]. » Clavigero dit que chez les Mexicains « les métiers se perpétuaient dans les familles pour le plus grand profit de l'Etat [2]. » Gomara explique que « les pauvres enseignaient à leurs fils leur propre métier », par la raison « qu'ils pouvaient le faire sans frais [3] », c'est-à-dire par un motif d'une application générale. Les recherches d'Heeren sur les anciens usages de l'Egypte l'ont amené à admettre, comme les historiens primitifs, que le fils était tenu de faire le métier de son père, et ce métier seul. Enfin il cite un papyrus relatif à une institution naturellement en relation avec cet usage, « la corporation ou compagnie des corroyeurs et des mégissiers [4]. » Hermann nous apprend que chez les Grecs divers arts et professions étaient particuliers à certaines familles, qui possédaient le droit exclusif de les exercer en vertu d'un privilège dont l'origine remontait aux temps fabuleux. Nous trouvons de plus le pupille et le fils durant plusieurs générations désignés par le même

1. Prescott, *Conquête du Pérou.*
2. Clavigero, liv. II, v.
3. Gomara, *Historia general de las Indias,* 438.
4. Heeren, *Egyptian Researches,* II, 139.

nom; il existait d'ailleurs un rapport étroit entre le mono-pole de plusieurs professions et le peu de respect que dans certains cas on avait pour elles : circonstance que les au-teurs grecs comparent au préjugé de caste prédominant chez d'autres nations. La Chine contemporaine en fournit un exemple : « les associations populaires dans les cités et les villes sont surtout basées sur une communauté d'in-térêt, résultant soit d'une ressemblance d'occupations quand les principaux de la même profession se constituent en corporation, soit de réglementations municipales qui obligent les chefs de maison de la même rue à s'unir pour entretenir une police et maintenir l'ordre dans leur quartier. Chaque corporation a une salle d'assemblée où ses membres se réunissent pour fêter leur saint patron [1]. » Un état de choses analogue existait jadis au Japon, à ce que m'ap-prend le ministre de ce pays. Les enfants suivaient habi-tuellement les occupations de leurs parents; après plusieurs générations, cet usage donnait lieu à des groupes de parents occupés au même métier; et ces groupes donnaient lieu dans leur intérieur à des dispositions régulatives. Au Japon, comme en Orient en général, le groupement des artisans d'un même métier dans la même rue provient-il du groupement primitif des enfants occupés à une même profession? Je n'en connais pas la preuve. Mais puisque, dans les premiers temps, les membres d'une famille d'ar-tisans, comme ceux de toute autre famille, avaient besoin de se protéger mutuellement, il est probable qu'ils aient adopté l'usage de vivre à proximité les unes des autres. Une autre preuve peut se dégager des phénomènes com-pliqués de la caste dans l'Inde. Dans le numéro CXLII

---

1. Williams, *The Middle Kingdom*, I, 338.

de la *Calcutta Review*, un article intéressant de Jogendra
Chandra Ghosh nous présente la caste comme « un développement naturel des communautés de village »; comme
« ayant pour caractère non seulement l'autonomie de
chaque corporation, mais les relations mutuelles entre
ces corporations autonomes [1]; » enfin comme étant organisée intérieurement à ce point « que le gouvernement
de caste ne reconnaît pas le jugement ni le verdict d'une
cour autre que celle qui est tirée de son sein. » En réponse à mes demandes, l'auteur de cet article m'a donné
une masse de renseignements détaillés, d'où j'extrais ce
qui suit : « une famille hindoue unie signifie : 1° que
les membres mangent tous ensemble ; 2° vivent dans la
même maison : 3° que les membres mâles et les jeunes
filles descendent d'un ancêtre commun; et 4° que les
membres mâles mettent leur revenu en commun... Dès
que l'on cesse de faire bourse commune et de manger
ensemble, le caractère intégral de la famille est détruit.
Toutefois, les branches désunies ne laissent pas de conserver certains liens étroits en qualité de gnatis jusqu'à
la septième ou la quatorzième génération à partir de
l'ancêtre commun. Au delà de cette limite, on dit qu'ils sont
de la même *gotra*. » Sans entrer dans les détails de la
constitution d'une caste qui se compose de plusieurs *gotras*,
et sans parler des groupes produits par les mariages entre
gotras sous la restriction de l'exogamie des gotras et de l'en-
dogamie de la caste; sans rien dire des fêtes, sacrifices ou
autres, observés parmi les membres de la famille unie
après que leurs groupes se sont séparés; arrivons aux faits
les plus significatifs. Quoique, sous le gouvernement an-

1. *Calcutta Review*, 1880.

glais, l'hérédité de la profession ne soit plus aussi rigoureuse, « il n'en est pas moins reconnu en principe que
toute caste est tenue de suivre une occupation particulière
et non une autre.... Le partage de la terre, ou de la maison,
est régi par la loi de l'égalité des successions ; et, quand
de nouvelles branches élèvent de nouvelles maisons, on les
trouve toutes groupées ensemble, séparées par un très
petit espace pour servir de rue... Mais lorsque, comme
dans les bazars, on prend des maisons pour les employer
au commerce, le groupement se trouve régi soit par les
relations de famille, soit par celles de caste, soit par des
occupations communes (ce qui implique quelque parenté
de caste), par la facilité de trouver des chalands. » Dans
ces faits, nous pouvons voir clairement que, s'il n'existait
aucune des complications qui sont la conséquence de la
réglementation des mariages, il n'y aurait que des groupes
unis par l'occupation aussi bien que par la généalogie,
rassemblés sur un même point et régis par des gouvernements intérieurs.

Ces faits nous sont fournis par d'autres sociétés, mais il
en est un grand nombre qui nous autorisent à penser que
la guilde, qui nous est bien connue à titre d'association
d'ouvriers de même métier, était dans le principe une
association de parents. Dans la famille composée primitive,
l'ancêtre commun était l'objet d'un culte ; et les sacrifices
périodiques étaient pour les descendants de cet ancêtre des
occasions de s'assembler. « Dans l'ancienne Scandinavie,
dit Thierry, ceux qui se réunissaient aux époques solennelles pour sacrifier ensemble terminaient la cérémonie
par un festin religieux. Assis autour du feu et de la chau-
dière du sacrifice, ils buvaient à la ronde et vidaient suc-
cessivement trois cornes pleines de bière, l'une pour les

dieux, l'autre pour les braves du vieux temps, et la troisième pour les parents et les amis dont les tombes, marquées par des monticules de gazon, se voyaient çà et là dans
la plaine ; on appelait cette dernière la coupe de l'amitié. Le
nom d'amitié (minne) se donnait quelquefois à la réunion
de ceux qui offraient en commun le sacrifice, et, d'ordinaire, cette réunion était appelée *ghilde*. » Brentano parle
à peu près de même. « Guilde, dit-il, signifie dans le principe le repas-sacrifice fait de contributions communes,
plus tard un banquet de sacrifice, et enfin une association [1]. » Nous trouvons là une analogie avec les observances de la famille hindoue unie, composée de groupes de
parents occupés à la même profession, qui se réunissent
pour des festins, primitivement sacrifices aux ancêtres.
Nous y trouvons aussi une analogie avec les observances
religieuses des groupes de parents occupés à la même profession, par exemple les Asclépiades chez les Grecs. Enfin
nous y trouvons une analogie avec les fêtes de compagnons
des Chinois adorateurs d'ancêtres, célébrées en l'honneur
du saint patron. Tout cela nous fait croire que les services et
les banquets religieux des anciennes guildes de la société
anglaise ont la même origine. En quelques mots, voici en
quoi elles se ressemblent. Dans la famille composée primitive, obligation de tirer la vengeance du sang pour les ennemis tués ; et dans les anciennes guildes, par exemple
dans le Schleswig, les membres de la guilde étaient
autrefois tenus à la vengeance du sang. De plus, dans la
famille composée, responsabilité pour les transgressions de
ses membres ; les guildes pareillement responsables : le
*Wergyld* qui leur était échu, après un meurtre, s'acquit-

1. Brentano, dans *Toulmann Smith's Compilation of Gildordinances*, xviii.

tait en argent. Dans la famille composée, il existe des droits collectifs aux subsistances, dérivés de la propriété et du travail commun; dans la guilde, nous retrouvons l'obligation d'entretenir les membres incapables. Dans la famille, une autorité commune réglait la conduite privée, soit par un chef armé d'un pouvoir despotique, soit par un conseil, comme aujourd'hui dans les agglomérations locales des castes hindoues; de même, les ordonnances des guildes s'étendaient au règlement des habitudes personnelles. Enfin, le gouvernement de famille ou de caste, que nous retrouvons encore dans l'Inde, comprend, parmi les peines qu'il inflige, l'excommunication; dans la guilde, il y avait la mise hors la loi [1].

On peut donc admettre que la guilde est issue de la famille. Aux temps primitifs, il est à peu près inévitable qu'une profession, un art, un métier se perpétuent parmi les descendants. D'abord parce qu'il est facile d'y acquérir de l'habileté en s'y adonnant de bonne heure, ensuite parce que les frais de l'enseignement sont insignifiants, enfin parce qu'il est désirable que le *tour de main* ou le *secret* se conserve dans la famille. C'est aussi pour cela que, lorsque les groupes familiaux sont en lutte, l'enseignement mutuel des membres n'est plus possible. Mais, dans la suite des temps, on voit entrer en jeu des causes qui obscurcissent le caractère de la guilde comme groupe de parents. L'adoption, coutume pratiquée, ainsi que nous l'avons

1. Un de mes amis, après avoir lu ce chapitre en épreuves, me signale des passages de Brentano où l'auteur tire de ces analogies une conclusion analogue. A propos des caractères de guildes complètement développées, il dit : « Si nous les rattachons à ce que les historiens racontent de la famille à cette époque nous pouvons encore y reconnaître le germe d'où a dû nécessairement sortir plus tard, à un certain degré de civilisation, la guilde... la famille semble être le modèle, le type primitif d'après lequel toutes les guildes venues plus tard ont été formées. »

vu, par tous les genres de groupes, n'a qu'à devenir d'un
usage commun pour opérer ce changement constitutionnel. Nous avons vu que chez les Grecs le pupille et le
fils s'appelaient du même nom. De nos jours au Japon, un
apprenti se conduit envers son maître comme un fils et
l'appelle son père, et, chez nous, dans les compagnonnages
d'artisans, « l'apprenti devenait un membre de la famille de
son maître, qui lui apprenait son métier et qui, comme un
père, devait veiller sur sa conduite autant que sur son ouvrage. » L'admission finale de l'apprenti comme compagnon
dans la guilde, quand il n'était pas de même sang que ses
membres, altérait la nature primitive de ce groupe; enfin,
après plusieurs générations successives, le métier prospé-
rant, les maîtres voulant se procurer plus d'aide que
leurs fils n'en pouvaient fournir, ils introduisirent un
usage qui devait amener lentement la prépondérance des
membres qu'aucun lien de parenté n'unissait au groupe,
et entraîner la perte définitive du caractère familial. Après
quoi, il devait arriver naturellement que le développement
de nouveaux établissements et de nouvelles villes, rapprochant les immigrants qui appartenaient à la même profession, mais qui n'étaient pas de même sang, devait amener la formation volontaire de guildes, d'après le modèle de
celles qui existaient dans la même patrie; aussi ces dernières guildes gardaient-elles l'aspect d'un produit artificiel. De même de nos jours, dans nos colonies, les institutions politiques semblent avoir une origine artificielle, et
pourtant on peut reconnaître à ces institutions une origine
naturelle, puisqu'elles sont formées à l'imitation de celles
de la mère patrie.

Quiconque doute de la transformation que nous indi-
quons, n'a qu'à se rappeler une transformation analogue

bien plus considérable. Les corporations de Londres, orfèvres, poissonniers, etc., se composaient dans le principe
d'hommes qui s'occupaient aux métiers désignés par ces
noms; mais l'introduction dans chacune de ces corporations de gens d'autres métiers ou qui n'en avaient aucun,
en vint au point que bien peu de membres, s'il en était,
travaillaient au métier que leur nom faisait supposer.
Donc, puisque l'usage de l'adoption, sous cette dernière
forme, avait changé la guilde à ce point que, tout en conservant son identité, elle avait perdu son caractère profes-
sionnel distinctif, nous avons le droit de conclure que
l'usage de l'adoption dans sa forme primitive, pratiqué
dans la famille simple ou dans la famille composée adonnée
à un métier, finit par changer la corporation et à en faire
un groupe composé surtout de personnes sans lien de
parenté au lieu d'une groupe de parents.

§ 514. Malgré la complication et l'obscurité de la marche
de l'évolution des organes de gouvernement local, on voit
qu'il est facile de la comprendre. Nous divisons ces organes
en deux groupes qui, partant d'une racine commune, ont
divergé à mesure que les petites sociétés se sont intégrées
pour former des sociétés plus grandes.

En passant par les phases successives de la consolidation
sociale, les chefs politiques des parties qui étaient jadis
séparées passent de l'indépendance à la dépendance, et
finissent par être des agents provinciaux; ce sont d'abord
des chefs partiellement conquis et payant un tribut; plus
tard ils deviennent des gouverneurs locaux nommés par le
gouverneur central, et ils exercent un pouvoir soumis à
l'approbation de ce dernier; à la fin, ils ne sont plus que
des fonctionnaires de l'ordre exécutif.

Il existe d'ordinaire de l'analogie entre le caractère des appareils gouvernementaux des parties et celui des appareils gouvernementaux de l'ensemble (l'unité de race admise); cela vient de ce que ces deux appareils sont finalement les produits d'individus de même nature. Quand le despotisme règne au centre, le despotisme régit aussi les parties. Quand le gouvernement supérieur comporte des formes plus libérales, on les retrouve dans les gouvernements locaux. Enfin tout changement dans l'un ou l'autre sens survenu dans le gouvernement du centre ou dans celui des parties a pour conséquence un changement analogue dans l'autre.

Alors même que, par suite de la fusion de petites sociétés en grandes sociétés, les organes du gouvernement politique qui se développent localement, aussi bien que pour l'ensemble de la nation, se séparent des organes gouvernementaux d'origine familiale, et prennent le pas sur eux, ceux-ci ne disparaissent pas; ils survivent sous leur première forme et donnent aussi naissance à des formes différenciées. Le groupe formé de parents conserve longtemps une autonomie semi-politique restreinte, un gouvernement propre au dedans avec des obligations et des droits collectifs au dehors. Enfin, à mesure que les groupes familiaux, perdant leur netteté par suite de mélanges mutuels, perdent leur caractère de sociétés indépendantes et distinctes, il en dérive des groupes qui, dans certains cas, s'unissent surtout d'après la localité, et dans d'autres surtout d'après l'occupation, héritent de leurs caractères et constituent des organes gouvernants qui s'ajoutent aux organes purement politiques.

On peut ajouter que ces organes gouvernants supplémentaires, propres au type social militaire, se dissolvent à mesure que le type industriel conquiert la prépondérance. Ils

défendent leurs membres, ils sont responsables des transgressions de leurs membres, ils exercent sur eux une contrainte ; la cause qui les rend nécessaires et qui leur impose
leur caractère, c'est le régime des longues luttes ; enfin ils
périssent à mesure que leur raison d'être disparaît. En
outre, comme ils apportent une limitation artificielle aux
actions de chacun de leurs membres, et qu'ils le rendent
responsable d'actes qui ne sont pas les siens propres, ils
sont en désaccord avec l'affirmation croissante de l'individualité qui accompagne le développement de l'industrialisme.

# CHAPITRE XII

## SYSTÈMES MILITAIRES

§ 515. Nous avons déjà beaucoup dit d'une manière indirecte sur le sujet que nous allons traiter. Comme l'organisation politique est identique dans le principe avec l'organisation militaire, il a été impossible de s'occuper de la première sans toucher à la seconde. Après avoir montré les faits sous un point de vue, nous allons les montrer sous un autre ; en même temps, nous aurons à considérer des faits analogues que nous n'avons pas observés jusqu'ici. Mais, d'abord, arrêtons-nous un moment sur l'identité originelle dont nous avons parlé.

Dans les sociétés grossières, tous les adultes mâles sont guerriers, l'armée est la société mobilisée, et la société est l'armée en disponibilité, comme on l'a remarqué (§ 259).

Nous pouvons ajouter que le rassemblement militaire primitif est aussi l'assemblée primitive. Dans les tribus sauvages aussi bien que dans les sociétés semblables à celles de nos grossiers ancêtres, les assemblées convoquées dans un but de défense ou d'attaque sont celles où se décident les questions de politique générale.

Autre fait, souvent cité, dans le cours normal de l'évolution sociale : le chef militaire se transforme en chef politique. Ce double caractère de chef de guerre et de chef civil, né dans le principe, se continue d'ordinaire durant de longues périodes de temps; et lorsque, ce qui n'est pas rare, l'autorité militaire se sépare jusqu'à un certain point de l'autorité politique, la continuation de la guerre est susceptible de les ramener à l'unité.

A mesure que la société se combine et se recombine, on observe dans le détail aussi bien que dans la généralité la coïncidence de l'autorité militaire avec l'autorité politique, c'est-à-dire dans les parties aussi bien que dans le tout. Les chefs de guerre de second ordre sont aussi des chefs civils de second ordre dans leurs diverses localités; enfin le commandement de leurs troupes respectives en campagne, est de même nature que le gouvernement de leurs groupes respectifs de serviteurs chez eux.

Ajoutons encore que l'organisation économique des sociétés primitives coïncide avec leur organisation militaire. Dans les tribus sauvages, la guerre et la chasse sont l'occupation des mêmes hommes; leurs femmes (et leurs esclaves quand ils en ont) portent le fardeau de la vie domestique. Pareillement, dans les sociétés grossières qui sont devenues réglées, l'unité militaire ne fait qu'un avec l'unité économique. Le soldat est aussi le propriétaire.

Etant admise l'identité primitive de l'organisation politique avec l'organisation militaire, nous avons dans ce chapitre à voir de quelle manière elles se différencient.

§ 516. Il est le plus avantageux de commencer notre étude par l'examen du changement qui s'opère durant l'évolution sociale dans la distribution des obligations mili-

taires, et par la constatation de la séparation qui se fait en
même temps entre le corps des combattants et le reste de
la société.

Encore qu'il y ait des tribus où le service militaire (pour
la guerre offensive au moins) ne soit pas obligatoire, comme
les Comanches, les Dacotahs, les Chippeouais, chez qui les
chefs de guerre enrôlent des volontaires pour leurs expéditions, il arrive d'ordinaire que, lorsque la subordination
politique est établie, tout homme qui n'est pas une propriété semblable au bétail, est tenu au service de guerre
dès qu'on l'y convoque. Il y a eu et il y a des sociétés d'une
structure très avancée où cet état de choses existe encore.
Dans l'ancien Pérou, les hommes du commun étaient réellement dans l'armée, où ils formaient une réserve occupée
au travail ; et, dans le royaume moderne de Siam, tout le
monde « est soldat et doit six mois de service par an au
prince [1]. » Mais d'ordinaire le progrès social fait porter le
poids de l'obligation militaire sur une base plus étroite.

Lorsqu'à la suite de la réduction en esclavage des captifs
on élève leurs enfants comme esclaves, et que de plus on
fait esclaves les criminels et les débiteurs, lorsqu'à la classe
des esclaves s'ajoute, dans certains cas, une classe de serfs
composée de gens assujettis, non arrachés à leur foyer, la
société se compose de deux parties, sur l'une desquelles
seulement tombe le poids du service militaire. Au lieu
qu'aux premiers âges, la société se divisait en hommes avec
le rôle de guerriers et en femmes avec le rôle d'ouvriers,
on voit entrer maintenant, dans la division des ouvriers,
des hommes, et ceux-ci forment désormais une portion
toujours plus grande de la population masculine totale. On

---

1. La Loubère. *Du royaume de Siam en 1687-88*, 237.

nous apprend que chez les Achantis (où chaque homme
est la propriété du roi) la population esclave « compose
principalement la force militaire [1]. » A Rabbah, chez les
Foulahs, l'armée se compose d'esclaves affranchis « en
récompense de ce qu'ils ont pris les armes [2]. » Pourtant,
d'une manière générale, les hommes tenus en esclavage ne
sont pas soumis au service militaire : c'est parce qu'on se
méfie d'eux (chez les Spartiates, par exemple, quand ils
furent forcés de recourir aux ilotes). C'est aussi par mépris
pour des vaincus ou des enfants de vaincus. C'est enfin par
le désir de rejeter sur d'autres des travaux à la fois nécessaires et répugnants. Sans rechercher les causes, les faits
néanmoins prouvent que l'armée à cette époque primitive
se confond avec l'ensemble des hommes libres, qui est aussi
l'ensemble des propriétaires du sol. Il en était ainsi, comme
nous l'avons vu (§ 458), en Égypte, en Grèce, à Rome et
en Germanie. Certains faits montrent combien cette base
de l'obligation militaire est naturelle ; dans l'ancien Japon et
dans l'Inde au moyen âge, il existait des systèmes de tenure
militaire semblables à ceux du moyen âge en Europe, enfin
une relation analogue même dans des sociétés semblables
à celles de Tahiti et de Samoa.

L'étendue d'un domaine est la mesure de l'aptitude de
son propriétaire à porter des charges ; aussi existe-t-il un
rapport entre la quantité de sol possédé et l'importance du
service militaire à remplir. Ainsi à Athènes, sous Solon, les
gens dont les propriétés rendaient moins d'un certain revenu étaient exempts du service militaire, sauf dans certaines circonstances. A Rome, en vue d'établir un plus
juste rapport entre les moyens d'un individu et ses obliga-

---

1. Beecham, *Ashantee and Gold Coast*, 129.
2. Laird und Oldfield, *Expedition into Interior of Africa*, 86.

tions, on faisait « une révision périodique du registre de la propriété foncière, qui était en même temps le rôle du recrutement [1]. » Au moyen âge, on appliquait ce principe en proportionnant le nombre des guerriers réclamés à l'étendue des fiefs; et plus tard en réclamant aux paroisses leurs contingents respectifs.

Le service militaire commence à se séparer de la propriété foncière quand la terre cesse d'être la seule source de richesse. Le développement d'une classe de travailleurs libres, qui accroissent leur propriété par le commerce, a pour conséquence que l'obligation leur est imposée aussi de combattre ou de fournir des combattants. En Grèce et à Rome, il semble que les possessions en vertu desquelles des citoyens de cet ordre furent dans le principe tenus au service militaire étaient des terres ; mais plus tard ils y furent tenus en qualité de possesseurs d'autres propriétés. C'est du moins ainsi que nous pouvons expliquer l'usage d'obliger les populations industrielles à fournir leur contingent de guerriers ; soit que, comme à l'époque des conquêtes romaines, l'usage prît la forme de l'obligation pour les villes « riches et populeuses » d'entretenir des cohortes d'infanterie ou des escadrons de cavalerie ; soit que, comme avec des villes pourvues de chartes au moyen âge, il y eût un contrat du feudataire avec le roi son souverain, qui obligeât le premier à fournir au second un nombre déterminé de gens dûment armés.

Plus tard, la même cause produit un nouveau changement. A mesure que l'industrie augmente la quantité relative de propriété échangeable, il devient plus aisé de se racheter du service de guerre, soit en fournissant un rem-

1. Mommsen.

plaçant, soit en payant au chef une somme qui le mette en état de s'en procurer un. Originellement, la pénalité pour le non-accomplissement des obligations militaires était la perte des terres ; plus tard ce fut une lourde amende, et, une fois cette substitution acceptée, on en adopta plus fréquemment l'usage ; puis on prit l'habitude de se racheter des services spéciaux obligatoires ; ensuite on adopta la perception de droits, tels que ceux d'écuage, au lieu des primes spéciales de rachat. Evidemment, le développement industriel rendit ce changement possible, à la fois en augmentant la population d'où se tire le nombre voulu de remplaçants et en produisant le capital flottant nécessaire.

De sorte que, au lieu que dans les sociétés sauvages et à demi civilisées, appartenant aux gens belliqueux, la base de l'obligation militaire consiste en ce que tout homme libre doit servir en personne, et aussi se procurer les armes et les provisions dont il a besoin ; le progrès qui fait passer la société de l'état où l'industrie ne remplit que les intervalles des guerres, à un état où la guerre ne vient interrompre qu'exceptionnellement la vie industrielle, ce progrès est une cause qui sépare de plus en plus l'obligation militaire de la qualité de citoyen libre. En même temps, l'obligation militaire tend à devenir une charge pécuniaire établie proportionnellement à la propriété, de quelque genre que ce soit. Sans doute lorsque l'usage de la conscription existe, le service personnel est dû en théorie par chacun de ceux sur lesquels tombe le sort ; mais la possibilité d'acheter un remplaçant réduit l'obligation militaire à une obligation pécuniaire. Enfin, si nous voyons appliquer de nos jours le service universel obligatoire qui ne comporte pas le rachat, c'est qu'il est le signe d'un retour à un état social où le militarisme prédomine.

§ 517. Il y a un côté de ce changement que nous n'avons pas encore signalé : c'est la décroissance simultanée du rapport que la partie combattante de la société soutient avec le reste. Quand les habitudes de la vie nomade font place à celles de la vie sédentaire, on voit commencer la résistance que les intérêts économiques opposent à l'action militaire, et cette résistance s'accroît à mesure que la vie industrielle se développe et diminue les dimensions relatives du corps militaire.

Sans doute dans les tribus de chasseurs les hommes sont aussi prêts à la guerre à un moment qu'à l'autre ; mais dans les sociétés agricoles il existe évidemment un obstacle à la permanence de la guerre. Chez les Spartiates, par exception aux autres peuples, on ne souffrait pas que les occupations quotidiennes de l'industrie rurale vinssent mettre obstacle aux obligations quotidiennes qui liaient les hommes libres aux exercices militaires ; mais, en général, les travaux des semailles et des récoltes empêchent le rassemblement des hommes libres pour l'offensive ou la défensive. Aussi avec le temps voit-on décroître les appels qui leur sont faits. Les anciens Suèves se partageaient de manière à s'adonner alternativement aux occupations de la guerre et à celles des champs ; à chaque saison, les guerriers actifs rentraient pour cultiver le sol, les agriculteurs de l'année précédente allaient les remplacer. Alfred établit en Angleterre un roulement analogue entre le service militaire et la culture du sol. A l'époque féodale, la même tendance s'accuse dans la limitation apportée à la durée et à l'importance de la prestation armée que devaient fournir le tenancier féodal et ses gens, tantôt soixante, tantôt quarante, tantôt vingt jours, tantôt même quatre ; tantôt avec un nombre déterminé de guerriers ; tantôt sans limite de distance, tantôt à l'intérieur des frontières d'un comté. Il n'est pas douteux que l'insubordination ne fît souvent refuser le service, et que par suite l'obligation de la prestation militaire ne se trouvât amoindrie. Mais il est évident que l'industrie, en absorbant l'activité des hommes, contrariait directement ou indirectement l'action militaire ; comme résultat le corps combattant se séparait du corps des citoyens en général, et en même temps sa masse subissait une diminution relative.

Deux causes de grande importance concouraient à produire cette diminution. L'une est l'accroissement de la dépense militaire, en soldats et en engins de guerre : résultat du progrès social que le développement industriel rend possible. Dans l'état sauvage, tout guerrier se pourvoit lui-même d'armes ; et, dans les expéditions de guerre, il pourvoit aussi à sa subsistance. Plus tard, il n'en est plus ainsi. Quand on commença à se servir de chars de guerre, d'armures, de matériel de siège, il est à présumer qu'il existait déjà diverses classes d'artisans habiles et spécialisés : ce qui suppose l'accroissement du rapport de la partie industrielle de la société avec la partie militaire. Lorsque, plus tard, les armes à feu, l'artillerie, les vaisseaux cuirassés, les torpilles, etc., font leur apparition dans la guerre, on voit qu'il existe en même temps un corps profondément organisé de producteurs et de distributeurs, aussi bien pour fournir les moyens nécessaires que pour en supporter la dépense. Cela revient à dire que l'appareil militaire, personnel et matériel, ne peut devenir plus puissant sans que le rapport qu'il soutient avec l'appareil d'entretien auquel il doit sa puissance, s'amoindrisse.

L'autre cause opère en même temps ; elle provient

directement de la combinaison et de la recombinaison des sociétés. Plus les nations deviennent grandes, plus les distances auxquelles s'étend leur action militaire s'accroissent, plus cette action devient coûteuse.

Il en est d'une armée comme d'un membre : l'effort produit est d'autant plus coûteux que les parties actives sont plus éloignées de la base d'opération. Sans doute il est vrai qu'un corps d'envahisseurs victorieux peut prélever une partie ou la totalité de ce dont elle a besoin sur la société vaincue, mais il ne le peut avant que la conquête soit faite, et dépend pour son entretien de sa propre société, dont il fait alors partie intégrante ; lorsqu'il cesse de former une partie intégrante et qu'il voyage au loin, vivant de butin, comme les hordes tartares du temps passé, nous n'avons plus affaire à un fait d'organisation sociale, mais de destruction sociale. Si nous nous renfermons dans les sociétés qui, localisées d'une manière permanente, conservent leur individualité, il est clair que plus l'intégration sociale est grande, plus l'effort social commandé par les distances où la lutte doit s'opérer, ainsi que le chiffre de la population industrielle qu'il faut pour cet effort, sont grands. Sans doute, les moyens de communication perfectionnés peuvent tout d'un coup modifier le rapport, mais cela ne fait rien à notre thèse, qui reste vraie, toutes choses égales.

La vie sédentaire et la civilisation accroissent donc de trois manières la résistance des intérêts économiques à l'action militaire, ce qui a pour effet de réduire le rapport de la partie militaire à la partie non militaire.

§ 548. Ces changements dans la base de l'obligation militaire qui ont pour effet de séparer le corps des soldats d'avec le corps des travailleurs, et ceux qui ont pour effet de dimi-

nuer le volume relatif du corps militaire, s'accompagnent
de changements qui ont pour effet de le différencier d'une
façon nouvelle. Le premier de ces changements que nous
devions signaler est la séparation du commandement militaire d'avec le commandement politique.

Nous avons vu que le commandement de l'organisation sociale est la transformation du guerrier chef en
gouverneur civil. Aux exemples déjà cités nous pouvons
ajouter le suivant. Un chef anglo-saxon, Hengist par exemple, s'appelait *here-toga*, c'est-à-dire exactement chef
d'armée; et cette charge ne se transforma en celle de roi
qu'après l'établissement des Anglo-Saxons dans la Grande-
Bretagne. Seulement l'institution de l'hérédité dans la
succession du commandement politique met en jeu une
influence qui a pour effet de séparer le chef de l'État
du chef de l'armée. L'antagonisme entre le principe de
l'hérédité et celui de l'aptitude, partout en action, se révèle
dès le début dans cette relation, parce que le besoin d'un
commandement militaire habile s'impose impérieusement.
On observe souvent un effort pour unir les deux titres, par
exemple dans l'ancien Mexique, où le roi avant son couronnement devait remplir avec succès l'office de général en
chef. Mais, dès les époques les plus reculées, nous voyons
que partout où l'hérédité s'est établie et où l'hérédité des
aptitudes militaires ne s'est pas conservée à côté de celle
de l'autorité politique, le commandement militaire n'a pas
tardé à devenir une fonction dévolue à l'élection. « Chez les
Guaranis, dit Waitz, le commandement passe du père au
fils aîné. Mais le chef de guerre est élu [1]. » Dans l'ancien
Nicaragua, « le chef de guerre recevait des guerriers par
élection le droit de les conduire, à cause de son habileté et

1. Waitz, *Introduction to Anthropology*, III, 422.

de sa vaillance dans les combats ; mais le chef civil ou héréditaire accompagne souvent l'armée [1]. » Chez les naturels
de la Nouvelle-Zélande, « les chefs héréditaires étaient généralement les capitaines, » mais non toujours ; dans ce cas,
on en choisissait d'autres à cause de leur bravoure. Chez les
Dayaks du Sakarra, il y a un chef de guerre à côté du chef
ordinaire. Chez les Bédouins, on observe un renversement
curieux du motif primitif. « En campagne, l'autorité du
cheik de la tribu est complètement méconnue, et les soldats
passent complètement sous l'autorité de l'agyd... La charge
de l'agyd est héréditaire dans une certaine famille, de
père en fils ; et les Arabes se soumettent au commandement de l'agyd, alors même qu'ils savent qu'il manque
de bravoure et de jugement, plutôt que d'obéir aux ordres
de leur cheik pendant l'expédition ; car, disent-ils, une
expédition commandée par un cheik ne réussit jamais. »
On doit ajouter que dans certains cas d'autres motifs produisent leurs effets. Forster nous dit qu'à Tahiti le roi
abdique quelquefois la fonction de général en chef des
forces militaires, en faveur de l'un de ses chefs, soit qu'il
ait conscience de sa propre incapacité, soit qu'il veuille
éviter le péril. Plus tard, dans certains cas, le désir qu'ont
les sujets d'échapper aux maux qui découlent de la perte
du pouvoir politique amène la séparation des deux autorités. Chez les Hébreux par exemple, « les gens de David
lui prêtèrent serment, disant : tu ne marcheras plus avec
nous au combat, afin que tu n'éteignes pas la lumière
d'Israël. » En France, en 923, les ecclésiastiques et les
nobles qui entouraient le roi le supplièrent de ne prendre
aucune part à la bataille qu'on allait livrer.

En même temps, le souverain, qui sait à merveille que

1. Squier, *Nicaragua*, II, 340.

le commandement militaire confère une grande puissance
à celui qui le détient, nomme souvent comme général de
l'armée son fils ou un autre de ses proches parents : il
tâche ainsi de prévenir une usurpation, chose si facile (chez
les Hébreux par exemple, dont le trône fut plusieurs fois
occupé par les chefs de l'armée). L'*Iliade* nous fait voir
qu'il était habituel chez les Grecs qu'un roi déléguât à son
héritier la charge du commandement des troupes. Dans les
temps mérovingiens, les fils des rois conduisaient souvent
les armées de leurs pères ; et, sous les Carlovingiens, si le
roi commandait l'armée principale, « ses fils étaient à la
tête des autres armées, et peu à peu le commandement
passait dans leurs mains [1]. » Il en était ainsi jadis au Japon. Lorsque l'empereur ne commandait pas lui-même ses
troupes, « il n'en remettait la charge qu'à des membres
de la famille impériale » : de la sorte « la puissance
demeurait dans les mains du souverain [2]. » Dans l'ancien
Pérou, même chose. « L'armée était placée sous la direction
de quelque chef expérimenté de sang royal, ou, plus fréquemment encore, commandée par l'Inca en personne [3]. »

Une cause qui pousse le chef civil à déléguer ses fonctions militaires, c'est l'extension de ses propres fonctions
civiles. Mais s'il rencontre toujours plus de difficultés à
s'acquitter de ces deux ordres de fonctions à mesure que la
nation s'agrandit, et s'il est périlleux pour lui de chercher
à s'en acquitter, il l'est aussi de les déléguer. S'il y a
danger pour le souverain à confier le commandement
suprême d'une armée éloignée à un général, il y a aussi
danger à marcher à la tête de l'armée et à laisser le gou-

1. Waitz, *Introduction to Anthropology*, IV, 522.
2. Adams, *History of Japan*, I, 15.
3. Prescott, *Conquest of Peru*, I, ch. 2.

vernement aux mains d'un régent; enfin les catastrophes venues de l'une ou de l'autre cause, en dépit des précautions prises, nous montrent qu'il existe, au cours de l'évolution sociale, une tendance inévitable à la différenciation du commandement militaire d'avec le commandement politique, mais que cette différenciation ne peut devenir permanente que sous certaines conditions.

En général, tant que l'activité militaire est grande et que la société possède l'organisation qui y est propre, l'état d'équilibre social est tel que le chef politique continue à être aussi le chef militaire. Dans la mesure où, parallèlement au développement de la vie industrielle, grandit une administration civile distincte de l'administration militaire, le chef politique devient de plus en plus un chef à fonctions civiles, et délègue, tantôt de temps en temps, tantôt d'une manière générale, ses fonctions militaires. Si la société subit un retour à une grande activité militaire, avec retour à la structure militaire, on peut y voir une restauration du type primitif du commandement, par suite d'une usurpation par un général heureux, soit d'une usurpation de fait quand le roi est un personnage trop sacré pour être dépossédé, soit d'une usurpation complète quand il l'est moins. Enfin lorsque, par le déclin du militarisme, la vie et l'administration civiles prennent plus d'importance, le commandement de l'armée se différencie d'une façon permanente du commandement politique et y est subordonné.

§ 519. Tandis que, dans le cours de l'évolution sociale, la séparation du corps combattant d'avec le gros de la société s'accomplit, que sa masse diminue, et qu'un commandement distinct s'établit à sa tête, il s'y opère un travail d'organisation interne.

Le corps combattant est d'abord tout à fait dépourvu de structure. Chez les sauvages, une bataille est une somme de combats singuliers : le chef, s'il y en a un, n'étant que le guerrier le plus éminent, combat avec les autres. Pendant longtemps, cette action décousue persiste. L'*Iliade* ne parle guère que de luttes corps à corps entre héros, luttes qui se répétaient en détail pour chacun des guerriers de leur suite, dont il n'est rien dit. Après la décadence de la savante organisation militaire qui marqua la civilisation gréco-romaine, ce genre chaotique de batailles reparut dans l'Europe au moyen âge. Durant la première période féodale, tout dépendait de la vaillance des individus. La guerre, dit Gautier, se composait de « duels à mort »; et même beaucoup plus tard l'idée de donner de sa personne l'emporta sur celle d'une action combinée. Seulement, à mesure que le progrès politique s'opère, la soumission du guerrier à son chef s'accuse de plus en plus par son obéissance aux ordres que le chef donne sur le champ de bataille. L'absorption de la volonté des guerriers dans celle du chef fait de l'action militaire, dans le combat, une action très bien concertée.

Un changement analogue ne tarde pas à se manifester plus largement. Tandis que les membres de chaque groupe élémentaire en arrivent à combiner de plus en plus leur action, les groupes eux-mêmes dont l'armée se compose passent de l'action désunie à l'action unie. Quand de petites sociétés se combinent pour en former une plus grande, le corps de guerriers composé de leurs contingents ne comprend d'abord que des groupes-tribus et des groupes-familles assemblés, mais gardant néanmoins leur individualité respective. Le chef d'un kraal hottentot « conserve, sous le chef de sa nation, le commandement des troupes fournies par son kraal [1]. » Pareillement, le Malgache « reste dans son propre clan, et chaque clan a son propre chef [2]. » Chez les Chibchas, « chaque cacique et chaque tribu marchaient sous des emblèmes différents arborés sur leurs tentes et étalés sur les manteaux qui leur servaient de signes de ralliement [3]. Une pareille disposition existait aux premiers siècles de Rome : l'armée de la cité « se répartissait en tribus, curies et familles [4]. » Il en était de même aussi des peuples germaniques, qui, en campagne, se rangeaient, lorsqu'aucun autre lien ne les retenait, en familles et en *compagnies* [5]. Dans les premiers âges de l'Angleterre, dit Kemble, « chaque famille était rangée sous un officier de son sang, nommé par elle, et les divers membres de la famille servaient ensemble [6]. Cette organisation ou plutôt ce défaut d'organisation dura pendant toute la période féodale. En France, au XIVᵉ siècle, l'armée était « une horde de chefs indépendants, tous avec une suite, chacun faisant à son gré [7], » et, selon Froissart, les divers groupes « étaient si mal informés », qu'il leur arrivait quelquefois de ne pas connaître la déconfiture du corps principal.

Outre l'accroissement de la subordination des chefs locaux envers le chef général; effet de l'intégration politique, événement qui doit naturellement précéder l'introduction d'un mode d'action militaire plus centralisé et mieux combiné, il y a deux causes qui en préparent la réalisation.

L'une de ces causes est la différence d'espèce dans les

1. Kolben, *Present State of the Cape of Good Hope*, trad. Medley, I, 815.
2. Ellis, *History of Madagascar*, II, 253.
3. P. Simon, *Tercera noticia de la segunda parte de las noticias historiales, etc.*, 269.
4. Fustel de Coulanges, *Cité antique*, 144.
5. Stubbs, *The constitutional History, etc.*, I, 30.
6. Kemble, *The Saxons in England*, I, 60.
7. Kitchen, *History of France*, I, 339.

armes en usage. Quelquefois les tribus coalisées, habituées
à se servir d'armes différentes, viennent combattre, déjà
distinguées les unes d'avec les autres. Dans ces cas, les divisions par armes correspondent aux divisions par tribus. Il
en était, paraît-il, ainsi chez les Hébreux : des distinctions de
ce genre séparaient les hommes de Benjamin, de Gad et de
Juda. D'ordinaire cependant, c'est la différence des armes,
conséquence de la différence des rangs, qui sert de point
de départ aux séparations des corps de troupes, dont l'effet
est de déranger les divisions provenant de l'organisation en
tribus. L'armée des anciens Égyptiens contenait des corps
de conducteurs de chariots, de cavalerie et d'infanterie ;
l'équipement de chacun de ces corps, différant par les frais
qu'il entraînait, supposait des différences de position sociale.
On peut en dire autant des Assyriens. L'*Iliade* nous montre
encore chez les Grecs des temps primitifs un état social où
la différence des armes correspondait à une différence de
richesse ; cet état n'avait pas eu encore pour effet de donner
naissance à des corps de troupes différemment armés,
comme il s'en forma plus tard quand on eut moins égard aux
divisions des tribus ou des lieux. Il en était ainsi dans l'Europe occidentale à l'époque où un supérieur féodal menait
ses propres chevaliers, et sa suite de gens de rangs inférieurs moins bien armés. Sans doute dans chaque groupe
il y avait des hommes qui différaient par le rang et les
armes, mais ces démarcations verticales entre les groupes
n'étaient pas coupées par des démarcations horizontales
allant d'un bout à l'autre de l'armée et comprenant tous ceux
qui sont armés de même. Toutefois c'est cette ségrégation
plus étendue que nous voyons s'opérer à mesure que l'organisation militaire progresse. La suprématie que les Spartiates surent acquérir provenait en grande partie de ce que

Lycurgue « avait établi des divisions militaires tout à fait distinctes des divisions civiles, tandis que dans les autres États grecs, à une époque plus récente encore,... ces deux divisions se confondaient : les hoplites et les cavaliers de la même tribu et du même quartier marchaient ensemble dans la bataille [1]. » Des changements analogues se produisirent quand les armes romaines firent des progrès. Les divisions dépendirent moins du rang d'après l'organisation de tribu, et plus de la position sociale d'après la propriété; de sorte que les genres d'armes à porter et les services à rendre dépendirent de la grandeur des domaines, « ce qui fit disparaître toutes les distinctions de race et de lieu dans la levée en masse de la société [2]. » En campagne, l'armée se composait de la manière suivante : « Les quatre premiers rangs de chaque phalange étaient formés d'hoplites armés de toutes pièces, appartenant à la première classe de citoyens, à la classe des propriétaires fonciers; le cinquième et le sixième comptaient les fermiers moins complètement équipés, appartenant à la seconde et à la troisième classe; les deux dernières classes occupaient les rangs de derrière de la phalange. » Sans doute, dans le recrutement de la cavalerie, on ne renonçait pas d'une façon aussi nette aux distinctions dérivées de l'origine familiale, mais l'addition d'un plus grand nombre de cavaliers non tirés de la bourgeoisie y troublait indirectement l'homogénéité de condition sociale. Tout le monde sait qu'un système de division, de nature à effacer celles de rang et de lieu, s'est trouvé reproduit à l'époque où l'organisation militaire s'est développée de nouveau.

Une autre cause de ce changement, qui a opéré en même

1. Grote, *Histoire de la Grèce.*
2. Mommsen, *Histoire romaine.*

temps, a toujours été le mélange des groupes de famille et
de tribu par suite de l'agrégation d'un grand nombre de
membres nouveaux. Comme nous l'avons déjà vu, la réorganisation de l'Attique par Clisthène et celle de Rome par
Servius Tullius eurent pour cause principale l'impossibilité de conserver le rapport des divisions de tribu avec
les obligations militaires; une redistribution des obligations militaires prenait naturellement pour base le nombre.
Chez divers peuples, nous voyons adoptée cette organisation
tantôt pour des raisons politiques, tantôt pour des raisons
militaires, tantôt pour les deux motifs. Aux exemples rapportés plus haut (§ 512), nous pouvons ajouter celui des
Hébreux, qui étaient groupés par dizaines, cinquantaines,
centaines et milliers. Les Araucaniens, peuple barbare, se
partagent en régiments de mille, divisés en compagnie de
cent. Evidemment, le groupement numérique concourt avec
le classement par armes pour effacer les divisions primitives.

Le passage de l'état de groupes incohérents, conservant
chacun son organisation grossière, à l'état d'ensemble cohérent, retenu par le lien d'une organisation savante dans
toutes ses parties, suppose naturellement un progrès parallèle dans la centralisation du commandement. De même
que la horde primitive devient plus propre à la guerre dans
la mesure où ses membres deviennent plus obéissants aux
ordres d'un chef, de même l'armée formée de hordes agrégées devient plus propre à la guerre dans la mesure où les
chefs des hordes passent sous l'autorité d'un chef suprême.
Enfin la transition que nous venons de décrire d'un groupe
formé de tribus rapprochées côte à côte à une armée formée
de divisions et de subdivisions, marche parallèlement au
développement de la hiérarchie des chefs subordonnés les
uns aux autres. Les peuples barbares qui en sont venus à

posséder une véritable puissance militaire possèdent ce système de commandement, exemple, de nos jours les Araucaniens, les Zoulous, les naturels d'Uganda, qui ont trois
grades d'officiers ; autrefois le Pérou, le Mexique, où il y
avait plusieurs grades ; enfin les Hébreux.

§ 520. Il y a à mentionner un autre changement général,
celui d'un état où l'armée s'assemble, puis se disperse, à
un état où elle est une institution permanente.

Tant que, chez les sauvages par exemple, tous les adultes
mâles sont guerriers, le corps combattant n'existe dans sa
forme combinée que durant la guerre, et devient pendant
la paix un corps dispersé, qui se livre par groupes ou séparément à la chasse ou à d'autres occupations : il n'y a pas
d'armée permanente. Il n'y en a pas davantage, comme nous
l'avons vu, aux premières périodes de la vie sédentaire, alors
que les hommes libres armés, qui possèdent la terre conjointement ou séparément, sont tous tenus de servir comme
soldats, quand on les appelle, et retournent à leurs terres
quand la guerre est finie. Mais, encore que la fusion de
petites sociétés en une société plus vaste, par l'effet de la
guerre, et la constitution d'un pouvoir central, laissent
durer longtemps un tel système, elles font apparaître les
premiers traits d'un système nouveau.

Naturellement, quelle que soit la forme de gouvernement,
des guerres fréquentes engendrent les forces militaires
permanentes, par exemple dans l'antiquité chez les Spartiates d'abord et plus tard chez les Athéniens, par exemple
encore chez les Romains, quand l'étendue de leur territoire
les obligea à se tenir fréquemment prêts à réprimer des révoltes. Ces exemples notés, passons à d'autres plus communs
où une force militaire naît du corps même de la suite armée

qui entoure le chef. Nous en observons le noyau chez les peuples primitifs. A Tahiti, le roi ou chef avait des guerriers parmi sa suite; le roi des Achantis avait une garde du corps vêtue de peaux de bêtes sauvages, de léopards, de panthères, etc. Nous l'avons fait voir en parlant de la différenciation politique, à l'entour du chef dominant se rassemblent des réfugiés et autres individus qui payent par le service des armes les secours et la protection qu'ils reçoivent, et leur concours permet au chef dominant d'assurer et d'étendre sa prépondérance. C'est ainsi que l'on vit des *comites* dans l'antique Germanie, les huscarlas ou housecarls autour des anciens rois anglo-saxons, et les antrustions des rois mérovingiens. Cette suite armée représentait en petit une armée permanente, non seulement parce qu'elle était toujours réunie, mais parce qu'elle était liée au prince ou seigneur par le rapport de la fidélité à la personne, et qu'elle demeurait soumise à un gouvernement intérieur sous la règle d'une loi martiale, distinct du gouvernement des hommes libres. On en vit un exemple frappant dans le grand rassemblement de guerriers, d'environ six mille hommes, formé par Cnut.

Dans ce cas, nous voyons comment de petites troupes de gardes du corps grandissent à mesure que le chef ou le roi conquérant attire sous ses drapeaux les aventuriers, les criminels fugitifs, les réfugiés qui se dérobent à un traitement injuste, etc., se transforment insensiblement en troupes de soldats qui se battent pour de l'argent. Dès les temps les plus reculés, on voit employer des mercenaires; on les retrouve dans les documents égyptiens de tous les siècles, et on les voit reparaître sans cesse dans certaines conditions : la première, c'est que le chef ait acquis un revenu considérable. Formés de nationaux ou d'étrangers, ces grands corps de soldats de profession ne peuvent s'entretenir que grâce à des ressources d'argent importantes; et d'ordinaire la possession de ces ressources marche avec une puissance qui met le roi en état d'exiger des impôts et des amendes. Dans les temps anciens, les membres du corps combattant, appelés au service, ont à se pourvoir non seulement d'armes appropriées, mais de provisions de tous genres : puisque, tant que l'organisation politique est peu développée, ni les ressources, ni le mécanisme administratif nécessaire à un autre système n'existe. Cependant la résistance économique à l'action militaire, qui grandit, comme nous l'avons vu, à mesure que la vie agricole progresse, fait refuser le service, qui entraîne d'abord des confiscations, puis de lourdes amendes au lieu des confiscations, plus tard des payements en argent au lieu du service en personne; cette résistance a pour effet le développement d'un revenu qui sert à payer des soldats de profession au lieu des vassaux qui fournissent la prestation en argent. Alors il est possible, au lieu de louer beaucoup de remplaçants de ce genre pour peu de temps, d'en louer un petit nombre pour toujours : augmentation du noyau d'une force armée permanente. Tout nouvel accroissement du pouvoir royal augmente le pouvoir de lever de l'argent, et favorise cette différenciation. En France, dit Ranke, « les armées permanentes, les impôts et les emprunts naquirent en même temps. »

Naturellement, l'obligation militaire primitive, portant sur tous les hommes libres, persiste longtemps sous des formes diverses. En Angleterre, par exemple, il y avait diverses lois qui astreignaient les hommes à avoir, d'après leurs moyens, des approvisionnements déterminés de chevaux, d'armes d'équipements, pour eux-mêmes et pour d'autres, quand ils en étaient requis. Plus tard vinrent les lois sur la milice, qui imposaient aux hommes en proportion de leurs moyens l'obligation de fournir des cavaliers ou des fantassins, dûment armés, soit en servant eux-mêmes soit par des remplaçants, qui se rassemblaient pour des exercices à des époques indiquées et pour un nombre de jours déterminé : ils devaient aussi pourvoir à leur subsistance. On peut citer encore les lois qui furent en vigueur, en France, par exemple, au xv⁰ siècle, d'après lesquelles il existait un corps de cavalerie formé à raison d'un cavalier par paroisse. Enfin, à une époque plus moderne, nous trouvons les diverses formes de conscription, usitées tantôt pour lever des forces temporaires et tantôt pour conserver une armée permanente. Partout, en effet, les hommes libres restent des soldats en puissance, sinon en acte.

§ 521. Nous sommes partis de l'état indifférencié du corps politique où l'armée comprend toute la population adulte masculine, et nous avons observé les divers moyens dont se fait l'évolution qui fait de l'armée une partie spécialisée de la nation.

L'armée subit d'abord dans sa masse relative, une réduction qui se révèle d'abord par l'accroissement de la population servile occupée au travail manuel au lieu de la guerre, qui s'accentue encore davantage quand les hommes libres s'adonnent à la vie agricole, et enfin qui agrandit les obstacles au service militaire. L'armée subit encore la réduction causée par les frais toujours croissants du soldat individuel, conséquence du progrès des armes, de l'équipement et l'outillage accessoire de la guerre. Enfin il y a encore une réduction provenant du poids lourd que l'action militaire fait peser sur les ressources de la nation, dans la mesure où cette action s'étend à une plus grande distance.

En même temps que le corps combattant se sépare de l'ensemble du corps politique, on voit généralement une autorité à part s'y constituer. Un militarisme actif a toujours pour effet de conserver l'union entre le gouvernement civil et le gouvernement militaire, et souvent rétablit l'union de ces deux gouvernements quand ils ont été séparés; mais avec la différenciation primitive de l'appareil civil d'avec le militaire, on voit d'ordinaire naître des centres d'autorité distincts pour chacun de ces appareils. Ce résultat, souvent contrarié par des usurpations quand les guerres sont fréquentes, se produit dans des conditions opposées; on voit alors un chef militaire subordonné à un chef civil.

Tandis que la société entière se développe par la différenciation de l'armée d'avec le reste de la nation, une autre évolution s'opère dans l'armée elle-même. De même que, dans la horde primitive, le progrès part de la bataille où des individus combattent sans plan, pour aboutir à la bataille d'après un plan sous le commandement d'un chef, de même on voit sur une plus grande échelle que, lorsque de petites sociétés s'unissent pour en former de grandes, le progrès va de la bataille entre tribus ou groupes locaux, à la bataille sous la direction d'un général en chef. Enfin, pour réaliser un gouvernement centralisé, il se forme un corps hiérarchisé d'officiers, qui remplace le groupe des chefs primitifs, et un système de divisions qui dérangent les divisions primitives des groupes, pour donner lieu à des masses régulièrement organisées, pourvues de fonctions différentes.

Avec la structure développée du corps combattant marche la permanence de ce corps. Lorsque, dans les temps primitifs, les hommes se réunissaient en vue de petites guerres pour se disperser ensuite, il était impossible qu'ils s'organisassent d'une manière efficace. Cela n'est possible que chez les hommes qui se trouvent constamment rassemblés pour la guerre ou la préparation de la guerre; et des corps militaires efficaces se développant prennent la place des corps convoqués pour un temps.

En finissant, nous ne devons pas omettre de signaler qu'entre tous les caractères distinctifs que l'armée contracte d'ailleurs, elle se distingue surtout parce qu'elle conserve et perfectionne le système du statut personnel, bien que dans le reste de la société, à mesure qu'elle progresse, le système du contrat s'étende et devienne défini. La coopération obligatoire demeure le principe de la partie militaire, quelle que soit l'importance que le principe de la coopération volontaire acquière dans la vie civile.

# CHAPITRE XIII

## APPAREILS JUDICIAIRE ET EXÉCUTIF

§ 522. Afin de nous préparer à constater l'identité primitive des institutions militaires avec les institutions judiciaires, examinons l'étroite parenté qui unit les modes employés pour repousser soit l'agression venant du dehors, soit l'agression venant du dedans.

Nous avons insisté plus d'une fois sur des faits qui montrent l'analogie de la responsabilité des sociétés les unes envers les autres avec la responsabilité des groupes familiaux les uns envers les autres dans chaque société, et qui font voir que des droits analogues s'appuient sur des sanctions analogues. Nous voyons chez diverses tribus sauvages que, dans le principe, la guerre extérieure avait pour but d'opérer une égalisation de dommages, soit directement en infligeant des dommages de même genre, soit indirectement par des compensations. Chez les Chinouks, « lorsqu'un parti a un plus grand nombre de morts que l'autre, celui-ci doit l'indemniser, ou la guerre continue[1]. » Chez les Arabes, « quand les deux partis veulent faire la

1. Waitz, *Introduction to Anthropology*, III, 338.

paix, ils comptent leurs morts, et celui qui en a le plus
reçoit le prix du sang prescrit par l'usage [1]. » Ces faits prouvent que dans les guerres entre tribus, comme dans les
guerres entre familles des premiers temps, il faut qu'une
mort en compense une autre ou qu'un équivalent la rachète :
il en était ainsi en Allemagne et en Angleterre, où la composition se faisait en moutons, en bœufs ou en argent.

Non seulement les luttes entre familles ressemblent aux
guerres que les sociétés soutiennent pour redresser les torts
qu'elles auraient subis, en ce que les représailles en nature
y sont remplacées par des pénalités imposées par l'usage ou
l'autorité ; mais les luttes entre individus ressemblent aussi
aux guerres au même point de vue. De l'époque primitive
où chacun se venge par la force d'un voisin coupable,
comme chaque société se venge d'une société qui l'offense,
on passe à l'époque où chacun a le choix de demander justice au chef de la société. Nous voyons le commencement
de cet usage sur certains point des îles Sandwich, où une
personne offensée, trop faible pour exercer des représailles,
en appelle au roi ou au chef principal ; enfin, à une époque plus avancée, on voit survivre l'option entre les deux
méthodes de redressement. Le sentiment que les nobles
italiens ont manifesté jusqu'au XIIIᵉ siècle, qui leur faisait « trouver honteux de se soumettre aux lois plutôt
que de se faire justice par la force des armes » [2], ce
sentiment se révèle partout dans l'histoire de l'Europe par
la lenteur avec laquelle on s'est habitué à soumettre les
torts privés à l'arbitrage officiel. « Un capitulaire de Charles
le Chauve invite les hommes libres à se rendre à la cour
armés en guerre, car ils pourraient avoir à combattre pour

1. Burckhardt, *Travels in Arabia*, III, 47.
2. Sismondi, *Républ. ital.*

leur juridiction. » L'histoire d'Angleterre offre un exemple
intéressant de cette alternative dans la procédure primitive
pour rentrer en possession d'une terre : la *grande session* qui jugeait la cause se composait de chevaliers armés
d'épées. En France, au XIIᵉ siècle, on tenait si peu compte
des décisions légales que les procès finissaient souvent par
des duels. Les duels judiciaires, qui se substituèrent légalement aux guerres privées entre familles, se perpétuè-
rent en France jusqu'à la fin du XIVᵉ siècle. En Angleterre, en 1768, une proposition de loi tendant à abolir le
combat judiciaire rencontra une opposition si énergique
qu'elle ne put passer, et l'option en faveur de ce jugement
ne fut interdite qu'en 1819.

On peut remarquer aussi que l'usage de se protéger
soi-même ne le cède peu à peu à celui de réclamer la protection de l'Etat que sous la pression des nécessités publiques, surtout de la nécessité de conserver la puissance militaire. Des édits de Charlemagne et de Charles le Chauve
tendant à mettre fin aux désordres résultant des guerres
privées, en obligeant les parties à s'en remettre aux autorités instituées, et menaçant d'un châtiment ceux qui déso-
béissaient, donnent assez à présumer le motif de ces mesures, et ce motif se montre expressément durant la période
féodale dans une ordonnance de 1296, qui « interdit les
guerres privées et les duels judiciaires tout le temps que
le roi est engagé dans une guerre. »

Encore une fois, disons-le, le caractère militaire de la
protection par la loi se révèle dans ce fait qu'aujourd'hui,
comme autrefois, s'opère la substitution de la force armée
de l'Etat à la force armée de l'individu : celle de l'État
demeurant toujours en réserve, quand elle n'agit pas. « Le
glaive de la justice » est une expression qui indique assez

que l'action contre l'ennemi public et l'action contre l'ennemi privé sont en dernier ressort identiques.

Cette identité des fonctions reconnue, nous sommes préparés à reconnaître l'identité originelle des appareils qui les accomplissent.

§ 523. En effet, le rassemblement primitif d'hommes armés, qui, nous l'avons vu, constitue à la fois le conseil de guerre et l'assemblée politique, est en même temps le corps judiciaire.

Parmi les sauvages actuels, les Hottentots en sont un exemple. La cour de justice « se compose du capitaine et de tous les hommes du kraal... cette cour se tient en plein champ; les hommes se tiennent accroupis en cercle... Toutes les questions se décident à la majorité [1]. » Si le prisonnier est « trouvé coupable et que la cour le condamne à mort, la peine est exécutée sur-le-champ. » Le capitaine joue le rôle d'exécuteur en chef : il frappe le premier coup, et les autres le suivent. Les documents des divers peuples historiques offrent des preuves d'une signification analogue. Voyons d'abord les Grecs de l'époque homérique. Nous apprenons que « quelquefois le roi tout seul, quelquefois les rois ou chefs des *Gérontes*, sont nommés pour trancher en conseil les disputes et donner satisfaction aux plaignants, mais toujours en public, au milieu de l'agora [2], » où les sympathies populaires s'exprimaient : cette assemblée étant la même que celle où les questions de guerre et de paix se débattaient. Ce qui fait supposer que dans sa première forme l'assemblée romaine des *quirites*, invités par le roi à dire *oui* ou *non* sur une proposition d'expédition militaire

---

1. Kolben; *Present state of the Cape of Good Hope;* trad. Medley, I, 249.
2. Grote.

ou quelque mesure d'Etat, exprimait aussi son opinion sur les accusations criminelles jugées en public, c'est que le roi ne pouvait octroyer la grâce d'un crime, car ce privilège était la prérogative de la communauté seule [1]. Dans les assemblées des Germains, dit Tacite, « la multitude assistait en arme dans l'ordre qu'elle trouvait bon.... Il était loisible à chacun d'introduire devant l'assemblée des affaires à juger, et des accusations pour des crimes entraînant la peine capitale... Dans la même assemblée, on choisissait des chefs pour rendre la justice dans les districts et les villages. Chaque chef chargé de cette mission avait avec lui une centaine de compagnons tirés du commun des guerriers qu'on lui adjoignait pour rehausser l'autorité de ses jugements et sa dignité. » D'après Lelevel, les Polonais primitifs et les Slaves en général obéissaient au même usage. Chez les Danois, « dans toutes les affaires temporelles, la justice était dans les attributions du tribunal populaire du Lands-Ting pour chaque province et du Herreds-Ting pour les districts ou subdivisions moins étendus [2]. » Les Irlandais des anciens temps, dit Leslie d'après Spenser, avaient aussi l'usage « de se rassembler en grand nombre sur une montagne ou une colline, et là de conférer sur les affaires ou les différends de ville à ville ou d'individu à individu [3]. » Citons encore l'exemple des Anglais du vieux temps. Les *moots* locaux de divers genres exerçaient des fonctions judiciaires; et le Witenagemot jouait quelquefois le rôle de cour de justice.

Un fait intéressant qui prouve que l'assemblée militaire primitive était en même temps l'assemblée judiciaire pri-

1. Mommsen, *Hist. rom.*
2. Crichton and Wheaton, *History of Scandinavia*, 1, 226.
3. Prof. Leslie, *Fortnightly Review*, mars 1875.

mitive, c'est l'antique usage primitif de punir les hommes libres qui n'y assistaient pas. Comme l'obligation de s'acquitter des devoirs militaires était impérative, il s'ensuivait naturellement qu'on mettait à l'amende les hommes qui ne se rendaient pas à l'assemblée en armes. La peine de l'amende passa en usage, et survécut lorsque, par exemple pour rendre la justice, la présence de tous n'était pas nécessaire. C'est ce qui explique que le fait de ne pas assister à la cour de centurie pouvait être puni d'amende.

On peut ajouter que dans quelques cas où la forme primitive a persisté, on aperçoit un rudiment de différenciation entre l'assemblée militaire et l'assemblée judiciaire. Dans la période carlovingienne, on commença à tenir les assemblées judiciaires dans des lieux couverts; on défendit aux hommes libres de s'y rendre en armes. Nous avons déjà vu (§ 491) que chez les Scandinaves personne n'avait le droit de venir en armes à l'assemblée quand celle-ci avait un but judiciaire. Si, en Islande, il était honteux (mais non punissable) pour un homme libre de ne pas se rendre à l'assemblée annuelle, c'est que l'obligation impérative d'y assister s'était affaiblie à mesure que les fonctions civiles y prenaient la prépondérance.

§ 524. Le corps judiciaire, étant d'abord identique avec le corps militaire, a nécessairement la même structure triple et une; et nous avons à examiner les formes différentes qu'il prend selon les développements respectifs de ses trois éléments. Nous pouvons nous attendre à trouver quelque analogie entre ces formes et les formes politiques concomitantes.

Lorsque, par le développement de l'organisation militaire, le pouvoir du roi a pris de beaucoup le dessus sur celui

des chefs et sur celui du peuple, la suprématie royale se
révèle par l'autorité absolue du monarque dans les affaires
judiciaires aussi bien que par son autorité absolue dans
les affaires politiques et militaires. La part qui revenait
jadis aux anciens et à la multitude dans le jugement des
procès s'efface à peu près complètement. Mais si, dans
ces affaires, l'autorité du roi, comme juge, n'est pas limitée
par celle des chefs et de ses autres sujets, il subsiste des
traces de l'arrangement primitif. En effet, ses décisions sont
proclamées ordinairement en public et en plein air. Les
demandeurs portent leurs affaires devant lui quand il se
montre hors de son palais, entouré de sa suite et d'une foule
de curieux : c'est ainsi que cela se passe même de nos jours
à Kachmir. Les souverains hébreux tenaient des assises
« dans les portes »[1], lieux ordinaires de réunion des peuples
de l'Orient. Chez les premiers Romains, le roi administrait
la justice « au lieu de l'assemblée, » assis sur « char »[2]. Le
livre de M. Gomme, intitulé *Primitive Folk-moots*, contient
plusieurs exemples où l'on voit que, chez les Germains des
anciens temps, le *Königs-stuhl*, ou siège judiciaire du roi,
était un banc de gazon vert ; que dans d'autres cas une marche de pierre à la porte de la ville était le siège sur lequel
il s'asseyait pour écouter les débats d'un procès ; enfin que
dans l'ancienne coutume française le roi s'asseyait souvent
sous un arbre pour rendre ses jugements. D'après Joinville,
cet usage a duré longtemps en France[3]. Quelque chose
d'analogue s'est passé en Ecosse, sous David Ier. Toutes ces
coutumes chez des peuples si divers donnent à penser que
l'assemblée judiciaire primitive a survécu, mais avec ce

---

1. *Deutéronome*, XXI, 19.
2. Mommsen.
3. Joinville, ch. XII.

changement que son chef a concentré dans ses mains le pouvoir que possédaient dans le principe les principaux chefs et la foule.

Lorsque le second élément de la structure triple et une devient prépondérant, il absorbe à son tour les fonctions judiciaires. Chez les Spartiates, le sénat oligarchique, et dans une certaine mesure l'oligarchie issue du sort, constituée par les éphores, unissait les fonctions judiciaires à ses fonctions politiques. De même à Athènes, sous le gouvernement aristocratique des Eupatrides, on vit l'Aréopage, formé de membres de l'aristocratie, s'acquitter, lui-même ou par l'entremise de ses neuf archontes élus, des fonctions judiciaires et exécuter les décisions. Plus tard, nous rencontrons à Venise un conseil des Dix. Certains faits de l'histoire du moyen âge nous apprennent comment le pouvoir judiciaire, aussi bien que le pouvoir politique, passe dans certains cas des mains des hommes libres dans celles d'une oligarchie de riches. Dans la période carlovingienne, outre la réunion bi-annuelle de la cour de centurie, il y en avait d'autres : « le *comte* convoquait cette cour à son gré pour juger des affaires particulières... Dans un cas comme dans l'autre, l'absence était punie... On voit que les comtes usaient à l'excès de leur droit de convoquer cette cour extraordinaire, dans l'intention de ruiner des petits francs tenanciers par des amendes répétées, et de s'emparer de leurs biens. Charlemagne opéra une réforme radicale... Le grand corps des hommes libres fut affranchi de l'obligation d'assister aux sessions du *Gebotene Dinge*, où, par la suite, la justice fut rendue sous la présidence, *ex officio*, du centenier, par un jury permanent choisi *de melioribus* [1], c'est-à-dire parmi les hommes libres les plus riches.

1. Morier, *Cobden club Essays*, 379. Sohm, *Die Fränkische Reichs, etc.*

Mais dans d'autres circonstances, et particulièrement lorsque la concentration de la population dans une ville rend l'accomplissement des fonctions judiciaires moins onéreux, le tiers élément peut conserver ou acquérir la puissance prépondérante dans la structure triple et une; alors il exerce les fonctions judiciaires. L'exemple le plus connu que nous en ayons est celui d'Athènes après la révolution qui remplaça le gouvernement oligarchique par la démocratie. Clisthènes rendit les magistrats élus pour un an personnellement responsables devant le peuple assemblé en cour de justice; plus tard, sous Périclès, l'institution des dicastères, ou cours de jurés salariés tirés au sort, transféra à peu près complètement l'administration de la justice au corps entier des hommes libres, partagés pour plus de commodité en commissions. Chez les Frisons, qui durent jadis à la nature de leur territoire d'avoir conservé une forme libre d'organisation politique, l'assemblée judiciaire du peuple se conserva. « Lorsqu'on convoquait les communes dans un but particulier, l'assemblée prenait le nom de Bodthing. Le bodthing se réunissait pour rendre des jugements dans des cas d'absolue nécessité. M. de Laveleye, dans sa description de la marche teutonique qui existe encore en Hollande, « surtout dans la Drenthe, » territoire « entouré de toutes parts par des marais ou des tourbières (nouvel exemple des conditions matérielles favorables à la conservation des institutions libres), ajoute que les habitants de ce territoire s'assemblent périodiquement « et qu'ils viennent en armes; qu'aucun ne peut s'absenter sans payer l'amende. Cette assemblée réglait tous les détails de la jouissance de la propriété commune, désignait les travaux à faire; imposait des peines pécuniaires pour la violation des règles, et nommait les officiers chargés du pouvoir exécutif.

On voit encore bien la ressemblance de la forme judiciaire avec la forme politique lorsque le gouvernement n'est ni despotique, ni oligarchique, ni démocratique, mais mixte. En Angleterre, par exemple, le système en vigueur pour l'administration de la justice unit, comme le système politique, l'autorité du souverain, qui est en très grande partie irresponsable, avec l'autorité populaire. Jadis, en Angleterre, le *township* possédait un certain pouvoir de faire et d'imposer des ordonnances locales ; le *hundred-moot* et le *shiremoot* avaient des moyens plus puissants de s'acquitter des fonctions judiciaires et électives ; en même temps, ces assemblées nommaient leurs fonctionnaires respectifs. Mais le développement subséquent des institutions féodales, suivi par celui du pouvoir royal, eut pour conséquence la diminution du rôle du peuple dans les affaires judiciaires, et l'augmentation du rôle assigné dans l'administration de la justice aux agents de la couronne. Enfin de nos jours, en Angleterre, le système judiciaire, dans la composition duquel entre le pouvoir du jury (produit du choix de représentants, quoique dans un autre intérêt que celui du peuple), contient un élément populaire ; la juridiction sommaire des magistrats non salariés qui, bien que nommés par le pouvoir central, appartiennent aux classes riches, et particulièrement à celle des propriétaires fonciers, y introduit un élément aristocratique ; la commission royale qui investit les juges de leur autorité, y représente l'élément monarchique. Enfin, comme le choix des magistrats et des juges est au fond dans les mains d'un ministère qui exécute en somme la volonté du peuple, le pouvoir royal et le pouvoir de la classe aristocratique dans l'administration de la justice s'exercent sous le contrôle du peuple.

§ 525. Nous avons dû supposer plus haut et maintenant nous voyons nettement que, à mesure que la guerre opère la fusion de petites sociétés en une grande, les fonctions judiciaires s'accomplissent de plus en plus par délégation.

Comme le roi primitif est très généralement commandant en chef et grand prêtre, il est tout naturel que ses fonctions judiciaires soient remplies à la fois par des prêtres et des soldats. En outre, puisque le corps consultatif, quand il devient une institution établie et soustraite à la multitude, renferme habituellement des membres de ces deux classes, les pouvoirs judiciaires qu'il exerce ne sauraient être au début accaparés par les membres de l'une ou de l'autre. On voit encore combien ce partage est naturel, en songeant que les prêtres ont dans beaucoup de sociétés uni des fonctions militaires aux fonctions sacerdotales, et que, sur d'autres points, les prêtres, devenant souverains locaux, ont eu les mêmes titres de propriété et les mêmes obligations que les souverains locaux purement militaires, et qu'ils ont reçu comme eux le pouvoir local de juger et d'exécuter : les prélats du moyen âge en sont des exemples. La cause pour laquelle l'une des deux classes, celle des prêtres ou celle des chefs militaires, acquiert la prépondérance en matière judiciaire, c'est probablement avant tout la supériorité de l'un des deux sentiments chez les sujets, la fidélité envers le soldat heureux, ou le respect du prêtre considéré comme le dépositaire des communications divines.

Chez les Zoulous, dont la mythologie rudimentaire ne connaît pas de grandes divinités et n'entraîne pas l'existence d'un clergé organisé, le roi « partage son pouvoir avec deux soldats de son choix. Ces deux soldats sont les juges suprêmes du pays »[1]. Il en est de même chez les Eggarahs (nègres

1. Arbousset et Daumas.

de l'intérieur), où les hommes fétiches ne forment pas un
ordre puissant; le premier et le second juge sont « aussi
commandants des forces en temps de guerre [1]. » Chez les
peuples historiques, nous voyons en Attique, à l'époque de
Solon, les neuf archontes, qui possédaient à titre d'Eupatrides
un certain caractère sacré, remplir à la fois des fonctions
judiciares et militaires, surtout le polémarque.

Dans l'ancienne Rome, les consuls unissaient dans leur
personne les deux fonctions, on les appelait indistinctement
*prœtores* ou *judices*; cela venait naturellement de ce qu'ils
avaient hérité des deux fonctions du roi qu'ils avaient remplacé; mais outre cela, bien que les pontifes eussent été auparavant juges dans les affaires profanes aussi bien que dans
les affaires sacrées, les divers ordres de magistrats furent
après l'établissement de la république tirés par élection du
nombre des patriciens non attachés à des fonctions sacerdotales : c'est la classe militaire primitive. Plus tard, dans
tout le cours du moyen âge en Europe, nous voyons les
chefs militaires, qu'ils fussent dans la situation des thanes
anglo-saxons ou dans celle de barons féodaux, remplir le rôle
de juges dans leurs domaines respectifs. Mais l'exemple le
plus frappant est peut-être celui du Japon, où un régime
militaire d'une longue durée et très développé a toujours
été associé avec le monopole des fonctions judiciaires par la
classe militaire : il semble que ce soit parce qu'en présence
du mikado issu des dieux, souverains du ciel et de la terre,
le shintoïsme, religion indigène, n'a jamais produit la notion
d'un souverain divin dont les prêtres aient acquis, comme
agents de ce maître, une autorité rivale de l'autorité terrestre.

Mais le plus souvent, dans les premiers temps, la classe

---

1. Allen and Thomson, *Narrative of an Expedition to River Niger*, in
1841, I, 326.

sacerdotale reçoit une délégation étendue des pouvoirs judiciaires. Nous observons ce fait chez certains peuples barbares de nos jours, chez les Kalmouks par exemple, dont les prêtres, outre le rôle prépondérant qu'ils possèdent dans le conseil judiciaire, exercèrent des juridictions locales : à la cour de justice de chaque chef subordonné, un des grands prêtres est le principal juge. Parmi les peuples barbares ou demi civilisés éteints, on peut citer les naturels du Yucatan, chez qui les prêtres étaient désignés comme juges dans certaines causes : et ces juges jouaient un rôle dans l'exécution de leurs propres sentences. Au début, sinon plus tard, c'était dans l'ancienne Egypte une fonction sacerdotale que de rendre des décisions de droit, et chacun sait que chez les Hébreux les prêtres étaient juges suprêmes : la loi du Deutéronome condamnait à mort quiconque méprisait leurs verdicts. Dans l'assemblée générale des anciens Germains, qui exerçait des pouvoirs judiciaires, les prêtres avaient le premier rang, et, selon Tacite, à la guerre « personne que les prêtres n'avait le droit de juger les malfaiteurs, ni d'infliger les peines des chaînes ou du fouet, de sorte que le châtiment ne semblait pas un acte de discipline militaire, mais un acte inspiré par le dieu qu'on supposait présent parmi les guerriers. » Chez les anciens Bretons, selon César, les druides seuls avaient l'autorité de décider tant dans les affaires civiles que dans les criminelles, et ils exécutaient leurs sentences. D'après Grimm, la même chose se passait chez les Scandinaves. « Leur rôle judiciaire permettait aux prêtres d'exercer une grande autorité sur le peuple... En Islande, depuis la conversion au christianisme, les juges conservèrent le nom et plusieurs des fonctions du prêtre païen [1]. » Plus tard, nous voyons le clerc s'élever au

---

1. Jacob Grimm, *Teutonic Mythology*, trad. Stallybrass, I, 93.

rôle de juge dans toute l'Europe au moyen-âge et en même
temps s'implanter la croyance à son autorité divine. Durant
les temps mérovingiens, et plus tard, « la peur de l'enfer, le
désir de gagner le ciel », et d'autres motifs poussèrent à
faire des donations et des legs à l'Eglise, au point qu'une
grande partie de la propriété foncière tomba dans ses
mains; le nombre des gens, clercs ou demi-clercs, dépendants de l'Église, sur qui les évêques exerçaient l'autorité
judiciaire et disciplinaire augmenta beaucoup; l'influence
ecclésiastique s'étendit au point que, tandis que les prêtres
s'affranchissaient de l'autorité des laïques, celle-ci devenait sujette des prêtres; alors la classe investie par délégation de l'autorité divine posséda une puissance judiciaire sous laquelle les rois mêmes succombaient. Il en fut
de même en Angleterre. Avant la conquête, les évêques
étaient devenus les assesseurs des *euldormen* dans le *sciregemot* et rendaient des jugements dans diverses affaires
civiles. La recrudescence du militarisme qui suivit la conquête réduisit leur juridiction aux crimes d'ordre spirituel
et aux causes intéressant les clercs. Mais plus tard les tribunaux ecclésiastiques ramenèrent dans le domaine du
droit canonique beaucoup de crimes temporels, et par là ils
usurpèrent de plus en plus les fonctions des juges séculiers:
les magistrats temporels prêtaient la main à l'exécution des
excommunications ecclésiastiques. En outre, comme les
prélats, à titre de seigneurs féodaux, étaient juges dans
leurs domaines respectifs, et qu'ils remplissaient un grand
nombre de charges de premier et de second ordre dans le
gouvernement central, il en résultait que l'administration
de la justice était en grande partie, sinon presque entièrement, dans la main des prêtres.

Le partage des fonctions judiciaires déléguées entre

la classe militaire et la classe sacerdotale, avec prépondérance tantôt de l'une, tantôt de l'autre, dura naturellement
tant qu'il n'exista aucune autre classe qui possédât la richesse et l'influence. Mais quand les villes s'agrandirent
et que les commerçants se multiplièrent, qui accumulèrent
des richesses et acquirent l'éducation que les ecclésiastiques possédaient seuls auparavant, les fonctions judiciaires
tombèrent de plus en plus dans les mains de la nouvelle
classe. Plusieurs causes concoururent à ce déplacement.
L'une fut le manque de culture chez les nobles, et la diminution de leur aptitude à administrer la justice d'après les
lois, dont le nombre et la complexité allaient toujours en
croissant. Une autre cause fut l'inaptitude politique des
ecclésiastiques, qui devinrent de plus en plus odieux aux
souverains à mesure qu'ils augmentaient la puissance et
les privilèges qu'une prétendue délégation divine conférait
au sacerdoce. Nous n'avons pas besoin de nous arrêter aux
détails. Le seul fait général sur lequel on doive insister,
c'est que le déplacement aboutit à une différenciation de
structure. En effet, tandis que dans les premiers temps les
fonctions judiciaires appartenaient à des hommes qui étaient
en même temps ou soldats ou prêtres, il vint un moment
où elles n'appartinrent plus qu'à des hommes qui s'y consacraient exclusivement.

§ 526. Dans le même temps, l'évolution du système judiciaire se manifeste de plusieurs autres façons, entre autres
par l'addition d'agents judiciaires ambulants aux agents
judiciaires stationnaires préexistants.

Durant les temps primitifs, quand le souverain administre
la justice en personne, il la rend tantôt en un lieu, tantôt
dans un autre, selon que les affaires militaires ou judiciaires

l'amènent sur tel ou tel point de son royaume. Les historiens de l'ancien Pérou nous apprennent que « l'Inca rendait
la sentence selon le crime, car il était le seul juge partout
où il résidait, et toutes les personnes lésées avaient recours à
lui [1]. » Au XII° siècle, l'empereur d'Allemagne « recevait les
appels de toutes les parties de l'Empire ; mais sa présence
dans tout duché ou comté suspendait les fonctions des juges
locaux [2]. » La France au XV° siècle fournit un autre exemple.
Le roi Charles VII « dépensa deux ou trois ans à voyager dans
toutes les parties du royaume, rendant la justice à la satisfaction de ses sujets [3]. » En Ecosse, David I°r fit quelque chose
de semblable ; « il statuait sur les limites, les forêts et les
droits de pâture [4] ; » il faisait lui-même ou faisait faire sous
ses yeux les marques qui rappelaient ses décisions. En Angleterre, « Edgard et Cnut firent eux-mêmes des voyages
judiciaires » [5] ; et l'on a la preuve de l'existence de ces
voyages judiciaires en Angleterre jusqu'à l'époque de la
Grande Charte. Sir Henry Maine cite des documents prou-
vant que le roi Jean, comme les rois primitifs, parcourait
le pays très activement et tenait sa cour partout où il s'arrêtait.

Naturellement, avec le progrès de l'intégration politique
et l'accroissement de la puissance du chef central qui en
fut la conséquence, augmenta le nombre des causes qui lui
furent portées en appel pour obtenir le redressement des
torts commis par les chefs locaux ; et à mesure que les
affaires d'Etat se multiplièrent et devinrent plus compliquées, l'impuissance d'y vaquer obligea le roi de les con-

---

1. Herrera, *Historia general*, etc., **IV.**
2. Dunham, *History of Germany*, **I, 120.**
3. *Histoire du chevalier Bayard.*
4. James, *Lectures on Scotch legal Antiquities*, **221.**
 . Stubbs, *The Constitutional History of England*, **I, 391.**

lier à des délégués. En France, à l'époque de Charlemagne, les « missi regii tenaient leurs assises de lieu en
lieu » [1]; ensuite il ne faut pas oublier qu'à une époque plus
récente les chefs des hérauts avec un train royal, à titre de
représentants du roi, faisaient des tournées pour juger et
punir les nobles coupables. Plus tard encore, quand les
affaires de la cour du roi devinrent une charge trop lourde,
des commissaires se rendirent dans les provinces pour juger
des affaires privées au nom du roi : procédure qui ne pa-
rait pas avoir pris plus de développement. Mais en Angleterre, à l'époque de Henri II, des causes analogues produisirent une procédure analogue, qui fut le point de départ
d'une organisation permanente. Au lieu d'écouter les affaires toujours plus nombreuses portées en appel à sa
cour, soit de sa personne, soit par son lieutenant le justicier, le roi commissionnait son constable, son chancelier
et son co-justicier pour entendre les causes dans les divers
comtés. Plus tard, il y eut un plus grand nombre de ces
membres des cours judiciaires centrales qui firent de ces
voyages judiciaires : parmi eux, il y avait des représentants
du clergé et de l'ordre militaire. De là sortit à la fin l'institution des tournées de juges qui, semblables à leurs pro-
totypes, avaient à représenter le roi et à exercer son autorité suprême.

On pourrait ajouter que nous trouvons là de nouvelles
preuves démontrant que dans l'évolution des dispositions
qui mènent à la conservation des droits individuels, les
obligations sont primitives et les droits dérivés. En effet,
l'affaire de ces juges ambulants, comme celle de la cour du
roi qui les commissionnait, était en premier lieu fiscale

---

1. Hallam, *Europe in the Middle Ages.*

et en second lieu judiciaire. Ils appartenaient à un corps central, à la fois échiquier et *curia regis*, où les fonctions financières dominaient au début ; on les envoyait dans les provinces fréquemment, sinon dans le principe, pour asseoir l'impôt : par exemple, en 1168, « les quatre officiers de l'échiquier qui répartissaient l'aide *pur fille marier*, remplissaient non seulement le rôle d'agents du fisc, mais celui de juges. » Ces faits d'accord avec ceux que nous avons déjà rapportés, montrent que l'entretien de l'appareil gouvernemental précède l'obtention de sa protection.

§ 527. Tandis que le gouvernement central fait des progrès en opérant la fusion de plusieurs petites sociétés pour en former une grande ; et que, par suite, le nombre des affaires de ce gouvernement rend nécessaire la délégation des fonctions, s'effectue dans l'organisation judiciaire comme dans les autres une différenciation progressive. La preuve en est difficile à démêler, tant parce que dans la plupart des cas les organes judiciaires indigènes n'ont pas péri, mais se sont subordonnés à ceux que la conquête a créés, que parce que des distinctions se sont établies entre les genres et les degrés du pouvoir. Nous nous bornerons à signaler quelques traits de cette opération sociologique.

La différenciation la plus marquée, que nous avons déjà pressentie, est celle qui sépare les tribunaux laïques d'avec les ecclésiastiques et les militaires. Depuis les temps primitifs où l'assemblée du peuple, avec ses anciens et son chef, condamnait les coupables de fautes militaires, tranchait les questions ecclésiastiques et rendait des jugements sur les délits, il s'est établi une distinction qui, grâce aux querelles et aux conflits touchant la juridiction, a séparé les cours ecclésiastiques et les cours martiales d'avec les cours instituées pour rendre la justice dans les affaires civiles et criminelles. Ces spécialisations cardinales reconnues, nous pouvons limiter notre attention aux spécialisations nouvelles qui s'effectuent dans le dernier de ces trois appareils.

Dans le principe, le chef, avec ou sans l'assentiment du peuple assemblé, ne se borne pas à décider, il exécute sa décision ou la fait exécuter sous ses yeux. Au Dahomey, le roi assiste à l'exécution, et, si son délégué ne s'en tire pas à son gré, il lui prend l'épée des mains et lui fait voir comment on coupe une tête. Un récit d'une exécution chez les Bédouins se termine par ces mots : « L'exécuteur était le cheik en personne [1]. » L'histoire des premiers siècles de l'Angleterre contient des traces de l'action personnelle du roi dans l'exécution, en effet il vint un temps où il lui fut interdit d'arrêter personne lui-même; il dut le faire désormais dans tous les cas par l'entremise d'un délégué. Cela nous fait comprendre comment le monarque anglais demeure encore en théorie l'agent qui met la loi à exécution par ses délégués les shériffs, qui sont obligés d'agir en personne s'ils ne trouvent pas eux-mêmes des délégués, et comment l'exécution dans les affaires criminelles, censée autorisée de nom par le souverain, mais autorisée de fait par son ministre, est arrêtée si le ministre fait échec à l'assentiment royal. Ces faits supposent que le monarque conserve un pouvoir final en matière de jugement, nonobstant la délégation qu'il a faite de ses fonctions judiciaires. En décrivant la différenciation, nous verrons comment cela arrive.

Naturellement, quand un chef emploie des serviteurs pour entendre et redresser les griefs, il ne leur confère pas

1. *Rambles in Syria*, 9.

une autorité absolue; il se réserve le pouvoir de réviser ses décisions. Nous le voyons même dans les sociétés sauvages, telle que celle des îles Sandwich, où quiconque est mécontent de la décision de son chef, peut en appeler au gouverneur et du gouverneur au roi; ou comme dans l'ancien Mexique, où « aucun des juges ne pouvait prononcer une condamnation à mort sans en référer au roi, qui devait prononcer la sentence [1]. » Il en est encore de même quand le gouvernement est composé au lieu d'être simple. « Lorsque l'hégémonie d'Athènes se transforma effectivement en un empire, le corps des citoyens de l'Attique réclama l'autorité juridique suprême sur tous les alliés. Les villes confédérées ne gardèrent que leurs tribunaux inférieurs [2]. » Évidemment ces changements produisent des différences de degré et d'espèce dans la capacité des organes judiciaires. A mesure que la subordination politique fait des progrès, les assemblées locales qui dans le principe jugeaient et exécutaient dans tous les cas, perdent une partie de leurs fonctions, tantôt par suite de restrictions apportées à l'étendue de leur juridiction, tantôt par la condition de soumettre leurs décisions à une révision, tantôt parce que le pouvoir d'exécuter leur est refusé. Il est aussi impossible qu'inutile de décrire la marche de ces changements dès le début, par exemple depuis l'époque où l'antique *tything-moot* anglo-saxon s'acquittait des fonctions administratives, judiciaires et exécutives, ou bien depuis les temps où les cours des nobles seigneurs féodaux faisaient la même chose. Il suffit pour marquer le caractère du changement de rappeler les débris de pouvoir que possèdent les assemblées de paroisses ou les cours de manoir. Seulement, en même

1. Duvoir, *Historia de las Indias de Nueva Espagna*, I, 216.
2. Curtius, *Histoire de la Grèce*.

temps que ces petits organes judiciaires locaux se dégradent, les grands organes centraux se développent. Nous allons en parler.

Reprenons au temps où le roi avec ses serviteurs et ses principaux sujets, entouré du peuple, rend la justice en plein air, et passons à celui où sa cour, tenue plus fréquemment en un lieu couvert et par conséquent avec une diminution de l'élément populaire, se compose du roi, comme président, des officiers de sa maison avec des seigneurs désignés par le roi comme conseillers (ce qui en réalité constitue une partie petite et permanente du corps consultatif général que le roi convoque de temps en temps) ; nous remarquons dans cet examen deux causes qui concourent à produire la division de ces restes du corps triple et un primitif : l'une de ces causes, c'est la nécessité qui pèse sur les sujets, l'autre le désir du roi. Tant que le roi tient sa cour partout où il se trouve, il a une peine extrême à entendre les affaires, et les plaideurs subissent de grandes pertes de temps et d'argent. Pour remédier à cet inconvénient, on s'avisa en Angleterre d'introduire dans la Grande Charte que les affaires civiles ordinaires ne ressortiraient plus à la cour du roi, mais à des juges siégeant en un certain lieu. Ce lieu fut fixé dans le palais de Westminster. Plus tard, remarque Blackstone, « Philippe le Bel imita ce précédent en France ; environ en 1302, ce roi fixa le parlement à Paris, pour toujours, tandis qu'auparavant ce corps suivait le roi partout.... De même, en 1495, l'empereur Maximilien Ier décida que la chambre impériale siégerait constamment à Worms, au lieu qu'elle avait jusque-là toujours voyagé à la suite de sa maison [1]. » Par suite de ces chan-

---

1. Blackstone, *Commentaries*, adapted by R. Malcolm Kerr, III, 41.

gements, un certain ordre de procès furent habituellement jugés hors de la présence du souverain : il en résulta un déplacement définitif d'une partie de son pouvoir judiciaire. De plus, la presse des affaires ou la nonchalance du roi le portent à se décharger de toutes les affaires qui n'ont pas beaucoup d'intérêt pour lui. Ainsi, en France, nous voyons Charles V, pendant sa régence, siéger, dans son conseil et rendre la justice deux fois par semaine, et Charles VI, une fois ; mais, en 1370, le roi déclara qu'il ne voulait plus juger les petites causes en personne. Une fois introduit et devenu habituel, cet usage de juger par commission, devenant plus fréquent à mesure que les affaires se multiplient, rencontre bientôt d'autres causes qui le favorisent : on crée la doctrine que le roi ne doit pas, au moins dans certains cas, se mêler du jugement. Ainsi, « dans le procès du duc de Bretagne en 1378, les pairs de France protestèrent contre la présence du roi. » De plus, « au procès du marquis de Saluces, sous François Ier, on fit voir à ce monarque qu'il ne pouvait siéger. » Quand Louis XIII voulut juger dans le procès du duc de La Valette, des juges s'y opposèrent et soutinrent que c'était sans précédent. En Angleterre, « Jacques Ier fut informé par les juges qu'il avait le droit de présider la cour, mais non d'y exprimer son opinion [1] » : c'est un pas de plus vers l'exclusion du roi, qui se fit à la fin.

Tandis que les affaires judiciaires du chef politique tombent aux mains de fonctionnaires désignés, ceux-ci, se partageant à leur tour une partie de leurs fonctions entre eux, deviennent plus spécialisés. En Angleterre, avant la sépara-

---

1. Ducange, *Dissertation sur l'histoire de Saint-Louis*, 11. *Anciennes lois françaises*, éd. Jourdain, Isambert, etc., V, 346. Daresle, *Histoire de l'administration en France*, I, 273.

tion de la cour des *Commons pleas*, définitivement localisée, d'avec la cour du roi qui se déplaçait avec lui, il s'était fait un commencement de différenciation dans celle-ci. Les affaires touchant au revenu de la couronne se traitaient dans des sessions distinctes des sessions générales de la cour du roi, parce qu'elles se tenaient dans une autre salle : cet usage en s'établissant produisit une division. L'adaptation des parties de la *curia regis* à des fins différentes amena entre elles des divergences : il en sortit la cour de l'Echiquier et celle des *Commons pleas;* et il resta comme reliquat du corps primitif la cour du banc du roi. L'abolition de la charge du justicier (qui, représentant le roi en son absence, présidait toutes ces cours), entraîna leur séparation définitive; et quoique, pendant longtemps, la concurrence pour les frais de justice poussât chacune de ces cours à empiéter sur les autres, leurs fonctions respectives finirent par se délimiter exactement. Un nouveau développement important, différent mais analogue, se produisit. Nous avons vu que le roi, en déléguant des juges, se réserve le pouvoir de décider dans les cas que la loi n'a pas prévus et de réviser les décisions prises par ses délégués. Naturellement, il finit par n'user de son pouvoir que pour annuler les décisions qui sont réellement injustes, quoique rendues conformément à la loi : le roi acquiert donc une juridiction d'équité. D'abord il l'exerce en personne, puis il la délègue : ce qui s'est fait en Angleterre. Le chancelier, l'un des serviteurs du roi, qui, à titre de « baron de l'échiquier et de membre important de la *curia regis* [1], » était chargé de présenter au roi les pétitions relatives aux « affaires de grâces et faveurs » [2], avait longtemps possédé

---

1. Fischel, *Constitution anglaise.*
2. Stubbs, *The constitutional History,* etc., II, 268.

ces fonctions judiciaires, et devint bientôt l'autorité qui rendit des décisions en équité aux dépens des décisions de droit : c'est ainsi que la cour de chancellerie prit naissance. Des cours de moindre importance se détachèrent aussi de la *curia regis*. Ce corps renfermait les principaux officiers de la maison du roi, qui avaient chacun une juridiction sur des questions rentrant dans ses affaires spéciales ; de là la cour du chambellan, celle du sénéchal, celle du comte maréchal (aujourd'hui à Herald's College), celle du connétable, qui n'existe plus, celle de l'amiral, etc.

Bref, nous avons la preuve que, si faibles que soient les vestiges de cette origine, le système judiciaire compliqué de l'Angleterre, aussi bien dans ses parties centrales que dans ses diverses petites parties locales, est sorti par des changements successifs de l'assemblée primitive formée du peuple, des principaux de la nation et du roi.

§ 528. Si nous avions besoin de plus de détails, nous pourrions rendre compte des appareils de police, et montrer comment ils sortent par évolution du même corps triple et un primitif d'où proviennent les diverses organisations retracées dans ce chapitre et dans les chapitres précédents. En tant qu'elle emploie la force pour subjuguer les agresseurs internes, la police ressemble à l'armée qui se sert de la force pour subjuguer les agresseurs externes ; et les deux fonctions, originellement confondues en une seule, n'ont pas toujours, même aujourd'hui, une nature et des agents entièrement distincts. En effet, dans certains pays, les hommes qui composent la force de police sont armés de telle sorte qu'on les distingue à peine des soldats, et ils sont soumis à la discipline militaire ; de plus, en cas de besoin, les soldats viennent à leur aide et s'acquittent des mêmes devoirs. Il

suffira de deux faits pour faire sentir l'identité primitive de
ces deux forces. Durant la période mérovingienne en France,
des bandes de serfs armés, attachés à la maison du roi et
à celles des ducs, servaient à la fois à faire la police et à
tenir garnison. En Angleterre, à l'époque féodale, la force
armée (*posse comitatus*) se composait de tous les hommes
libres de quinze à soixante ans, sous le commandement du
shériff, et servait à maintenir la paix intérieure en même
temps qu'à repousser l'invasion, mais on ne l'employait pas
au service de guerre à l'étranger, rudiment d'une différenciation entre la défense intérieure et l'extérieure, qui s'est accentuée avec le temps. Bornons-nous à cette brève indication et
résumons les conclusions auxquelles nous venons d'arriver.

Diverses preuves concourent à montrer que l'action judiciaire et l'action militaire, ayant d'ordinaire pour but commun le redressement de torts réels ou prétendus, se ressemblent étroitement au début. Dans l'un et l'autre cas,
l'épée a le dernier mot : dans le premier cas, il n'y est
recouru qu'après une guerre de mots conduite en présence
d'une certaine autorité dont les parties réclament l'assistance, tandis que, dans le second, ce préambule n'existe
pas. « Il semble, dit sir Henry Maine, que la lutte devant la
cour de justice se substitue à la lutte par les armes, mais
cette substitution ne se fait que par degrés. »

Ainsi, parentes au début, l'action judiciaire et l'action
militaire s'accomplissent par le même organe, à savoir le
corps triple et un formé du chef, des grands et du peuple.
Ce corps, qui décide dans les questions de guerre et règle
celles de politique générale, rend aussi des jugements sur
les torts des individus et impose ses décisions.

Selon que la vie sociale développe l'un ou l'autre élément du corps triple et un primitif, il en résulte une

forme ou une autre de l'organe chargé de l'administration de la loi. Si la continuité du militarisme rend le chef tout-puissant, il possède un pouvoir absolu en justice comme ailleurs : le peuple perd la part qu'il prenait aux décisions, et les jugements du chef gouvernant priment ceux des chefs qui l'entourent. Si les circonstances favorisent le développement d'une oligarchie des principaux chefs, le corps qu'ils forment devient l'agent qui sert à juger et à punir les crimes, et aussi aux autres fins : l'opinion de la masse n'apporte que peu ou point de restriction aux actes de cet agent. Au contraire, lorsque les circonstances et le genre de vie sont de nature à mettre obstacle à la suprématie d'un seul homme, ou à l'oligarchie des chefs, l'agrégat des hommes libres conserve le pouvoir judiciaire primitif, ou s'en ressaisit dès qu'il peut reconquérir la prépondérance. Enfin, lorsque les pouvoirs de ces trois éléments se trouvent mélangés dans l'organisation politique, on les voit aussi mélangés dans l'organisation judiciaire.

Dans ces cas, qui forment la grande majorité, où le militarisme habituel entraîne l'assujettissement, partiel ou complet, du peuple, et où par conséquent le pouvoir politique et le pouvoir judiciaire sont exercés exclusivement par les divers ordres de chefs, l'organisation judiciaire qui prend naissance à mesure que la société s'agrandit et devient plus complexe, reçoit son personnel de la classe sacerdotale, ou de la classe militaire, ou en partie de l'une et en partie de l'autre; les parts respectives de ces classes dépendent en apparence du rapport qui existe entre le degré de subordination consciente au souverain humain et du degré de subordination consciente au chef divin dont les prêtres sont censés exprimer les volontés. Mais avec le progrès de l'industrialisme et la formation d'une classe qui, en acquérant la propriété et le savoir, gagne l'influence qui en découle, le système judiciaire recrute son personnel en grande partie, et finalement pour la plus grande partie, parmi les hommes sortis de cette classe; enfin ces hommes se distinguent de leurs prédécesseurs non seulement par une origine différente, mais aussi parce qu'ils se consacrent exclusivement aux fonctions judiciaires.

Tandis que les changements de ce genre s'opèrent, il s'en fait d'autres qui rendent de plus en plus complexe l'appareil judiciaire qui était simple dans l'origine et relativement uniforme. Lorsque, et c'est ainsi d'ordinaire que les choses se passent, le roi, en conquérant la suprématie, a absorbé l'autorité judiciaire, la presse des affaires l'oblige bientôt à nommer d'autres personnes pour juger les causes et rendre des jugements qui restent naturellement soumis à son approbation. Déjà sa cour, originellement formée de lui, de ses principaux vassaux et du peuple, est devenue une cour suprême placée au-dessus des cours constituées d'une façon analogue autour des principaux grands seigneurs et de leurs inférieurs, ce qui est le point de départ d'une différenciation; plus tard la délégation de quelques-uns des serviteurs ou assesseurs royaux, désignés d'abord par des commissions temporaires pour juger les appels dans un lieu fixe, ou bien l'institution de juges ambulants permanents, donnent lieu à une nouvelle différenciation. D'autres viennent s'y ajouter, d'une nature analogue, qui transforment des assesseurs de la cour du roi en chefs de cours spécialisées, qui se partagent les affaires. Encore que cette marche n'ait été suivie que dans un seul cas, on y voit l'exemple du principe d'après lequel, d'une façon ou d'une autre, une organisation judiciaire centralisée et hétérogène naît du corps judiciaire simple des premiers temps.

# CHAPITRE XIV

## LES LOIS

§ 529. Pourquoi, dans la horde primitive, quand l'accrois-sement de la population rend une migration nécessaire, la partie qui se déplace adopte-t-elle des dispositions sociales semblables à celles de la partie mère et se comporte-t-elle de la même manière? Evidemment, c'est parce que le carac-tère hérité de ses membres, dirigé par des idées transmises par le passé, est cause de ce résultat. La règle de la coutume que nous trouvons partout chez les peuples barbares est la seule qui se puisse concevoir dans les temps primitifs.

Nous l'avons dit déjà (§ 467), les hommes les plus sau-vages conforment leur vie aux usages des ancêtres. Nous pouvons citer comme exemples les naturels des îles Sand-wich [1] qui avaient « une espèce de code de traditions... auquel on obéissait d'un consentement mutuel. » Chez les Béchuanas, le gouvernement se conforme aux « coutumes depuis longtemps reconnues ». Un exemple plus remarquable encore est celui que nous empruntons à Mason. Chez des Karens, dit-il, « les anciens sont les dépositaires des lois,

---

1. Ellis, *Tour through Havaii*, 399.

tant morales que politiques, tant civiles que criminelles ;
ils les transmettent comme ils les reçoivent et telles qu'elles
ont passé d'une génération à l'autre [1], » par la voie orale.
Ici, pourtant, nous devons surtout remarquer que ce gouvernement coutumier persiste à travers de longues périodes
de progrès, et même qu'il exerce une grande influence sur
l'administration de la justice. Par exemple, en France, pas
plus tard qu'au XIVe siècle, une ordonnance déclara que
« tout le royaume est régi par *coutume*, et c'est à titre de
coutume que quelques-uns des sujets se servent de loi
écrite [2]. » Le *Common Law* anglais est en somme une expression des « coutumes du royaume », qui se sont peu à
peu fixées. La partie la plus ancienne n'existe nulle part
sous la forme de décision législative, il faut l'apprendre
dans les formulaires ; et même les parties élaborées dans
les temps modernes, telles que la loi commerciale, ne sont
connues que par des jugements jadis rendus conformément aux usages que l'on savait suivis antérieurement.
Autre exemple non moins significatif : de nos jours, la
coutume reparaît sans cesse comme un facteur auxiliaire
vivant ; en effet, il faut que des décisions de juges aient
établi des précédents, que les plaideurs les aient invoqués,
que de nouveaux juges les aient suivis, avant que l'application d'un acte du parlement se trouve une affaire réglée.
Si, dans le cours de la civilisation, la loi écrite tend à
remplacer l'usage traditionnel, elle ne le remplace jamais
complètement.

Rappelons encore que la loi, écrite ou non, formule l'autorité du mort sur le vivant. Au pouvoir que les générations
passées exercent sur les générations présentes, auxquelles

1. Mason, *Journal of the Asiatic Society of Bengal*, XXXVII, part. II, 131.
2. Kœnigswarter, *Histoire de l'organisation de la famille en France*, 185.

elles transmettent leur caractère, physique et mental; au pouvoir que les générations passées exercent sur les présentes par les habitudes privées et les manières de vivre; il faut ajouter le pouvoir que les générations passées exercent sur les présentes par les règlements de conduite publique transmis oralement ou par écrit. Chez les sauvages et dans les sociétés barbares, l'autorité des lois issues de cette origine est sans limite; et même aux époques les plus avancées de la civilisation, caractérisées par ceci qu'on modifie beaucoup les vieilles lois pour en faire de nouvelles, la conduite obéit bien plus au code des lois de tradition qu'aux lois rédigées par les vivants.

J'insiste sur ces points pour faire voir que cette autorité de la coutume implique un culte tacite des ancêtres. Je voudrais faire comprendre que, lorsque dans un cas quelconque on demande quelle loi régit la matière, on demande ce que nos ancêtres ont prescrit. Je dis ceci pour préparer la démonstration que la conformité inconsciente aux prescriptions des morts, attestée par cette obéissance, se confond, dans les premiers temps, avec la conformité consciente à leurs prescriptions.

§ 530. Pendant le cours du développement de la théorie spiritiste, l'usage de faire appel à la puissance des esprits prend naissance, puis celui de faire appel aux dieux, issus des esprits, pour leur demander des règles pour les cas spéciaux, en sus des règles générales exprimées dans les coutumes. On crée des méthodes pour découvrir la volonté de l'ancêtre, du chef mort, de la divinité qui en dérive; et la réponse qui d'ordinaire se rapporte à une occasion particulière, inaugure quelquefois un précédent, d'où résulte une loi qui s'ajoute au corps des lois que les morts ont transmis.

Tantôt c'est par des supplications, tantôt par la force qu'on cherche à obtenir ces informations et ces avis des esprits. Les Veddahs, qui demandent assistance aux esprits de leurs ancêtres, croient que les esprits leur disent en rêve où il faut aller chasser. Les devins scandinaves « tiraient les esprits des morts de leur tombe et les forçaient à révéler l'avenir. » Chez les Hébreux, aussi, des indications surnaturelles se révélaient en rêve, et l'on obtenait des informations en évoquant les esprits. Ce penchant à accepter une direction spéciale de la part des morts, comme supplément des directions générales fournies par un code transmis de génération en génération, se reconnaît sous une forme transfigurée même chez nous. Après la mort d'un père ou d'une mère, les enfants ne se bornent pas à se conformer au désir oralement formulé par ces parents, la pensée de ce qu'ils auraient désiré ou voulu influence profondément leurs actions. L'injonction qu'on lui attribue devient en réalité une loi supplémentaire.

Mais ici nous avons à nous occuper principalement de cette forme plus développée de direction qui prend naissance lorsque les esprits d'hommes éminents, regardés avec une crainte spéciale et avec confiance, deviennent des divinités. Les anciens hiéroglyphes égyptiens y révèlent deux phases. Les « Instructions » rapportées par le roi Rash'otephet lui sont données par son père dans un songe. « Fils du Soleil Amenemhat - décédé, dit dans un rêve — à son fils le Seigneur intact, — il dit en se levant semblable à un dieu : Ecoutez ce que je vous dis. » Une autre tablette raconte comment Tothmès IV, dans un voyage qu'il faisait quand il était prince, et faisant sa sieste à l'ombre d'un sphinx, entendit en rêve ce Dieu qui lui disait : « Regardez-moi répondez-moi que vous voulez me faire ce qui

est dans mon cœur [1], » etc.; et, parvenu au trône, Tothmès obéit à la prescription. On retrouve des phases analogues chez les anciens Péruviens. D'après une tradition,
Huayna Capac, voulant épouser sa seconde sœur, demanda
son assentiment au corps de son père; « mais le cadavre ne
fit aucune réponse, tandis que des signes effrayants appa-
raissaient dans le ciel présageant du sang [2]. »

En outre, comme nous l'avons déjà vu (§ 477), « l'Inca
faisait entendre à ses vassaux que tout ce qu'il faisait à leur
égard était pour obéir à un ordre ou à une révélation de
son père le soleil [3]. » Chez les races existantes en Polynésie,
où l'on trouve divers exemples de la genèse d'un panthéon
par le culte des ancêtres, c'est habituellement par l'entremise des prêtres qu'on cherche la direction divine.

Chez les Tahitiens, une « manière par laquelle le dieu
fait connaître sa volonté » c'était d'entrer dans le prêtre,
qui alors « parlait absolument sous l'influence surnaturelle [4]. » Mariner raconte qu'aux îles Tonga, lorsque les naturels voulaient consulter les dieux, on faisait une cérémonie
d'invocation; le prêtre inspiré proférait le commandement
divin. Turner décrit des croyances et des usages semblables
existant chez les naturels des îles Samoa. Dans une autre
région, nous voyons, chez les Todas des montagnes de l'Inde,
un appel à une direction surnaturelle dans les affaires judiciaires. « Quand une dispute s'élève au sujet de leurs
femmes ou de leurs bœufs, c'est le prêtre qui la tranche :
il se prétend possédé par le dieu Bell, et... il prononce la
décision du dieu sur le point en litige [5].

1. *Record of the Past. English Translations of the Assyrians and Egyptians Monuments*, II, 11, XII, 47.
2. Santa-Cruz, 107.
3. Garcilaso de la Vega, L. I, ch. 23.
4. Ellis, *Polynesian Researches*, II, 233.
5. Metz, *Tribes inhabiting the Milgherry Hills*, 17.

Ces exemples servent à faire comprendre ceux que les documents des peuples historiques nous offrent. Prenons d'abord les Hébreux. Tout le monde sait que les lois qui servaient de direction générale étaient censées données par une voie divine; mais nous savons aussi qu'on recherchait souvent des directions spéciales. Le général « questionnait le Seigneur » par l'entremise du prêtre qui accompagnait l'armée, à propos d'un mouvement militaire de quelque importance, et quelquefois il recevait des ordres très définis : par exemple, David, sur le point de livrer bataille aux Philistins « tourne derrière eux et marche contre eux en face des mûriers [1]. »

Divers peuples aryens nous offrent des exemples. Le code de Manou, comme d'autres codes indiens, « suivant la mythologie hindoue, est une émanation du Dieu suprême [2]. » Il en était de même chez les Grecs. N'oublions pas la tradition d'après laquelle un ancien roi de Crète rapporta un corps de lois de la montagne où Jupiter était, dit-on, enseveli, et passons à la genèse des lois formulées par commandements divins spéciaux, auxquelles les poèmes homériques donnent à penser. « Le mot grec propre désignant les lois humaines ne se rencontre jamais, dit Grote. A travers une phraséologie très vague, on peut découvrir une transition graduelle partant de l'idée primitive d'une déesse personnelle, Thémis, attachée à Zeus, en premier lieu pour arriver aux sentences ou ordres de Zeus appelés Themistes, et ensuite à diverses coutumes établies que ces sentences étaient censées consacrer : l'autorité de la religion et celle de la coutume se confondant dans une seule et même obligation. »

1. Samuel, V, 25.
2. J.-H. Maine, *Ancient Laco*, 18.

Par une croyance analogue, on admi' que « Lycurgue reçut de la bouche du dieu de Delphes non seulement la consécration de son rôle de législateur, mais de ses lois mêmes. » Durant toute l'histoire de la Grèce, nous voyons demander des informations et des directions spéciales à des oracles. Le même usage existait chez les Romains ; une légende nous montre Numa recevant ses lois de la nymphe Egérie ; Numa créa des augures qui interprétaient les signes de la volonté des dieux. Même au ix⁰ siècle, sous les Carlovingiens, on présentait aux nobles des « articles de loi nommés *capitulaires*, que le roi avait lui-même tracés sous l'inspiration de Dieu [1]. »

Nous n'avons pas besoin de suivre l'influence de croyances analogues aux époques récentes, par exemple dans les ordalies et le combat judiciaire, où Dieu était censé rendre indirectement le jugement ; les faits déjà cités montrent assez qu'aux injonctions exprimées d'une manière définie, ou incorporées dans des usages acceptés tacitement des anciens, et, par leur intermédiaire, d'ancêtres plus anciens, s'ajoutent des injonctions qu'on attribue d'une façon plus consciente à des êtres surnaturels, soit à des esprits de parents et de chefs personnellement connus, soit à des esprits de chefs plus anciens connus par tradition et élevés au rang des dieux. D'où il suit que, dans le principe, sous l'une ou l'autre de ses formes, la loi exprime les ordres imposés par les morts aux vivants.

§ 531. Nous voyons tout à la fois comment il arrive que, durant les premières phases de l'évolution sociale, aucune distinction n'existe entre la loi sacrée et la loi profane.

---

1. Hincmar, *De ordine palatii*, II, 204.

Puisque l'obéissance aux injonctions établies de n'importe quel genre, provient du respect pour des êtres censés surnaturels de l'un ou de l'autre ordre, il en résulte que, dans les premiers temps, ces injonctions ont la même espèce d'autorité.

Les sculptures murales, les inscriptions et les papyrus d'Egypte expriment partout la subordination du présent au passé, attestent l'universalité de la sanction religieuse pour les règles de conduite. Chez les Assyriens, dit Layard, « le rapport intime entre la vie publique et privée des Assyriens et leur religion, est abondamment démontré par les sculptures... Comme chez la plupart des anciennes nations de l'Orient, non seulement toutes les fonctions publiques et sociales, mais aussi les formalités et les coutumes les plus communes, semblent avoir été plus ou moins influencées par la religion... Tous les actes du roi, dans la guerre comme dans la paix, paraissent rattachés dans la pensée des peuples à la religion nationale, et placés sous la protection spéciale et la direction de la divinité[1]. » Chez les Hébreux, il y avait un rapport analogue qu'on voit fort bien dans le Pentateuque : outre les commandements proprement dits et les ordonnances religieuses qui réglaient les fêtes et les sacrifices, les actes sacerdotaux, la purification par le bouc émissaire, etc., il y avait des règles pour la conduite journalière, pour se nourrir et faire cuire des aliments, pour l'agriculture et la rotation des jachères, d'autres règles interdisaient de semer des grains mélangés, etc. ; d'autres fixaient le traitement des esclaves, hommes et femmes, le salaire des ouvriers, les transactions commerciales et la vente des terres et des maisons ; en même temps des lois

---

1. Layard, *Manners and Arts of ancient Assyrians*, II, 473.

somptuaires déterminaient la qualité des franges des habits, la coupe de la barbe. On voit assez que les règles des
vivants jusqu'aux plus minces détails avaient une origine
divine comme les lois suprêmes de la conduite. Il en était
de même chez les races aryennes dans les temps les plus reculés. Le code de Manou était un mélange analogue de réglements sacrés et profanes, de prescriptions et de règles morales pour la direction des affaires ordinaires. Chez les
Grecs, après l'invasion dorienne, dit Tiele, « nulle institution
politique nouvelle, nulle instruction nouvelle, nul jeu nouveau, ne venait s'ajouter aux usages admis qu'avec la sanction de l'oracle pythien [1]. » Nous savons encore que « chez
les Grecs et chez les Romains, comme chez les Hindous, la
loi fut d'abord une partie de la religion. Les anciens codes
des cités étaient un ensemble de rites, de prescriptions
liturgiques, de prières, en même temps que de dispositions
législatives. Les règles du droit de propriété et du droit de
succession y étaient éparses au milieu des règles des sacrifices, de la sépulture et du culte des morts [2]. »

A cette origine, la loi doit sa stabilité. Armées d'une sanction surnaturelle, ses prescriptions ont une rigidité qui leur
permet de refréner les actions des hommes plus fortement
que ne l'auraient pu des règles d'une origine reconnue pour
naturelle. Elles ont donc pour effet de produire des institutions sociales ; tant directement, en vertu de leur haute autorité, qu'indirectement par la limite qu'elles imposent aux
actions du souverain divin. Comme nous l'avons déjà vu
(§ 468), les premiers agents gouvernants n'osent pas trans-
gresser les usages et les règles héréditaires ; ils sont en

---

1. Tiele, *Outlines of the History of Religion to the Spread of the Universal
Religion*, trans. from the Dutch, by J.-E. Carpenter, Lond., 1877, 217.
2. Fustel de Coulanges, *Cité antique*, 218.

réalité réduits à les interpréter et à les observer : leur puissance législative ne s'exerce que des questions qui n'ont pas déjà fait l'objet de prescriptions. C'est ainsi que, chez les anciens Egyptiens, « les occupations du roi ne dépendaient pas de sa propre volonté, mais des règles de devoir et de convenance que la sagesse de ses ancêtres avaient tracées, avec une juste appréciation de l'intérêt du roi et de son peuple [1]. » Nous voyons chez nous-mêmes un exemple de la persistance de l'autorité de ce passé sanctifié sur un présent qui ne l'est pas encore, dans l'usage du serment que tout législateur doit prêter de conserver certaines institutions politiques que nos ancêtres ont jugées bonnes pour nous.

Si l'immutabilité de la loi due à son origine censée sacrée est une cause puissante de l'ordre dans les temps primitifs, où le besoin de freins rigoureux se fait surtout sentir, il en résulte une incapacité d'adaptation qui fait obstacle au progrès quand il faut faire face à de nouvelles circonstances. Alors on voit recourir aux fictions légales, qui servent à concilier une obéissance apparente avec la désobéissance réelle. Dans la loi romaine comme dans la loi anglaise, selon sir Henry Maine, les fictions légales ont servi à modifier des lois léguées par la tradition comme immuables, et les ont pliées aux nouvelles exigences : exemple de l'union de la stabilité avec la plasticité qui permet une transformation graduelle.

§ 532. Si telles sont l'origine et la nature des lois, il est clair que la prescription cardinale doit être l'obéissance. Pour se conformer à une direction particulière, il faut se montrer

---

1. Wilkinson, *Manners and Customs*, etc., I, 164.

fidèle à l'autorité qui la donne; donc le caractère impératif
de cette autorité est primaire.

Il s'ensuit évidemment que des actes directs d'insubordination, tels que la trahison ou la rébellion, occupent le
premier rang dans la criminalité. C'est ce qu'on voit aujourd'hui dans l'Afrique méridionale. « Suivant une loi horrible des despotes zoulous, quand un chef est mis à mort,
on massacre aussi tous ses sujets [1]. » Chez les anciens Péruviens, « on laissait à l'abandon une ville ou une province rebelles, et on en exterminait les habitants [2]. » Dans l'ancien
Mexique, lorsqu'un individu se rendait coupable de trahison envers le roi, « on le mettait à mort avec tous ses parents jusqu'au quatrième degré [3]. » On observait au Japon le
même usage d'étendre le châtiment, lorsque « le crime était
dirigé contre l'Etat ; il portait alors sur la race entière du
coupable [4]. » Chez les Mérovingiens, on trouve un exemple
de tentatives pour supprimer complètement les familles
coupables de trahison : le roi Gontran jura qu'il détruirait
les enfants d'en certain rebelle jusqu'à la neuvième génération [5]. Ces exemples nous rappellent naturellement ceux de
la tradition hébraïque. Lorsque Abraham fit avec Jéhovah,
qu'il traitait comme un souverain terrestre (de même que
les Bédouins regardent comme un dieu le souverain le plus
puissant qu'ils connaissent), une convention aux termes de
laquelle, en échange d'un territoire octroyé, lui, Abraham
devenait vassal de Jéhovah ; le signe de la subordination était
la circoncision. Ailleurs, Jéhovah s'appelle lui-même « un
dieu jaloux » et menace de châtiment « les enfants jusqu'à la

1. Arbousset et Daumas, p. 16.
2. Prescott, *Conquest of Peru*, liv. I, ch. 2.
3. Ternaux-Compans, *Recueil de prières*, etc., I, 78.
4. *Pemberton's Voyages*, VI, 624.
5. Grégoire de Tours.

troisième génération de ceux qui le haïssent. » A tous ces
exemples, qui montrent qu'aux époques où la conservation
de l'autorité est le besoin le plus impérieux, la déloyauté
directe passe pour le plus noir des crimes, il faut ajouter
ceux qu'on observe aux époques plus récentes, dans les
temps féodaux, où la fidélité d'un vassal, dûment manifestée,
effaçait tous ses crimes, si graves et si nombreux qu'ils
fussent.

La désobéissance indirecte impliquée dans l'infraction
aux commandements est naturellement d'une perversité
moins excessive que la désobéissance directe impliquée
dans la trahison et la rébellion. Toutefois la désobéissance
indirecte, sous un régime d'autorité despotique, passe pour
un crime grave tout à fait en dehors de celui que suppose
l'acte défendu et le dépassant de beaucoup. Les Péruviens
le reconnaissaient nettement : chez eux, dit Garcilaso,
« le châtiment le plus commun était la mort, car ils
disaient qu'un coupable n'était pas puni pour les crimes
qu'il avait commis, mais parce qu'il avait enfreint le
commandement de l'Inca, qu'on respectait comme un
dieu [1]. » Nous retrouvons la même idée dans un autre
pays où le souverain absolu passe pour divin. D'après
Thunberg, cité par sir R. Alcock, au Japon « la plupart
des crimes sont punis de mort; on inflige la peine moins
pour la grandeur du crime que pour l'audace de la transgression des lois sacrées de l'empire [2]. » Outre la criminalité que suppose la désobéissance au souverain, il y a celle
que suppose le dommage causé à la propriété du souverain, lorsqu'il possède en tout ou en partie ses sujets et
leurs services. De même que des mauvais traitements

---

1. Garcilaso, l. II, ch. 12.
2. Sir R. Alcock, *The Capital of Tycoon*, 63.

infligés à un esclave, qui en diminuent la valeur, sont
considérés comme une offense à son propriétaire ; de
même aussi qu'en Angleterre on a pu voir un père poursuivre le séducteur de sa fille par le motif qu'il lui cause un
préjudice en le privant de ses services ; de même, lorsque
le rapport qui unit le peuple au monarque est un lien de
servitude, l'injure faite par une personne à une autre
est un dommage causé à la propriété du prince. On pousse
cette idée à sa dernière extrémité au Japon, où blesser et
mutiler un serviteur du roi « c'est blesser le roi, c'est un
régicide. » D'où le principe général qu'on peut reconnaître
dans la jurisprudence de l'Europe depuis les premiers
temps, à savoir qu'une transgression commise par un
homme contre un homme est punissable surtout, comme
une transgression contre l'Etat. Il en était ainsi dans
l'ancienne Rome ; « quiconque était convaincu d'avoir
enfreint la paix publique payait ce crime de la vie [1]. »
La loi salique est un monument encore plus récent de ce
principe : « on y voit le *wehrgeld* s'augmenter dans un
grand nombre de cas.... du *fred*, somme payée au roi ou
au magistrat en réparation de la violation de la paix publique [2] ; » plus tard, l'amende payée à l'Etat a absorbé le
*wehrgeld*. En Angleterre à mesure que l'autorité s'étend et
se fortifie, la faute de la mépriser prend le pas sur la faute
intrinsèque : « la *paix du roi* était un privilège attaché à
la cour et au château du souverain, mais qu'il pouvait conférer à d'autres lieux et à d'autres personnes, et qui du
même coup élevait grandement la pénalité des méfaits
commis à leur égard. » En même temps que le droit de
vengeance privée rencontrait des obstacles plus puissants,

1. Mommsen.
2. Guizot, *Civilisation en France*, I, 463.

que la subordination des juridictions locales et peu étendues à la juridiction souveraine s'accentuait, que l'autorité
centrale impliquée par ces changements se fortifiait, « les
crimes contre la loi devenaient des crimes contre le roi
et le crime de désobéissance un crime de mépris qui
s'expiait par une amende spéciale. » Enfin il est aisé de
voir que lorsqu'un souverain acquiert un pouvoir absolu,
et particulièrement quand il possède le prestige d'une
origine divine, le mépris de son autorité est un crime qui
finit par dépasser le crime intrinsèque de l'acte défendu.

Ajoutons une remarque significative. Dans l'ancien Pérou,
et au Japon jusqu'à ces derniers temps, où le crime de
désobéissance au souverain était considéré comme si grand
qu'il égalait réellement en perversité les actes défendus,
vivaient des sociétés où l'organisation militaire, poussée à
ses dernières limites, assimilait le gouvernement de la
société à celui d'une armée; en y pensant, nous n'oublions
pas que chez nous on soutient dans l'armée la doctrine
que l'insubordination est le plus grand des crimes. La
désobéissance aux ordres est frappée d'une peine, quelle
que soit la nature des ordres et le motif de la désobéissance; et un acte, en lui-même absolument innocent, peut
être puni de mort s'il est en opposition avec les commandements militaires.

Ainsi donc, s'il est obligatoire de se conformer à des coutumes traditionnelles qui jouent dans les temps primitifs
le rôle de loi pour affirmer le devoir d'obéissance aux
ancêtres en général, indépendamment des prescriptions
à observer, qui sont souvent triviales ou absurdes; s'il est
obligatoire de se conformer aux règles spéciales formulées
par les oracles ou dans les *thémistes*, etc., nouvelle source
de la loi, pour affirmer le devoir d'obéissance, dans les

petites choses comme dans les grandes, aux esprits de
certains morts ou à des divinités dérivées de ces esprits,
l'obéissance aux édits du souverain terrestre, quels qu'ils
soient, devient, à mesure que sa puissance grandit, un
devoir de premier ordre.

§ 533. Ce que nous venons de dire fait voir clairement
que les règles pour la direction de la conduite dérivent
de quatre sources. Même dans les premiers temps, nous
voyons qu'aux usages transmis héréditairement qui ont
une sanction quasi religieuse, et qu'aux prescriptions
spéciales des chefs décédés qui ont une sanction religieuse
plus spéciale, s'ajoute une réglementation réelle, bien que
moins puissante, qui dérive de la volonté de l'homme prépondérant; il s'y ajoute aussi l'effet vague, mais influent,
de l'opinion commune. Bornons-nous à dire que la première se modifie lentement par l'accroissement qui lui
vient des autres. Il est visible que la seconde est le point
de départ de la loi qui prendra plus tard le nom de divine;
que la troisième est le point de départ de la loi qui tire sa
sanction de l'allégeance à un souverain vivant; et que la
quatrième est le germe de la loi que l'on finira par reconnaître comme l'expression de la volonté publique.

J'ai déjà suffisamment donné des exemples de ces lois
qui naissent d'une personne, comme les commandements
d'un chef invisible redouté et d'un chef visible redouté;
mais, avant d'aller plus loin, il convient d'indiquer plus nettement le genre de loi d'origine impersonnelle, qui dérive
de sentiments et d'idées régnants, et que nous apercevons nettement aux époques de barbarie, avant que les
deux autres aient acquis la prépondérance. Quelques citations vont nous aider. Les Chippewayens, dit Schoolcraft,

« bien qu'ils n'aient aucun gouvernement régulier, puisque
chaque homme est seigneur dans sa propre famille, subissent plus ou moins l'influence de certains principes qui
mènent au bien général [1]. » Les Chochones sont une peuplade sans organisation. « Chez eux, dit Bancroft, chaque
homme fait ce qu'il veut. Naturellement la vengeance privée
fait justice du meurtrier. Quelquefois on l'exécute publiquement, si sa victime jouissait de la sympathie de la tribu ;
mais il n'y a pas pour cela des lois fixes [2]. » Le même
auteur nous apprend que, chez les Haïdahs, « aucune loi
n'institue un châtiment pour les crimes ; les parents de la
victime tirent raison du meurtrier, soit en le tuant, soit
en lui faisant payer une grosse somme ; quelquefois des
gens coupables de crimes contre l'intérêt général, surtout les sorciers, sont mis à mort d'après l'assentiment
des chefs [3]. » Lors même que le développement du gouvernement est très avancé, l'opinion publique demeure une
source indépendante de la loi. D'après Ellis, « en cas de
vol aux îles Sandwich, ceux qui ont été volés exercent des
représailles sur les coupables, ils saisissent tout ce qu'ils
trouvent ; et cette façon d'arriver au redressement des
griefs est si bien d'accord avec l'opinion publique que
les voleurs, alors même qu'ils seraient les plus forts,
n'osent pas résister [4]. » Ces faits nous rappellent que,
lorsque l'autorité centrale et la machine administrative
sont faibles, les lois que le sentiment commun établit sans
formalités se font obéir en faisant de la vengeance un
devoir imposé par la société ; manquer à ce devoir devient
un malheur et par suite un danger. Dans l'ancienne Scan-

---

1. Schoolcraft, *Expedition to the sources of Mississipi*, V, 177.
2. Bancroft, *The native Races*, etc., I, 435.
3. Id., *Ibid.*, I, 168.
4. Ellis, *Tour through Havaii*, 400.

dinavie, « ceux qui ne vengent pas la mort d'un parent
ou d'un ami perdent vite la réputation, qui faisait leur
principale sécurité. » Si effacée que soit cette origine de la
loi lorsque l'élément populaire de la structure triple et une
est entièrement subordonné, elle n'en a pas moins été visible
au début et n'a jamais cessé d'exister. Maintenant que nous
avons signalé l'existence de cette source qui se mêle aux
autres, voyons comment chacune d'elles, avec les lois qui
en découlent, deviennent peu à peu distinctes.

Nous savons déjà que partout où il y a eu une autorité
politique définie, transmise par des chefs divinisés et fortifiée par une sanction divine, toutes les lois ont un caractère religieux. La première chose que nous avons à remarquer, c'est une différenciation entre les lois considérées
comme sacrées et celles qu'on reconnaît comme séculières.
Nous trouvons chez les Grecs un exemple de ce progrès.
Grote remarque que, dans l'état politique révélé dans les
poèmes homériques, « le sentiment de l'obligation entre
un homme et un autre, à ce titre seul, n'existe pas, et qu'il
n'y en a guère entre un homme et la société dont il est
membre; » mais, en même temps, « l'idée du lien qui unit
un homme à son père, son parent, son hôte, ou quiconque
a reçu une promesse sous la foi du serment, se confond
avec l'idée de Zeus en tant que témoin et garant. » La fidélité à une divinité est la source de l'obligation. Mais à
Athènes, à l'époque historique, « la grande autorité qu'on
appelait les *lois* subsistait seule, comme guide et sanction,
indépendamment des sympathies privées ou du devoir religieux. » En même temps se formait la distinction entre la
violation de la loi sacrée et celle de la loi profane : « on en
vint à regarder le meurtrier comme ayant péché contre
les dieux, puis comme ayant gravement offensé la société,

et par conséquent comme ayant besoin d'absolution et méritant un châtiment. Une différenciation analogue se fit à Rome. Si, pendant la première période, le chef de l'État, à la fois roi et grand-prêtre, et dans cette dernière fonction vêtu comme un dieu, portait la parole au nom de la loi sacrée et au nom de la loi profane, il s'opéra plus tard, grâce à la séparation de l'autorité sacerdotale d'avec l'autorité politique, une distinction entre les violations des prescriptions divines et les violations des prescriptions humaines. D'après sir Henri Maine, il y eut « des lois pour punir les *péchés*. Il y eut aussi des lois pour punir les *torts*. L'idée de l'offense à Dieu produisit la première classe de prescriptions; celle d'offenser un voisin produisit la seconde; mais l'idée d'offense contre l'État ou la société ne produisit pas au début une véritable jurisprudence criminelle [1]. »

Pour expliquer ces derniers mots, il faut ajouter que plus tard, sous les rois, d'après Mommsen, « la procédure judiciaire prit la forme d'un procès public ou privé, selon que le roi intervenait de son propre mouvement ou à la suite de l'appel de la partie lésée. » Plus tard, on ne suivit plus la première procédure que dans les affaires intéressant la paix publique. » On peut en conclure qu'après l'abolition de la loyauté, il resta une distinction entre la transgression contre un individu et la transgression contre l'État, bien que la façon de traiter cette dernière demeurât quelque temps sans forme définie. Ajoutons que, chez les Hébreux, dont le système social a conservé avec bien plus de persistance le caractère théocratique, ce changement devient considérable et nous révèle une de ses causes. La Michna contient beaucoup de lois civiles détaillées, qui provenaient évidem-

1. Sir H. Maine, *Ancient Law*, 372.

ment de l'accroissement de la complication des affaires. Cet exemple nous fait voir que les commandements sacrés primitifs, naissant en réalité dans un état social relativement peu développé, ne sauraient englober les cas qui se produisent lorsque les institutions deviennent compliquées. Pour ceux-ci, il se forme en conséquence des règles qui n'ont d'autre autorité connue qu'une autorité humaine. Ces règles, en s'accumulant, produisent un corps de lois humaines distinctes des lois divines ; et le crime de désobéir aux unes est autre chose que le crime de désobéir aux autres. Sans doute dans l'Europe convertie au christianisme, religion importée qui supplanta les religions indigènes, la marche de la différenciation se trouva modifiée ; mais si l'on part de l'époque où cette religion importée eut acquis l'autorité suprême propre aux religions indigènes, on reconnaît que les changements subséquents sont de même nature que ceux que nous venons de décrire. En même temps que se formait la structure mêlée où les rois avaient un caractère sacerdotal et les prélats un caractère séculier, s'opérait un mélange de législation politique et religieuse. Dès qu'elle posséda le pouvoir suprême, l'Église interpréta diverses infractions civiles comme des offenses à Dieu, et se considéra même, pour celles dont elle abandonnait la connaissance aux magistrats civils, comme dessaisie par ordonnance divine. Seulement une évolution subséquente amena des périodes où diverses transgressions, censées commises et contre la loi sacrée et contre la loi séculière, durent s'expier par une pénitence religieuse et un châtiment civil ; plus tard, une nouvelle séparation ne laissa subsister qu'un faible résidu de crimes ecclésiastiques, et fit passer le reste dans la catégorie des crimes contre l'État et contre les individus.

Nous arrivons à la différenciation, également significative, si elle ne l'est davantage, entre les lois qui tirent leur autorité impérative de la volonté de l'organe gouvernemental, et les lois qui tirent leur autorité impérative du *consensus* des intérêts individuels, entre les lois qui n'ont pour but direct que la conservation de l'autorité, et qui ne contribuent par là que d'une manière indirecte au bien de la société, et celles qui directement et sans viser l'autorité procurent le bien de la société : la loi, dans sa forme moderne, est essentiellement un produit de ce *consensus*. J'ai montré que l'espèce de loi inaugurée par le *consensus* des intérêts individuels précède le genre de loi inauguré par l'autorité politique. Sans doute, avons-nous dit, lorsque l'autorité politique se développe, la loi prend la forme de commandements, même au point que les principes originels de l'ordre social, reconnus tacitement au début, ne passent plus pour obligatoires que parce qu'ils sont imposés par une personne ; mais, si l'obligation dérivée du *consensus* des intérêts individuels survit, elle s'efface dans l'ombre. Il nous reste à montrer qu'à mesure que la puissance du chef politique décline, à mesure que l'industrialisme favorise l'accroissement d'une population toujours plus libre, à mesure que le troisième élément de la structure politique triple et une, longtemps subordonné, devient prépondérant, le *consensus* des intérêts individuels, source primitive de la loi, le redevient aussi. Nous avons encore à remarquer que dans cette forme, sous son nouveau développement comme dans sa forme originale, la loi née du *consensus* a un caractère qui la distingue radicalement des lois que nous avons considérées jusqu'ici. Les lois divines, et les lois humaines, produits d'une autorité personnelle, avaient pour principe commun l'inégalité ; les

lois qui ne sont pas le produit d'une personne, au contraire, et qui naissent du *consensus* des intérêts individuels, ont pour principe essentiel l'égalité. Nous en avons
la preuve dès le début. Qu'est-ce en effet que la loi du
talion, que l'opinion ne se borne pas à reconnaître, mais
qu'elle impose chez les hordes les plus grossières? Evidemment, puisque cette loi prescrit d'égaliser les dommages ou
les pertes, elle suppose tacitement l'égalité de droit chez les
individus intéressés. Le principe d'exiger « œil pour œil et
dent pour dent », est partout l'expression de l'idée primitive
de justice. Le désir de réaliser une exacte balance amène
quelquefois des effets très curieux. C'est ainsi qu'un « Bas-
souto, nous disent Arbousset et Daumas, dont le fils avait
été blessé à la tête avec un bâton, vint les supplier de leur
livrer le coupable, pour le frapper à la tête avec le même
bâton et sur le lieu même où son fils avait été frappé [1]. »
L'Abyssinie nous offre l'exemple d'un effort analogue pour
égaliser à la lettre l'offense et l'expiation. Lorsqu'on livre
un meurtrier à la famille de sa victime, « le plus proche
parent du mort le tue avec une arme du même genre que
celle dont il s'est servi pour commettre le meurtre [2]. » Par
cet exemple, on voit que la procédure primitive, si elle ne
consiste pas à infliger mal pour mal entre individus,
consiste à infliger mal pour mal entre familles ou tribus,
en prenant vie pour vie. Aux exemples cités déjà (§ 522) on
peut joindre celui de Sumatra. « Lorsque, dans une querelle entre familles, il y a plusieurs personnes tuées des
deux côtés, le rôle de la justice se borne à constater les
pertes des deux partis, en forme de compte courant, afin

---

1. Arbousset et Daumas, *Voyage d'exploration au nord-est du cap de
Bonne-Espérance.*
2. Mansfield Parkyn, *Life in Abyssinia.* II, 204.

d'établir une balance si les nombres sont inégaux [1]. » La conséquence de cette justice grossière qui s'attache à balancer les pertes des familles et des tribus, c'est que, tant que les dommages mutuels ne sont pas égalisés, il importe peu de savoir si ceux qui ont tort sont ou non ceux qui ont souffert ; de là vient le système de la satisfaction vicaire ; de là aussi la raison pour laquelle la vengeance demeure suspendue sur un membre quelconque de la famille ou de la tribu coupable. Le principe étend ses effets dans plusieurs directions et s'applique lorsqu'il s'agit de propriété et non de vie. Chez les Dacotahs, raconte Schoolcraft, « on venge quelquefois un dommage à la propriété, en en détruisant une autre » [2] : et, chez les Araucaniens, les familles se pillent mutuellement pour égaliser leurs pertes. L'idée que l'on peut racheter les crimes par des présents ou une somme d'argent survit sous une autre forme. De très bonne heure, nous voyons se poser l'alternative de subir la vengeance ou de donner satisfaction. Chez certaines races de l'Amérique du Nord, dit Kane, on accepte pour rachat d'un meurtre des chevaux ou des objets qui ont de la valeur pour les Indiens [3]. » Chez les Dacotahs, un présent de wampum blanc accepté entraîne le pardon d'une offense. Chez les Araucaniens, l'homicide peut se mettre à l'abri du châtiment en entrant en composition avec les parents du mort. « Ces exemples nous remettent en mémoire les alternatives analogues admises dans l'Europe primitive et nous font saisir une différence significative. En effet, quand les distinctions de classe prirent naissance, le taux de la compensation, restant le même pour les membres de chaque classe, cessa

---

1. Marsden, *History of Sumatra*, 249.
2. Schoolcraft, *Expedition to the sources, etc.*, II, 185.
3. Kane, *Wanderings of an Artist among Indians of north America*, 115.

d'être égal entre les membres de classes différentes. A mesure que la loi d'origine personnelle prit plus de place, elle s'écarta davantage de la loi dérivée du *consensus* des intérêts, telle qu'elle existait primitivement.

Nous avons à observer maintenant que l'affaiblissement relatif de l'autorité royale ou aristocratique, et l'affermissement de la volonté populaire, font revivre les lois en partie supprimées qui tiraient leur autorité du *consensus* des intérêts individuels. Ces lois tendent désormais à remplacer toutes les autres. En effet, la principale affaire des cours de justice aujourd'hui, c'est d'assurer, sans égard pour les personnes, le principe jadis admis, avant la formation des gouvernements, d'après lequel tous les membres de la société, quelles que soient leurs distinctions respectives, doivent être traités pareillement quand ils commettent une agression les uns sur les autres. Sans doute il n'est plus permis d'égaliser les dommages par le procédé du talion, et le gouvernement, qui se réserve la punition des coupables, fait peu de chose pour assurer une restitution ou une compensation; mais, conformément à la doctrine d'après laquelle tous les hommes sont égaux devant la loi, il applique la même peine aux coupables de toutes les classes. Enfin, quand il s'agit de contrats enfreints ou de dettes contestées, depuis les plus importantes de ces affaires qui ressortissent aux assises jusqu'aux plus insignifiantes qui se jugent devant les cours de comté, le but de la justice est de maintenir les droits et les obligations des citoyens sans égard pour la richesse ou le rang. Il va sans dire qu'à notre époque de transition le changement est incomplet. Mais la sympathie pour les droits individuels, et le *consensus* des intérêts individuels qui l'accompagne, causent la prépondérance du genre de lois qui fixent directement l'ordre

social par opposition au genre de lois qui le fixent indirectement en réclamant l'obéissance à une autorité divine ou
humaine. En même temps que le régime du statut personnel décline et que celui du contrat grandit, la loi expression d'une volonté personnelle cède de plus en plus la place
à la loi issue du consensus des intérêts individuels : changement nécessaire puisque l'inégalité expresse est le principe de la coopération obligatoire du premier régime, tandis que la coopération volontaire de l'autre a pour principe
une égalité expresse.

De sorte que, différenciées d'abord des lois d'origine
prétendue divine, les lois d'origine assurément humaine
se redifférencient en lois qui ont ostensiblement pour principale sanction la volonté de l'organe gouvernant, et en lois
qui ont ostensiblement pour sanction principale l'agrégat
des intérêts privés ; les dernières tendent naturellement, dans
le cours de l'évolution sociale, à absorber les premières.
Cependant, tant que le militarisme persiste, l'absorption
demeure nécessairement incomplète, puisque l'obéissance
à une volonté gouvernante reste dans certains cas nécessaire.

§ 534. Il est si important de bien comprendre cette transformation que nous demandons la permission de la présenter encore au double point de vue des sentiments et
des théories qui les accompagnent.

Comme les lois naissent en partie des coutumes transmises par les morts vulgaires, en partie des prescriptions
spéciales des morts éminents, en partie de la volonté des
vivants vulgaires et en partie de la volonté des vivants éminents, les sentiments qui leur répondent, différents mais
analogues, se mêlent dans des proportions variables selon
les circonstances.

Suivant la nature de la société, l'une ou l'autre sanction prédomine ; et le sentiment propre à cette sanction rejette dans l'ombre les sentiments propres aux autres, sans toutefois les effacer entièrement. Ainsi, dans une société théocratique, on punit le meurtre avant tout parce que c'est un péché contre Dieu ; mais on ne laisse pas de sentir que cet acte a une criminalité en tant que désobéissance au souverain humain qui impose le commandement divin, et qu'il est un dommage pour une famille et par suite pour la société. Lorsque chez les Bédouins, par exemple, ou à Sumatra, aucune prescription n'a une origine surnaturelle, et qu'en conséquence aucune réprobation ne s'attache à la désobéissance à cette prescription, le crime reconnu consiste dans la perte infligée à la famille de la victime ; et par conséquent le meurtre prémédité ne se distingue pas de l'homicide simple. Au Japon et au Pérou, l'absolutisme illimité du souverain vivant s'accompagne ou s'accompagnait de la croyance qui faisait consister la criminalité du meurtre avant tout dans la transgression des commandements du souverain, encore que l'établissement de tels commandements impliquât sans doute, chez lui comme chez son peuple, quelque idée du mal, individuel ou général, causé par l'acte que les violait. Dans l'ancienne Rome, l'idée du dommage fait à la société par le meurtre était nette, et le sentiment, venant en aide à l'ordre public, était la cause principale de la sanction pénale. En Angleterre même, lorsqu'un meurtre vient de se commettre, celui qui l'entend raconter frémit non pas tant à la pensée de la violation d'un prétendu commandement de Dieu ou d'un attentat contre la « paix de la reine », mais parce que chez lui la plus énergique réprobation s'éveille à l'idée qu'on vient de détruire une vie, et qu'à ce sentiment s'en ajoute un autre, celui de la diminution de la sécurité sociale qu'un tel acte suppose. Ces sentiments différents, qui donnent aux diverses sanctions leur puissance respective, accompagnent régulièrement les états sociaux auxquels ces sanctions sont appropriées. Surtout nous voyons comment l'affaiblissement des sentiments que blessent les violations de l'autorité divine ou humaine, lequel accompagne le développement des sentiments que blessent les dommages causés aux individus et à la société, marche naturellement avec la rentrée en scène du genre de lois qui naissent du consensus des intérêts individuels, c'est-à-dire des lois qui dominaient avant la prépondérance du pouvoir personnel et qui redeviennent dominantes dès que le pouvoir personnel décline.

En même temps, les idées subissent un changement analogue. Sous un gouvernement où la théocratie domine, règne, avouée ou sous-entendue, une doctrine d'après laquelle les actes prescrits ou défendus sont bons ou mauvais par commandement divin; et, bien que cette doctrine survive dans les périodes subséquentes (comme cela arrive encore dans notre monde religieux), la croyance qu'on y attache est plus nominale que réelle. Sous un régime d'autorité absolue représentée par un homme ou par une oligarchie, il se forme une théorie d'après laquelle la loi n'a pas d'autre source que la volonté de cette autorité : les actes sont dits bons ou mauvais selon qu'ils s'accordent ou non avec les prescriptions de cette volonté. A mesure que le gouvernement tend à prendre une forme plus populaire, cette théorie se modifie au point que, tout en considérant que les lois de l'Etat indiquent ce que l'on doit faire et ce dont on doit s'abstenir, l'autorité qui donne force à ces prescriptions est le désir du peuple. Remarquons encore

que, si d'une part on admet implicitement que la sanction
de la loi repose sur le consensus des intérêts individuels,
de l'autre on affirme ouvertement que cette sanction résulte
de la volonté exprimée de la majorité ; sans se demander
si cette volonté exprimée est ou non d'accord avec le consensus des intérêts individuels. Dans cette théorie régnante,
on retrouve évidemment la trace de l'antique idée d'après
laquelle il n'existe pas d'autre sanction pour la loi que
le commandement de l'autorité visible ; seulement l'autorité est maintenant très différente.

Mais cette théorie, très en faveur auprès des gens qui
se piquent de philosopher sur la politique, est une
théorie de transition. La théorie finale qu'elle fait présager
est que la source de l'obligation légale consiste dans le
*consensus* des intérêts individuels, et non dans la volonté
d'une majorité qui se décide d'après l'opinion, juste ou non,
qu'elle a de ce *consensus*. Déjà même dans la théorie de la
loi, telle que l'exposent les juristes français, on reconnaît
la loi naturelle, ou la loi de nature, comme la source de la
loi écrite. C'est supposer que, antérieurement à l'établissement de l'autorité politique et à ses prescriptions, des droits
individuels d'abord, et ensuite la prospérité sociale favorisée
par l'obligation de respecter ces droits, donnent une autorité à la loi. Déjà les expressions anglaises de *Common law
par Equity*, qui dérivent évidemment de la loi « de l'*honnêteté*, de la *raison* et des *nations*, » impliquent la supposition
que les hommes, parce qu'ils sont constitués d'une manière
semblable, possèdent certains droits communs dont la conservation, directement avantageuse à leur personne, profite
indirectement à la société ; et qu'ainsi les décisions de
l'équité possèdent une sanction propre indépendante du
droit coutumier aussi bien que du vote du parlement.

Déjà en matière d'opinion religieuse, on reconnaît au fond à l'individu le droit de désobéir à la loi, alors même qu'elle exprime la volonté d'une majorité. La désapprobation qui s'attache à lui, contrevenant, disparaît sous la sympathie qu'inspire la revendication de sa liberté de penser. C'est reconnaître tacitement une autorité supérieure à celle des prescriptions de l'Etat, qu'elles viennent d'un roi ou du peuple. Ces idées et ces sentiments sont des signes du progrès vers l'idée propre à l'état industriel avancé, qu'une loi se justifie parce qu'elle impose telle ou telle des conditions d'une coopération sociale harmonique, et qu'elle ne se justifie pas (si haute que soit l'autorité qui la promulgue ou si générale que soit l'opinion qu'elle représente) si elle met obstacle à ces conditions.

Cela revient à dire que la loi non dérivée d'une autorité personnelle, qui refleurit lorsque la loi dérivée d'une autorité personnelle décline, et qui exprime le *consensus* des intérêts individuels, n'est plus dans sa forme finale qu'un système de morale appliquée, ou plutôt que la partie de la morale qui concerne les justes rapports des hommes entre eux et avec la société.

§ 535. Cette discussion ressemble quelque peu à une parenthèse; fermons-la, et examinons le développement des lois, non d'une manière générale, mais d'une manière spéciale. Nous les voyons grandir en masse, se diviser et se subdiviser en genres, devenir toujours plus définies, composer des systèmes toujours plus cohérents et plus complexes, et s'adapter à de nouvelles conditions. Mais l'exposition de ce développement prendrait trop de temps et nous écarterait de notre sujet. Nous en savons assez avec ce que nous venons de dire, nous le résumons de la façon suivante:

Même chez les tribus très primitives, les idées transmises, les sentiments inculqués, les usages enseignés aux
enfants par leurs parents, instruits eux-mêmes par le même
procédé, aboutissent à un système rigide de coutumes ;
depuis le commencement jusqu'à la fin, la loi est avant tout
l'expression des injonctions des ancêtres.

Aux injonctions des morts vulgaires, qui, sous réserve
de l'opinion publique des vivants dans les cas non prévus,
constituent le code de la conduite avant toute organisation
politique, il faut ajouter les injonctions des morts éminents,
lorsqu'il a existé des chefs qui, déjà redoutés et obéis de
leur vivant, l'ont été davantage après leur mort, quand
ils sont devenus des esprits. Plus tard, durant la fusion des
sociétés produite par la guerre, ces chefs se transforment
en rois, et leurs commandements dont on garde le souvenir, aussi bien que ceux qu'on rapporte à leurs esprits,
deviennent un code sacré, qui donne un corps au code
préétabli par la coutume et l'enrichit d'additions. Le souverain vivant, qui n'a le pouvoir de légiférer que sur des
questions non prévues, est lié par ces commandements
transmis des chefs connus et inconnus qui ont quitté la vie.
Dans les cas seulement où le souverain vivant passe lui-
même pour un être divin, ses injonctions sont des lois
qui participent du même caractère sacré. C'est pour cela
que dans les premières périodes les règles de conduite de
tout genre ont une sanction religieuse. La pompe, les
sacrifices, les honneurs publics, les cérémonies sociales,
les habitudes usuelles, les règlements de l'industrie et
même les modes d'habillement ont la même valeur.

La conservation de règles immuables de conduite issues
d'une origine divine, nécessaire à la stabilité sociale aux
époques où le caractère de l'homme est encore peu adapté

à une coopération sociale harmonique, suppose une condition : l'obéissance ; aussi la désobéisssance est-elle le plus
noir des crimes. La trahison et la rébellion, aussi bien
contre le souverain divin que contre le souverain humain,
entraîne des châtiments dont la sévérité dépasse celle des
autres. On punit la violation de la loi non pour la criminalité
intrinsèque de l'acte, mais à cause de l'insubordination dont
il témoigne. Le mépris de l'autorité gouvernementale constitue durant les époques subséquentes, dans les théories
de la loi, le principal élément de la transgression.

Dans les sociétés qui s'agrandissent et se compliquent,
des formes d'activité et de relations non prévues dans le code
sacré s'introduisent : en ce qui les concerne, le souverain
est libre de toute règle. A mesure que ces règles s'accumulent, un corps de lois s'établit auxquelles on connaît une origine humaine ; et, bien qu'il s'y attache une autorité due au
respect qu'inspirent les hommes qui les ont faites et les générations qui les ont approuvées, elles n'ont pas le caractère
sacré des lois d'origine divine. Mais, dans les sociétés où le
militarisme reste prédominant, ces deux codes se ressemblent en ce qu'ils dérivent d'une autorité personnelle. La
raison avouée qu'on a de leur obéir, c'est qu'ils sont l'expression de la volonté individnelle d'un souverain divin ou
d'un souverain humain, ou quelquefois d'une oligarchie
irresponsable.

Mais, avec le progrès de l'industrialisme et l'accroissement d'une population libre qui acquiert peu à peu le pouvoir politique, les lois d'origine humaine commencent à se
subdiviser ; et la partie de la loi qui prend naissance dans
le *consensus* des intérêts individuels prend le dessus sur la
partie qui prend naissance dans l'autorité du souverain.
Tant que le type social est organisé sur le principe de la

coopération obligatoire, la loi n'a d'autre but que de conserver cette coopération obligatoire; elle doit s'occuper avant tout de régler le statut des personnes, d'assurer l'inégalité et d'imposer l'autorité, et ne peut s'occuper qu'en second lieu des intérêts individuels des personnes qui forment la masse. Mais, dans la mesure où le principe de la coopération volontaire modifie davantage le caractère du type social, l'exécution des contrats et le principe tacitement admis d'égalité des droits pour tous les hommes deviennent les conditions fondamentales; enfin le *consensus* des intérêts individuels est désormais la principale source de la loi : l'autorité que la loi issue d'une autre origine possède encore, n'a plus qu'un rôle secondaire, et on n'y insiste que parce que le maintien de la loi pour elle-même est une cause qui favorise la prospérité générale.

A la fin, nous voyons que les systèmes des lois qui appartiennent à ces périodes successives, ont chacun pour accompagnement les sentiments et les théories qui leur sont appropriées; et que les théories actuellement régnantes, adaptées au compromis du militarisme et de l'industrialisme moderne, sont des degrés qui mènent à la théorie finale, d'après laquelle la loi n'aura pas d'autre justification que son efficacité à conserver les conditions d'une vie complète dans l'état d'association.

# CHAPITRE XV

## LA PROPRIÉTÉ

§ 536. On a vu plus haut (§ 292) que les animaux intelligents eux-mêmes montrent le sentiment de la propriété, ce qui prouve la fausseté de la croyance mise en avant par certains auteurs, à savoir que la propriété individuelle était inconnue aux hommes primitifs. Quand nous voyons un chien comprendre le droit à la possession exclusive d'un objet au point de se battre pour défendre les habits de son maître qu'il a à garder, il n'est pas possible d'admettre que les hommes même à l'état le plus inférieur soient dépourvus des idées et des émotions qui donnent naissance à la propriété privée. Tout ce que nous pouvons accepter, c'est que ces idées et ces sentiments étaient au début moins développés qu'ils ne le sont devenus depuis.

Il est vrai que dans certaines hordes extrêmement sauvages le droit de propriété n'est guère respecté. Lichtenstein rapporte que, chez les Boschismans, « le plus faible pour sauver sa vie est obligé de céder au plus fort ses armes, sa femme et même ses enfants [1]. » Il y a des tribus

1. Lichtenstein. *Travels in Southern Africa in the Years 1803-1806.* II. 194.

américaines dégradées chez qui rien n'empêche le plus fort
de prendre au plus faible ce qui lui plaît; leurs actes sont
censés légitimés par le succès. Mais ces prises de possession violentes ne prouvent pas plus que l'idée de propriété
et le sentiment qui l'accompagne leur font défaut, que
ne le prouve de notre temps la violence par laquelle un
écolier ravit à un plus faible son jouet. Il est encore vrai
que, même sans violence, les droits individuels sont mal
reconnus et imparfaitement respectés. Nous apprenons
que, chez les Chippewayens, « la loi indienne veut que le
chasseur heureux partage le produit de sa chasse avec
toutes les personnes présentes [1]. » Chez les Araouaks, dit
Hillhouse, la propriété individuelle est « nettement marquée; mais ils ne cessent d'emprunter et de prêter sans
avoir le moindre souci des payements. » Ces faits indiquent simplement que la propriété privée est mal déli-
mitée dans le principe : ce que nous pouvions prévoir à
priori.

Évidemment les idées et les sentiments qui accompagnent
l'acte de prendre possession, par exemple celui de l'animal
qui saisit sa proie, et qui, à un degré plus élevé de l'échelle
intellectuelle, accompagne l'acte de prendre un objet quelconque qui procure indirectement une satisfaction, sont les
idées et les sentiments auxquels la théorie de la propriété
se borne à donner une forme précise. Évidemment l'usage
dans les documents de procédure d'expressions comme
celles-ci « avoir et détenir », et se « nantir » d'une chose,
aussi bien que la survie jusqu'à notre époque de cérémonies dans lesquelles une portion d'un domaine qu'on achète
(pierre ou terre), représentant le tout, passe d'une main à

---

1. Bancroft. *The native Races*, etc. 1. 118.

l'autre, nous reporte à cette base matérielle primitive de la propriété. Évidemment, la doctrine avancée de la propriété qui accompagne un état social où il faut que les actes des hommes se limitent mutuellement, affirme d'une part la liberté de prendre et de garder dans certaines limites spécifiées, et la nie hors de ces limites; c'est-à-dire donne au droit qu'elle restreint un caractère positif. Il est évident qu'on peut s'attendre à voir la précision des droits de possession individuelle s'accroître de bonne heure quand la délimitation est relativement aisée, et plus tard lorsqu'elle l'est moins. Nous allons voir qu'il en est ainsi.

§ 537. Dans les premiers temps, il est difficile, pour ne pas dire impossible, d'établir et de distinguer les droits des individus aux parties de la surface que la tribu parcourt en quête de subsistance; mais il ne l'est pas de distinguer les droits sur les objets mobiliers et les habitations; aussi trouvons-nous d'ordinaire ces droits reconnus. Le passage suivant de Bancroft relatif à certaines peuplades sauvages de l'Amérique du Nord met très bien cette distinction en lumière. « Le capitaine Cook trouva que les Ahts avaient des notions très rigoureuses de leur droit sur la propriété exclusive de tout ce que leur pays produit, puisqu'ils demandaient un payement pour tout, même pour le bois, l'eau et l'herbe. Les limites de la propriété de la tribu sont très nettement définies, mais les individus prétendent rarement une propriété sur le sol. Les maisons appartiennent aux hommes qui s'associent pour les bâtir. La richesse privée se compose de bateaux et d'outils pour la chasse ou la pêche, d'ustensiles domestiques, d'esclaves et de couvertures [1]. » On observe la même chose chez les Comanches. « Ils

1. Bancroft, *loc. cit.* I. 191.

ne reconnaissent aucun droit distinct de *mien* et de *tien*, excepté pour la propriété personnelle; ils regardent le territoire qu'ils occupent, et le gibier qui y vit, comme le bien commun de toute la tribu; le gibier ne devient propriété privée que lorsqu'il est pris [1]. » Chez ces Comanches comme chez d'autres peuples, « les prisonniers de guerre appartiennent à ceux qui les prennent, sans la volonté desquels ils ne peuvent être vendus ou mis en liberté » ; autre fait qui prouve que le droit de propriété s'affirme quand il peut aisément se définir. Chez les Indiens du Brésil, Martius nous apprend que « les maisons et les ustensiles sont regardés comme propriété privée, mais qu'à l'égard de ces objets même il règne certaines idées de possession commune. On voit souvent plus d'une famille occuper la même maison; et les occupants possèdent en commun certains ustensiles. Il n'y a guère que les armes, les objets d'équipement, la pipe et le hamac, qui sont strictement la propriété d'un individu. » Les Esquimaux, nous apprend le Dr Rink, connaissent la propriété privée des armes, des bateaux de pêche, des outils, etc., tandis que les maisons appartiennent en commun aux familles de ceux qui les habitent. C'est ce qui montre clairement que le droit privé, complètement reconnu quand il est facile de le reconnaître, n'est reconnu qu'en partie quand il ne peut l'être qu'en partie, c'est-à-dire lorsque les droits privés d'associés se trouvent emmêlés. D'autres faits montrent que chez les sauvages les droits à la propriété sont habituellement distingués quand la distinction est possible, sinon complètement, au moins en partie. Les Chippewayens, « qui n'ont pas de gouvernement régulier » pour faire des lois ou régler les différends, ont l'habitude, « quand

---

1. Schoolcraft. *Expedition to the Sources of Mississipi River*, 1. 232.

le gibier a été pris dans un lieu clos, de le partager entre
ceux qui ont pris part à la chasse; et, quand on l'a pris
dans des trappes privées, il est censé propriété privée;
néanmoins un chasseur malheureux qui passe par là peut
y prendre un daim, à la condition de laisser la tête et la
peau pour le propriétaire [1]. » Dans des cas encore plus
différents, mais semblables sur ce point qu'ils offrent un
rapport évident entre le travail dépensé et le profit réalisé,
les peuples sauvages présentent un nouvel exemple du même
mode d'individualisation de la propriété. Chez les Bédouins,
dit Buckhardt, « les puits sont la propriété exclusive soit
de toute la tribu, soit des individus dont les ancêtres les
ont creusés [2]. »

Ces faits dans leur ensemble mettent hors de doute que,
dans les premiers temps, l'appropriation privée est poussée
assez loin; et que, si elle ne va pas plus loin, c'est que les
circonstances ne le permettent pas.

§ 538. Ce point reconnu, la voie est ouverte à l'explication de la propriété foncière primitive, et la genèse des
modes de propriété communale et familiale qui ont si
généralement prévalu, se trouve éclaircie.

Tant que l'homme continue à se nourrir d'aliments sauvages, la horde nomade doit continuer à jouir en commun
du territoire qu'elle habite, non seulement parce qu'aucun
membre de la tribu n'a aucun titre à aucune partie de
ce territoire, mais aussi parce que, si tous les membres
s'accordaient pour en faire le partage, il ne serait pas
possible d'en délimiter les parcelles. A l'époque pastorale,

1. Schoolcraft, *loc. cit.* V. 177.
2. Burckhard, *Travels in Arabia*, I. 228.

une nécessité s'impose : le pouvoir de pousser les troupeaux çà et là dans les limites du territoire occupé. Tant
que la terre n'est pas exploitée par la culture, le bétail et
les gens qui le possèdent ne sauraient vivre parqués dans
un lieu limité : rien n'est possible que la possession en
commun d'un grand territoire. Enfin quand s'opère le
passage à l'état agricole, soit d'une manière directe au
sortir de l'état de chasse, soit d'une manière indirecte par
l'intermédiaire de la vie pastorale, plusieurs causes concourent à empêcher ou à gêner le développement de la
propriété privée du sol.

D'abord l'usage traditionnel. La propriété en commun
persiste après que les circonstances ont cessé de la rendre impérative ; on répugne à s'écarter de l'exemple sacré
des ancêtres. Quelquefois la résistance est insurmontable,
comme chez les Réchabites et les gens de Pétra, à qui
leur vœu « ne permettait de posséder ni vigne, ni champs
de blé, ni maison, » et qui étaient obligés de « continuer à
vivre de la vie nomade [1]. » Evidemment, quand la transition à la vie sédentaire est effectuée, la survie des habitudes et des sentiments établis durant l'état nomade doit
s'opposer longtemps à la possession du sol par les individus. De plus, à l'opposition des idées et des coutumes
s'ajoutent des difficultés matérielles. Alors même qu'un
membre de la horde pastorale en partie devenue sédentaire
élèverait une prétention sur la possession exclusive d'une
portion du territoire occupé, il n'en tirerait pas grand avantage tant qu'il n'existe pas de moyen de la défendre des
animaux appartenant à autrui. On doit continuer longtemps
à jouir en commun de la plus grande partie de la surface

1. Ewald. *Histoire d'Israël*. Kuenen, *la Religion d'Israël*.

par le seul fait de l'impossibilité d'y tracer des divisions efficaces. On ne peut dans le principe enclore que de petites parcelles. Une autre raison pour laquelle la possession par individus et la possession par famille ne s'établit que lentement, c'est que chaque lot n'a à cette époque qu'une valeur temporaire. Le sol est bientôt épuisé; et, faute d'un art avancé, la culture ne tarde pas à devenir inutile. Les tribus des montagnes de l'Inde nous offrent un exemple de cultivateurs suivant uniformément l'usage de défricher un terrain, d'y lever deux ou trois récoltes et de l'abandonner ensuite : cela veut dire que le titre privé, quel qu'il soit, s'éteint, et que la surface, redevenant inculte, retourne à la communauté.

Aussi durant de longues périodes, au début de la civilisation, les obstacles qui s'opposent à l'établissement de la propriété privée sont puissants, et les motifs qui la favorisent sont faibles. Outre que les hommes primitifs, tout en respectant le rapport entre l'effort dépensé et le profit réalisé, et par conséquent le droit de propriété sur les produits du travail, ne reconnaissent pas qu'un droit de ce genre s'établisse sur le sol au profit d'un individu; outre que l'adhésion générale aux usages héréditaires et l'impossibilité de limiter les parts, sont des obstacles matériels et moraux à l'établissement du monopole du sol, il n'existe durant les premières périodes de la vie sédentaire aucun motif de conserver à l'état permanent la possession privée. Il est donc évident que ce n'est pas par suite de l'affirmation consciente d'une théorie, ou conformément à une politique préconçue, que s'établissent la propriété de tribu et la propriété communale, c'est simplement par l'effet de nécessités locales.

Aussi voit-on la propriété foncière commune prévaloir

chez des peuples qu'aucun lien ne rattache entre eux, modifiée çà et là par la propriété privée temporaire. Chez certaines tribus de chasseurs de l'Amérique du Nord, on observe un état où la possession communale est encore vague. D'après Schoolcraft, « chaque village chez les Daco-tahs possède une certaine étendue de territoire pour la chasse, mais on ne trouve pas mauvais que les familles des autres villages y viennent chasser. Les disputes ou difficultés qui s'élèvent à propos des territoires de chasse n'y donnent jamais lieu à effusion de sang [1]. » De même, chez les Coman-ches, le même voyageur remarque « qu'aucune dispute ne s'élève jamais entre les tribus au sujet des territoires de chasse; elles possèdent le tout en commun. » Chez les Iroquois à demi sédentaires et plus avancés, nous dit Morgan, « aucun individu ne saurait acquérir un titre absolu à la possession du sol, comme celui que la loi des Iroquois accorde à tous; mais il peut mettre en culture autant de terre qu'il lui plaît, et, tant qu'il continue à le faire, son droit d'en jouir trouve protection et sécurité [2]. » Chez diverses peuplades pastorales de l'Afrique méridio-nale, nous observons la survie de ces dispositions dans des conditions différentes. « La terre que les Béchuanas habi-tent est la propriété commune de toute la tribu, comme pâturages pour leurs troupeaux. » Les Damaras, « peu-plade pastorale, n'ont aucune idée d'une habitation per-manente. Le pays entier est considéré comme propriété publique... On admet que celui qui arrive le premier à une localité y demeure le maître tant qu'il lui plaît d'y res-ter.... [3] » Les coutumes cafres « ne reconnaissent pas la

1. Schoolcraft. *Expedition to the Sources of*, etc. II. 131.
2. Morgan. *League of the Iroquois*, 326.
3. Anderson. *Lake Ngami*, 111.

propriété privée du sol, au delà de ce qui constitue la possession actuelle [1]. » Chez les Koussas, « personne ne possède de propriété privée ; le Koussa sème son grain partout où il peut trouver un endroit convenable [2]. » Enfin diverses races non civilisées, adonnées pour la plupart ou complètement à l'agriculture, nous offrent des modifications assez légères de cet usage. Sans doute, chez les naturels de la Nouvelle-Zélande, on reconnaît au chef certains droits exceptionnels [3] ; mais le sol appartient à toute personne libre, homme ou femme, qui fait partie de la nation ; la culture donne un certain droit de propriété limité qui ne détruit pas le droit de la nation ou de la tribu. A Sumatra, la culture confère une propriété temporaire, mais rien de plus. « Le sol qu'un homme plante ou bâtit, du consentement de ses voisins, devient pour lui une espèce de propriété nominale [4] ; » mais si les arbres qu'il a plantés disparaissent par l'effet d'une cause naturelle, « la terre fait retour au public. » Dans une autre contrée, au Mexique, les usages, quoique sous des formes différentes, impliquaient le même principe. Chez les Indiens modernes de ce pays, « il n'y a d'héréditaire que le terrain de la maison et du jardin ; les champs appartiennent au village ; on les met en culture chaque année sans rien payer pour le fermage. Une partie du sol se cultive en commun, et les produits qu'on en tire sont consacrés aux dépenses communes [5]. »

Ce droit de propriété en commun du sol, limité par la propriété individuelle, uniquement lorsque les circon-

1. Shooter. *The Kafirs of Natal*, etc. 16.
2. Lichtenstein. *Travels in Southern Africa*, etc. 1. 271.
3. Thomson. *The Story of New-Zealand.*
4. Marsden. *History of Sumatra.* 244.
5. Sartorius *Mexico.* 67.

stances et les habitudes permettent de délimiter les droits individuels, donnent lieu à différents modes de jouir des produits du sol, selon les convenances. Chez les Damaras, nous dit Anderson, « la carcasse d'un animal, quel qu'il soit, sauvage ou domestique, est considérée comme propriété publique [1]. » Chez les Todas, « la terre est toujours la propriété du village..., seulement le bétail qui y broute est la propriété d'individus, mais des mâles... On recueille le lait dans la laiterie du village; chacun, homme ou femme, en reçoit pour sa consommation journalière ; mais le reste non consommé se partage, à titre de propriété personnelle et vendable, entre les mâles de tout âge, en proportion du nombre de têtes de bétail que chacun possède dans le troupeau [2]. » Plus tard, dans certains cas, la culture en commun produit un système de division analogue. « Au moment de la récolte, les gens du Congo mettent tous les haricots en un tas, le maïs en un autre, et ainsi de suite des autres grains; ensuite on en donne au Mascolonte (le chef), autant qu'il en faut pour sa subsistance, on met de côté ce qu'on veut semer, et l'on partage le reste à raison de tant pour chaque cabane selon le nombre de gens qu'elle contient. Puis les femmes cultivent et sèment en vue d'une nouvelle récolte. » En Europe, les Slaves méridionaux offrent l'exemple d'usages analogues. « On consomme en commun les fruits du travail agricole, ou on les répartit également entre les ménages; mais le produit du travail industriel de chacun lui appartient [3]. » Nous trouvons encore dans les *Allmends* suisses un exemple de la survie partielle de ce système; car, outre les terres qui

---

1. Anderson. *Lake Nyami*, 147.
2. Marshall. *A Phrenologist among the Todas*, 206.
3. Laveleye. *La propriété primitive*, 207.

ont passé en grande partie sous le régime de la propriété privée, il y a des vignes communales qu'on cultive en commun et des « terres à blé qu'on cultive aussi de même [1] »; le produit de leur travail commun sert de fond aux banquets auxquels tous les membres de la commune prennent part.

Ainsi, nous voyons que la propriété communale et la propriété de famille ont pris naissance dans le principe et ont subsisté longtemps, parce que, à l'égard du sol, nul autre genre de propriété ne pouvait s'établir sur une base suffisante. Les documents des peuples civilisés nous apprennent que chez ces peuples, dans le lointain passé, comme de nos jours chez les peuples non civilisés, la propriété privée commence par les objets mobiliers et ne s'étend aux immeubles que dans certaines conditions. Nous en avons la preuve dans un fait rapporté par Mayer. D'après lui, « l'hébreu n'a pas de mot pour exprimer la *propriété foncière* [2]. » D'après Mommsen, « l'idée de propriété, chez les Romains, n'était pas primitivement associée aux possessions immobilières, mais seulement aux possessions en esclaves et en bétail [3]. » Enfin, si nous nous rappelons les conditions au milieu desquelles florissait la vie pastorale, tant chez les Sémites que chez les Aryens, et que le groupe patriarcal est le résultat de cette manière de vivre, il sera facile de comprendre que le passage à la vie sédentaire a pu produire les formes de propriété tenue par le clan ou la famille qui, avec quelques petites variations, sont le caractère des premières sociétés européennes. On comprend alors pourquoi « les Romains des premiers siècles cultivaient la

1. Laveleye, *loc. cit.*
2. Mayer. *Die Rechte der Israeliten, Athener und Roemer.* I. 362.
3. Mommsen. *Histoire Romaine.*

terre arable en commun, probablement en plusieurs clans: chacun de ces clans cultivait la terre lui appartenant, et le produit était ensuite distribué entre les diverses maisons qui le composaient. » Nous avons vu se former naturellement des arrangements tels que la *Mark* germanique, c'est-à-dire un territoire possédé « par une colonie formée primitivement d'une famille ou d'un groupe de parents »; chaque membre libre de la colonie avait « droit à la jouissance des bois, des pâturages, des prairies, et de la terre arable de la *Mark;* mais ce droit « participait de l'usufruit ou de la possession seulement [1]. » Après chaque récolte, le lot rentrait dans la vaine pâture, et le Germain ne restait possesseur permanent que du sol de sa demeure et des alentours immédiats. On peut comprendre comment la propriété de la communauté a pu facilement, d'après les circonstances et l'impulsion des sentiments, aboutir tantôt à l'usage pour un an d'un lot de terre, tantôt à une répartition périodique, tantôt à des modes de possession plus durables, mais toujours soumis au droit suprême de la totalité du public.

§ 539. Puisque l'induction et la déduction concourent à montrer qu'au début le sol est une propriété commune, on doit se demander comment cette propriété a pu devenir individuelle. La réponse ne saurait guère être douteuse. La force, sous une forme ou sous une autre, est la seule cause capable d'obliger les membres d'une société à céder leur droit à la jouissance en commun du territoire qu'ils habitent. C'est tantôt la force d'un agresseur extérieur, tantôt celle d'un agresseur intérieur; mais, dans l'un et l'autre cas, la force suppose l'action militaire.

1. Stubbs. *The Constitutional History of England,* I. 49.

La première preuve que nous en avons, c'est la longue persistance du système primitif de propriété foncière lorsque les circonstances ont permis d'éliminer la guerre ou de la réduire à peu de chose. J'ai déjà fait mention de la mark teutonique qui existe encore dans la Drenthe, « entourée de toutes parts de marais et de tourbières, » qui forme « une sorte d'île de sable et de bruyères [1]. » On voit non seulement survivre les institutions judiciaires libres au milieu de toutes les institutions libres mais persister le système de propriété communale, parce que les hommes sont demeurés indépendants. A cet exemple type, on peut en ajouter un autre tiré d'un pays voisin et qui lui ressemble beaucoup, celui « du district sablonneux de la Campine et du pays d'au delà de la Meuse, dans les Ardennes [2], » où le manque de communication se fait grandement sentir. L'accès difficile et la surface pauvre de ce pays n'inspiraient pas grande envie de l'envahir. Aussi, dit M. de Laveleye, tandis que « le seigneur avait partout usurpé la propriété sans toutefois détruire le droit d'usage des habitants, » la possession communale s'était conservée dans les Ardennes. Ailleurs, les montagnes qui hérissent une région en rendent la conquête impraticable et favorisent la conservation de cette institution primitive, cómme de toutes les autres institutions primitives. En Suisse et surtout dans les parties alpestres, les Allmends dont nous avons déjà parlé et qui sont les analogues de la *Mark* teutonique, se sont conservés jusqu'à nos jours. Diverses régions semblables offrent des exemples semblables. On retrouve encore dans « les montagnes de la Lombardie [3] » le système de propriété foncière par com-

---

1. Laveleye. *La Propriété primitive.* 31

2. Id. 342.

3. Id.

munautés de famille. Dans la partie misérable et montagneuse de l'Auvergne, comme aussi dans celle du département de la Nièvre, existe encore ou existait naguère ce
mode primitif de propriété. Enfin la remarque générale
que suggèrent les conditions matérielles au milieu desquelles on l'observe, c'est qu'il faut l'aller chercher dans
les régions les plus sauvages et les plus éloignées. On en
voit la preuve dans les petites îles d'Hœdic et d'Houat.
voisines de Belle-Ile, sur la côte de Bretagne, et dans les
Orkneys et les îles Shetland.

Au contraire, nous trouvons que l'invasion par un effet
direct, et la résistance à l'invasion, longtemps prolongée,
par un effet indirect, en produisant l'inégalité des classes
qui distingue la société militaire, amènent l'individualisation de la propriété foncière, sous une forme ou sous
une autre. Sur toute la surface du globe, la conquête crée
un droit de propriété absolu, parce qu'il n'y a plus aucune
puissance qui l'empêche. La terre, comme toute autre
dépouille, devient un butin, et, selon le caractère de la
nation conquérante, elle devient tout entière la propriété
du despote vainqueur, ou en partie celle de ses guerriers
à titre de bénéfices. Nous avons beaucoup d'exemples du
premier résultat. « Les rois d'Abyssinie sont au-dessus des
lois..., la terre et la personne de leurs sujets sont leur
propriété [1]. » Au Congo, « le roi a la propriété de tous les
biens et du sol; il les octroie à son gré. » Enfin, nous
avons vu (§ 479) plusieurs autres exemples de sociétés
militaires, où le monarque, absolu en toute chose, est aussi
maître absolu de la terre. Nous avons donné des exemples du second résultat (§ 458); nous pouvons en ajouter

---

1. Bruce. *Travels to Discover the Source of the Nile*, IV, 462.

d'autres. En voici un que nous rencontrons dans l'ancien Mexique. « Montezuma possédait dans la plupart des villages, etc., et particulièrement dans ceux qu'il avait conquis, des fiefs qu'il distribuait entre les gens qu'on appelait les braves compagnons du Mexique. C'étaient des hommes qui s'étaient distingués à la guerre [1]. » Le même résultat s'est produit sous une forme plus primitive en Islande après l'invasion des Norwégiens. « Lorsqu'un chef prenait possession d'un district, il distribuait aux hommes libres qui l'accompagnaient des lots de terre, il bâtissait un temple (hof) et devenait, comme s'il eût été en Norwège, le chef, le pontife et le juge du Herad [2]. »

Ainsi que nous l'avons vu quand nous avons traité de la différenciation politique, ce ne sont pas seulement les agresseurs externes qui mettent fin à la possession en commun du sol par tous les hommes libres qui l'habitent. Ce sont aussi les agresseurs internes, ceux dont la puissance grandit d'autant plus que le militarisme devient plus chronique. La guerre n'entraîne pas seulement l'assujettissement des personnes, elle produit aussi celui des propriétés, de sorte que les terres que la communauté possédait auparavant à titre absolu tombent sous la domination du magnat local, jusqu'à ce qu'avec le temps la plus grande partie du sol devienne sa propriété exclusive, et qu'une petite partie seulement demeure à l'état de propriété commune.

Pour être complet, ajoutons que de temps en temps, bien que rarement, la terre devient propriété privée autrement que par l'effet d'une appropriation violente ou de l'empiétement d'un supérieur, par le seul effet du con-

---

1. Ternaux Compans. Recueil de pièces, etc. 1. 251.
2. Mallet. Northern Antiquities. 289.

sentement général. Partout où existe le mode de propriété communale, où la culture en commun a fait place à la culture séparée de parcelles allotiés, où ce mode de culture donne lieu à une redistribution périodique des lots, comme autrefois dans certains Etats de la Grèce, comme chez les anciens Suèves, et de nos jours dans quelques Allmends suisses, la cessation de cette redistribution peut donner naissance, et la donne en effet, à la propriété foncière individuelle. « Dans l'ouvrage de M. Kowalewski, dit M. de Laveleye, à propos des Allmends suisses, on voit comment la propriété communale devient propriété privée, grâce à ce que la distribution périodique des lots devient de plus en plus rare et finit par tomber en désuétude [1]. » Quand nulle autre cause n'a mis fin au système de propriété par la commune, c'est de cette façon qu'il tend à disparaître. En effet, les inconvénients qui résultent de la relocalisation des membres de la commune, s'aggravent des pertes que beaucoup de gens peuvent subir de ce chef. Sur le nombre, les moins habiles et les moins diligents verront leurs lots tomber au plus bas degré de fertilité; et les autres auront des raisons de s'opposer à une redistribution qui les prive des profits de leur travail passé, pour les donner en tout ou en partie aux membres de la société les moins dignes. Évidemment, on peut croire que ce motif inspirera, avec le temps, l'idée de se refuser à un nouveau partage, et la propriété privée permanente sera constituée.

§ 540. Un facteur important dont nous n'avons pas encore parlé a concouru à la création de la propriété individuelle tant mobilière qu'immobilière, à savoir l'éta-

---

1. Laveleye. La Propriété primitive.

plissement de mesures de quantité et de valeur. Tant qu'il
n'existait aucun engin pour estimer les quantités, il ne
pouvait y avoir que de grossiers procédés pour faire la
balance des droits. Au début, la propriété n'existe que pour
les objets réellement fabriqués par leur propriétaire ou
acquis par son travail : le cercle de la propriété est
donc étroitement limité. Mais quand l'échange apparaît et
s'étend, d'abord sous la forme sans précision du troc, puis
sous la forme plus précise de la vente et de l'achat au
moyen d'une valeur de circulation, la propriété s'étend
facilement à d'autres choses. Le progrès de l'industrialisme
exerce évidemment une influence sur cette extension ;
observons-en l'importance.

Nous avons vu (§ 319) que, durant la phase pastorale,
il est impossible d'assigner à chaque membre de la communauté familiale, ou à chacun de ses serviteurs, une part
de produit ou de toute autre propriété, qui soit réellement
proportionnée à son travail. Sans doute, dans le marché
passé entre Jacob et Laban, il entrait quelque idée de l'équivalence des services. Mais cette idée était encore fort grossière ; et aucun marché de ce genre ne pouvait présider à
des transactions nombreuses ou à des transactions de peu
d'importance. En recherchant ce qui arrive lorsque le
groupe patriarcal, devenant sédentaire, prend telle ou telle
forme sociale élargie, on voit que le respect gardé aux
usages traditionnels, et la nécessité de l'union pour la
défense mutuelle, concourent à conserver le système de la
production en commun et de la consommation en commun : voilà encore un obstacle à l'individualisation de la
propriété. Bien que, dans ces conditions, chacun crée la
propriété privée à l'égard des choses sur lesquelles il a
dépensé son travail en dehors du travail en commun, ou des

choses qu'il reçoit en échange des produits de ce travail propre, la propriété privée acquise par ces moyens ne saurait être bien considérable. La plus grande partie du travail, d'un individu mêlé à celui des autres, rend un produit inséparable du produit du travail des autres ; les produits communs appartiennent à la jouissance commune. Mais dès que l'homme peut en sécurité se passer de la protection du groupe familial, et aussitôt que l'accroissement du commerce ouvre des carrières à ceux qui abandonnent leur groupe, aussitôt que l'usage de l'argent et des mesures introduit la précision dans les échanges, il y a des occasions d'accumuler des possessions individuelles, distinctes des possessions communes. Puisque, parmi ceux qui travaillent ensemble et vivent ensemble, il ne peut manquer d'y avoir des gens impatients du frein que cette existence leur impose, et des gens (d'ordinaire les mêmes) que ne satisfait pas l'égalité du partage entre des personnes dont le travail n'a pas la même valeur, il est à présumer que ces occasions seront saisies : la propriété privée s'étendra aux dépens de la propriété publique. On peut en donner quelques exemples. Chez les Slaves méridionaux, il existe encore des communautés familiales, pour la plupart en voie de dissolution. « Le groupe familial, dit à ce sujet M. de Laveleye, était bien plus capable de résister aux violences du gouvernement turc que les individus isolés. En conséquence, c'est dans la partie des pays slaves du midi que les communautés familiales se sont le mieux conservées : elles y forment encore la base de l'ordre social. » L'influence de l'activité commerciale qui conduit à la désintégration se révèle en ce que ces communautés de famille existent d'ordinaire dans les districts ruraux. « Dans le voisinage des villes, une vie plus variée a affaibli l'ancien sentiment de famille. Beaucoup de communautés se sont dissoutes, leur propriété a été partagée et vendue, leurs membres sont tombés au rang de simples fermiers ou de prolétaires. » Ensuite le désir de l'indépendance personnelle et de la jouissance exclusive des profits qui résultent de la supériorité, se révèle dans cette remarque : ces communautés de famille « ne peuvent tenir contre les conditions d'une société où les hommes améliorent leur propre lot, aussi bien que l'organisation politique et sociale sous laquelle ils vivent..... Une fois le désir de s'agrandir éveillé, l'homme ne peut plus supporter le joug de la *Zadruga*... Vivre à sa guise, travailler pour lui seul, boire dans son verre, voilà ce que chacun cherche avant tout [1]. » Ce qui donne à penser que cette cause de désintégration est générale, c'est qu'il existe encore des communautés du même genre dans les districts montagneux de la Lombardie, c'est-à-dire loin des centres d'activité commerciale. Les membres de ces communautés prennent en haine l'autorité des pères de famille et disent : « Pourquoi resterions-nous avec tous les nôtres sous l'autorité d'un maître? Il est bien mieux que chacun travaille et pense pour soi. Les bénéfices résultant du travail industriel formant un pécule particulier, les associés sont tentés de grossir celui-ci au détriment du revenu commun.... le désir de vivre indépendant l'emporte : on sort de la communauté [2]. » Tous ces faits prouvent que le progrès de l'industrialialisme est la cause générale de l'accroissement d'individualisation de la propriété; ce progrès est l'effet de trois causes, l'augmentation de sécurité, grâce à laquelle on peut vivre séparé sans danger, l'augmentation du nombre des occa-

1. Laveleye. *La Propriété primitive*. 218.
2. Id., *ibid.* 246.

sions de ventes qui facilitent l'accumulation du pécule,
enfin de l'usage de mesures de quantité et de valeur :
usage que supposent d'abord l'existence de ces ventes, et
ensuite la vente et la division de tout ce qui était propriété
commune.

. L'extension de la possession à titre privé, que nous voyons
coïncider avec la décadence du système du statut personnel et le développement du système du contrat, passe
naturellement de la propriété mobilière à l'immobilière.
En effet, lorsque la multiplication des transactions commerciales a permis à chacun des membres de la communauté de famille d'amasser un pécule, et que le désir
toujours plus fort qui porte à la vie domestique individuelle, a obligé la majorité de la communauté à vendre le
sol hérité en commun, les diverses parties de ce sol,
qu'elles soient vendues à des membres de la communauté
pour être possédées individuellement, ou qu'elles le soient
à des étrangers, se trouvent amenées par un accord défini
à l'état des propriétés individuelles ; par là, la propriété
foncière privée reçoit un caractère en apparence semblable à celui de toute autre propriété privée. Le développement de l'industrialisme favorise ce résultat par d'autres
moyens. Sans parler des cas où un souverain absolu ne
reconnaît aucun droit de propriété, foncière ou autre, à
ses sujets (ces cas n'ont rien à faire ici), voyons ceux où
un conquérant reconnaît une propriété partielle du sol
à ceux entre lesquels il l'a partagé sous condition de services et de redevances ; nous y voyons que la propriété
foncière créée par le régime militaire est incomplète.
Elle est incomplète par plusieurs côtés. La propriété de la
terre par le suzerain se trouve limitée par les droits qu'il
a transmis à ses vassaux ; les droits des vassaux sont limités

par les conditions de leur tenure ; ils le sont encore par les droits des serfs, et des autres personnes sous leur dépendance, qui reçoivent une part spécifiée des produits à charge de services spécifiés. Mais, quand le régime militaire décline et que le vasselage disparait en même temps, les obligations de la tenure diminuent et finissent par n'être plus reconnues; en même temps, l'abolition du servage détruit ou rejette dans l'ombre les droits qui restreignaient la propriété foncière privée [1]. Comme ces deux changements sont des faits concomitants du développement de l'industrialisme, ce sont deux moyens par lesquels l'industrialisme favorise l'individualisation de la propriété.

A première vue, il semble qu'on puisse conclure que la propriété à titre absolu du sol par des personnes privées doive être l'état définitif que l'industrialisme est destiné à réaliser. Cependant, quoique l'industrialisme ait eu jusqu'ici pour effet d'individualiser la possession du sol, en même temps qu'il individualise toute autre possession, on peut contester que l'état définitif soit dès à présent atteint. La propriété créée par la force ne repose pas sur la même base que la propriété créée par le contrat; et, quoique la multiplication des achats et des ventes assimile les deux genres de propriété en les traitant de même, on peut en définitive nier l'assimilation. L'analogie le permet. On reconnaissait jadis des droits de propriété sur des êtres humains, on ne les reconnaît plus. En effet, les prisonniers de guerre, pris par force et gardés comme une propriété, propriété peu nette sans doute, puisqu'ils étaient dans le principe dans la famille à peu près sur le même pied que

---

1. En Angleterre, ces tenures ont pris fin en 1660, à l'époque où les obligations féodales (devenues un fardeau pour les propriétaires fonciers) furent remplacées par les droits sur la bière, c'est-à-dire par un fardeau sur la société en général.

les autres membres de la famille, sont tombés plus tard
d'une façon plus nette à l'état de propriété, quand l'usage
de les acheter et de les vendre est devenu général. Il y a
des siècles, on eût pu croire que le principe de la propriété
de l'homme par l'homme était en passe de s'établir d'une
façon définitive. Néanmoins à une époque plus avancée de
son cours, la civilisation, renversant cette procédure, a
détruit la propriété de l'homme par l'homme. Pareillement
à une époque encore plus avancée, il pourra se faire que
la propriété privée du sol disparaisse. De même que la
liberté primitive de l'individu, qui existait avant que la
guerre instituât les règles coercitives et l'esclavage individuel, se trouve restaurée à mesure que le militarisme décroît ; de même on peut croire que la propriété primitive
du sol par la société, que le développement des institutions
coercitives a fait passer en grande partie ou en totalité
à l'état de propriété privée, se rétablira avec un nouveau
développement de l'industrialisme. Le régime du contrat,
aujourd'hui si avancé que l'on ne reconnaît plus de droit
de propriété sur les objets mobiliers que par suite d'échanges de services ou de produits après accord, ou par suite
de don de la part des personnes qui les ont acquis dans
ces conditions ; ce régime peut s'étendre encore, de sorte
qu'on ne puisse reconnaître la propriété des produits du
sol qu'en conséquence d'arrangements passés entre les individus comme locataires et la société comme propriétaire.
De nos jours même, en Angleterre, la propriété privée du
sol n'est pas absolue. En droit, les propriétaires ne sont
que des tenanciers directs ou indirects de la couronne (ce
qui aujourd'hui veut dire l'Etat, ou, en d'autres termes, la
société) ; et la société reprend de temps en temps possession du sol après payement d'une indemnité convenable.

Peut-être arrivera-t-il que le droit de la société sur la terre, tacitement reconnu dans cette théorie de la loi, sera reconnu ouvertement, et mis en pratique après payement intégral de la valeur artificiellement ajoutée au sol.

§ 541. Il est donc possible de tracer avec assez de clarté la naissance et le développement des dispositions qui fixent et règlent la possession à titre privé.

Le désir de s'approprier une chose et de la garder une fois qu'on se l'est appropriée, a des racines profondes non-seulement dans la nature humaine, mais dans la nature animale ; ce désir est dónc une condition de survie. La notion de la lutte et du dommage consécutif qui résultera probablement d'une tentative faite pour prendre ce qu'autrui détient, a pour effet constant d'établir et de fortifier la coutume de laisser chacun en possession de ce qu'il a obtenu par son travail ; aussi cette coutume prend-elle chez les hommes primitifs la forme d'un droit ouvertement reconnu.

Le droit à la propriété privée, pleinement reconnu quant aux objets mobiliers fabriqués par le possesseur, et pleinement ou partiellement reconnu quant au produit de la chasse, tué sur le territoire où errent les membres de la communauté, ne l'est pas quant à ce territoire même ou à des parcelles de ce sol. La propriété devient individuelle dans la mesure où les circonstances permettent de délimiter quelque peu nettement les droits individuels ; seulement elle ne devient pas individuelle pour le sol parce que ces circonstances ne permettent pas aux droits individuels de se produire ni de les délimiter efficacement quand ils se produisent.

Quand s'effectue le passage de l'état nomade à l'état sédentaire, la propriété individuelle limite la propriété du sol par la société ; mais ce n'est que jusqu'à un certain point : l'homme qui défriche et cultive des parcelles de la surface commune acquiert la jouissance incontestée du produit de ces parcelles. D'ordinaire le droit du public survit : et l'on voit les parcelles rentrer dans la communauté, soit lorsque, après quelques récoltes, elles se trouvent abandonnées, soit lorsque les descendants de celui qui les a défrichées cessent de les cultiver. Enfin ce système de propriété temporaire, compatible avec les sentiments et les usages transmis par des ancêtres nomades, marche aussi avec une agriculture rudimentaire : la terre en effet s'épuise en peu d'années.

Lorsque l'organisation patriarcale a passé de l'état pastoral à l'état sédentaire, et que, consacrée par la tradition, elle dure pour des motifs de protection mutuelle, la possession du sol, en partie par le clan et en partie par les familles, persiste longtemps ; mais en même temps la possession séparée des choses produites par le travail séparé est reconnue. Enfin, si dans certains cas la propriété commune du sol, ou la propriété familiale du sol, survivent, dans d'autres cas elles cèdent plus ou moins de diverses manières la place à la propriété privée, le plus souvent temporaire, et soumise au droit suprême de propriété du public.

Seulement la guerre, qui produit la différenciation des classes dans chaque société, et qui assujettit une société à une autre, mine et détruit le droit de propriété du sol par la communauté, pour y substituer en partie ou totalement le droit absolu de propriété d'un conquérant, limité par les droits des vassaux, qui possèdent la terre à certaines conditions, droits qui sont à leur tour limités par ceux des hommes attachés à la glèbe qui lui sont soumis. Cela veut dire que le système du statut personnel, effet

du régime militaire, entraîne comme conséquence une hiérarchie de possessions aussi bien qu'une hiérarchie de personnes.

L'individualisation complète de la propriété est un fait
concomitant du progrès de l'industrialisme. Dès le début,
les choses où l'on reconnaît le produit du travail propre
d'un homme sont tenues pour sa propriété ; et dans tout
le cours de la civilisation, la possession par la communauté
et l'habitation commune n'ont jamais empêché la possession
légitime d'un pécule privé obtenu par l'effort individuel.
L'accumulation d'objets mobiliers possédés à titre privé,
issue de cette origine, s'accroît à mesure que la croissance
de l'industrialisme limite le militarisme ; en effet ce changement suppose qu'il y a beaucoup plus de facilité à tirer
parti du produit du travail ; il propage l'usage des mesures
de quantité et de valeur qui accélèrent l'échange ; enfin
les relations plus pacifiques qui règnent alors parmi les
hommes, permettent aux individus de se détacher avec plus
de sécurité des groupes où ils se confinaient auparavant
pour s'assurer une protection mutuelle. L'individualisation
de la propriété, rendue plus générale et plus nette par les
transactions commerciales effectuées sous le régime du contrat, finit par gagner la propriété de la terre. Comme les mesures et l'argent servent à l'achat et à la vente de la terre, la
terre s'assimile à ce point de vue à la propriété personnelle
produite par le travail ; et par là se confond avec cette dernière pour tout le monde. Mais il y a lieu de penser que
si la possession privée des choses produites par le travail,
devient plus nette et plus sacrée qu'elle ne l'est à présent,
la terre habitée, que le travail ne saurait produire, finira
par se distinguer des autres choses comme un objet qui ne
saurait être possédé à titre privé. De même que l'individu,

primitivement son propre maître, perd en tout ou en partie cette propriété durant le régime militaire, mais la reprend à mesure que le régime industriel se développe ; de même il est possible que la propriété commune du sol, absorbée en partie ou en totalité dans la propriété des hommes dominants durant l'évolution du militarisme, reparaîtra à mesure que l'industrialisme s'approchera de l'apogée de son évolution.

# CHAPITRE XVI

## LE REVENU PUBLIC

§ 542. Divisons les produits du travail des hommes en deux parts, celle qu'ils gardent pour leur propre usage et celle qu'ils cèdent pour l'usage public ; constatons ensuite la vérité banale que le revenu constitué par cette dernière partie doit s'accroître avec le développement de l'organisation qu'elle entretient ; et nous voilà préparés à comprendre que, dans les premiers temps de l'évolution sociale, il n'existe rien qui ressemble à un revenu public.

Le chef politique ne se distingue d'abord des autres membres de la société que par une supériorité personnelle ; son pouvoir, auquel on n'obéit le plus souvent que pendant la guerre, est en d'autres temps trop faible pour lui conférer un avantage matériel. D'ordinaire, dans les tribus sauvages, il pourvoit à ses propres besoins comme tout autre particulier. Quelquefois même, au lieu de gagner par cette distinction, il perd. Chez les Dacotahs, « les chefs civils et les chefs militaires se distinguent du reste par leur pauvreté. En général ils sont plus pauvrement vêtus que les autres [1]. »

1. Schoolcraft, IV, 69.

La même chose se voit de temps en temps chez les Abipones.
« Le cacique n'a rien ni dans ses armes ni dans ses habits,
qui le distingue d'un homme du commun, excepté leur
vétusté et leur usure. En effet, quand il se montre dans les
rues avec un vêtement neuf et joli,... la première personne
qu'il rencontre lui crie hardiment : donne-moi cet habit,...
et s'il ne s'en défait pas, il devient la risée de tout le monde
et s'entend appeler avare [1]. » Chez les Patagons, le fardeau
que l'assistance et la protection des inférieurs impose au
chef, est un motif qui le pousse à abdiquer. Il en est qui,
« nés caciques, refusent d'avoir des vassaux, parce que
ceux-ci leur coûtent cher et leur rapportent peu de profit [2]. »

D'une manière générale, pourtant, et toujours lorsque la
guerre garde sa prépondérance, le guerrier chef se distingue des autres par les richesses qui lui viennent de
divers côtés. La supériorité qui lui procure la suprématie,
provient le plus souvent de ce qu'il possède plus d'adresse
et de force, et lui permet d'amasser des biens : aussi d'ordinaire, nous l'avons vu (§ 472), le chef primitif est-il l'homme
le plus riche de la tribu. La possession d'une propriété
privée considérable devient visiblement un attribut du chef,
lorsque la société est devenue sédentaire et que les membres
les plus puissants de la société s'approprient le sol qu'elle
occupe. Les chefs deviennent ordinairement de grand terriens. Dans l'ancienne Egypte, il y avait des terres royales.
Chez les Grecs primitifs « le roi jouissait d'un vaste domaine
(usurpé peut-être?) comme d'un apanage de son auguste
position [3]. » Chez d'autres peuples, plus tard, le monarque
possède de grands domaines. Le revenu qu'il en tire

---

1. Dobrizhoffer, *Account of the Abipones*, trad., II, 106.
2. Falkner, *Description of the Patagonia*, 121.
3. Grote, *Histoire de la Grèce*.

représente jusqu'au bout celui que le chef politique possédait primitivement quand il a commencé à se distinguer du reste par quelque mérite personnel.

La supériorité de ressources privées qui distingue le chef au début, s'accroît par ses succès à la guerre, augmente sa prépondérance, et lui procure une part toujours plus grande des dépouilles des peuples vaincus. Dans les premiers temps, la coutume veut que chaque guerrier garde ce qu'il saisit dans le combat, mais que l'on partage également, dans certains cas, le butin fait en commun. Naturellement le chef est en position d'avoir une part extraordinaire, soit parce qu'il a fait une capture plus grande, soit parce que ses compagnons consentent à la lui accorder, soit parce qu'il se l'approprie de force. Enfin, à mesure que sa puissance grandit, ses compagnons donnent leur acquiessement à cette main-mise violente, tantôt tacitement, tantôt en protestant, ce que nous voyons dans l'incident capital de l'Iliade. Plus tard, la part de butin du chef, mise de côté avant le partage du reste entre ses compagnons, est pour lui une source de revenu. Enfin, lorsque le chef devient absolu, la propriété arrachée au vaincu, diminuée seulement de la portion qu'il consacre à récompenser les services de ses compagnons, vient accroître les ressources dont il dispose pour entretenir ses serviteurs et maintenir sa suprématie.

A ces sources de revenu, qu'on peut appeler accidentelles, s'en ajoute en même temps une qui est constante. Lorsque la prédominance du chef s'est affermie au point qu'il devienne redoutable, on commence à lui adresser des présents propitiatoires; d'abord de temps en temps, et plus tard périodiquement. Nous en avons déjà vu des exemples § 379 et suiv.) en parlant des présents, au point de vue cérémoniel ; on peut en citer beaucoup d'autres. Chez les Grecs d'Homère, dit Grote, le roi « reçoit fréquemment des présents de ceux qui veulent détourner sa colère, se concilier sa faveur, ou se racheter de ses exactions. » De même, chez les Germains primitifs, d'après Tacite, c'était « la coutume d'offrir au chef en manière de contribution volontaire et individuelle, un présent de bétail ou de grains qu'il acceptait comme un acte de déférence et dont il se servait pour ses besoins. » L'usage de faire des présents au chef pour gagner sa bienveillance et prévenir sa malveillance, est demeuré une source de revenu jusqu'à ces derniers siècles. En Angleterre, « sous le règne d'Elisabeth, l'usage d'offrir des cadeaux de nouvel an au souverain allait jusqu'à l'extravagance », et même, « sous Jacques Ier, il semble qu'on ait continué à faire des cadeaux en argent [1]. »

A côté des offrandes d'argent et de biens, il y a les offrandes de travail. Il n'est pas rare que, dans les sociétés primitives, la coutume oblige tout le monde à bâtir la maison ou à défricher le lot d'un membre de la société : ces services sont réciproques. Naturellement, lorsque la prépondérance du chef politique s'accroît, il profite ainsi ou d'autre façon de prestations plus étendues de travail gratuit. Le même motif qui porte à faire des cadeaux au chef porte à lui offrir des services plutôt qu'à d'autres ; par là la coutume de travailler pour lui s'affermit. Dans le principal village des Guaranis, « les sujets cultivaient les plantations du chef, et il jouissait de certains privilèges dans le partage du produit de la chasse. D'ailleurs le chef ne possédait aucune marque distinctive [2]. » Enfin plusieurs races historiques ont suivi le même usage dans les premiers

---

1. J.-E. Thistleton Dyer, *British popular Customs, Past and Present*, 3.
2. Moritz, *Introduction to Anthropology*, 1863.

temps. A Rome, c'était le privilège du roi de faire cultiver ses champs par les citoyens [1].

§ 543. Nous observons, à propos du revenu, de nouveaux exemples du développement qui fait sortir le régulier et le défini de l'irrégulier et de l'indéfini, dont nous avons vu déjà divers exemples dans les chapitres précédents. En effet, nous l'avons déjà vu, c'est de présents et de services propitiatoires, d'abord spontanés et accidentels, que provient à la fin l'impôt avec la quantité et la date précise du payement prescrit.

Il suffit d'observer comment une coutume telle que celle de faire des présents de noces a revêtu un caractère à peu près coercitif, pour comprendre comment une fois l'usage introduit de rechercher la bienveillance du chef au moyen d'un présent, cet usage peut se fixer. Quand l'un a réussi, un autre l'imite. Plus l'usage est général, plus le désavantage d'y déroger est grand. A la fin, tous donnent, parce que personne n'ose se poser en exception. Naturellement, si quelqu'un vient à renouveler le présent au retour des occasions qui l'ont provoqué une première fois, il faut que les autres fassent de même; à la longue s'établit une obligation périodique si impérieuse, que le présent est réclamé quand il n'a pas été offert. Au Loango, le roi attend des présents de tous ses sujets libres, et « s'il trouve qu'ils ne lui apportent pas assez, il envoie des esclaves pour leur prendre tout ce qu'ils ont [2]. » Aux îles Tonga, où les naturels donnent de temps en temps au roi ou chef « des ignames, des nattes, du poisson sec, des oiseaux vivants, etc., c'est en général la volonté de chaque individu » qui détermine

1. Mommsen.
2. Proyart, in *Pinkerton's Travels*, XVI-577.

la quantité, « car il prend toujours soin d'envoyer autant
qu'il peut, de peur que le supérieur ne s'indigne contre lui et
ne lui enlève ce qu'il possède [1]. » Aujourd'hui à Cachmir, à
la fête du printemps, « les serviteurs du maharajah ont coutume de lui apporter un nazar en présent... Cet usage est
si bien devenu une règle, que tout le monde à cette fête est
obligé de donner le dixième ou le douzième de sa paye du
mois. On lit les noms sur une liste, et on y marque la
somme du nazar : on déduit cette somme de la paye des
absents [2]. »

On voit la marque de cette transition dans le fait suivant :
les couronnes d'or que dans l'antiquité les États sujets
offraient à titre de cadeaux aux souverains de l'Orient et les
provinces romaines aux généraux ou proconsuls se transformèrent en sommes d'argent exigées comme un droit; on
la voit encore dans un autre fait de l'histoire moderne :
« les exactions prirent le nom de dons gratuits. »

Pareillement pour le travail : le chef le reçoit d'abord
comme une offrande volontaire, et plus tard, quand sa puissance a grandi, il l'exige. Voici des exemples où l'on voit
comment la transition s'opère. Un chef cafre « convoque
des gens pour cultiver ses jardins, lever ses récoltes, et
construire ses palissades; mais pour cela, comme pour
d'autres choses, il faut qu'il consulte la volonté du peuple;
aussi le concours manuel réclamé par les chefs est-il toujours de très peu de durée [3]. » Aux îles Sandwich, « quand
un chef veut se bâtir une maison, il demande le travail de
tous ceux qui détiennent le sol sous son autorité;.. le chef
assigne à chaque division du peuple une partie de la maison,

1. Mariner, *Account of the Natives of the Tonga Islands*, I, 231.
2. Drew, *The Jummoo and Cashmere Territories*, 68.
3. Shooter, *The Kafirs*, etc., 101.

en proportion du nombre de travailleurs qu'elle peut fournir [1]. » Dans l'ancien Mexique, le service personnel et collectif destiné à fournir l'eau et le bois aux maisons des
chefs, était réparti journellement dans les villages et les
quartiers [2]. » Il en était de même au Yucatan : « La communauté tout entière faisait les semences pour le seigneur,
veillait sur les semences, et récoltait ce qui était destiné à
sa personne et à sa maison [3]. » Il en était de même dans les
régions voisines du Guatemala et du San-Salvador. « On
payait le tribut en cultivant les domaines du chef [4]. » A Madagascar, « la population entière est soumise à l'obligation
de travailler pour le gouvernement, sans rémunération et
sans limite fixe de temps [5]. »

Ces faits que nous rencontrons chez des peuples qu'aucun
lien du sang ne rattache entre eux, et qui diffèrent par leur
civilisation, nous apprennent comment s'est développé le
système de travail forcé qui a existé en Europe durant les
temps féodaux, alors que les chefs locaux l'exigeaient de leurs
vassaux, et prouvent qu'il était aussi une forme de tribut payé
au chef central ; nous en avons un exemple dans le nombre
déterminé de jours de travail qu'avant la Révolution les paysans français avaient à payer à l'Etat sous le nom de *corvée*.

Quand les présents librement offerts ont fait place aux
présents attendus et enfin demandés, qu'un service volontaire est devenu un service imposé, il reste encore un pas
à franchir. Quand la bonne volonté fait place à l'obligation,
il faut nécessairement que la quantité d'articles et de travail demandée soit spécifiée ; aussi ce changement est-il de

1. Ellis, *Tour through Hawaii*, 292.
2. Zurita, *Rapport sur les chefs de la Nouvelle-Espagne*, 251.
3. Landa, § XX.
4. Zurita, *loc. cit.*, 407.
5. Ellis, *History of Madagascar*, I, 316.

nature à en amener un autre, et le payement en argent se substitue-t-il aux présents et aux prestations. Lorsqu'il n'y avait pas encore de valeur de circulation, le souverain, local ou général, recevait son revenu en nature. Aux îles Fidji, les vassaux fournissent la maison de leur chef de sa provision quotidienne d'aliments ; on paye le tribut au chef en lui apportant « des ignames, des cochons, de la volaille, des vêtements [1], etc. » A Tahiti le chef tirait des moyens d'existence des « domaines héréditaires de la famille régnante, » et faisait en outre « des réquisitions sur le peuple [2] » : on lui apportait en général des vivres cuits. Dans les sociétés européennes primitives, on fit longtemps les offrandes obligatoires au chef, partie en animaux, vêtements, articles précieux de tout genre, avant que l'usage de la monnaie s'introduisît. Seulement le changement se fait parce que celui qui donne et celui qui reçoit y trouvent leur avantage, dès que la valeur des présents attendus se trouve réglée. C'est de la sorte que s'est opérée, ainsi que nous l'avons vu dans les chapitres précédents, la commutation des services militaires et des prestations de travail. Quelle qu'en soit la nature, ce qu'on offrait d'abord spontanément finit par devenir une somme d'argent déterminée, levée au besoin par force, en un mot un impôt.

§ 544. En même temps, le chef politique trouve dans l'accroissement de sa puissance le moyen d'imposer des demandes d'autres genres. Les annales de l'Europe nous en fournissent d'abondantes preuves.

Outre que les anciennes sources de revenu furent mieux réglées, il en fut créé d'autres, dans les premiers temps de

---

1. Seeman, *An Account of a Mission to the Vitian, etc.*, 232.
2. Ellis, *Polynesian Researches*, II, 361.

la féodalité ; on en voit un exemple excellent dans un fait de l'histoire des ducs de Normandie au XII° siècle. La déshérence (retour d'une terre au monarque faute de postérité du premier baron), la curatelle, les aides, la saisie des biens des prélats décédés, des usuriers, des excommuniés, des suicidés, et de certains criminels, l'aubaine, étaient pour eux une source de profits. On les payait pour des privilèges concédés, et pour la confirmation de concessions déjà faites. On leur faisait des cadeaux quand on leur demandait justice ; ceux qui voulaient rester en possession de leurs biens, ou recouvrer la liberté, ou exercer certains droits, leur payaient une finance. En Angleterre, sous les rois normands, il y avait d'autres sources de revenus telles que les redevances payées par les héritiers avant de prendre possession de leurs biens, la vente des drois de tutelle, la vente aux héritiers mâles du droit de choisir leur femme, la vente des chartes aux villes et la revente de ces chartes, le *monnayage*, le schelling que payait tous les trois ans chaque foyer pour obtenir du roi qu'il n'abaissât pas le titre des monnaies. Le prince tirait profit de toute occasion favorable pour faire ou imposer une demande, comme le montre l'usage de mettre à l'amende un fonctionnaire renvoyé acquitté ou « l'obligation que Richard I° fit aux serviteurs de son père d'acheter encore une fois leurs charges [1]. »

Ces exemples où nous voyons les prises et les exactions arbitraires d'autant plus nombreuses et lourdes que le pouvoir du chef est moins limité, donnent à penser que ces usages sont poussés à l'extrême surtout dans une organisation sociale modelée sur le militarisme type. Nous avons déjà fait voir qu'il en est ainsi (§ 443) ; dans le chapitre suivant nous allons montrer la même chose sous un autre nom.

1. Stubbs, *The Constitutional History of England*, II, 562.

§ 545. Jusqu'ici nous avons indiqué les sources d'où naissent les taxes directes; il est d'autres taxes qui naissent en même temps et qui s'écartent insensiblement des premières : ce sont celles qu'on appelle à la fin indirectes. Au début ce sont des demandes qui tombent sur les gens qui possèdent de grandes quantités de marchandises qu'ils font voyager ou qu'ils mettent en vente; d'abord ces gens en offrent des parties à titre de présent, et plus tard on les leur prend à titre de droits.

Dans d'autres chapitres, j'ai rappelé un fait bien connu, à savoir que les voyageurs qui traversent les pays habités par des barbares font des présents de propitiation; à force de se répéter, ces présents donnent naissance à un droit. Les récits des voyageurs qui ont récemment parcouru l'Afrique confirment ce que nous avait appris Livinsgtone, que les commerçants portugais chez les Quangas donnent largement parce que, « s'ils ne s'assuraient pas l'amitié de ces petits chefs, on leur ravirait beaucoup d'esclaves avec leurs charges dans leur passage à travers les forêts. » D'après Livinsgtone encore, un chef Balonda « semblait regarder ces présents comme lui étant dus, et dès qu'il sut qu'une cargaison était arrivée pour le senhor Pascoal, il entra dans la maison avec l'intention de demander sa part [1]. » Divers faits montrent qu'au lieu de courir la chance d'un combat, le chef entre en compromis afin de recevoir sans lutte une part du butin : c'est ainsi que les choses se passent avec les Bédouins, qui traitent avec les voyageurs et leur épargnent le pillage à prix débattu. Les Bhils des montagnes de l'Inde, dont les chefs « n'ont guère d'autre revenu que le pillage », ont des agents pour « s'informer des villages et des voyageurs

1. Livingstone, *South Africa*, 296, 307.

sans protection », et réclament un droit pour la faculté de traverser leurs montagnes [1]. » C'est apparemment un abonnement que ces pillards acceptent quand les possesseurs des marchandises sont trop forts pour qu'on puisse les voler sans danger. Lorsque la protection des individus dépend surtout de l'organisation en famille ou en clan, le sujet comme l'étranger sans défense quand il est hors de chez lui, est également exposé à subir cette *maille noire*. C'est tantôt au chef local, tantôt au chef central, selon leur force respective, qu'il cède une part de ses biens, pour que la possession du reste lui soit garantie et que ses droits sur ses acheteurs soient soutenus. Il y avait un état de choses semblable dans l'ancien Mexique. « Sur tout ce qu'on apportait au marché, on prélevait une part qu'on réservait au roi comme tribut; de son côté, le roi était obligé de faire justice aux marchands, et de protéger leur propriété et leur personne [2]. » Nous retrouvons la même chose dans les documents des anciens peuples de l'Europe. Une partie du revenu du roi chez les Grecs primitifs se composait de « présents offerts pour obtenir la permission de faire le commerce [3] », et qui, selon toute probabilité, étaient d'abord des portions des articles mis en vente. Plus tard, en Grèce, il y eut un usage qui dérivait indubitablement de celui-là. « Ces hommes (magistrats des marchés) percevaient un certain droit ou tribut de tous les gens qui apportaient quelque chose pour le vendre au marché [4]. » Dans l'Europe occidentale, l'impôt indirect a eu une origine analogue. Le marchand, entièrement à la merci du souverain sur le territoire duquel il mettait le pied, était obligé de céder une partie de ses mar-

---

1. Malcolm, *Memoirs of Central Asia*, I, 551.
2. Clavigero, liv. VII, ch. 37.
3. Gladstone, *Studies on Homer*, III, 62.
4. Potter, *Archæologia Græca*, I, 97.

chandises pour prix du droit de passage. Les seigneurs féodaux fondaient de leurs châteaux sur les marchands qui passaient sur les routes ou les rivières navigables du voisinage, leur enlevaient de force des parties de ce qu'ils possédaient, quand ils ne leur prenaient pas le tout. Leurs supérieurs mettaient la main sur tout ce qui leur plaisait des cargaisons qui entraient dans leurs ports ou franchissaient leurs frontières : les précédents définissant peu à peu la part qui leur revenait. En Angleterre, nous avons lieu de croire, sans en avoir pourtant une preuve évidente, que les deux tonneaux que le roi prenait aux navires chargés de vin (le vin était le principal article d'importation) provenaient primitivement d'une saisie pure et simple : nous savons en effet que cette quantité de vin s'appelait « le prisage du roi. » Plus tard sans doute, l'agent du roi payait quelque chose en retour, mais c'était à sa volonté, et purement pour la forme. Le nom même de *coutume* qu'on finit par donner aux payements par rachat sur les marchandises, nous reporte à une époque précédente où l'usage s'était établi de céder des portions de la cargaison. Ce qui confirme cette conclusion, c'est que l'on traitait de même les marchands au dedans. En 1309, déjà, on se plaignait « que les agents royaux chargés de prendre les articles pour l'usage du roi dans les foires et les marchés, prissent plus qu'ils ne devaient, et tirassent profit du surplus. »

En général, les impôts indirects prennent naissance quand le pouvoir du chef devient suffisant pour transformer les cadeaux en redevances obligées : ils ne diffèrent des autres exactions qu'en un point, c'est que le sujet les subit dans les occasions où il se trouve à la merci du souverain plus que d'ordinaire ; ou qu'il met ses marchandises en vente dans un endroit où l'on peut aisément les trouver et en prélever

une partie; ou qu'il les transporte d'une partie du territoire à l'autre, et qu'on peut aisément l'arrêter et lui en
demander une partie; ou enfin parce qu'il introduit des
marchandises dans le territoire, et qu'elles peuvent être
saisies à l'un des rares endroits par où il peut aisément les
introduire. Les parts que le souverain s'approprie, d'abord
en nature, se changent en droits payés en argent lorsque les
marchandises sont de telle nature que la quantité de ces
objets ou la distance l'empêchent de les consommer. Enfin
le droit se transforme pareillement dans d'autres cas,
à mesure que l'accroissement du commerce augmente
l'abondance d'une monnaie de circulation, comme la quantité de production et d'importation des articles, et qu'il est
plus difficile de transporter et d'utiliser les partie prélevées
sur ces marchandises.

§ 546. Nous ne gagnerions pas grand'chose à entrer
dans les détails. Il semble que nous n'ayons besoin que de
noter des faits généraux.

Dès le début, l'accroissement du revenu a été, comme l'accroissement de l'autorité militaire qu'il suit, un résultat
direct et indirect de la guerre. La propriété des ennemis
vaincus, d'abord les biens, le bétail, les prisonniers, et en
dernier lieu, la terre, tombant en plus grande quantité au
pouvoir du guerrier-chef, augmente sa prépondérance. Pour
gagner sa bonne volonté, chose importante, on lui offre des
présents propitiatoires, et on travaille pour lui; présents et
travail deviennent, à mesure que sa puissance grandit,
périodiques et obligatoires. La durée de cet usage rend son
autorité plus absolue et augmente son domaine; en même
temps, il devient plus fort pour imposer des contributions
aussi bien à ses sujets qu'à ses tributaires; d'autre part le

besoin qu'il a de subsides, tantôt pour défendre son royaume,
tantôt pour envahir les royaumes voisins, est un motif
incessant pour lui de renouveler ses demandes dans les
espèces établies et d'en créer de nouvelles. Sous la pression
de prétendus besoins, il prend à ses sujets une partie de
leurs richesses, toutes les fois que ceux-ci les exposent dans
l'intention de les échanger. Enfin, comme les présents primitifs de bien et travail, d'abord volontaires et variables,
plus tard obligatoires et périodiques, se transforment à la
fin en taxes directes, les parties de ses biens que le marchand donnait primitivement pour obtenir la permission
de faire son commerce, qu'on lui a ensuite saisies comme
dues, se transforment en tantième de la valeur payée à
titre de droit de douane et de taxes.

Mais, à la fin comme au début, et sous les gouvernements
libres comme sous les gouvernements despotiques, c'est la
guerre qu'on invoque toujours pour imposer les nouvelles
taxes ou augmenter les anciennes; en même temps que
l'organisation coercitive du passé développée par la guerre,
demeure le moyen de l'exiger.

# CHAPITRE XVII

## LA SOCIÉTÉ MILITAIRE

§ 547. Les chapitres précédents nous ont facilité les moyens de construire les notions des deux genres d'organisation politique que séparent des différences radicales, l'un qui convient à la vie militaire, l'autre à la vie industrielle. Ce sera une chose instructive que de disposer dans un ordre systématique les traits du type militaire que nous avons déjà signalés incidemment, et d'y ajouter divers autres caractères subordonnés. Dans l'article suivant, nous traiterons de même des caractères du type industriel.

Durant l'évolution sociale, on voit ces deux ordres de caractères se mêler. Mais, dans la théorie comme dans les faits, il est possible de suivre avec toute la clarté désirable les caractères opposés qui distinguent chacune des deux organisations dans son développement complet. C'est surtout la nature essentielle de l'organisation qui accompagne l'état militaire chronique, dont on peut prévoir *à priori* et constater *à posteriori* l'existence dans un grand nombre de cas. La nature essentielle de l'organisation qui accompagne l'industrialisme pur, dont l'expérience ne nous a pas en-

core appris grand'chose, s'éclairera par opposition ; et nous
apercevrons des exemples qui montrent un progrès vers
cet état social.

Dans nos conclusions, nous devrons nous prémunir contre deux causes d'erreur. Nous avons à nous occuper de
sociétés composées et recomposées à des degrés divers ; de
sociétés qui diffèrent par la phase de civilisation où elles
sont parvenues, et dont l'organisation est plus ou moins
avancée. Nous serions donc exposés à nous tromper si,
dans nos comparaisons, nous ne tenions pas compte des
dissemblances dans la grandeur et la civilisation. Évidemment, les caractères distinctifs du type militaire que l'on
peut observer chez une grande nation peuvent ne pas se
présenter chez une horde de sauvages, encore que cette
horde soit aussi militante que la grande nation. De plus,
comme les institutions mettent beaucoup de temps à acquérir leurs formes définitives, il ne faut pas s'attendre à ce
que toutes les sociétés militantes montrent la structure qui
leur est propre à l'époque où leur développement est complet. Il est bien plus naturel d'admettre que dans la plupart
des cas nous trouvions cette structure à l'état incomplet.

En présence de ces difficultés, la meilleure méthode sera
d'examiner d'abord les divers caractères que le militarisme
doit produire nécessairement, et ensuite de rechercher jusqu'à quel point ces caractères se montrent conjointement
chez les nations militaires du passé et du présent. Après avoir
considéré la société idéalement organisée pour la guerre,
nous serons capables de reconnaître dans les sociétés réelles
le caractère auquel la guerre a donné naissance.

§ 548. Pour conserver sa vie corporative, une société est
obligée à une action corporative ; il est probable que plus

elle aura rendu son action corporative complète, plus elle conservera sa vie corporative. Pour l'offensive et la défensive, il faut que les forces des individus se combinent; et, lorsque chaque individu y va de toutes ses forces, il y a grande chance de succès. Le nombre, la nature et les circonstances demeurant égaux, lorsque deux tribus ou deux grandes sociétés en viennent aux prises, s'il en est une qui unisse les actions de tous ses hommes valides, tandis que l'autre ne le fait pas, c'est d'ordinaire la première qui a la victoire. La survie doit être le sort habituel des sociétés chez lesquelles la coopération militaire est universelle.

Cette proposition a l'air d'une banalité. Mais il est nécessaire de dire ici avec netteté, et comme préliminaire, que la structure sociale issue par évolution du militarisme chronique a pour caractère que tous les hommes propres à porter les armes agissent de concert contre les autres sociétés. S'ils vaquent à d'autres fonctions, ils peuvent s'en acquitter isolément; mais, pour celles-ci, il faut qu'ils agissent à l'état d'union.

§ 549. La force conservatrice d'une société sera d'autant plus grande qu'au secours direct de tous les hommes en état de porter les armes, s'ajoute le secours indirect de tous les individus qui ne le sont pas. Toutes choses égales, les sociétés qui survivront seront celles dans lesquelles les efforts des combattants seront secondés par ceux des non-combattants. Dans une société purement militaire, les individus qui ne portent pas les armes doivent consumer leur existence à entretenir celle de ceux qui combattent. Soit que, comme au début, les non-combattants ne comptent que des femmes; ou que, comme plus tard, cette classe comprenne des captifs réduits en esclavage; ou que, comme à une époque plus avancée, elle comprenne des serfs, ses obligations sont les mêmes. En effet, s'il est deux sociétés où les conditions soient égales à tous les autres égards, et que la première assujettisse ses travailleurs à ce service, tandis que dans la seconde les travailleurs jouissent du droit de retenir pour eux le produit de leur travail, ou plus qu'il n'est nécessaire à leur propre entretien, il arrivera que, dans cette dernière société, les guerriers n'étant point entretenus, ou l'étant moins complétement que dans l'autre, auront à pourvoir eux-mêmes à leurs besoins, et se trouveront par là moins propres aux fins de guerre. Par suite, dans la lutte pour l'existence entre ces deux sociétés, il arrivera habituellement que la première vaincra la seconde. Le type social produit par la survie du plus apte, sera le type où la partie combattante comprend tout ce qui est en état de porter les armes, et à qui l'on en peut confier, tandis que le reste sert simplement à titre d'intendance.

Une conséquence évidente, dont nous ferons plus loin remarquer l'importance, c'est que la partie non combattante, occupée à entretenir la partie combattante, ne saurait s'accroître au delà de la limite en deçà de laquelle elle remplit utilement son rôle, sans que cet accroissement soit dommageable pour la force de conservation de la société. En effet, dans ce cas, des individus qui pourraient jouer le rôle de combattants demeureraient des travailleurs superflus, et la force militaire de la société resterait au-dessous de ce qu'elle pourrait être. Par suite, dans le type militaire, la tendance du corps des guerriers est de se maintenir en face du corps des travailleurs dans la plus forte proportion qu'il est utile de conserver.

Soit deux sociétés dont les membres sont tous ou guerriers ou pourvoyeurs des besoins des guerriers, et toutes choses égales d'ailleurs, la supériorité à la guerre appartiendra à la société dans laquelle les efforts de tous sont combinés de la manière la plus efficace. Dans la lutte ouverte, l'action combinée triomphe de l'action individuelle. L'histoire militaire est l'histoire des succès des hommes dressés à se mouvoir et à combattre de concert.

Non seulement il doit y avoir dans la partie combattante une combinaison qui permette de concentrer les forces de ses unités, mais il en faut une qui coordonne avec cette partie celle qui la sert. Si ces deux parties sont séparées de manière à pouvoir agir avec indépendance, les besoins de la partie combattante ne seront pas suffisamment satisfaits. S'il est dangereux pour une armée d'être coupée d'une base temporaire d'opérations, il l'est encore davantage quand c'est de la base permanente, à savoir de celle que constitue le corps des non-combattants. Il faut que ce corps soit lié à celui des combattants, de sorte que ses services rendent le plus possible. Il est donc évident que le développement du type militaire suppose une étroite union dans la société. De même que le groupe lâche d'une tribu sauvage ne tient pas devant la massive phalange, de même, toutes choses égales, la société dont les parties ne sont que faiblement liées entre elles ne tient pas devant celle où les parties sont unies par des liens puissants.

§ 551. Mais, dans la mesure où les hommes sont obligés de coopérer, leurs actions inspirées par leurs sentiments personnels sont soumises à des freins. Plus l'unité se fond dans la masse, plus elle perd son individualité comme unité. Cette remarque nous conduit à examiner les divers moyens par lesquels l'évolution du type militaire impose au citoyen la subordination.

Sa vie ne lui appartient pas, elle est à la disposition de la société dont il est membre. Tant qu'il demeure capable de porter les armes, il ne peut esquiver l'obligation de se battre quand il est appelé; enfin, dans les sociétés militaires à l'extrême, il ne peut revenir vaincu sans encourir la peine de mort.

Naturellement il ne jouit que de la liberté que comportent ses obligations militaires. Il est libre de poursuivre ses fins privées, mais seulement quand la société n'a plus besoin de lui; enfin, quand la société a besoin de lui, ses actions doivent se conformer d'heure en heure, non pas à sa propre volonté, mais à la volonté publique.

Il en est de même de sa propriété. Soit que, comme dans beaucoup de cas, ce qu'il possède à titre privé, il le détienne à ce titre par pure tolérance, soit que son droit de propriété privé soit reconnu, il est, en dernier ressort, obligé d'abandonner pour le service public tout ce qu'on lui demande.

Bref, sous le régime militaire, l'individu est la propriété de l'État. Si la conservation de la société est la fin principale, la conservation de chaque membre est la fin secondaire, fin secondaire qu'il faut assurer dans l'intérêt de la principale.

§ 552. Pour que ces conditions soient remplies, pour que l'action corporative soit complète, pour que la partie non combattante s'occupe à pourvoir aux besoins de la partie combattante, pour que l'agrégat total soit fortement relié, enfin pour que les unités qui le composent y subordonnent leur individualité, leur liberté, leur propriété, il faut une condition préalable : un appareil de coercition. Sans un puissant organe d'autorité, nulle union de ce genre en vue d'une action corporative n'est possible. Quand on se rappelle les funestes résultats causés par la division dans un conseil de guerre ou par la division en factions en présence d'un ennemi, on voit que le militarisme chronique a pour effet de développer le despotisme, puisque, toutes choses égales, les sociétés qui survivront d'ordinaire seront celles où, grâce au despotisme, l'action corporative devient la plus complète.

Cela suppose un régime de centralisation. Le caractère que l'organisation d'une armée nous a fait parfaitement connaître, à savoir que, sous les ordres d'un général en chef, des chefs secondaires commandent à de grandes masses, et sous ceux-ci des commandants tertiaires ont sous leurs ordres des forces moins grandes, et ainsi de suite jusqu'aux dernières subdivisions, ce caractère doit être celui de l'organisation sociale dans son ensemble. Une société militante doit avoir une structure régulative de ce genre, car sans cela son action corporative ne saurait être la plus efficace. Faute de cette hiérarchie de centres gouvernants répandus partout dans la masse des non-combattants aussi bien que dans celle des combattants, il ne serait pas possible de mettre promptement en mouvement les forces entières de l'agrégat. A moins que les travailleurs ne soient soumis à une autorité analogue à celle qui pèse sur les combattants, on ne peut compter sur leur aide indirecte dans toute son étendue et avec la promptitude voulue.

Telle est la forme d'une société caractérisée par le *statut*, d'une société dont les membres sont les uns à l'égard des autres distribués en grades hiérarchisés. Depuis le despote jusqu'à l'esclave, chacun est le maître de ceux qui sont au-dessous de lui, et le sujet de ceux qui sont au-dessus.

La relation de l'enfant au père, du père envers un supérieur, et ainsi de suite, jusqu'au chef absolu, est une relation d'après laquelle l'individu d'un statut inférieur est à la merci d'un individu d'un statut supérieur.

§ 553. En d'autres termes, l'opération de l'organisation militaire est une enrégimentation, qui s'effectue d'abord dans l'armée et plus tard s'étend à toute la société.

La première preuve que nous en trouvions, c'est le fait, partout visible, que le chef militaire devient un chef civil. le plus souvent du même coup, et, dans quelques cas exceptionnels, à la fin, si le militarisme persiste. Il commence par être un général à la guerre et devient un souverain en temps de paix; et la politique régulative qu'il poursuit dans l'une des deux sphères, il la poursuit aussi, autant que les conditions le permettent, dans l'autre. Puisque la partie non combattante est en fait une intendance permanente, le principe de la subordination hiérarchique s'y étend aussi. Ses membres sont soumis à une direction analogue à celle que subissent les guerriers, non pas à la lettre, puisque la dispersion des uns et la concentration des autres n'autorisent pas une analogie rigoureuse, mais nonobstant semblable par le principe sur lequel elle repose. Le travail se fait sous une autorité coercitive; la surveillance s'étend partout.

Supposer qu'un chef militaire despotique qui applique chaque jour la tradition héréditaire de l'autorité régimentaire, comme la seule forme de gouvernement qu'il connaisse, n'imposera pas aux classes productives une autorité analogue, c'est lui supposer des sentiments et des idées entièrement étrangères au milieu où il s'est formé.

§ 554. Une observation qui éclairera encore mieux la nature du régime militaire, c'est qu'il est à la fois positivement et négativement régulatif. Il ne se borne pas à réprimer, il impose. Outre qu'il dit à l'individu ce qu'il ne faut pas faire, il lui dit aussi ce qu'il faut faire.

Il n'est pas nécessaire d'avancer des faits pour montrer que tel est le caractère du gouvernement d'un corps combattant. A la vérité, les commandements du genre positif que reçoit le soldat sont plus importants que ceux du genre négatif : c'est le commandement positif qui règle le combat, c'est le négatif qui maintient l'ordre. Seulement ce que nous avons à remarquer ici, c'est que ce caractère n'est pas seulement celui du gouvernement de la vie militaire, mais aussi celui du gouvernement de la vie civile, sous le régime militaire. Le pouvoir gouvernemental a deux moyens d'agir sur l'individu. Il peut simplement limiter les actions de l'individu à celles qu'il peut faire sans agression, directe ou indirecte, contre autrui, et dans ce cas l'action du gouvernement est négativement régulative. Ou, faisant davantage, il peut prescrire la manière, le lieu, le moment, des actions quotidiennes de l'individu ; il peut le contraindre à faire diverses choses qu'il ne ferait pas spontanément ; il peut diriger, en descendant plus ou moins dans le détail, la manière de vivre de l'individu, auquel cas l'action gouvernementale est positivement régulative. Sous le régime militaire, cette action positivement régulative est étendue et impérative. Le civil et le militaire sont dans une condition aussi semblable que le permet la différence de leurs occupations.

C'est encore une autre façon d'exprimer que le principe fondamental du type militaire est la coopération obligatoire. La coopération obligatoire est évidemment le principe auquel sont soumises les actions du corps combattant; mais il n'est pas moins certain que ce doit être aussi le principe d'après lequel agit sans cesse et partout le corps non combattant, si l'on veut que l'action militaire donne de grands résultats; autrement l'aide que le corps non combattant doit fournir, ne saurait être assurée.

§ 555. L'union étroite qui relie les unités d'une société militaire, et en fait un appareil efficace de combat, a pour effet de fixer la place de chacune de ces unités dans le rang, l'occupation, la localité.

Dans une organisation régulative hiérarchisée, les efforts pour passer d'un grade inférieur à un supérieur rencontrent de la résistance. Ces changements, en effet, sont difficiles; d'abord parce que les inférieurs ne possèdent pas les biens qui leur seraient nécessaires pour remplir les positions supérieures; ensuite par l'opposition de ceux qui occupent les positions supérieures et qui veulent maintenir les inférieurs en bas. Les supérieurs empêchent l'intrusion par en bas et transmettent leurs places et rangs respectifs à leurs descendants; enfin, quand le principe de l'hérédité s'établit, la rigidité de la structure sociale devient définitive. C'est seulement lorsqu'un « despotisme égalitaire » réduit tous les sujets au même statut politique, condition de décadence plutôt que de progrès, que l'état inverse prend naissance.

Le principe de l'hérédité qui s'établit pour les classes créées par le militarisme, et qui donne de la fixité aux fonctions générales de leurs membres d'une génération à l'autre, a pour effet final de donner de la fixité à leurs fonctions spéciales. Non seulement les hommes des classes serviles et industrielles héritent entre eux de leurs positions respectives, mais aussi des occupations particulières qui les subdivisent. Cette application de l'hérédité, mise en œuvre de la tendance à l'enrégimentation, peut primitivement provenir de ce que les supérieurs, demandant à chaque genre d'ouvriers son produit particulier, ont intérêt à remplacer le défunt par un successeur capable; de son côté, désireux de trouver un auxiliaire pour sa tâche, l'ouvrier a intérêt à dresser son fils à son propre métier. La volonté du fils est d'ailleurs impuissante contre cette coalition d'intérêts. Sous le régime de la coopération obligatoire, le principe de l'hérédité, s'étendant partout dans l'organisation productive, y est aussi une cause de rigidité.

On voit alors un effet de même genre se produire : ce sont les obstacles qu'on apporte au déplacement. Plus l'individu est subordonné dans sa vie, sa liberté et sa propriété, à la société dont il est membre, plus il est nécessaire que l'on sache constamment où il est. Evidemment la relation du soldat à son officier, et celle de cet officier à son supérieur, exige que chacun soit toujours à la disposition du supérieur; enfin, lorsque le type militaire est complètement développé, la même nécessité se fait sentir dans toute l'étendue de la société. L'esclave ne peut quitter la demeure qui lui est assignée; le serf est lié à sa glèbe; le maître n'a pas le droit de s'absenter de sa localité sans permission.

En sorte que l'action corporative, la combinaison, la cohésion, l'enrégimentation que le militarisme, s'il est efficace, nécessite, implique une structure qui résiste fortement au changement.

§ 556. Un autre caractère du type militaire, qui marche naturellement avec le dernier, c'est que les organisations

autres que celles qui font partie de celle de l'État sont ré-
primées en partie ou en totalité. La combinaison publique
occupant tous les domaines, s'oppose aux combinaisons
privées.

Pour le succès de l'action corporative complète, il faut,
comme nous l'avons vu, une administration centralisée,
non seulement dans la partie combattante, mais dans la
non combattante : or, lorsqu'il existe des associations de
citoyens qui agissent avec indépendance, elles diminuent
d'autant le domaine de l'administration centralisée. Tout
appareil qui ne fait pas partie de la structure de l'État a
plus ou moins pour effet de limiter l'action de celle-ci et
s'oppose comme un obstacle à la subordination illimitée
réclamée par l'État. Si les combinaisons privées sont auto-
risées, c'est à la condition de se soumettre à une réglementation officielle qui restreigne beaucoup son indépendance; du moment que les combinaisons privées soumises
à la réglementation officielle se trouvent empêchées de rien
faire qui ne soit pas conforme à la routine officielle, et
par suite de progresser, elles ne peuvent d'ordinaire ni
prospérer ni grandir. Évidemment les combinaisons, fondées sur le principe de la coopération volontaire, sont
incompatibles avec le type social formé sur le principe de
la coopération obligatoire. C'est ce qui fait que le type
militaire a pour caractère l'absence, ou la rareté relative,
de corps de citoyens associés en vue d'opérations commerciales, de propagande religieuse, d'œuvres philanthropiques, etc.

Il existe cependant des combinaisons privées compatibles avec le type militaire : ce sont celles qui se forment
pour des motifs secondaires d'attaque ou de défense. Nous
connaissons par exemple les factions, très communes dans

les sociétés militaires ; des associations qui prennent la forme des guildes primitives, créées en vue de protection mutuelle ; enfin celles qui revêtent la forme de sociétés secrètes. On peut remarquer que ces corps remplissent sur une petite échelle des fins semblables à celles que la société dans sa totalité atteint sur une grande échelle, c'est-à-dire des fins de conservation ou d'agression, ou les unes et les autres à la fois. On peut remarquer en outre que ces petites sociétés incluses dans la grande sont organisées sur le même principe que celle-ci, celui de la coopération obligatoire. Les gouvernements de ces petites sociétés sont coercitifs, au point même d'aller dans certains cas jusqu'au meurtre de ceux de leurs membres qui désobéissent.

§ 557. Un autre fait à noter, c'est qu'une société du type militant tend à créer une organisation d'entretien capable de se suffire à elle-même. A côté de son autonomie politique marche ce que nous pourrions appeler une autonomie économique. Évidemment, dans la mesure où une société militaire soutient de fréquentes guerres contre les sociétés qui l'entourent, ses relations commerciales avec elles se trouvent gênées ou empêchées. L'échange des richesses ne peut se faire que sur une petite échelle entre ceux qui passent leur vie à se battre. Une société militaire doit donc, autant que possible, se pourvoir chez elle des articles nécessaires à l'entretien de la vie de ses membres. Un état économique semblable à celui qui existait durant les temps féodaux primitifs, alors que, en France par exemple, « on fabriquait dans les châteaux la presque totalité des articles qu'on y consommait, » un tel état s'impose évidemment à des groupes petits ou grands, qui sont en hostilité constante avec les groupes environnants. S'il n'existe pas déjà, au sein du groupe placé dans ces conditions, un organe pour produire un certain article nécessaire, l'incapacité où est le groupe de se le procurer au dehors, mène à l'établissement d'un organe pour se le procurer au dedans.

Il suit de là que le désir « de ne pas être sous la dépendance d'étrangers » est propre au type social militaire. Tant qu'il y a du danger de voir intercepter l'importation des choses nécessaires par suite du commencement des hostilités, il y a une nécessité impérieuse de conserver la faculté de produire ces articles chez soi et d'y conserver les appareils requis pour cette production. Aussi existe-t-il une relation directe manifeste entre les fonctions militaires et une politique protectionniste.

§ 558. Maintenant que nous avons énuméré les caractères que l'on peut s'attendre à voir dominer grâce à la survie des plus aptes durant la lutte pour l'existence entre les sociétés, examinons comment ces caractères se montrent dans les sociétés réelles, semblables au point de vue du militarisme, mais dissemblables à d'autres égards.

Naturellement dans les petits groupes primitifs, si belliqueux qu'ils puissent être, nous ne devons pas chercher autre chose que l'ébauche grossière de la structure propre au type militaire. Leur agrégation est lâche; aussi leurs parties ne peuvent-elles pas recevoir des arrangements très définis. Jusqu'ici les faits montrent qu'il en est ainsi. Il n'est pas besoin d'exemple pour mettre en lumière ce fait bien connu que d'ordinaire le corps des combattants comprend toute la population masculine adulte. Un fait tout aussi connu, c'est que les femmes, occupant une position servile, font tout le travail grossier et portent les fardeaux; joignez-y cet autre fait que fréquemment, durant la guerre, elles portent les vivres, comme en Asie chez les Khonds et les Bhils, comme dans la Polynésie chez les naturels de la Nouvelle-Calédonie et ceux des îles Sandwich, comme en Amérique chez les Comanches, les Mundrucus, les Patagons : ces exemples établissent nettement que le rôle des femmes est l'office d'une intendance militaire permanente. Nous avons vu aussi que, lorsque l'usage de réduire les prisonniers en servitude a pris naissance, ceux-ci servent d'appui et d'auxiliaires à la classe des combattants; ils remplissent durant la paix le rôle de producteurs, et durant la guerre ils secondent les femmes dans le service de l'armée, par exemple chez les naturels de la Nouvelle-Zélande, ou chez les Malgaches, où la charge de porter les provisions leur incombe exclusivement, etc. Ajoutons que, dans ces phases primitives, comme dans les plus récentes, nous voyons que les droits privés sont, dans le type militaire, effacés par les droits publics. La vie de chaque homme demeure sujette à des besoins du groupe; enfin, sa liberté d'action est implicitement pareillement sujette. Il en est de même de ses biens. Chez les Indiens du Brésil, par exemple, la propriété privée, reconnue jusqu'à un certain point durant la paix, ne l'est plus du tout durant la guerre. Au rapport de Hearne, chez certaines tribus hyperboréennes de l'Amérique du Nord, quand on va faire la guerre, « la propriété de tout genre, susceptible d'être employée à un usage général, cesse d'être privée [1]. » Ajoutons, ce qui est un principe cardinal, que nous répétons encore une fois, que, lorsqu'aucune subordination politique n'existe, la guerre l'inaugure. Tacitement ou ouvertement, on reconnaît pour un temps un chef, et ce chef acquiert un pouvoir permanent si

1. Hearne, *Journey from Prince of Wales's Fort to the Northern Ocean*, 151.

la guerre continue. Laissons ces commencements du type
militant, dont les petits groupes nous montrent des exemples, et passons aux formes avancées du type que nous
observons dans les grands groupes.

« L'armée, ou, ce qui revient à peu près au même, la
nation du Dahomey [1], » pour citer textuellement Burton,
nous en offre un bon exemple. L'esprit belliqueux est
poussé à l'excès dans ce pays, où la chambre à coucher du
roi est pavée de crânes d'ennemis. Le roi y est absolu et y
passe pour posséder un caractère surnaturel ; il est l'*esprit*.
Naturellement il est le chef religieux : il ordonne les prêtres. Il absorbe en lui-même tous les pouvoirs et tous les
droits : « En vertu de la loi de l'Etat du Dahomey..., tous
les hommes sont les esclaves du roi [2]. » Il est l'héritier de
tous ses sujets, et il prend à ses sujets vivants tout ce qui
lui convient. Ajoutons qu'il fait souvent mettre à mort des
victimes humaines pour envoyer des messagers dans l'autre
monde, et que, dans certaines occasions, on immole un grand
nombre d'individus pour fournir de serviteurs un roi mort.
Ces faits prouvent qu'au Dahomey la vie, la liberté, la propriété de chacun est à la disposition de l'Etat, représenté
par son chef. Dans l'organisation civile, aussi bien que
militaire, les centres et les sous-centres de gouvernement
sont nombreux. « A chaque promotion de rang, on change
de nom, on prend à la place de l'ancien un surnom nouveau
que le roi lui-même donne ordinairement. L'enrégimentation descend tellement dans les détails que la liste des
« dignités paraît interminable [3]. » Les lois somptuaires y
sont nombreuses. Selon Waitz, personne n'y porte, vête-

---

1. Burton, *Abeokuta*, I, 220.
2. Dalzel, *History of Dahomey*, 175.
3. Burton, *loc. cit.*, I, 248.

ments ou armes, que ce que le roi lui permet de porter. Sous peine d'être réduit en esclavage ou mis à mort, « personne ne peut changer la construction de sa maison, s'asseoir sur une chaise, se faire porter en palanquin, ni boire à un verre, sans la permission du roi [1]. »

L'ancien empire péruvien, lentement établi par les Incas conquérants, peut servir d'exemple après le Dahomey. Le chef de cet empire, issu des dieux, sacré, absolu, était le centre d'un système qui régissait minutieusement toute la vie. Son autorité était à la fois militaire, politique, ecclésiastique, judiciaire; et la nation entière se composait de ceux qui, soldats, travailleurs, fonctionnaires, étaient ses esclaves et ceux de ses ancêtres divinisés. Le service militaire était obligatoire pour tous les Indiens imposables, qui pouvaient porter les armes; ceux qui avaient servi le temps prescrit formaient des réserves et devaient travailler sous la surveillance de l'Etat. L'armée comptait des chefs de dizaine, de cinquantaine, de centaine, de mille, de dix mille hommes, et obéissait toute à un général en chef du sang des Incas. La société tout entière était soumise à une enrégimentation analogue : les habitants, enregistrés par groupes, étaient placés sous les ordres d'officiers de dizaine, de cinquantaine, de centaine, etc. C'est par ces degrés successifs que les rapports montaient jusqu'aux Incas gouverneurs des grandes provinces, pour passer de leurs mains dans celles de l'Inca suprême; tandis que les ordres de celui-ci « descendaient de. rang en rang jusqu'à ce qu'ils fussent parvenus au dernier. » Il y avait au Pérou une organisation ecclésiastique tout aussi savante; il existait par exemple cinq classes de prêtres. Il y avait aussi une

1. Burton, *ibid.*, I, 52.

organisation d'espions pour surveiller et rapporter les actes des fonctionnaires. Tout était soumis à l'inspection officielle. Des fonctionnaires de village surveillaient les labours, les semailles et la récolte. Quand la pluie manquait, l'Etat fournissait aux agriculteurs des quantités d'eau mesurées. Tous ceux qui voyageaient sans permission subissaient la peine des vagabonds. Pour ceux qui voyageaient avec des missions officielles, il y avait des établissements où ils trouvaient le gîte et le nécessaire[1]. « C'était le devoir des décurions de veiller à ce que les gens fussent vêtus ; » des réglements fixaient le genre de vêtement, de décoration, d'insignes, etc., que les gens des divers rangs devaient porter. Outre la réglementation de la vie extérieure, il y en avait une de la vie intérieure. Les gens étaient obligés « de dîner et de souper portes ouvertes, afin que des juges pussent entrer librement, » pour voir si la maison, les vêtements, le mobilier, etc., étaient tenus en bon ordre et propres, et si les enfants étaient convenablement élevés : on fouettait les gens qui tenaient mal leur maison. Soumis à cette règle, le peuple travaillait à soutenir la savante organisation d'Etat. Les classes politiques, religieuses et militaires, à tous les grades, étaient exemptes de tribut ; tandis que la classe ouvrière, qui ne servait pas dans l'armée, devait produire tout ce qui était nécessaire au delà de son propre entretien. Un tiers du territoire de l'empire était assigné à l'entretien de l'Etat, un tiers à l'entretien du clergé, ministres du culte des mânes des ancêtres ; le reste était destiné à l'entretien des travailleurs. Non seulement les travailleurs payaient le tribut en cultivant les terres du Soleil et du roi ; mais ils étaient tenus de cultiver

---

1. Garcilaso de la Vega, liv. II, ch. xx ; liv. VI, ch. viii.

celles des guerriers au service, aussi bien que celles des incapables. Ils avaient en outre à payer un tribut de vêtements, de souliers et d'armes. Sur les terres destinées à l'entretien du peuple lui-même, on donnait à chacun une part proportionnée au nombre des membres de sa famille. Il en était de même du produit des troupeaux. La moitié, qui n'était pas, dans chaque district, prélevée pour les besoins publics, était tondue périodiquement, et des fonctionnaires étaient chargés d'en partager la laine. C'était l'application du principe que « la propriété privée de chacun dépendait de la faveur de l'Inca; et, d'après la loi du pays, personne n'avait de titre à posséder en propre. » Ainsi, les gens, complètement réduits à l'état de propriété de l'Etat dans leur personne, leur bien et leur travail, transportés dans telle ou telle localité suivant les ordres de l'Inca, et, quand ils ne servaient pas dans l'armée, assujettis à une discipline semblable à celle de l'armée, étaient des unités d'un mécanisme centralisé à l'image d'un régiment; ils agissaient toute leur vie le plus possible d'après la volonté de l'Inca, et le moins possible d'après la leur. Naturellement, avec une organisation militaire poussée aussi loin, toute autre espèce d'organisation faisait complètement défaut. On n'avait pas d'argent; « on ne vendait jamais ni les vêtements, ni les maisons, ni les domaines; » et le commerce n'était guère représenté parmi eux que par l'échange de quelques articles de bouche.

A en croire les récits qui nous sont parvenus, l'ancienne Egypte nous offre des faits sociaux analogues. On peut légitimement affirmer que le militarisme y florissait durant les siècles les plus reculés, d'après l'immense population d'esclaves qui s'employèrent à bâtir les pyramides. Le militarisme s'y maintint par la suite, nous l'apprenons

par les pompeux documents des rois et les récits de leurs
victoires tracés sur les murailles des temples. Avec cette
forme d'activité, nous avons, comme plus haut, le souverain issu des dieux, dont l'autorité ne rencontrait d'autre
limite que les usages transmis par ses ancêtres divins;
c'était à la fois un chef politique, un souverain pontife,
un général en chef et un juge suprême. Sous lui existait
une organisation centralisée dont la partie civile était distribuée en classes, sous-classes, aussi définies que l'étaient
celles de la partie militaire. Des quatre grandes divisions
sociales, prêtres, soldats, citadins ou commerçants et
commun peuple, au-dessous duquel vivaient les esclaves,
la première comprenait plus d'une vingtaine d'ordres différents; la seconde, une demi-douzaine de plus que les
ordres constitués pour les grades militaires; la troisième
près d'une douzaine; et la quatrième un nombre encore
plus grand. Bien que dans les classes dirigeantes les castes
ne fussent pas assez rigoureusement délimitées pour empêcher le changement de fonction dans les générations successives, Hérodote et Diodore de Sicile disent que les occupations industrielles passaient du père au fils : « chaque métier
ou travail manuel particulier se faisait par une catégorie
d'ouvriers, et personne ne passait d'un métier à un autre. »
On peut voir combien l'enrégimentation était savante,
d'après le récit détaillé de l'état-major d'officiers et d'ouvriers occupés dans l'une de leurs immenses carrières : le
nombre et les grades des fonctionnaires rivalisaient avec
ceux d'une armée. Les classes inférieures travaillaient pour
entretenir cette organisation régulative très avancée, à la
fois civile, militaire et sacerdotale, qui possédait seule le
sol. « Des surveillants placés au-dessus de ces malheureuses
gens les faisaient travailler durement et employaient plus

souvent le bâton que les avertissements. » Que la surveillance officielle descendît ou non aux visites domiciliaires,
elle allait jusqu'à tenir note de chaque famille [1]. « Chacun
était tenu sous peine de mort de déclarer au magistrat
comment il gagnait sa vie [2]. »

Prenons maintenant une autre société ancienne, bien
différente à divers égards, mais où nous voyons, en même
temps que le militarisme habituel, des caractères constitutionnels analogues dans leurs traits fondamentaux à ceux
que nous avons observés jusqu'ici. Je veux parler de Sparte.
La guerre ne produisit pas à Sparte un chef despotique
unique. Ce fut en partie pour des causes qui, nous l'avons
vu, favorisent le développement de gouvernements politiques
composés ; mais ce fut surtout à cause de l'accident de la
double royauté lacédémonienne. L'existence de deux chefs
issus des dieux s'opposa à la concentration du pouvoir. Mais,
si cette cause eut pour effet de donner à Sparte un gouvernement imparfaitement centralisé, la relation qui unissait
ce gouvernement aux membres de la société ressemblait
essentiellement à celle des gouvernements militaires en
général. Les ilotes, malgré leur état de serfs ou d'esclaves
dans les villes, et les périèques, malgré leur assujettissement politique, étaient tous, comme les Spartiates, tenus au
service militaire : la fonction du travail manuel, qui était
celle du premier groupe, et la fonction du commerce, autant qu'elle existât, qui était celle du second, étaient subordonnées à la fonction militaire, qui était l'affaire exclusive
du troisième. Ces divisions civiles reparaissaient dans les
divisions militaires : « à la bataille de Platée, chaque
hoplite spartiate avait sept ilotes pour le servir, et chaque

1. Brugsch, *History of Egypt.*, I, 51.
2. Sharpe, *History of Egypt.*, I, 182.

hoplite périèque un ilote. » Si nous rappelons que la discipline militaire de chaque jour, les repas militaires obligatoires et les contributions fixes d'aliments subordonnaient
la vie individuelle du Spartiate aux exigences de l'intérêt
public, depuis l'âge de sept ans, c'est seulement pour montrer la rigueur des entraves qu'à Sparte, comme ailleurs,
le type militaire imposait. On retrouvait ces mêmes entraves
dans les règlements qui prescrivaient l'âge du mariage, qui
défendaient la vie domestique, qui prohibaient toute industrie ou toute occupation lucrative, qui interdisaient de
sortir du pays sans permission, et qui faisaient peser une
censure légale sur les jours et les nuits du Lacédémonien.
A Sparte, la théorie grecque sur la société trouvait son
application complète : à savoir que « le citoyen appartient
non à lui-même ni à sa famille, mais à sa cité [1]. » En sorte
que si, dans ce cas exceptionnel, le militarisme chronique
rencontra un obstacle qui l'empêcha de produire un chef
suprême, propriétaire du citoyen dans sa personne et ses
biens, il ne laissa pas de produire une relation essentiellement identique entre la société dans son ensemble et
ses unités. La société, exerçant son pouvoir par l'organe
d'un chef composé au lieu d'un chef simple, asservissait
absolument l'individu. Si la vie et le travail des ilotes étaient
exclusivement destinés à entretenir ceux qui entraient dans
l'organisation militaire, la vie et le travail de ceux-ci étaient
exclusivement voués au service de l'Etat : ils étaient esclaves
d'une autre manière.

Parmi les sociétés modernes, l'exemple de la Russie
suffira. On y voit encore, à la suite de guerres qui effectuent des conquêtes et des consolidations, la transformation

1. Grote. *Histoire de la Grèce.*

du général victorieux en un souverain absolu, qui, s'il n'a pas le caractère divin grâce à une origine divine, acquiert néanmoins quelque chose comme un prestige divin. « Tous les hommes sont égaux devant Dieu, et le dieu des Russes est l'empereur, dit Custines : le chef suprême s'élève si haut au-dessus de la terre, qu'il ne voit pas de différence entre le serf et son seigneur. » Les guerres de Pierre le Grand, disaient les nobles dans leurs plaintes, les arrachèrent à leurs maisons, « non pas comme auparavant pour une simple campagne, mais pour de longues années [1]. » Ils devinrent « serviteurs de l'Etat, sans privilèges, sans dignité, soumis aux châtiments corporels, et chargés de lourds devoirs auxquels il n'y avait pas moyen d'échapper. Tout noble qui refusait de servir l'Etat dans l'armée, la flotte ou l'administration civile, depuis l'enfance jusqu'à la vieillesse, n'était pas seulement privé de ses biens comme jadis, mais déclaré traître, et exposé à perdre la tête. » D'après Wallace, « sous Pierre le Grand, tous les emplois civils et militaires étaient divisés en quatorze classes ou rangs »[2]; et « les occupations de chacune étaient détaillées avec une précision microscopique. Après la mort de Pierre le Grand, son œuvre fut poussée dans le même esprit, et c'est sous le règne de Nicolas que le système atteignit son apogée. » Selon Custines, « le tchinn (c'est le nom de l'organisation) est une nation enrégimentée; c'est le système militaire appliqué à toutes les classes de la société, même à celles qui ne vont jamais à la guerre. » Avec cette enrégimentation universelle, marche une discipline de régiment. Des règlements dictent à chaque citoyen sa conduite comme aux soldats. Sous les règnes de

1. Custines, *L'empire du czar*, II, 2.
2. Wallace, *Russia*, I, 119.

Pierre et de ses successeurs, il fut fait des règlements touchant la vie domestique ; on fut forcé de changer de costume ; les prêtres durent couper leur barbe ; on ne put
mettre aux chevaux que des harnais faits d'après un certain modèle. Les occupations furent contrôlées à ce point
« qu'aucun boyard ne put entrer dans une profession libérale, ni la quitter quand il y était entré, ni se retirer de la
vie publique pour rentrer dans la vie privée, ni disposer
de sa propriété, ni voyager en pays étranger, le tout sans
la permission du czar [1]. » Ce gouvernement omniprésent
trouve une expression exacte dans ces vers qui firent
envoyer leur auteur en Sibérie :

> « Tout se fait par ukase ici ;
> C'est par ukase que l'on voyage,
> C'est par ukase que l'on rit. »

La société barbare du Dahomey, formée de nègres,
l'empire à demi civilisé des Incas, aujourd'hui disparu,
l'ancien empire égyptien peuplé par d'autres races, la
société spartiate dont les membres n'appartenaient pas à la
même famille, et la nation russe actuelle, composée de
Slaves et de Tartares, sont des exemples où les points de
ressemblance dans la structure sociale ne sauraient être
rapportés à l'hérédité qui aurait transmis aux unités sociales un caractère commun. Les différences immenses qui
séparent ces diverses sociétés, dont les unes comptaient des
millions d'hommes et les autres seulement des milliers, ne
permettent pas d'admettre que les caractères de structure
qui leur sont communs dépendent du volume de la société.
On ne peut pas davantage supposer que les points de ressemblance dans les conditions climatériques, régionales,

---

1. Bell, *History of Russia*, in *Lard. Cyclopedia*, II, 287.

géologiques, botaniques, zoologiques, ou les points de dissemblance dans les habitudes causées par ces conditions, aient rien à faire avec les points de ressemblance dans l'organisation de ces sociétés; car leurs habitats respectifs présentent de nombreux points de dissemblance bien tranchés. Ces caractères, appartenant à chacune de ces sociétés, ne pouvant se rapporter à d'autres causes, doivent donc se rapporter à l'habitude qui leur est commune à toutes, le militarisme. Les résultats de l'induction à eux seuls autoriseraient cette conclusion; nous la trouvons de plus pleinement autorisée par l'harmonie qu'elle soutient avec les résultats déductifs exposés ci-dessus.

§ 559. S'il reste quelques doutes, ils se dissiperont par une observation qui va montrer comment la continuation de l'état de guerre a pour complément le développement de l'organisation militaire. Trois exemples suffiront.

Lorsque, durant les conquêtes romaines, la tendance qui portait le général heureux à devenir despote, plusieurs fois révélée, finit par se réaliser; quand le titre d'*imperator*, dont le sens primitif était tout militaire, devint celui d'un chef politique civil, et démontra par un fait plus éclatant que les autres la genèse de l'autorité politique au sein de l'autorité militaire; lorsque, comme cela arrive d'ordinaire, un caractère de plus en plus divin devint le privilège du chef civil, attesté par le nom sacré d'Auguste que ce chef crut devoir prendre, attesté aussi par un culte réel qu'on lui rendit; les traits du type militaire devinrent en même temps plus prononcés sous une forme plus avancée. De fait, sinon de droit, les autres pouvoirs de l'État furent absorbés par le chef militaire, l'empereur. « Il avait, dit Duruy, le droit de proposer, c'est-à-dire de faire les lois; de rece-

voir et de juger les appels, c'est-à-dire la juridiction suprême; d'arrêter par le *veto* tribunitien toute mesure et toute
sentence, c'est-à-dire d'opposer partout sa volonté aux lois
et aux magistrats ; de convoquer le sénat ou le peuple et
de présider, c'est-à-dire de diriger à son gré les comices
d'élection. Et ces prérogatives, il les aura non pour une
année, mais pour la vie ; non dans Rome seulement..., mais
par tout l'empire ; non partagées avec dix collègues, mais
exercées par lui seul ; enfin sans compte à rendre, parce
qu'il ne sort jamais de charge[1]. » Avec ces changements
survint un accroissement du nombre et de la netteté des
divisions sociales. L'empereur « plaça entre lui et la foule,
pour garder les avenues du pouvoir, une multitude de gens
régulièrement classés par catégories et échelonnés les uns
au-dessus des autres, de manière que cette hiérarchie.
pesant de tout son poids sur les masses d'en bas, tint le
peuple et les factieux dans l'immobilité. Ce qui restait de
vieille noblesse patricienne avait le premier rang dans la
cité... ; au-dessous venait la noblesse sénatoriale, à demi
héréditaire ; plus bas, la noblesse d'argent ou l'ordre équestre : trois aristocraties superposées.... Les fils des sénateurs formaient un ordre intermédiaire entre l'ordre sénatorial et l'ordre équestre... Au second siècle, les familles
sénatoriales formèrent une noblesse héréditaire » pourvue
de privilèges [2]. En même temps, l'organisation administrative s'étendait et se compliquait beaucoup. « Auguste créa
de nouveaux offices, comme la surintendance des travaux
publics, des chemins, des aqueducs, du lit du Tibre, des
distributions de blé au peuple.... de nombreuses charges
de procurateurs pour l'administration financière de l'em-

1. Duruy. *Histoire des Romains*. III, 159.
2. Duruy, *ibid.*, III, 183.

pire,... et enfin dans Rome même les 1060 *Vicomagistri*[1]. »
Le caractère structural propre à l'armée s'étendit de deux
manières : des officiers militaires acquirent des fonctions
civiles, et des fonctionnaires de l'ordre civil devinrent en
partie militaires. Les magistrats nommés par l'empereur se
substituèrent peu à peu à ceux que le peuple nommait, et
joignirent à leur autorité civile l'autorité militaire; tandis
que « sous Auguste les préfets du prétoire n'étaient que
des chefs militaires..., ils envahirent peu à peu l'autorité
civile tout entière et finiront par être, après l'empereur, les
premiers personnages de l'empire[2]. » De plus, les organes
gouvernementaux absorbèrent les corps de fonctionnaires
jadis indépendants. « Dans son ardeur d'organiser toute
chose, l'empereur même voulut discipliner le droit et faire
une magistrature officielle de ce qui avait toujours été
une profession libre[3]. » Afin d'imposer l'autorité de cette
administration agrandie, l'armée fut rendue permanente
et soumise à une discipline sévère. Avec l'accroissement
continuel de l'organisation régulative et coercitive, les
charges qui pesaient sur les producteurs s'accrurent. Nous
avons vu dans un chapitre précédent, à propos du régime
romain en Égypte et en Gaule, que la classe des travailleurs était réduite de plus en plus à l'état d'intendance
militaire permanente. En Italie, la condition à laquelle on
arriva finalement fut celle où de vastes domaines se trouvèrent « livrés à des affranchis, dont l'unique préoccupation
était de cultiver le sol avec la moindre dépense possible,
et de tirer des travailleurs la plus grande somme de travail au prix de la moindre quantité de nourriture[4]. »

1. Duruy, *ibid.*, III, 173.
2. Duruy, *ibid.*, III, 173.
3. Duruy. *ibid.*, III, 176.
4. Sismondi, *Histoire des républiques italiennes*.

Il est un autre exemple qui tombe sous l'observation immédiate, celui de l'empire d'Allemagne. Les traits du type militaire en Allemagne, qui étaient manifestes, avant la dernière guerre, le sont devenus encore davantage. L'armée, active et passive, y compris les officiers et les fonctionnaires attachés, a été augmentée de 1 000 000 d'hommes ; et les changements opérés en 1875 et 1880, qui rendent certaines réserves plus utilisables, ont réalisé une augmentation de même importance. En outre, les petits Etats allemands ont abandonné en grande partie l'administration de leurs divers contingents, ce qui a rendu l'armée allemande plus consolidée ; on peut dire même que les armées de la Saxe, du Würtemberg et de la Bavière, soumises à l'inspection impériale, ont en réalité cessé d'être indépendantes. Au lieu de voter chaque année les subsides du budget de l'armée, comme c'était l'usage en Prusse avant la formation de la confédération du Nord, le parlement de l'Empire fut invité, en 1871, à voter le budget annuel pour trois ans ; et, en 1874, il fit la même chose pour sept ans ; enfin, de nouveau, en 1880, l'armée se trouvant augmentée, une somme plus forte a été accordée pour les sept années suivantes ; abdications progressives des prérogatives du peuple devant le pouvoir impérial. En même temps, le fonctionnarisme militaire s'est substitué de deux façons au fonctionnarisme civil. On récompense les officiers subalternes pour leurs longs services en leur accordant des emplois civils ; les communes sont obligées de leur donner pour leurs emplois locaux la préférence sur les civils. Enfin, un assez bon nombre de membres du haut personnel civil, ou des universités, comme des professeurs des écoles publiques, qui ont servi comme *volontaires d'un an*, reçoivent des brevets d'officiers de la landwehr. Les luttes dites du *Kulturkampf* ont eu pour effet de subordonner davantage l'organisation ecclésiastique à la politique. Des prêtres suspendus par leurs évêques ont été maintenus en fonction; on a fait un crime à un ecclésiastique d'attaquer publiquement le gouvernement; on a retenu le traitement d'un évêque récalcitrant; l'Etat a réglé l'enseignement des ecclésiastiques, et on les a soumis à l'examen de fonctionnaires de l'Etat; la discipline de l'Eglise a été soumise à l'approbation de l'Etat, et on a donné au gouvernement la faculté d'expulser du territoire le clergé rebelle. Du côté de l'industrie, nous pouvons remarquer d'abord que, pas à pas, depuis 1873, les chemins de fer ont passé aux mains de l'Etat ; de sorte que, en partie grâce à la construction de lignes spécialement stratégiques, en partie grâce au rachat, les trois quarts des chemins de fer prussiens sont devenus la propriété de l'Etat. C'est dans la même proportion que la même chose s'est opérée dans les autres Etats allemands; le but poursuivi est d'en faire la propriété de l'Empire. Le commerce a subi des empiètements divers, par des tarifs protectionnistes, par la remise en vigueur des lois sur l'usure et par des restrictions apportées au travail du dimanche. Par son service postal, l'Etat a pris à sa charge des fonctions industrielles : il présente des billets à l'acceptation, fait des encaissements de lettres de change, de billets ordinaires; et, s'il n'avait été arrêté par les protestations des marchands, il aurait continué à faire le placement des livres des éditeurs. Enfin viennent les mesures destinées à étendre l'autorité du gouvernement sur la vie du peuple directement et indirectement. D'un côté, il y a les lois en vertu desquelles, jusqu'au milieu de l'année 1881, 224 associations socialistes ont été fermées, 186 journaux supprimés, 317 livres, etc., défendus, et diverses villes soumises au petit état de siège. D'autre part, on peut citer le plan du prince de Bismarck de ressusciter les guildes (corps où les membres sont soumis à des règlements coercitifs), et son système d'assurances par l'État, grâce auquel l'artisan aurait en grande partie les mains liées. Bien que ces mesures n'aient pas été votées dans les formes proposées par le gouvernement, la proposition qui en a été faite montre la tendance générale. Dans tous ces changements, nous voyons le progrès vers une structure plus intégrée, vers l'accroissement de la partie militaire par rapport à la partie industrielle, vers le remplacement de l'organisation civile par l'organisation militaire, vers le renforcement des entraves imposées à l'individu, et de la réglementation de sa vie dans les moindres détails [1].

L'exemple qui reste à citer est celui de l'Angleterre depuis la restauration de l'activité militaire, qui s'est accentuée au point que les journaux illustrés donnent chaque semaine quelques dessins de scènes de guerre. Dans le premier volume des *Principes de Sociologie*, j'ai signalé des faits qui montrent comment le système de coopération obligatoire, caractère du type militaire, empiète sur le système de coopération volontaire, caractère du type industriel. Depuis que ces pages ont été écrites, en 1876, d'autres changements de même signification ont eu lieu. Dans l'organisation militaire même, on peut remarquer l'assimilation toujours plus grande de l'armée des volontaires à l'armée régulière ; on va maintenant jusqu'à demander d'employer les volontaires hors du territoire, de manière

---

1. Depuis la publication de ce chapitre dans la *Revue de philosophie* et la *Contemporary Review*, en Angleterre, septembre 1881, un fait nouveau est venu accentuer le mouvement de la société allemande dans ce sens ; c'est le rescrit impérial de janvier 1882, qui couvre de son absolutisme avoué le socialisme d'État du prince de Bismarck.

à utiliser pour l'offensive cette armée qui n'a été créée que pour la défensive. Nous pouvons aussi remarquer que la tendance qui se manifestait dans l'armée anglaise à dépouiller le caractère militaire toutes les fois que c'était possible, en quittant l'uniforme pour les habits civils, se trouve aujourd'hui arrêtée par l'ordre donné aux officiers des villes de garnison de porter l'uniforme quand ils sont hors de service, ce qui a lieu dans la plupart des Etats militaires. Je ne saurais dire si depuis la date précitée, 1876, l'usurpation des fonctions civiles par des militaires s'est accrue : en 1873-1874, il y avait déjà 97 colonels, majors, capitaines ou lieutenants, employés comme surveillants de classes de sciences ou de lettres; mais il est évident que l'esprit et la discipline militaires ont envahi la police, dont les agents mettent des chapeaux en forme de casque, portent des revolvers et se considèrent comme des soldats, au point d'appeler *civils* les habitants de la ville. Le pouvoir exécutif a grandement empiété sur d'autres organes gouvernementaux, en Chypre par exemple, et dans l'Inde, où le vice-roi n'agit plus que d'après les instructions secrètes venues de la métropole. On voit d'autres efforts pour affranchir les fonctionnaires des freins imposés par la liberté populaire : par exemple le vœu exprimé à la Chambre des Lords pour que les exécutions des condamnés eussent lieu dans les prisons par les soins exclusifs de l'autorité, et sans autre témoin; par exemple encore l'avis donné par un secrétaire de l'intérieur, le 11 mai 1878, au Conseil de la ville de Derby, de n'avoir pas à intervenir auprès du premier constable (un militaire) dans la direction de la force placée sous les ordres de ce fonctionnaire, avis qui est un pas vers la centralisation de la police locale dans les mains du ministre de l'intérieur. En même temps, nous voyons réaliser ou projeter d'autres formes d'extension des pouvoirs publics, pour remplacer ou restreindre l'action privée : c'est, par exemple, « la dotation des recherches », qui se prélevait déjà en partie sur les fonds de l'Etat et qu'on veut voir augmenter ; c'est le projet de loi d'immatriculation des professeurs autorisés ; c'est le bill qui institue une inspection générale de bibliothèques publiques locales ; c'est le projet d'assurance obligatoire, où l'on voit d'une façon instructive comment la politique régulative gagne du terrain. La charité obligatoire a engendré l'imprévoyance ; aussi propose-t-on pour remède à l'imprévoyance l'assurance obligatoire. Des effets du penchant vers les institutions appartenant au type militaire se révèlent dans l'accroissement de la demande de certaines formes de protection, et dans les lamentations que poussent les feuilles mondaines à propos de la désuétude du duel. Dans le parti même qui, par position et par fonction, est hostile au militarisme, nous voyons que la discipline militaire gagne en prestige ; en effet, le système des *caucus*, établi pour donner au libéralisme une meilleure organisation, a nécessairement pour effet de centraliser plus ou moins l'autorité et de diriger l'action de l'individu.

Non seulement nous voyons que les traits donnés *à priori* comme caractères du type militaire existent constamment dans des sociétés qui sont d'une façon permanente très militaires, mais nous voyons aussi que dans d'autres sociétés l'accroissement de l'activité militaire s'accompagne du développement de ces traits.

§ 560. Tantôt j'ai affirmé, et tantôt j'ai admis implicitement l'existence d'une relation nécessaire entre la structure d'une société et la nature de ses membres. Il est bon d'examiner en détail les caractères qui appartiennent en propre

aux membres d'une société militaire type, et qu'ils manifestent habituellement.

Toutes choses égales, une société sera heureuse à la
guerre selon que ses membres seront doués de vigueur
corporelle et de courage. En somme, parmi les sociétés en
lutte, on verra survivre et grandir celle où les facultés physiques et mentales requises pour les combats sont non
seulement plus marquées, mais aussi plus honorées. Les
sculptures et les inscriptions d'Assyrie et d'Egypte nous
offrent la preuve que la vaillance était estimée la vertu par
excellence et la plus digne de mémoire. Grote remarque
que les mots bon, juste, etc., pour les anciens Grecs, « voulaient dire l'homme bien né, riche, influent, audacieux,
qui a le bras fort pour détruire et pour protéger, quoi qu'il
en puisse être de ses sentiments moraux, tandis que l'épithète opposée, mauvais, désigne l'homme pauvre, de basse
extraction, faible, dont les penchants, fussent-ils toujours
vertueux, ne sont pas pour la société des objets d'espérance ou de crainte [1]. » La synonymie des mots vertu et
bravoure chez les Romains nous a donné à penser la même
chose. Durant les époques tourmentées du commencement
de l'histoire de l'Europe, le caractère chevaleresque, qui
était le caractère honorable, supposait primitivement l'élément de l'intrépidité : faute de ce caractère, nulle bonne
qualité ne comptait; mais il faisait pardonner des fautes
de plus d'un genre.

Si quelques-uns des groupes antagonistes d'hommes primitifs toléraient plus que d'autres le meurtre de leurs
membres, si les uns exerçaient le talion tandis que d'autres
s'en abstenaient, ceux qui n'exerçaient pas de représailles,

1. Grote. *Histoire de la Grèce.*

sans cesse attaqués impunément, devaient disparaître ou se
réfugier dans les habitats peu désirables. De là, survie des
races vindicatives. De plus, la loi du talion, prenant naissance
primitivement entre groupes antagonistes, devient une loi
même au sein du groupe; des guerres chroniques entre
les familles et les clans qui le composent, proviennent partout du principe général du talion : vie pour vie. Sous le
régime militaire, la vengeance devient une vertu, et c'est
un malheur que d'y manquer. Chez les Fidjiens, qui encouragent dans leurs enfants la colère, il n'est pas rare de
voir un homme recourir au suicide plutôt que de vivre
sous le poids d'une insulte. Quelquefois le Fidjien lègue
en mourant à ses enfants le devoir de le venger. Dans
l'extrême Orient, voyez les Japonais. On leur apprend
qu' « un homme ne peut vivre sous le même ciel que le
meurtrier de son père; qu'un homme ne doit jamais avoir
besoin d'aller chez lui chercher une arme pour frapper le
meurtrier de son père; qu'un homme ne peut vivre dans le
même pays que le meurtrier de son ami[1]. » La France est
un exemple de ces mœurs, dans l'Europe occidentale, aux
âges féodaux : la coutume exigeait que les parents d'un
homme tué ou blessé exerçassent des représailles sur quelque parent de l'agresseur, même sur ceux qui vivaient sur
un point éloigné et qui ne savaient rien de l'événement.
Jusqu'à l'époque de Brantôme, cet esprit régna à ce point
qu'un homme d'Église, prescrivant par testament à ses
neveux de venger des torts non redressés qu'il avait subis
dans sa vieillesse, leur adresse ces paroles : « Je peux me
vanter, et j'en rends grâces à Dieu, que je n'ai jamais reçu
une injure sans m'en venger sur son auteur[2]. » Partout où

---

1. Milford, *Tales of old Japan*, I, 32.
2. *Cornhill Magazine*, XXVII, 1873, 72.

le militarisme est actif, la vengeance privée aussi bien que la vengeance publique devient un devoir. On le voit aujourd'hui chez les Monténégrins, peuple en guerre avec les Turcs depuis des siècles. « Dans le Monténégro, dit Boué, quand un homme d'une natrie (clan) a tué un individu d'une autre, on dit : cette natrie nous doit une tête, et il faut que cette dette soit acquittée, car ce qui ne se venge pas ne se règle pas [1]. »

Quand l'activité employée à détruire des ennemis dure depuis longtemps, cette destruction devient une source de plaisir; quand le succès qu'on obtient à détruire ses semblables surpasse tous les honneurs, une nouvelle cause de plaisir prend naissance dans l'exercice en grand de l'art de tuer : l'orgueil que donnent les dépouilles d'un vaincu inspire du mépris pour les droits de propriété en général. Comme il n'est pas croyable qu'un homme soit courageux devant des ennemis et lâche devant des amis, il est incroyable que les sentiments favorisés par les conflits perpétuels avec le dehors n'entrent pas en jeu à l'intérieur. Nous avons vu qu'avec la poursuite de la vengeance au dehors de la société, marche celle de la vengeance au dedans; toutes les autres habitudes d'idées et d'actions que la guerre continuelle nécessite, doivent manifester leurs effets dans la vie sociale en général. Des faits empruntés à l'histoire de divers pays et à des époques différentes prouvent que, dans les sociétés militantes, on tient peu de compte des droits à la vie, à la liberté et à la propriété. Les naturels du Dahomey, belliqueux à ce point que les deux sexes portent les armes et chez qui naguère encore, sinon aujourd'hui, on entreprenait annuellement des expéditions en vue de chas-

1. Boué, *La Turquie en Europe*, II, 86.

ser des esclaves, afin « de remplir le trésor royal [1] », les naturels du Dahomey montrent leurs goûts sanguinaires dans leurs fêtes annuelles, où ils égorgent d'innombrables victimes pour le plaisir du peuple. Les Fidjiens, dont les occupations et le mode d'organisation sont tout militaires, qui montrent leur insouciance de la vie non seulement en tuant des gens de leur sang pour fournir à leurs festins de cannibales, mais en sacrifiant des victimes à propos de rien, par exemple à l'occasion d'un canot qu'on lance, tiennent si bien la férocité en honneur qu'ils se font gloire de commettre un meurtre. Les anciens récits des Asiatiques et des Européens nous attestent l'existence de la même relation. Ce que l'on nous raconte des Mongols primitifs, qui massacrèrent les peuples occidentaux en masse, nous prouve qu'ils étaient formés par un régime de violence chronique, aussi bien au dedans de leurs tribus qu'au dehors. L'habitude de l'assassinat entre parents, qui a été dès le début un caractère des Turcs belliqueux, l'est encore aujourd'hui. La preuve qu'il en était ainsi chez les races latines et grecques, nous la trouvons dans le massacre de deux mille ilotes par les Spartiates, peuple aux habitudes brutales, et dans le meurtre d'un grand nombre de citoyens suspects par l'ordre d'empereurs romains jaloux, qui, eux aussi, comme leurs sujets, montraient du plaisir à voir couler le sang dans le cirque. Il s'ensuit nécessairement que, lorsque la vie n'est pas respectée, on tient peu compte de la liberté : ceux qui n'hésitent pas à mettre fin à l'activité d'autrui par le meurtre, hésiteront moins encore à la restreindre en le réduisant en esclavage. Les sauvages belliqueux qui font esclaves leurs prisonniers, quand

---

1. Forbes, *Dahomey and the Dahomans*, I, 20.

ils ne les mangent pas, montrent habituellement ce mépris de la liberté de leurs semblables, qui est le caractère des membres des sociétés militantes en général. Un
fait montre combien peu, sous le régime militaire plus
ou moins marqué des premières sociétés historiques, les
sentiments s'élevaient contre l'usage de priver l'homme de
sa liberté : c'est que les enseignements mêmes du christianisme primitif ne contenaient aucune condamnation
expresse de l'esclavage. Naturellement, il en est de même
du droit de propriété. Quand il est honorable d'établir sa
domination par la force, il y a peu de chance que le plus
fort respecte le droit de propriété du plus faible. Aux îles
Fidji, on trouve que c'est un acte digne d'un chef que de se
saisir des biens d'un sujet; le vol est honorable, s'il n'est
pas découvert. Chez les Spartiates, « le maraudeur ingé-
nieux et heureux se faisait applaudir en montrant son
butin [1]. » Dans l'Europe du moyen âge, avec le pillage
habituel qu'une société faisait subir à une autre, il y avait
de perpétuelles rapines dans le sein de la même société.
Sous les Mérovingiens, « les meurtres et les crimes relatés
dans l'*Histoire ecclésiastique* ont presque tous pour cause
le désir de s'emparer des trésors des victimes [2]. » Sous
Charlemagne, les officiers royaux pillaient sans cesse : dès
que l'empereur avait tourné le dos, « ses prévôts s'emparaient des fonds destinés à assurer la nourriture et le vêtement des artisans [3]. »

Quand la guerre est constante et que les qualités qu'elle
exige sont les plus nécessaires et par conséquent les plus
honorées, ceux dont les occupations ne font pas preuve de

1. Thirlwall's, *History of Greece Lardner's Cyclopædia*. I. 329.
2. Ampère, *Histoire littéraire de la France avant le XIIe siècle*, II, 305.
3. Henri Martin, *Histoire de France*, II, 448.

ces qualités sont traités avec mépris, et ces occupations tenues pour peu honorables. Dans les temps primitifs, le travail est l'affaire des femmes et des esclaves, des vaincus et des descendants de ceux-ci; les métiers, quel qu'en soit le genre, exercés par les sujets, demeurent longtemps liés à l'idée de bassesse d'origine et de nature. Au Dahomey, « on méprise l'agriculture, parce que les esclaves y sont employés [1]. » — « Au Japon, les nobles et les hommes en place, même ceux du rang secondaire, tiennent le commerce en souverain mépris [2]. » D'après Wilkinson, chez les anciens Egyptiens, « les préjugés du soldat contre le travail manuel étaient aussi forts qu'à Sparte [3]. » Rawlinson écrit que « les anciens Perses avaient coutume d'exprimer le plus grand mépris pour les métiers et le commerce [4]. » Le progrès de la différenciation des classes, qui fut une suite de la conquête romaine, s'aggrava dès qu'il fut de règle de trouver honteux de prendre de l'argent pour son travail, comme aussi par la loi qui interdit aux sénateurs et aux fils d'un sénateur de s'engager dans les affaires. Il n'est pas besoin de donner des preuves du profond dédain de la classe militaire pour les classes industrielles dans toute l'Europe, jusqu'à une époque toute récente.

Pour donner volontiers sa vie au profit de la société, il faut beaucoup du sentiment appelé patriotisme. Sans doute on ne saurait dire qu'il est essentiel de croire qu'il est glorieux de mourir pour son pays, puisque les mercenaires se battent sans cela; mais il est évident que cette croyance est une cause de succès à la guerre, et que le

1. Burton, *Abecokuta, etc.*, II, 248.
2. *Manners and Customs of Japan*, 34.
3. Wilkinson, *Manners and Customs of the Ancient Egyptians*, I, 189.
4. Rawlinson, *Five Ancient Monarchies*, IV, 202.

défaut de cette croyance est si défavorable à l'action offensive et défensive, que, sous des conditions égales, il est probable qu'elle sera une cause d'échec et d'asservissement. D'où suit que le sentiment du patriotisme s'implante d'ordinaire par la survie des sociétés dont les membres le possèdent le plus.

A ces caractères, il faut ajouter le sentiment de l'obéissance. La possibilité de l'action commune qui, toutes choses égales, fait le succès à la guerre, dépend de la promptitude avec laquelle des individus subordonnent leur volonté à celle du commandant ou du souverain. La loyauté est une chose essentielle. Aux premiers âges de l'histoire, ce sentiment apparaît rarement : chez les Araucaniens, par exemple, qui d'ordinaire « montrent de la répugnance à toute subordination, mais qui, à la première menace de guerre, sont prompts à obéir et à se soumettre à l'autorité de leur chef militaire [1], » choisi pour la circonstance. A mesure que le type militaire se développe, ce sentiment devient permanent. Les Fidjiens, nous dit Erskine, sont d'une fidélité absolue : les hommes qu'on enterre vivants dans les fondations de la maison du roi se tiennent honorés d'être choisis pour ce sacrifice; et les gens d'un district subjugué « disent que c'est leur devoir que de servir de nourriture et de victimes à leurs chefs [2]. » Au Dahomey, le roi inspire un sentiment qui est « un mélange d'amour et de crainte, quelque chose comme de l'adoration [3]. » Dans l'ancienne Egypte, où l'obéissance aveugle était l'huile qui faisait marcher d'accord tous les rouages de la machine sociale, les monuments nous offrent de toutes parts la répétition

1. G.-A. Thompson, *Alcedo's geogr. and historical dictionary*, I, 406.
2. Erskine, *Journal of a Cruise, etc.*, 461.
3. Dalzel, *History of Dahomey*, 69.

PRINCIPES DE SOCIOLOGIE

ennuyeuse d'actes quotidiens de subordination : des esclaves
et des autres gens envers le personnage décédé, de captifs
envers le roi, du roi envers les dieux [1]. Encore que, pour les
raisons que j'ai déjà fait connaître, la guerre chronique
n'ait pas eu pour effet de créer à Sparte un gouvernement
à une seule tête, à qui l'on pût montrer une obéissance
exclusive, il n'en reste pas moins que l'obéissance accordée
à l'autorité politique, telle que l'histoire l'avait faite, était
profonde : la volonté de l'individu se subordonnait en toute
chose à la volonté publique exprimée par les autorités établies. Dans la Rome primitive encore, faute d'un roi d'origine divine à qui l'on pût montrer de la soumission, on en
témoignait au roi élu, sans y mettre d'autre réserve que
celle de l'expression de l'opinion publique en des circonstances spéciales. Le principe de l'obéissance absolue, légèrement adouci dans les relations de la communauté prise
dans son ensemble à son gouvernement, était absolu dans
les groupes qui composaient le peuple romain. Dans toute
l'histoire de l'Europe, sur une grande ou sur une petite
échelle, nous voyons le sentiment de la loyauté régner partout où le type militaire est accentué ; on n'a pas besoin
d'entrer dans les détails pour en fournir la preuve.

Laissons ces caractères saillants pour passer à certains
caractères qui en sont la conséquence, mais qui sont moins
saillants et dont les résultats sont moins apparents. Avec
la loyauté marche naturellement la foi ; ces deux sentiments
ne sont en réalité guère séparables. La promptitude à
obéir au général pendant la guerre suppose la croyance à
sa capacité militaire ; la promptitude à lui obéir pendant
la paix suppose la croyance que cette capacité s'étend aussi

1. Brugsch, *History of Egypt.*, I, 3.

aux affaires civiles. Chacune des victoires du chef, imposant
à l'imagination de ses sujets, grandit son autorité. Les témoignages de son action régulative sur la vie de ses sujets
deviennent plus fréquents et plus décidés; et ces témoignages donnent à penser que sa puissance est illimitée.
Cette idée favorise le développement d'une confiance absolue à l'autorité gouvernementale. Des générations élevées
sous un régime qui gouverne toutes les affaires, privées et
publiques, admettent tacitement que les affaires ne peuvent
être gouvernées autrement. Quand on n'a pas l'expérience
d'un autre régime, on est incapable de l'imaginer. Dans
les sociétés comme l'ancien Pérou, par exemple, où, comme
nous l'avons vu, l'enrégimentation était universelle, il n'existait aucun élément qui pût entrer dans la composition de
l'idée d'une vie industrielle, spontanément menée et spontanément gouvernée.

Comme conséquence naturelle, répression de l'initiative
individuelle, et, par suite, défaut d'entreprise privée. A
mesure que l'armée acquiert son organisation, elle se
trouve réduite à un état où toute action indépendante de
ses membres est l'objet d'une interdiction. A mesure que
l'enrégimentation pénètre dans la société en général,
chacun de ses membres, dirigé ou contenu tour à tour, a
peu ou point le pouvoir de mener ses propres affaires
autrement que d'après la routine établie. Les esclaves ne
font que ce que leurs maîtres leur disent, les maîtres ne
peuvent rien faire qui sorte des usages sans une permission
de l'autorité, et l'autorité locale n'accorde aucune permission avant que les autorités supérieures aient été hiérarchi-
quement consultées. Aussi l'état mental, résultat de ces
influences, est-il celui de la résignation passive et de
l'expectative. Lorsque le type militaire est entièrement dé-

veloppé, tout doit se faire par l'action publique, non seulement par la raison qu'elle se fait sentir dans toutes les
sphères, mais parce que, si elle n'y dominait pas, aucune
autre autorité ne s'y créerait, puisque les idées et les sentiments qui pourraient les créer sont oblitérés.

Il faut ajouter à ces causes une influence qui agit en
même temps sur l'intelligence et qui concourt avec elles.
La seule cause que l'on reconnaisse est la personne, et
l'idée d'une cause non personnelle ne peut se former.
L'homme primitif n'a aucune idée de la cause au sens
moderne. Les seuls agents que l'on admette dans la théorie
des choses sont les vivants et les esprits des morts. Tous
les événements insolites, comme les événements habituels
susceptibles de variation, il les attribue à des êtres surnaturels. Cette méthode d'interprétation survit et persiste
durant les premiers âges de la civilisation, comme nous le
voyons par exemple chez les Grecs d'Homère, qui attribuaient les blessures, la mort, l'acte de se dérober dans la
bataille aux coups de l'ennemi, à la haine ou au secours
d'un dieu, et qui regardaient comme inspirés par les dieux
les actes bons ou mauvais. La persistance et le développement de la structure et de l'activité militaires conservent
cette manière de penser. En premier lieu, elle empêche
indirectement la découverte des relations causales. Les
sciences naissent des arts; elles commencent à titre de généralisations de vérités que la pratique des arts rend manifestes. Dans la mesure où les procédés de production se
multiplient en devenant plus variés, et que leur complexité
augmente, on en vient à reconnaître un plus grand nombre
de lois; et l'idée d'une relation nécessaire et d'une cause
physique se développe. Par conséquent, en décourageant
le progrès industriel, le militarisme met obstacle au rem-

placement des idées de causalité personnelle par l'idée de
la causalité impersonnelle. Il arrive au même résultat en
réprimant la culture intellectuelle. Naturellement une vie
occupée à acquérir des connaissances, comme une vie
occupée dans l'industrie, passent pour méprisables, aux
yeux de gens qui consacrent la leur à la guerre. Les Spartiates en sont une preuve dans l'antiquité; nous en avons
d'autres dans les âges féodaux en Europe, alors que le
savoir était un objet de dédain, et estimé bon seulement
pour les clercs et le petit peuple. Evidemment, dans la mesure où les occupations guerrières font obstacle à l'étude et
à la diffusion du savoir, elles retardent le moment où l'esprit
émancipé de l'autorité des idées primitives arrive à reconnaître les lois naturelles. En troisième lieu, et avant tout,
l'effet en question est le résultat de l'expérience visible et
continue de la causation personnelle, que le régime militaire fournit. Dans l'armée, depuis le commandant en chef
jusqu'au manœuvre subalterne privé, tout mouvement est
dirigé par un supérieur; et, dans la société, plus l'enrégimentation est complète, plus les choses se passent d'après
la volonté régulatrice du souverain et de ses subordonnés.
Quand il s'agit d'interpréter les affaires sociales, on ne
reconnaît donc qu'une seule causation, la causation par la
personne. L'histoire n'est que la suite des actes des hommes
remarquables; et l'on admet tacitement que ce sont eux
qui ont formé les sociétés. L'esprit n'aperçoit pas le cours
de l'évolution sociale, parce qu'il ne possède pas l'habitude de la causation impersonnelle. L'idée de la genèse
naturelle des organes et des fonctions sociales est une
conception totalement étrangère et paraît absurde au premier abord. L'idée d'un procès social qui se règle lui-
même est inintelligible. Le militarisme donne à l'esprit du

citoyen une forme non seulement moralement adaptée, mais intellectuellement adaptée à ce régime, une forme qui ne lui permet pas de penser en désaccord avec le système imposé.

§ 561. Voilà donc trois manifestations du caractère du type militaire de l'organisation sociale. Remarquez la concordance des résultats.

Il y a des conditions évidentes *à priori*, qu'une société doit remplir pour se conserver en face de sociétés hostiles. Pour être le plus possible efficace en vue de conserver la vie corporative, il faut que l'action corporative soit secondée par tous. Toutes choses égales, la force combattante est la plus grande quand ceux qui ne peuvent pas combattre travaillent pour l'entretien de ceux qui portent les armes, avec cette condition évidente que la partie travaillante n'excède pas les limites nécessaires à cette fin. Les efforts de tous, utilisés directement ou indirectement pour la guerre, sont plus efficaces quand ils sont mieux combinés; outre l'union entre les combattants, l'union est nécessaire entre les non-combattants pour que l'assistance de ceux-ci donne promptement tout ce qu'elle peut donner. Pour remplir ces conditions, il faut que la vie, les actions et les biens de chacun soient au service de la société. Ce service universel, cette combinaison, cette absorption des droits individuels supposent un organe gouvernemental despotique. Pour que la volonté du guerrier-chef soit efficace quand l'agrégat social est grand, il faut des sous-centres, et des sous-sous-centres hiérarchisés, par où les ordres passent en se renforçant à la fois dans la partie combattante et dans la non-combattante. De même que le commandant dit au soldat ce qu'il doit faire et ce qu'il ne doit pas faire, de même, dans toute l'étendue d'une société militaire, la règle est à la fois négativement régulative et positivement régulative : elle ne se borne pas à prohiber, elle dirige ; le citoyen, comme le soldat, vit sous un régime de coopération obligatoire. Le développement du type militaire implique une rigidité croissante, puisque la cohésion, la combinaison, la subordination et la réglementation à laquelle il soumet les unités d'une société, diminuent inévitablement leur aptitude à changer leur position sociale, leurs occupations, leurs localités respectives.

L'étude des sociétés, passées et présentes, grandes et petites, qui ont ou qui ont eu pour caractère un militarisme prononcé prouve *à posteriori* qu'au milieu des différences dues à la race, aux circonstances, au plus ou moins de développement, il y a des ressemblances de genres divers que nous avons indiquées plus haut en raisonnant *à priori*. Le Dahomey moderne et la Russie, comme l'ancien Pérou, l'Égypte et Sparte, sont des exemples de la possession de l'individu par l'État, qui s'étend à la vie, à la liberté, aux biens, possession qui est le caractère de l'état social adapté à la guerre. La Rome impériale, l'empire d'Allemagne et l'Angleterre, depuis qu'elle est rentrée dans la voie des conquêtes, montrent qu'avec les changements qui adaptent davantage une société aux fonctions guerrières marche un accroissement du fonctionnarisme, de l'autorité, de la surveillance, qui établit de l'analogie entre la vie des civils et celle des militaires.

Enfin le témoignage est fourni par le caractère adapté des hommes qui composent les sociétés militaires. Ils mettent la gloire suprême dans le succès à la guerre ; aussi confondent-ils la bonté avec la bravoure et l'énergie. La ven-

geance est un devoir sacré pour eux ; agissant chez eux
d'après la loi de représailles qu'ils appliquent au dehors, ils
sont au dedans comme au dehors prêts à se sacrifier les
autres : leurs sentiments sympathiques constamment étouffés
durant la guerre, ne sauraient être actifs durant la paix. Ils
doivent s'inspirer d'un patriotisme qui regarde le triomphe
de leur société comme le but suprême de l'action ; ils doivent posséder la loyauté d'où résulte l'obéissance à l'autorité :
enfin, pour qu'ils puissent demeurer obéissants, ils doivent
posséder une foi solide. Avec la foi en l'autorité, et l'aptitude
à subir une direction, qui en est la conséquence, il n'y a naturellement qu'une faible puissance d'initiative. L'habitude de
voir tout réglé officiellement, favorise la croyance que le gouvernement officiel est partout nécessaire ; enfin, une vie qui
rend familière la causation personnelle et n'offre nulle part
l'expérience de la causation impersonnelle, produit l'incapacité de concevoir aucun fait social comme l'effet d'arrangements spontanés. Enfin, ces caractères de nature individuelle, accompagnements nécessaires du type militaire,
sont ceux que nous observons dans les membres des sociétés
militaires actuelles.

# CHAPITRE XVIII

## LA SOCIÉTÉ INDUSTRIELLE

§ 562. Nous avons remarqué dans le dernier article que les sociétés, presque toujours condamnées à se défendre contre des ennemis extérieurs, tandis qu'elles ont à vaquer à l'intérieur aux opérations d'entretien, s'offrent d'ordinaire à nous avec un mélange d'organes adaptés à ces fins différentes. Il n'est pas aisé de débrouiller ce mélange. Selon que l'un des deux ordres d'organes prédomine, il pousse ses ramifications parmi ceux de l'autre : on voit par exemple, lorsque le type militaire est très prononcé, que l'ouvrier, ordinairement esclave, n'est pas plus un agent libre que le soldat ; au contraire, lorsque le type industriel domine, le soldat, engagé volontaire à certaines conditions déterminées, participe en quelque sorte de l'état d'ouvrier libre. Dans le premier cas, le système de l'état légal, propre à l'élément militaire, domine l'élément ouvrier ; dans l'autre, au contraire, le système du contrat, propre à l'élément ouvrier, modifie l'élément militaire. C'est surtout l'organisation adaptée à la guerre qui déteint sur celle qui est adaptée à l'industrie. Tandis que le type militaire, constitué d'après la théorie, se montre dans un si grand nombre de sociétés avec des traits qui ne laissent aucun doute sur sa nature essentielle, le type industriel a ses traits si bien masqués par ceux du type militaire encore dominant, que sa forme idéale n'offre nulle part que des spécimens très imparfaits. Cette réflexion nous empêchera de demander des preuves qu'on ne saurait espérer. Ce n'est pas tout, il faut aussi écarter des idées fausses qui viendraient probablement nous troubler.

En premier lieu, il ne faut pas confondre la société industrielle avec une société industrieuse. Sans doute les membres d'une société organisée industriellement sont d'ordinaire industrieux, et ils sont obligés de l'être quand la société est avancée ; mais il ne faut pas dire qu'une société industriellement organisée soit une société où nécessairement il se fait beaucoup d'ouvrage. Quand la société est petite, et que son habitat est si favorable que la vie s'y entretient commodément avec peu d'efforts, les relations sociales qui caractérisent le type industriel peuvent coexister avec une activité productive très modérée. Ce n'est pas par le fait de la diligence de ses membres qu'une société est industrielle au sens que nous donnons à ce mot, c'est par la forme de coopération dans laquelle les membres de cette société accomplissent leurs travaux, que la somme en soit grande ou petite. On comprendra mieux cette distinction en remarquant que, au contraire, il peut y avoir et qu'en fait il y a grande industrie dans des sociétés bâties sur le type militaire. Dans l'ancienne Egypte, il y avait une population ouvrière immense et une énorme production, extrêmement variée. Un autre exemple encore plus frappant d'une société purement militaire par la structure, et dont les membres travaillaient sans relâche, c'est l'ancien Pérou.

Nous ne nous occupons pas ici de la quantité de travail, mais du mode d'organisation des travailleurs. Qu'on emploie un régiment à construire des ouvrages en terre, un autre à abattre un bois, un autre à tirer de l'eau ; cela ne fera pas de ces régiments pendant la durée de ces occupations autant de sociétés industrielles. Les individus unis, qui font ces travaux par ordre, sans droit aux produits, ne sont pas organisés industriellement, quoiqu'ils travaillent industrieusement. Cette remarque est vraie pour tout ce qui se fait dans une société militaire, dans la mesure où l'enrégimentation y est plus complète.

Il y a lieu aussi de distinguer le type industriel proprement dit d'un type avec lequel on pourrait le confondre, à savoir celui où les individus, occupés exclusivement de production et de distribution, sont soumis à une règle du genre de celle que préconisent les socialistes et les communistes. Cette règle en effet implique sous une autre forme le principe de la coopération forcée. Par moyens directs ou indirects, on empêcherait les individus de s'occuper isolément et avec indépendance selon leur gré, de lutter à l'envi les uns des autres pour offrir des produits contre de l'argent, de louer leurs services aux conditions qu'ils jugent convenables. Il ne saurait y avoir de système artificiel de réglementation du travail qui n'empiète pas sur la marche du système naturel. Plus l'autorité empêche les hommes de prendre entre eux les arrangements qui leur plaisent, plus leur travail est assujetti à l'arbitraire. Qu'importe de quelle manière l'autorité soit constituée, elle soutient avec ceux qu'elle régit la même relation que l'autorité dans une société militaire. Ce qui montre bien que le régime rêvé par les gens qui déclament contre la concurrence est un régime militaire, c'est d'abord que les formes commu-

nistes ont existé dans les sociétés primitives, lesquelles
étaient principalement belliqueuses, et ensuite que de nos
jours les projets communistes prennent surtout naissance
dans les sociétés militaires et s'y propagent plus aisément.

Une explication préliminaire est nécessaire. Il ne faut
pas vouloir que la structure propre au type industriel
montre dès le début des formes arrêtées. Au contraire, il
faut s'attendre qu'elle commence sous des formes vagues
et mal arrêtées. Née de la modification d'une structure
préexistante, elle en garde longtemps les traces. Par
exemple, la transition de l'état social où le travailleur,
propriété d'autrui au même titre qu'une bête de somme,
est entretenu à la condition de travailler exclusivement
au profit de son maître, à l'état social où, complètement
détaché du maître, du sol, de la localité, et libre de travailler n'importe où et pour n'importe qui, cette transition se
fait par degrés. De plus, le changement qui fait passer de
la disposition sociale propre à l'état militaire, où les sujets
reçoivent leur subsistance, et de plus quelques présents de
temps en temps, à la disposition sociale dans laquelle, au
lieu de ces deux avantages, les individus reçoivent des
gages fixes, ou des salaires, ou des honoraires; ce changement s'opère lentement et obscurément. De plus, on
peut voir que l'opération de l'échange, primitivement
*indéfinie*, n'est devenue *définie* que lorsque l'industrialisme
a eu fait des progrès considérables. L'échange n'a pas
commencé par l'effet d'une intention de donner une chose
pour une autre qui lui fût équivalente par la valeur, mais il
a été d'abord l'acte de faire un présent et d'en recevoir un
en retour, et même aujourd'hui, en Orient, il reste des
traces de cette transaction primitive. Au Caire, un marchand, avant de vendre un article de son commerce, offre

à l'acheteur du café et des cigarettes; et, durant la négociation qui aboutit à l'engagement d'un *dahabeah*, le drogman apporte des présents et se dispose à en recevoir. Ajoutez qu'il n'existe dans ces conditions rien de cette équivalence définie qui est chez nous le caractère de l'échange : les prix ne sont pas fixes, mais ils varient beaucoup d'une affaire à l'autre. En sorte que, dans toutes nos explications, nous ne devons pas perdre de vue que la structure et les fonctions propres au type industriel ne se distinguent que par degrés de celles qui sont propres au type militaire.

La voie étant préparée, voyons maintenant quels sont, *à priori*, les caractères de l'organisation sociale qui est entièrement impropre à la défense contre des ennemis extérieurs, et exclusivement propre à l'entretien de la vie de la société par l'entretien de la vie de chacun de ses membres. A l'exemple de ce que nous avons déjà fait en traitant du type militaire, nous devons ici, en traitant du type industriel, en examiner d'abord la forme idéale.

§ 563. Si l'action corporative est la première condition d'une société qui a à se conserver en présence de sociétés hostiles; par contre, lorsqu'il n'y a pas de sociétés hostiles, l'action corporative n'est plus la première condition.

La continuation de l'existence d'une société suppose d'abord qu'elle ne soit pas détruite comme corps par les ennemis étrangers, et ensuite qu'elle ne soit pas détruite en détail, parce que ses membres n'auront pu s'entretenir et se multiplier. Quand cesse le danger de périr par l'effet de la première cause, il reste seulement le danger de périr par la seconde. L'entretien de la société s'accomplira

désormais par l'entretien de ses unités par elles-mêmes et
par leur multiplication. Si chacun pourvoit complètement à
son propre bien-être et à celui de ses rejetons, le bien-être
de la société est implicitement réalisé. Une somme relativement petite d'action corporative suffit pour ce résultat.
Chaque homme peut s'entretenir par son travail, échanger
ses produits contre ceux d'autrui, prêter son assistance et
recevoir un payement, entrer dans telle ou telle association
pour mener une entreprise, petite ou grande, sans obéir à
la direction de la société dans son ensemble. Le but que
l'action publique a encore à atteindre, c'est de maintenir
l'action privée dans certaines limites; et la somme d'action
publique que ce but rend nécessaire diminue d'autant plus
que les actions privées se renferment plus d'elles-mêmes
dans de justes limites.

De sorte que, si le régime militaire veut une action
corporative intrinsèque, ce qui reste de cette action corporative dans le régime industriel est surtout extrinsèque; les
sentiments agressifs de l'homme que la guerre chronique
a développés la rendent nécessaire, et elle diminuera peu à
peu, à mesure que ces sentiments décroîtront, par l'effet
d'une existence paisible durable.

§ 564. Dans une société organisée pour la vie militaire,
il faut que l'individualité de chaque membre soit subordonnée dans sa vie, sa liberté et sa propriété, qu'il soit en
tout et pour tout la propriété de l'Etat; mais, dans une
société organisée sur le type industriel, ce genre de subordination n'est point obligé. Il n'y reste aucune occasion pour
l'homme d'être appelé à risquer sa vie en détruisant celle
d'autrui; il n'est point contraint d'abandonner ses affaires
pour se soumettre au commandement d'un officier; et il

n'existe plus aucun besoin qui l'oblige à abandonner dans l'intérêt public la portion de ses biens que cet intérêt réclame.

Dans le régime industriel, l'individualité du citoyen, au lieu d'être sacrifiée par la société, doit être protégée par la société. La société a pour devoir essentiel de défendre l'individualité de ses membres. Quand la protection à l'extérieur n'est plus nécessaire, la protection à l'intérieur devient la fonction cardinale de l'Etat, et l'accomplissement effectif de cette fonction doit être un trait prédominant du type industriel. Nous allons le voir bientôt.

En effet, il est clair que, toutes choses égales d'ailleurs, une société où la vie, la liberté et la propriété sont assurées, et tous les intérêts justement considérés, doit prospérer plus qu'une société où ces conditions ne sont pas remplies ; et par conséquent, parmi les sociétés industrielles rivales, celles dans lesquelles les droits personnels sont imparfaitement assurés doivent peu à peu le céder à celles dans lesquelles ces droits sont parfaitement assurés. En sorte que, par la survie des plus aptes, un type social doit se produire dans lequel les droits individuels, considérés comme sacrés, ne subissent plus l'autorité de l'Etat au delà de ce qui est nécessaire pour payer les frais de leur protection, ou mieux de l'arbitrage qui doit régler leurs différends. En effet, les dispositions agressives favorisées par le militarisme ayant péri, la fonction corporative consiste à décider entre les prétentions rivales, où les personnes intéressées n'aperçoivent pas la mesure équitable qui les mette d'accord.

§ 565. Quand la nécessité de l'action corporative grâce à laquelle toute une société s'emploie utilement pour la

guerre fait défaut, la nécessité d'une autorité gouvernementale despotique fait aussi défaut.

Non seulement une autorité de ce genre n'est plus
nécessaire, mais elle ne saurait exister. En effet, puisqu'une condition essentielle du type industriel veut que
l'individualité de chaque homme ait le champ libre autant
que le comporte la liberté de l'individualité des autres
hommes, l'autorité despotique qui se révèle par les entraves qu'elle impose à l'individualité d'autrui se trouve
naturellement exclue. Par sa seule existence même, un
souverain despotique est un agresseur pour les citoyens;
par le pouvoir réel ou possible qu'il a en main et qu'il ne
tient pas d'eux, il oppose plus d'obstacles à leurs volontés
qu'ils ne s'en opposeraient mutuellement.

§ 566. L'autorité qui est nécessaire dans le type industriel
ne saurait être exercée que par un organe institué pour
constater la volonté moyenne; un organe représentatif est
le plus propre à jouer ce rôle.

A moins que les fonctions de tous ne soient de même
espèce, ce qui n'est pas possible dans une société avancée
où la division du travail existe, un besoin apparaît, celui de
concilier les intérêts divergents; et, dans le but d'assurer
un accord équitable, il faut que chaque intérêt puisse
s'exprimer équitablement. On peut même admettre que
l'organe institué dans ce but soit un seul individu. Mais il
n'y a pas d'individu qui, à lui seul, puisse servir de juste
arbitre entre un grand nombre de classes adonnées à des
occupations diverses, et un grand nombre de groupes habitant des localités différentes, sans entendre des témoins : il
faudra que chaque groupe envoie des représentants pour
exposer ses griefs. Aussi faut-il choisir entre deux sys-

tèmes ; dans l'un, les représentants exposent en particulier et séparément leurs affaires à un arbitre sur le jugement duquel reposent les décisions ; et dans l'autre ces représentants exposent leurs affaires en présence les uns des autres, et les jugements sont publiquement décidés par le *consensus* général. Sans s'arrêter au fait qu'une balance équitable des intérêts de classe sera plus probablement réalisée par cette dernière forme de représentation que par la première, il suffit de remarquer que cette dernière forme est plus compatible avec la nature du type industriel : des citoyens qui nomment un chef unique pour un temps déterminé, et peuvent voir le plus grand nombre de leurs volontés barrées pendant ce temps, font l'abandon de leur individualité plus que ceux qui tirent de leurs groupes locaux plusieurs députés pour les gouverner, puisque ceux-ci, parlant et agissant sous l'œil du public, et s'imposant mutuellement des freins, expriment habituellement les volontés de la majorité.

§ 567. La vie corporative de la société cessant d'être en péril, et la dernière affaire du gouvernement étant d'assurer les conditions nécessaires à la plus grande expansion de la vie individuelle, il faut savoir quelles sont ces conditions.

Nous avons déjà compris qu'elles rentrent dans l'administration de la justice ; mais d'ordinaire on se fait de cette expression une idée si vague, qu'il faut en donner une formule plus spécifique. La justice, comme nous devons la comprendre, signifie la conservation des relations normales entre les actes et les résultats, le gain fait par chacun d'un profit équivalent à ses efforts, ni plus ni moins. Chacun vivant et travaillant dans les limites imposées par la présence d'autrui, la justice veut que l'individu porte les con-

séquences de sa conduite sans augmentation ni diminution.
L'homme supérieur aura le profit de sa supériorité, l'inférieur subira le dommage de son infériorité. Un veto se
trouve donc opposé à toute action publique qui retranche
à un individu une part de ce qu'il a gagné et octroie à
un autre individu les avantages qu'il n'a pas gagnés.

Le type industriel de société exclut toutes les formes de
distribution communiste, dont le caractère inévitable est
d'avoir pour effet de mettre sur le même niveau le bon et le
mauvais, le paresseux et le laborieux; c'est aisé à prouver.
En effet, lorsque, après la cessation de la lutte pour
l'existence entre les sociétés par le moyen de la guerre, il
ne reste plus que la lutte industrielle pour l'existence, les
sociétés qui survivent en définitive et qui s'étendent doivent
être celles qui produisent le plus grand nombre des
meilleurs, c'est-à-dire les individus les mieux adaptés à
l'état industriel. Supposez deux sociétés, égales d'ailleurs,
dans l'une desquelles les supérieurs ont la possibilité de
conserver à leur propre profit et au profit de leurs descendants le produit total de leur travail; et dans l'autre les
supérieurs ont dû céder une partie de ces produits au
profit des inférieurs et de leurs descendants. Evidemment
les supérieurs prospéreront et se multiplieront plus dans
la première que dans la seconde. Dans la première, on
élèvera un plus grand nombre de meilleurs enfants, et à
la fin cette société dépassera la seconde en nombre. Il
ne faut pas conclure que nous voulions refuser l'assistance privée ou volontaire à l'inférieur, mais seulement
l'assistance publique et obligatoire. Quelles que soient les
conséquences que la sympathie des meilleurs pour les pires
produise spontanément, on n'a naturellement rien à y voir;
et en somme elles seront profitables. En effet, si les meil-

leurs ne poussent pas d'ordinaire leurs efforts philanthropiques jusqu'à mettre obstacle à leur propre multiplication, ils les poussent assez loin pour adoucir les infortunes des pires, sans les mettre en état de se multiplier.

§ 568. A un autre point de vue, le système dans lequel les efforts de chacun lui rapportent ni plus ni moins que leur produit naturel, est le système du contrat.

Nous avons vu que le régime du statut personnel est de toute manière propre au type militaire. C'est l'accompagnement de la subordination graduelle par laquelle l'action combinée d'un corps combattant s'accomplit, et qui doit régner dans toute la société combattante pour assurer son action corporative. Sous ce régime, l'autorité intervient dans les rapports du travail et du produit. De même que, dans l'armée, la nourriture, les vêtements, etc., reçus par chaque soldat, ne sont pas le produit direct de l'ouvrage fait, mais une rémunération arbitrairement distribuée pour un service arbitrairement imposé ; de même, dans le reste de la société militaire, le supérieur impose le travail et assigne à son gré à l'ouvrier telle part du produit. Mais à mesure qu'avec le déclin du militarisme et l'ascendant de l'industrialisme, la puissance comme la portée de l'autorité diminuent, et que l'action libre s'augmente, la relation de contrat devient générale; enfin, dans le type industriel pleinement développé, cette relation devient universelle.

Sous le régime où s'applique avec équité cette relation universelle de contrat, on voit se former l'ajustement du profit à l'effort que les dispositions de la société industrielle ont à accomplir. Si chaque individu, comme producteur, distributeur, gérant, conseil, professeur, ou assistant d'un

autre genre, obtient de ses associés le payement que valent
ses services d'après l'état de la demande, il y a une proportion correcte de la récompense au mérite qui assure la prospérité du supérieur.

§ 569. A un autre point de vue encore, nous voyons que,
si l'autorité publique dans le type militaire est à la fois positivement et négativement régulative, elle est seulement
négativement régulative dans le type industriel. A l'esclave,
au soldat ou à tout autre membre d'une communauté organisée pour la guerre, l'autorité dit : Tu feras ceci ; tu ne
feras pas cela. Mais au membre de la société industrielle,
l'autorité ne donne qu'un seul de ces ordres : tu ne feras
pas cela.

En effet, les gens qui, faisant leurs affaires privées par
coopération volontaire, coopèrent aussi volontairement pour
constituer et soutenir un organe gouvernemental, sont implicitement des gens qui l'autorisent à n'imposer à leur
activité que les freins qu'ils ont tous intérêt à conserver,
les freins qui répriment les agressions. A part les criminels
(qui dans les conditions supposées doivent être très peu
nombreux sinon en quantité inappréciable), chaque citoyen
s'abstiendra d'empiéter sur la sphère d'action d'autrui et
voudra mettre la sienne à l'abri des empiétements et conserver tous les profits qu'il y aura pu réaliser. Le même
motif qui porte tout le monde à s'unir pour soutenir une
autorité publique protectrice de leur individualité les portera
à s'unir, pour empêcher tout empiétement sur leur individualité au delà de ce qui est nécessaire pour les protéger.

Il sort de là que si, dans le type militaire, l'enrégimentation de l'armée a pour analogue une administration centralisée dans toute la société; dans le type industriel, l'admi-

nistration, se décentralisant, se trouve par le fait réduite à une sphère moindre. Presque tous les corps organisés, celui qui administre la justice excepté, disparaissent nécessairement, puisqu'ils ont pour caractère commun d'exercer une agression sur le citoyen en lui dictant ses actions, ou en lui prenant une plus grande partie de sa propriété qu'il n'est nécessaire pour le protéger, ou pour ces deux fins à la fois. Ceux qui sont forcés d'envoyer leurs enfants à telle ou telle école, ceux qui sont obligés directement ou indirectement d'entretenir un clergé officiel, ceux à qui l'on fait payer des taxes pour que des fonctionnaires de quartier administrent la charité publique, ceux que l'on taxe pour donner l'enseignement gratuit aux gens qui n'épargnent pas pour acheter des livres, ceux qui sont tenus de faire leurs affaires d'après des règlements sous l'œil d'un inspecteur, ceux qui ont à payer les frais de l'enseignement des sciences et des arts par l'Etat, de l'émigration sous la tutelle de l'Etat, etc., subissent tous des empiétements qui les contraignent à faire ce qu'ils ne feraient pas spontanément ou à donner de l'argent qu'ils auraient consacré à des fins propres à leur personne. Les dispositions coercitives de ce genre, compatibles avec le type militaire, ne le sont pas avec le type industriel.

§ 570. Si le domaine des organismes publics se rétrécit, celui des organismes privés acquiert dans le type industriel une étendue relativement énorme. L'espace laissé vacant par les uns, les autres l'occupent.

Diverses causes concourent à produire ce fait caractéristique. Les motifs qui, à défaut de la subordination nécessitée par la guerre, obligent les citoyens à s'unir pour affirmer leur individualité, soumise seulement à des limites qu'ils s'imposent réciproquement, sont des motifs qui les amènent à s'unir pour résister à tout empiétement sur leur liberté de former toutes les associations privées qu'ils veulent et qui n'ont pas pour but l'agression. En outre, le principe de la coopération volontaire commence par des échanges de produits et de services d'après accord entre individus, mais il se réalise sur une plus grande échelle par l'incorporation volontaire d'individus qui contractent entre eux pour poursuivre telle ou telle affaire, ou remplir telle ou telle fonction. Qui plus est, il existe une compatibilité entière entre la constitution représentative de ces associations privées et la constitution représentative de l'association publique qui appartient en propre au type industriel : la même loi d'organisation règne dans la société en général et dans toutes ses parties. En sorte qu'un trait inévitable du type industriel est la multiplicité et l'hétérogénéité des associations religieuses, commerciales, professionnelles, philanthropiques et sociales de toute dimension.

§ 571. Il faut ajouter deux traits caractéristiques du type industriel qui sont la conséquence du précédent. Le premier, c'est la plasticité relative de ce régime.

Tant qu'une action corporative est nécessaire à la conservation nationale, tant que, pour effectuer la défense ou l'attaque, on conserve la subordination hiérarchique qui lie tous les inférieurs aux supérieurs, comme le soldat à son officier, tant que subsiste la relation de statut qui a pour effet de fixer les individus dans les situations où chacun d'eux est né, on est sûr de voir l'organisation sociale conserver une rigidité relative. Mais quand cessent ces besoins qui sont la cause de la structure militaire et qui la conservent, et quand s'établit la relation universelle du contrat

sous l'empire de laquelle on associe ses efforts en vue
d'avantages réciproques, l'organisation sociale perd sa
rigidité. Ce n'est plus le principe de l'hérédité qui détermine
le rang ou l'occupation de chacun, c'est désormais le principe de la capacité; enfin les changements de structure
s'ensuivent quand les hommes, n'étant plus liés à des fonctions imposées, s'adonnent aux fonctions auxquelles ils se
trouvent le plus propres. Facilement modifiable dans ses
dispositions, le type social industriel est donc celui qui
s'adapte le mieux aux exigences nouvelles.

§ 572. L'autre résultat que nous avons à mentionner est
une tendance à la perte de l'autonomie économique.

Tant que les relations hostiles continuent d'exister entre
les sociétés voisines, il faut que chaque société se suffise ;
mais, quand les relations pacifiques s'établissent, ce besoin
de se suffire prend fin. De même que les divisions provinciales qui composent une de nos grandes nations, étaient
obligées, à l'époque des guerres intestines, de produire
pour elles-mêmes à peu près tout ce dont elles avaient
besoin, et qu'à présent, en paix durable les unes envers
les autres, elles sont devenues si bien dépendantes les unes
des autres, que nulle d'entre elles ne peut satisfaire ses
besoins sans le secours de toutes les autres; de même les
grandes nations, forcées aujourd'hui de conserver leur autonomie économique, le seront moins quand la guerre s'amoin-
drira, et deviendront peu à peu nécessaires l'une à l'autre.
Si, d'une part, les facilités accordées à certains genres de
production rendent l'échange réciproquement avantageux,
d'autre part, les citoyens de chaque société, sous le régime
industriel, ne toléreront plus les obstacles que les prohibitions ou la gêne subies par l'échange imposent à leur indi-

vidualité. Donc, quand l'industrialisme s'étend, il crée une
tendance à la destruction des barrières qui séparent les
nationalités et propage dans leur sein une organisation commune, qui se réalisera, sinon sous un seul gouvernement,
au moins sous une fédération de gouvernements.

§ 573. Maintenant que nous connaissons la constitution
du type industriel d'après ses conditions, nous allons rechercher les témoignages fournis par les sociétés actuelles
qui se rapprochent de la constitution en progressant vers
l'industrialisme.

A l'époque où la terre se peuplait, la lutte pour l'existence entre sociétés, depuis les petites hordes jusqu'aux
grandes nations, a sévi partout ; ce n'est donc pas là que
nous devons chercher des exemples du type social approprié
à une existence purement industrielle. Les anciens documents s'accordent avec les journaux de notre temps pour
prouver qu'aucune nation civilisée ou à demi civilisée n'a
encore rencontré des circonstances qui rendissent inutile
toute structure sociale propre à résister à l'agression. Les
récits des voyageurs venus de toutes les régions nous apprennent qu'à peu près universellement chez les races non
civilisées, la guerre entre les tribus existe à l'état chronique. Il y a pourtant un petit nombre d'exemples qui
montrent, avec assez de clarté, l'ébauche du type industriel
dans sa forme rudimentaire, c'est-à-dire la forme qu'il revêt
quand la civilisation n'a fait que peu de progrès. Nous
examinerons ces exemples d'abord, et ensuite nous nous
occuperons de démêler les caractères distinctifs du type
industriel qu'on observe dans les grandes nations où l'activité est devenue principalement industrielle.

Dans les montagnes de l'Inde, on rencontre des tribus

appartenant à diverses races, mais se ressemblant en un point leurs habitudes en partie nomades. La plupart sont agricoles, elles ont l'usage commun de cultiver un coin de terre tant qu'il donne des récoltes moyennes; et, quand ce sol est épuisé, elles vont recommencer ailleurs. Ces tribus ont fui devant l'invasion d'autres peuples, elles ont trouvé çà et là des localités où elles ont pu se livrer à leurs occupations sans être molestées : immunité qu'elles doivent à leur aptitude à vivre dans une atmosphère malsaine, qui est funeste à l'homme de race aryenne. Nous avons déjà parlé des Bodos et des Dhimals et dit qu'ils sont absolument dépourvus de mœurs militaires, qu'ils manquent d'organisation politique, point d'esclaves ni de rangs sociaux, et qu'ils s'entr'aident mutuellement dans leurs entreprises difficiles. Nous avons aussi mentionné les Todas qui ne connaissent « aucun des liens d'union que le sentiment du danger porte généralement l'homme à contracter [1], » et qui soumettent leurs différends à l'arbritage ou au jugement d'un conseil de cinq membres. Nous avons cité les Michmis, peuples non belliqueux, qui n'ont que des chefs nominaux, et qui font rendre la justice par une assemblée. Enfin nous avons ajouté un autre exemple, celui d'un peuple d'une région et d'une race bien éloignées des précédentes, les anciens Pueblos de l'Amérique du Nord, qui, abrités dans leurs villages entourés de murs, ne combattant que pour repousser l'invasion, offraient à la fois le spectacle d'une vie industrielle et d'un gouvernement libre : « le gouverneur et son conseil étaient élus chaque année par le peuple [2]. » Nous pouvons ajouter divers exemples analogues. D'après le rapport du gouvernement de l'Inde de l'an-

---

1. Shortt, *Hill Ranges of S. S. India*, P. I, 9.
2. Bancroft, *The native Races*, etc., I, 516.

née 1869-70, « les Karens blancs ont un caractère doux et pacifique... leurs chefs sont considérés comme des patriarches, qui ne possèdent guère qu'une autorité nominale [1]. » Le lieutenant Mac Mahon dit qu'ils « n'ont ni lois ni autorité reconnue [2]. » Autre exemple : les « séduisants » Lepchas, qui ne sont pas industrieux, mais qui sont pourtant industriels en ce sens que leurs rapports sociaux n'ont rien du type militaire. Bien que je ne trouve rien de saillant sur le régime en vigueur dans les villages qu'ils habitent pour un temps, ce qu'on nous raconte à leur sujet donne à penser que ce régime n'a rien de coercitif. Ils n'ont pas de caste ; « les guerres de famille et les guerres politiques sont inconnues chez eux ; » ils ont la vie de soldat en horreur, ils aiment mieux fuir dans les jungles et vivre d'une nourriture sauvage que de « subir l'injustice ou les mauvais traitements [3]..., » tous caractères incompatibles avec l'autorité politique ordinaire. Ajoutez encore l'exemple des Santals, « tranquilles et inoffensifs, » absolument inoffensifs, bien qu'on les voie combattre avec une bravoure aveugle lorsqu'ils sont attaqués. Ces gens « sont des cultivateurs industrieux et passent leur vie affranchis des liens de caste. » Quoiqu'ils soient devenus tributaires, et que dans chaque village il y ait un chef nommé par le gouvernement indien pour répondre du tribut, la nature de leur gouvernement indigène ne laisse pas d'être assez claire ; encore qu'il y ait un patriarche qu'on honore, mais qui fait rarement acte d'intervention, « chaque village a son lieu d'assemblée... où le conseil se réunit pour traiter les affai-

1. *Government Statement on the Moral and Material Progress of India for* 1869-1870, 64.

2. Mac Mahon, *The Karens and the Golden Chersonese*, 81.

3. Hooker, *Hymalayan Journal*, I, 129. Campbell, *Journal Ethn. Soc.*, 1869, 150.

res du village et de ses habitants. C'est là qu'on règle tous les petits débats, civils et criminels [1]. » Le peu que nous savons des tribus qui vivent dans les Monts Chervaroys vient à l'appui de nos idées. D'après Shortt, ce « sont des gens essentiellement timides et inoffensifs, adonnés principalement à des occupations pastorales et agricoles [2]. » A propos d'une section de ces tribus, il ajoute « qu'ils vivent paisiblement entre eux, que leurs disputes sont d'ordinaire tranchées par arbitrage. » Ensuite, pour montrer que ces caractères sociaux ne sont pas particuliers à une variété de l'espèce humaine, mais qu'ils sont l'effet des conditions où l'homme vit, nous pouvons rappeler l'exemple déjà cité des l'apous Alfarous, qui, sans connaître ni division de rangs, ni chefs héréditaires, mènent une vie de concorde, régie seulement par les décisions de leurs anciens assemblés [3]. Dans tous ces exemples, nous pouvons reconnaître les principaux traits indiqués plus haut, qui sont propres aux sociétés que la guerre ne contraint pas à l'action corporative. Un gouvernement fortement centralisé n'étant pas nécessaire, le gouvernement est exercé par un conseil, constitué d'après un rudiment d'approbation, sorte de gouvernement représentatif grossier; les distinctions de classes n'existent pas ou ne sont qu'ébauchées, la relation du statut manque, toutes les transactions entre individus se font d'après accord, et la fonction que le corps gouvernant doit accomplir se borne essentiellement à la protection de la vie privée par le règlement des différends qui surgissent, et l'application de peines légères pour les délits peu graves qui se commettent.

Si nous passons aux sociétés civilisées pour y chercher

1. Hunter, *A statistical account of Bengal*, XIV, 330.
2. Shortt, *loc. cit.*, P. II, 7.
3. Kolffe, *Voyage of the Dutch Brigg Domega*, 161, 3.

les caractères du type industriel, nous rencontrons des difficultés. Les sociétés doivent toutes leur consolidation et leur organisation aux guerres qui ont rempli les premières périodes de leur existence et qui la plupart se sont continuées relativement jusqu'à une époque récente; en même temps, elles ont créé dans elles-mêmes des appareils pour la production et la distribution des objets de consommation, appareils qui font peu à peu contraste avec les appareils propres aux fonctions militaires, en sorte que les deux ordres d'appareils s'offrent à nous tellement mêlés qu'il n'est guère possible de séparer les premiers des derniers, ainsi que nous l'avons dit au début. Toutefois, malgré l'opposition radicale qui distingue la coopération obligatoire, principe organisateur du type militaire, d'avec la coopération volontaire, principe organisateur du type industriel, il est possible de conclure des faits où l'on voit le déclin des institutions militaires à un développement des institutions par lesquelles se révèle le type industriel. Par suite, si, en passant des premiers états des nations civilisées, pour qui la guerre est l'affaire de la vie, aux états dans lesquels les hostilités ne sont qu'accidentelles, nous passons en même temps aux états dans lesquels la possession de l'individu par la société dont il est membre n'est pas aussi constante ni aussi absolue, dans lesquels la subordination hiérarchique est affaiblie, dans lesquels la règle politique n'est plus autocratique, dans lesquels la règlementation de la vie des citoyens perd de son étendue et de sa rigueur, en même temps qu'ils sont plus protégés; nous apercevons implicitement les caractères d'un type industriel en voie de développement. Des comparaisons de divers genres nous découvrent des résultats qui concordent pour vérifier cette conclusion.

Prenons d'abord l'opposition qui sépare la condition primitive des nations civilisées d'Europe en général d'avec leur condition actuelle. A partir de la dissolution de l'empire romain, nous observons que pendant plusieurs siècles, durant lesquels les guerres furent l'instrument de la consolidation, de la dissolution et de la reconsolidation à l'infini des États, toutes les forces qui ne se consacraient pas directement à la guerre ne se consacraient guère à autre chose qu'à entretenir les appareils qui la soutenaient : la partie travaillante de chaque société n'existait pas pour elle-même, mais pour la partie combattante. Quand le militarisme florissait et que l'industrialisme était encore au berceau, le règne de la force supérieure, que les sociétés faisaient peser les unes sur les autres sans relâche, pesait aussi à l'intérieur de chaque société. Depuis les esclaves et les serfs, en passant par les vassaux de différents grades jusqu'aux ducs et aux rois, il existait une subordination forcée qui enfermait l'individualité de chacun dans d'étroites limites. En même temps que le pouvoir gouvernant de chaque groupe, pour mieux attaquer l'étranger ou lui résister, sacrifiait les droits personnels de ses membres, il s'acquittait assez mal de la fonction de les défendre les uns contre les autres ; ceux-ci avaient à se défendre eux-mêmes. A ces caractères des sociétés européennes du moyen âge, comparons les caractères des mêmes sociétés dans les temps modernes : nous y trouvons les différences essentielles suivantes. D'abord, quand il se fut formé des nations couvrant de vastes territoires, les guerres intestines perpétuelles prirent fin, et quoique les guerres y éclatassent de temps en temps et y prissent de grandes proportions, elles furent moins fréquentes et ne furent plus l'affaire de tous les hommes libres. Ensuite, il se développa dans chaque pays une population relativement énorme, qui s'occupa de production et de distribution à son propre profit ; en sorte que, tandis qu'autrefois la partie travaillante existait au profit de la partie combattante, aujourd'hui la partie combattante existe surtout au profit de la partie travaillante, c'est-à-dire existe ostensiblement pour protéger la partie travaillante et lui assurer la tranquillité dans la poursuite de ses fins. Enfin, le système du statut, effacé dans quelques-unes de ses formes et grandement adouci dans d'autres, a fait place presque partout au régime du contrat. C'est seulement parmi ceux qui, par choix ou par l'obligation de la conscription, sont incorporés dans l'organisation militaire, que le système du statut persiste dans sa rigueur primitive, tant qu'ils restent dans cette organisation. Quatrièmement, en même temps que décline la coopération obligatoire et que grandit la coopération volontaire, plusieurs entraves moins importantes des actions de l'individu diminuent ou cessent. Les hommes sont moins liés à leur localité qu'ils ne l'étaient ; ils ne sont pas forcés de professer certaines opinions religieuses ; ils leur est moins interdit d'exprimer leurs idées politiques ; on ne leur impose plus de règle pour leurs vêtements ni pour leur genre de vie ; on leur oppose des obstacles relativement faibles quand il veulent former des associations privées et tenir des réunions pour tel et tel dessein, politique, religieux, social. Cinquièmement, tandis que l'autorité publique attaque moins l'individualité des citoyens, elle les protège mieux contre l'agression. Au lieu d'un régime sous lequel les individus redressent les torts dont ils ont été victimes en leur particulier, en recourant à la force du mieux qu'ils peuvent, ou en achetant l'intervention du souverain, général ou local, un autre régime s'est établi, sous lequel on n'a pas besoin de s'occuper autant à se protéger soi-même; mais la principale fonction du pouvoir gouvernemental et de ses agents est d'administrer la justice. De toute manière, donc, nous voyons qu'avec la décroissance relative du militarisme et l'accroissement relatif de l'industrialisme, il y a eu un changement allant d'un ordre social où les individus existent au profit de l'Etat, à un ordre social où l'Etat existe au profit des individus.

Si, au lieu d'opposer l'ensemble des sociétés primitives européennes à l'ensemble des sociétés européennes d'aujourd'hui, nous opposons celle où le développement industriel s'est trouvé moins empêché par le militarisme à celle où ce développement a été plus retardé par cette cause, nous apercevons des résultats analogues. Entre la société anglaise et les sociétés du continent, la France par exemple, il s'est établi peu à peu des différences qu'on peut citer comme exemple. Après que les Normands vainqueurs se furent répandus sur toute l'Angleterre, la subordination des chefs locaux au chef général y fut plus étroite que partout ailleurs, et, comme conséquence, les dissensions intestines ne furent pas à beaucoup près aussi fréquentes. « Il y eut très peu de guerres privées en Angleterre[1], » nous dit Hallam, à cette époque. Encore que de temps en temps il éclatât des rébellions, dont la plus dangereuse eut lieu sous le règne d'Etienne, et que les nobles se livrassent parfois bataille, il est certain que durant cent cinquante ans environ, jusqu'à l'époque de Jean sans Terre, l'assujettissement du pays y fit régner un ordre relatif. Il faut en outre remarquer que les guerres générales qui éclataient

1. Hallam. *L'Europe au moyen âge*, ch. VIII.

se passaient d'ordinaire au dehors; les descentes sur les côtes de la Grande-Bretagne furent rares et peu dangereuses, et les luttes contre les Gallois, l'Écosse et l'Irlande n'amenèrent qu'un petit nombre d'irruptions sur le sol anglais. Par conséquent, la guerre mettait un faible obstacle à la vie industrielle et au développement des formes sociales qui lui sont propres. Pendant ce temps, la condition de la France était tout autre. Durant cette période et longtemps après, outre les guerres contre les Anglais, qui sévissaient sur le sol français, et les guerres contre d'autres pays, il y eut toujours quelque guerre locale. Du x$^e$ au xiv$^e$ siècle, la guerre fut perpétuelle entre suzerains et vassaux, comme aussi de vassaux à vassaux. Ce ne fut guère qu'au milieu du xiv$^e$ siècle que le roi commença à étendre fortement son pouvoir sur les nobles, et seulement au xv$^e$ qu'il s'imposa comme chef suprême assez puissant pour empêcher les querelles des chefs locaux. Si l'on veut savoir à quel point cet état de guerre comprima le développement industriel, on peut s'en faire une idée d'après les expressions hyperboliques d'un vieil auteur. A l'époque où s'achevait, dit-il, la lutte entre la monarchie et la féodalité, « l'agriculture, le commerce, les arts industriels avaient cessé [1]. » Telle est l'énorme différence de l'obstacle qui gêna la vie industrielle en Angleterre et de celui qui l'empêcha en France. Veut-on savoir à quelles différences politiques celle-ci a donné naissance? Le premier fait à noter, c'est qu'au milieu du xiii$^e$ siècle la condition du vilain commença à s'adoucir en Angleterre, grâce à la réduction des corvées et à leur rachat en argent, et qu'au xiv$^e$ la transformation du serf en homme libre était accom-

---

1. Levasseur, *Histoire des classes ouvrières*, II, 17.

plie. En France au contraire, et dans d'autres pays du continent, l'ancienne condition du vilain persista et s'aggrava. En Angleterre, dit M. Freeman, à cette époque, « le vilain en somme disparaît, tandis que dans d'autres pays son sort devient de plus en plus dur [1]. » Outre cette substitution envahissante du contrat au statut personnel, qui commence par les centres industriels des villes pour se répandre dans les campagnes, il s'est opéré un affranchissement analogue de la classe noble. Les obligations militaires des vassaux firent place à des redevances en argent ou écuages, si bien que, du temps de Jean sans Terre, la classe supérieure se rachetait du service de guerre, comme l'inférieure du travail de la glèbe. Après la diminution des entraves imposées aux personnes vint la diminution des empiétements sur la propriété. La Grande Charte imposa une limite aux tailles arbitraires sur les villes et les tenanciers non militaires du roi; et, tandis que l'action agressive de l'Etat diminuait, son action protectrice s'étendait : il fut pris des mesures pour que la justice ne fût jamais vendue, ni ajournée, ni déniée. Tous ces changements étaient autant de progrès vers les arrangements sociaux qui sont pour nous les caractères du type industriel. Nous voyons ensuite naître le gouvernement représentatif, qui, nous-l'avons vu dans un chapitre précédent en suivant un autre ordre d'idées, est en même temps le produit du développement industriel et la forme politique propre au type industriel. Mais en France aucun de ces changements ne se produisit. L'état d'asservissement du vilain demeura absolu et dura jusqu'à une époque relativement moderne; le rachat des obligations militaires du vassal envers son suzerain fut moins général;

---

1. Freemann, *General Sketch*, 282.

et, lorsque des tentatives d'établissement d'une assemblée exprimant la volonté populaire furent hasardées, elles avortèrent. Il serait trop long de comparer en détail les époques subséquentes et les changements qui s'y produisirent : il suffira d'indiquer les faits principaux. A partir de la date à laquelle, pour les causes que nous venons d'indiquer, le gouvernement parlementaire se trouva définitivement établi en Angleterre, durant un siècle et demi, jusqu'aux guerres des deux Roses, les troubles intestins furent rares et peu graves en comparaison de ceux qui éclataient en France ; à la même époque, au contraire, sans oublier que les guerres entre l'Angleterre et la France avaient bien plus pour théâtre la France que l'Angleterre, la France soutint des guerres sérieuses avec les Flandres, la Castille, la Navarre et surtout avec la Bourgogne. Il résulta de cette différence que la puissance populaire, exprimée en Angleterre par la Chambre des communes, s'établit et s'étendit, tandis que la puissance acquise en France par les Etats généraux s'évanouit. Il ne faut pas oublier que les guerres des Roses, prolongées près de trente ans, ramenèrent l'absolutisme. Continuons l'examen des différences entre l'Angleterre et la France. Pendant un siècle et demi après ces guerres civiles, la paix intérieure ne subit que de rares et légères atteintes, et les guerres que l'Angleterre eut à soutenir contre des royaumes étrangers ne furent pas nombreuses et se firent comme d'habitude hors du sol anglais. Durant cette période, le mouvement rétrograde inauguré par la guerre des Roses fut renversé, et la puissance populaire grandit beaucoup ; aussi Bagehot a-t-il pu dire que « le parlement servile de Henri VIII fit place au parlement murmurant d'Elisabeth, celui-ci au parlement mutin de Jacques Ier et ce dernier au parlement re-

belle de Charles Ier [1]. » Dans le même temps, la France se
trouvait engagée, pendant le premier tiers de cette période,
dans des guerres à peu près incessantes avec l'Italie, l'Espagne et l'Autriche, et pendant les deux autres tiers dans
des guerres civiles, religieuses et politiques : ce qui fit que,
en dépit de résistances de temps en temps renouvelées, la
monarchie devint de plus en plus despotique. Pour bien
faire voir les types sociaux différents qui se sont développés dans ces conditions différentes, il faut comparer non
seulement les constitutions politiques des deux nations,
mais aussi leurs systèmes d'autorité sociale. Remarquez ce
qu'ils étaient au moment où commença la réaction qui
aboutit à la Révolution française. D'accord avec la théorie
du type militaire d'après laquelle l'individu appartient à
l'État, corps et biens, on proclamait, si l'on ne l'appliquait
pas, la doctrine que le monarque était le propriétaire universel. Les charges imposées aux propriétaires fonciers
étaient si lourdes que plusieurs d'entre eux aimaient mieux
abandonner leurs domaines que de payer. Outre la main-
mise de l'État sur la propriété, il y avait mainmise sur le
travail. Un quart des jours ouvriers revenait à titre de
corvées, les uns au roi et les autres au seigneur féodal.
Toute liberté octroyée se payait et se repayait ; les privilèges
municipaux des villes leur furent sept fois en vingt-huit
ans retirés et revendus. Le roi fixait à son gré la durée du
service militaire auquel les nobles et le peuple étaient
tenus ; on dressait les recrues au service à coups de fouet.
Au moment même où l'assujettissement de l'individu à l'État
allait si loin, par suite d'exactions fiscales et de services
imposés, que le peuple ruiné coupait le blé en vert, mangeait

1. Bagehot, *English Constitution*.

de l'herbe et mourait de faim par millions, l'État faisait peu de chose pour protéger les personnes et les biens. Les auteurs contemporains s'étendent sur le brigandage, les vols, les effractions, les assassinats, les tortures infligées aux gens pour leur faire révéler l'endroit où ils cachaient leur pécule ; des bandes de vagabonds rôdaient çà et là, rançonnant le peuple, et lorsque, pour remédier à ce mal, l'autorité édictait des peines, on voyait mettre en prison sans preuve des innocents accusés de vagabondage. Il n'y avait aucune sécurité personnelle pas plus contre le souverain que contre un ennemi puissant. A Paris, il y avait bien trente prisons où l'on pouvait enfermer des gens qui n'avaient point passé en jugement et qu'aucune sentence ne frappait. Le « brigandage de la justice » coûtait chaque année aux plaideurs de quarante à soixante millions. Si l'État, qui poussait si loin ses attaques contre les citoyens, les protégeait si mal les uns contre les autres, il ne laissait pas de réglementer leur vie et leurs travaux. Il imposait la religion à ce point qu'il mettait les protestants en prison, les envoyait aux galères, les faisait fouetter et attachait leurs ministres au gibet. Il prescrivait la quantité de sel que chaque personne devait consommer et frappait cette denrée d'un lourd impôt ; il dictait aussi la façon de se servir de cette denrée. Tous les genres d'industrie étaient soumis à une surveillance. On frappait de prohibition certaines récoltes : on détruisait le vin récolté sur des terrains censés impropres à la culture de la vigne. On ne pouvait acheter au marché plus de deux boisseaux de blé ; et les ventes se faisaient sous les yeux des dragons. On réglementait les méthodes et les produits des manufacturiers à ce point que l'on détruisait les outils perfectionnés et les produits quand ils n'étaient pas fabriqués conformément à la loi ; en

outre, on infligeait des peines aux inventeurs. Les règlements se succédaient si rapidement que leur grand nombre
ne permettait plus aux agents de les appliquer ; la multiplication des ordres de l'autorité multiplia les essaims de
fonctionnaires publics. En Angleterre, au contraire, à la
même époque, nous voyons que, avec le progrès vers le
type industriel parvenu à ce point que la puissance prépondérante appartenait à la Chambre des Communes, un
autre progrès s'était opéré dans le sens de l'organisation
concomitante du système social. Encore que l'assujettissement de l'individu à l'État fût beaucoup plus grand qu'aujourd'hui, il n'allait pas si loin qu'en France. Les droits
privés n'étaient pas sacrifiés avec cette insouciance ; on
n'y était pas menacé par des *lettres de cachet*. Si la justice
était imparfaitement administrée, elle ne l'était pas aussi
misérablement : il y avait une sécurité réelle pour les
personnes, et l'autorité resserrait dans d'étroites limites
les attentats contre les propriétés. L'incapacité politique
qui frappait les protestants dissidents fut atténuée au commencement du siècle, et plus tard celle des catholiques. La
presse possédait une grande liberté, qui se montrait dans
la discussion des questions politiques, aussi bien que dans
la publication des débats parlementaires ; à la même époque, on put parler librement dans les réunions publiques.
En même temps que l'État attaquait moins l'individu et le
protégeait davantage, il se mêlait moins de ses affaires
quotidiennes. Encore que la réglementation du commerce
et de l'industrie fût considérable, elle n'allait pas à cette
extrémité où elle assujettissait en France les agriculteurs,
les manufacturiers, les négociants, à une armée de fonctionnaires qui agissaient au gré de leurs caprices. Bref, la
différence entre notre état et celui de la France était de

nature à exciter la surprise et l'admiration des écrivains français de l'époque, auxquels Buckle a emprunté les passages qui nous apprennent ce que nous venons de dire.

Mais ce qu'il y a de plus instructif, ce sont les changements, tant rétrogrades que progressifs, survenus en Angleterre, même durant la période de guerres qui s'étend de 1775 à 1815 et durant la période de paix qui a suivi. A la fin du dernier siècle et au commencement de celui-ci, le recul vers le système qui fait de l'individu la propriété de la société avait fait du chemin. « Pour les hommes d'Etat, l'Etat, pris comme une unité, était tout dans tout ; il était difficile de trouver un fait qui autorisât à penser que le peuple était compté pour quelque chose, excepté pour en exiger l'obéissance...... Le gouvernement considérait le peuple à peu près comme une masse bonne à rendre des impôts et des soldats. » Si la partie militaire de la société s'était grandement développée, la partie industrielle s'était rapprochée de l'état d'une manutention d'intendance militaire permanente. La conscription et la presse donnaient un exemple du point relativement avancé où allait le sacrifice de la vie et de la liberté des citoyens en conséquence de la guerre ; un système impitoyable de taxes empiétait sur les droits de la propriété, écrasait la classe moyenne, dont elle rendait la vie plus coûteuse, et plongeait la masse du peuple dans une telle misère qu'on vit, à la suite de mauvaises récoltes sans doute, « des centaines de gens se nourrir d'orties et d'autres herbes. » A côté de ces attentats de premier ordre de l'Etat contre les individus, il y en avait beaucoup d'autres de second ordre. Des agents irresponsables du pouvoir exécutif avaient le droit de supprimer les

1. Buckle, *History of Civilisation*, I, 415.

réunions publiques et d'arrêter les meneurs : les citoyens qui ne se dispersaient pas sur l'ordre qui en était donné étaient passibles de la peine de mort. On ne pouvait ouvrir des librairies ni des cabinets de lecture sans permission ; on punit même l'acte de prêter des livres sans autorisation ; on « fit de violents efforts pour réduire la presse au silence » ; les libraires n'osaient pas publier les ouvrages d'auteurs mal vus du pouvoir. On salariait des espions, on subornait des témoins, et, comme la loi de l'*Habeas Corpus* était constamment suspendue, la couronne avait le pouvoir d'emprisonner sans ouvrir une « instruction et pour le temps qu'elle voulait. » En même temps que le gouvernement imposait, contraignait et entravait ainsi les citoyens, il ne les protégeait pas d'une manière efficace. Il est vrai qu'on ajoutait au code pénal de nouveaux délits et des peines plus sévères : on étendait la définition de la haute trahison, et beaucoup de crimes furent punis de mort qui ne l'étaient pas auparavant. « Il y avait une liste énorme de transgressions pour lesquelles des hommes et des femmes furent condamnés à mort. » On traitait « la vie humaine avec un sans façon diabolique. » En même temps, la sécurité, loin de s'accroître, diminuait. « On peut voir, dit M. Pike dans son *Histoire du crime en Angleterre*, que plus l'effort de la lutte est grand, plus grandit le danger d'une réaction qui porte l'homme à la violence et au mépris des lois [1]. » Voyez maintenant l'autre tableau. Une fois sorti de la prostration que les guerres prolongées avaient laissée, quand les perturbations sociales causées par l'appauvrissement se furent effacées, on vit revivre les caractères propres au type industriel. La contrainte des citoyens par

---

1. L.-O. Pike, *History of the Crime in England*, II, 574.

l'Etat décrut de diverses manières. L'enrôlement volontaire prit la place du service militaire obligatoire; on fit disparaître des entraves de moindre importance, qui pesaient sur la liberté individuelle par exemple; on abolit les lois qui défendaient aux ouvriers de voyager à leur gré et qui prohibaient les associations ouvrières. A cet accroissement du respect pour la liberté de l'individu, s'ajouta l'amélioration du code pénal : on abolit d'abord la peine du fouet pour les femmes, qui la subissaient jusque-là en public : on réduisit beaucoup la liste des crimes punis par la peine capitale, jusqu'à ce qu'il n'en restât plus qu'un; on finit par supprimer la peine du pilori et la prison pour dettes. Les pénalités encore attachées au non-conformisme religieux disparurent; d'abord on abrogea celles qui frappaient les dissidents protestants, plus tard celles qui pesaient sur les catholiques, enfin celles qui atteignaient les quakers et les juifs. La réforme parlementaire et la réforme municipale firent passer beaucoup de gens de la classe sujette dans la classe gouvernante. L'intervention de l'État dans les affaires commerciales des citoyens diminua par la liberté qui fut accordée au commerce de l'argent, par la permission qui fut donnée de créer des banques par actions, par l'abolition d'innombrables entraves à l'importation des marchandises, dont à la fin un petit nombre seulement restèrent assujetties à payer des droits. Tandis que, grâce à ces changements et à d'autres du même genre, tels que la suppression des charges qui pesaient sur la presse, les empêchements apportés à la liberté des citoyens diminuèrent, et l'action protectrice de l'État fut augmentée, un système de police grandement perfectionné, la création de cours de comté, etc., assurèrent mieux la sécurité des personnes et les droits à la propriété.

Nous ne disons rien des Etats-Unis, pour ne pas charger notre sujet ; nous y verrions la répétition avec des différences secondaires des mêmes relations de phénomènes, et des exemples qui viennent parfaitement à l'appui de notre thèse. Au milieu de la complication et de la perturbation des faits, la comparaison nous fait voir avec assez de clarté que, dans les sociétés actuellement existantes, les attributs, où la déduction nous a montré des caractères du type industriel, se révèlent clairement dans la mesure où les fonctions sociales ont pour principal caractère l'échange de services d'après accord.

§ 574. Dans le dernier chapitre, nous avons noté les traits du caractère propre aux membres d'une société habituellement en guerre ; notons ici les traits du caractère propre aux membres d'une société occupée exclusivement d'objets pacifiques. Déjà, en traçant les rudiments du type industriel tel qu'il se montre dans certains petits groupes de peuples non belliqueux, nous avons fourni quelques indications sur les qualités personnelles propres à ce type. Il convient d'y insister et d'y ajouter d'autres traits avant de passer à l'observation des qualités personnelles analogues dans les sociétés industrielles plus avancées.

L'absence d'une règle coercitive implique que la société n'impose que de faibles entraves à ses unités ; elle s'accompagne d'un sentiment puissant de liberté individuelle et d'une ferme volonté de la conserver. Les peuplades aimables des Bodos et des Dhimals résistent « aux injonctions déraisonnables avec une obstination indomptable [1]. » Les pacifiques Lepchas « subissent de grandes privations plutôt que

1. Hodgson, *Journal Asiatic Society*, *Bengal*, xviii, 745.

de se soumettre à l'oppression et à l'injustice [1]. » Le
« Santal à l'esprit simple » possède « un vif sentiment de
la justice, et, si l'on tente de le contraindre, il quitte le
pays [2]. » Il en est de même d'une peuplade dont nous
n'avons pas encore parlé, les Jakuns du sud de la presqu'île de Sumatra, qui sont « absolument inoffensifs »,
braves, mais pacifiques; ils n'obéissent à aucune autorité
que celle de chefs nommés par le peuple, qui règlent leurs
différends; aussi dit-on qu'ils sont « extrêmement fiers »
On leur attribue cette prétendue fierté parce que leurs
excellentes qualités « ont donné à certaines personnes la
pensée de les domestiquer, et que ces essais ont généralement échoué : les Jakuns prenant la fuite à la plus légère
contrainte [3]. »

En même temps qu'un vif sentiment de leurs propres
droits, ces hommes pacifiques montrent un respect rare
pour les droits d'autrui. On le voit d'abord à la rareté des
collisions de personnes chez eux. Hodgson dit que les
Bodos et les Dhimals « s'abstiennent de tout acte de violence
contre les membres de leur race et contre leurs voisins [4]. » D'après le colonel Ouchterlony, chez les tribus
pacifiques de la chaîne des Nilgherries, « l'ivrognerie et la
violence sont inconnues [5]. » Campbell remarque que les
Lepchas « se querellent rarement entre eux [6]. » Les Jakuns
ont aussi « très rarement des querelles entre eux »; et
les disputes y « sont réglées par des chefs choisis par le
peuple » sans combat ni violence [7]. Les Alfarous vivent

1. Campbell, *Journal of Ethnological Society*, juillet 1869.
2. Hunter's, *Annals of Rural Bengal*, I, 209. Sherville, *Journal As. So*
XX, 354.
3. Rev. P. Favro, *Journal of Indian Archipelago*, II, 266.
4. Hodgson, *Journal As. Soc.*, XVIII, 716.
5. Col. Ouchterlony, *Memoirs of Survey of N. H.*, 69.
6. Campbell, *Journal of Ethn. Soc.*, juillet 1869, 150.
7. Rev. P. Favre. *loc. cit.*, II. 266.

entre eux pacifiquement et fraternellement. » En outre,
dans les récits sur ces peuplades, nous ne lisons rien qui
rappelle la loi du talion. Comme elles ne sont pas en hostilité avec les groupes voisins, elles ne connaissent pas « le
devoir sacré de la vengeance sanglante[1] », cette loi universelle des tribus et des nations belliqueuses. Chose plus
significative, nous voyons des faits qui prouvent l'existence
d'une doctrine et d'une pratique opposée. Les Lepchas,
dit Campbell, « sont singulièrement oublieux des injures...,
ils se font des réparations et des concessions réciproques[2]. »

Naturellement, avec ce respect de la personne d'autrui
existe aussi le respect de la propriété d'autrui. J'ai déjà,
dans les préliminaires, cité des témoignages en faveur de
la grande honnêteté des Lepchas, des Santals, des Todas et
d'autres peuplades qui leur ressemblent par la forme de la
vie sociale; je vais en ajouter d'autres. « Dans toutes mes
relations avec eux, dit Hooker, les Lepchas se sont montrés
d'une honnêteté scrupuleuse[3]. » Chez les Santals, écrit
Hunter, « les crimes et les magistrats chargés de les punir
sont inconnus[4]. » Chez les Hos, qui appartiennent au
même groupe que les Santals, dit Dalton, « il suffit que
l'honnêteté ou la véracité d'un homme donne lieu à quelque hésitation pour qu'il se tue[5]. » Shortt affirme pareillement que « les Todas, comme nation, n'ont jamais été con-
vaincus de crimes atroces d'aucun genre[6]. » Il ajoute que
chez les tribus des monts Chervaroys « les crimes graves
sont inconnus[7]. » « On n'a jamais accusé les Jakuns

---

1. Earl, trad. des *Voyages du Doméga* de Kolffe, 161.
2. Campbell, *loc. cit.*
3. Hooker, *Hymalayan Journals*, 1, 175.
4. *Hunter's Annals of Rural Bengal*, 1, 217.
5. Dalton, *Des. Ethn.*, 206.
6. Shortt, *Hill Ranges of S. S. India*, 1, 9.
7. Id., *Ibid.*, II, 7.

d'avoir volé quoi que ce soit, même l'objet le plus insigni-
fiant [1] ». Il en est de même de certains indigènes de la
presqu'île de Malacca qui « sont naturellement façonnés
aux habitudes commerciales. » « Il n'y a pas de partie du
monde, écrit Jukes... qui soit plus exempte de crimes
que le district de Malacca : quelques légers attentats contre
les personnes, ou quelques disputes au sujet de propriétés... il n'y a pas autre chose [2]. »

Ainsi affranchies de la règle coercitive que les fonctions
guerrières rendent nécessaire, et dépourvues du sentiment
qui rend possible la subordination obligée, soutenant leurs
droits propres tout en respectant les droits semblables
d'autrui, ne connaissant point les sentiments vindicatifs
que font naître les agressions extérieures et intérieures, ces
peuplades, au lieu de l'égoïsme qui foule aux pieds les inférieurs, de la soif de sang, de la cruauté, des caractères
des tribus et des sociétés belliqueuses, montrent des sentiments d'humanité à un degré inusité. Hodgson insiste sur
les qualités aimables des Bodos et des Dhimals et nous dit
qu'ils « manquent absolument de celles qui ne sont pas
aimables [3]. » Si le Santal « est poli et hospitalier, il n'a
rien de bas, dit Hunter, mais il pense que les gens qui
manquent de charité souffriront après leur mort [4]. » Les
Lepchas, dit Hooker, au plus épais des forêts ou sur les
montagnes les plus désolées, sont toujours disposés à prêter
leur secours, à porter les fardeaux, à dresser les tentes, à
se mettre en quête, à faire cuire les aliments, et, ajoute-t-
il, « ils encouragent le voyageur par le zèle discret qu'ils
mettent à le servir; ils se partagent un cadeau entre plu-

1. Favre, *Journal In. Arch.*, II, 266.
2. Jukes, *Voyage of H. S. S. Phys.*, I, 219.
3. Hodgson, *loc. cit.*, XVIII, 745.
4. Hunter, *Annals*, etc., I, 209.

sieurs sans une syllabe ou un regard de mécontentement [1]. »
Les Jakuns, nous dit Favre, « sont généralement aimables,
affables, enclins à la reconnaissance et à la bienfaisance » :
leur penchant n'est pas de demander des faveurs, mais
d'en accorder. Enfin Kolffe nous apprend que les pacifiques Alfarous « ont l'ambition très excusable de gagner la
réputation d'hommes riches, en payant les dettes des habitants pauvres de leur propre village. » « Un fonctionnaire,
M. Bik, me racontait un exemple très saisissant de cet
usage. Il a vu à Affara, à l'élection du chef du village, deux
individus qui aspiraient à la position d'Orang-Tua. On choisit le plus âgé, ce qui affligea beaucoup l'autre, mais celui-ci
ne tarda pas à exprimer sa satisfaction du choix que le peuple avait fait, et dit à M. Bik, qui y était là comme commissaire : « Quel motif de chagrin aurais-je? Que je sois
ou non Orang-Tua, je n'en garde pas moins les moyens
d'assister mes compatriotes. » Plusieurs vieillards furent
de cet avis, apparemment pour le consoler. Le seul emploi
qu'un Alfarou fasse de ses richesses, c'est de les consacrer
à aplanir des différends [2]. »

Ces éléments de supériorité dans les relations sociales,
chez les tribus qui vivent dans une paix permanente, entraînent une supériorité dans les relations domestiques.
Ainsi que je l'ai déjà fait voir (§ 327), si la condition légale
des femmes est d'ordinaire très inférieure chez les tribus
adonnées à la guerre et dans les sociétés belliqueuses plus
avancées, elle est très élevée dans ces sociétés pacifiques
primitives. Les Bodos et les Dhimals, les Kocchs, les Santals
et les Lepchas sont monogames, comme l'étaient les
Pueblos; avec la monogamie, il y a chez eux une moralité

1. Hooker, *Himalayan Journals*, I, 175, 129.
2. Kolffe, *Voyage du Doméga*, 168

sexuelle supérieure. Chez les Lepchas, dit Hooker, « les
femmes sont généralement chastes, et la fidélité conjugale
est rigoureusement respectée [1]. » Chez les Santals, « on ne
connaît pas l'impudicité, » et « le divorce est rare [2] ». Les
Bodos et les Dhimals ne tolèrent ni la polygamie, ni le con-
cubinage, ni l'adultère. « On estime la chasteté chez
l'homme et la femme, mariés ou non [3]. » Il faut remarquer
encore que chez ces peuples la conduite des femmes est
extrêmement bonne. « Le Santal traite les femmes de sa
famille avec respect [4]. » Les Bodos et les Dhimals montrent
« à leurs femmes et à leurs filles de la confiance et de la
bonté; celles-ci ne sont assujetties à aucun travail quelconque hors de la maison [5]. » Chez les Todas même, bien que
leurs relations sexuelles soient dégradées, « les maris
traitent leurs femmes avec respect et égards [6]. » En outre,
nous savons que dans plusieurs de ces tribus pacifiques
la condition légale des enfants est supérieure; on n'y voit
aucune de ces différences dans la manière de traiter les garçons et les filles, qui caractérisent les peuples militaires.

Naturellement, quand nous revenons aux nations civilisées pour y observer la forme de caractère individuel
propre au type social industriel, nous nous heurtons à une
difficulté : c'est que les traits personnels propres à l'industrialisme sont, comme les traits sociaux, mêlés à ceux qui
sont propres au militarisme. Il en est évidemment ainsi en
Angleterre. Une nation qui se trouve engagée de temps en
temps dans des guerres sérieuses, et qui ne cesse de soutenir de petites guerres contre des tribus sauvages, une

1 Hooker, *Himalayan Journals*, 1, 131.
2. Hunter, *Annals, etc.*, 208.
3. Hodgson, *J. A. S. B.* XVIII, 707.
4. Hunter, *loc. cit.*, 217.
5. Hodgson, *Essays*, 1, 150.
6. *Journal of Ethnological Society*. VII, 211.

nation où le pouvoir dans le Parlement et dans la presse
appartient principalement à des hommes que leur éducation scolaire a façonnés à prendre Achille pour héros six
jours de la semaine et à passer le septième à admirer le
Christ, une nation où, dans les banquets officiels, on porte
des toasts à l'armée et à la marine avant d'en porter aux
corps législatifs, cette nation n'est pas tellement dégagée
du militarisme qu'on puisse s'attendre à y reconnaître clairement soit les institutions, soit le caractère personnel
propres à l'industrialisme. Il s'en faut que les membres de
cette nation soient au niveau des peuplades incivilisées,
mais pacifiques, que nous avons citées, si on la compare
avec elles au point de vue de l'honnêteté, de la véracité, de
l'humanité. Tout ce que nous pouvons faire dans nos con-
jectures, c'est de constater un progrès vers les caractères
moraux propres à un état que les hostilités internationales
ne troublent point.

En premier lieu, avec le progrès du régime du contrat,
l'indépendance s'est accrue. L'échange quotidien des services sous la condition de l'accord, impliquant à la fois
l'affirmation des droits personnels et le respect pour les
droits d'autrui, a été favorisé par le développement de
l'autonomie personnelle et par conséquent de la résistance
à une autorité non consentie. Le mot d'indépendance, dans
son sens moderne, n'était pas en usage en Angleterre
avant le milieu du siècle dernier. Sur le continent, l'indépendance est moins marquée qu'en Angleterre aujour-
d'hui. Ces deux faits donnent à penser qu'il existe un rapport entre ce trait de caractère et le développement de l'industrialisme. On le reconnaît à la multiplicité extraordinaire
des sectes religieuses, aux divisions des partis politiques,
et, dans un domaine plus restreint, à l'absence d'écoles

dans l'art, la philosophie, etc., ce résultat de la soumission de disciples à un maître reconnu, qu'on observe encore sur le continent. On ne contestera pas, je pense, qu'en Angleterre les hommes se montrent plus qu'ailleurs jalou de leur indépendance et déterminés à agir comme ils le trouvent bon.

La diminution de subordination à l'autorité, revers de cette indépendance, suppose naturellement la diminution de la fidélité politique. L'adoration du monarque n'a jamais atteint en Angleterre la hauteur où elle est parvenue en France au siècle dernier, ou en Russie jusqu'à une époque récente; mais elle s'est changée en un respect qui dépend en grande partie du caractère personnel du monarque. On ne se sert plus de nos jours de ces termes d'extrême servilité que le clergé employa dans la dédicace de la Bible au roi Jacques, ni d'aucune des flatteries exagérées que la Chambre des lords adressait à Georges III. La doctrine du droit divin est morte depuis longtemps; on ne cite plus qu'à titre de curiosité archaïque la croyance à un pouvoir surnaturel immanent qui se révélait par exemple dans l'usage de faire toucher les écrouelles au roi, etc. On ne défend plus l'institution monarchique que par des motifs d'utilité. La décadence du sentiment qui, sous le régime militaire, attache le sujet au souverain, est si grande, qu'on exprime aujourd'hui la conviction que, si le trône devait être occupé par un Charles II ou un Georges IV, le pays préférerait la République. Ce changement de sentiment se montre dans l'attitude des citoyens envers le gouvernement dans son ensemble. En effet, non seulement il y en a beaucoup qui contestent l'autorité de l'Etat et sur les questions religieuses et sur plusieurs autres, mais il en est qui opposent une résistance passive à ce qu'ils appellent un abus d'autorité et qui subissent l'amende ou la prison plutôt que de se soumettre.

Comme ce dernier fait le donne à penser, la décadence de la fidélité politique s'accompagne de la décadence de la loi, non pas seulement aux monarques, mais aux gouvernements. La croyance à l'omnipotence royale que professaient les peuples de l'ancienne Egypte, qui supposaient que le pouvoir de leur prince s'étendait sur le monde entier, ce qu'on admet encore en Chine, n'a pas eu d'analogue en Occident. Cependant, chez les nations européennes de l'ancien temps, la confiance au roi soldat, élément essentiel du type militaire, se révélait d'autre façon dans des idées exagérées de son pouvoir de redresser les torts, de réaliser des avantages et de disposer les choses à son gré. Si nous comparons l'opinion qui règne actuellement parmi nous avec celle des premiers temps, nous apercevons le déclin des espérances fondées sur la crédulité. Bien que, durant le mouvement de recul vers le militarisme, on ait réclamé le pouvoir de l'Etat pour divers projets, et qu'on ait vu s'accroître la foi en l'Etat, il n'en reste pas moins que, jusqu'au commencement de cette réaction, un grand changement s'était produit dans l'autre sens. Après qu'on eut rejeté une croyance imposée par l'Etat, on refusa à l'Etat la capacité de déterminer la vérité religieuse, et on s'efforça toujours davantage de le décharger de la fonction de l'enseignement religieux, tenu pareillement pour inutile et dommageable. On a cessé depuis longtemps d'enseigner que le gouvernement pût faire quelque bien en réglant la nourriture du peuple, son costume et ses habitudes domestiques. Nous ne croyons plus qu'il y ait profit à régler par des lois les innombrables méthodes employées par les producteurs et les distributeurs, c'est-à-dire les actes qui composent la part la plus considérable de notre activité sociale. De plus, chaque journal trahit, par ses critiques des actes du ministère et de la conduite de la Chambre des Communes, la diminution de la foi des citoyens dans leurs chefs. Ce n'est pas seulement par les différences entre le passé et le présent en Angleterre que l'on peut montrer ce caractère d'un état industriel plus avancé. On le voit dans des différences analogues qui existent entre l'opinion en Angleterre et l'opinion sur le continent. Les théories des réformateurs socialistes de France et d'Allemagne prouvent que l'espérance de bienfaits à accomplir par l'action de l'Etat est plus forte dans ces deux pays qu'en Angleterre.

Avec la décadence de la fidélité politique et celle de la foi à la vertu des gouvernants, marche aussi celle du patriotisme, sous sa forme primitive. L'ambition de combattre « pour le roi et la patrie » n'occupe aujourd'hui qu'une petite place dans l'esprit des hommes; s'il est encore parmi nous une majorité dont le sentiment s'exprime bien par l'exclamation : « le pays quand même ! » il en est beaucoup qui veulent le bien de l'humanité en général, jusqu'à y subordonner leur amour du prestige national, et à ne pas admettre le sacrifice du premier au second. L'esprit de critique qui mène souvent les Anglais à faire des comparaisons défavorables entre eux et leurs voisins du continent, les porte plus que jamais à se reprocher leurs mauvais procédés envers des peuples plus faibles. Les protestations nombreuses et énergiques qu'a soulevées la conduite du gouvernement anglais à l'égard des Afghans, des Zoulous et des Boers, montrent l'intensité du sentiment que les chauvins appellent antipatriotique.

L'adaptation du caractère de l'individu aux besoins so-

ciaux, adaptation qui dans l'état militant porte l'homme
à se glorifier de la guerre, à mépriser les occupations
pacifiques, a produit en partie chez les Anglais une disposition inverse des sentiments. Le métier militaire n'a plus
été aussi honoré, et les professions civiles l'ont été davantage. Durant quarante années de paix, le sentiment populaire en était venu à s'exprimer en termes méprisants sur le
métier militaire; on pensait que les enrôlés volontaires,
d'ordinaire les paresseux et les débauchés, avaient mis le
sceau à leur déshonneur. De même en Amérique, avant la
dernière guerre civile, les petits rassemblements et les
chétifs exercices militaires qui se faisaient de temps en
temps étaient pour tous un objet de risée. En même temps,
on a vu les travaux, ceux du corps comme ceux de l'esprit,
utiles à leur auteur et à autrui, devenir non seulement honorables, mais en grande partie s'imposer. En Amérique, les
commentaires malveillants auxquels est exposé l'homme
qui ne fait rien, l'obligent presque à s'engager dans quelque occupation sérieuse, et en Angleterre le respect de la
vie industrieuse est porté si haut qu'on voit des hommes
de haut rang mettre leurs fils dans les affaires.

Tandis que la coopération obligatoire propre au militarisme proscrit ou décourage l'initiative individuelle, la
coopération volontaire qui distingue l'industrialisme lui
donne libre carrière et lui permet de grandir en laissant
l'esprit d'entreprise produire ses avantages normaux. Les
gens qui réussissent grâce à l'originalité de leurs idées et
de leurs actes prospèrent et se multiplient bien plus que
les autres, et produisent dans le cours du temps un type
général de caractère qui dispose à entreprendre du nouveau. La tendance à la spéculation des Anglais et des
Américains, et l'extension qu'ils savent donner à leurs

entreprises, tant chez eux qu'au dehors, suffisent à signaler ce trait du caractère industriel. Il est vrai qu'à la suite de la réduction considérable subie par le militarisme sur le continent, l'esprit d'entreprise y a beaucoup gagné; mais, dans beaucoup de villes de France et d'Allemagne, des compagnies anglaises ont établi le gaz et l'eau, tandis que des compagnies étrangères n'ont fait en Angleterre que peu de choses dans ce genre; cela fait reconnaitre que l'Anglais modifié dans le sens industriel possède une initiative industrielle plus marquée.

Il y a des preuves que le déclin des hostilités internationales, associé au déclin des hostilités entre familles et entre individus, s'accompagne aussi de l'affaiblissement de sentiments de vengeance. On peut le penser quand on voit en Angleterre les plus graves de ces guerres privées cesser d'abord, laissant seulement subsister les moins sérieuses sous la forme du duel, qui a pris fin à son tour. En effet, la cessation du duel coïncide avec le récent développement de la vie industrielle, et dans les sociétés française et allemande, plus militaires, cette coutume n'a pas encore disparu. L'autorité de la loi du talion a si bien décliné en Angleterre, que l'on réprouve bien plus qu'on ne loue l'homme dont on sait que les actes sont conduits par le désir de se venger d'un autre qui lui a fait tort.

Avec la décroissance des penchants agressifs révélés par les actes de violence et les actes qui en sont les conséquences, les représailles, va la décroissance des penchants agressifs qui se révèlent dans les actes criminels en général. Quiconque connaît l'histoire du crime en Angleterre ne saurait mettre en doute que ce changement ne soit un accompagnement du changement d'un état plus militaire à un état plus industriel. « L'étroite relation qui existe, nous dit M. Pike dans son ouvrage sur ce sujet, entre l'esprit militaire et les actions que l'on appelle aujourd'hui des crimes, s'est révélée maintes fois dans le cours de l'histoire d'Angleterre. » Si nous comparons un passé durant lequel les effets des occupations martiales étaient bien moins restreints par ceux des occupations pacifiques, qu'ils ne le sont de nos jours, nous apercevons une différence très marquée au point de vue du nombre et du genre des attentats contre les personnes et les propriétés. Il n'y a plus de boucaniers. On n'entend plus parler de naufrageurs, et les voyageurs ne prennent plus de précaution par crainte des voleurs de grand chemin. De plus, la perversité qui se faisait connaître dans les régions du gouvernement, par exemple par la vénalité des ministres et des membres du Parlement, comme aussi par la corruption des juges, a disparu. En même temps que l'intensité du crime diminuait, la réprobation du crime augmentait. On ne voit plus dans la littérature anglaise publier de ces biographies de capitaines de pirates, où l'admiration pour leur courage éclatait à chaque page. On ne montre plus guère de nos jours de politesse servile à l'égard de « ces messieurs des grands chemins. » Si nombreuses que soient les infractions à la justice dont les journaux informent les lecteurs, le nombre en a beaucoup diminué; et, si dans les affaires il reste encore bien de la malhonnêteté qui s'exerce surtout par des procédés indirects, il n'y a qu'à lire les *Marchands anglais* de Defoe pour reconnaître l'amélioration qui s'est réalisée depuis cette époque. Nous ne devons pas oublier que le changement de caractère, cause de la décroissance des actions injustes, a été cause aussi de l'accroissement des actions bienfaisantes. On en voit un exemple dans les souscriptions en faveur de l'émancipation des esclaves, en faveur des blessés étrangers, enfin pour une quantité innombrable d'œuvres philanthropiques.

§ 575. De même que pour le type militaire, trois séries de preuves convergent pour nous montrer la nature fondamentale du type industriel. Résumons les résultats auxquels nous sommes parvenus afin d'apercevoir l'analogie qui les unit.

Quand on considère les caractères d'une société organisée exclusivement pour faciliter l'activité interne, en vue de servir le mieux possible à l'entretien de la vie des citoyens, on trouve ce qui suit. L'action corporative qui subordonne les actions des individus en les unissant dans un effort combiné n'est plus une condition nécessaire. L'action corporative qui persiste a pour fin de préserver les actions de l'individu contre toute intervention qui ne soit pas nécessairement demandée par la limitation réciproque des droits individuels. Le type social où cette fonction s'accomplit le mieux est celui qui doit survivre, puisque c'est celui dont les membres doivent prospérer le plus. Comme les exigences du type industriel excluent toute autorité despotique, elles n'admettent, pour organe approprié en vue d'accomplir l'action corporative nécessaire, qu'un corps de représentants dont l'office est d'exprimer la volonté commune. La fonction de cet organe de gouvernement, qu'on appelle généralement l'administration de la justice, est plus particulièrement de veiller à ce que chaque citoyen ne fasse ni plus ni moins de profit que son activité ne lui en procure : ce qui exclut toute action publique impliquant une distribution artificielle de bénéfices. Le régime de la condition légale propre au militarisme a disparu, le régime du contrat qui le remplace doit s'imposer à tous ; et ce régime n'avoue pas d'intervention qui impose entre les efforts et les résultats une relation arbitraire. A un autre point de vue, le type industriel se distingue du type militaire en ce qu'il n'est pas à la fois positivement et négativement régulatif, et qu'il ne l'est que négativement. En même temps que la sphère de l'action corporative se rétrécit, celle de l'action individuelle s'agrandit. De la coopération volontaire, ce principe fondamental du type industriel, naissent d'innombrables associations privées, analogues par leur structure à l'association publique qui forme la société dans laquelle elles sont contenues. Comme résultat indirect, une société du type industriel a pour caractère la plasticité; elle tend aussi à perdre son autonomie économique et à se fondre avec les sociétés voisines.

La question à considérer ensuite est celle de savoir si les caractères du type industriel, que la déduction nous a fournis, se vérifient par l'induction; nous les trouvons plus ou moins clairement indiqués dans les sociétés selon que l'industrialisme y est plus ou moins développé. Si nous jetons un regard sur les petits groupes de gens incivilisés, qui sont absolument pacifiques et qui nous offrent le type industriel dans sa forme rudimentaire, et que nous comparions la structure des nations européennes aux premiers temps du militarisme chronique avec celle de ces mêmes nations dans les temps modernes où elles se distinguent des autres par le progrès de l'industrialisme, nous voyons que leurs différences sont celles que nous avons indiquées d'après la déduction. Nous comparons ensuite deux sociétés, la France et l'Angleterre, jadis semblables, mais dont l'une a eu sa vie industrielle bien plus réprimée que l'autre par sa vie militaire; et il est manifeste que le contraste qui, d'âge en âge, s'est établi entre leurs institutions, répond à notre hypothèse. Enfin, si nous nous renfermons en Angleterre, nous y voyons d'abord les caractères du type industriel subir un recul durant une longue période de guerre, et nous les voyons ensuite, durant la longue paix qui a suivi depuis 1815, se rapprocher de la structure sociale où la déduction nous a montré le caractère propre de l'industrialisme.

Nous avons ensuite recherché le type de nature de l'individu qui accompagne le type industriel de société, en vue de voir, d'après le caractère de l'unité aussi bien que d'après celui de l'agrégat, si l'induction confirme les données de la déduction. Certains peuples sauvages, dont la vie se passe dans des occupations pacifiques, se distinguent par leur esprit d'indépendance, leur résistance à la contrainte, leur honnêteté, leur véracité, leur générosité, leur bonté. Quand nous opposons le caractère de nos ancêtres durant des périodes plus belliqueuses de l'histoire d'Angleterre, nous voyons, à mesure que le rapport de l'industrialisme au militarisme grandit, s'élever le niveau de l'indépendance, s'abaisser celui de la fidélité politique, diminuer la foi aux gouvernements et décroître le patriotisme ; en même temps, par l'effet de l'esprit d'entreprise, de la diminution de la foi en l'autorité, de la résistance à un pouvoir irresponsable, on a vu grandir la confiance de l'individu en lui-même, les égards pour l'individualité d'autrui, qui se révèlent par la diminution des attentats et la multiplication des efforts de bienfaisance.

Pour éviter une erreur, il me paraît nécessaire, avant de finir, d'expliquer que ces caractères doivent être considérés moins comme des résultats immédiats de l'industrialisme que comme des résultats éloignés d'un état non militaire. Ce n'est pas tant parce qu'une vie sociale passée

en des occupations pacifiques est positivement moralisante,
que parce qu'une vie sociale occupée à la guerre est démo-
ralisante. Dans l'une, le sacrifice d'autrui à soi n'est qu'un
incident; dans l'autre, c'est la condition nécessaire.
L'égoïsme agressif qui existe dans la vie industrielle n'existe
qu'au dedans, tandis que l'égoïsme agressif de la vie militaire s'étale au dehors. Encore que la sympathie ne soit
pas la règle de l'échange de services, sous le régime du
contrat, tel qu'il existe aujourd'hui, il s'accomplit en
grande partie et peut s'accomplir complètement avec le
respect dû aux droits d'autrui, et peut aller avec le sentiment du bien donné comme du bien reçu; mais des actes
tels que tuer des adversaires, brûler leur maison, s'approprier leur territoire, ne peuvent se séparer du sentiment
vif du tort qu'on leur a fait et de l'effet abrutissant qui en
est la conséquence, effet produit non seulement sur des
soldats, mais sur ceux qui les emploient et qui contemplent
avec plaisir leurs exploits. Cette dernière forme de vie
sociale, par conséquent, éteint la sympathie et engendre un
état d'esprit qui porte au crime; la première, au contraire,
qui laisse libre carrière à la sympathie, si elle ne la met
pas en jeu directement, favorise le développement des sentiments altruistes et les vertus qui en résultent.

# CHAPITRE XIX

## PASSÉ ET AVENIR DES INSTITUTIONS POLITIQUES

§ 576. Dans les chapitres qui précèdent nous nous sommes peu occupés de montrer comment la doctrine de l'évolution en général se vérifie dans l'évolution politique ; mais il n'y a pas lieu de douter que le lecteur judicieux n'ait remarqué de temps en temps que les transformations que nous avons décrites se conforment à la loi générale de transformation. Il convient maintenant, en nous résumant, d'indiquer brièvement comment elles s'y conforment. Déjà, dans la Deuxième Partie, en traitant de la croissance, des structures et des fonctions sociales, nous avons esquissé les traits de cette conformité ; mais à présent les matériaux réunis dans la cinquième partie nous fournissent les moyens de la vérifier d'une façon plus spéciale, et nous pouvons nous en servir pour insister de nouveau sur un principe qui n'est pas encore communément reconnu.

A première vue on reconnaît que le développement politique est une opération d'intégration. Les individus primitivement séparés s'unissent en un tout, et cette union se montre de diverses manières. Dans les premières phases, les groupes d'hommes sont petits, lâches, non reliés par la subordination à un centre. Mais, avec le progrès politique, ces groupes subissent des fusions primaires, secondaires et tertiaires, jusqu'à ce que de grandes nations soient produites. En outre, avec la vie sédentaire et le développement agricole qui accompagne le progrès politique, il ne se forme pas seulement des sociétés qui couvrent des surfaces plus étendues, mais la densité de la population y subit une augmentation. De plus, l'agrégat lâche des sauvages se transforme en un corps cohérent de citoyens, d'abord attachés par la contrainte les uns aux autres et à leur localité par les liens de famille et les liens de classe, et plus tard attachés volontairement les uns aux autres par leurs occupations mutuellement dépendantes. Encore une fois, les volontés individuelles s'absorbent dans une volonté gouvernementale, qui fait de la société, comme d'une armée, un corps où tout se tient.

En même temps l'hétérogénéité augmente de plusieurs manières. Partout la horde, quand ses membres viennent à s'unir pour l'attaque ou la défense, subit une différenciation, où l'on voit se détacher un homme prépondérant; un petit nombre de supérieurs, et une foule d'inférieurs; à mesure que le groupe se concentre par l'effet de la guerre, on en voit sortir le chef suprême, les chefs subordonnés et les guerriers; enfin à un point plus avancé de l'intégration, des rois, des nobles et le peuple. Chacune des deux grandes couches sociales subit bientôt dans son propre sein une nouvelle différenciation. Lorsque de petites sociétés se sont unies, leurs appareils gouvernementaux trinitaires deviennent dissemblables : les assemblées politiques locales se subordonnent à une assemblée politique centrale. Sans doute, pendant quelque temps, l'assemblée centrale de-

meure constituée de la même façon que les assemblées
locales, mais elle s'écarte graduellement de ce modèle par la
perte de son élément populaire. En même temps que ces
corps locaux et centraux deviennent différents par leurs pouvoirs et leur structure, ils se différencient chacun d'une autre
façon. Dans le principe, chacun joue à la fois un rôle militaire, politique et judiciaire; peu à peu l'assemblée réunie,
mais sans armes, pour remplir sa fonction judiciaire, cesse
de ressembler à l'assemblée politico-militaire; et l'assemblée politico-militaire finit par donner naissance à un corps
consultatif, dont les membres viennent sans armes au conseil tenu pour les affaires politiques. Des changements
analogues se passent par la suite dans chacune de ces
divisions. En même temps que les appareils judiciaires
locaux prennent des formes plus spécialisées, ils subissent
l'autorité de l'appareil judiciaire central ; et l'appareil judiciaire central, séparé du corps consultatif primitif, se divise
en parties appelées cours, affectées à des genres différents
d'affaires. Le corps politique central, lorsque sa puissance
ne disparaît pas absorbée par celle du chef suprême, tend
à se compliquer : en Angleterre, par exemple, par la différenciation qui tire le conseil privé du corps consultatif
primitif, et celle qui tire le cabinet du conseil privé;
différenciations qui s'accompagnent dans un autre sens de
la division du corps consultatif en parties électives et non
électives. Tandis que ces métamorphoses s'opèrent, la séparation des trois organisations, législative, judiciaire et
exécutive, progresse. En outre, le progrès dans ces changements politiques de premier ordre s'accompagne d'un progrès dans les changements politiques de second ordre, qui
tirent par évolution du sein des gouvernements de famille
et de clan, des gouvernements de centurie, de corporation

et de municipe. Ainsi, dans tous les sens, de la simplicité primitive sort la complexité finale par une série de modifications ajoutées les unes aux autres.

En même temps que ce progrès qui part de petits agrégats sociaux incohérents pour arriver à de grands agrégats sociaux cohérents, qui, à mesure qu'ils deviennent intégrés, passent de l'uniformité à la multiformité, un autre progrès s'opère qui va de l'organisation politique non définie à l'organisation politique définie. Dans la horde primitive rien de fixe, sauf les idées, les usages héréditaires. Seulement les différenciations déjà décrites, qui commencent toutes avec une forme vague, prennent à leur tour des formes toujours plus accusées. Les divisions de classes manquent d'abord, plus tard elles sont vagues; elles acquièrent à la fin une grande netteté : des barrières infranchissables s'élèvent souvent entre les esclaves, les serfs, les hommes libres, les nobles, le roi; leurs situations respectives prennent pour signe des mutilations, des insignes, des habits, etc. Les pouvoirs et les obligations jadis diffusés sur tous se séparent et se conservent par des mesures rigoureuses. Les diverses parties de la machine politique se restreignent de plus en plus dans les limites de leurs fonctions; et l'usage, accumulant de siècle en siècle les précédents, renferme chaque genre d'action officielle dans des limites prescrites. L'accroissement de la précision s'accuse partout par le développement des lois. Au début, ce sont des injonctions héréditaires sacrées, formulées brièvement; on doit les appliquer d'après une méthode prescrite, et leur sens par rapport aux cas particuliers doit être clair. Les règles de procédure deviennent graduellement plus détaillées et formelles, à mesure que les interprétations changent le commande-

ment général en commandements spécialisés pour faire
face à des circonstances accidentelles; enfin peu à peu, se
développe un système de lois partout précis et fixe. Un
exemple très intéressant montre la profondeur de cette
tendance; c'est le système anglais d'*équité*, qui prend naissance pour limiter les applications indûment définies et
rigides de la loi, et qui multiplie lui-même ses distinctions
jusqu'à devenir tout aussi défini et rigide.

Afin de ne pas nous exposer à une critique à laquelle on
doit s'attendre, ajoutons que ces changements allant de
sociétés petites, lâches, uniformes, vaguement construites,
à des sociétés grandes, compactes, multiformes, construites
avec précision, se présentent avec des caractères différents
quand ils s'accomplissent sous des conditions différentes,
et se modifient quand les conditions changent. Les diverses
parties d'une société se transforment selon que l'activité de
cette société est de tel ou tel genre. La guerre chronique
donne lieu à une cohésion obligatoire et produit une hétérogénéité et une précision toujours plus grandes dans l'organisation gouvernementale qui assure l'unité d'action; en
même temps, la partie de l'organisation qui accomplit la
production et la distribution, révèle ces caractères de
l'évolution à un degré relativement faible. Réciproquement,
quand l'action combinée d'une société contre d'autres sociétés décroît, les caractères de structure qui se sont développés pour l'accomplissement de cette action combinée
commencent à s'effacer; mais ceux qui ont pour fonction la
production et la distribution deviennent plus accentués :
l'accroissement de la cohésion, de l'hétérogénéité, de la
précision, se révèle alors dans l'organisation industrielle.
Aussi les phénomènes deviennent-ils compliqués par l'effet
d'une évolution simultanée d'une partie de l'organisation

sociale, et de la dissolution d'une autre partie, mélange de changements dont la société actuelle est un excellent exemple.

§ 577. A la lumière de cette conception générale, qui suffit à rappeler les conclusions obtenues sans que nous ayons à les récapituler en détail, nous pouvons nous tourner du passé vers l'avenir et nous poser la question de savoir quelles phases l'évolution politique devra probablement traverser.

Si nous nous permettons de spéculer sur les types politiques supérieurs, c'est avec la pensée que ces types ne deviendront probablement pas universels. Dans l'avenir comme dans le passé, les circonstances locales doivent exercer une grande influence dans la détermination des institutions gouvernementales ; puisque ces institutions dépendent en grande partie des modes d'existence nécessités par le climat, le sol, la flore et la faune. Dans les régions telles que celles de l'Asie centrale, qui ne sauraient nourrir des populations nombreuses, il est probable qu'il y aura toujours des hordes nomades, régies par une forme gouvernementale simple. Les vastes territoires de l'Afrique centrale, mortels pour les hommes des races supérieures, et dont l'atmosphère saturée de vapeur produit l'énervement, pourront demeurer le domaine de races inférieures soumises à des institutions politiques adaptées à leur caractère. Enfin, dans les conditions semblables à celles des petites îles du Pacifique, le faible nombre des habitants est une cause qui, seule, doit empêcher l'apparition des formes de gouvernement nécessaires et possibles dans les grandes nations. Du moment que nous savons qu'avec les organismes sociaux comme avec les organismes indivi-

duels, l'évolution des types supérieurs n'entraîne pas l'extinction des types inférieurs, mais laisse un grand nombre
de ces derniers survivre dans des habitats qui ne conviennent pas aux types supérieurs, nous pouvons nous borner
à l'étude d'un problème et nous demander seulement
quelles seront probablement les formes de l'organisation
et de l'action politique dans les sociétés placées dans des
circonstances favorables pour que l'évolution sociale y
atteigne son apogée.

Naturellement, il faut tirer du passé les inductions qui
serviront de base aux déductions pour l'avenir. Nous
devons admettre que l'évolution sociale à venir obéira aux
mêmes principes que l'évolution passée. Il faut attendre
que les causes qui ont partout produit certains effets, pro-
duiront, quand elles opéreront, de nouveaux effets du même
genre. Si les transformations politiques nées sous certaines
conditions sont susceptibles d'aller plus avant dans les
mêmes sens, il faut conclure qu'elles iront plus loin si les
conditions persistent, et qu'elles iront ainsi en avant tant
qu'elles n'auront pas atteint les limites au delà desquelles
il n'y a plus de place pour elles.

Ce n'est pas qu'on puisse faire une prévision de quelque
valeur sur les changements prochains. Tout ce qui s'est
passé concourt à prouver que les institutions politiques,
dont les formes sont au fond déterminées par la prépondérance de l'un des deux modes antagonistes d'action sociale,
le mode militaire et le mode industriel, se trouvent
façonnées de telle ou telle façon selon que la guerre est
fréquente ou la paix habituelle. Il faut donc conclure que
dans les périodes prochaines tout dépendra de la marche
que les sociétés sauront suivre les unes à l'égard des autres,
marche que l'on ne saurait prédire. D'une part, dans l'état

actuel de préparatifs militaires qui règne dans toute l'Europe, un accident malencontreux peut allumer des guerres, qui n'auraient qu'à se prolonger durant une génération au plus, pour ramener les formes coercitives du gouvernement politique. D'autre part, il est probable qu'une longue paix augmentera l'activité industrielle et commerciale, développera dans chaque nation la structure politique appropriée à cette activité, et fortifiera les liens internationaux qui résultent de leur mutuelle dépendance, assez pour opposer une résistance toujours plus forte aux guerres et ruiner l'organisation sociale adaptée à l'activité militaire.

Sans rechercher quels seront les changements politiques prochains qui s'opéreront probablement chez les nations les plus avancées, nous pouvons, d'après les changements que la civilisation a produits, induire qu'à une époque plus ou moins éloignée de nous le type industriel se trouvera définitivement établi. Quel sera alors le régime politique final?

§ 578. Nous venons d'examiner longuement les caractères politiques du type industriel tel qu'on peut les déduire *à priori*, et tels qu'on les vérifie *à posteriori* dans les sociétés les mieux placées pour les produire; il ne nous reste donc qu'à les présenter sous une forme condensée et plus concrète, en les accompagnant de caractères secondaires et subordonnés que nous n'avons pas encore indiqués. Nous jetterons les yeux d'abord sur la structure politique, et nous examinerons ensuite les fonctions politiques.

Quelles sont les formes d'organisation gouvernementale qui sont le produit nécessaire de la coopération volontaire poussée jusqu'à ses dernières limites? Nous avons déjà vu que, lorsque les appareils coercitifs qui accompagnent le régime militaire n'existent pas, la structure administrative. quelle qu'elle soit, qui existe, doit être en général et en détail, directement ou indirectement, issue d'un système représentatif. La présence dans cette structure de fonctionnaires qui ne tirent pas leur autorité de la volonté commune, et que cette volonté ne peut changer, supposerait la persistance partielle du régime du statut personnel que le régime du contrat a par hypothèse entièrement remplacé. Mais, en admettant l'exclusion de tous les agents irresponsables, quelle est la structure particulière qui servira le mieux à manifester et à exécuter la volonté commune? C'est une question à laquelle on ne peut faire que des réponses approximatives. Il y a diverses organisations possibles par lesquelles le consensus général de sentiment et d'opinion peut se manifester et s'exprimer activement; c'est bien plutôt par convenance que par principe que l'une de ces organisations sera adoptée de préférence aux autres. Examinons-en quelques-unes.

Les représentants qui constituent le corps législatif central peuvent former un seul corps ou en former deux. S'il n'y a qu'un corps, il peut se composer d'hommes élus par tous les citoyens en possession d'une certaine qualité légale, ou bien ses membres peuvent être élus par des corps locaux issus eux-mêmes de l'élection directe, ou encore il peut contenir des membres dont quelques-uns sont élus de la première manière et quelques-uns élus de l'autre. S'il existe deux chambres, la chambre basse peut tirer son origine de la première de ces trois manières; mais la chambre haute tire la sienne de diverses sources. Elle peut se composer de membres choisis par les corps représentatifs locaux, ou élus par la chambre basse parmi ses propres membres. On ne soumettra ses membres à aucun crité-

rium d'éligibilité ou l'on exigera d'eux des titres spéciaux :
par exemple l'expérience acquise dans l'administration.
Outre que les formes du corps législatif sont diverses, il
y a divers modes pour le renouveler soit en totalité soit
en partie. La dissolution en entier et la réélection de l'une
des chambres ou des deux peuvent revenir à intervalles
fixes, le même pour les deux chambres ou différent, simul·
tanément ou à des époques différentes. Ou bien la chambre haute, quoique représentative, est permanente, tandis
que la chambre basse est renouvelable, ou bien le renouvellement de l'une ou des deux chambres, à des intervalles
fixes, peut être partiel au lieu d'être complet, se faire par
tiers ou par quart chaque année ou tous les deux ans, rééli-
gible ou non. Il y a aussi divers modes d'origine pour le
pouvoir exécutif conformément au principe représentatif.
Il peut être simple ou composé; s'il est composé, ses membres peuvent être renouvelés séparément ou tous à la fois.
Le gouvernement peut être élu directement par la société
entière, ou par les gouvernements locaux, ou par l'un des
corps représentatifs centraux ou par les deux, à temps ou
à vie. Le chef politique peut choisir lui-même ses auxiliaires ou ministres, ou choisir l'un deux qui lui-même
choisit les autres, ou bien les ministres peuvent être choisis séparément ou en corps par l'une ou l'autre des deux
chambres, ou par les deux ensemble. Enfin les membres
du ministère peuvent former un groupe distinct des deux
chambres, ou bien être membres de l'une ou de l'autre.

Le choix de ces dispositions et de quelques autres qui
sont possibles, comme modification ou complication des
premières, mais toutes d'accord avec le besoin de faire et
d'exécuter les lois conformément à l'opinion publique, ce
choix dépend surtout du désir d'obtenir la simplicité et la

facilité de l'opération. Mais il paraît probable qu'à l'avenir,
comme par le passé, les détails des formes constitutionnelles de chaque société ne seront pas déterminés par des
raisons à *priori*, ou ne le seront qu'en partie. Nous pouvons
croire qu'ils le seront en grande partie par les antécédents
de la société ; et qu'entre les sociétés du type industriel il y
aura des différences dans l'organisation politique dépendantes de différences généalogiques. Comme nous savons,
d'après l'analogie avec l'organisation de l'individu, que les
appareils développés durant les premières périodes de l'évolution d'un type en vue des fonctions qui s'accomplissent au
même temps ne disparaissent pas toujours à des périodes
plus avancées, mais qu'ils subissent des remaniements
qui les adaptent à des fonctions plus ou moins différentes,
nous pouvons nous attendre à ce que les institutions politiques appropriées au type industriel continueront, dans
chaque société, à porter des traces des institutions politiques primitives appropriées à un autre but. C'est ainsi
que, de nos jours encore, nous voyons les sociétés nouvelles
qui grandissent dans les colonies, conserver des vestiges
des premières étapes traversées par les sociétés ancêtres.
Nous pouvons donc prévoir que les sociétés, qui dans l'avenir
seront tout aussi complètement industrielles les unes que
les autres, n'offriront pas des formes politiques identiques,
mais des formes se rapprochant beaucoup des diverses
formes possibles appropriées au type, et s'en écartant seulement par des différences déterminées en partie par la
structure que ces sociétés possédaient dans le passé et en
partie par la structure des sociétés d'où elles tirent leur
origine. Ces probabilités admises, cherchons par quels
changements la constitution politique de l'Angleterre pourra
se mettre en harmonie avec les nécessités du type industriel.

Sans doute on peut soutenir qu'un corps unique de représentants suffit pour les besoins de la législation, d'une
nation libre; mais les raisons déjà énumérées nous autorisent à prévoir que le maintien de la dualité des chambres,
dont on peut retrouver les éléments dans la différenciation
politique primitive, ne disparaîtra probablement pas entièrement dans l'avenir. La division spontanée du groupe
primitif en deux parties, le petit nombre d'élite et le grand
nombre vulgaire, qui jouent l'un et l'autre un rôle dans
les déterminations du groupe, cette division qui reparait,
avec le réveil du pouvoir du grand nombre vulgaire, sous
la forme d'un corps qui le représente, pour concourir, avec
le corps formé de l'élite, à la décision des affaires nationales, cette division paraît devoir persister. Admettons
comme un fait normal que ces deux chambres, si elles
existent dans l'avenir, se constituent par représentation
directe ou indirecte, il est probable qu'une chambre haute
et une chambre basse continueront à présenter des différences assez analogues à celles qui ont existé jusqu'ici. En
effet, si loin que soit parvenue l'évolution d'une société industrielle, elle ne saurait abolir la distinction entre les
supérieurs et les inférieurs, les gouvernants et les gouvernés. Les dispositions quelconques qui auront à régler, à
l'avenir, la marche de l'industrie, laisseront nécessairement
subsister la différence entre les gens que leur caractère et
leurs aptitudes élèvent aux hautes positions et ceux qui
demeurent dans les basses. Tous les genres de production
et de distribution, dussent-ils finalement s'opérer par des
associations de coopérateurs, comme il y en a quelques-
unes de nos jours, ces associations ne laisseront pas d'avoir
des chefs et des comités d'administrateurs élus. Un corps
électoral composé non d'individus appartenant à une classe

privilégiée, mais à la classe formée par tous les chefs
d'organisations industrielles, ou un corps électoral composé
autrement de toutes les personnes employées à l'administration des industries, pourront servir de base à un sénat
composé de représentants de personnes dirigeantes par
opposition aux représentants des personnes dirigées. Naturellement, dans le gouvernement général, comme dans le
gouvernement de chaque corps industriel, les représentants
de la classe gouvernée doivent avoir le dernier mot; mais il
y a lieu de penser que les représentants de la classe dirigeante pourraient exercer une autorité pondératrice utile à
la société. Evidemment une loi produit un effet différent
suivant qu'on la considère d'en haut ou d'en bas, du point
de vue de ceux qui ont coutume de gouverner ou de celui
de ceux qui ont coutume d'être gouvernés. Il est nécessaire
de tenir également compte des deux aspects. Sans croire
que les différences d'intérêt de ces corps imposeront jusqu'à la fin l'obligation de leur donner des représentations
différentes, on peut admettre raisonnablement que le corps
supérieur, composé d'administrateurs expérimentés, modifiera très avantageusement par ses jugements ceux de la
classe inférieure, moins propre aux affaires, et que les besoins de la société trouveront une plus exacte satisfaction
dans des lois issues de leurs délibérations combinées. Bien
loin de faire prévoir l'unification finale des deux corps législatifs les faits de l'évolution, qui nous attestent partout le
progrès de la spécialisation, nous donnent à penser que
l'un de ces corps ou les deux, exprimant des organisations
politiques développées, se différencieront encore. Il y a
même en ce moment des signes annonçant qu'un changement de ce genre va s'opérer probablement dans la chambre
des communes. On objecte que la dualité législative est un

obstacle au travail législatif, mais on peut répondre qu'il est désirable d'opposer une énergique résistance au changement. Dans l'état actuel, en Angleterre, des lois inconsidérées produisent des maux énormes ; et tout changement qui faciliterait encore le travail législatif accroîtrait ces maux.

Nous ne pouvons guère éviter d'admettre que la forme définitive du pouvoir exécutif sera d'une manière ou d'autre élective, puisque l'autorité politique héréditaire est un caractère du type militaire avancé et forme une partie du régime du statut personnel, que l'hypothèse du type industriel élimine. A la lumière des faits que les sociétés avancées de nos jours nous présentent, nous pouvons conclure que la charge de chef de l'Etat, de quelque façon qu'elle soit occupée, perdra de plus en plus de son importance, et que les fonctions dévolues à celui qui en sera investi seront de plus en plus automatiques. Il y aura un appareil gouvernemental conservant certains caractères du pouvoir exécutif actuel de l'Angleterre, unis à d'autres caractères qu'on observe dans le pouvoir exécutif des Etats-Unis. D'une part, il est nécessaire que les hommes qui ont à exécuter la volonté de la majorité, telle qu'elle s'exprime par la législature, soient amovibles ; par là se trouvera assurée la subordination nécessaire de leur politique à l'opinion publique ; d'autre part, il faut que leur élimination laisse intacte la partie de l'organisation exécutive nécessaire à l'expédition des affaires courantes. En Angleterre, ces conditions, remplies en grande partie, ne le sont pas complètement, parce que le chef politique n'est pas électif, et qu'il exerce encore, surtout sur la politique étrangère de la nation, un pouvoir considérable. Aux Etats-Unis, si ces conditions sont remplies en ce que le chef politique est électif et ne saurait compromettre la nation par ses actes à l'égard d'autres nations, elles ne le sont pas en ce qu'au lieu d'être un personnage automatique, dont l'action est restreinte par un ministère responsable devant l'opinion, il exerce pendant la durée de son mandat une autorité fort indépendante. Il est possible que dans l'avenir les avantages des deux régimes se trouvent réunis et leurs inconvénients évités. L'antagonisme des partis que nous voyons dans l'état de transition actuel s'effacera, et le poste de chef de l'Etat deviendra un poste honorifique plutôt qu'une fonction d'autorité; il se pourra alors qu'on y élève, à la fin de leur carrière, des hommes que la nation voudra honorer; leur élection se fera sans trouble, parce qu'elle n'aura aucun effet sur la politique. Les changements apportés dans le personnel exécutif, qui sont nécessaires pour mettre ses actions d'accord avec l'opinion publique, seront alors, comme de nos jours en Angleterre, des changements de ministère.

Pour bien concevoir la nature et le fonctionnement des institutions politiques centrales appropriées au type industriel, il faut admettre qu'au moment où elles s'établissent s'opère le changement que nous venons de signaler en passant : le déclin de l'antagonisme des partis. Vus de haut, les partis politiques naissent directement ou indirectement du conflit entre l'industrialisme et le militarisme. Ou ils tiennent respectivement pour le gouvernement coercitif du type militaire et le gouvernement libre du type industriel, ou pour les institutions et les lois particulières à l'un ou à l'autre, ou pour les opinions religieuses et l'organisation qui conviennent à l'un ou à l'autre, ou pour les principes et les usages légués par l'un ou l'autre et survivant parmi des conditions nouvelles. D'ordinaire, si nous remontons à la source de l'esprit de parti, nous trouvons d'un côté la conservation de quelque inégalité et de l'autre l'opposition à cette inégalité. Les deux partis s'accusent de nuire à la société : preuve qu'il existe une injustice soit dans le fait incriminé, soit dans l'allégation qui l'atteint. Par suite, dès que le régime de la coopération volontaire avec ses idées, ses sentiments et ses usages appropriés, aura pénétré la société tout entière; dès que des dispositions qui d'une façon ou d'autre empiètent sur la liberté et l'égalité des citoyens auront disparu, la guerre des partis prendra fin. Il pourra subsister des différences d'opinion sur les questions de détail et les points secondaires d'administration; ce seront les seules. Evidemment, à mesure que les injustices les plus criantes créées par le type militaire disparaîtront, la société se rapprochera de cet état. Evidemment aussi, un autre fait se réalisera : c'est la subdivision toujours croissante des partis, dont on se plaint généralement aujourd'hui, qui aura pour effet d'empêcher tout abus du pouvoir par une moitié de la nation en vue d'opprimer l'autre; les mesures prises de l'assentiment de la moyenne des partis se trouveront par le fait en harmonie avec la volonté moyenne de la société. Enfin, il est clair que la dislocation des partis qui résulte de l'accroissement d'individualité des caractères doit mettre fin à l'antagonisme des partis tel que nous le connaissons de nos jours.

Au sujet du gouvernement local, nous pouvons prévoir que, de même que la centralisation est un caractère essentiel du type militaire, la décentralisation est un caractère essentiel du type industriel. Avec l'indépendance que crée le régime de la coopération volontaire, naît la résistance non seulement à la dictature d'un homme et à celle d'une classe, mais à celle de la majorité, quand elle limite l'activité individuelle par des moyens qui ne sont pas né-

cessaires au maintien de relations sociales harmoniques. Il
doit en résulter uniquement que les habitants de chaque
localité ne supporteront plus d'être gouvernés par les habitants d'autres localités sur les questions purement locales.
Pour les lois qui s'appliquent également à tous les individus et celles qui règlent les rapports des habitants d'une
localité avec ceux d'une autre, la volonté de la majorité
sera l'autorité reconnue; mais pour les dispositions qui,
sans toucher la société en général, affectent un groupe de
ses membres, il est à penser que ce groupe opposera à
l'autorité imposée par les autres une résistance dont l'effet
étendra l'indépendance du gouvernement local jusqu'aux
limites du possible. On peut prévoir que les gouvernements
municipaux, ou autres du même genre, exerceront une
autorité législative et administrative soumise seulement à
l'autorité du gouvernement central autant qu'il sera nécessaire pour maintenir l'union de la société dans son ensemble.

Il ne faut voir dans ces spéculations sur les formes politiques dernières qu'une simple ébauche. Nous les esquissons
ici pour donner une idée du caractère général des changements qu'il s'agit de prévoir : dans ce qu'elles ont de
spécifique, elles ne sauraient être justes qu'en partie. Nous
pouvons être assurés que l'avenir amènera des arrangements
politiques imprévus à côté de beaucoup d'autres choses im-
prévues. Comme nous l'avons déjà pressenti, il y aura probablement une variété considérable dans les formes spéciales des institutions politiques des sociétés industrielles :
toutes porteront les traces des institutions passées mises en
harmonie avec le principe représentatif. Enfin nous pouvons ajouter qu'il n'est pas nécessaire d'insister sur telle
ou telle forme spéciale, puisque, avec les citoyens possédant

les caractères appropriés que nous supposons d'avance, les différences du mécanisme politique employé ne sauraient produire dans les effets définitifs que de faibles différences.

§ 579. Nous pouvons, je crois, conclure avec un peu plus de précision et d'une façon un peu plus positive à la nature des fonctions politiques que doivent remplir les appareils politiques propres au type industriel avancé. Nous les avons déjà indiqués d'une façon très générale; nous allons le faire d'une façon plus spéciale.

Lorsque l'action corporative n'est plus nécessaire pour protéger l'agrégat social contre la destruction ou contre les outrages d'une autre société, il ne lui reste qu'une fin à assurer, celle de protéger ses membres contre la destruction ou les dommages qu'ils peuvent se causer les uns aux autres, ce mot dommage comprenant toutes les infractions à l'équité, non seulement celles dont les effets sont immédiats, mais aussi celles dont les effets ne se font sentir que tardivement. Des citoyens qui auront, durant plusieurs générations, pratiqué la coopération volontaire et respecté les droits les uns des autres, seront façonnés à la vie sociale industrielle : ils s'accorderont pleinement à conserver les institutions politiques qui demeureront nécessaires pour assurer à chacun d'eux la totalité des profits directs de leurs efforts dans les limites tracées par les efforts des autres, ou les profits indirects résultant d'accords volontaires. Chacun cédera volontairement la faible portion des produits de son travail qui sera strictement nécessaire à l'entretien de l'organe destiné à décider dans les cas compliqués où l'équité ne saute pas aux yeux, comme aussi à l'entretien des fonctions administratives et législatives qui peuvent être utiles à la répartition équitable de tous les avantages naturels. La

résistance que rencontrerait toute extension du gouvernement au delà de la sphère que nous avons indiquée devra
dériver finalement d'une double cause, les sentiments
égoïstes et les altruistes.

En premier lieu, on ne saurait supposer que des citoyens
dont le caractère serait tel que nous l'avons décrit s'accordent, au nom de la collectivité, à s'imposer à chacun
individuellement d'autres obligations que celles auxquelles
il est nécessaire qu'ils obéissent pour respecter la sphère
d'action propre à chacun d'eux. L'éducation quotidienne
de la vie réglée par le régime du contrat a développé chez
chaque citoyen un sentiment qui le pousse à revendiquer
son droit d'agir librement dans les limites convenues ; dans
l'ensemble de tels citoyens, il ne saurait donc se produire
un sentiment de nature à supporter une restriction de ces
limites. Il est également contraire à l'hypothèse qu'une
partie quelconque des citoyens puisse imposer une restriction de ces limites aux autres parties ; cela supposerait en
effet une inégalité politique, le régime du statut personnel
que le type industriel exclut. De plus, il est manifeste que
le type industriel s'oppose à ce qu'on lève sur les citoyens
des impôts destinés à des services publics autres que ceux
que nous avons spécifiés. En effet, s'il y a toujours unani-
mité quand il s'agit d'assurer à chacun sans exception les
conditions qui leur permettent de donner individuellement
cours à leur activité et de jouir du fruit de leurs efforts, il
est probable que l'accord ne se fera jamais sur toute autre
question générale. Faute de cet accord, il faut s'attendre
à voir les dissidents résister et refuser de concourir aux
dépenses et de subir la gêne imposée en vue de ce nouveau service. Le mécontentement et l'opposition des membres de la minorité se soulèveront contre les prélèvements

faits sur leurs profits en vue de satisfaire non leurs propres désirs, mais ceux des autres. Il en résulterait une inégalité de traitement incompatible avec le régime de la coopération volontaire complètement appliqué.

En même temps que l'emploi des organes politiques à la réalisation d'autres fins que celle qui consiste à assurer des relations équitables entre les citoyens, soulèvera une résistance égoïste chez la minorité qui ne désire point ces fins, elle soulèvera aussi une résistance altruiste de la part des autres. En d'autres termes, l'altruisme des autres les empêchera de réaliser ces nouvelles fins pour leur propre satisfaction au prix du mécontentement de ceux qui ne sont pas d'accord avec eux. Quand un homme obéit au sentiment de la justice, l'idée de profiter de quelque façon, directe ou indirecte, aux dépens d'autrui, lui répugne : une société formée de tels hommes ne contiendra personne qui désire obtenir par les organes sociaux, aux dépens de tous, des avantages auxquels une partie des citoyens ne participerait pas ou qu'elle ne désirerait pas. Du moment que tous les citoyens possèdent un vif sentiment de l'équité, il doit arriver par exemple que ceux qui n'ont pas d'enfants protesteront contre un prélèvement sur leur propriété en vue d'élever les enfants des autres, et que ceux-ci ne protesteront pas moins contre la mesure qui ferait payer l'éducation de leurs enfants en partie sur des fonds extorqués aux citoyens qui n'ont pas d'enfants, aux célibataires et à ceux qui souvent ont moins de ressources qu'eux. De sorte que la limitation finale de l'action de l'État à la fonction fondamentale que nous avons décrite se trouve assurée par un accroissement simultané d'opposition à toutes les autres actions et un décroissement du désir de ces actions.

§ 580. Nous avons vu, d'après une première méthode, que les institutions politiques propres au type industriel avancé n'ont qu'une sphère restreinte; nous pouvons arriver au même résultat par une autre méthode.

En effet, la limitation des fonctions de l'Etat est un résultat de l'avancement de la spécialisation de fonctions qui accompagne l'évolution organique et l'évolution superorganique en général. Dans l'animal, comme dans la société, le progrès de l'organisation se révèle constamment par la multiplication d'appareils particuliers adaptés à des fins spéciales. C'est une loi partout vérifiée qu'une partie primitivement consacrée à diverses fins et qui n'en accomplissait bien aucune se divise en parties dont chacune accomplit l'une des fins, et, grâce à une structure spécialement adaptée, qu'elle contracte, l'accomplit de mieux en mieux. Dans les chapitres précédents, l'évolution de l'organisation gouvernementale nous a offert divers exemples où cette loi se vérifie. Il nous reste à en faire voir une nouvelle vérification dans la division qui a pris naissance, et qui s'accentuera toujours davantage, entre les fonctions de l'organisation gouvernementale dans son ensemble et celles des autres organisations que la société renferme.

Nous avons déjà vu que, dans la société d'après le type militaire, l'autorité politique s'étend sur toutes les parties de la vie des citoyens. Nous avons déjà vu que, à mesure que le développement industriel introduit les changements politiques qui lui sont propres, l'étendue de cette autorité décroît : elle n'impose plus de règle à la manière de vivre, elle ne prescrit plus d'obligation somptuaire; les règles de la subordination des classes perdent leur caractère impératif : on n'attache plus la même importance aux croyances et aux observances religieuses; la loi ne dicte plus les procédés à mettre en usage pour cultiver la terre, ni pour faire marcher l'industrie; enfin les entraves qui gênaient l'échange à la fois à l'intérieur d'un pays et avec les pays voisins tombent. Cela veut dire que, à mesure que l'industrialisme a fait des progrès, l'État a renoncé à la plus grande partie de l'action régulative dont il se chargeait autrefois. Ce changement s'est opéré sous l'influence de deux causes : l'opposition des citoyens à ces divers genres d'autorité a grandi, et la tendance de l'État à les exercer a diminué. À moins de supposer que nous sommes arrivés au but, il faut admettre que le progrès de l'industrialisme entraînera la continuation de ces changements corrélatifs. Les citoyens porteront plus loin encore leur résistance à l'intervention de l'État, et l'État renoncera davantage à intervenir. Sans doute de nos jours, grâce à un réveil du militarisme, l'intervention de l'État a repris du terrain ; mais on peut ne voir dans ce retour qu'une poussée momentanée de réaction. On peut s'attendre qu'à la fin du mouvement rétrograde actuel, et à la reprise d'un développement industriel affranchi d'entraves, la réduction des fonctions de l'État, qui s'est incontestablement effectuée durant les dernières étapes de la civilisation, reprendra son cours ascensionnel et continuera de marcher, en dépit des apparences contraires, jusqu'à la limite que nous avons indiquée.

En même temps que s'opère cette limitation progressive des fonctions politiques, il s'opère aussi une adaptation progressive des organes politiques aux fonctions protectrices, et ces organes s'acquittent de mieux en mieux de leurs fonctions. À l'époque du militarisme absolu, alors que le premier besoin était de préserver la société dans son ensemble contre d'autres sociétés, on s'inquiétait peu de préserver les individus qui formaient la société de la

destruction ou des dommages qu'ils pouvaient s'infliger
les uns aux autres; et, si l'on s'en occupait, c'était dans l'intérêt de la force de la société et de son efficacité militaire.
Mais les mêmes changements qui ont emporté tant de fonctions politiques de l'époque militaire, ont donné un grand
développement à cette fonction politique essentielle et permanente. L'organisation instituée pour la protection de la
vie et de la propriété n'a pas cessé de grandir, parce que les
citoyens ont toujours davantage demandé que leur sécurité
fût assurée, et que l'État s'est montré toujours plus empressé d'y accéder. Il est évident que notre temps, où les
institutions consacrées à l'administration de la justice
occupent une si grande place, où l'on demande de plus en
plus la codification des lois, est une preuve que nous mar-
chons dans ce sens; et que ce mouvement ne prendra fin
que lorsque l'État aura soin d'administrer la justice
civile sans frais à chaque citoyen, comme il prend soin
aujourd'hui de protéger sans frais les personnes et de punir
les attentats criminels.

La conclusion qu'il en faut tirer, c'est que l'on verra
s'accentuer encore le caractère qui marque déjà les sociétés
les plus avancées dans l'organisation industrielle, à savoir
l'accomplissement de fonctions toujours plus nombreuses
et toujours plus importantes par d'autres organes que
ceux qui constituent les départements gouvernementaux.
Déjà de notre temps des corps de citoyens engagés dans
des entreprises privées obtiennent des résultats dont on
n'aurait pas imaginé la réalisation dans les sociétés primitives; et dans l'avenir on obtiendra d'autres résultats, dont
l'imagination ne prévoit pas aujourd'hui la réalisation.

§ 581. On peut tirer de ces tendances une conséquence

pratique importante. Les divers changements qui réalisent
la transformation que nous venons d'indiquer, soutiennent
des relations normales au point de vue de leur quantité, et,
si les proportions normales ne sont point réalisées, il en
résulte un dommage. Il y a une relation de droit entre les
citoyens, et une relation de droit entre les caractères des
citoyens, qu'on ne peut négliger impunément.

Le temps n'est plus où l'on croyait aux *constitutions
sur le papier*, sinon tout le monde, au moins les gens instruits.
Sans doute on ne reconnaît pas ouvertement que le caractère
des unités sociales détermine le caractère de l'agrégat, mais
on l'admet jusqu'à un certain point, à ce point que les gens
qui savent quelque chose en politique, n'espèrent pas changer complètement sur-le-champ l'état d'une société par tel
ou tel système de législation.

Mais ceux qui admettent pleinement ce principe arrivent
à conclure que l'on ne saurait modifier les institutions politiques tant que le caractère des citoyens n'est pas modifié;
et que, si par hasard de grandes modifications viennent à se
produire, il est certain que ce qui dans le changement
dépasse la nature sera détruit par quelque changement en
sens inverse. On a vu, en France, un peuple qui n'avait
pas été formé au régime de la liberté, devenu subitement
libre, témoigner par des *plébiscites* qu'il entendait confier
son pouvoir à un autocrate, ou se servir du régime parlementaire de manière à conférer la dictature à un homme
d'État populaire. Aux États-Unis, les institutions républicaines, au lieu de se développer lentement, ont été créées
tout d'une pièce; aussi s'est-il formé au dedans de ces
institutions un appareil de politiciens qui mènent les
hommes politiques comme des marionnettes et exercent
un pouvoir réel à l'ombre du gouvernement nominal. En

Angleterre, l'extension du droit de suffrage, bientôt renouvelée et agrandie, a augmenté énormément le nombre de
ceux qui, de dirigés qu'ils avaient été jusqu'alors, devenant
dirigeants, sont tombés sous l'autorité des corps organisés
qui choisissent les candidats, bâtissent un programme politique, candidats ou programme que les électeurs doivent
accepter sous peine de ne faire aucun usage de leur pouvoir.
Ces exemples montrent que, faute d'un caractère bien adapté,
la liberté acquise d'un côté se perd d'un autre.

Les relations normales entre les institutions elles-mêmes
ont un lien de parenté avec les relations normales entre le
caractère et les institutions ; et les maux qui naissent de la
négligence des relations normales entre les institutions ont
un lien de parenté avec ceux qui résultent de la négligence
des relations entre le caractère et les institutions. Au fond,
ces maux sont les mêmes. L'esclavage s'adoucit d'un côté,
mais s'aggrave de l'autre. La contrainte sur les individus
se relâche sur un point et s'appesantit sur un autre. Nous
avons vu en effet que le changement qui accompagne le
progrès du type industriel, condition nécessaire du progrès
vers les relations de pure équité que le régime de la coopération volontaire inaugure, suppose que les appareils politiques sont le produit direct de la volonté populaire et n'ont
plus que des fonctions rigoureusement restreintes. Mais,
s'ils émanent plus directement de la volonté populaire sans
que leurs fonctions soient plus restreintes, le changement
aura pour effet de favoriser des arrangements au profit des
inférieurs et au détriment des supérieurs, c'est-à-dire de
travailler à la dégradation sociale. Mus d'ordinaire par
un égoïsme qui l'emporte sur l'altruisme, les hommes
investis de l'autorité ne peuvent manquer, alors même
qu'ils pousseraient l'équité jusqu'à ne pas commettre d'in-

justice directe, de rester capables d'en commettre par des voies indirectes. Comme la majorité sera toujours formée d'inférieurs, la législation, quand elle n'a pas une portée réduite, sera toujours façonnée par eux de manière à travailler plus ou moins directement à leur propre avantage, et au désavantage des supérieurs. L'exemple de cette tendance se voit dans la politique des trades-unions. Les ouvriers les plus énergiques et les plus habiles n'y sont pas autorisés à tirer plein profit de leur capacité, parce que, s'ils le faisaient, ils discréditeraient ceux qui n'ont que des capacités moindres et leur porteraient préjudice ; mais ceux-ci, qui forment la majorité, établissent et imposent leurs usages. L'organisation politique favoriserait de mille manières cette tendance, si cette organisation pouvait servir à autre chose qu'à rendre la justice entre des citoyens égaux en pouvoir.

Les administrations publiques mises en jeu au moyen de taxes qui pèsent au delà de la proportion normale sur ceux qui ont su, grâce à des talents supérieurs, gagner des fortunes supérieures, donneront aux citoyens pourvus de talents moindres plus de profits qu'ils n'en auront gagné. L'aggravation des charges des meilleurs au profit des pires mettra nécessairement obstacle à l'évolution des mieux adaptés vers un état meilleur : pour résultat final, une société guidée par une telle politique entrera, toutes choses égales d'ailleurs, en lutte avec une société qui suit la politique de la pure équité, et disparaîtra battue dans la course de la civilisation.

En un mot, la diffusion du pouvoir politique non accompagné de la limitation des fonctions politiques, aboutit au communisme. A l'exploitation du grand nombre par le petit, ce régime substitue l'exploitation du petit nombre par le grand : dans un cas comme dans l'autre, le résultat est un mal proportionné au défaut d'équité.

§ 582. La conclusion la plus importante où aboutissent toutes les parties de notre étude, c'est que la possibilité d'un état social supérieur, en politique comme en général, dépend d'un fait fondamental, la cessation de la guerre. Après tout ce que nous avons dit, il est inutile d'insister encore sur l'effet de la persistance du militarisme, qui, en conservant les institutions adaptées à ses besoins, empêche ou neutralise des changements dans le sens d'institutions ou de lois plus équitables ; tandis que la paix permanente sera nécessairement suivie par des améliorations sociales de tout genre.

La guerre a donné tout ce qu'elle pouvait. L'occupation de la terre par les races les plus puissantes et les plus intelligentes est un bienfait en grande partie réalisé ; ce qui reste à gagner ne demande plus qu'une chose : la pression croissante qu'une civilisation industrielle qui étend ses domaines exerce sur une barbarie qui recule. L'intégration qui fusionne des groupes simples en groupes composés, et ceux-ci en groupes doublement composés, résultat de la guerre, qui aboutit à la longue à la formation de grandes nations, est une opération qui paraît avoir été poussée aussi loin qu'il était possible et désirable. Les empires formés de peuples étrangers les uns aux autres se démembrent ordinairement lorsque la force coercitive qui les maintenait disparaît. Alors même qu'ils resteraient unis, ils ne formeraient jamais des ensembles harmoniques. Une fédération pacifique est le seul procédé de *consolidation* qu'on puisse prévoir. Les grands avantages que la guerre a procurés en développant l'organisation politique,

qui commence par le commandement du meilleur guerrier
pour finir par des gouvernements et des systèmes d'administration complexes, ces avantages sont tous réalisés; la
tâche de l'avenir consiste à remodeler ses parties utiles et
à rejeter celles qui ne sont plus nécessaires. De même,
aussi, l'organisation du travail inaugurée par la guerre,
organisation qui part de la relation de maître à esclave
pour aboutir à celle de patron et de serviteur, a, par une
élaboration graduelle, fourni des appareils industriels avec
une nombreuse hiérarchie de fonctionnaires, depuis le
directeur en chef jusqu'aux contre-maîtres, c'est-à-dire s'est
développée autant que l'exige l'action combinée, mais elle
devra se modifier par la suite, non dans le sens d'une subordination militaire plus étroite, mais dans le sens contraire.

La faculté d'application continue qui manque chez le
sauvage et qui ne peut s'acquérir que par l'effet de la
discipline coercitive du régime militaire a déjà été en
grande partie acquise par l'homme civilisé; ce qu'il faudra
y ajouter sera l'effet de la pression exercée par la concurrence industrielle dans les sociétés libres. Il n'en est pas
autrement pour les grands travaux publics et les arts industriels avancés. Le canal creusé par les Perses à travers
l'isthme du mont Athos et celui de deux milles de long que
les Fidjiens ont exécuté sont la preuve que la guerre a été
le premier promoteur de ce genre d'entreprises, et qu'il a
fallu pour les mener à fin l'autorité despotique du régime
militaire ; mais nous voyons aussi que l'évolution industrielle a maintenant atteint un degré où les avantages com-
merciaux fournissent un stimulant suffisant, et les associations commerciales privées une force suffisante pour
exécuter des travaux plus étendus et plus nombreux. Enfin

si, dès les premiers temps, alors que l'homme taillait par éclats des pointes de flèche dans le silex ou façonnait des massues, jusqu'à nos jours, où on lamine des plaques de blindage d'un pied d'épaisseur, les besoins de la défense et de l'attaque ont été les stimulants de l'invention et de l'habileté en mécanique, il est vrai aussi que, sous nos yeux, les marteaux-pilons, les béliers hydrauliques, et de nombreux engins nouveaux, depuis les locomotives jusqu'aux téléphones, démontrent que les besoins seuls de l'industrie en sont venus au point d'exercer une influence énorme qui sera plus tard la cause de nouveaux progrès dans les arts industriels. Ainsi, l'évolution sociale qu'il fallait accomplir à travers les conflits des sociétés entre elles s'est déjà réalisée, et l'on n'a plus de profit à en attendre.

Il n'y a plus que des maux à attendre de la continuation du militarisme chez les nations civilisées. La leçon que nous retirons des chapitres précédents est que, si la méthode qui a présidé à la consolidation des nations, à leur organisation, à leur éducation, a été indispensable, et si la contrainte a été nécessaire pour développer certains traits du caractère individuel de l'homme, il est vrai pourtant que cette méthode a causé directement et indirectement une somme inimaginable de souffrances, aussi bien par les formes des institutions politiques qu'elle rendait nécessaires que par le type de caractère individuel dont elle favorisait en même temps la formation. Nous y avons appris en outre que la diminution de ces souffrances, celles du genre direct comme celles du genre indirect, ne viendra que de la répression des rivalités internationales et de la diminution des armements qui en sont à la fois la cause et la conséquence. Avec la répression de l'activité et la décadence de l'organisation militaire viendra l'amélioration des

institutions politiques comme celle de toutes les autres
institutions. Sans cela, aucune amélioration permanente
n'est possible. On pourra conquérir le nom ou le fantôme
de la liberté, on en perdra en réalité sans s'en apercevoir.

Il ne faut pas s'attendre à voir la plus claire démonstration de ce principe, même une démonstration incontestable, produire des effets prononcés. Il doit exister un accord
général entre l'état social nécessité à un moment donné par
les conditions du moment et les théories de morale politique et individuelle, admises en ce moment. Il ne saurait y
avoir de doctrine admise en désaccord avec les besoins du
moment, à moins que l'acceptation de ces doctrines ne soit
plus ou moins nominale, ou qu'elles n'aient qu'une autorité limitée, ou que ces deux effets coexistent. L'adhésion
capable de régler la conduite portera toujours sur les théories, logiquement défendables ou non, qui sont compatibles avec les modes ordinaires d'action, publique ou privée.
Tout ce qu'on peut faire pour répandre une doctrine
grandement en avance sur une époque, c'est de faciliter
l'action des forces qui tendent à produire le progrès. On
n'accroîtra peut-être que faiblement ces forces, mais on
peut quelque chose pour les empêcher de prendre une
fausse direction. Dans le sentiment qui soutient la cause du
progrès social, il y a toujours une partie, très considérable
de nos jours, qui, sous forme d'une sympathie très vague
pour les masses, se dépense en efforts pour leur bien en
multipliant les organes politiques d'un ou d'autre genre.
Entraînés par la perspective d'avantages immédiats, les
gens qui obéissent à cette sympathie ne se doutent pas
qu'ils travaillent en outre à élaborer une organisation
sociale différente de celle qui est la condition d'une forme
supérieure de vie sociale; par là, ils augmentent les obs-

tacles à la réalisation de cette forme. Quelques-uns d'entre eux pourront lire avec profit les chapitres précédents; ils y apprendront à considérer si les dispositions qu'ils préconisent supposent l'accroissement de la réglementation officielle qui est le caractère du type militaire, ou si elles tendent à produire l'agrandissement de l'individualité et une coopération volontaire plus étendue, qui est le caractère du type industriel. Détourner çà et là quelqu'un de faire du mal par un zèle imprudent, c'est le principal résultat que nous pouvons espérer.

FIN

# TABLE DES MATIÈRES

## DU TROISIÈME VOLUME

---

## QUATRIÈME PARTIE

### INSTITUTIONS CÉRÉMONIELLES

## CINQUIÈME PARTIE

### INSTITUTIONS POLITIQUES

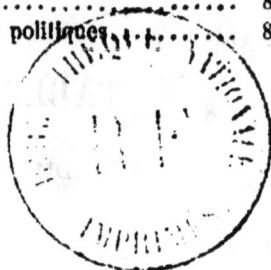

COULOMMIERS. — Typ. PAUL BRODARD et Cⁱᵉ.